大清帝国の形成と八旗制

杉山清彦 Kiyohiko Sugiyama 著

名古屋大学出版会

大清帝国の形成と八旗制——目　次

凡例 vi

序論……1

第一節 問題の所在と本書の視座 2
第二節 八旗制をめぐる諸問題と本書の課題 6
第三節 歴史的展開 21

第Ⅰ部 清初八旗の形成と構造

緒論 36

第一章 八旗制下のマンジュ氏族……44

第一節 ジュシェン＝マンジュ氏族と八旗制 46
第二節 入関前の八旗グサ＝エジェン 53
第三節 天命後期の高位世職 75
第四節 六部官制の内実 87
第五節 出自・功績と「功」 91
小結 94

第二章　八旗旗王制の構造……100
第一節　両黄旗――ウラ＝ナラ氏　102
第二節　両白旗――イェへ＝ナラ氏ヤンギヌ系　118
第三節　両紅旗――イェへ＝ナラ氏チンギヤヌ系　131
第四節　両藍旗――ハダ＝ナラ氏・ホイファ＝ナラ氏　136
小　結　152

第三章　清初侍衛考――マンジュ＝大清グルンの親衛・側近集団――……157
第一節　ヌルハチのヒヤ集団　160
第二節　ヒヤの職務と特徴　174
第三節　ホンタイジ時代のヒヤ　187
第四節　ヒヤ制の淵源　202
小　結　212

第四章　ホンタイジ政権論覚書――マンジュのハンから大清国皇帝へ――……218
第一節　〝スレ＝ハン〟ホンタイジ　219

第二節　乙亥の変——天聡九年正藍旗の獄　238
小　結　248
第五章　中央ユーラシア国家としての大清帝国……251
第一節　国制としての八旗制　251
第二節　中央ユーラシアのなかの八旗制　286
第Ⅱ部　「近世」世界のなかの大清帝国
緒　論　304
第六章　大清帝国の形成とユーラシア東方……308
第一節　ユーラシア東方の「近世」とマンジュ＝大清グルン　309
第二節　大清帝国の興起をめぐって　320
第七章　「華夷雑居」と「マンジュ化」の諸相……324
第一節　「漢化」ジュシェン＝マンジュ人　325

第二節 清初漢軍旗人の諸相 335
第三節 満・蒙・漢・韓の混住と包摂 356
第四節 〈華夷雑居〉と「マンジュ化」・「中国化」 369

第八章 大清帝国形成の歴史的位置……385
第一節 大清帝国の形成とユーラシアの「近世」 385
第二節 大清帝国の支配構造と八旗制 392

補 論 近世ユーラシアのなかの大清帝国……421
――オスマン、サファヴィー、ムガル、そして〝アイシン＝ギョロ朝〟――

注 435
参考文献 490
あとがき 531
図表一覧 巻末 *17*
事項索引 巻末 *7*
人名索引 巻末 *1*

凡　例

一、漢字は、本文・史料ともに、原則として日本の新字体を用いた。ただし、本来は別字であって区別が必要な場合や、慣用の定着しているもの、固有の人地名などは例外とした。

一、史料の提示は、原則として本文中に読み下し文もしくは日本語訳を掲げ、注に原文と書誌を示した。史料の略称・テキストは、巻末の参考文献一覧に掲げている。

一、史料の引用中、［ ］は割注・細字注など原文の注記を、（ ）は引用者による注記・補足を示す。なお、史料に対する補訂状況の表記は、第Ⅰ部緒論で説明している。

一、文献の引用は、参考文献一覧に基づいて、編著者名と［刊行年］によって示し、必要に応じてページ数を掲げた（例：杉山清彦［一九九八：八頁］）。また本文中では、原則として敬称・呼称は省略した。

一、マンジュ語は、メレンドルフ方式（Möllendorff［1892］）に準拠してローマ字転写を掲げた。ただし、旧満文の転写において waw + yodh で表される母音は、新満文の kū、gū、hū に対応する場合は ū、それ以外の場合は ü で写した。また、綴り方が後の正書法と著しく異なる場合は、テキストに従った転写を掲げた（例：üile < weile）。

一、マンジュ語の人名・地名・官名等は、原則として初出時にローマ字転写と漢字表記を掲げた。音写でない漢訳や別称は、スラッシュで区別した。なお、慣用表記や日本語としての読みやすさに配慮して、片仮名表記のしかたは必ずしも統一しておらず、また、属格の「i」は原則として表記から省いた（例：nirui ejen → ニル＝エジェン／例外：booi）。

一、紀年は便宜上西暦で表し、各章の初出時に年号を附記した。年号は、一六一六年以前は明年号、以後は後金・大清年号を示し、必要に応じ明・朝鮮の紀年も附した。陰暦による年号と西暦とではずれが生じるが、東洋史学における慣例的な表示に従って、紀年はその年の大半を占める西暦年で示し、月・日の表示は、史料参照の便を重視して原則として陰暦のまま示した。陰暦は「天命十一年正月二十四日」のように位取りして表記し、ヨーロッパ史料などで太陽暦に従った場合は「一七二五年七月二〇日」のように表示した。

一、一かたまりの語を示すときは「=」を用い、「・」は、並列もしくは同格を示すものとする。

一、頻出するニル（佐領）については、例えば「鑲黄旗満洲第一参領第一佐領」を「鑲黄一―1」と示す形で表記する。

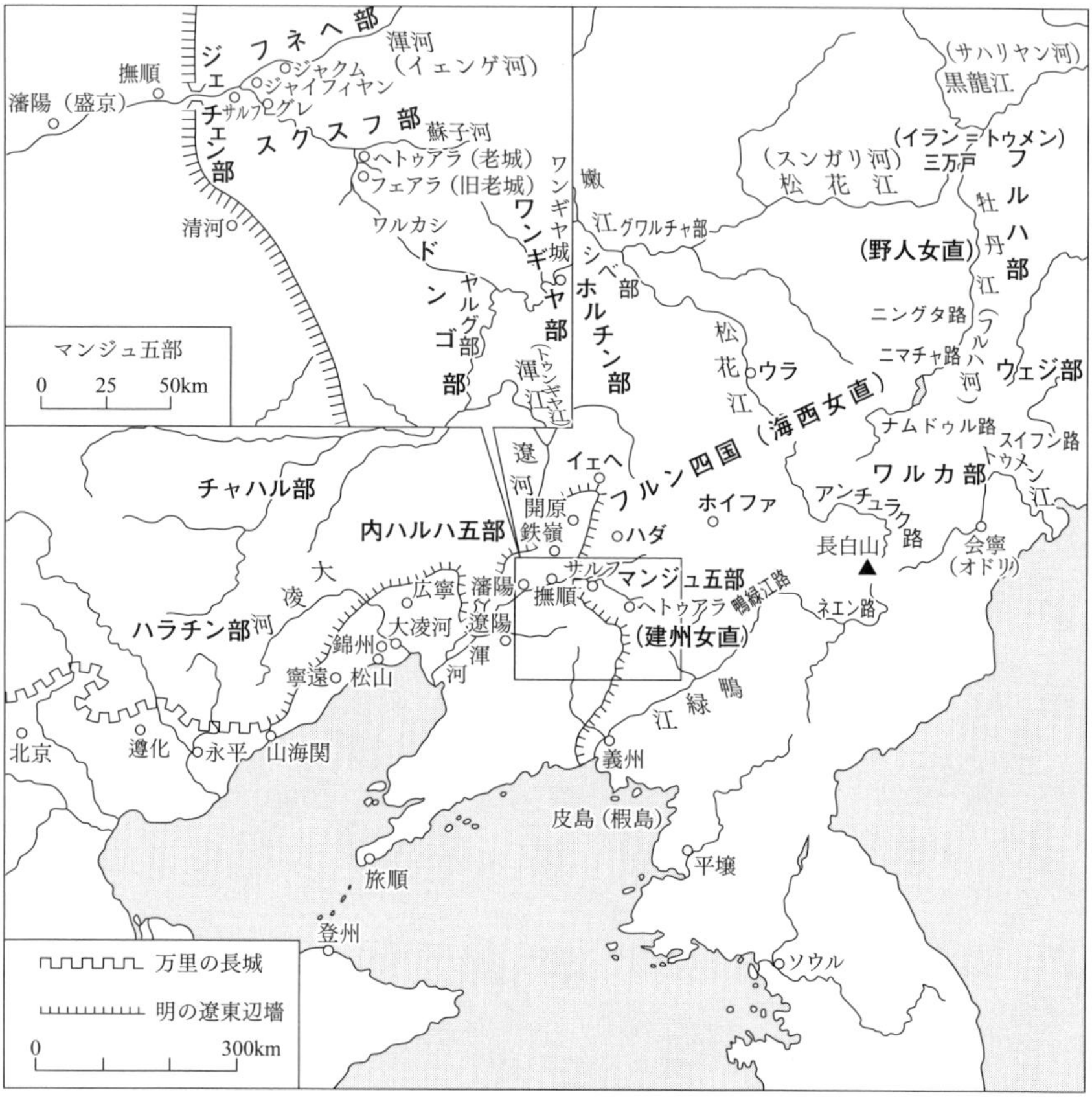

図 A　マンジュ＝大清グルン勃興期の東北アジア

出典）今西春秋［1967］；神田信夫［1999 : p. 296, 図 6］をもとに作成。

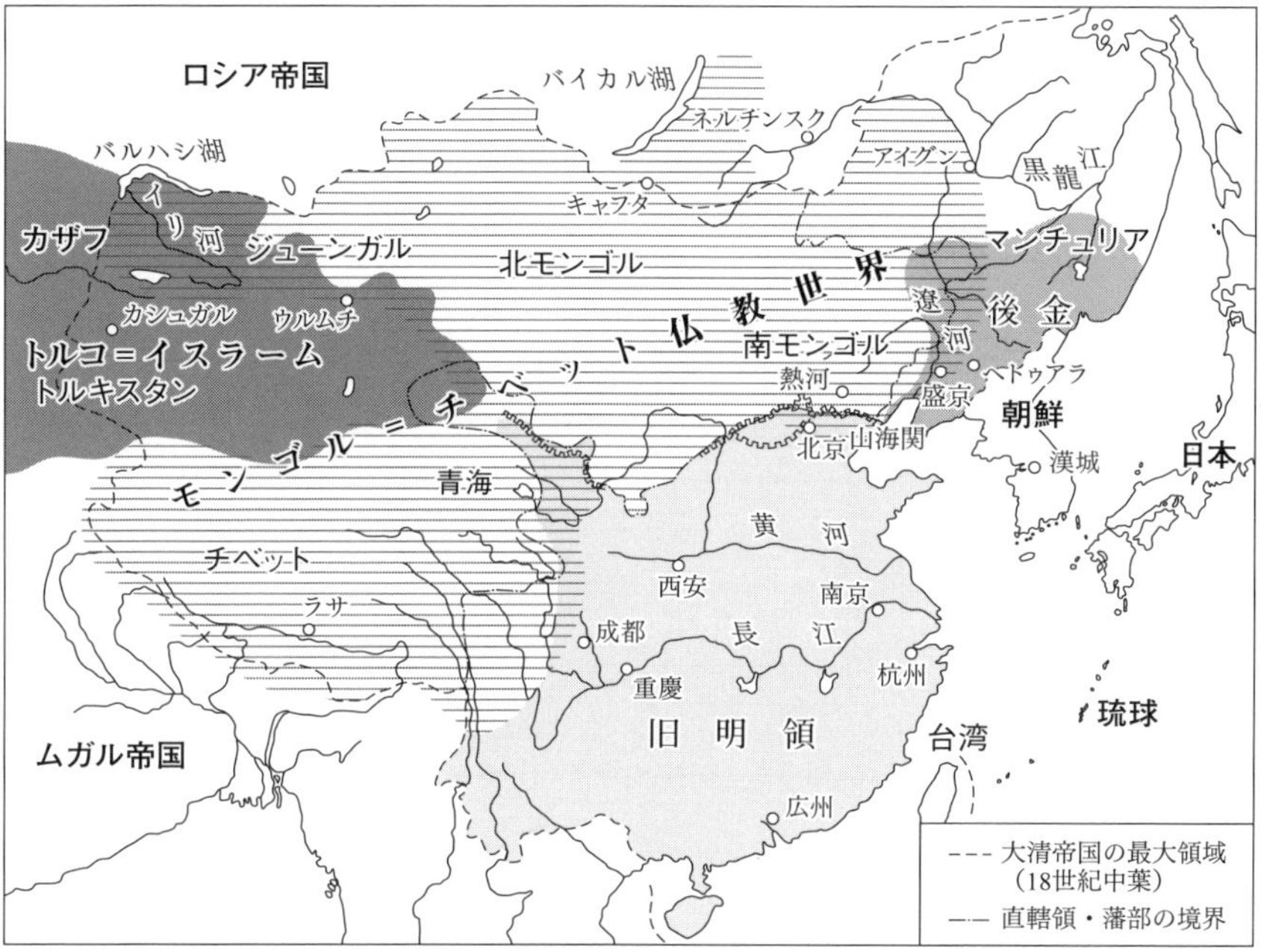

図 **B**　大清帝国の支配領域とその構造

出典）杉山清彦［2009c : p. 133］。

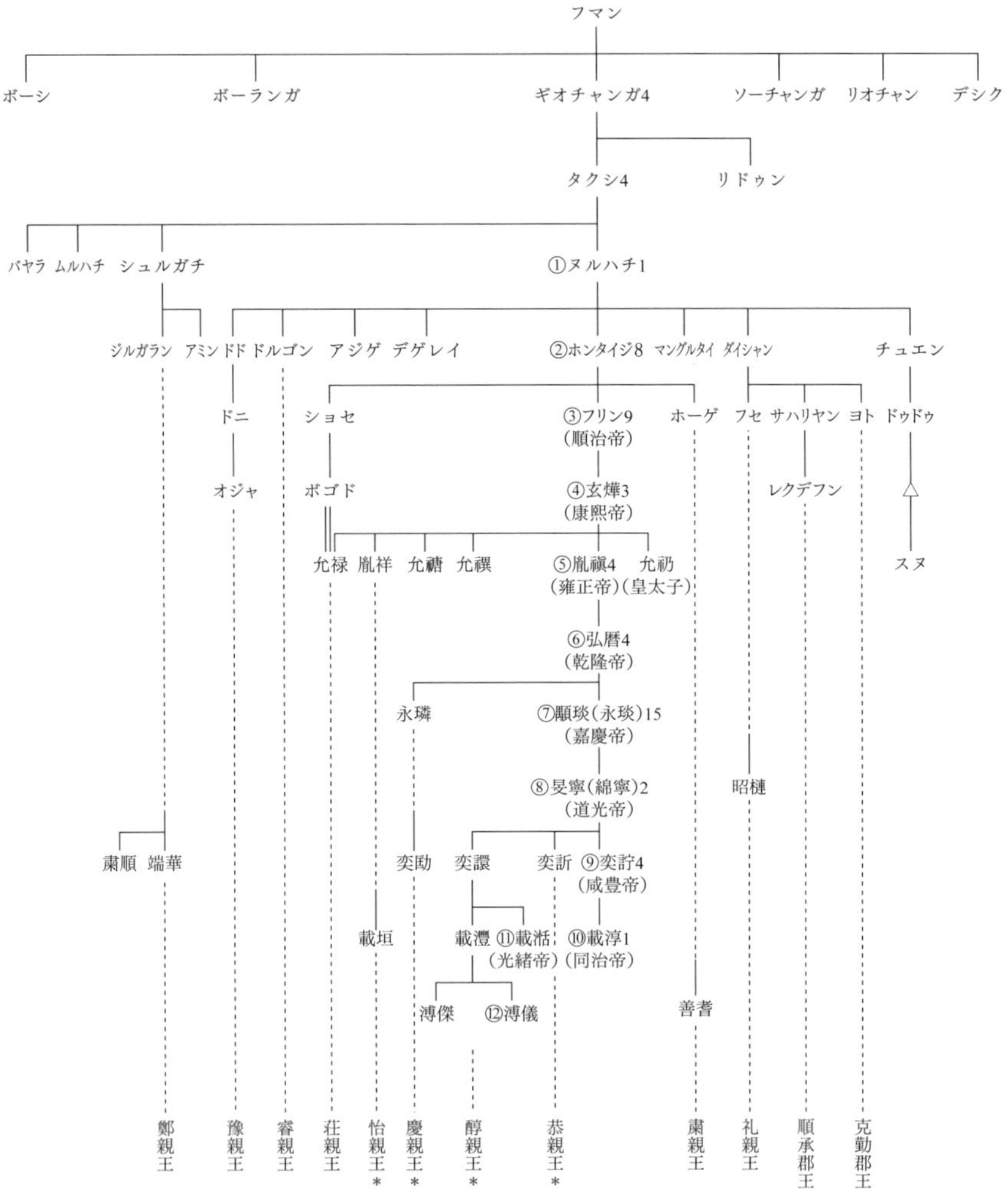

図C　大清帝室アイシン＝ギョロ氏　略系図

注）丸囲み数字は皇帝在位順，名前右側の数字は第何男子かを示す。点線以下は世襲罔替《ぼうたい》の王家（いわゆる“八鉄帽子王”），＊印を附したものは新たに加えられた四王家の王号。タクシの子孫を宗室（ウクスン），それを除く，祖父ギオチャンガ6兄弟（六祖）の子孫を覚羅《ギョロ》という。

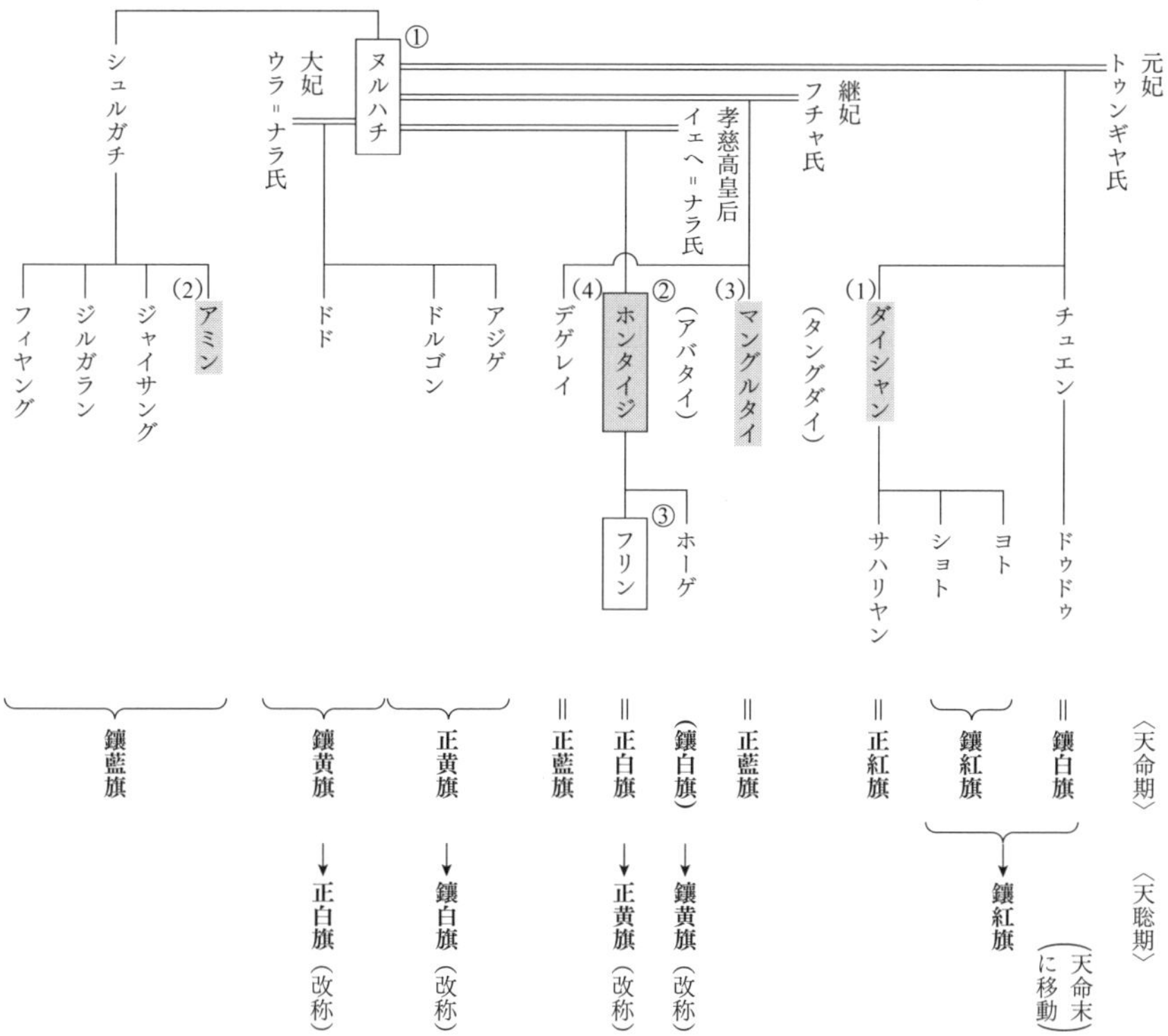

図 D　国初略系図・領旗分封表

注）ヌルハチの全嫡出子を生母別・年齢順に列べた。孫・甥は主要な者に限った。(　) は主要な庶子。□ はハン＝皇帝，①はその代数，▒ は四大ベイレ，(1)はその序列を示す。

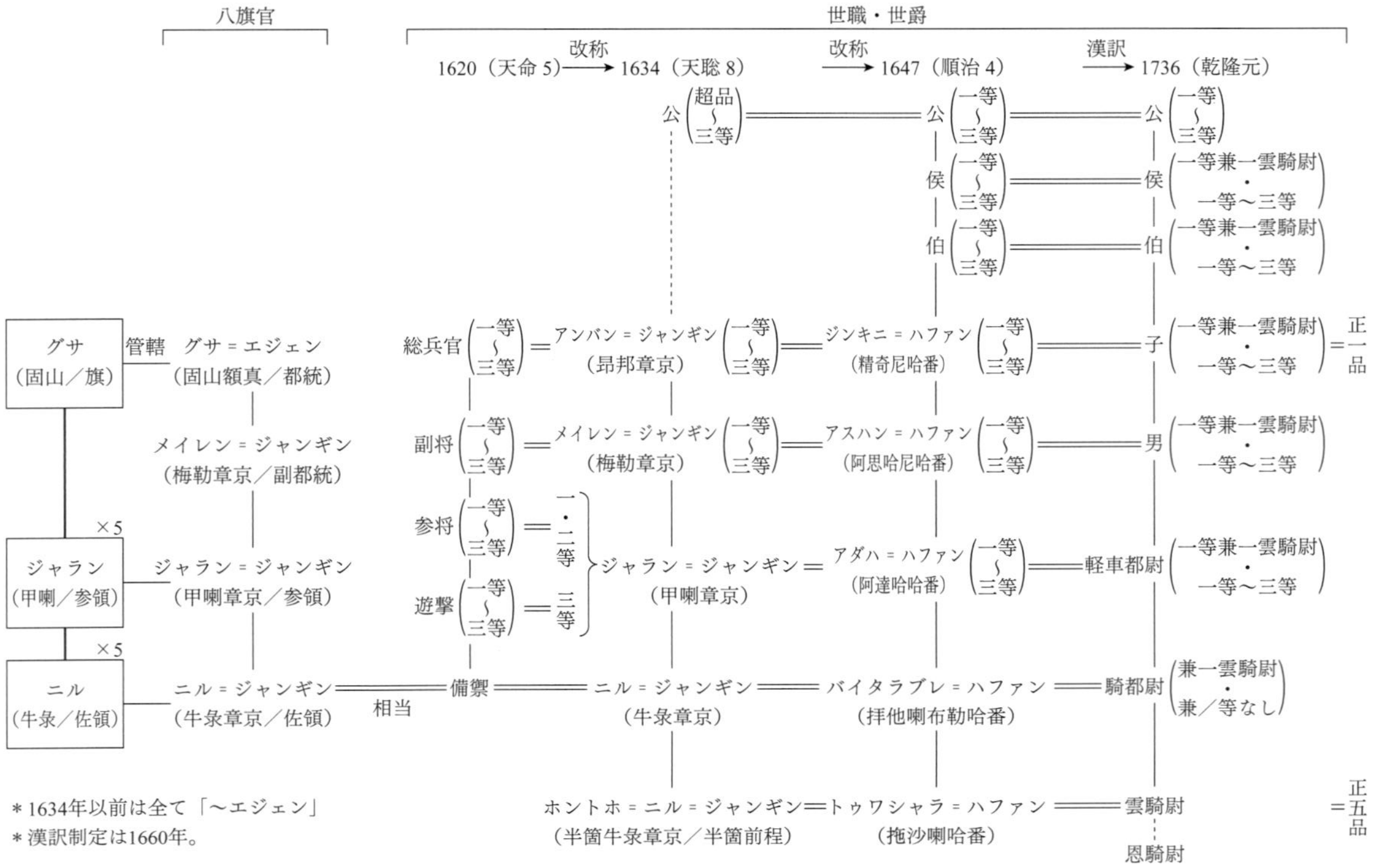

＊1634年以前は全て「〜エジェン」
＊漢訳制定は1660年。

図E　世職（世爵）と八旗官

序　論

「大清《だいしん》」とは、一七世紀にマンチュリアに興り、二〇世紀初めに至るまでパミール高原以東の大半の地域を支配した、アイシン＝ギョロ（Aisin Gioro 愛新覚羅）氏の君主を戴く国家が自ら称した名である。その歴史は、一五八三（明・万暦《ばんれき》十一）年のヌルハチ（Nurhaci／太祖武皇帝、のち高皇帝）の挙兵に始まる。一代のうちにマンチュリアを統一したヌルハチは、その国家を自らが創始した八旗《はっき》制のもとに組織した。その覇業は後継者たちに引き継がれ、一六四四（順治《じゅんち》元）年の北京定鼎、いわゆる入関《にゅうかん》を経て、マンチュリアの地域国家は、ユーラシア東方の大帝国へと発展してゆくのである。この「大清」を号する帝国を、本書では大清帝国と呼ぶことにする。

では、この広大・多様な帝国はいかにして形成され、どのような構造をとっていたのだろうか。そのためにまず求められるのは原初の姿の解明であり、そこで焦点となるのが、清一代の軍制として、そして国初の国制そのものとして知られる八旗制である。本書は、マンチュリアにおける国家形成期[1]に焦点を当て、その過程と構造を八旗制に即して解明するとともに、興起の背景とその歴史的意義を闡明しようとするものである。そのために、まず序論として、帝国形成史とその学説史を概観し、本書の課題を示したい。

第一節　問題の所在と本書の視座

大清帝国建設の中核となったのは、マンチュリアに住まうツングース系のマンジュ（Manju 満洲）人である。彼らは、一六三五（天聡九）年にマンジュと名乗るまではジュシェン（jušen 女直・女真）と呼ばれ、一五—一六世紀にあっては、明朝（一三六八—一六四四）の間接支配下で大小の領主たちが割拠・抗争していた（図A）。その中の一人にすぎなかったヌルハチは、一代でその統合を果して自らの国家をマンジュ＝グルン（Manju gurun 満洲国）と名づけ、一六一六（天命元）年にハン（han 汗）位に即いた。その過程で傘下に入った諸勢力を組織した軍事・行政制度が、史上有名な八旗制である。ヌルハチは、その軍政一致体制の機動力を背景に対明戦争に突入するとともに、モンゴル諸勢力の征服・取り込みを進めたのである。

後を継いだ第二代ホンタイジ（Hong Taiji／太宗文皇帝）は、モンゴル嫡統のチャハル＝ハーン家を降したことを契機として、一六三六（崇徳《すうとく》元）年に皇帝位に即き、国号を大清と改めた。ここに至り、マンジュのハンは満・蒙・漢三民族の皇帝となり、以後大清皇帝はモンゴル大ハーンの統治権を受け継ぐこととなったのである。さらに一六四四年に李自成の乱で明が自滅すると、第三代順治帝フリン（Fulin／世祖章皇帝）は北京に入り、ここに大清皇帝は中華皇帝の座をも継承することとなる。以後、帝国は一六八〇年代までに旧明領を平定するとともに、南北（内外）モンゴルへも支配を広げ、そして一七五〇年代にジューンガル（J̌egün γar 準噶爾）遊牧帝国を滅ぼして、最大領域に達したのである（図**B**）。その版図は、王朝興起の地マンチュリアから旧明領の漢地、さらにモンゴル・チベット・東トルキスタンへと広がるに至り、その三〇〇年にわたる支配は、現在に至るまでのユーラシア東方の国家や民族のまとまりの原型を形づくった。世界史上におけるその重要性は、言を俟たないであろう。

このような帝国形成の過程とその構造・性格は、主に二つの立場から検討されてきた。一つは、帝国建設の担い手となったジュシェン＝マンジュ人を中心に据え、その国家建設過程として描く捉え方である。[2] そこにおいては、ヌルハチのマンジュ統合、ホンタイジによる「満・蒙・漢三民族の連合国家」形成、そして一八世紀における「五族＝満・蒙・蔵・回・漢」を包含する最大版図への発展、といった流れで捉えられる。これは帝国形成をマンジュ人の「民族[3]」統合・発展として描き、その性格を「征服王朝」や「多民族国家」と位置づけるものということができる。

もう一つの捉え方は、これを明朝を引き継いだ中華王朝と位置づけ、最後の中国専制王朝として理解するものである。[4] すなわち、皇帝は明朝からその地位を受け継いだ中華皇帝であり、漢人科挙官僚を重用して中国近世の君主独裁制を完成させた。官制は中央の内閣・六部《りくぶ》、地方の総督・巡撫をはじめとして明の制度をほぼそのまま継承しており、それ以外に軍機処・理藩院・内務府といったいくつかの独自の制度を附加したにすぎない――と。つまり、明の体制・制度を基準とした上で、その枠に収まらない要素を「清代に附け加えられた部分」として処理するか、「征服王朝としての側面」として片づけてしまい、全体として「最後の中国王朝」として説明するのである。

一九九〇年代までの清朝国家の位置づけは――現在もなお根強いと言わねばならないが――、おおむねこの何れかに帰すことができたといえよう。しかし、後者の立場では、マンジュ人王朝としての側面は、軽視されるか払拭されゆく残滓とみなされてしまうことになり、帝国それ自体を正面から捉えようとするアプローチとは言い難い。他方、前者の観点でも、「征服王朝」とは、畢竟「中国」を「征服」するところに特質と意義を見出す考え方であり、実のところ中国史の桎梏から自由ではない。それに代る「多民族国家」という捉え方も、なお推移の描写や構成の形容にとどまっていると言わざるをえない。

これに対し、一九九〇年代以降、それぞれの立場に新しい動きが見られるようになる。前者については、石橋崇雄［一九九七］［一九九八］［一九九九a］［二〇一一］が、従来の「中国最後の「征服王朝」」と「明朝に続く中国最後の伝統的専制王朝」との二面的要素を強調しつつ、それだけでは不十分であるとして、「複合多民族国家」と位置づけることを提唱している。石橋の議論については第Ⅱ部で取り上げるが、少なくとも現在までのところ、なお具体的な内部構造や治下の「民族」の把握・編成のあり方の究明・提示には至っていない。そこで待たれるのは、より具体的・実証的な構成・組織の解明と、それに基づく政権像・国家像の構築であろう。

一方、後者すなわち中国近世史の立場からは、「異民族国家が（同化して）中華王朝になった」という旧来の見方からではなく、一六―一七世紀東アジア周縁世界の政治・社会変動の一環として、アジア大・世界大の同時代史的観点から捉えることが提起されている[5]。すなわち大清国家の形成とその特質を、倭寇・海上勢力や明の辺境軍閥、またモンゴル勢力などとともに、国際商品と銀をめぐる辺境の交易ブームの中でこの時期に形成された新興軍事勢力として把握し、続く一七―一八世紀を、それらの中で勝ち残った者が主宰者となった近世国家並存の時代と捉えるのである。このような視座は、単線的な王朝史・民族史の欠陥を克服し、世界史的位置づけを考える上で非常に重要である。しかし同時に、その結果できあがった国家それぞれが固有の特徴を有していたことも指摘されている。そこで次に課題となるのは、その中で大清帝国の特徴は何であったか、それは何によって特色づけられたか、という点の究明であろう。

これら従来の国家像と異なる新たな像を描き出すためには、中華王朝・多民族国家といった既成のモデルや形容に頼るのではなく、ひとまず大清帝国そのものに特定の切り口から切り込み、そこから全体像を築いていく試みが必要であろう。他方、同時代的観点からしてみれば、では同時代の諸勢力との競争に勝ち抜いた理由は何か、そこに見られる特質は何か、といった課題がただちに浮かぶであろう。そこで本書が取る立場は、マンジュ人皇帝を戴きマンジュ人が支配層を構成している帝国であるという基本的事実に立ち返って、これをユーラシア東方の「大清帝国」と捉えるとともに、同時代の状況下で成立しながら、そこに独自の特徴を刻印したもの——すなわち八旗に着目するというものである。「大清帝国の形成と八旗制」と題した所以である。

ふつう「清朝」と呼びならわされるこの国家を、ここで「大清帝国」と呼ぶのは、一つには、清の国号は、正しくは「ダイチン＝グルン（Daicing gurun 大清国）」というからである。いま一つには、○朝という用語法が与える「中国の歴代王朝」というイメージ、先入観を避けるための研究上の戦略でもある。(6)

ヌルハチ国家は、遅くとも一六一三（万暦四十一）年までにマンジュ＝グルンと称しており、一六一六年にハン位に即いて以降、対外的に後金《こうきん》・金（そのマンジュ語訳がAisin）なる国号も併用するようになった。(7)これらを一本化した国号こそが「大清Daicing」であり、他方マンジュの称は、大清建号を控えた前年十月に、それまでのジュシェンに代えて民族の自称と定められ、以後国号＝大清、族名＝マンジュとなったのである。(8)この「大清Daicing」とは、「大」なる「清」ではなく、「大清」の二字で満文「ダイチン」に対応する、モンゴルの「大元」国号と同様の二字国号であった。これは、モンゴル時代以降、国家のスケール、あり方が一変したこと、そしてそれを引き継ぐものであることを含意している。またグルンという語は、領域としての国家よりも国家を構成する国人・くにたみを指し、モンゴル語のウルス（ulus）と同じく、人間集団のまとまりを意味する。(9)以上のような観点から、本書では大清建号以前をマンジュ＝グルン、以後を大清グルンと呼び、総称としてはマンジュ＝大清グルンないし大清帝国と呼ぶことにする。(10)したがって、文脈によって「清」と略称する場合も、そのような意図であることは断っておきたい。

では、帝国の原初の姿たるマンジュ＝グルンの国制、そしてそれを核にした大清グルン全体の構造は、どのようなものであろうか。そこで、その焦点となる八旗制の概要と、それを中心とした清初史の学説史を整理し、本書の課題を明らかにしたい。

第二節　八旗制をめぐる諸問題と本書の課題

（1）八旗制の諸問題

八旗とは、グサ（gūsa 固山／旗）と呼ばれる集団八つで構成された軍事・行政一体の組織である。そこには首長層から隷属民・奴僕まで、原則として政権傘下の全ての構成員が編成されたので、入関前においてはマンジュ＝大清グルン国家そのものであり、入関後も、八旗に属する人員は旗籍と呼ばれる独自の戸籍に登録されて、民戸の漢人とは区別される別個の社会をなし続けた。

まず、八旗の組織およびその成立に関する史料を掲げておこう。(11) 八旗の組織についてのまとまった記述は、一六九〇（康熙二十九）年に成った最初の会典《かいてん》である『康熙会典』の一条が、ほぼ唯一のものである。(12)

［0―1］　国初に八旗を設立し、鑲黄《じょうこう》と曰ひ、正黄と曰ひ、正白と曰ひ、正紅と曰ひ、鑲白と曰ひ、鑲紅と曰ひ、正藍と曰ひ、鑲藍と曰ふ。八旗を分ちて両翼と為し、左翼なれば則ち鑲黄・正白・鑲白・正藍とし、右翼なれば則ち正黄・正紅・鑲紅・鑲藍とす。又た鑲黄・正黄・正白を以て上三旗と為し、其れ五旗は各々王・貝勒等を以て之を統べしむ。旗毎に又た満洲・蒙古・漢軍に分ちて三旗と為し、共せて二十四旗あり。

ここにあるように、八旗は正・鑲（旗纛に縁取りのないもの・あるもの）の黄・白・紅・藍色の軍旗によって呼号される八つの集団からなり、このうち皇帝が直率する鑲黄・正黄・正白の三旗を上三旗《じょうさんき》といい、他の五旗は一族諸王（旗王）が率いた。また、満洲旗のほかに蒙古旗・漢軍旗が設けられたことはよく知られている。

その成立を伝えるのは、『満洲実録』の二つの有名な記事である。(13)

［0―2A］ その年、マンジュ＝グルンの太祖スレ＝ベイレ（ヌルハチ）は、自らの集めた国人を均しくして三〇〇の男丁を一ニルとし、ニルごとに主《エジェン》を任じた。それ以前は戦ごと狩猟ごとに、多寡を計らず一族ごと集落ごとで行かせていた。もともとマンジュ＝グルンの者が猟に出て巻狩をしたときは、人ごとに矢《ニル》を執って、一〇人に一人の主を任じ、その一〇人を管轄してそれぞれの持ち場を違わず行かせていた。その任じた人をニル＝エジェンと呼んでいた。それゆえ管轄する官の名をすなわちニル＝エジェンと定めた。

（『満洲実録』巻三、辛丑（一六〇一）年条）

［0―2B］ 太祖クンドゥレン＝ハンは、諸処を平らげて三〇〇人の男丁に一ニル＝エジェン、五ニルに一ジャラン＝エジェン、五ジャランに一グサ＝エジェン、グサ＝エジェンの左右両翼に各一メイレン＝エジェンを置いた。もともと黄・紅・藍・白四色の纛があった。四色の纛を縁取って八色の纛として、凡て八グサとした。

（『満洲実録』巻四、乙卯（一六一五）年条）

八旗の基本組織は、ここに見えるニル（niru 牛彔／漢語訳は佐領）であり、これが五ニルで一ジャラン（jalan 甲喇／参領）、五ジャランで一グサすなわち一旗を構成するという階層的組織をとった。グサとは軍団、集団という意味であるが、八つのグサは右に見たように軍旗によって呼称されたので、旗と称されるのである。[14] 各単位にはそれぞれグサ＝エジェン（gūsai ejen 固山額真／漢語では都統《ととう》）・ジャラン＝エジェン（jalan i ejen 甲喇額真／参領）・ニル＝エジェン（nirui ejen 牛彔額真／佐領）という長官が任じられて指揮・管轄に当り、また副司令官として二人のメイレン＝エジェン（meiren i ejen 梅勒額真／副都統）が置かれた（図**E**）。これを八旗官といい、各級の八旗官は、平時の行政官であるとともに戦時の部隊指揮官でもあった。八旗官は、一六三四（天聡八）年以降、グサ＝エジェン以外は某ジャンギン（janggin 章京）と改称されるが、本書では一貫してエジェンと称することにする。[15]

その成立・整備については、簡略なこれらの記事しかないが、少なくとも知られるのは、原初のニル組織を基にして一六〇一（万暦二十九）年頃にニル制が整備され、その後四旗制を経て、一六一五（万暦四十三）年までに八旗が成立した、ということである（三田村泰助《たいすけ》［一九六二］）。基本単位であるニルは、在来の集落・集団を再編したものを基礎に、捕虜・投降者などを編入して編成されたものであり、兵丁供出・徭役賦課・戸籍管理さらには戦利品の分配など、軍事・行政・経済活動の基本単位として機能する組織であった[16]。規準数は、［0―2］にあるように壮丁三〇〇人とされたことが有名であるが、天聡年間（一六二七―三六）には二〇〇人とされ、以後変動もあったが、おおむね二〇〇人であった[17]。ニル下の壮丁は、兵のほかボショク（bošokū 撥什庫／領催）など管理補助役や匠役にも供出され、それ以外は耕作・採集などに従事していて、兵丁となるのは三人に一人であった。

ニル制の眼目は、壮丁すなわち人による把握とそこからの労働力・戦力の効率的調達であり、公的負担は、戦時も平時も、一ニル当り何人という形で均等に動員・賦課された[18]。ニルは、行政単位・社会組織としてみた場合は、これら徴発対象となる人丁だけでなくその家族・奴僕、および居宅・耕地・家畜などを含む一つの集落・集団であり、それゆえ奴僕や隷属農民として多数の漢人が所属していた。他方、軍制単位としてみた場合は、そこから抽出・編成された部隊を指し、ニルからグサに至る階層的組織は、行政単位と行軍単位の二義があった（三田村［一九六二］）。

これらニルは成員・隷属形態・世襲の有無などによってさまざまに類別される（郭成康［一九八五］など）。まず、成員の来源によって満洲・蒙古・漢軍ニルに分けられ[19]、史料［0―1］にあったように、ホンタイジの時代に後二者も独自に八旗に編成された。これに対し隷属形態による区分が、旗分ニル（gūsai ubu niru／外ニル tulergi niru）とボーイ＝ニル（booi niru／包衣《ボーイ》）である。このうち後者が各旗王に直接隷属して私役に供されるものであるのに対し、数的にほとんどを占める前者が、国家への徭役・兵役の提供などといった公的義務を果す単位であった[20]。その区分・呼称は複雑で、研究が重ねられてきたが、増井寛也《かんや》［二〇〇八a］の考証によると、旗分ニルの大半は国家への徭役・兵役を負担する内ニル（dorgi niru／尋常ニル）であり、一部が功臣に対し免役などの特権が与えられた専管ニル（enculehe niru）であった。さらにこのほか、世襲の有無など管轄形態によって、世襲を許された勲旧・世管ニルと、それが許されず謂わば代官として管理する公中ニルにも分けられる。(21) ニルはこれら複数の属性によって分類され、このうち最も特権的・自立的であったのが満洲・専管・勲旧のニルであった。

以上の如きニルは、ヌルハチの天命年間（一六一六―二六）においてはおよそ二四〇の旗分ニルが編成されていたとされ、その後、蒙古・漢軍ニルの編成によって入関時には五〇〇ニルを超え、一八世紀末には一一七〇ニルに達した。(22) さらに、このほかにボーイ＝ニルと、各地に駐留する駐防ニルがあった。

これら八つの旗はハン＝皇帝が一元的に掌握していたのではなく、史料［0―1］に「五旗は王・貝勒等を以て之を統べしむ」とあったように、それぞれに王族が分封《ぶんぽう》されてその旗のニルを支配していた。このような上級王族は当初ベイレ（beile 貝勒）と総称され、また後の王爵では親王から公までの爵位に相当したので、王公とも呼ばれる（表0-1）。元来ベイレとはハ

表 0-1　宗室封爵表

〔～天命・天聡期〕		→	〔崇徳・順治期～〕		
ベイレ（広義）	ホショ＝ベイレ ｜ タイジ	→	王公	和碩親王 （世子） 多羅郡王 （長子） 多羅貝勒 固山貝子 鎮国公 輔国公	宗室（ウクスン）
				不入八分鎮国公 不入八分輔国公 鎮国将軍（一～三等） 輔国将軍（一～三等） 奉国将軍（一～三等） 奉恩将軍	宗室（ウクスン）
					覚羅

注）宗室（ウクスン）は，ヌルハチの父タクシの子孫。覚羅（ギョロ）は，ヌルハチの祖父6兄弟（六祖）の子孫。世子は親王嫡子，長子は郡王嫡子の爵で，他と性格を異にする。不入八分公・各級将軍は1636（崇徳元）年以降段階的に整備されたが，まとめて記載した。

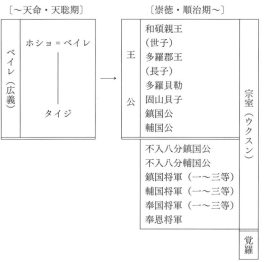

ンに次ぐ王や首長を指すが、八旗制下においては分封された帝室諸王をいい、このうち一旗全体を掌管する最高位の王族をホショ＝ベイレ（hošoi beile 和碩貝勒）、その下にあって旗内に一定の属下を有する者をタイジ（taiji 台吉）と称し、これらは全てベイレの地位を有して議政に参与した（神田信夫［一九五八］）[23]。これら八旗制下で王爵を与えられて国政に参与するとともに属下のニルを支配する上級王族を、研究上旗王と呼ぶ。これは、天命・天聡年間においては広義のベイレに、崇徳年間（一六三六―四三）以降については和碩《ホショ》親王《しんのう》～公にほぼ相当するが、そのように時期によって称号が変遷すること、また、公以下の王族でも属下のニルを有している場合があることから、それらを包括して呼称するために、旗王と呼ぶのである[24]。

旗王は、旗を支配する君主として、旗下に属する旗人たちとは身分上明確に区別されていた[25]。各旗の旗人は、徭役・兵役や行政・裁判など、所属旗を問わないグルン全体の政務に参与しつつも、各自の旗王に対しては主従関係を有しており、旗人たちにとっては各自の旗王こそ「主」と呼ぶべき対象であった[26]。かかる従属関係は、各旗がニルを単位として構成されていたように、具体的には各旗王へのニルの分給という形で現象する。各旗を構成するニルは、直接私役に供されるボーイ＝ニルのみならず、公的義務を担う旗分ニルもまた、同時にそれぞれの旗王に分属して指揮・管轄を受ける立場にあったのである[27]。

このような旗王の属下・属民をジュシェン、またハランガ（harangga）という。ジュシェンなる語は、よく知られた漢人・モンゴル人などに対する族名としての用法のほかに隷民の意を有しており、一六三五年以降、後者の意味に特化したのである。八旗制下においては、ジュシェンはベイレに専属させられた属下・隷民を意味し、とりわけボーイ＝ニルの私属民に対して、旗王隷下の旗分ニル（外ニル）の成員を指した[28]。

ニルの分給を受けるということは、旗に属する側ではなく旗を支配する側にあることを意味する。このような得分、資格を分（ubu）といい、八旗制下においては、属下への支配権や議政権・経済権といった特権は八旗均等に八分されることになっており、これを八分（jakūn ubu）といった。[29] これに与りうることを入八分といい、旗王は、各旗の代表として八分の権利を享受したのである。このような並列的特質を、杜家驥［一九九八d：七〇頁］は「八分」体制と呼んでいる。以下、グサ＞ジャラン＞ニルといった階層的構造ではなく、このような並列・均分の側面を強調する場合、これに倣って八旗八分体制ということにする。

かかる八旗八分体制下においては、ハンもまた全体に超越するものではなく、グルン全体の長たると同時に、ヌルハチ自身がこの列の中に在って正黄・鑲黄の両黄旗を直接支配していた。君主の直属旗は後に正白旗が加わって上三旗と呼ばれるようになるが、その後もそれ以外の五旗は旗王たちが分有し続けた。つまりハンは八旗全体を独掌するのではなく、ハン自身も他の王族たちと同列に、旗を領有する旗王の一人だったということができる。

このように、旗王の分封とは、帝室内にあっては入八分による特権の分与として現れ、八旗にあっては具体的にはニルの分給を通しての、各旗人との主従関係の設定として現象したのである。[30] そして、グルンの全構成員は、帰順以前の軍団を維持した漢人軍閥（細谷良夫［一九八七］）の如き例外を除いて、八旗に分属して各旗王に支配されていた。すなわち八旗とは、入関前においては国家そのものにほかならなかったのである。大清帝国形成史を論ずるに当り、八旗制がその中心となる所以である。

入関前国家は、このような八旗を根幹として組織・運営されていた。およそ国家の運営に当っては、独自の行政組織・職官体系と位階制秩序を確立することが不可欠である。そこで、執政・実務を掌る官職として、五大臣を筆頭にジャルグチ（jargūci／断事官）・バクシ（baksi／書記）などの官属が置かれ、ホンタイジ時代には、実務機関たる六部や内閣の前身となった内三院が創設・整備された。[31] また、グサからニルに至る行政体系の整備と並行して、位階制として世職（世爵）制が設けられた。[32] 旗人はふつう八旗官に任じられて当該単位を管轄するとともに世職を与えられて整序され、さらにそれに加えて、もしくは八旗官の代りに、何らかの役職に就いて政務に当ったのである。さらに国政・軍事・帝室に関する重要事は、ベイレたちがアンバン（amban／大臣）と呼ばれる重臣たちと合議してハンの親裁を仰いだ。このような合議制は後の議政王大臣会議[33]の源流となったが、他方、特定の宰相を置かず合議結果に必ずしも制約されないというハンの親裁・専決の伝統もまた、後代に受け継がれた。

入関当初、ホンタイジの弟ドルゴン（Dorgon 多爾袞）が摂政王として政務を主導し、また幼い康熙帝を上三旗人の四輔政大臣が補佐したように、旗王と上級旗人が皇帝を支え、その下で八旗が文武官員として行政・軍務を担うという入関前に築かれた体制は、その後も長く基本型となった。

（2）学説史と本書の課題

さて、以上にまとめた八旗制と清初国家についての像は、東洋史学そのものの黎明期にまで溯る研究史をもつ。そこで、これまでのマンジュ人・大清国家に焦点を合せた研究——ここでは「清朝・満洲史研究」と呼んでおく——の展開をふり返り、本書の位置と取り組むべき課題を明らかにしたい[34]。

「清朝・満洲史研究」を切り開いたのは、日本の湖南内藤虎次郎と中国の孟森である。内藤が瀋陽・盛京宮殿《せいけい》で『満文老檔《ろうとう》』を〝発見〟し、これを撮影・将来したことが、現在に至るまでの日本の「清朝・満洲史研究」の隆盛の礎となったことは、よく知られていよう。同時に内藤は、一九一〇―二〇年代に「清朝衰亡論」・「清朝史通論」といった講演や、「清朝姓氏考」・「清朝初期の継嗣問題」などの個別論文を発表して、通史的枠組みをいち早く示すとともに、政治史・制度史の論点を提示した[35]。一方、初めて八旗制を専論したのが、孟森の大作「八旗制度考実」［一九三六］である。この論文で孟森は、八旗を単なる軍制ではなく政治・行政制度であると喝破して、建国当初の国制を連邦制、連旗制と断じ、それが雍正帝に至って旗王権力が抑制されていく過程として描いた。現在もそこから出発すべき——拠るにせよ批判するにせよ——研究である。これら両先学の研究は、清室の起源、国初のベイレの地位と顔ぶれ、帝位継承と政争、旗王領旗の比定とその変遷、八旗の官制や包衣など、現在に至るまでの論題を挙げ尽くした観があり、以後の研究は、久しくその枠組みや論点を追って展開されたといえる。

　この一九三〇年代には、それまで古代・中世の歴史地理中心に行なわれてきた日本の学界において、『老檔』や『清実録』が利用できるようになったことも与って、明代〜明末清初期の歴史や八旗制に関する研究が発展した。そこで焦点となったのは、第一はジュシェン諸勢力からヌルハチ政権に至る政治史・制度史研究、第二はジュシェン＝マンジュ人の社会集団・親族組織・社会身分についての研究、そして第三に、旗地を中心とした社会経済史であり、和田清《せい》・園田一亀《かずき》・鴛淵《おしぶち》一・旗田巍《はただたかし》・中山八郎・周藤《すどう》吉之らが活躍した。[36] とりわけ、内藤の学問を承けてマンジュ語一次史料に取り組み、戦後にかけて多くの成果を出した三田村泰助・今西春秋《しゅんじゅう》の功績は大きく、また諸研究を手厳しく批判して自ら大作「八旗満洲ニルの研究」（一九四二—五一）を発表した安部健夫を忘れてはならない。[37]

　このような状況は、第二次世界大戦後一変するが、それまでの蓄積を基に戦後再出発した日本の研究は、研究者数こそ激減したものの、再び世界をリードしていくことになる。そこには、いくつかの流れがあった。一つは、訳注本『満文老檔』（一九五五—六三年）として結実した、東洋文庫清代史研究室を拠点とした清初史研究である。これに携わった和田門下の神田信夫・松村潤・岡田英弘・石橋秀雄らは、以後研究組織面あるいは学説面で、学界をリードしていくこととなる。[38]

　もう一つの大きな流れは、宮崎市定『雍正帝』［一九五〇］によって江湖にも知られ、『雍正時代の研究』［一九八六］にまとめられた京都大学の雍正時代史研究である。これによって入関後の政治・制度研究が初めて本格的に開拓され、とりわけ奏摺政治の研究は、海外の学界にも影響を与えた。ただし、これは内藤から三田村・今西らが受け継いだ清初史・満洲史研究の流れではなく、同じく内藤に始まり宮崎が発展させた宋以降近世説・君主独裁制論といった中国史の文脈の上にあり、そこではマンジュ的要素は主題にはならず、むしろ融合・払拭されゆくものとみなされた。

この点で「清朝・満洲史研究」の担い手となったのは、東洋文庫グループと三田村・今西らとであったといえるが、前者は人物・制度や語彙、史料などの考証が中心で、八旗制やマンジュ＝大清国家そのものを正面から取り上げるものはなかった。この問題に取り組んだのは、一九六〇年代に活動を開始した阿南惟敬《あなみこれひろ》と細谷《ほそや》良夫である。細谷は雍正期を中心に次々と論考を発表し、旗・ニルの組織・編成やニル下の身分・法制の具体像を初めて明らかにした。代表作「清朝における八旗制度の推移」［一九六八ａ］は、単に入関後の八旗制研究に着手したというにとどまるものではなく、入関前史・雍正改革双方にふみこむ画期的論文である。また防衛大学校に勤務した阿南は、軍制としての面に徹して八旗制を研究し、とりわけ旗王のみならず旗人の旗属を初めて網羅的に検討して、旗組織の改編過程を明らかにした功績は大きい。早逝した阿南の業績は、『清初軍事史論考』［一九八〇］にまとめられている。意外なようだが、八旗制そのものを正面から扱った研究は戦前以来極めて乏しく、両者の活躍は特筆される。[39]細谷は、以後現在に至るまで八旗制研究を牽引している。

一九六〇年代にはまた、戦前以来斯分野をリードしてきた三田村が『清朝前史の研究』［一九六五］をまとめた。大作「ムクン・タタン制の研究」［一九六三―六四］はじめ、そこに収められた諸論文の価値はいささかも減じておらず、今も研究の出発点に据えられるべき名著である。三田村の研究の特徴は、氏族社会・狩猟社会的性格を重視し、明代から入関後までの連続性を強調する点にある。一方で、その書名に「清朝前史」と謳っているように、今西ともども、帝国そのものよりも、その前史としてのジュシェン史およびその連続面に中心があり、成立後の八旗制の展開とその構造の研究は、後進に委ねられているといってよい。また明代のジュシェン史については、江嶋壽雄・河内良弘が孜々として業績を積み重ねた。[40]

海外に目を転じると、中国においては、戦後に鄭天挺《ていてんてい》・王鍾翰《おうしょうかん》らの研究が出たが、他のあらゆる学問分野と同様、政治的動乱のために一九五〇―七〇年代においてはほとんど見るべきものがなかった。この時期目を惹くのは台湾であり、陳文石・陳捷先・李光濤・劉家駒・荘吉発らが多くの研究を発表し、とりわけ、一九六〇年代に『老檔』の原檔冊である「満文原檔」が再発見されたことは、世界の学界に衝撃を与えた。やがて一九七〇年代末以降、中国でも研究が再開されるとともに、檔案館（文書館）や現地調査活動の開放・解禁が進められるようになると、研究は新たな段階に入った(41)。

一九八〇年代以降の研究の流れは、大きくいくつかの方向に分けられる。一つは、八旗制研究・清初史研究の深化と拡大である。深化とは『老檔』から『旧檔』、あるいは原檔冊などといった、より根源的な史料への溯上とそれによる従来の成果の見直しであり、拡大とは、入関後のマンチュリアの駐防や現地住民などといった、それまで手が着けられていなかった対象への研究の広がりである。前者は神田・松村・細谷に加え、石橋崇雄らが満文史料に密着して再検討を進め、後者は松浦茂・増井寛也・柳澤明・楠木賢道《よしみち》らが、新出の檔案史料から切り開いていった。とりわけ増井は、一九九〇年代半ば以降、明代清初のジュシェン＝マンジュ氏族、さらには清初の政権形成史へと軸足を移して精力的に研究を発表し、内藤・三田村が先鞭をつけた課題を劇的に解決・深化させつつある。

研究が再開された中国でも、満漢文の檔案史料を用い、微細な人名比定・制度考証を行なった研究が次々と発表された。張晋藩・郭成康［一九八八］は現在に至るまで最も総合的かつ高水準の入関前国家史の成果であり、郭や陳佳華・傅克東らは、中国第一歴史檔案館所蔵の『歴朝八旗雑檔』や『八旗世襲譜檔』を駆使して実証的な研究を提示している。一九八〇年代以来発表された周遠廉・閻崇年・孫文良・白新良などの政治史・制度史研究、滕紹《とうしょう》箴《しん》・叢佩遠・蔣秀松らのジュシェン史・マンチュリア史も、その後の研究のスタンダードとなっている。なかでも注目されるのが、杜家驥《とかき》・劉小萌《りゅうしょうほう》の研究である。杜家驥［一九九八d］［二〇〇八］は、帝室と八旗という帝国の二つの根幹に着目し、それらを多角的・徹底的に検討して、八旗制から見た清朝国家を論じたものである。劉小萌［一九九八］［二〇〇一］は、より社会史的な取題・アプローチを採り、社会身分・社会関係や旗人社会のあり方に光を当てた。

もう一つの方向性は、国家や社会の全体的把握である。冒頭に触れたように、一九九〇年代以降、石橋崇雄は「複合多民族国家」という観点から国家像の描写を試みており、その原初の国家の核となる八旗制を「相互独立の関係にある八つの旗からなる部族連合」と表現する（［一九九七］［一九九八］［二〇一一］など）。このような理解・表現は、右に紹介した孟森の示す連邦国家像の系譜をひくものといえよう。これに対し、近年、谷井陽子が「八旗制度再考」（［二〇〇五―一三］）を発表し、従来の研究を根本から批判した。谷井は、孟森以来の「連旗制」的理解を批判・否定して、かつて安部健夫が未完の大作「八旗満洲ニルの研究」で主張した集権的官僚国家説(42)に立ち戻るべきであるとし、八旗はハンのもとで集中管理される官僚制的な制度であったと強力に主張するのである。谷井説、およびそれに対する私見については本論第五章で述べることにするが、一九九〇年代の石橋、二〇〇〇年代の谷井の八旗制度論・清朝国家論は、どのような態度を取るにせよ、研究者にとって避けて通ることのできない議論と言わねばならない。

他方、海外においては、北米における「新清史（New Qing History）」と称される潮流が注目を集めている。清朝の性格をどう捉えるかという問題は、既に一九九〇年代に「漢化」学派と「アルタイ」学派として論戦が行なわれたが(43)、とりわけ二〇〇〇年代には、支配者がマンジュ人であったこと、それが少数者による支配であったことが、清朝史ないし中国史においてどのような意味を持つかという論点が、その旗手であるエリオット（Elliott［2001］）によって強く問いかけられた(44)。この動きは、日本における清朝国家像をめぐる論争とは位相を異にするものの、エスニシティやマイノリティの面から国家・社会の捉え方・描き方を問うものであり、やはり清朝理解に見直しを迫るものであった。

このような研究状況のなかで、私がこれまで取り組んできたのは、八旗の制度的規定やその沿革からではなく、各旗の旗王・旗人の人的構成とそこで展開される諸関係に着目して、個別具体的な事例研究から八旗制の内実を照らし出し、そこから清初史・清初国家像を築きなおすことである。そこにおいて掲げ、本書においてあらためて取り組む課題は、以下の諸点である。

第一は、個々の事例に即した、八旗の内実の解明である。具体的に言えば、八旗各旗に見られる特徴の剔抉と、旗王―旗人関係の追跡・検討である。それぞれの旗においていかなる特徴が見出されるか、それは何に由来し、どのような意味を持ったか――八旗が入関前国家そのものである以上、これはマンジュ＝大清グルンの構造とその原理を探ることにほかならない。

第二は、八旗制に基づく国家とそれ以前の歴史との間の架橋である。一九九〇年代以降に増井と私が取り組むまでは、明代ジュシェン史と帝国形成史とはリンクを欠いてきたと言わざるをえない。その架橋を目指すとともに、形成されたマンジュ＝大清グルンを、ジュシェン＝マンジュ的伝統のみに還元するのでも、まして中国史の文脈に解消するのでもなく、八旗それ自体の中に独創の面と継承の面とをそれぞれ探り出すことを志す。(45)

第三は、八旗および清初国家の多面性についての整合的な説明である。ニルからグサに至る階層組織体系と旗王の属下支配との関係、ハン権力と旗王権力の関係、八旗と満蒙漢二十四旗制の関係――これらはそれぞれの説明がなされるばかりで、全体を整合的に説明しようとする試みはほとんどなかった。とりわけ根本的な疑問は、ハン権力そのものにまつわるダブル＝イメージである。従来の説明では、創業者ヌルハチの手腕・権威を当然視しながら、一方で八旗制に即するときは常に彼を「旗王の一人にすぎない」と形容してきた。況や二代目たるホンタイジの場合は言うまでもなく、しかもそれが順調に三人の兄ベイレを失脚させて、ハン権力の確立＝皇帝即位を果したのだという。(46) では、マンジュ＝グルンのハン権力とはどのようなものだったのだろうか。この素朴ながら根本的な疑問に対し、八旗制に即して解答を試みる。

そして第四に、それらを総合した国家像の構築である。これについては、「連旗制」と命名した孟森の理解と、氏族の連合体とする三田村の理解とがあり、さらに右に述べたように、谷井陽子の根本的批判がある。では、マンジュ人・八旗制に即した立場からは、どのような像を描くことができるだろうか。またそれは、マンジュ国家が勃興した一六―一七世紀の世界において、どのように位置づけることができるだろうか。

そこで本書では、一九九八年の第一作（学会発表要旨は一九九六年）以来発表してきた清初八旗制研究を総合して、これらの課題に対する解答を試みるとともに、先学の諸学説・批判をふまえながら、清初国家像・帝国史像を提示することを目指す。

まず第Ⅰ部「清初八旗の形成と構造」では、入関前を中心としつつ、八旗、すなわちマンジュ＝大清グルン政権の形成過程とその構成を考察する。第一章「八旗制下のマンジュ氏族」では、在来のジュシェン＝マンジュ諸勢力がいかなる形で八旗に組織され、八旗制・官制においていかに位置づけられているかを考察する。これに対し第二章「八旗旗王制の構造」では、視点を八旗各旗の側に移し、旗王分封の過程とその様態の検討を通して、領旗分封・主従関係設定の原則を明らかにする。これら二章により、八旗の内実と構造が立体的に明らかになるはずである。続く第三章「清初侍衛考」においては、八旗八分の並列構造から眼を転じて上下の求心構造、すなわちハン・諸王の身辺に注目し、彼らの親衛隊＝ヒヤ制を取り上げ、従来研究の手薄な同制の初歩的解明を試みるとともに支配のメカニズムを論じ、その淵源に説き及ぶ。第四章「ホンタイジ政権論覚書」では、ホンタイジの政権運営の特徴について、検討を加える。これら四章の検討から、マンジュ＝大清グルンの政権構造が実証的に明らかになるであろう。そして第Ⅰ部の総括として、第五章「中央ユーラシアのなかの大清帝国」において、八旗制の構造を提示し、その特質と淵源について述べる。

次いで第II部「「近世」世界のなかの大清帝国」では、近年、日本中近世史・中国近世史・東南アジア史などの分野で注目を集めている、一六―一七世紀という共時的特質への関心に立ち、大清帝国勃興の背景究明と位置づけを行なう。まず第六章「大清帝国の形成とユーラシア東方」においては、隣接分野の動向を念頭におきながら、大清帝国をめぐる研究状況を、それら同時代のユーラシア東方諸地域に関する研究成果と対照させつつ整理する。第七章「「華夷雑居」と「マンジュ化」の諸相」では、大清帝国勃興の時期に当る一六―一七世紀におけるマンチュリアの諸族雑居状況と、それに対するマンジュ＝大清グルンの組織・編成法をたどる。そして第八章「大清帝国形成の歴史的位置」において、本書全体を振り返って、巨視的に大清帝国勃興の位置づけを試みるとともに、帝国の支配構造を提示する。

ここで主要史料について簡単に説明しておこう。興起から入関に至る時期の最も重要な史料は、言うまでもなく『満文老檔』である。その収める範囲は一六〇七（万暦三十五）年から一六三六年の三〇年に及び、さらに現在では、その原檔冊である「満文原檔」が利用できるようになっている（神田［一九七一］）。「原檔」は、『旧満洲檔』（一九六九）・『満文原檔』（二〇〇五）と二度にわたって影印されており、本書では、より新しく鮮明な『原檔』を利用する。『原檔』は乾隆《けんりゅう》年間に割り振られた千字文番号で整理されているので、言及に際しては、各冊の呼称である「某字檔」を示す。また『老檔』には、一六〇七年以前と一六三三―三五（天聰七―九）年分が欠けているが、「原檔」が発現すると、その中に天聰九年分の檔冊が確認され、神田・松村・岡田によってただちに『天聰九年檔』として訳注・刊行された。(47) さらに、北京の中国第一歴史檔案館で、『老檔』欠落年次分を含む天聰～順治期の満文檔冊群である「満文国史院檔」が確認され、順次訳注が進められつつある。(48) これは「実録」編纂の稿本とみられ、欠落年次分はもちろん、同年次の檔冊であっても「原檔」系とは内容が異なっているので相互参照の要がある。とりわけ、『原檔』の欠落している国初の部分の草稿とみられる満文檔冊が発見され、石橋崇雄・松村がそれぞれ訳注を発表したことは大きな収穫であった[49]。

このように満文檔案史料にはまま欠落年月や内容の異同が存するため、実録のもつ史料価値は依然として高い。しかし、ヌルハチの実録は崇徳の初纂以来順治・康熙・乾隆の四回、ホンタイジのそれも順治〜乾隆の三回にわたって重修されており、しかも各々満漢文本が存在するため、実録の利用に際しても檔案史料に劣らず版本・系統の確認を要する。現在利用しうる最良のテキストは、ヌルハチは順治重修の『太祖武皇帝実録』満漢文本、ホンタイジは順治初纂の『太宗文皇帝実録』満漢文本であり、何れも乾隆四修・三修本とは巻数・内容ともに異なる[50]。加えて、上引の『満洲実録』は、固有名詞の表記法こそ乾隆期のものであるが、その内容は順治『武皇帝実録』と同じく、絵図とともに、貴重な史料である[51]。

一方、八旗の基本史料となるのは、勅纂政書「八旗通志」である。この書は、一七三九（乾隆四）年告成の『八旗通志初集』（満漢両本）と、嘉慶年間（一七九六―一八二〇）に成った『欽定八旗通志』（漢文本のみ）との二版が存する（以下、総称するときは「八旗通志」と示す[52]）。なかでも、禁旅八旗の全ニルにつき、編成以来の管轄者の継承過程を旗ごと・ジャランごとに列記した「旗分志」は、ニルを網羅的かつ系統的に記した唯一の史料として非常に重要であり、八旗に関し貴重な情報を提供する（細谷［一九六八b］）。加えて、それらの原資料となった「歴朝八旗雑檔」「八旗世襲譜檔」といった檔案群も利用する（杉山清彦［一九九九］；楠木［一九八七］；綿貫哲郎［二〇〇〇］）。

また、旗王・旗人の人物や系譜については、各種の伝記史料と族譜類がある。伝記史料の基本となるのは「八旗通志」、とりわけ『初集』の列伝であり、本書でもこれを基本として、以下『二集』列伝・『国朝耆献類徴』・『清史列伝』など国史館列伝系列の諸伝や、『碑伝集』・『八旗文経』・各種文集に収められた家伝・碑誌類を参照する。系譜・族譜については、旗人の家系・伝記を氏族ごとにまとめた『八旗満洲氏族通譜』を基本とし、個別の族譜や上述の家伝・碑誌類を利用する（概要は多賀秋五郎［一九八一：四七〇―四七七頁］）。帝室については、これら諸書に伝記が収められているほか、族譜として『愛新覚羅宗譜』・『星源吉慶』（『星源集慶』、松村［一九六三］；杜家驥［二〇〇三］）がある。なお、史料の利用版本および略称については、参考文献一覧を参照されたい。

第三節　歴史的展開

(1) ジュシェン＝マンジュ諸勢力の系譜と変遷

本論に入る前に、より詳しく歴史的展開をたどっておきたい(53)。

ジュシェン＝マンジュ人は、ユーラシア東北部に散居していたツングース系の諸集団の総称である。彼らは原語ではジュシェン（jušen）といい、モンゴル人からはジュルチン・ジュルチト（jürčen/jürčid）と呼ばれ、漢文では女直・女真と表記された。しかし、そもそもジュシェン＝マンジュ人諸集団には、共通の始祖説話や血縁ないし血縁擬制関係、あるいは歴史観などの共有はみられず、ジュシェンないしマンジュと称する人びとの内実は、極めて多様であった（細谷［一九九〇］；杉山清彦［二〇一一a］）。時系列的に見ても、金代の「女直」と元・明代の「女直」、さらに清代の「満洲」は、広義には前身・後身の関係にあるが、厳密には同一の集団の先世・後裔というわけではなかった。

一方でジュシェン人には、自分たちを明・朝鮮・モンゴルと接し、言語によってそれら諸国人と区別される一つのまとまりをなすものとする意識が存しており、この未だ統合されざるまとまりを〝ジュシェン国〟と呼んでいた。

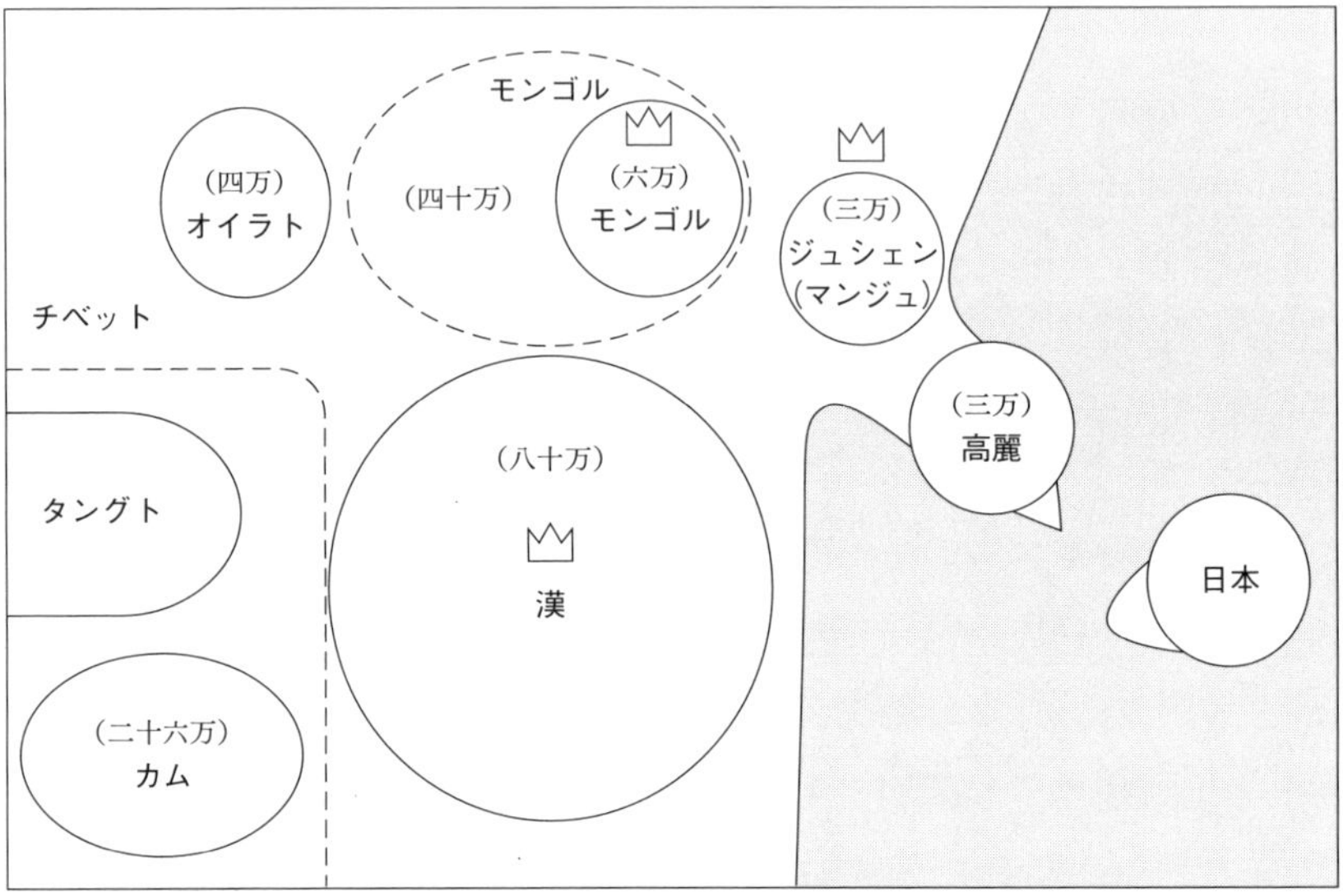

図 0-1　モンゴル・マンジュの王統観念と世界観

注）「万」＝万人隊（トゥメン）によって集団を把握・表現し，それぞれの王統・支配権を「政」（Ma. doro < Mo. törü）と表す。モンゴルは北遷で減ったとして「六万」と称したが，なお「四十万」と号することもあった。

出典）杉山清彦［2011a］。

『原檔』は、一六一九（天命四）年のヌルハチによる全ジュシェン統合を寿いで、

［0―3］漢人の国（nikan gurun）から東のかた日の浮かぶ海（日本海）に至るまでの、高麗国（solho gurun）以北、モンゴル国（monggo gurun）以南の、ジュシェン語の国（jušen gisun i gurun）をみな討ち従え尽した。

と誇らしげに記す[54]。ここに示されるように、彼らは自分たちの世界を、「漢人の国《ニカン=グルン》」すなわち明、「高麗国《ソルホ=グルン》」すなわち朝鮮、それにモンゴルと接し、言語によってそれら諸国人と区別される、一つのまとまりをなすものと認識していたのである（図**0-1**）。つまりジュシェン国とは、政治的統合の有無にかかわらず、周囲の漢《ニカン》・高麗《ソルホ》・モンゴルとは区別される〝ジュシェン人のくに〟というまとまりを意味したのである（神田［一九七二：三一頁］）。ここで対置される

ニカンとは、人を指せば漢人、土地を指せばその住地である漢地を意味する語で、学術用語としての「シナ」に近い(55)。ソルホも同じで、朝鮮人とその住地たる半島をこのように呼び、王朝名としての「朝鮮（coohiyan）」とは区別して用いられた。そして、彼らの観念では、モンゴル人に大ハーン、漢人に皇帝、朝鮮人に国王がいるように、自分たちもハンを戴くべきものであるが、現実には金の滅亡以来自分たち自身のハンは不在で、他国の君主の支配や干渉を受けているものと認識していたのである。マンジュ五部の一領主から身を起したヌルハチの覇業とは、このジュシェン国の政治的統合を実現したものであり、その王朝の名前がマンジュ国であり後金国であったのである。

本書においては、この観念と範囲を念頭に、現代の中国領東北部東部とロシア沿海地方にまたがる、ツングース系諸集団が歴史的に活動した舞台を、マンチュリアと呼称することにする(56)。またジュシェン人とは、一般にジュシエン出自の者であってマンジュ＝グルン成員でない場合（ヌルハチの登場以前、あるいは未だその傘下に加わっていない集団）に用いるものとし、マンジュ人は、ジュシェン出自のマンジュ＝グルン成員、と使い分けることにする。

前史に溯ると、ジュシェン＝マンジュ人の先世は、かつて一二世紀初めに金帝国を打ちたてたが、一三世紀にモンゴル帝国によって滅ぼされ、他方、マンチュリアに残っていた集団はモンゴルの軍事・行政体系下に組み入れられた。モンゴル帝国の根幹をなす遊牧集団は、千人隊《ミンガン》（mingγan）を基幹とする十進法組織に編成されていたが、その最大のものが万人隊《トゥメン》（tümen）すなわち万戸《ばんこ》であり、彼らジュシェン人も、万戸を長とする万戸府《トゥメン》という軍事・行政単位に編成された。松花江流域では、フリカイ（胡里改）諸部がオドリ（斡朶里）・フリカイなど五つの万戸府に組織され、より北方の黒龍江下流域では、ウディゲ（兀的改《ウディカイ》）すなわちウェジ（ウジェ）諸集団が、ギレミすなわちニヴフ（ギリヤーク）系の人びととともに管兀者《ウジェ》・吉列迷《ギレミ》万戸府（のち吾者《ウジェ》野人・乞列迷《ギレミ》等処諸軍万戸府）に編成された。

一四世紀後半、元明交替の動乱によってこの秩序が動揺すると、北方のウェジ諸集団が南進して東流松花江・フ

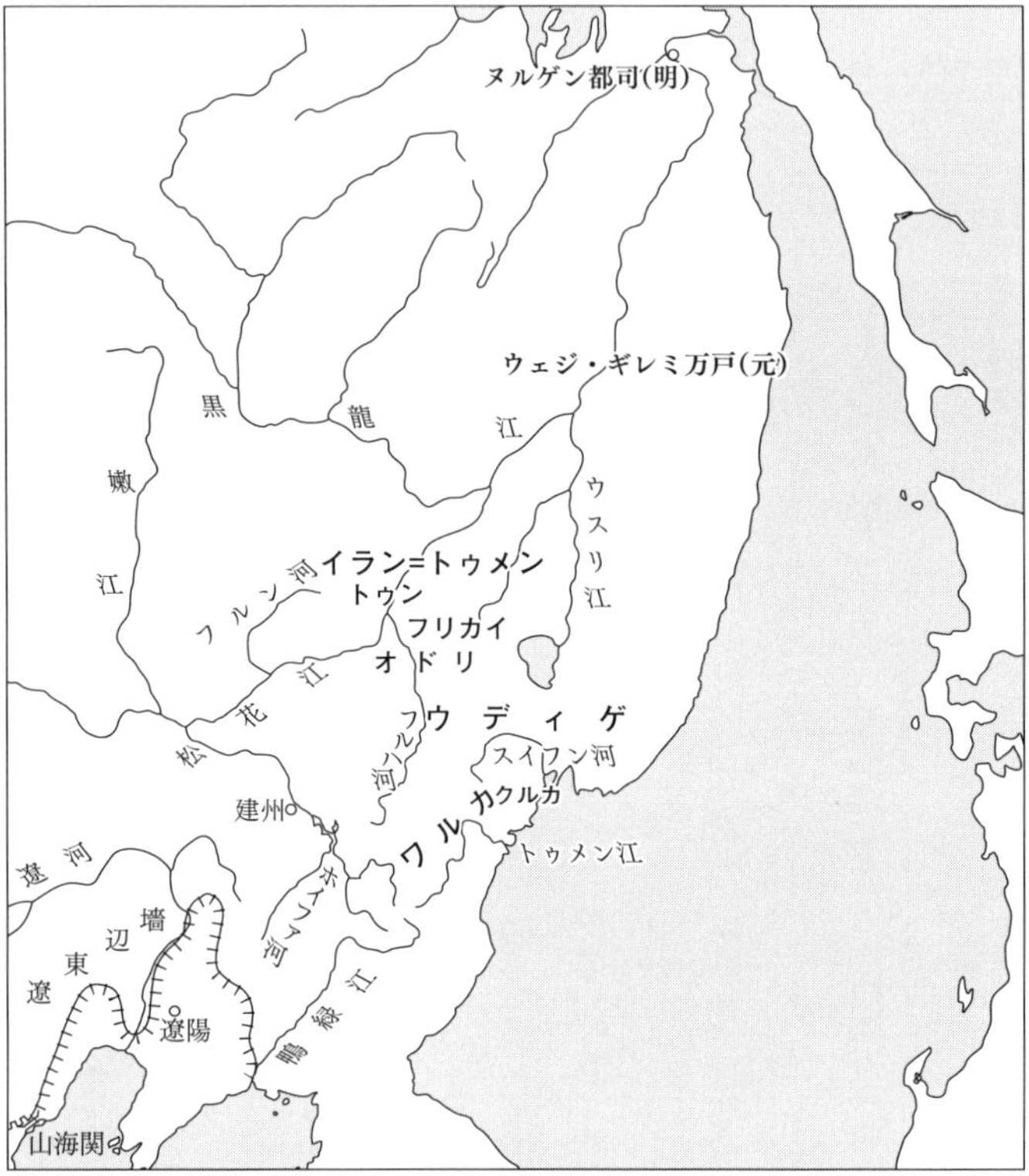

図 0-2　元末〜明初期のマンチュリア

ルン（呼蘭）河流域一帯に展開し、五万戸府はこれに逐われて、その中心勢力であるオドリ・フリカイ集団は松花江上流域・トゥメン（図們・豆満）江流域へと南下した。五万戸府の後身であるオドリ・フリカイ・トゥン（桃温）は三万戸すなわちイラン＝トゥメン（ilan tumen）と呼ばれ、トゥンは姿を消すものの、この語はのちのちまで彼らの代名詞となる。

　これらジュシェン諸集団は、一五世紀初頭に明の永楽帝が積極的な服属勧誘活動を展開すると、朝貢貿易の利を目当てに次々とこれに応じ、明の軍制に準拠した衛所（羈縻《きび》衛所）に編成された。かくてフリカイ万戸《トゥメン》のアハチュ（阿哈出）が建州衛、オドリ万戸の童モンケ＝テムル（猛哥帖木児）が建州左衛、またウェジ野人万戸のソシェンゲ（鎖失哈・瑣勝哥）らは兀者衛に編成され、前二者は後の建州女直の、後者は海西女直の起源となった。建州女直が、以後もアハチュ家の建州衛とモンケ＝テムル・ファンチ

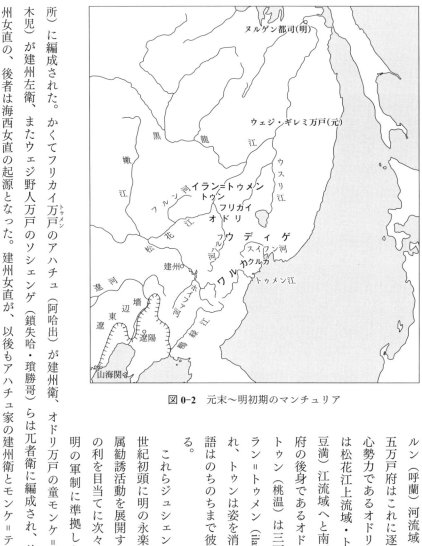

ャ（凡察）兄弟の建州左衛・右衛との三衛を基幹としたのに対し、ウェジ諸勢力は次々と新たな衛所に編成されていき、それらも全て海西衛分として把握された。

明代のジュシェン人といえば、一般に建州・海西・野人女直という三区分が有名だが、その区別は、このように明が設定した衛所の区分に依拠するものにすぎず、彼ら自身は、自分たちをオドリ・フリカイとウェジ、それにワルカ（兀良哈）として捉えていた。このうちウェジ系諸集団は金代以来の古称を引くウディゲ（兀狄哈）とも汎称され、フルン（忽剌温）とクルカ（骨看・闊児看）、およびそれ以外のニマチャ（尼麻車）・ナムドゥル（南突・南訥）などのウェジ諸部に大別される。これらに対し、ワルカはトゥメン江流域にいた別系統の集団で、クルカなどと隣接するとともに、南遷してきたオドリ集団と混住し、一半はこれと行動をともにした。明側が建州女直に数える毛憐衛が、これに当る。

ジュシェン人は、河川流域の狭小な平地で営む畑作農耕を主生業とし、狩猟・採集活動でそれを補う生活を営んだが、土地そのものにはそれほど固執せず、住地・耕地の移動すなわち遷住を比較的頻繁に繰り返した。その狩猟・採集活動は、食糧獲得というよりは商業目的で、貂皮と朝鮮人参といった輸出用の奢侈品が主眼であり、三田村は、彼らの狩猟社会的性格と商業面での才覚・手腕とを強調する（三田村［一九四九］［一九六三—六四］）[57]。

彼らの社会は、ベイレやアンバンと呼ばれる領主層と、ジュシェンあるいはハランガといわれるその属下・領民とから構成され、それぞれの領主のもと、数戸から数十戸程度の集落をつくって農業・交易・狩猟採集、さらには外敵との戦闘・防衛に従事した。これらのうち大規模な集落、あるいは複数の集落を統率する有力領主が明に入貢して公認を受け、内にあっては部族長、明に対しては都督・都指揮使など武官職を有する朝貢者となったのである。

一方で、文化的・社会的に関係が密であったのは、明よりもモンゴルであった。例えば、かつての金の女直字が廃れた後は、ジュシェン人たちは書面ではジュシェン語をモンゴル語に訳してモンゴル文字で筆記しており、漢字漢文を解する者はほとんどいなかった（和田［一九五二：六三七―六三八頁］；河内［一九九七］）。

大は部族長から小は一般家庭に至るまで、ジュシェン人の家はエジェン（ejen）すなわち主人とアハ（aha）すなわち奴僕・奉公人からなっていた。主人は交易や戦争など対外的活動を掌り、奴僕・奉公人は耕作や家畜の世話など、主に生産労働に従事した。両者の関係は、明確な分業と厳格な上下関係のもとにおかれていたが、同時に一方が欠ければ他方は立ちゆかないという関係でもあり、その結びつきは極めて強固であった。厳格であると同時に緊密・親密であるというこのような関係は、家庭内から君臣関係に至るまで、彼らの社会秩序の根底をなした。

ジュシェン社会においては父系の出自とその門地の高下が重視され、相続においても母親の出自・地位による嫡庶の別が問題とされた。彼らにとって資産や権利・義務は一族の共有と観念されており、それに与る資格は嫡出者間において平等であった。家産は分割相続で、長じた子から順に資産を分与されて独立してゆくことが一般的だったが、指導者の地位については、父子継承を前提としつつも、後継者指名や長子相続などの原則は存在しなかった。このため集団はたえず分化を繰り返し、また首長位の継承をめぐって紛争が絶えなかった。[58]

さて、これらジュシェン諸集団は、当初は明への朝貢貿易の利によって羈縻されていたが（江嶋［一九九九：第二篇］）、成化年間（一四六五―八七）以降の貂皮貿易（さらに、後には人参貿易）の急発展と、明・朝鮮の出兵による打撃や朝貢・授官規定の変更といった政治的要因とによって、一五世紀後半以降、急速に勢力交替とそれに伴う政治的秩序の再編成が進んだ（江嶋［一九六二］；三田村［一九六三―六四：第三節］；河内［一九九二：第II部］）。元来ジュシェンの諸首長が明から授官される際に下付される辞令は勅書（ejehe）と呼ばれたが、入境・朝貢の際に身分証明の役割を果したことから、事実上貿易許可書として機能するようになっていた。このため、交易の発展に伴って他人名義の入貢や名義書換えなどの不正、あるいは勅書の争奪などが激化し、貿易利権を掌握した新興勢力が急速に抬頭したのである。[59]また、一四四〇年代にオイラト全盛期のモンゴルの侵入で海西諸衛が蹂躙されたり、部下の掠奪行為の責任を問われて、一四六七年にモンケ＝テムルの子チュンシャン（童倉・董山）らが逮捕・処刑されるとともに、明・朝鮮軍によってアハチュの孫の李マンジュ（満住）らが討ち取られるなど（成化三年の役）、たびたび政治的打撃を蒙ったことも、首長層の求心力の低下と新興勢力の擡頭に拍車をかけた。

この結果、一六世紀初め以降、建州三衛の首長の世系はたどれなくなり、同じ頃、フルン四国が交易の利を集約しやすい辺墻隣接地に形成された。一六世紀後半の状況を、『満洲実録』は以下のように伝える。[60]

［0—4］その当時、各国が乱れていて、マンジュ国のスクスフ（Suksuhu 蘇克素護）部、フネヘ（Hunehe 渾河）部、ワンギヤ（Wanggiya 完顔）部、ドンゴ（Donggo 董鄂）部、ジェチェン（Jecen 哲陳）部、白山（Šanggiyan Alin／長白山・白頭山）地方のネエン（Neyen 訥殷）・鴨緑江部、東海地方のウェジ（Weji 窩集）・ワルカ（Warka 瓦爾喀）・フルハ（Hūrha 虎爾哈）部、フルン（Hūlun 扈倫）国のウラ（Ula 烏拉）部、ハダ（Hada 哈達）部、イェヘ（Yehe 葉赫）部、ホイファ（Hoifa 輝発）部では、各地に盗賊が蜜蜂のように群れをなして起り、各自がハン・ベイレ・アンバンと僭称して、村ごとに長、族ごとに頭となって互いに攻め戦い、兄弟でさえ殺しあい、一門が多く力の強い者が、弱く臆している者を虐げ掠奪し、大いに乱れていた。

すなわち、南方の撫順辺外から鴨緑江方面では、建州三衛の後身のマンジュ五部が形成され、その北方ではハダ・ウラ・イェヘ・ホイファのフルン四国が興った。それら以東の日本海沿岸～松花江下流域方面にはワルカ・ウェジ・フルハなどの諸部が、また黒龍江中流域方面には黒龍江フルハ部・ソロン部などと呼ばれる集団が散居し、嫩江方面では、シベ（Sibe 錫伯）部・グワルチャ（Gūwalca 瓜爾察）部がモンゴルのホルチン（Qorčin 科爾沁）部に従っていた[61]（図0-3）。以下、ジュシェン系諸集団の呼称は彼らの自称による。

ヌルハチの登場以前、これらのうち求心力のある政権に組織されていたのはフルン四国だけで、ハダとイェヘ、

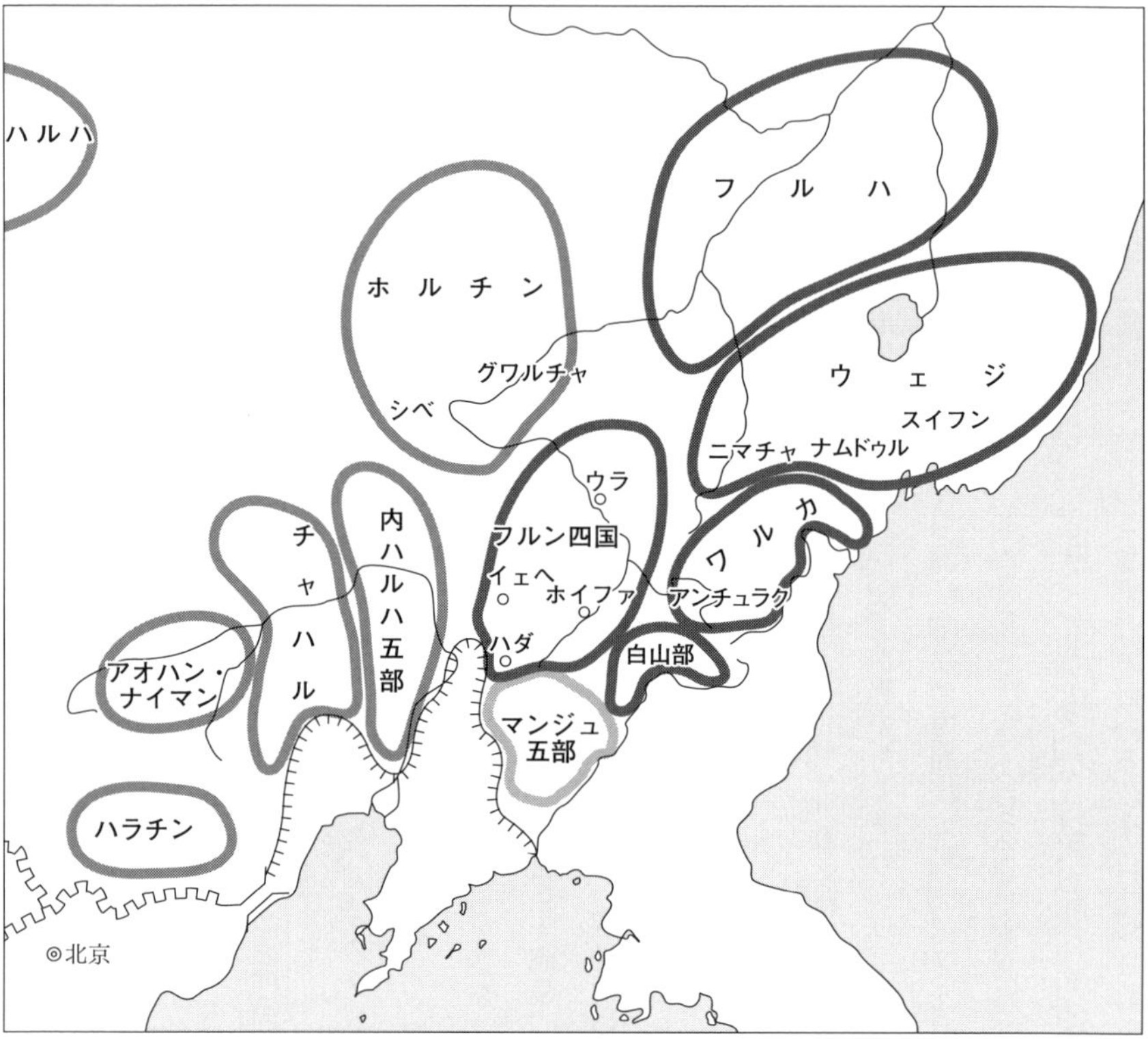

図 0-3　マンジュ勃興期の東北アジア

さらに奥地で流通ルートを押えるウラは、そのそれぞれが、マンジュ五部に匹敵するほどの勢威を誇った（三田村［一九六三―六四：第三・四節］；今西［一九六七：九〇―九一頁］）。なかでも明と結んで強盛を誇ったハダの国主ワン（Wan／王台）はハン号を称して、ワン＝ハンと呼ばれる。一方、建州三衛の後身であるマンジュ五部では、多数の中小勢力が乱立して覇を競っており、要地ヘトゥアラ（Hetu Ala 赫図阿拉／老城）に拠ったヌルハチの祖父ギオチャンガ（Giocangga 覚昌安）・父タクシ（Taksi 塔克世）は、このうち右衛の後身に当るスクスフ部の領主の一人であった。しかし、彼らが活動した頃は、出自不明の梟雄・王杲《おうこう》（一五二九―七五）が蘇子河畔の要衝グレ（Gure 古勒）城に居を構えてマンジュ五部を席巻しており、一五七四（万暦二）年に明将李成梁が討伐するまで、これに附庸を余儀なくされていた（園田［一九五三：第二章第一・二節］）。そして王杲の遺子アタイ（Atai 阿台）が再度李成梁に討滅された一五八三年、ヌルハチがマンジュ統一の兵を挙げるのである。

（2）マンジュ＝グルンから大清グルンへ

ヌルハチは、一五五九（嘉靖三十八）年にタクシの長子として生れた。祖父ギオチャンガ六兄弟は、蘇子河上流のヘトゥアラ盆地に割拠したニングタ＝ベイレ（Ninggutai beise）と呼ばれる豪族で、その一人であるギオチャンガは、王杲が排除された一五七〇年代後半には、スクスフ部東半をほぼ支配下に収めていた。

ところが一五八三年、王杲の子アタイのグレ城落城の際に、明軍に協力したギオチャンガとタクシが戦場で不慮の死を遂げたのである。このとき二五歳だったヌルハチは、僅か十数騎の手勢だけで独り立ちせざるをえなくなった。これがヌルハチの挙兵といわれるもので、挙兵といっても明との戦争ではなく、マンジュ内部の群雄割拠の中に一豪族として参戦した、というにすぎない。しかし、類い稀なる軍事的才能と傑出した政治指導力を有していたヌルハチは、わずか六年足らずでマンジュ五部を統一し、強力な求心力をもつ政権を打ちたてた。これがヌルハチのマンジュ＝グルンである。(62) 当初の政権は、明から建州左衛都督の称号を授けられたヌルハチと、右衛都督を与えられた同母弟シュルガチ（Šurgaci 舒爾哈斉）とがそれぞれ家臣団を従え、全体としてヌルハチの統制に服するという形で組織されていた。彼は服従させた旧首長層を居城フェアラ（Fe Ala 費阿拉／旧老城、一六〇三年以降ヘトゥアラ）に集住させて在地から切り離し、あわせて勅書の分配権すなわち貿易の権利を一手に握ることで、臣下を強力に統制した。

当時、遼東における明の実力者は遼東鎮総兵官の李成梁で、ジュシェン事情にも精通し、ヌルハチ一族ともギオチャンガの代から関係があった。李成梁は、ワン＝ハンの死後内紛の続くハダに見切りをつけてヌルハチとの提携に切り替え、彼を通してジュシェン人を統制する方針を取り、代りにマンジュ＝グルンの拡大を黙認した。そのもとで、ヌルハチはまず急速に衰えていたハダを一五九九（万暦二十七）年に併合し、ついで一六〇七年にホイファを滅ぼすとともにウラを破って日本海方面に本格的に進出し、東海諸部に食指を伸ばした。

このような国勢の急激な膨脹をうまくコントロールするため、ヌルハチはハダ併合を機に本格的な統治・支配の組織・制度の整備を進めた。国家の基本組織として八旗制度を創設・整備し、国務処理のため五大臣を筆頭とする政務組織を整えていったのもこの時期である（増井［二〇〇七］）。一五九九年に創案されたと伝えられるマンジュ文字による記録・文書作成も、そのような努力の一環とみることができよう。

折から、ヌルハチの勢力を抗いがたいものとみて友好関係に入った南モンゴル東部の内ハルハ部が、一六〇六（万暦三十四）年にヌルハチにクンドゥレン＝ハン（Kundulen Han／恭敬汗）の称号を奉呈した。多分に外交儀礼的とはいえ、正統なモンゴル勢力からハンの称号を贈られることはユーラシア世界では非常な権威であり、ヌルハチはそれまでスレ＝ベイレ（Sure Beile／聡睿貝勒）と呼ばれていたが、これ以降ハンと称されるようになる。

その最中の一六〇八（万暦三十六）年、老齢の李成梁が失脚し、明の方針が一変した。もはやヌルハチは強大になりすぎたとみて、残されたイェへを支援してマンジュの抑え込みにかかったのである。ヌルハチの権力は、明との良好な関係を前提とした対明交易の独占と臣下への利益分配を要としていたので、対明関係の悪化と交易の停滞は政権そのものの危機であった。そこでヌルハチは、政権の動揺・分裂を防ぐため機先を制してシュルガチを失脚させて権力の一元化を図り（一六〇九）、あわせて右のように明の権威・権力によらない国家建設を進めたのである。

一六一六年、ヌルハチは臣下からハンに推戴されてゲンギェン＝ハン（Genggiyen Han／英明汗）を称した（後金国)。二年後の一六一八(天命三)年、ヌルハチは対明関係の修復を不可能と判断して開戦にふみきり、翌年に明の遠征軍をサルフ(Sarhū 薩爾滸)の戦で粉砕するとともに最後に残ったイェへを滅ぼし、ジュシェン統合を果す。一六一九年のジュシェン系五カ国の統合は、ヌルハチ政権たるマンジュ後金国と〝ジュシェン国〟との一致であった。これを寿いだのが、[0―3]の『原檔』の記事であった。ついで一六二一(天命六)年に遼東平野に本格的に侵攻して明の統治拠点である瀋陽・遼陽を奪い、多数の漢人農民の住まう遼東の農耕地帯を支配下に収めた。これに伴って遷都を繰り返し、最終的に一六二五(天命十)年に瀋陽に都を定めた。以後、瀋陽は北京への遷都後も清一代を通じて陪都とされ、盛京城・奉天府と称されることとなる。

しかしながらヌルハチも、その権力をいかに円滑に継承するかという課題には悩まされ続けた。ヌルハチは安定的にハン位を継承させるべく、長子チュエン(Cuyeng 褚英)、次いで次子ダイシャン(Daišan 代善)を自らの後見のもと執政に当らせて、早い段階から後継者としての既成事実を積み重ねようとしたようである。しかし、これほど慎重を期してさえ、特定の一人を偏重することは諸弟・重臣との軋轢を生み、いずれも失敗したばかりか、チュエンは逆に父とまで対立して処刑されるに至った。結局ヌルハチは特定の後継予定者を立てることはなく、年長の嫡出子であるダイシャン・マングルタイ(Manggūltai 莽古爾泰)・ホンタイジとシュルガチの子アミン(Amin 阿敏)を四大ベイレとして、それ以下の王族・重臣たちとともに共同で国政を分担させた(図**D**)。

一六二六(天命十一)年八月、ヌルハチが六八歳で病没すると、(63) 王族会議が開かれ、四大ベイレのうちから最年少で序列最下位のホンタイジが第二代ハンに選出された(位一六二六―四三)。ホンタイジは、即位後ただちにモンゴルへ出兵するとともに朝鮮に侵攻してこれを服属させ(丁卯《ていぼう》の役)、ついで遼西の攻略が困難であるとみると、迂回して西方から長城線を突破し、一六二九(天聡三)年には初めて北京を包囲した(己巳《きし》の役)。一方で、軍事力一辺倒ではなく和戦両様の手段で勢力拡大を図り、南モンゴルの諸勢力の取り込みに意を注ぎ、また投降してきた大小の明軍部隊を鄭重に迎え入れて戦力強化を進めた。なかでも、一六三三―三四年に投降した明の部将孔有徳・耿仲明・尚可喜は新式火砲を含む大部隊を率いており、ホンタイジは彼らを厚遇して、孔・耿の軍団を天佑兵、尚のそれを天助兵と称して、在来の統属関係を維持したまま迎え入れた（細谷［一九八七］）。

内政面では、ホンタイジは即位当初三人の兄ベイレと共同で南面して臣下から礼を受けるなど集団指導体制で国務に当っていたが、敗戦や不敬などを口実に、アミンを失脚させダイシャン・マングルタイを弾劾し、単独での執政を実現していった。これを果しつつあった一六三五（天聡九）年、モンゴル再統一の途上で急死した北元宗家のリンダン＝ハーンの遺子エジェイとその部衆が、「大元伝国の璽」なる国璽を携えて帰順した。これを受けて、ホンタイジは同年まずジュシェンの称をマンジュと改め、翌一六三六年に八旗・モンゴル諸王・漢人軍団から推戴されて、皇帝位に即き「大清＝ダイチン」の国号を定めたのである。

ホンタイジの時代、機構・制度の整備が着々と進められ、国家としての体裁が本格的に整えられていった。既に一六三一（天聡五）年に明の中央官庁を模した六部が設置され、大清建国の一六三六年には、内国史院・内弘文院・内秘書院の内三院と都察院が設けられた。内三院は文書記録を扱うハンの官房であった文館を拡大改組したもので、後の内閣の前身となる。さらに一六三八（崇徳三）年にはモンゴル事務を担当する蒙古衙門《がもん》を改組して理藩院を置いた。また一六三六―三七年には、皇帝選挙に加わらなかった朝鮮に再出兵して屈服させ（丙子の役）、明に対しては遼西回廊の制圧を進めた。しかし、決定的な軍事的勝利や講和・通商には至らず、大局的には事態を打開できぬまま、ホンタイジは一六四三（崇徳八）年八月に急死した。

ホンタイジが没すると、ただちに王族会議が開かれ、激しい議論の末、僅か六歳の第九子フリンが次代皇帝に選出された。これが第三代の順治帝（位一六四三―六一）であり、摂政王となった叔父の睿《えい》親王ドルゴンが事実上政治を指導する時代が幕を開けた。その直後の一六四四年三月、李自成の乱で北京が陥落し、明が内部から崩壊した。

このとき山海関を守っていた明将呉三桂は援助を乞うて清側に帰順したため、ドルゴン指揮する清軍は遂に関内に入った。これが入関であり、以後二六〇年以上に及ぶ漢地支配の始まりという一大画期となった。

北京に入ったドルゴンは遷都を下令して、一時的占領ではなく恒久的支配の意志を明示し、早くも九月に順治帝を北京に迎えた。一方で南明・流賊勢力には態勢を整えるいとまを与えず、ただちに追討軍を繰り出し、入関後僅か二年で華北・華中の大半を支配下に収めることに成功した。しかし、果断であるぶん強権的であったドルゴンの執政は、それに対する反発も根深く、一六五〇（順治七）年にドルゴンが没するとたちまち反対派の巻き返しが起り、翌年早くも生前簒奪の意ありとして告発されて、ドルゴン派は一掃された。かわって親政を開始した順治帝は、ドルゴンの正白旗を没収して鑲黄・正黄・正白の三旗を皇帝直属軍団とした。これが上三旗の成立である。

順治帝が天然痘で二四歳で没すると、初めて王族会議ではなく遺命によって、八歳の第三子玄燁《げんよう》が即位した。これが康熙帝（位一六六一―一七二二）である。当初、四人の輔政大臣が任じられて政務に当ったが、康熙帝は一六六九（康熙八）年に輔政大臣を退け、一六歳で実質上の親政を開始する。以後の帝の治世は、一六八〇年代末を境に大きく分けられる。前半の二〇年は、三藩の乱（一六七三―八一）・ブルニの乱（チャハル親王、一六七五）・鄭氏台湾（～一六八三）・対ロシア戦争（～一六八九）と、なお帝国の命運は予測のつかない危機の連続であった。精力的に陣頭指揮に当った康熙帝は、一六八三（康熙二十二）年までに長城以南の支配を最終的に確立し、一六八九（康熙二十八）年にはネルチンスク条約によってマンチュリアからロシアを閉めだして（吉田金一［一九八四］）、入関以来の二代にわたる南北の懸案を解決したのである。

しかし、これと入れ替るように、西モンゴル・オイラト部族連合の一つであるジューンガルの英主ガルダン゠ハーンが北モンゴルに侵入し、以後七〇年にわたるジューンガル帝国との対決が始まった（岡田［一九七九］）。この時期にはまた、帝の諸子が成年に達して続々と旗王に就封し、後継争いが深刻化してゆく（鈴木真［二〇〇一b］

［二〇〇三］［二〇一一］）。長きにわたる暗闘の末、帝位を手にしたのが第四子胤禛《いんしん》すなわち雍正帝（位一七二二―三五）である。雍正帝の時代は入関から既に八〇年、ヌルハチの建国からは一世紀余が過ぎ、また帝国の版図は黒龍江から南シナ海にまで拡大していた。帝が奏摺を駆使して政務に精励し、支配の仕組みを再構築していったことはよく知られている。これを受けて登位した乾隆帝（位一七三五―九五）は、一七五〇年代に宿敵ジューンガルを滅ぼして、ジュンガリア・東トルキスタンにも版図を広げ、帝国は最大領域に達した。

顧みて看取されるのは、帝国の拡大は一貫した構想に基づき何らかの目標へ向けて進められたものではなく、当面の課題に対応してゆく中で、多分に状況依存的に進行したということである。それゆえ、帝国を構成する各地域・諸集団が帰属した経緯もその服属の形態もそれぞれに異なっており、これを束ねているのは、アイシン＝ギョロ氏の大清皇帝と各集団それぞれとの間の君臣関係と、その下で八旗の旗人がその統轄・運営に従事するということのみであった。すなわち大清帝国は、冒頭に述べたように、マンジュ人皇帝を戴きマンジュ人が支配層を構成している帝国なのであり、その組織こそが八旗制だったのである。

そこで、以下その原初の姿に溯り、八旗制の内実とそれに基づいて組織・運営されたその国家のありさまを、見てゆくこととしたい。

第Ⅰ部　清初八旗の形成と構造

緒　論

入関前の国家が八旗制のもとに編成されていたのであるならば、八旗の組織とその構造とは、マンジュ＝大清グルンの国制とその内実にほかならない。そこで第I部では、形成期の八旗の構成を実証的に検討することを通して、マンジュ＝大清グルンの構造を闡明する。

そこで取り上げる論点は、次の三つである。まず、ジュシェン＝マンジュ諸勢力を統合したのがヌルハチ政権＝マンジュ＝グルンであり、その組織形態が八旗であるのならば、在来の諸勢力は八旗の中にいかなる形で組み込まれ、どのように位置づけられていたであろうか。これが第一の論点である。このことは、とりもなおさず、成立期のマンジュ＝グルンがいかなる原則のもとでどのような構成をとっていたかを示すものでもある。第一章においては、この問題を検討する。

ひるがえって、ハン・旗王が八旗を分領するという支配構造の面からみるならば、それぞれの旗の陣容がどのようなものであったか、各旗王と旗人の間にはいかなる関係があったか（あるいは、なかったか）という問題が浮上する。これが第二の論点である。そこで第二章では、八旗各旗における旗王への属下分与のあり方を検討し、旗王—旗人関係の原則、ひいては旗の編成・運用の原理を考察する。

さらに焦点をハン・旗王その人の周辺にしぼってみよう。すると、国家全体を八分する、それなりに大規模な属下・属民集団とは別に、ハン・旗王の身辺に扈従し、手足となって働く側近・秘書・警護の姿が確認できる。いったい国家や組織の運営には、軍事動員や労役徴発といった規模での使役だけでなく、指導者を補助・補佐する存在が不可欠である。そこで第三章では、第三の論点として君主の側近・親衛に焦点を当て、ヒヤと呼ばれる親衛集団について実証的に検討する。

これら三章での検討を通して、ヌルハチ・ホンタイジ期、すなわち入関前の国家そのものである八旗の構成とその内実を解明する。加えて、従来研究が充分でないホンタイジその人と彼の政権について、第四章において以上の成果をふまえて論じ、最後に第五章において、第Ⅰ部の総括を兼ねて、八旗制の構造とそれに基づく国制についての私見を提示する。

これまで八旗については、序論で見たように成立期の史料が極めて少ないことから、まず制度体系の復元とその成立過程の究明に関心が注がれてきた。史料上は、［0―2］として掲げた如く、一六〇一（万暦二十九）年に規準化したニル制が施行され、これを基礎として四旗制が設けられ、これが一六一五（万暦四十三）年までに八旗に拡大したとされている。[1] ニル制自体は一六〇一年以前に始まっていることが檔案史料から判明しており、[2] さらに最近、増井寛也［二〇〇九］が、ヌルハチによる子弟への部衆分与との関連から、四旗制の成立を一六〇六（万暦三十四）年末頃と絞り込んだ。しかし、史料の欠如のために、四旗制期、およびそれ以前の時期の各旗の構成や各ニルの帰属はほとんど不明であり、いきおい具体的検討は八旗成立後を対象として始めざるをえない。

他方、人的構成面では、これまでの研究史においては、旗人よりも、もっぱら旗王の側にのみ関心が集中してきた。それは、そもそも旗王すなわちベイレの地位・顔ぶれ自体が明らかではないこと、また、領旗分封がいついかなる形で行なわれたかが史料に明記されないため、まず各自の領旗と分封時期との特定が当面の課題とされてきたことなどに起因する。現在では、先学の検討の結果、各旗王の領旗はほぼ確定されている。[3]

そこで、これまでの成果を基に図示すると、以下の如くである（図**D**も参照）。

四旗
黄旗＝ヌルハチ
白旗＝チュエン
紅旗＝ダイシャン
藍旗＝シュルガチ

八旗：天命後期（傍線は四大ベイレ）
→正黄旗＝アジゲ・ドルゴン
→鑲黄旗＝ヌルハチ・ドド
→正白旗＝ホンタイジ
→鑲白旗＝ドゥドゥ・アバタイ
→正紅旗＝ダイシャン・サハリヤン
→鑲紅旗＝ヨト・ショト
→正藍旗＝マングルタイ・デゲレイ
→鑲藍旗＝アミン・ジルガラン

天聡期（一六二六～）
→鑲白旗（改称）
→正白旗（改称）
→正黄旗（改称）
→鑲黄旗（改称）＋ホーゲ
＋ドゥドゥ（天命末に移旗）

当初の四旗制は、ヌルハチと並立していた同母弟シュルガチ、および長じた二子の四人で分領するものであったが、これがシュルガチの失脚（一六〇九）・チュエンの粛清（一六一三）と八旗の成立（～一六一五）によって大きく変化し、最終的にこのような分領体制が成立したとされる(4)。すなわち、ヌルハチ自身がアジゲ（Ajige 阿済格）・ドルゴン・ドド（Dodo 多鐸）の末子三兄弟とともに両黄旗を直率し、これに対し嫡出第二子ダイシャンが両紅旗、同第三子マングルタイが正藍旗、同第四子ホンタイジが正白旗、チュエンの子ドゥドゥ（Dudu 杜度）が鑲白旗、そしてシュルガチの諸子が鑲藍旗を率いた。各旗を構成する部衆は、鑲藍旗は旧シュルガチ部衆を引き継いでいるとみられ、正白旗・鑲白旗・正藍旗は、四旗時代のチュエンの白旗の部衆を分与されて成立したものと推測されている（姚念慈［二〇〇八］；増井［二〇〇九］）。そしてホンタイジの即位に伴って、両黄・両白四旗がその陣容は変えないまま旗色のみ交換し、ヌルハチ直属だった旧正黄旗・鑲黄旗はそれぞれ鑲白旗・正白旗と名を改めて、アジゲ・ドルゴン・ドドが継承した。

この後一六三五（天聡九）年十二月に、既に死去していたマングルタイ・デゲレイ（Degelei 徳格類）兄弟に大逆の密謀があったとして正藍旗が取り潰され、ホンタイジの長子ホーゲ（Hooge 豪格）を旗王とする新正藍旗が組織された。さらに順治年間には、ドルゴンの専権と死後の追奪という一連の政争によって、領旗・属下が目まぐるしく入れ替り、最終的に鑲黄・正黄・正白の上三旗が成立する。このため、旗王の領旗という基本的事実さえ、時期ごとに正確にたどる必要があるのである。

旗人については、さらに膨大な作業が必要となる。夙に阿南惟敬［一九八〇］が取り組み、近年では杜家驥［一九九六］［一九九八d］［二〇一三］が徹底的に再検討を加えているように、ニルは、それを領有する旗人・旗王にとって所領に相当するものであるため、懲罰・行賞・相続などによってしばしば八旗間・旗王間で移動が行なわれたからである。そのため、「八旗通志」・『通譜』など編纂史料に記されるニル・旗人の旗属は、史料編纂時の所属であって、必ずしもニルの編設時や家系の始祖の旗属を表してはいないのである。それゆえ、入関前当時の各旗の構造やニル・旗人の所属を論じる際には、各種史料を照合して、当時の旗属を割り出す作業が不可欠である。

この問題に初めて本格的に取り組んだのが、阿南［一九八〇］の一連の研究である。阿南は、『老檔』所収の「天命十一年勅書」（太祖3、九九九―一〇六五頁）なる誥命《こうめい》記録に着目し、そこに列挙された旗人名を『初集』旗分志と対照するという手法で、入関前の各旗のニル・旗人構成を復元した。ここにいう勅書（ejehe）とは、各旗人の世職（武官、詳細は第一章第三節（1）参照）・死罪寛免権などを記した誥命のことである。「天命十一年勅書」は、旗人を旗ごとに、世職の職階順に整理した記録であり、阿南は、これにより天命末の八旗各旗の人的構成・世職を網羅的に知りうることに注目したのである。しかしながら、その後『旧檔』が公刊され、その中に「天命十一年勅書」の原資料に当る「黄字檔」勅書（第四冊、一九五三―二〇三六頁所収）(5)が確認されるに及んで、さらなる課題が浮上した。すなわち、「黄字檔」の文言には多数の補訂がなされており、同檔冊を「原檔」に溯って文献学的検討を加えた細谷良夫は、補訂内容と旗人の事蹟との照合の結果、『老檔』勅書は、授与時ではなく補訂後の地位を示していることを明らかにしたのである（細谷［一九九一］［一九九二］）。[6] したがって、八旗のより正確な陣容を知るためには、「黄字檔」勅書の原載・補訂内容に拠らねばならないのである。そこで私は、阿南の成果に基づきつつ、『原檔』所収「黄字檔」勅書（第四冊、三四七―四一三頁）によって天命末の旗人の旗属を把握し、さらにそれ以外の記事も利用して、各時期の旗属特定を行なうこととする。

まず、ここで「黄字檔」勅書の年次について検討しておく。というのも、『老檔』では「天命十一年勅書」となっているが、オリジナルの「黄字檔」には、表紙（天命乙丑《十》年八月）と正黄旗勅書の末尾（天命丙寅《十一》年五月）とに異なる年次が記されているからである。『老檔』が「天命十一年勅書」とされるのは、『老檔』には後者の年次のみが記載されているためであるが、細谷［一九九一：二二・三八―四〇頁］は、記載位置から前者の年次を採用し、一六二五（天命十）年八月の書写と推定している。

二つの紀年は、ともに原檔冊に記載されているので誤りではないであろうが、何れが全体の年次を示すものであるかは特定しておかなければならない。そこで想起されるのが、この両年次の間に生起した、ヌルハチ生涯唯一の敗北として知られる寧遠城攻め（一六二六年正月）である。『満洲実録』には、同年正月二十四―二十五日の寧遠城攻めで「二人の遊撃、二人の備禦官」が戦死したと記される。[7] ここでいう「二人の遊撃」に該当すると思われるのは、『初集』によれば次の両名である。[8]

［Ⅰ―1A］　辛泰 Sintai、満洲正白旗人なり。……大兵に従ひて明を征して遼陽城を攻め、……遂に遼陽を克す。功を以て世職を加授せられて遊撃と為り、纛章京《トウ＝ジャンギン》を歴任す。十一年、寧遠を攻むるも未だ下らず、力戦

して陣亡す。

［I－1B］　霸雅爾図 Bayartu、満洲正黄旗人なり。……天命六年、大兵に従ひて明を征して遼東を克し、……功を論ずるに、世職を加へられて遊撃と為る。十一年正月、大兵に従ひて寧遠城を攻めて陣亡す。長子阿寨 Ajai、襲職す。

ここにあるように、シンタイとバヤルトゥは、何れも一六二一（天命六）年の遼陽戦で遊撃に昇進し、寧遠戦で戦死している。この両名の勅書が、「黄字檔」に既に記録されているのである。[9]

［I－2A：正黄旗「Sintai」勅書］

l. 14　○ sintai be afabuha uile be mütembi: joriha jurgan be jurcerakū seme
　　○シンタイを委ねた仕事を能くする。指　示　に背かない　とて

l. 15　jai jergi iogi obuha : jüwe {emu} jergi bücere uile be güwebumbi :
　　二　等　遊撃　とした。二｛一｝　度　死ぬ　罪　を　免じる。

［I－2B：鑲白旗「Bayartu」勅書］

l. 1　○ bayartu be afabuha uilebe mütembi : joriha jurgan be jurcerakū seme ilaci jergi iogi obuha : emu jergi
　　○バヤルトゥを委ねた仕事を能くする。指　示　に背かない　とて　三　等　遊撃とした。一　度

l. 2　bücere uilebe guwebumbi :
　　死ぬ　罪　を　免じる。

勅書にはこのように補訂がなされており、補訂方法については、細谷［一九九一：二二頁］に倣って、以下「塗抹」（墨で塗りつぶす、左傍線で示す）・「塗改」（塗りつぶして書き改める）・「削除」（囲い込んで削除する、枠囲みで示す）・「加筆」（書き加える、｛｝で示す）と表記することにする。このうち「Sintai」勅書は『老檔』「天命十一年勅書」にも記録されているが、全文「塗抹」されている「Bayartu」勅書は、『老檔』には収載されていない。「黄字檔」は、若干の例外を除いて故人への追贈は記録しないので（その場合は明記される）、このように両名が当初から記載されていることは、「黄字檔」勅書が寧遠戦以前に授与されたことを証明するものである。とりわけ、［Ⅰ―2A］の「Sintai」勅書には免罪権に「塗改」が加えられていて、勅書の授与から戦没までの間に処罰を受けていたことが知られ、これが、生前に授与されたものであることを示している。

補足するならば、［Ⅰ―1B］に「長子阿寨襲職」とあるのに対応して、「黄字檔」正白旗勅書には、代って「Bayartu の子 Ajai」が、他人の勅書の名前を「削除」した上で「加筆」されていた。[10]

［Ⅰ―2C：正白旗「Bayartu の子 Ajai」勅書］

l.6　○[jonggoi] be ｛+bayartui jui ajai be｝ afabuha uilebe mütembi : joriha jurgan be jurcerakū seme beiguwan obuha :

○ジョンゴイ？を｛+バヤルトゥの子アジャイを｝委ねた仕事を能くする、指示に背かないとて備禦とした。

emu jergi uile waliyambi :

一　度　罪を棄てる。

［Ⅰ―2B・C］の二勅書の補訂は、「Bayartu」勅書がその生前に授与され、一六二六年正月の戦死後「Bayartu

の子Ajai」が改めて勅書を授かったことを示すと考えられる。以上から、「黄字檔」勅書全体は、一六二五年八月に授与されたものと確定できる。[11]

このほかのまとまった記録として、ホンタイジ時代半ばの一六三四・三五（天聡八・九）年に行なわれた専管ニル分定が挙げられる。これは、功臣に対してニルの専管権を認定したものであり、いったん一六三四年十二月十四日に行なわれた後（第一次分定）、翌年正月二十三日に改定されて、五九名の功臣が恩典に浴した（第二次分定）。この記事に夙く注目したのは安部健夫［一九四二a］であり、その後阿南［一九六六b］が取り上げたが、その時点で利用された『太宗実録』の記事は旗属を欠いていたため、ニルの種別や数の史料として用いられた。しかし、『旧檔』が刊行されると、その『天聡九年檔』の第二次分定の記事では、大臣が旗属ごとに列記されていたため、阿南は［一九七五］を発表して、旗属考証に活用したのである。[12]以下、この記事を専管ニル分定と呼んで言及する。[13]

以上のほか、人事のまとまった記録はいくつかあり、それらを基本としながら、個々の記事を対照させて、旗王・旗人の旗属とその変遷をたどり、各旗の特徴を考察していく。

第一章　八旗制下のマンジュ氏族

明末、一六世紀後半のマンチュリアでは、交易の利権争奪の過熱と明の統制力低下のために、ジュシェン人諸勢力が各地に割拠して抗争を繰り広げていた。ヌルハチによるジュシェン統合・マンジュ＝グルン創立の過程とは、具体的には、かくの如く乱立していたこれら諸勢力を統合・組織化していく過程にほかならない。その統合のシステムこそ八旗制であった。では、八旗制の下に組織されたマンジュ＝大清グルンは、彼らジュシェン諸勢力をいかなる形で組織していたであろうか。

ヌルハチの樹立した政権の構造をめぐっては、夙に孟森［一九三六：二一八頁］が連邦制・連旗制と呼んだところの、八旗の連合体という見解と、前代以来のマンジュ有力氏族群の連合であるという三田村泰助［一九六〇：第一節］の説明とが存する。もとよりこれら二つの見解は、一方は国制・軍制の形式、他方はそれを構成する内実に即したものであるから、相矛盾するというわけではない。しかしながら初期の研究においては、八旗制は制度史的観点から、また氏族については人類学的関心から主に検討が進められてきており、両者の架橋は、なお今後の課題として残されているといえよう。

もとより、人類学的意味においては、明代のジュシェン＝マンジュ社会には、もはや氏族制・氏族社会と呼びうる実態は存在しない。しかしながら、「氏族」が厳密な意味ではないにしても、生得的な父系出自集団とその出自を意識する観念とが、社会関係から政治秩序に至るまで、ジュシェン＝マンジュ社会の根幹にあったことは疑いを容れない。

この点につき、出自に注目して八旗制下の政権構成の分析を試みたのが、増井寛也と陳文石である。増井は、マンジュ＝グルン傘下の有力諸家系と要人を具体的に追跡・分析して、建州三衛以来の有力氏族群がヌルハチ政権のもとに参集していることを明らかにし、旗人エリート層がこれらマンジュ勲旧諸家と海西フルン諸王家とにやがて収斂されていくさまを描き出す（［二〇〇六ａ］など）。一方、陳文石は、ホンタイジ時代の各旗幹部・六部高官の出自の氏族別統計を示して、それがことごとく有力氏族で占められていること、かかる人事が勢族の政権参加とそれによる旗王への牽制を意味したことを指摘し（［一九六八］）、さらに入関後もこのような名族支配の構造が通底していることを論証している（［一九七七ａ］［一九七七ｂ］）。しかしながら、氏は統計結果のみを提示しているため、在任者個々人や家系の考察は省略しており、かつ出自のみ扱って旗属にはほとんど触れないため、八旗八分体制とそれら氏族との関わりは、なお今後の課題として残されている。また郭成康は、宗室諸王と有力大臣とを「権貴勢力」とカテゴライズして、その特権・待遇・業務などを検討しているが、八旗との具体的関わりが欠落しているという点では陳と同様である（郭成康［一九八六ｂ］；ほかに楊学琛・周遠廉［一九八六］など）。

そこで本章では、在来のマンジュ諸氏族が八旗制下にどのように組み込まれ、各種官制上においていかなる位置づけを与えられたかを考察する。そのための手がかりとするのは、八旗各単位の管轄者である八旗官、位階制である世職制、そして明制の導入として著しい六部官制の三点である。これにより、八旗制下におけるマンジュ諸氏族勢力の存在形態とその位置づけ、ひいてはマンジュ＝大清グルンの政権構造が明らかになるであろう。

第一節　ジュシェン＝マンジュ氏族と八旗制

では、ヌルハチ興起以前、空前の交易ブームの下で政治秩序の再編成が進みつつあったジュシェン社会は、いかなる状況にあったのであろうか。これについては、当然のことながらヌルハチの事蹟を以て語り起す清初諸史料は、神話的な開国説話と若干の挿話的叙述を除いてほとんど沈黙している。僅かに知られるのは、序論において［0―4］として引用した、『満洲実録』中の、「処々に賊盗が囂々と蜂起し、各自に僭称してハン・ベイレ・アンバンといい、集落（gašan）ごとに主、一族（mukūn）ごとに頭目となって互いに攻め戦い、兄弟の仲さえ殺し、一門（uksun）が多く有力な者が弱く臆病な者を虐げ略奪し、大いに乱れていた」という一節にすぎない。

ここに明言されているように、明末のジュシェン社会において基本的社会集団をなしていたのは、血縁集団としてのムクン・ウクスンと、地縁集団としてのガシャンとである。とりわけムクンに代表される父系出自・親族組織に注目した三田村は、シロコゴロフを参照しつつ「ムクンは地域関係を基とした血族集団である」と明確に定義し（［一九三六：四七七頁］）、かかる理解に基づいて、ジュシェン社会における氏族の役割を強調する（［一九六〇］［一九六三―六四］）。[1]

いったいジュシェン＝マンジュ人の親族組織は、基本的に〈ハラ hala〉と〈ムクン mukūn〉という二段階の父系出自集団によって構成される。一般にハラは漢語の「姓」、その下位集団たるムクンは「族」ないし「宗」に相当するとされるが、三田村、および近年緻密な検討を加えた増井の研究によれば、[2] 改姓による異姓出自者の加入や、分岐による新ハラの分出などの結果、ハラの内部には同姓同宗・同姓不同宗の諸系統のムクンが並存している場合が普通だった。したがって出自集団としての実質に相当するのはムクンであるが、固有名をもたないため、ムクンは常にハラの名称によって表された。それゆえ、ジュシェン＝マンジュ人は、「アイシン＝ギョロ＝ハラ」の如く、ハラによってその出自を示す一方、右のように、「攻め戦」う集団としてはムクンを単位としたのである。

そして、ムクンが社会団体としての実質をもつとはいうものの、世代の深化に伴う分裂や、遷住・移住による分岐のために、居住・生産さらには戦闘など現実の社会生活上の結合単位としては、さらに小単位へと分割が進まざるをえない。このような、ムクンがさらに細分化・地縁化した緊密な結合単位を、〈近いムクン hanci mukūn〉ないし特に〈ウクスン uksun〉と呼び、増井は、「結合の中核となるのは、大体直系的には三世代、傍系的には従兄弟までの父系親族」にすぎない、と結論する（［一九九三：一一一頁］［一九九五b］）。少なくとも明末においては、ムクン内部もまたかかる重層構造をなすに至っていたのである。以下で氏族と称するのは、汎称にすぎるハラではなくムクンであるが、その範囲・規模には相当な幅があることは断っておかなければならない。

これらマンジュ氏族について網羅的に情報を提供してくれるのが、一七四四（乾隆九）年告成の勅纂系譜集『八旗満洲氏族通譜』（本文八〇巻、満漢両本）である。[3] この史料は、八旗のうち満洲旗分の諸官員の家系を姓氏（ハラ）と居住地とに即して配列し、各巻内はさらに国初の人物を旗色ごとに立伝して、以後乾隆に及ぶその子孫の系譜を記したものである。[4] 収めるマンジュ姓氏はその数六四〇余に及ぶ[5]が、三田村が「そのうち、満洲八旗の中核的存在として歴史的に活躍するものは、通譜の始めの部分に収められてある諸氏族に限定してよい」（［一九六〇：五七頁］）と指摘するように、僅か二〇姓足らずに前半三〇巻が充てられており、それらの重要性を窺いうる。そこで、三田村のナンバリングに従い、二八巻までの氏族に、『通譜』未収録の著姓であるギョルチャ（Giorca 覚羅察）氏（この問題については増井［一九九六］参照）を加えて、**表1-1**としてマンジュ有力氏族一覧を作成した。[6]

表中にも記入した八大家とは、礼親王昭槤《しょうれん》（一七七六—一八二九）の手になる著名な筆記『嘯亭雑録《しょうていざつろく》』などに見える、八つの名門の謂である。[7]

表 1-1　マンジュ有力氏族一覧

	氏族名	巻　数	備　考
1	グワルギヤ（瓜爾佳）	1-4	八大家，五大臣フィオンドン
2	ニュフル（鈕祜禄）	5	八大家，五大臣エイドゥ
3	シュムル（舒穆禄）	6	八大家
4	マギヤ（馬佳）	7	八大家
5	ドンゴ（董鄂）	8	八大家，五大臣ホホリ，建州左衛王家
6	ヘシェリ（赫舎里）	9-10	
7	タタラ（他塔喇）	11	
8	ギョロ（覚羅）	12-18	八大家（イルゲン＝ギョロ氏）
9	トゥンギヤ（佟佳）	19-20	五大臣フルガン
10	ナムドゥル（那木都魯）	21	
11	ナラ（納喇）	22-24	八大家，フルン四国王家
12	フチャ（富察）	25-27	八大家
13	ワンギヤ（完顔）	28	建州衛王家
14	ギョルチャ（覚羅察）	—	五大臣アンバ＝フィヤング

注）巻数欄は，『通譜』の該当巻を示す。

[I―3:「八大家」]　満洲の世族は、瓜爾佳《グワルギヤ》氏直義公（フィオンドン）の後、鈕祜禄《ニュフル》氏宏毅公（エイドゥ）の後、舒穆禄《シュムル》氏武勲王（ヤングリ）の後、那拉《ナラ》（イエヘ＝ナラ）氏金台吉《ギンタイシ》の後、董鄂《ドンゴ》氏温順公（ホホリ）の後、輝発《ホイファ》（フチャ）氏阿蘭泰《アランタイ》の後、烏喇《ウラ》（ウラ＝ナラ）氏卜占泰《ブジャンタイ》の後、伊爾根覚羅《イルゲン＝ギョロ》氏某の後、馬佳《マギヤ》氏文襄公（トゥハイ）の後を以て八大家と為す。凡そ尚主選婚、以て功臣に奴僕を賞賜するに及ぶは、皆な八族を以て最と為す。

ここには九つが挙がっているが、「那拉氏」・「烏喇氏」はそれぞれイェヘとウラに拠ったナラ（Nara 納喇）姓の二ムクンを指し、「輝発氏」は同地のフチャ（Fuca 富察）氏を指すので、差し引きすると八氏族である。これらは「この八大ムクンがアイシン・ギョロ姓を頂点として編成された満洲貴族階級の最高峰に位置するもの」（三田村［一九六〇：六一頁］）と評される存在である。

これに対し五大臣とは、ヌルハチの下で創業の功臣として国務に参与した最高位の大臣であり、同じく『嘯亭雑録』は以下のように伝える。[8]

[I―4:「五大臣」]　国初、太祖の時、瓜爾佳《グワルギヤ》信勇公費英東《フィオンドン》・鈕祜禄《ニュフル》氏宏毅公額亦都《エイドゥ》・董鄂《ドンゴ》氏温順公何和理《ホホリ》・

佟（トゥンギヤ）忠烈公扈爾漢《フルガン》・覚羅《ギョロ》公安費揚古《アンバ＝フィヤング》を以て五大臣と為す。軍国の重務は皆な賛決す。

この双方に列するグワルギヤ（Gūwalgiya 瓜爾佳）氏のフィオンドン＝ジャルグチ（Fiongdon Jargūci 費英東扎爾固斉）、ニュフル（Niohuru 鈕祜禄）氏のエイドゥ＝バトゥル（Eidu Baturu 額亦都巴図魯）、ドンゴ（Donggo 董鄂）氏のホホリ＝エフ（Hohori Efu 何和礼額駙）の三氏三者は、門地・功績ともに最高位を極めた重臣であった。一五八八（万暦十六）年四月のフィオンドンとホホリ、それに五大臣の一人であるトゥンギヤ（Tunggiya 佟佳）氏のフルガン（Hūrgan 扈爾漢）の三勢力の帰順は、ヌルハチの覇権を決定づける出来事として名高い。『満洲実録』には、「太祖に三部の大人ら降り来れり」として誇らしげに記す。[9]

［I—5］　その時にスワン（Suwan 蘇完）の地の長ソルゴ（Solgo 索爾果）という大人（amban）が、自らの属下の隷民・国人を率いて従い来たので、その子フィオンドンを第一等の大臣（amban）とした。次にまたドンゴの部の長ケチェ＝バヤン（Kece Bayan 克轍巴顔）の孫ホホリという大人が、自らの属下の隷民・国人を率いて従い来たので、太祖スレ＝ベイレは自らの長女ヌンジェ＝ゲゲ（Nunje Gege 嫩哲格格）を与え、婿として、第一等の大臣とした。ヤルグ（Yargū 雅爾古）の寨のフラフ（Hūlahū 扈拉瑚）という名の大人は、自らの兄弟の一門の者共を殺し、隷民を率いて従い来たので、太祖スレ＝ベイレはその子フルガンを自らのギョロ（Gioro 覚羅）姓に入れ、子として養って、第一等大臣とした。このように各地方の大人たちを招いて従えて、周りの国を平らげ終り、それからマンジュ＝グルンは次第に強大になった。

これら全てで筆頭に挙がるフィオンドンは、大ジャルグチとして政権の柱石となり、その一門のスワン地方グワルギヤ氏は最盛を誇った。またドンゴ氏は、建州左衛を開いたオドリ万戸の童モンケ＝テムルの後裔とされ、元来はギョロ姓（ドンゴ地方ギョロ氏）であった[10]。その門地の高さゆえ、部長ホホリはドンゴ＝エフすなわち「ドンゴの駙馬」と呼ばれ、これも重きをなした。

他方、ニュフル氏もまたグワルギヤ氏と並んでマンジュ氏族群の最高峰に位置した巨族であり、開国の元勲として五大臣筆頭に列するエイドゥが出た[11]。ただし、エイドゥの家系自体は衰えており、エイドゥ自身、幼時に両親を殺されて姻族を頼って暮らし、その後若きヌルハチに仕えて、股肱の臣となったのである。

八大家としてこれらと肩を並べるイルゲン＝ギョロ（Irgen Gioro 伊爾根覚羅）氏・マギヤ（Magiya 馬佳）氏は、このギョロ＝ドンゴ氏を首長とする建州左衛に列し、またホイファ氏すなわちフチャ（Fuca 富察）氏は、グワルギヤ氏・ニュフル氏、それに表中に見えるタタラ（Tatara 他塔喇）氏とともに、毛憐衛を構成した。これらはいずれも元末明初期に溯る氏族であり、時期は違えどある段階で蘇子河～渾江流域に遷住して、建州女直＝マンジュ五部の根幹をなしたのである。またシュムル（Šumuru 舒穆禄）氏は明初のクルカ＝ウディゲ（骨看・闊児看）の後身であるが、クルカ（Kūrka 庫爾喀）はウディゲのうちでも最も南方に在ってオドリ・ワルカと関係が深く、その一部は温河衛として建州被管に入っていた。五大臣に準じる重臣で、［I—3］に武勲王とあるように没後王号を贈られたヤングリ（Yangguri 楊古利）は、シュムル氏のクルカ部長家の出である。これらと比べ、佟＝トゥンギヤ氏はジュシェン世界での門地はさほど高くなかったが（三田村［一九六〇：六四—六五頁］）、明初以来、明との接触が多かったため、これを活かして文武にわたって建国に貢献した。残るナラ氏はフルン四国のイェヘとウラの王家で、その門地の高さゆえに姻族を代表して列したものといえる。また、これに対し建州衛の正系を誇るワンギヤ氏が八大家に列していないことは、逆にこれがギョロ氏を頂点とする建州左右衛系勢力の序列であることを示すものであろう。

これら八大家・五大臣が全て含まれているように、**表1-1**にはマンジュ有力氏族がほぼ網羅されているといってよいだろう。(12) これらのほか表中に挙がる氏族を見ると、ヘシェリ（Hešeri 赫舎理）氏はイラン＝トゥメンの一つトゥン＝トゥメンの首長・高氏（『龍飛御天歌』）の後身とされ、金代の紇石烈氏に溯ると考えられている（三田村［一九六〇：一〇二頁］）。またナムドゥル（Namdulu 那木都魯）氏は明初以来の南突兀狄哈《ナムドゥル＝ウディゲ》の首長であり、尼麻車兀狄哈《ニマチャ＝ウディゲ》のニマチャ氏（Nimaca 尼麻車／『通譜』巻三九）などウディゲ＝ウェジ部の有力氏族ともども、順次帰順して旗人として編成された。(13)

なお、その典拠が官撰の『通譜』であることから、ヌルハチの創業に協力したがゆえに特筆されているにすぎないのではないか、という一種のトートロジーの疑いが生じるかもしれない。しかし、例えば右に述べた建州衛・左衛それぞれの首長の家系がワンギヤ氏・ドンゴ氏として著録されているように、その多くは明代ないしそれ以前にまで溯りうるものであり（三田村［一九六〇］；増井［一九九三］［一九九八］）、その虞れはない。むしろ課題は、これら諸氏族の足跡を、八旗制の中により詳細に跡づけていくことなのである。以下、この表を適宜参照しつつ、行論を進めていきたい。

ところで、『雑録』にホイファのフチャ氏がホイファ氏、ウラのナラ氏がウラ氏と記される如く、ここに列挙した諸氏族は、具体的には地縁化したハラ、すなわちムクンを単位としているが、先に述べたようにムクンは固有名をもたない。そこで、以下ムクンを呼称する際は、『通譜』同様某々地方某々氏、あるいは某々の某々氏、と表記する。加えて、『雑録』が各ムクンを「某々氏は某々の後」と述べるように、同一ムクン内にも当然家系による差異が存する。そこで、その場合は便宜上その系統の始祖ないし著名な人物より取称して、某々家と仮に呼ぶものとする。と同時に、ムクンによる血統・勢力の相違があるにせよ、門地・家格といった観念はハラによって表される。ゆえに、以下で単に某々氏とだけ表記するときは、原則としてハラを示すものとし、主に門地を表すために用いる。例えばフィオンドンならば、ハラとしてはグワルギヤ氏、ムクンとしてはスワン地方グワルギヤ氏、そして栄達した彼の家系はフィオンドン家と称される。

彼らの社会では門地の高下が非常に重視され、とりわけ婚姻においては、外婚規制（exogamy）が存したために通婚相手はいきおい格の見合った氏族・家系から求めることになる。[14] 明初に「大抵斡朶里《オドリ》の酋長は管下を娶らず。必ず婚を同類の酋長、或いは兀狄哈《ウディゲ》、或いは兀良哈《ワルカ》、或いは忽剌温《フルン》に求める」と言われたように[15]、これら名門大族は明代にあっても、マンジュ＝大清グルン形成後においても、互いに婚を通じて貴顕層をなしたのである。前後四人あるヌルハチの正妃はトゥンギヤ氏・フチャ氏・イェヘ＝ナラ氏・ウラ＝ナラ氏であり、いずれも表中の大族であった。

もう一点、行論に入る前に、**表1-1**にも見えるギョロ（Gioro 覚羅）氏と帝室の国姓について解説しておこう。ギョロ氏は、表中に記した如く『通譜』でも実に七巻を占める大姓であり、そのうちイルゲン＝ギョロ氏は八大家にも数えられている。帝室アイシン＝ギョロ氏とは、これらギョロ氏のうち蘇子河上流域に勢力をもっていたニングタ（Ningguta 寧古塔）のベイレと呼ばれる一族の子孫をいい、ヌルハチの祖父ギオチャンガはニングタ＝ベイレの一人であった。

ヌルハチの家系と姓氏については近代東洋史学の黎明期以来夥しい論考が発表され、根強い微賤出自＝国姓偽作説も存するが、現在までの研究成果によれば、以下の如くまとめられる。まず、清の公式史料の掲げる世系は明代建州左衛のそれを採用したもので、ヌルハチの家系とは直接接続しないと考えられる（内藤湖南［一九一二］；三田村［一九五二］）。しかし、アイシン＝ギョロ姓は無からの創作というわけではなく、ヌルハチの家系は本来ギョロ氏であり、これがハン位の確立とともに、帝室を他のギョロ氏諸家系と差別化すべくアイシン（Aisin／金）なる称を冠して成立した姓であった（神田信夫［一九九〇］；増井［一九九六］）[16]。他方、左衛の嫡統と目されるドンゴ氏の本来の姓もギョロ氏で、本来はギョロ＝ハラのドンゴ＝ムクンであったが、おそらくはその系譜を、同じギョロ氏ながら嫡系ではないヌルハチが自己の世系として採用したために、それを隠蔽する必要上ドンゴ＝ハラとしてギョロ姓から分出せしめられたものと考えられている。そしてヌルハチ自身の家系は、モンケ＝テムルの弟で、蘇子河方面に拠った建州右衛のファンチャの系統の後裔ではないかとみられている（増井［二〇一〇］）。以上要するに、帝室アイシン＝ギョロ氏は、嫡系でこそないものの、マンジュ＝建州王家の流れをくむ、有力氏族群の一角を占める一族だったのである。

以下、そのアイシン＝ギョロ氏を頂点とする有力氏族群が、八旗制下でどのように編成されているかを追っていこう。

第二節　入関前の八旗グサ＝エジェン

グサ＞ジャラン＞ニルからなる八旗各単位を管轄する官職体系が、八旗官である。序論で説明したように、八旗官はグサ＝エジェン―メイレン＝エジェン―ジャラン＝エジェン―ニル＝エジェンからなる。これが一六三四（天聡八）年以降、グサ＝エジェン以外各ジャンギンと改称され、さらに一六六〇（順治十七）年に、それぞれ都統―副都統―参領―佐領の漢訳が与えられた（マンジュ語名は変更なし）(17)。以下では、次節で取り上げる世職と区別しやすくするため、改称後の時期も、全て某エジェンと呼ぶことにする。

ただし、これらのうち、グサ・ジャランはそれぞれ下位単位が集まって構成される集合単位であるが、基本単位であるニルは、在来の血縁・地縁集団や賜与された属下・隷民によって構成され、いわば所領の如き性質も一面で具有していたから、その管轄官たるニル＝エジェン（ジャンギン）も、集合単位を管轄する他の官とはやや性格を異にする。本節では、八旗官体系の任用における特徴を探るに当り、数量的にも膨大な上、かかる二重の性質をもつニル＝エジェンはひとまずおき、各旗を統率・管轄する最高位の大臣であるグサ＝エジェンを取り上げることにする（沿革・職権については張晋藩・郭成康［一九八八：一七六―一八七頁］）[18]。

入関前の八旗グサ＝エジェンの歴代在任者は、阿南惟敬の労作［一九六七b：特に二六三―二六四頁附表］で初めて網羅され、その後阿南自身の補正と、郭成康の同様の作業でほぼ明らかになった（張晋藩・郭成康［一九八八：三二七―三二九頁附表一］）[19]。そこでこれらを総合して、**表1-2**を作成した。これについて注意を要するのは、八旗の改換・改編である。この問題について本格的に検討した阿南［一九八〇］の一連の業績、およびその後の諸研究の成果によれば、旗単位での変動には、以下の四回がある[20]。

①一六二六（天命十一）年：ホンタイジ即位に伴う両黄・両白四旗の改換（白新良［一九八一a］；孟昭信［一九九八］[21]）

②一六三五（天聡九）年十二月：謀叛の告発に伴う正藍旗の解体・没収と、旧鑲黄旗人による新正藍旗編成（杉山清彦［一九九八］；杜家驥［一九九九］）

③一六四三（崇徳八）年十月：ドルゴン摂政開始に伴う両白旗の改換（杜家驥［一九九八b］［二〇〇八：第六章三］）

これはドドの不品行の処罰に伴うもので、このときドドの一五ニルがドルゴンに没収されて、従来のドルゴン属下とともに正白旗となり、代ってアジゲがその欠を補うべく属下とともにドドの下に移って、ドドとアジゲで鑲白旗を構成することとなった。

④一六四八―五二（順治五―九）年：ドルゴンの全盛、およびその死後の反動による両白・正藍三旗の一連の

表 1-2　入関前八旗グサ＝エジェン略表

	正黄旗	鑲黄旗	正白旗	鑲白旗	正紅旗	鑲紅旗	正藍旗	鑲藍旗
1619	エイドゥ	アドゥン	ホホリ	ヤングリ	ドビ	ボルジン	ムハリヤン	?
1620	〃	〃	〃	?	?	〃	〃	?
1621	フルガン	〃	〃	アバタイ	タングタイ	〃	〃	ジルガラン
1622	〃	アブタイ	〃	〃	〃	〃	イキナ？	スバハイ
1623	ブサン	〃	?	?	ホホリ？	?	トボホイ？	?
1624	?	?	?	?	?	?	?	?
1625	?	?	?	?	?	?	?	?
改換	鑲白旗	正白旗	正黄旗	鑲黄旗				
1626	チェルゲイ	カクドゥリ	ナムタイ	ダルハン	ホショトゥ	ボルジン	トボホイ	グサンタイ
1627	トゥルゲイ	〃	〃	〃	〃	〃	〃	〃
1628	〃	〃	〃	〃	〃	〃	〃	〃
1629	〃	〃	〃	〃	〃	ユンシュン	〃	〃
1630	イルデン	〃	〃	〃	〃	〃	〃	〃
1631	〃	〃	レンゲリ	〃	〃	イェチェン	セレ	フィヤング
1632	〃	〃	〃	〃	〃	〃	〃	〃
1633	〃	〃	〃	〃	〃	〃	〃	〃
1634	〃	アサン	ナムタイ	〃	イェクシュ	〃	〃	〃
1635	〃	〃	〃	〃	〃	〃	〃	〃
改換				正藍旗			鑲黄旗	
1636	トゥルゲイ	〃	タンタイ	ダルハン	ドゥレイ	〃	バイントゥ	〃
1637	〃	〃	〃	〃	〃	〃	〃	〃
1638	〃	〃	〃	〃	〃	〃	〃	〃
1639	イングルダイ	〃	〃	〃	〃	〃	〃	アイドゥリ
1640	〃	〃	〃	〃	イェクシュ	〃	〃	〃
1641	〃	〃	〃	ホロホイ	〃	〃	〃	〃
1642	〃	〃	〃	〃	〃	〃	〃	〃
1643	〃	〃	〃	〃	ドゥレイ	〃	〃	〃
改換	正白旗	鑲白旗						
1644	イングルダイ	アサン	〃	バハナ	〃	〃	〃	バドゥリ

注）年次途中の交代や短期間の在任は反映していない。

出典）阿南［1980］，郭成康・劉建新・劉景憲［1982］，杉山［2001a］などにより作成。

改編（杜家驥［一九九六］［二〇〇八：第六章四］）

ドルゴンによる両白・正藍三旗掌握を経て、その死後に正白旗が順治帝に没収されて上三旗が成立。一連の過程で、ホーゲ家が鑲白旗、アバタイ家とドド家が正藍旗となる。

以上の経緯を経て、雍正～乾隆期の編纂史料の旗属に至るのである。

これらのうち、①は旗王以下同一の軍団が色別呼称のみ交換したものであるが、これに対し②③④は個々の旗王家・旗人の移動を伴う複雑な改編である。**表1-2**は、以上の成果に基づいて、旗色ではなく集団の同一性を基準として作成した。したがって、例えば当初の正黄旗（ヌルハチ直属）は、鑲白旗→正白旗と改称して、編纂史料の旗属に至るのである。言い換えれば、伝記史料類に正白旗人とある者は、天命期は正黄旗人であった可能性が高いということになる。以下、同一の軍団であるか否かに留意しながら、旗ごとにみていこう（**表1-2**記載順）。

（1）正黄旗

ヌルハチ直属にして、その後ドルゴンに継承されたこの軍団は、最も充実した陣容を誇った（阿南［一九七三］：杉山［二〇〇一a］）。では、ヌルハチ直属軍団を統率するグサ＝エジェンには、どのような人物が任用されたであろうか。

グサ＝エジェン在任者を初めて網羅的に知りうるのは、サルフの戦のあった一六一九（天命四）年である。この戦で捕虜となっていた朝鮮の李民寏の幽囚記『建州聞見録』に、旗王とグサ＝エジェンを列記したくだりがある。さらに二年後の一六二一（天命六）年には、閏二月に『原檔』、九月には、朝鮮の『光海君日記』に収める遺金使節鄭忠信の帰朝報告に、それぞれグサ＝エジェンを列挙した記事があり、[22]これらから初期のグサ＝エジェンの顔ぶれが検討されてきたのである。

ヌルハチ領旗についていえば、**表1-2**に示したように、天命年間には正黄旗グサ＝エジェンとしてエイドゥ・フルガン・ブサン（Busan 布山）の三名が確認できる。右の諸史料では、『建州聞見録』に「奴酋、二高沙《グサ》を領し、阿斗・於斗、其の兵を摠ぶ、中軍の制の如し」とあり、また『原檔』では「ダルハン＝ヒヤのグサ」「アドゥン＝アゲのグサ」、『光海君日記』には「一部阿斗甞将之、……一部大舎将之」とあって、これらから、一つの旗は「阿斗＝アドゥン」が一六二一年まで領し、もう一つの旗は「於斗」、ついで「大舎」が率いたと判断されたのである。

この「於斗」こそが五大臣エイドゥ、また「大舎」とは、「舎」はヒヤ（後の侍衛、第三章参照）の音写であるから、ダルハン＝ヒヤ（Darhan Hiya）すなわち五大臣フルガンにほかならない。ヌルハチは、膝下に最も信任する重臣を置いていたのである。そしてこれに代ったのが、ブサンであった。

そうであれば、ブサンは五大臣に準じる重臣であったと考えられるが、彼は後年失脚したために立伝されず、それゆえ出自さえ明らかではない。そこで、ブサンについての検討が待たれるであろう。

「黄字檔」正黄旗勅書の筆頭には、全文「削除」された、異例の長さの「Busan」勅書が記録されており、これに注目した細谷良夫［一九九二］は、この勅書を主要史料として彼の経歴を復元した。それによると、ブサンは一六二二（天命七）年六月に総兵官に昇格、翌二三（同八）年一月には一等総兵官に昇りつめ、三月二十四日、正黄旗グサ＝エジェンに任命されている。しかしながら、細谷は事蹟はほぼ完璧に復元したものの、出自を特定することはできなかった。そこで、改めて比定作業を試みよう。

『通譜』を細検すると、巻一一「扎庫木 Jakūmu 地方他塔喇 Tatara 氏」の「朱魯西爾哈 Juru Sirha」伝に、以下の記事がある。(23)

［Ⅰ—6］　朱魯西爾哈、正白旗人なり。岱図庫哈理 Daitukū Hari の同族なり、世々扎庫木地方に居る。(a)国初に属す所の二百人を率ゐて来帰すれば、佐領《ニル》を編して、其の長子都統阿敦 Adun の子譚拝 Tambai をして之を統べしむ。……(b)又、朱魯西爾哈の次子布山 Bušan、原と都統に任ぜらる。

都統とは、既に述べたように入関後定められたグサ＝エジェンの漢語名であるから、この後段(b)の「布山、原任都統」こそ、グサ＝エジェンに在任したブサンを指すものに相違ない。このことを裏付ける史料として、崇徳年間の二つの記事がある。[24]

［Ⅰ—7］　スレ＝ハンの三年庚午（一六二九）、ブサンという大臣が間諜を引き入れ匿っていた理由で、牢に監禁していた。七年経ったので、崇徳元（一六三六）年丙子八月十日に聖ハン（ホンタイジ）は旨を下し、「ブサンは上の太祖の母の妹の子である。……今釈放せよ。和碩《ホショ》睿親王（ドルゴン）の門に登庁せよ。祭った肉は食べてもよい。城内の親戚のもとに行くならば行ってもよいが、狩猟や戦争には行くな。城外の荘にも行くな。先のようにまた『我には功がある』と上奏してはいけない。狩猟や戦争には我が旨に従って行け」と言った。

（『原檔』崇徳元年八月十日条）

［Ⅰ—8］　布山《ブサン》、原と関門を出づるを許さず。多羅額夫英俄児代《ドロ＝エフ・イングルダイ》、和碩睿親王に言ひて、城に近き馬厩の処の若きは、伊《かれ》をして行走すること妨げ無からしむ。因りて議すらくは、英俄児代は罰銀一千両とし、和碩睿親王は「関門を出づるを許さざるの人なるを明知しながら、何故に之に鎗を賜ひしか。豈に彼を出兵に帯びんと意欲するに非ざるか」とて、亦た罰銀五千両とし、譚拝《タムバイ》の牛彔《ニル》をば撥出せん、と。奏聞するに、上、王及び厄夫《エフ》に命じて倶に止だ応得の罪のみを問せしむ。

（順治『太宗実録』巻三九、崇徳七年七月十七日条）

［Ⅰ―8］の「布山原不許出関門」とは、明らかに［Ⅰ―7］の、釈放の際の「城内の親戚のもとに行くならば行ってもよいが、狩猟や戦争には行くな。城外の荘にも行くな。……狩猟や戦争には我が旨に従って行け」との禁足令を指す。［Ⅰ―7］に注目した細谷［一九九二：四五頁］は、［Ⅰ―8］には言及しておらず、従って「親戚」が誰を指すのか、またなぜ釈放後ドルゴンに身柄が預けられたのかについては触れないが、これによれば、イングルダイ（Inggūldai 英俄爾岱）が罪に問われるとともにタムバイの名が挙がっており、二人が［Ⅰ―7］でいう「親戚」に当ることは明らかである。タムバイは［Ⅰ―6］にあるようにブサンの甥であったから、ブサンがジャクム地方タタラ氏一族であることは間違いない。そして釈放後の彼がドルゴンに預けられたのは、旧正黄旗が新鑲白旗としてドルゴンに継承されたことと合致している。

以上のように、五大臣の後を襲ってグサ＝エジェンとなったブサンは、ジャクム地方タタラ氏の出身であった（**図1-1**）。タタラ氏は五大臣・八大家に列してこそいないが、「著姓」として『通譜』巻一一に著録され、八大家のナラ氏や五大臣を出したトゥンギヤ氏などに先んじて、第七番目に位置しているのである（**表1-1**：7）。タタラ氏は、それぞれ建州左衛の原住地と遷住地近辺に相当するアンチュラク（Anculakū 安楚拉庫）地方・ジャクム地方に散居しており、アンチュラク支派の長ロートン（Looton 羅屯）は、「五大臣之列」を以て遇されている。[25] これらからしても、ブサンが五大臣に次ぐのは武功のみでなく、門地においてもであったといえよう。

加えて、この一族のシャジン（Šajin 沙津）なる人物は、『初集』「薩弼図 Saibitu」伝に、

［Ⅰ―9］　薩弼図、三等総兵官達音布《ダインブ》の族人なり。父沙金《シャジン》は仕へて固山額真《グサ＝エジェン》に至る。太祖高皇帝、其の法制を釐定すること妥協なるを以て、沙金と賜号す。

とあり、「仕至固山額真」とあることから、ブサン同様専伝がなく、事蹟が伝わらない人物であるが、シャジンも

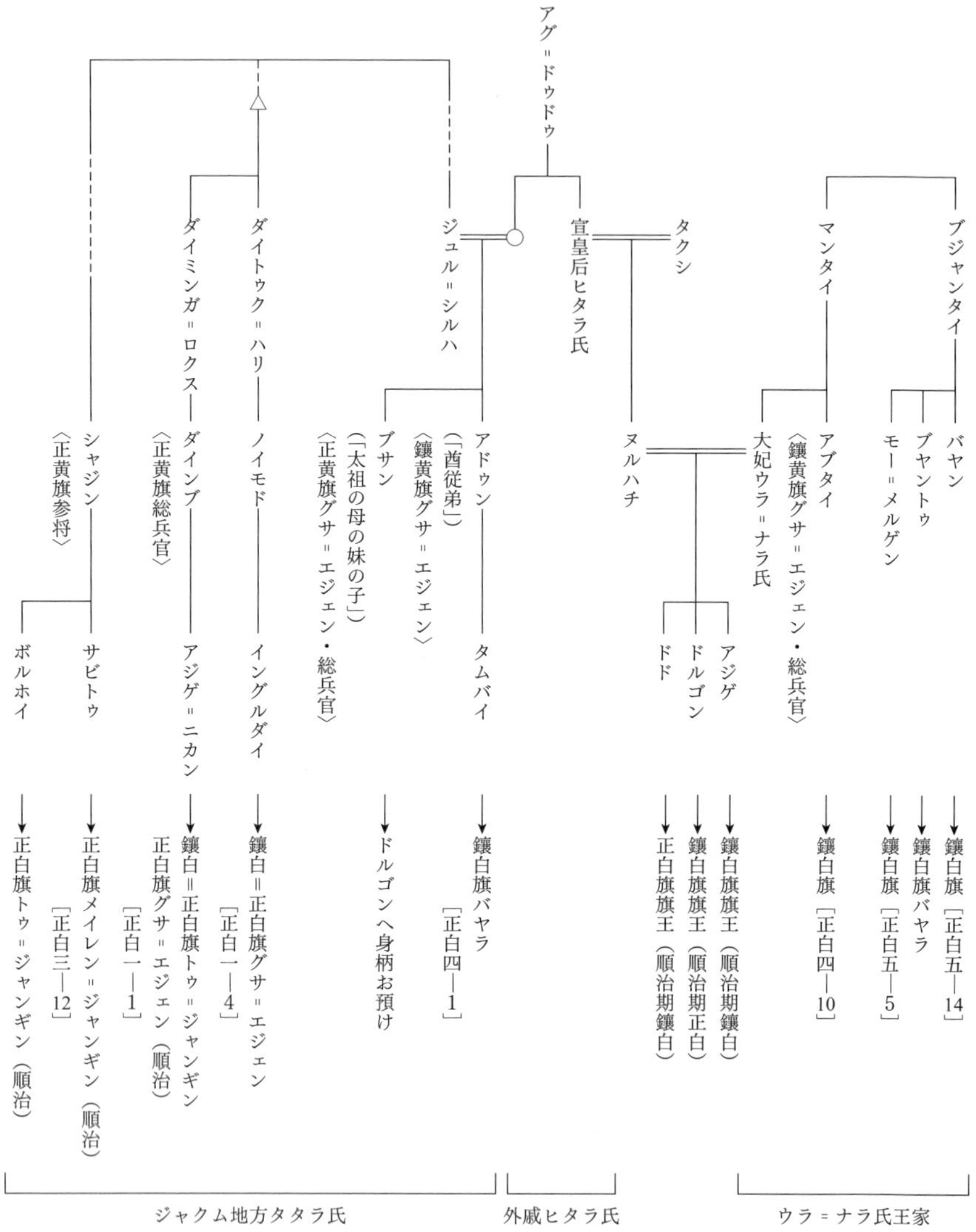

図 1-1　ジャクム地方タタラ氏・ウラ＝ナラ氏　関係略系図

注）〈　〉は天命年間の旗属・官職，→以下は天聡以降の旗属・官職等，［　］は当該家系の領有ニルを示す。

以下の図では，△は男子，○は女子を示す。

出典）杉山清彦［2001a］。

ある時期、おそらく正黄旗のグサ＝エジェンを務めた可能性がある。(26) 増井［一九九九b：五〇・五三頁］は、このエピソードから、ジャクム地方は、ヌルハチが最初の居城フェアラ城を築いて法制を定めたとされる一五八七（万暦十五）年六月以前に帰服したと指摘しており、古参の功臣一門だったとみられる。そして［Ⅰ—8］において、ドルゴンへの処罰案としてタムバイのニル没収が論じられているから、彼らジャクム地方タタラ氏は、継承後はドルゴンの属下とされていたのである。

しかしながら、一六二六年にホンタイジが即位すると、グサ＝エジェンにはエイドゥの第三子チェルゲイ（Cergei 車爾格）が就任し、以後一四年にわたって、同第八子トゥルゲイ（Turgei 図爾格）・第一〇子イルデン（Ilden 伊爾登）が歴任する。しかも、エイドゥ家の漢文族譜『鈕祜禄《ニュフル》氏家譜』によれば、三人は同母兄弟であった。天命末にヌルハチが両黄旗所属ニルをドルゴンら三兄弟に分与した際、右のジャクム地方タタラ氏とヤルグ地方トゥンギヤ氏フルガン家がドルゴンの属下とされたのに対し、彼らニュフル氏エイドゥ家はアジゲに与えられていた（杉山清彦［二〇〇一a：二六—二七頁］）。旧正黄＝新鑲白旗のホショ＝ベイレには、一六二八（天聡二）年にアジゲに代ってドルゴンが就くので（神田［一九五八：四五頁］）、このことは、そのグサ＝エジェンが、当初ドルゴン属下からは任じられなかったということでもある。

エイドゥ家は、一六三九（崇徳四）年九月に主のアジゲとトラブルになり、アジゲが非とされた結果、三ニルを率いて鑲黄旗に移籍する（阿南［一九七四：四七二—四七三頁］）。その後任には、ブサンの「親戚」として名の挙がっていたイングルダイが就任し（同［四六七—四六九頁］）、久しくエイドゥ家の独占であったグサ＝エジェン職にジャクム地方タタラ氏が返り咲いた。以後イングルダイは、一六四八（順治五）年二月に没するまで足かけ一〇年にわたって在任する。

イングルダイがドルゴンの腹心だったことは、その死を伝える「卒するの夕、睿王（ドルゴン）赴を聞きて、遂に夜半に馳せて其の家に至りて慟哭し、漏尽して後返る」（『初集』本伝）なる記事から夙に指摘があるが[27]、これは単に個人的関係というだけでなく、右に見たように、彼がヌルハチ時代以来この旗の首脳陣を構成するタタラ氏の一員であることが、その前提にあるといえよう。この間、グサ＝エジェンに次ぐ要職であるトゥ＝ジャンギン（tui janggin 纛章京／後の護軍統領）は、総兵官ダインブ（Daimbu 達音布／後掲表**1-3**：10）の子でイングルダイの再従兄弟のアジゲ＝ニカン（Ajige Nikan 阿済格尼堪）が務めており、イングルダイの死に伴って、グサ＝エジェンはアジゲ＝ニカンが継ぎ、トゥ＝ジャンギンには、シャジン家のサビトゥの弟ボルホイ（Bolhoi 博爾輝）が就任するのである[28]。天命後半に確認しうるのは同じく一族のブサンであったから、このヌルハチ＝ドルゴン軍団のグサ＝エジェンは、実に三朝、四半世紀にわたって、ニュフル氏エイドゥ家とジャクム地方タタラ氏一族の両家によって独占されていたのである（杉山清彦［二〇〇一a］）。

（2）鑲黄旗

いま一つのヌルハチ領旗である鑲黄旗は、右に見たようにアドゥン（阿斗、阿敦）がその任にあった。アドゥンは、エイドゥ・フルガンと肩を並べていることからも窺えるように五大臣にも匹敵する重臣で、鑲黄旗グサ＝エジェンだったことは『原檔』などから明らかであるが[29]、後に失脚したために伝記史料に立伝されなかった人物である。そこで、まず彼についての検討が急がれるであろう。

アドゥンはヌルハチや諸旗王と並んで朝鮮にも知られ、『光海君日記』に収める鄭忠信の報告には、「阿斗なる者有り、酋（ヌルハチ）の従弟なり。勇にして智多く、諸将の右に超出し、前後の戦勝は皆な其の功なり」とあり、別の記録でも、「八将」の一人として、「八阿斗、奴従弟」と見える[30]。ここで「酋従弟」と記され、また『原檔』では、同世代に対する敬意をも含んだ親族称呼であるアゲ（age 阿哥）を附して「Adun Age」とも呼ばれるので、グサ＝エジェンを論じた鴛淵一や、事蹟を網羅・復元した周遠廉・張玉興らは、彼を清室の一員と考えたが、何れも出自を特定することはできなかった[31]。これに対し松浦茂〔一九九五：二六九―二七〇頁〕が、『通譜』の記事からタタラ氏の出身であることを指摘した。しかし、そうなると「age」や「従弟」という記述はどう解釈すべきなのか、説明はなされておらず、アドゥンの出自問題は、未だ充分には解決されていないのである。

松浦が指摘したのは、先にブサンの出自を示すものとして引いた史料〔I―6〕の『通譜』の記事であり、この(a)に「都統阿敦」とあることから、これをグサ＝エジェンのアドゥンに比定したのである。これを裏づけるものとして、そこで子として挙がるタムバイの伝記に、「父阿敦、官は都統、嘗て太祖高皇帝に従ひて撫順を征し、明の遊撃李永芳を招きて来降せしむ」（『二集』）との記事があり、アドゥンがタタラ氏の人物であることは確実である[32]。すなわち、松浦はこの後段の(b)には触れていないが、この(a)・(b)を合せると、これまでともに開国の重臣でありながら伝不詳とされてきたアドゥンとブサンとが、兄弟だということが判明するのである（図1-1）。

これを裏づけよう。先引の史料〔I―7〕でブサンが「taidzu i dehemei jui 太祖の母の妹の子」と呼ばれていることから、これに注目した細谷〔一九九二：四五頁〕は、その母が宣皇后ヒタラ（Hitara 喜塔臘）氏と姉妹であり、ブサンとヌルハチとは母方を通じた従兄弟であることを指摘した。一方、〔I―6〕の『通譜』からは、朝鮮史料で「酋従弟」と記されるアドゥンがその兄であるということが知られる。すると、兄アドゥンは「酋従弟」、かたや弟ブサンは「太祖の母の妹の子」という、それぞれの続柄の記述は、整合して矛盾しない。そして「age」という親族呼称は、姻族に対しても用いられるから、アドゥンが母方を通した従兄弟であるならば、彼が「Adun Age」と呼ばれても不自然ではない[33]。また、長く疑問視されてきた宣皇后の父アグ＝ドゥドゥ（Agu Dudu 阿古都督）についても、史料の博捜と族譜の発現によって実在が確認されたため[34]、宣皇后およびブサンの生母の出自も、もはや疑う必要はないであろう。

補足するならば、『原檔』「無年月」条所載の旗人誓書中に、

［Ⅰ—10］我ブサンは、主の面前とて力を尽し、背後とて避けて身を楽にし、仇敵とて善を隠し、親戚とて悪を称揚するならば、死期が近くなるがよい。我ブサンが副将とされれば、兵を率いて行くことができないと心配しない。……兄が大纛を委ねられて以来、兄は家居したり出征したりしたが、我は（兄の代りに）大纛を受け取って出征し、軍務に失敗したことがない。

というブサンの誓書が収められている。後段の「大纛（amba tu）を委ねられ」て「家居したり出征したりした」兄」とはアドゥンに相違なく、このくだりは、ブサンがアドゥンに代ってグサ＝エジェンに就いたことをふまえたものであろう。[35]

ゆえに以上から、『通譜』・『光海君日記』・『原檔』三者の記すところは、事実と確定してよいだろう。天命年間に両黄旗グサ＝エジェンを歴任したアドゥンとブサンとは、ジャクム地方タタラ氏ジュル＝シルハ家の兄弟であり、ヌルハチの母系を通した姻族だったのである。このように、『通譜』で「著姓」として七番目に著録されるタタラ氏は、その扱いに相応しく、政権確立期において多数の重要人物を輩出した明代以来の大族の一つであったのであり、五大臣が姿を消しつつあった天命後半にグサ＝エジェンを輩出するなど、ハン直属旗の首脳陣の一角を構成していた。

さて、天命期のグサ＝エジェンの残る一人・アブタイ（Abutai 阿布泰）についてみてみよう。この人物もまた最終的に失脚したため、伝記は『通譜』に僅かな記事（巻二三「阿布泰」伝）があるにすぎないが、彼はフルンのウラ王家の嫡系で、当時正后の座にあった大妃ウラ＝ナラ氏アバハイ（Abahai 阿巴亥）の弟であった（図1-1）。それゆえアブタイはナクチュ（nakcu／母の兄弟即ち舅の意）すなわち国舅の称を以て呼ばれる。アブタイの帰順は、

『原檔』に以下のように記される。[36]

［I―11］　アブタイはウラ国のマンタイ＝ハンの子である。父をその｛マンタイ＝ハンは｝女色に溺れていたのでその国の者が殺した。弟のブジャンタイが継いで主となったので、アブタイはイェへに逃げて行っていた。｛後に｝イェへを滅ぼしてアブタイを連れてきて大臣として養った。

ここにあるように、アブタイは父マンタイ（Mantai 満泰）の横死後、叔父ブジャンタイ（Bujantai 布占泰）がハンを継いだためにイェへに亡命し、一六一九年八月のイェへ滅亡でようやく帰順したのである。このように新参にして若輩（姉の大妃ウラ＝ナラ氏が一五九〇年生れなので、天命中頃で三〇歳前後）でありながら、彼は古参の功臣である五大臣やタタラ氏の後を襲って、ヌルハチ領旗のグサ＝エジェンを務めたのである。[37]

このほか天命期に在任した可能性のある者として、マチャ（Maca 馬察）地方トゥンギヤ氏のバドゥリ（Baduri 巴篤礼）がいる。バドゥリは、フルガンと同じくヌルハチ最初の正妃トゥンギヤ氏の一族で、伝によれば、一六二一年以前のこととして「屢々戦功を立て、固山額真を歴任す」とあり、一時期グサ＝エジェンを務めたとみられるのである（増井［二〇〇四a：一九頁］）。[38]彼は、ヌルハチや諸旗王と並んで朝鮮にも知られ、「八将」の一人として「七所道里、奴侄子」と見える。[39]この記事を指摘した鴛淵［一九三八b：二九四―二九五頁注25］は不明としているが、朝鮮史料の音写では「所」はbを表すから、バドゥリに相違ない。「奴侄子」とあるのに対応して、彼は『原檔』でしばしば「Baduri Age」と呼ばれており、増井［二〇〇四a：一九・二二頁］は、フルガンなどと同様にヌルハチの養子として内廷で養育されたことを示すものと推測している。そうであるならば、天命期の鑲黄旗グサ＝エジェンは、アドゥンとバドゥリはアゲ号を持ち、またアブタイとバドゥリはヌルハチ正妃の親族であり、大族出身というだけでなく、何れもヌルハチと密接な関係をもつ存在であった。

この後ヌルハチが没すると鑲黄旗は正白旗と名を改めて、末子ドドが全旗を継承した。そのもとで、カクドゥリ(Kakduri 喀克篤礼)とアサン(Asan 阿山)の両名が長期にわたって在任している。カクドゥリは表1-1に挙がる東海ウェジ部ナムドゥル路の出身で、明初以来の首長家である。[40] またカクドゥリに代ってグサ＝エジェンを務めるアサンは、大族イルゲン＝ギョロ氏のうち、スクスフ部内ムキ(Muki 穆渓)地方のアルタシ(Artasi 阿爾塔什)家の出で、『通譜』で四巻を占める同氏の巻頭に立つ有力家系であった。

すなわち鑲黄旗は、マンジュ譜代の大族ジャクム地方タタラ氏・マチャ地方トゥンギヤ氏・ムキ地方イルゲン＝ギョロ氏と、外様衆きっての名門であるフルンのウラ＝ナラ氏、ウェジのナムドゥル氏が固めていたのである。

(3) 正白旗

ホンタイジの所領で、その即位後正黄旗となったこの軍団は、『建州聞見録』に「洪太主《ホンタイジ》領一部、洞口魚夫《ドンゴ＝エフ》将之」とあって、当初は名門ドンゴ氏の五大臣ホホリが在任した。

このドンゴ氏の世系については、これこそが左衛ギョロ氏の嫡統であることを隠蔽しようとしたためか、『通譜』はホホリの先世を記さず、『満洲実録』によって祖父が知られるのみである。しかし、伝記史料を博捜した増井[一九九三:一〇六―一〇七頁]の考証によれば、『通譜』で「国初来帰」として平凡に列挙される「Nukai Aita 努愷愛塔」なる人物が、実はホホリの世代より六代を溯って明中期に比定される、事実上の始祖であるという(図1-2)[41]。増井の引く『初集』「Ošo 鄂碩」伝を掲げると、以下の如くである。[42]

[I―12] 鄂碩、満洲正白旗人なり。祖魯克素 Luksu、本の名は倫布 Lumbu。其の始祖諾喀愛塔 Noka Aita の董鄂《ドンゴ》地方に居し、地を以て氏と為し、世々董鄂部主為りてより、倫布に至ること凡そ七世なり。太祖高皇帝、

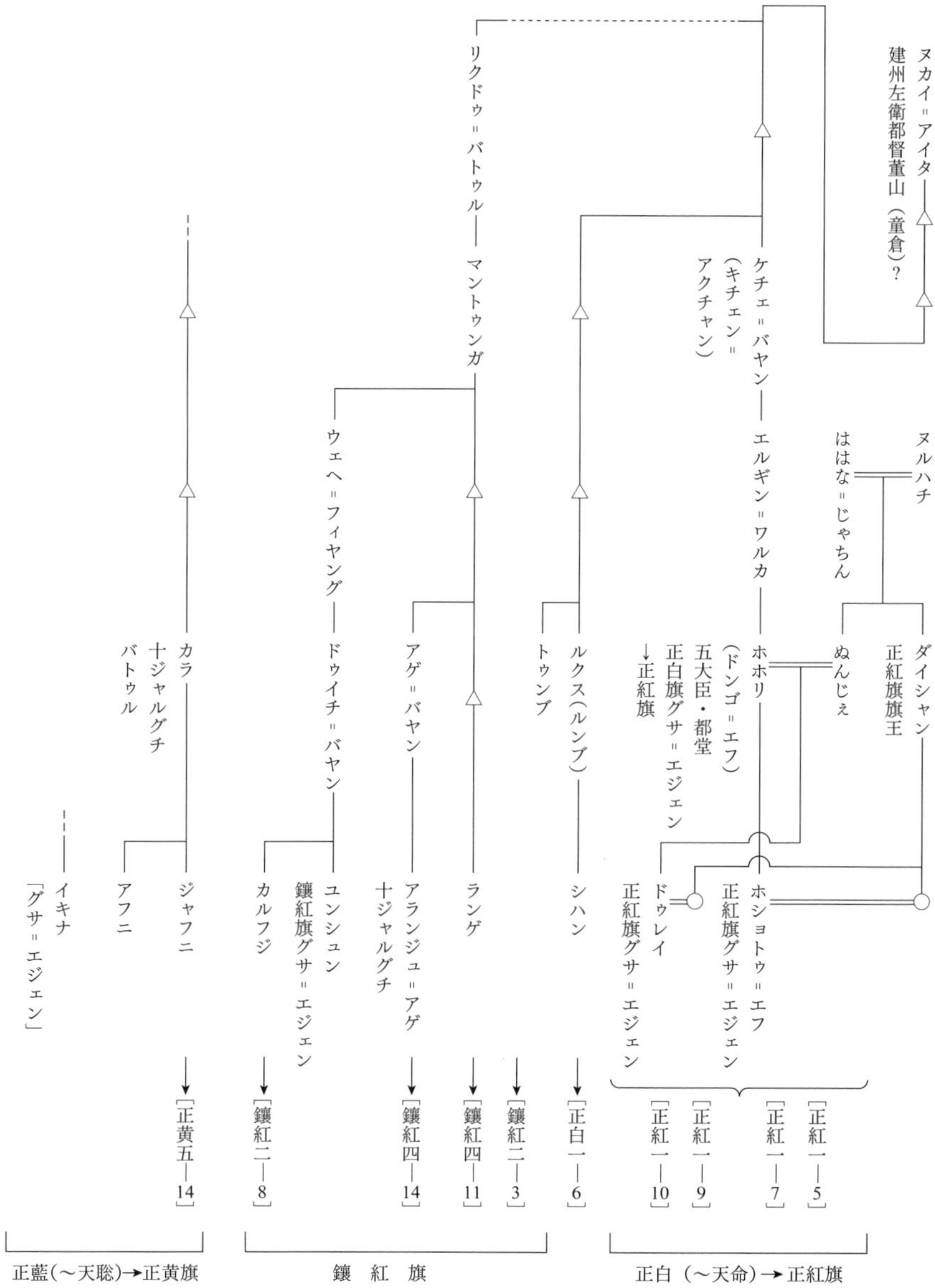

図 1-2　ドンゴ氏　略系図

出典）『通譜』巻 8,『初集』旗分志，増井［1993］より作成。

業を創むるに親臣沙津 Šajin を遣はして往きてこれを招かしむ。倫布、其の叔祖奇陳阿古禅 Kicen Akūcan（＝ケチェ＝バヤン）の孫何和礼 Hohori をして兵五百名を率ゐて来帰せしむるに、太祖賜ふに公主を以てし、授けて額駙《エフ》と為す。又た倫布を招くに、因りて四百丁を携へて来帰す。太祖、魯克素と賜名す。

これによれば、ホホリの他にルクス（ルムブ）が「部主」の座にあって両者の勢力は伯仲しており、［Ⅰ―9］にあったジャクム地方タタラ氏のシャジンの招撫を受けて、相次いで帰順したという。［Ⅰ―5］にあったように、ホホリは公主を娶されて四ニルの大封を領し（三田村［一九六三］）、正白旗のグサ＝エジェンを務めたのである。その後ホホリは一六二三（天命八）年九月にダイシャン属下に転出し、以後正紅旗の名家として知られることになる[43]。

［Ⅰ―13］　ハン（ヌルハチ）は外の諸ベイレのニルを処理するため、ホンタイジ〔＋ベイレ〕のもとにいたドンゴ＝エフ（ホホリ）の四ニルをアンバ＝ベイレ（ダイシャン）に与えた（buhe）。ハンの旗のソーハイ・イスンの二ニルをホンタイジに与えた。アンバ＝ベイレのジョーデ・オーデの二ニルを、ハンは自分のもとに取った。アンバ＝ベイレのアンガラ〔＋アゲ〕のニルとスワンのウライのニルの二ニルをマングルタイ＝ベイレに？与えた。？

このように旗人の移籍は、八旗の組織原理に則ってニルを単位として行なわれた。とりわけ一六二三―二五（天命八―十）年頃にヌルハチの差配で配置換えが行なわれていたようであり（杉山清彦［一九九八：九頁］）、これはその一環とみられる。

ホホリ転出後の正白旗グサ＝エジェンは不明だが、ホンタイジが即位すると、以後シュムル氏のヤングリ一門が歴任している。すなわちレンゲリ（Lenggeri 楞格理）・ナムタイ（Namtai 納穆泰）はその弟、またタンタイ（Tantai 譚泰）は従弟に当る。ヤングリの一門はクルカ部長の名家で、彼は「奴酋之最親信者」（『建州聞見録』）といわれ、五大臣に次ぐ重臣として活躍した。ヤングリ家はサルフ戦の時期は鑲白旗に属していたようだが、天命後期には正白旗に移っており、以後その一門が新ハンの直属軍団の長を独占しているのである。

なお、正藍旗解体による移動に伴って崇徳年間の鑲黄旗（後掲（7））を率いたバイントゥ（Baintu 拝音図）は、ヌルハチの異母弟バヤラ（Bayara 巴雅喇）の子で、この正白＝正黄旗から配属されたものである。

（4）鑲白旗

鑲白旗は当初チュエンの遺子ドゥドゥが領しており、『建州聞見録』には「酋孫斗斗阿古《ドゥドゥ＝アゲ》領一部、羊古有《ヤングリ》将之」とあって、このときは右のヤングリがグサ＝エジェンを務めていた。その後、一六二一年以降はヌルハチの庶子アバタイ（Abatai 阿巴泰）が任に就き、天命後期にドゥドゥが鑲紅旗に移されると、アバタイが旗王に昇格した[44]。代ってグサ＝エジェンにはゴロロ（Gorolo 郭絡羅）氏のダルハン（Darhan 達爾漢）が就任し、以後一五年にわたって在任する。ゴロロ氏は蘇子河支流のジャン河地方にのみ分布する氏族で、**表1-1**にも現れないが、ヌルハチの挙兵時に最初に帰順した最古参の一門として知られる。ダルハンは、このとき馳せ参じたヤンシュ（Yangšu 楊舒）の子で、『初集』に「其の父楊舒、伊《かれ》の兄常舒 Cangšu と同に沾《ジャン》河地方より宗族を率領して来帰し、太祖高皇帝、長公主を以て妻はせしむ。……達爾漢、即ち其の子なり。生れながらにして英特、太祖復た公主を尚はせしめ、封じて和碩額駙と為し、牛彔額真の事を兼管せしむ」とあり[45]、ヌルハチの娘の所生にして彼自身も公主の駙馬であった。

この軍団は天聡に入ると鑲黄旗と改称してホーゲが入封し（神田［一九五八：四三頁］）、さらに一六三五（天聡九）年の正藍旗の獄に伴って新正藍旗となったが、見かけ上の変化に関わりなく、引き続きダルハンが在任した。アバタイとダルハンの関係については、第二章第二節（1）においてあらためて説く。

なお、ダルハンの後任となったホロホイ（Holohoi 何洛会）は、順治前期のドルゴン摂政期にとりわけ活潑に活動する人物であるが、それが仇になってドルゴン没後に失脚・処刑され、氏族さえも分らなくなってしまった[46]。しかし、その父アジライ（Ajilai 阿吉頼）の代からヌルハチに仕えてニルを領し、ホロホイ自身は専管ニル分定にも与っており、これも成り上がりということは考えられない。

（5）正紅旗

正紅旗は、ヌルハチの次子で大ベイレの地位にあったダイシャンの領旗である。『原檔』のサルフ戦直後の記事に、「ハンの宗弟ドビ＝ベイレ（Dobi Beile）を、グサ＝エジェンをやめさせた」とあって、当初は一族のドビ（Dobi 多弼）が任にあったことが知られる[47]。ドビは三祖ソーチャンガ（Soocanga 索長阿）の第四子ロンドン（Longdon 龍敦）の第三子であり、一族有力者がグサ＝エジェンを務めていたのである。その直後の状況を伝える『建州聞見録』には「貴盈哥（ダイシャン）領二部、一部甫乙之舎《ボルジン＝ヒヤ》将之、……一部湯古台《タングダイ》将之」とあり、代ってヌルハチの庶子タングダイ（Tanggūdai 湯古代）が就任した。

その後、［I—13］にあるように一六二三年にホホリ家が正紅旗に転入し、ホンタイジ時代はその子ホショトゥ（Hošotu 和碩図）・ドゥレイ（Dulei 杜雷）が兄弟で歴任した。（3）で見たように、ホホリはもともとホンタイジに大臣として附けられていたが、その来帰を記す史料［I—5］にあった、ホホリに娶された公主ヌンジェ＝ゲゲはダイシャンの同母姉であり[48]、正紅旗旗王のダイシャンとも姻縁があったのである。グサ＝エジェンを継ぐドゥレイは、公主の所生であり、ホショトゥ・ドゥレイはともにダイシャンの娘を娶されていた（図1-2）[49]。

また、その間に入るイェクシュ（Yekšu 葉克書）はウェジ部ニマチャ路のアンバンで、一六一〇（万暦三十八）年にナムドゥル路のカングリ（Kangguri 康武理）・カクドゥリ兄弟ら四路の首長らとともに帰附した。(50) ニマチャは、明代に尼麻車兀狄哈《ニマチャ＝ウディゲ》と呼ばれ、一四〇六（永楽四）年に阿速江衛・速平江衛として編成された集団である（河内［一九九二：第一七章］）。イェクシュの姓氏はホイホ（Hoiho 輝和）氏とされるが、増井［二〇〇八b：一九頁］はニマチャ氏から分岐した称としており、いずれにせよウェジ諸路の首長家の一つであった。

このようにダイシャン領旗のグサ＝エジェンは、一族有力者・庶子といったアイシン＝ギョロ氏一門、ドンゴ氏嫡系、ウェジ諸路首長家と、これも有力者が占めており、就中ホホリ家は旗王ダイシャンと緊密な通婚関係をも結んでいた。

（6）鑲紅旗

同じくダイシャン家所領でその長子ヨトが率いた鑲紅旗については、『建州聞見録』をはじめ諸史料が一致して「甫乙之舎」「Borjin Hiya」の名を挙げる。ボルジンはヒヤ（侍衛、第三章参照）号を以て称される重臣で、マンジュ五部の名門ワンギヤ部首長家の出身である。正紅旗と同じく、ダイシャン家の領旗として比較的組織が安定していた鑲紅旗では、彼とイェチェン（Yecen 葉臣）の両名が大半の時期を占めたが、イェチェンもワンギヤ氏であった。マンジュ五部の一つ・ワンギヤ部の首長ワンギヤ氏こそは、明初のアハチュ・李マンジュ以来の建州衛の正系にほかならない（増井［一九九七］）。

他方、その間に入るユンシュン（Yungšun 雍舜）はドンゴ氏で、ホホリの曾祖父輩で分岐したと推測されるリクドゥ＝バトゥル（Likdu Baturu 黎克都巴図魯）系のドゥイチ＝バヤン（Duici Bayan 兌斉巴顔）家の出である（図1-2）。リクドゥ系は、子マントゥンガ（Mantungga 満通阿）の代にワルカシ（Warkasi 瓦爾喀什）地方に遷住して、ドンゴ本部のホホリ家と地域的に分離し、その孫ドゥイチ＝バヤンとアゲ＝バヤン（Age Bayan 阿格巴顔）とが独自に帰順した（増井［一九九三：一〇八頁］）。建州左衛正系のドンゴ氏は、ドンゴ本部の部長ホホリ家が正紅旗、ワルカシ地方に遷居したリクドゥ一門が鑲紅旗にそれぞれ編成され、本部で伯仲する勢力を誇ったルクス家が正白旗に入って、それぞれ旗首脳となったのである。

これらワンギヤ・ドンゴ両氏はそれぞれ四ニルを領し、役職・領有ニルとも旗内で重きをなした[51]。このように、鑲紅旗は明初以来の建州衛・建州左衛の名門が首脳を構成したのである。

（7）正藍旗

正藍旗は、一六三五年に改易されるまで、継妃フチャ氏グンダイ（Gundai 袞代）所生のマングルタイ・デゲレイ兄弟が領した。その下で当初グサ＝エジェンを務めたのは、『建州聞見録』に「毛漢那里《ムハリヤン》」として現れるムハリヤン（Muhaliyan 穆哈連）であった。ムハリヤンは二祖リオチャン（Liocan 劉闡）の曾孫で、正紅旗のドビと同じく、一族有力者が充てられていたことになる。この後天聡年間にグサ＝エジェンを務めたトボホイ（Tobohoi 拖博輝）・セレ（Sele 色勒）も覚羅であり、改易以前の正藍旗は、明確に在任を確認しうる全員が覚羅出身であるという特徴をもつ[52]。

トボホイは三祖ソーチャンガ系のロンドンの第六子で、ドビの弟に当り、一六二三（天命八）年二月の時点では正紅旗に所属していた[53]。それ以降の時期に正藍旗に移って、グサ＝エジェンに起用されたのである。また、セレはヌルハチの伯父リドゥン＝バトゥル（Lidun Baturu 礼敦巴図魯）の子ボイホチ（Boihoci 貝和斉）の子で、ボイホチの姉妹すなわちリドゥンの娘こそは、王杲の子アタイの妻であった（『満洲実録』巻二）。ドビ・トボホイの父ロンドンは反ヌルハチの巨頭であり（和田清［一九五一：六〇五頁］）、おそらくはギオチャンガ・タクシ父子が明側に附したのに対し、彼らは王杲父子を支持していたと推測されている（増井［一九九九a：一九七―二〇四頁］）。覚羅ニルについて専論した細谷は、当時の覚羅はハンの一門に連なるものとしての特権が全く窺われなかったことを指摘しており、かつてヌルハチに敵対的だったがゆえに、ハンの領旗ではない紅旗・藍旗に配されたのではないかと示唆している（細谷［一九七八：第四章］）。王杲父子と直接姻縁のあるボイホチ・セレ父子や、反ヌルハチ派のロンドンの子トボホイらが配され、要職をも占めているということは、正藍旗の強味というよりむしろ不安定要素だったといえよう。

ただし、グサ＝エジェン在任者は彼らだけではないとみられる。というのも、阿南［一九六七b］は一六二二（天命七）年のムハリヤン革職後の後任をトボホイと推定しているが、右に述べたように彼はこのときまだ正紅旗に隷していたからである。そこで史料を細検すると、ムハリヤンとトボホイの間に在任した蓋然性の高い正藍旗人として、『通譜』「董鄂氏」の「努愷愛塔」伝に、その六世孫として「伊奇納 Ikina、原と都統に任ぜられ、佐領を兼ぬ」とある、ドンゴ氏のイキナなる人物が見える。(54) この人物は他史料にほとんど徴すべき記事を見ないけれども、正藍旗人のものと推定される天命年間の旗人誓書中に代子副将として名を連ねるなど、正藍旗の上級旗人であったとみられるのである（杉山清彦［一九九八：六頁表a］）。ここにいう都統とは当時のグサ＝エジェンのことだから、これまで全く言及されたことのない人物ではあるが、彼を一時期正藍旗のグサ＝エジェンだったとみてよいであろう。同伝に並ぶ、近い支派と思われる十ジャルグチのカラ（Kara 喀喇）とその子アフニ（Afuni 阿福尼）・ジャフニ（Jafuni 扎福尼）兄弟も正藍旗に属しており、彼らはドンゴ氏のうちで正藍旗に分属させられた一派と思われる（図**1-2**）。(55)

この軍団は、一六三五年末にホンタイジに没収されて鑲黄旗となり、前述の宗室バイントゥが新鑲黄旗グサ＝エジェンとして指揮した。その下では、改易までグサ＝エジェンであったセレが副長職のメイレン＝エジェンを務めており、集団としての継続性はある程度保たれていた。

（8）鑲藍旗

鑲藍旗は、ヌルハチの同母弟シュルガチの領旗である藍旗に起源する。当初は二ベイレと称されたアミンが率い、その失脚後は、親ホンタイジ派で後の輔政王ジルガラン（Jirgalang 済爾哈朗）が継承して順治期に至った。この軍団の任用の特徴は、ジルガラン・フィヤング（Fiyanggū 偏古／シュルガチ第八子）・アイドゥリ（Aiduri 愛度礼／アミン次子）など、宗室のシュルガチ家一門から多く起用されていることである。フィヤングの任命の際、「フィヤングはジルガランの異母弟である。グサに良い人がいないので、ベイセをグサ＝エジェンとして任じた」（『天聡五年檔』）とあり、[56] 異例という扱いではあったが、天命年間にジルガラン自身が務めたのをはじめ、右のように多数が任用されているので、実際には常例であったといえよう。

それ以外で名が挙がるのは、天命後期のスバハイ（Subahai 蘇巴海）と天聡期のグサンタイ（Gusantai 固三泰）である。この両名はともに海西イェヘ王家という外様の名門の出で、従兄弟同士であった（後掲図**2-5**）。旗王アミンの三娶妻はスバハイの姉妹であり、またグサンタイは、「グサンタイ＝エフという者は、もともとイェヘの諸ベイレであった。イェヘを取った後に子を与えて婿とし、エフと称した」（『天聡五年檔』）とあって、[57] 彼らは擬制血縁関係下に包摂されてもいた。すなわち鑲藍旗のトップの座は、一門のシュルガチ家王族と、外様のイェヘ＝ナラ氏王族とが占めており、彼らは姻族でもあったのである。

以上の如く、八旗各旗の最高官であるグサ＝エジェンの歴代在任者は、各旗においてほぼ特定の数家系に限られており、それらはほとんどが**表1-1**に見える功臣・有力氏族であった。[58] なかには、ウラのアブタイやイェヘのスバハイなど帰順から日の浅い者や、ダルハンやホショトゥのように年若い二代目なども起用されており、功績・能力を基本としつつも、門地・出自も重要な条件とされていたといえるであろう。

しかも、特定家系の寡占であったように、いわば家職という側面さえあった。アドゥンが失脚したにもかかわらず、弟ブサンは「兄の代りに」グサ＝エジェンに陞っていたし、正藍旗のトボホイの病臥時には、副長職のメイレン＝エジェンではなく、子ダライ（Dalai 達賚）がグサ＝エジェン職を代行していたのである（郭成康・劉景憲［一九八二：二〇五頁］）。

これを象徴するように、正黄＝鑲白旗において、一六三六年にトゥルゲイが弟に代って再度起用される際、ホンタイジから「トゥルゲイよ、汝の兄弟三人をグサ＝エジェンに任じて、皆罪を得てきた。今汝をグサ＝エジェンに任じるのは、兄弟であると配慮して任じたのではなく、汝を有能として任じたのである。今後よく務めなければ、他の者を任ずる」という訓示が与えられている[59]。その言葉とはうらはらに、任用の発想を示してあまりあるといえよう。

第三節　天命後期の高位世職

（1）世職制

およそひとつの政権が支配を確立し、それを恒久化せんとして自らを再生産していくとき必要とされるのは、安定した執政機構と、秩序を可視化する位階制体系とであろう。このうち後者、すなわち政権成員の序列・等級を表す体系が、ここにいう世職制である。管轄官である八旗官の次に、本節では位階に当る世職について検討する。

位階はヘルゲン（hergen）というが、その地位の世襲が規定されていたため、特に世職（jalan sirara hafan）といい、また世爵、あるいは武官・武爵（coohai hafan）などとも呼ばれた。その起源は八旗と連動したヌルハチ時代の位階であって、儀礼上の待遇や免役・免罪などの特権が附随していた。その創設は八旗制の形成とほぼ並行した時期とみられるが[60]、これが形を整えるのはサルフ戦後のことである。

すなわち、『満洲実録』天命五（一六二〇）年三月条に、

［Ⅰ―14］　マンジュ国の太祖ゲンギェン＝ハンは、衆大臣らを、功（gung）を料って兵の官（coohai hafan）を立てて、第一等・第二等・第三等の三等の総兵官、三等の副将、三等の参将、三等の遊撃とし、衆ニル＝エジエンらを備禦官とした。ニルごとに四人の千総を置いた。

とあり[61]、**図E**に示したように、その序列は、明の武官の借用語である総兵官―副将―参将―遊撃―備禦からなっていた。ここにあるように、備禦以外はさらに三等級に分れたので全五等一三級であり、八旗官のニル＝エジェンは備禦と相等とされた。以後、官員は基本的に何らかの世職を授与されてこの体系上に位置づけられることとなる（無官の場合を白身という）。

ついで一六三四年に、ホンタイジの命によって爵称の国語化と整序が行なわれた。すなわち、

［Ⅰ―15］　我が聞くに、天が慈しんで政を得たあらゆる国は、自分たちの国の言葉を棄てて別の国の言葉に移ったものはない。……いま我らの国の諸官（hafasa）の名称を、漢語で漢人を手本として呼んでいる。善を見て手本とせず、悪を見て察知しないというのは理に叶った道ではない。我はいくら大命を得る前だといえども、別の国の命を承けずにいるのである。それゆえ我らの国の諸官名・城名を我らの国の言葉で新たに呼んだ。総

> 兵官・副将・参将・遊撃・備禦と呼ぶのをやめよ。賞賜する檔案に記す名は、五備禦の総兵官を一等公という。一等総兵官を一等アンバ《ママ》＝ジャンギンという。二等総兵官を二等アンバ《ママ》＝ジャンギンという。三等総兵官を三等アンバ《ママ》＝ジャンギンという。一等副将を一等メイレン＝ジャンギンという。二等副将を二等メイレン＝ジャンギンという。三等副将を三等メイレン＝ジャンギンという。一等参将を一等ジャラン＝ジャンギンという。二等参将を二等ジャラン＝ジャンギンという。遊撃を三等ジャラン＝ジャンギンという。備禦をニル＝ジャンギンという。
>
> ……管理する名は、あらゆる人を官（hafan）を考慮せず、グサを管理させればグサ＝エジェンという。メイレンを管理させればメイレン＝ジャンギンという。ジャランを管理させればジャラン＝ジャンギンという。ニルを管理させればニル＝ジャンギンという。……

という勅令によって、[62] 漢語起源の外来語からマンジュ語化されるとともに、アンバン―メイレン―ジャラン―ニルの各ジャンギンに再編成されたのである。各等はやはりニル＝ジャンギン以外三等級に分れたが、参将・遊撃がジャラン＝ジャンギンに統合されたため、基本は四等一〇級となった。さらに、一等アンバン＝ジャンギンの上に一等公（超品一等公）が設けられ、後に各三等の公・侯・伯が整えられた。また、ここには見えないが、備禦＝ニル＝ジャンギンの下には半備禦＝半箇（ホントホ）ニル＝ジャンギン（半箇前程）という位階がこのころまでに設けられていた。

ただし、この改称によって、史料後段にあるように、メイレン＝ジャンギン～ニル＝ジャンギンの称が世職と八旗官とで同名となったことに注意しなければならない（松浦［一九八四：一一四―一一五頁］）。しかし、両者が別々の体系であることに変りはなく、世職の方は「jalan sirara nirui janggin（世襲するニル＝ジャンギン）」「世職牛彔章京」などと表記された。

これは分りにくかったためか、入関後の一六四七（順治四）年に再度改称が実施され、世職と八旗官のマンジュ語名が再び分離された。『世祖実録』同年十二月甲申条には、

［I―16］礼部、諭に遵ひて定議すらく、固山額真《グサ＝エジェン》・昂邦章京《アンバン＝ジャンギン》・纛章京《トゥ＝ジャンギン》・梅勒章京《メイレン＝ジャンギン》・甲喇章京《ジャラン＝ジャンギン》・牛彔《ニル＝》章京《ジャンギン》・噶布什賢噶喇昂邦《ガブシヒャン＝ガラ＝アンバン》・噶布什賢章京《ガブシヒャン＝ジャンギン》は皆な管兵の官銜に係れば、世職の大小・有無を論ぜず、此の官を授くる者は、即ち此の銜に照して之を称す。……其の世職の昂邦章京は改めて精奇尼哈番《ジンキニ＝ハファン》と為し、梅勒章京は改めて阿思哈哈番《アスハン＝ハファン》と為し、甲喇章京は改めて阿達哈哈番《アダハ＝ハファン》と為し、牛彔章京は改めて拜他喇布勒哈番《バイタラブレ＝ハファン》と為し、半个前程は改め拖沙喇哈番《トウワシャラ＝ハファン》と為す。

とあり、[63]後段にあるように世職の系列は某ハファン（hafan 哈番）と改称されたのである。かくて爵位のマンジュ語名が確定し、その後さらに一七三六（乾隆元）年には子・男以下の漢語訳が与えられて（マンジュ語名は某ハファンのままで、変更はない）[64]、最終的に九等二七級からなる爵制として完成した。こうして、図**E**に示したように、漢語表記でいえば五等爵をはじめとする伝統的な爵称が完備されることとなったのである。しかし、元来は頻繁に与奪・昇降される軍事的な位階であったことに注意しなくてはならない。

かかる世職の概要は、松浦［一九八四］が初めて専論して輪郭を明らかにし、さらに近年、上田裕之［二〇〇三］が俸給の面について、また谷井陽子［二〇〇四］が授与・黜陟など運用面および経済面について論じて、その具体相が明らかになった。[65]この世職制について、松浦は家臣を統一的序列の下に組み込むことによって序列化・官僚化するものと評価し、その基準が功績におかれたことを指摘する（松浦［一九八四：一一四・一一七―一一八頁］；谷井［二〇〇四：第一章］）。出自・身分に関わらない同一の原理のもとでの運用、黜陟における客観性・公平性の

指向、といった諸点は、たしかに一面において首肯される。しかし他方において、どのような人びとが任用されたかを個々人について確認する必要もあるであろう。では、そこにはいかなる傾向が見出されるであろうか。

（2）高位世職の階層性

これまでの研究において、具体的な任用者について網羅的に検討したのは、最高位の総兵官在任者を取り上げた阿南［一九六九］にとどまるが、阿南は出自にそれほど注目しておらず、『通譜』も全く使用していない[66]。また、郭成康は権貴勢力が世職・官職において優遇されていたことを指摘するが、世職についての分析があるわけではない（郭成康［一九八六b：七―八頁］）。そこで本節では、高位世職の授与のあり方を、出自に着目して検討したい。世職を網羅的に知りうる史料は極めて少なく、一六二五年の「黄字檔」勅書がほぼ唯一のものである。このため個々の人事記事を蒐集するほかないが、その中で天命期の高位世職任用者の顔ぶれを知る手がかりとなる記事を示そう。『原檔』天命七（一六二二）年正月に、以下の記事がある[67]。

［I―17］　十三日、都堂・総兵官以下備禦以上に、等級によって、小旗・傘・太鼓・喇叭・瑣哢・簫を持たせた。

(1)…（中略、旗人名列挙）…この一六人には小旗各六対、傘各一本、喇叭・瑣哢・簫・太鼓を悉く与えた。

(2)…（中略、旗人名列挙）…この一九人には小旗各五対、傘各一本、喇叭各一対を与えた。

下級の参将・遊撃には小旗各四対、傘各一本、衆備禦には小旗各三対、傘各一本を与えた。

［I―18］　第一等のホショの諸大ベイレは小旗各八対、傘各一本、太鼓・喇叭・瑣哢・簫を悉く準備せよ。第二等の諸ベイレは小旗各七対、傘各一本、太鼓・喇叭・瑣哢・簫を悉く準備せよ。

(1)ジュシェンと漢人の第一等の諸大臣は小旗各六対、傘各一本、太鼓・喇叭・瑣吶・簫、(2)第二等の諸大臣は小旗各五対、傘各一本、太鼓・喇叭・瑣吶・簫、第三等の参将・遊撃は小旗各四対、傘各一本、太鼓・喇叭・瑣吶・簫、衆備禦は小旗各三対、傘各一本を悉く準備せよ。

［I―19］○二十八日に、ジュシェン・漢人・モンゴル人の官人等に上から下へ次々と賞賜したもの。(1)ドンゴ＝エフ・タングダイ＝アゲ・フシ＝エフ・シ＝ウリ＝エフ・ダルハン＝ヒヤ・ムハリヤン・バドゥリ・ヤングリ、この八人には駱駝各一頭、蟒緞、繻子、繻子の衣服各二二着、紅毛氈各八枚を与えた。○(2)…（旗人名列挙）…この等級の者には駱駝各一頭、蟒緞、繻子、繻子の衣服各一四着、紅毛氈各六枚を与えた。(3)参将には馬各一頭、蟒緞、繻子、繻子の衣服すべて各八着を与えた。(4)遊撃には馬各一頭、駱駝各一頭、蟒緞、繻子、繻子の衣服各七着、紅毛氈各四枚を与えた。(5)備禦には銀各二両五銭、繻子、繻子の衣服各5着、紅毛氈各二枚を与えた。(6)バヤラのキル＝エジェンには繻子各一疋、銀各二両、紅毛氈各一枚を与えた。(7)千総には銀各二両、布の衣服各二着を与えた。(8)守堡には銀各一両を与えた。

まず史料［I―17・18］は、世職に関わる儀礼制度整備の記事で、小旗以下の用品の数から、二つの記事が対応するものであることがわかる。すなわち、［I―17］で小旗六対以下を与えられた一六人が［I―18］の「ジュシェンと漢人の第一等の諸大臣」に、また、同じく小旗五対以下の一九人が「第二等の諸大臣」に、それぞれ相当することは明らかである。しかも［I―17］には「都堂・総兵官以下備禦以上に、等級によって」と世職の等級によることが明記されていたから、これにより当時の高位世職保有者の具体的顔ぶれが判明するのである。[68] 次に、［I―19］の賞賜記事は、これも「官人等に上から下へ次々と」とあるのに対応して、第三等以降は参将以下の世職の等級で示されているので、個人名で列挙される上位二等が［Ⅰ—17］同様高位世職保有者を示すものであることは疑いない。

以上の記事に、天命末の世職を記す「黄字檔」勅書を加え、編年でまとめて示すと、次のようになる。

一六二二（天命七）年一月　世職の儀礼制度：十三日具体的人名列挙［Ⅰ—17］、十四日規定［Ⅰ—18］。

二十八日賞賜記事［Ⅰ—19］。

一六二五（天命十）年八月　「黄字檔」勅書授与。

そこで、［Ⅰ—17・18］を基にして、［Ⅰ—19］の賞賜等級と、「黄字檔」勅書から判明する彼らの旗属・世職とを対照させ、さらに出自を記入したのが、**表1-3**である。この表により、一六二〇年の世職制度拡充後間もない一六二二年からヌルハチ政権末期の一六二五年にかけての高位世職の陣容がほぼ判明する。

表1-3を一見すると、［Ⅰ—17］でいう「第一等」大臣一六人の全てが世職では総兵官・副将に相当することから、当時「第一等」の大臣とは、これら上位二等級任用者を指すことが明瞭である。[69] しかも、そのうち少なくとも八人までが最高位の総兵官なのである。その出自を確認すると、(1)ヌルハチ一門の二人を含む、五大臣一族はじめ古参の功臣たち（**表1-3**：1～10）と、(2)フルン四国の王家ナラ氏に代表される、マンジュ五部以外の大族（同11～16）とに大別できよう。

以下、順に見ていこう。まず筆頭に挙がるタングダイはヌルハチの庶子であり、前節で見たようにグサ＝エジェンを務めていた。これに次ぐ異姓臣下の最上位は当時存命の五大臣であるフルガンとホホリで（他の三人は既に死去）、これら三人は当時の執政職の都堂でもあった。[70] 続くバドゥリはフルガンと並ぶ別派のマチャ地方トゥンギヤ氏の長、またヤングリは東海諸部の大族シュムル氏のクルカ部長家で、第二節で見たように、ともに五大臣に準ず

表 1-3　天命後期「第一等」「第二等」大臣一覧

	1622年儀礼制度規定		賞賜	「黄字檔」世職・旗属		出自	
1	第一等	タングダイ＝アゲ	(1)	三等総兵官	正紅旗	A	ヌルハチ庶子
2		ダルハン＝ヒヤ	(1)	(総兵官)	(正黄旗)	9	トゥンギヤ氏（フルガン）
3		ドンゴ＝エフ	(1)	(総兵官)	(正紅旗)	5	ドンゴ氏（ホホリ）
4		バドゥリ	(1)	三等総兵官	鑲黄旗	9	トゥンギヤ氏
5		ヤングリ	(1)	三等総兵官	正白旗	3	シュムル氏
6		ムハリヤン	(1)	(総兵官)	(正藍旗)	A	覚羅
7		ソーハイ	(2)	三等総兵官	正黄旗	1	グワルギヤ氏（フィオンドン子）
8		チェルゲイ	(2)	三等副将	正黄旗	2	ニュフル氏（エイドゥ子）
9		ダルハン＝エフ	(2)	三等副将	鑲白旗	—	ゴロロ氏
10		ダインブ	(2)	(総兵官)	(正黄旗)	7	タタラ氏
11		ウネゲ	(2)	三等総兵官	鑲黄旗	—	モンゴル人
12		カクドゥリ	(2)	三等総兵官	鑲黄旗	10	ナムドゥル氏(東海ウェジ部)
13		ブルハング＝エフ	×	(副将)	(正紅旗)	11	イェヘ＝ナラ氏(イェヘ王家)
14		アブトゥ＝バトゥル	(2)	(副将)	?	—	モンゴル人
15		アブタイ＝ナクチュ	(2)	三等総兵官	正黄旗	11	ウラ＝ナラ氏（ウラ王家）
16		ウルグダイ＝エフ	(2)	(総兵官)	?	11	ハダ＝ナラ氏（ハダ王家）
17	第二等	ドビ＝エチケ	×	三等参将	鑲紅旗	A	覚羅
18		ジョリクトゥ＝エチケ	×	(副将)	(正白旗)	A	ヌルハチ異母弟バヤラ
19		ホショトゥ	(2)	一等総兵官	正紅旗	5	ドンゴ氏（3の子）
20		トゥルゲイ	(2)	一等遊	正黄旗	2	ニュフル氏（8の弟）
21		カングリ	(2)	三等総兵官	鑲黄旗	10	ナムドゥル氏（12の兄）
22		アタイ	(2)	(副将)	?	?	フチャ氏？
23		シュムル	×	(遊撃)	(正紅旗)	12	フチャ氏
24		ヤヒチャン	×	一等参将	正白旗	4	マギヤ氏
25		アサン	(2)	三等副将	鑲黄旗	8	イルゲン＝ギョロ氏
26		ハハナ	(2)	三等参将	鑲紅旗	10	ナムドゥル氏
27		ムンガトゥ	(2)	三等副将	鑲黄旗	9	トゥンギヤ氏（4の弟）
28		スバハイ＝グフ	×	?	?	11	ハダ＝ナラ氏
29		レンゲリ	(2)	三等総兵官	正白旗	3	シュムル氏（5の弟）
30		グワルチャ＝エチケ	×	?	正白旗	A	覚羅
31		トボホイ＝エチケ	×	三等副将	正藍旗	A	覚羅
32		イェヘのスバハイ	×	二等参将	鑲藍旗	11	イェヘ＝ナラ氏
33		グサンタイ＝エフ	(2)	三等参将	鑲藍旗	11	イェヘ＝ナラ氏
34		ファンギナ	×	備禦	鑲黄旗	4	マギヤ氏
35		フシブ	×	二等参将	鑲藍旗	11	イェヘ＝ナラ氏

注）世職・旗属欄の（　）は，「黄字檔」勅書にない人物で，物故者は死去時，失脚者はその直前の状態を示す。出自欄の数字は**表 1-1**。A はアイシン＝ギョロ氏（宗室・覚羅）を示す。

る重臣であった。

先述の如く、フルガンとバドゥリはヌルハチ最初の正妃トゥンギヤ氏の一族で、ともにアゲの称で呼ばれ、またヤングリもクルカ出身ながら少年時に来投して近侍した譜代であって、彼とホホリはともにエフと称されるようにヌルハチの姻族でもあった。このように、世職筆頭格の重臣たちは門地・功績ともに最高クラスであり、かつ君主と親密な姻戚・擬制血縁関係にあったのである。

また物故した五大臣についても、フィオンドン（一六二〇年没）の子ソーハイ（Soohai 索海）と、エイドゥ（一六二一年没）の子チェルゲイとが、亡父に代って第七・八位に列している。続く第九位のダルハンも、最古参の勲臣たるゴロロ氏のヤンシュの子で、公主所出にして自らも公主の駙馬であった（第二章第二節（1）参照）。「黄字檔」勅書ではソーハイ・トゥルゲイに「父の功 amai gūng」と明記されており（後掲**表2-1**：3・34）、これら比較的若年である第二世代の高位待遇は、当人の功績よりもその出自、それも単なる門地の高さではなく、「功」と表現された父祖の具体的功績に負うものである。譜代の最後の第十位に位置するダインブはジャクム地方タタラ氏の出で（**図1-1**）、「養子のように扱われた」重臣であった[71]。

次に(2)としては、フルン各王家の嫡統たるハダのウルグダイ（Urgūdai 武爾古岱）、ウラのアブタイ、イェへのブルハング（Burhanggū 布爾杭古）の三人が挙がっている（**表1-3**：13・15・16）。ウルグダイは一五九九（万暦二十七）年のハダ併合以来帰属しているが、イェへのブルハングと、イェへに亡命していたウラのアブタイは、一六一九年八月のイェへ滅亡でようやく帰順したばかりであった（[I—11]）。にもかかわらず、早くも一六二二年正月のこの記事では「第一等」大臣に列しているのである。これは功績ではなく出自による厚遇と言わねばならない（杉山［二〇〇一a：一九頁］［二〇〇一b：第三節］；増井［二〇〇六a：第三章］）。またウネゲ（Unege 武納格）はイェへから、アブトゥ（Abutu 阿布図）は開原で来投したモンゴル人で[72]、ウネゲはバクシ号、アブトゥはバトゥル号を持っている。残るカクドゥリは先に見た鑲黄＝正白旗グサ＝エジェンであり、明初以来の東海ウェジ部ナムドゥル路の首長家であった。このように、非マンジュ出身者もやはり名門で占められていることが明瞭である（表1-3：12）。

以上のように「第一等」大臣は、ヌルハチ一族と五大臣およびそれに準じる重臣本人を最上位として（表1-3：1〜6）、物故重臣の嗣子がそれに次ぎ（同7〜9）、さらに帰順モンゴル人・東海諸部・フルン四国王家が続く（同11〜16）という構成をとっていたのである。

「第二等」とされる一九人についても同様で、出自不明のアタイ（表1-3：22）を除いて、全員が表1-1所掲の有力氏族およびアイシン＝ギョロ氏一族である。「第二等」筆頭のドビとジョリクトゥ（Joriktu）すなわちヌルハチ異母弟バヤラは一族有力者（表1-3：17・18）、これに次ぐホショトゥ・トゥルゲイ・カングリは存命の「第一等」大臣の子弟で（同19〜21）、以下有力氏族諸将が続く。マンジュでは、大族イルゲン＝ギョロ氏のアサンが列し、ほかに八大家マギヤ氏からもヤヒチャン（Yahican 雅希禅）・ファンギナ（Fanggina 方吉納）の名が見える（同24・25・34）。フルン・東海諸部では、フルン王家のハダのスバハイ（Subahai 蘇霸海）、イェへのスバハイ・グサンタイ・フシブ（Hūsibu 瑚錫布）、ウェジのハハナ（Hahana 哈哈納）など、「第一等」大臣に伍する大姓や有力者が列しているのである。

とりわけ表1-3全体を通して、物故者の嗣子にとどまらず、父子・兄弟など血縁者が同時に列せられているケースが目立つことは、門地・血統が重要視されたことを明示するものといえよう。すなわち、ドンゴ部長家のホホリ・ホショトゥ父子やエイドゥの子チェルゲイ・トゥルゲイ兄弟といった五大臣家、さらにそれに次ぐ功臣であるヤングリ・レンゲリ兄弟、バドゥリ・ムンガトゥ（Munggatu 蒙阿図）兄弟、あるいは名門ナムドゥル部長のカングリ・カクドゥリ兄弟といった人びとが確認されるのである。このうちホショトゥは父が、トゥルゲイ以下は兄が健在であるので、物故者の功績・地位の世襲とはいえず、その者自身の出自・功績に因るものとせねばなるまい。

このように、当時「第一等」「第二等」大臣とされた高位世職任用者の内実は、功績ないし門地に根拠づけられた、有力氏族出身者によってほぼ独占されていたのである。

いま一つ重要な特徴は、「黄字檔」勅書の旗属から明瞭なように、これらの高位世職が両黄旗に偏在していることである。高位世職において両黄旗が占める割合は、旗属不明者を両黄旗以外とみなしてさえ、「第一等」では二人に一人（8／16）、「第二等」でも約四人に一人（5／19）に及び、平均して三人に一人（三七％）に達する。最高位の総兵官についていえば、「第一等」中に一二人が確認できるうち、実に八人までが両黄旗人なのである。むろん、一六二二年一月段階と「黄字檔」作成時との間に昇降・死没があったこと、および［I―17］に現れない人物で総兵官に至った者があることはいうまでもない。しかし、「黄字檔」所載の総兵官を列挙した細谷の「天命末年総兵官一覧表」（細谷［一九九二：三四頁表1］）においても、全一二人中七人までがやはり両黄旗人であり、同傾向を示しているのである[73]。

以上の如く、天命期の高位世職任用者は、「第一等」「第二等」大臣として政権上層部を構成しており、これを出自についてみたとき、ことごとくが古参の功臣と名門望族で占められていたことが判明した。しかも第二世代や新参者がこれらの列に在ったことから、功績を基本としつつも、政権への登用・参与において出自も劣らず重要であったと判断してよかろう。加えてそれが父子・兄弟で世襲されるなど、高位になるほど流動性は極めて低い。ゆえに、かかる特徴を固定性、また門地が基準となっていることを、階層性と呼んでよいであろう。

また、アゲ・ナクチュ・エフあるいはグフ（gufu 姑夫）などといった、親族称呼に基づく称号を連称される者が非常に多いように、これら上級の大臣たちは、高位世職を授けられると同時に、血縁（ないし擬制血縁）・姻戚としてヌルハチ一門と緊密な結合関係をも取り結んでいたことが知られる。このような、出自という点でみたときの有力氏族諸家系による高位寡占、また旗属についてみたときの両黄旗への集中という特徴は、政権の特質を示すものといえるであろう。

たしかに、松浦・谷井陽子が指摘するように、功臣・名門といえども能力・功罪に応じて昇降黜陟はあるし、逆に出身・経歴に（ときには性別さえも）関係なく授与される者もある。しかし、前者の場合おおむね父子・兄弟など一門が同時に、ないし継承して高位にあり続けるのに対し、後者の例は、備禦の授与にとどまるか、あるいは重臣子弟の駆け出し時代を抜擢とみたにすぎないのである。例えば、松浦［一九八四：一一八頁］が能力主義による人材登用の例として挙げるうち、「備禦以下のものでも遊撃以上に昇進する例」とするイェクシュは、前節（5）で見たように明初にまで溯る大族の出身であって、これはその官歴の出発点にすぎないし、「かつては敵であったものでも世職に任命されている」として例示するハダのウルグダイやウラのアブタイは、ここで見たように、むしろ門地による厚遇とみなすべきであろう。それ以外となると、功のあった職人や婦人に備禦を授けた例は目をひくけれども、彼らは以後登場することもなく、一過性のものにすぎない。

では、世職の授与は何を意味したであろうか。それは、ニルの領有がその家系に授与された所領に当るのに対し、より個人的な（世襲されはするが）恩典だった点にあると考えられる。すなわち、松浦・谷井が論証したように、世職には免糧・免役権が附随しており、ニルが易々とは授与しうるものではないのに対し、個人対象の恩典であった側面が注目されるのである。職人・婦人などへの恩賞的授与は、かかる側面に因るものであろう。

世職制が門地の高下、主従・主僕の区分などそれまでの社会規制・序列意識を打破して政権構成員を一元的規準のもとに統一化しようとするものであったという点は、たしかに看過すべきではない。しかし同時に、表**1-3**の検討結果から明らかであるように、上位になるほど固定性・階層性がみられることもまた、私はあらためて強調したい。このような性質からするならば、世職制の機能は、功績を基準とした序列化という側面ばかりではなく、門地に基づく階層性の確認・再生産の形式というべき性格をも、同時に濃厚に有していたといえよう。

第四節　六部官制の内実

以上、第二・三節において、八旗各旗を管轄・指揮するグサ＝エジェンと、これに対し位階制体系に相当する世職官とについて、任用の在り方をみてきた。その結果、何れにおいても在来のマンジュ有力氏族の特定家系が、その門地と功績とを根拠として地位を独占していることが浮き彫りとなった。

では、世職が統一的序列化・官僚化の一面だけでは捉えきれないとしたならば、同じく官僚化・集権化の文脈で語られる六部など国政ポストの整備はどう理解できるであろうか。第二・三節で確認された任用の階層性・固定性がそこにもみられるのであれば、六部の意味づけもまた自ずから変わってくるであろうし、またみられないのであれば、何らかの改革の意図を読み取ることができるはずである。

執政機構として当初置かれたのは、五大臣・十ジャルグチ（断事官）[74]であり、天命年間に入ると、八大臣以下の八旗官制に引き継がれるとともに都堂など執政職が過渡期的に設置された。さらにホンタイジ時代になると、一般に「漢化」ないし中華王朝化への重要な一階梯とみなされる、六部・内三院が設けられる。[75]六部の創設は一六三一（天聡五）年七月で、承政（尚書に相当、定員満二・蒙漢各一）―参政（侍郎、満八・蒙四・漢二）―啓心郎（監察官、満漢各二）が置かれた。崇徳建元後は都察院・理藩院も創設・整備され、一六三八（崇徳三）年には各部承政が満一名のみに改定されて、入関前の官制はほぼ完成された。有名な満漢併用制が始まるのは、ようやく一六四八年のことである。また、入関前の六部制の特徴は、各部のトップとして、承政の上に管部ベイレが置かれ、部務を総攬したことである。

それでは、これまで見てきた有力氏族による政権運営という階層性・固定性が六部官制においても見出されるであろうか。これについては、既に陳文石［一九六八：四五〇―四五一頁］が、在任者の出自別統計を示して、それがことごとく有力氏族の特定家系によって占められていることを論証している。ただ、惜しむらくは人名リストを示したわけではないので、あらためて①創設時、②一六三六年の大清グルン建国時、③一六三八年の重定時につき、満承政の出自をリストアップして、**表1-4**を作成した。

ここからもまた、六部トップの承政においても、やはり門地が重要な基準とされていたであろうことが明瞭に看て取れよう。全てが名門大族の出身であり、しかもその多くは既に登場した人物ないしその一門であった。まず六部創設時でいえば、エイドゥの子トゥルゲイやヤングリの弟ナムタイ、トゥンギヤ氏のバドゥリら重臣一門が大半を占めており、唯一の新顔の家系である工部承政カンカライ（Kangkalai 康喀賚／**表1-4**：18）も、東海フルハ部の部長家で、十ジャルグチ・十六大臣として遇された有力者である。[76] また戸部承政サビガン（Sabigan 薩必翰）は二祖リオチャンの曾孫に当る覚羅で、正藍旗グサ＝エジェンを務めたムハリヤンの弟であった。[77]

さらに五年後の崇徳建元時、その二年後の六部制重定時においても、新任者はやはりことごとくが功臣・名門とされる重臣である。しかも同一人の長期在任や、父子・兄弟の同時ないし継続在任の例がそのほとんどを占め、階層性・固定性は著しい。ポストが満・蒙・漢別に設けられているとはいえ、定数は均等ではなく最終的に承政は満缺とされるように、六部官制において満の比重は極めて重く（姚念慈［一九九三：一二頁］）、そこにこのような階層性・固定性がみられることの意味は大きいであろう。

また旗分についていえば、ヌルハチ時代における高位世職の両黄旗への偏在に対し、ホンタイジ時代のこの表では両黄（旧両白）・両白（旧両黄）の四旗が大半を占めていること（8／12）が注意される。五年後の崇徳建元時に

表 1-4　入関前六部ベイレ・満承政一覧

	部属	承政人名	旗属		出　自
1631（天聡五）年設立時					
管部ベイレ					
1	吏部	ドルゴン	鑲白旗	A	ヌルハチ子，ホショ＝ベイレ
2	戸部	デゲレイ	正藍旗	A	ヌルハチ子，タイジ
3	礼部	サハリヤン	正紅旗	A	ヌルハチ孫，タイジ
4	兵部	ヨト	鑲紅旗	A	ヌルハチ孫，ホショ＝ベイレ
5	刑部	ジルガラン	鑲藍旗	A	ヌルハチ甥，ホショ＝ベイレ
6	工部	アバタイ	鑲黄旗	A	ヌルハチ庶子，タイジ
満承政（2 名）					
7	吏部	トゥルゲイ	鑲白旗	2	ニュフル氏（エイドゥ第 8 子）
8	〃	バイントゥ	正黄旗	A	宗室
9	戸部	イングルダイ	鑲白旗	7	ジャクム地方タタラ氏ダイトゥク＝ハリ家
10	〃	サビガン	正藍旗	A	覚羅
11	礼部	バドゥリ	正白旗	9	マチャ地方トゥンギヤ氏
12	〃	ギスン	鑲黄旗	1	スワン地方グワルギヤ氏（フィオンドン甥）
13	兵部	ナムタイ	正黄旗	3	クルカ部シュムル氏（ヤングリ第 3 弟）
14	〃	イェクシュ	正紅旗	／	ウェジ部ニマチャ地方ホイホ氏
15	刑部	ソーハイ	鑲黄旗	1	スワン地方グワルギヤ氏（フィオンドン第 6 子）
16	〃	チャハラ	正紅旗	—	ジャン河地方ゴロロ氏（チャンシュ第 6 子）
17	工部	ムンガトゥ	正白旗	9	マチャ地方トゥンギヤ氏（11 の弟）
18	〃	カンカライ	鑲藍旗	／	フルハ部フルハ氏
1636（天聡十＝崇徳元）年旌表					
19	吏部	トゥルゲイ	鑲白旗	—	—
20	〃	セレ	鑲黄旗	A	覚羅
21	戸部	イングルダイ	鑲白旗	—	—
22	〃	マフタ	正黄旗	11	ハダ＝ナラ氏ヤフ家
23	礼部	サビガン	鑲黄旗	—	(上掲サビガンと同一人)
24	〃	マンダルハン	正黄旗	11	ハダ＝ナラ氏ヤフ家（22 の弟）
25	兵部	チェルゲイ	鑲白旗	2	ニュフル氏（7 の兄）
26	〃	イスン	鑲黄旗	1	スワン地方グワルギヤ氏（12 の兄）
27	刑部	ソーハイ	鑲黄旗	—	—
28	〃	ランキオ	正白旗	A	覚羅
29	工部	ムンガトゥ	正白旗	—	—
30	〃	ウシャン	鑲紅旗	8	フネヘ地方イルゲン＝ギョロ氏ガガイ家
31	蒙古衙門	アシダルハン	鑲白旗	11	イェヘ＝ナラ氏王家，国舅
1638（崇徳三）年重定時					
32	吏部	アバイ	正白旗	A	宗室（ヌルハチ庶子）
33	戸部	イングルダイ	鑲白旗	—	—
34	礼部	マンダルハン	正黄旗	—	—
35	兵部	イスン	鑲黄旗	—	—
36	刑部	ランキオ	正白旗	—	—
37	工部	サムシカ	鑲白旗	9	ヤルグ地方トゥンギヤ氏（フルガン弟）
38	都察院	アシダルハン	鑲白旗	—	—
39	理藩院	ボロ	正藍旗	A	宗室（6 の子）

注）出自欄の「／」は**表 1-1** にない氏族，「—」は表内前出を意味する。

出典）天聡五年設立時：『天聡五年檔』七月初八日条（II，pp. 155-158），天聡十年旌表：『原檔』二月十三日条（「日字檔」第 10 冊，pp. 58-59：『老檔』太宗 3，pp. 941-942），崇徳三年重定時：順治『太宗実録』巻 28，崇徳三年七月二十五日条。

至っては、一二人中一一人までが黄白四旗（両黄六・両白五）で占められているのである。これは、新ハンたるホンタイジが、父ヌルハチと同様に自己の領旗（両黄＝旧両白旗）から登用しようとしていること、同時に、かつてのヌルハチ領旗（両白＝旧両黄）の充実した陣容を無視できなかったこと、を示すものと解せよう。

では、入関前の六部制とはどのように捉えられるであろうか。従来、天聡年間の六部創設、および崇徳年間の六部改制・二院（理藩院・都察院）創立は、「貴族政治から官僚政治への変化」（張晋藩・郭成康［一九八八：七一頁］）であって、「六部の制は八旗制の封建的なる性質と全く反するもので」「此に支那的の君主独裁政治が実現するの緒に就いた」（鴛淵［一九四八：三七頁］）ものと評価されてきた。入関前後の連続性を強調しようとする石橋崇雄［一九九四b：一〇一頁］［一九九七：三〇一頁］も、六部設置が、大清・崇徳の国号・年号や「中国的」祭祀・儀礼の導入などと並んで、「単なる中国化として理解されやすい」側面として挙げている。

たしかに、このような六部など国政ポスト機構の整備は、旗人を出自・所属旗に関係なく公的執務機構に組織化していく動きという一面を認めうる。しかしながら、そこに任用された諸官のことごとくが世職・八旗官でも高位要職にあった功臣・名族で占められ、それらを八旗の諸王が管部ベイレとして総攬していたという実態は、およそ「中国式行政制度の整備」とは言い難い。(1)出自別ポスト配分、(2)管部ベイレの存在、に加え、(3)八旗の統属関係が六部の職権範囲と重複・優越していたことなどからすると、やはり、ここにいう六部は、制度そのものの導入というよりも、枠組みを流用したにすぎぬというべきであろう。そもそも八旗とは別個のグルン全体の執政機構に各旗から大臣が充任されるという点では、六部もまた、古く五大臣・十ジャルグチ制あるいは天命後期の八都堂制と全く揆を一にしているのである。

このような場合、人事においてはおそらく適格よりはむしろ門地・旗分の配分が優先されたであろうし、適任とみれば、ポストに関わりなく業務に当ったとみられる。それを端的に示すのは、ジャクム地方タタラ氏のイングルダイであろう。彼は、第二節で見たように、ドルゴン配下の重臣にしてグサ＝エジェンをも務めつつ、長きにわたって戸部承政の要職に在任し続けたが、他方六部設置以後も一貫して、礼部とは関係なく対朝鮮外交を掌り、「龍骨大《イングルダイ》」として朝鮮史料に常に現れる。おそらくは彼独自の手腕とキャリアを買われたものであろう。あるいはまた管部ベイレにおいても、例えば創立当初、六部首位の吏部には、四大ベイレを除外したホショ＝ベイレ級の中で序列首位のドルゴンが、また最下位の工部には側妃所出のアバタイが据えられていて、帝室内部の家族的序列と全く対応していたのである。(78)

第五節　出自・功績と「功」

では、その人事の規準となった門地と功績といういささか曖昧な価値観は、どのようにして制度化されていたであろうか。そこでしばしば引かれるのが、ヌルハチが諸大臣に訓戒した「由緒（fulehe）を見るな。心の正しく寛いのを見て登用したいのだ。出自（giran）を見るな。徳を見て大臣としたいのだ」という言である。(79) 夙に三田村が指摘し、近年増井が詳細に論じた通り、ギラン（原義は「骨」）とは父系の出自とその高下、フレヘ（原義は「根」）とは王朝・君主に対する関係の浅深、寄与の大小といった縁故・由緒を指す概念である。この発言は、ハン即位前年の一六一五（万暦四十三）年十二月に繋けられた、ヌルハチの功業記に記されたものであり、第二〜四節で見た天命後期〜崇徳期に先立つ天命建元以前において、既に人事のあり方が事実上ギランとフレヘによって秩序づけられていたことを物語るものといえよう。前節までで見た人事の内容は、ギランすなわち門地の高下と、フレヘすなわち功績の大小を計って序列化されたものということができよう。

このうち、門地と違って功績は固定的なものではなく、個々人が立功・獲得することが可能である。それを表すのが、〝gung〟（＜Ch. gong 功）という、王朝に対する功績の大小という概念である。既に指摘のある如く、「功」はかなり幅の広い概念で、王朝に対するあらゆる寄与を包含し、その逆の「罪 weile」と対置して把握される（松浦［一九九五：一六〇―一六二頁］；Sugiyama［2005］；増井［二〇〇六 a］）。臣下の貢献は、「あらゆる戦で先頭に立って行動した功」といった戦功をはじめ、他国・遠地などから帰順した場合の「本地を離れて従ってきた功」、功臣の子に対して認めた「父の功」など、さまざまな形の「功」として表現・把握された。戦闘・統治における功績も「功」ならば、手間をかけさせず自発的に帰順することも「功」であり、また父兄の立てた「功」は、国家への寄与という点で不動なるがゆえに、子弟に継承しうるのである。より具体的にいえば、個人については、功績の大なる者が小なる者より、より早い時期に帰順した者が遅く帰順した者より、あるいは自発的に帰順した者が武力で征服された者よりも優遇される、ということであり、また家系についていえば、祖先の功績の大なる者は小なる者より、より多くの世代にわたって仕えた者は新参者より優遇される、という原則を意味する。そのような「功」のある臣下を「gungge amban 功臣（勳臣）」という。

それを具体的に表現するのが、世職である。端的な例として、一六三二（天聡六）年にエイドゥ家が「功」の認定・世職回復を請求した一件がある。[80] このときエイドゥの諸子が「父の功が絶えているので、子らが父の功をこの通り求める」とて、エイドゥが生前自らの歴功を列記した記録を提出したのに対し、ホンタイジは「この功の分の官職は既に年長の諸子に与えたが、罪によって免職していたのだ」と言って、あらためて末子のエビルン（Ebilum 遏必隆）に一等総兵官の世職を授けた。ここに見える「功が絶える」「功を求める」といった表現は一見奇異に映るが、これは「手柄」という意味ではなく、「認定された〝功〟によって得られることになっている得分」ということなのである。このように「功」とは堂々と請求できる権利であり、かつ官職・位階に置き換えられるものであった。

その方法にして最も特徴的であるのは、位階それ自体、すなわち当初は備禦＝ニル＝ジャンギン、後にはその下のトゥワシャラ＝ハファン（半箇ニル＝ジャンギン、雲騎尉）を単位として、数値化して計算するという点であった。つまり、基本となるトゥワシャラ＝ハファンの世職に一トゥワシャラ＝ハファンを加えるとバイタラブレ＝ハファン（ニル＝ジャンギン、騎都尉）になる、というものである[81]。すなわち、最高位の一等公は二六トゥワシャラ＝ハファンに相当することになり、しかもその二六級分は、例えば一三級分の二等子二つに分割して継承するなど、数量化して扱うことができた。また、侯からアダハ＝ハファンまでの位階には、一～三等に加えて、その上に「一等兼一雲騎尉」という奇妙な等級が存在するが、これは一等にさらに一雲騎尉（トゥワシャラ＝ハファン）分のランクと特権を加えたもの、ということであった。このような発想と運用法は入関前に溯り、史料［I―15］として挙げた一六三四年の爵称国語化の勅令中に見える「五備禦の総兵官」とは、通常の最高位たる一等総兵官に、さらに備禦五つ分の権利を加えたもの、という意味であった。つまり、世職は単に位階の上下を示すだけでなく、やりとりしたり足し引きしたりできるという点で、一種の持ち点、ポイントとして機能していたということができよう[82]。

「功」の特徴は、第一に国家が認定したものであること、第二に数値化され継承や加減が可能な概念であることであった。このような「功」を具体的に表現するものが、世職とそれに附随する特権であったのである。ゆえに世職制は、ハンが一元的に授与するという点において集権的側面をもつが、他方でハンといえども恣意的には手の出せない臣下の「持ち分」という側面も同時に存しているのである。このため後代になっても、旗人官僚は、本人が死刑に処せられるほどの失態・犯罪を犯しても、世職自体は、何らかのペナルティはつくけれどもたいてい子弟に継承された。これは漢人科挙官僚と著しい対照をなす特徴である。

かくの如く八旗各旗、すなわち政権首脳を構成したのは、このような「功」において摑んでた持ち分を家系で累積した人びとであり、彼らは世職とニルによって表現される「功」を根拠として、清一代を通じて政権に参与したのである。(83)

小　結

以上みてきたように、八旗各旗においては、分属した名門大族、就中その特定家系が、高位八旗官を独占して首脳を構成していた。これに対しグルン全体の運営においては、位階制体系の世職制と執務機構としての六部制などが段階的に整備されたが、世職は門地を基準とした上で功績・旗属を勘案して授与されており、また、明制導入として著しいはずの六部制においても、その任用は全く同様であった。このように清初のマンジュ社会においては、氏族・血縁の観念はもはや現実の社会的規制力たりえなかったが、しかし一方で、門地の高下の指標として依然重要な機能を果たしていたのである。先に引いたヌルハチの「由緒《フレヘ》を見るな。心の正しく寛いのを見て登用したいのだ。出自《ギラン》を見るな。徳を見て大臣としたいのだ」との訓示は、表面上の意味とはうらはらに、まさしく門地と功績とに基盤をおく階層性・固定性を明瞭に示すものといえよう。

かつまたこれを各旗に即してみるならば、八旗八分の並列体制下ながらも、実態としてはヌルハチ＝ハン直属の両黄旗に創業以来の功臣と各勢力を代表する大族嫡統とが固められており、高位世職の大半を占めて、事実上グルン全体の中枢をも兼ねていた（第二節（1）・（2）、第三節（2））。そしてホンタイジの時代においては、この軍団を継承しえなかったことが彼の時代の政治史を規定する要因となり、本章の検討に即していえば、例えば旧ヌルハチ麾下（旧両黄＝新両白旗）と自己の麾下（旧両白＝新両黄旗）とによる、六部首脳ポストの分割となって現れたのである（第四節）。このような実態に即してみるならば、大臣の官僚化、ハン＝皇帝による集権化と評される世職制の整備や、「中国式行政制度の整備」とされる六部二院の導入も、同時にかかる階層性の再確認・再生産、具体的には血統と功績とに基づくポストの配分という性格を、濃厚に有していたといえよう。それを表現する観念がギランとフレへであり、フレへは、「功」の蓄積によって獲得・向上可能であった。

このように、彼ら在来諸勢力は、八旗に分編されて、各旗にあってはその首脳、グルン全体においては高位高官として政権中枢を構成していた。建州＝マンジュの中核となったオドリ・フリカイの首領たちは、かつて元制において万戸以下各級の官職を授かっており、次いで明の冊封を受けるや都督以下各級の羈縻衛所官に任じられていたが、下って八旗制下においては、ニルを所領し八旗官・世職を佩びて、上級旗人として編成されていたのである。元の千戸制、明の衛所制、そして彼ら自身が編み出した八旗制下の職官体系は、門地の国制上の表現形式であったということもできるであろう。入関後も、これら有力氏族の特定家系が政権中枢を長期的かつ安定的に独占していたことは、陳文石［一九七七b：六七二―六七九頁］が論証している通りである。

このような、明清両代にわたるマンジュ主要家系を一覧したのが、図1-3である。その家門の連続性と、ヌルハチ政権下への再結集のさまが明瞭に看取できよう。例えば一六六〇年代、康熙帝幼少期の四輔政大臣の顔ぶれを見ると、有名なオボイ（Oboi 鰲拜）は岐州衛すなわち寄住毛憐衛のグワルギヤ氏でフィオンドンの甥、エビルンは毛憐衛首長ニュフル氏でエイドゥの末子、ソニン＝バクシ（Sonin Baksi 索尼巴克什）はトゥン＝トゥメン首長の名族ヘシェリ氏、そしてスクサハ（Suksaha 蘇克薩哈）はフルンのイェヘ＝ナラ氏王家の出であった。その後、康熙親政期に皇太子派の領袖として権勢を振るったソンゴトゥ（Songgotu 索額図）はソニンの子で、兄ガブラ（Gabula 噶布喇）の娘は康熙帝の孝誠皇后だった。また、三藩の乱への対応をめぐってソンゴトゥと争った一方の巨頭ミンジュ（Mingju 明珠）は、フルンのイェヘ王家嫡統という名門である（閻崇年［一九八七a］［一九八七b］）。あるいは、

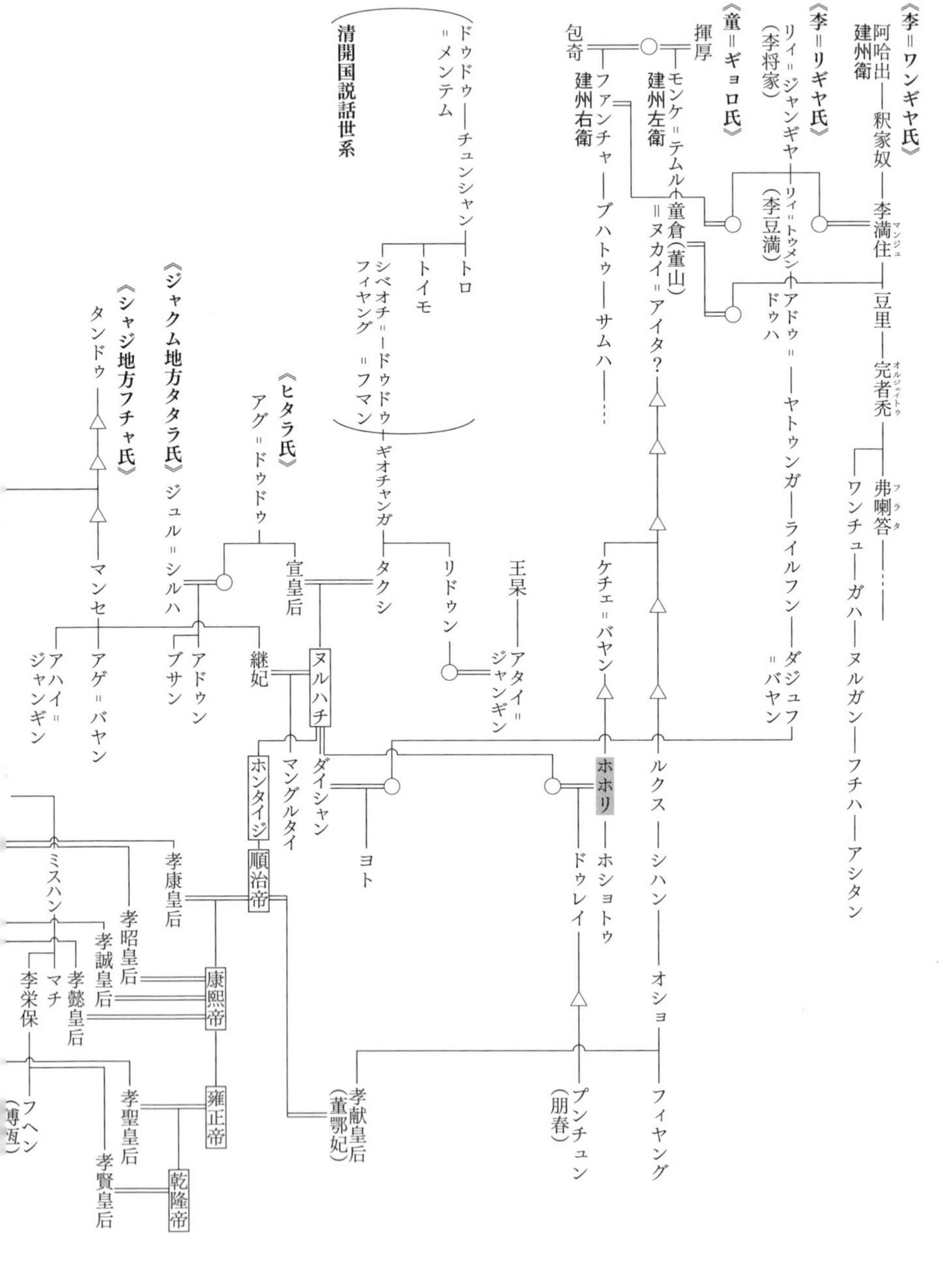
《李＝ワンギヤ氏》
阿哈出
建州衛
釈家奴
李満住《マンジュ》
豆里
完者禿《オルジェイトゥ》
弗喇答《フラタ》
ワンチュ
ガハ
ヌルガン
フチハ
アシタン
《李＝リギヤ氏》
リィ＝ジャンギヤ
(李将家)
リィ＝トゥメン
(李豆満)
アドゥ＝ドゥハ
ヤトゥンガ
ライルフン
ダジュフ＝バヤン
《童＝ギョロ氏》
揮厚
モンケ＝テムル
建州左衛
童倉(董山)＝ヌカイ＝アイタ?
ケチェ＝バヤン
ルクス
シハン
オショ
フィヤング
包奇
ファンチャ
建州右衛
ブハトゥ
サムハ
ホホリ
ホショトゥ
ドゥレイ
プンチュン
(朋春)
清開国説話世系
ドゥドゥ＝メンテム
チュンシャン
トロ
トイモ
シベオチ＝フィヤング
ドゥドゥ＝フマン
ギオチャンガ
リドゥン
タクシ
王杲
アタイ＝ジャンギン
《ヒタラ氏》
アグ＝ドゥドゥ
宣皇后
ヌルハチ
ダイシャン
マングルタイ
ホンタイジ
ヨト
順治帝
孝献皇后
(董鄂妃)
孝康皇后
康熙帝
孝昭皇后
孝誠皇后
孝懿皇后
雍正帝
孝聖皇后
乾隆帝
孝賢皇后
《ジャクム地方タタラ氏》
ジュル＝シルハ
継妃
アドゥン
ブサン
《シャジ地方フチャ氏》
タンドゥ
マンセ
アハイ＝ジャンギン
アゲ＝バヤン
ミスハン
マチ
李栄保
フヘン
(傅恒)

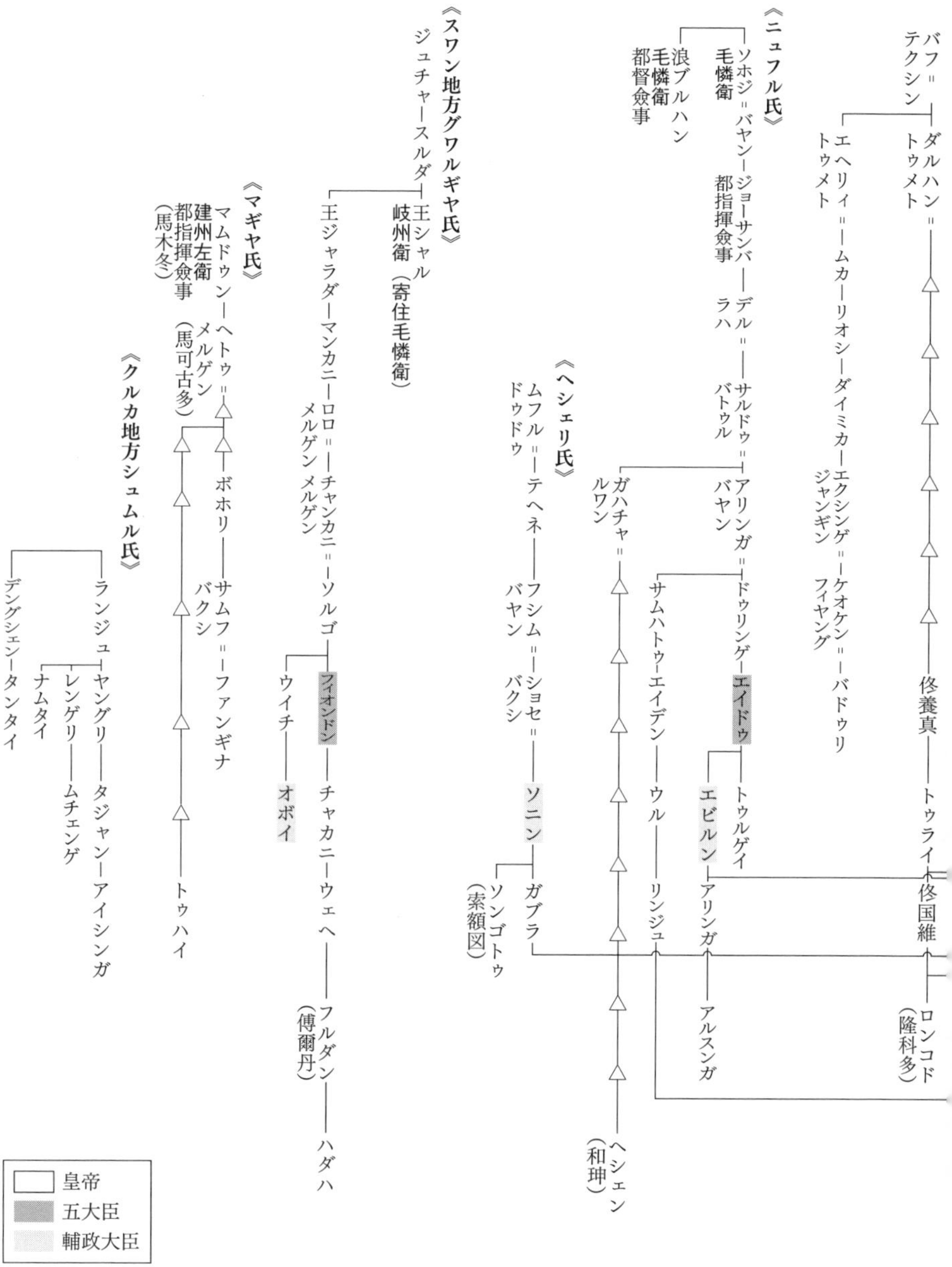

図 1-3　ジュシェン＝マンジュ主要氏族　関係略系図

旧左衛嫡統ドンゴ氏についていえば、史料［Ⅰ―12］として挙げたルクス（ルムブ）の孫オショは、順治帝の寵妃として著名な貴妃ドンゴ氏（孝献敬皇后）、およびジューンガルのガルダンをジョーン＝モド（Jūun Modu）の戦で撃破したことで名高い西路軍の指揮官フィヤング（Fiyanggū 費揚古）の父であった。

かくの如く、マンジュ＝大清グルンにあっては、一貫して血統と始祖の功績とに存立基盤をおく有力氏族の特定家系が支配中枢をなしており、さらにその下の一般諸家系、およびその他の氏族群が層をなして均しく八旗に隷していたのである。それゆえ、有力氏族・家系以外の出身者もまた、旗人であるという点において、支配上層へと上昇していく権利を有している。例えば康熙の重臣アランタイ（Arantai 阿蘭泰）・フニンガ（Funingga 富寧安）父子は、フチャ氏のうちでは傍流のホイファの一派ながら、ビトヘシ（bithesi 筆帖式／書記）より累進して父子二代ともに吏部尚書・武英殿大学士を務め、同族シャジ（Šaji 沙済）のハシトゥン（Hasitun 哈世屯）家を凌いでフチャ氏を代表して八大家に名を連ねた[84]。また、雍正朝の名臣として名高いオルタイ（Ortai 鄂爾泰）は、ギョロ氏の傍系シリン＝ギョロ（Sirin Gioro 西林覚羅）氏の出ながら雍正帝に見出されたものであり、さらに下っては、あまりにも有名な乾隆帝晩年の寵臣ヘシェン（Hešen～Hošen 和珅）は、正紅旗に属したニュフル氏別派（エイドゥ伯祖の系統）の後裔なのである[85]。

このように、彼ら明代以来のジュシェン＝マンジュ氏族は、帝室アイシン＝ギョロ氏を中核に八旗に分属して、各旗幹部を構成するとともに内閣・六部はじめさまざまな地位・職掌を分有し、一貫して帝国支配の中枢に在り続けた。そして明初、おそらくは金・元代にまで遡る貴種の意識と伝統は、その下に貫流し続けていたのである。

ただし一方で、八旗制のもとでは厳然として旗王―旗人の区別があり、いかに権勢を誇り多くのニルを領有しようとも、「異姓の旗王」などと呼ぶことはできない。自己の家臣・領民を従えるという点ではアイシン＝ギョロ氏王公も異姓の有力氏族諸家も等しく支配層・首長層といえるが、それが八旗制という形式で表現されたとき、そこには旗王＝主と旗人＝従という境界が歴然としてある（杜家驥［一九九八d］）。加えて、いかにその出自や功績を誇ろうとも、その旗王・旗人としての地位はそれらが自動的に保障してくれるのではなく、あくまでハン＝皇帝の授与・認証によってはじめて具体化するものであった（増井［二〇〇六a］；杉山清彦［二〇〇八b］）。そのような限定のもとでのみ、首長層・有力氏族の連合と呼ぶことが許されるであろう。

このように、ニル制を基礎とする八旗制の下に編成された在来諸勢力は、ニル・世職の授与・世襲を存立基盤としつつ、旗制・国政ポストを配分されて、各旗にあってはその首脳、グルン全体においては高位高官として政権中枢を構成していた。このような政権の性格は、ヌルハチの統合・再編成方策に起源し、以後少なくとも一九世紀まで存続するのである。以上要約するならば、マンジュ＝大清グルン政権の本質は、門地と功績とに存在基盤をおく諸氏族が、帝室アイシン＝ギョロ氏を中核に八旗に分属して、重要な地位・職掌を分有した連合政権であり、八旗制とは、その連合形態にほかならないといえよう。

第二章　八旗旗王制の構造

第一章において、在来のマンジュ有力氏族群が、八旗各旗に分属しつつ、重要な地位・職掌を分有して、政権の中枢を構成していたことが明らかとなった。では、次に八旗各旗を支配する旗王の側に眼を転じてみよう。

緒論で紹介した旗王分封の事実確定自体は、正確な時期など若干の問題は残されているものの、ほぼ鉄案といえる（図**D**）。しかし、ここから新たな問題点が浮かび上がるであろう。すなわち、ある旗王がその旗に封じられたのはなぜか——別の面からいえば、ある旗人がその旗王の属下とされたのはなぜか——という問いである。だが、これまではもっぱら誰がどの旗を領したのかが問題にされ、なぜその旗なのか、また属下との間にいかなる関係が存したのか、ということは看過されたままとなってきた。

そもそも、旗王の分封とは何であろうか。それは、序論において整理したように、①特定の領旗に封じられることを通して、その旗の代表として八分の列に加わることと、②その旗において属下としてニルの分給を受けることとの両面からなる。そのような観点からいうならば、これまでの旗王分封研究は、①の面、つまり受封者の顔ぶれとその地位についてのみ行なわれてきたといえるであろう。むろんその原因の一半は、厖大な満漢文史料が存しながら、各旗の陣容や旗王へのニル分給がほとんど記事に現れないという点にある。しかし、領旗分封とは、右の①②両者がそろってはじめて実質的な意味をなすものであるから、②、すなわちこれまで史料上の難点と関心の欠如のゆえに閑却されてきた、属下分与の実態の解明が俟たれるであろう。

幸い、八旗制下の領旗分封については、杜家驥が、(1)帝室内部のみの同姓分封であって、(2)嫡出の同母兄弟（宗支）ごとに行なわれた、(3)封土を伴わない属人的分封である、と適確に指摘している（杜家驥［一九九二］［一九九八b］［一九九八d：第一・二章］）。そこで本章においては、これらの成果を承け、分封当初の旗王—旗人関係の検証を通して、属下分与のあり方を明らかにしたい。

さて、その場合領旗の属下全てを検討することは史料上・作業上とうていかなわないし、旗王といえども全属下と個別の関係を取り結んでいるとは考え難いから、その必要もないであろう。しかも、われわれは既に、第一章の検討によって、政権中枢・各旗首脳が何れも有力氏族によって分有されていたことを知っている。そこで、方法としては各旗上層部との関係を取り上げることになるが、高位世職の偏在状況や、各旗グサ＝エジェンの任用の在り方については、傾向のみであるが既に見ているので、ここでは、母系の果す政治的機能の重要性についての岡田英弘［一九七二］の指摘をふまえて、当時最高の姻族である海西フルン四国の旧王家ナラ氏に着目し、その嫡系の編入過程と分属状況をたどりたい。あわせて、**表1-1**所掲のマンジュ有力氏族との関係にも触れ、各旗の特色を考察する。(1)それによって、旗王分封の内実が闡明されるばかりでなく、これまでもっぱらニルからグサに至る階層的組織としての側面からのみ語られてきた八旗制のイメージは、全く異なる像を結んでわれわれの前に姿を現すであろう。

第一節　両黄旗——ウラ＝ナラ氏

（1）ウラの編入形態

明から海西女直と呼ばれた諸勢力は、一六世紀前半、何れもナラ氏を王家とするハダ・イェヘ・ウラ・ホイファ（ただしイェヘはモンゴルから、ホイファは他姓からの改姓）に分立した。これらフルン四国は、そのそれぞれが、建州女直を統合したヌルハチのマンジュ＝グルンに匹敵するほどの勢威を誇ったが、ヌルハチは一五九九（万暦二十七）年のハダを皮切りにホイファ・ウラを次々と滅ぼし、一六一九（天命四）年、最後に残ったイェヘを併せて全ジュシェンを統一した。このように最終的には対立して滅ぼされたとはいえ、フルンの王家たるナラ氏は当時最高の門地を誇り、前後四人あるヌルハチの正妃のうち、元妃トゥンギヤ氏・継妃フチャ氏に続く孝慈高皇后イェヘ＝ナラ氏と大妃ウラ＝ナラ氏は、それぞれイェヘ・ウラの王女である。この最後の正妃ウラ＝ナラ氏こそ、ヌルハチが直轄する両黄旗に受封したアジゲ・ドルゴン・ドド三子の生母にほかならない（図**D**・後掲図**2-1**）。

大国ウラは、ハダとともにナラ氏の正系を誇り、国主のマンタイ・ブジャンタイ兄弟は、『原檔』ではハン号を以て現れる。(2) ブジャンタイは、大妃の父である兄マンタイの死後、ヌルハチの支援の下に国主の座につき、一六〇一（万暦二十九）年には大妃が入嫁するが、やがてイェヘに与してマンジュと対立したため、ヌルハチは一六一三（万暦四十一）年一月にウラ城を陥してこれを滅ぼし、部衆を分配した。

フルンの併合過程は松浦茂の労作［一九八六］によって克明に跡づけられており、それによれば、ウラの場合、旧王族を含む一〇ニルが七旗に分隷している（［同：表4(3)］）。しかし、そこに示された旗属は編纂史料に記される雍正期の状態であり、当時何れの旗に、いかなる理由で分配されたかについては、なお明らかにはされていない。

そこで、あらためてウラ王家の編入形態をみていこう。

第一章第二節で見たように、ヌルハチ直属の両黄旗にはウラのアブタイが所属していた。史料［I―11］にあったように、アブタイは父マンタイの死後イェへに亡命し、一六一九年八月のイェヘ滅亡でようやく帰順したのであるが、にもかかわらず、彼は早くも一六二一（天命六）年十一月の記事を皮切りに、翌年正月の史料［1―17］では「第一等」大臣に列し（表1-3：15）、一六二三（天命八）年正月には三等副将から三等総兵官に陞って、都堂として執政に参与しているのである（周遠廉・趙世瑜［一九八六：七七―七八頁］）。この異例の厚遇は、明らかにその門地の高さと、大妃の実弟という姻縁とに因るものとみるほかあるまい（Cf.増井寛也［二〇〇六a：三八頁・四六頁注63］）。

では、八旗制の中にはどのように組み込まれていただろうか。当時の政権において、構成員の位置づけを示すものは、所領としてのニル領有と位階制上の待遇とである。そこでニルについて確かめてみると、『初集』「旗分志」に、正白旗として以下の記事が確認される(3)。

［II―1A：第四参領］　第十佐領、国初に烏喇《ウラ》地方の人丁を以て編立せしに係る。始め其の人伊爾登 Ilden を以て管理せしめ、続きて烏喇の貝勒満泰《ベイレ・マンタイ》の子阿卜泰 Abtai を以て管理せしむ。

［II―1B：第五参領］　第五佐領、烏喇地方の人丁を以て編立せしに係る。始め懋墨爾根 Moo Mergen をして管理せしむ。懋墨爾根故すれば、其の弟噶達渾 Gadahūn を以て管理せしむ。第十四佐領、原と国初編立の半箇牛彔に係り、始め阿拉木 Alamu を以て管理せしむ。阿拉木故すれば、其の兄達爾漢 Dargan を以て管理せしむ。

右のうち、正白四―10ニル（正白旗第四参領第十佐領）の初代イルデンはマンタイと同輩に当る族人で、次いでこれに代ってアブタイが管したという。[4]『通譜』の記事によれば、イルデンとその弟アバイ（Abai 阿拝）は、ウラ滅亡後「族姪阿布泰佐領下に帰併せらる」とあるので、このニルはもともとアブタイに与えられたもので、イルデンはその管理に当ったとみられ、このニルは、一貫して旧ウラ王家嫡統の支配下にあったといえよう。

また、正白五―5・14ニルのモー＝メルゲンら四人は何れもブジャンタイの子で、つまりアブタイ姉弟の従兄弟に当る（図2-1）。ブジャンタイ諸子は、『通譜』巻二三「烏喇 Ula 地方納喇 Nara 氏」の冒頭「達爾漢 Darhan」伝に、以下の如く記される。[5]

［II―2］達爾漢、正白旗人なり。布瞻泰 Bujantai の長子なり。……第四子巴顔 Bayan・第五子布顔図 Buyantu、俱な和碩公主の所生なり。第六子茂墨爾根 Moo Mergen・第八子噶都渾 Gatuhūn、俱な公主の所生なり。太祖、烏喇国の後裔に係るを念ひ、巴顔に副将職を授け、佐領を編して其をして専管せしめ、郡主を以て茂墨爾根に妻はせしめ、佐領を編して其をして専管せしめ、布顔図に騎都尉兼一雲騎尉を授く。

ブジャンタイは、シュルガチの二人の娘エシタイ＝ゲゲ（Esutai Gege 額実泰格格）・オンジェ＝ゲゲ（Onje Gege 娥恩哲格格）、それにヌルハチの娘の和碩公主ムクシ＝ゲゲ（Muksi Gege 穆庫什格格）を相次いで娶っており[6]――にもかかわらず、最終的には敵対して滅ぼされるのであるが――、第四子バヤン・第五子ブヤントゥはムクシの所生、また第六子モー＝メルゲンと第八子ガダフンは何れかの公主の所生であった。彼らは、アブタイと同様、二ニルを領有し世職を授けられたのである。

しかも、ブジャンタイ家のニルは、［II―2］の記事と合致して、一六三五（天聡九）年一月の専管ニル分定の際に、「バヤンの一ニル。モー＝メルゲンの一ニル」として専管権が認められていた。このバヤンのニルとは、お

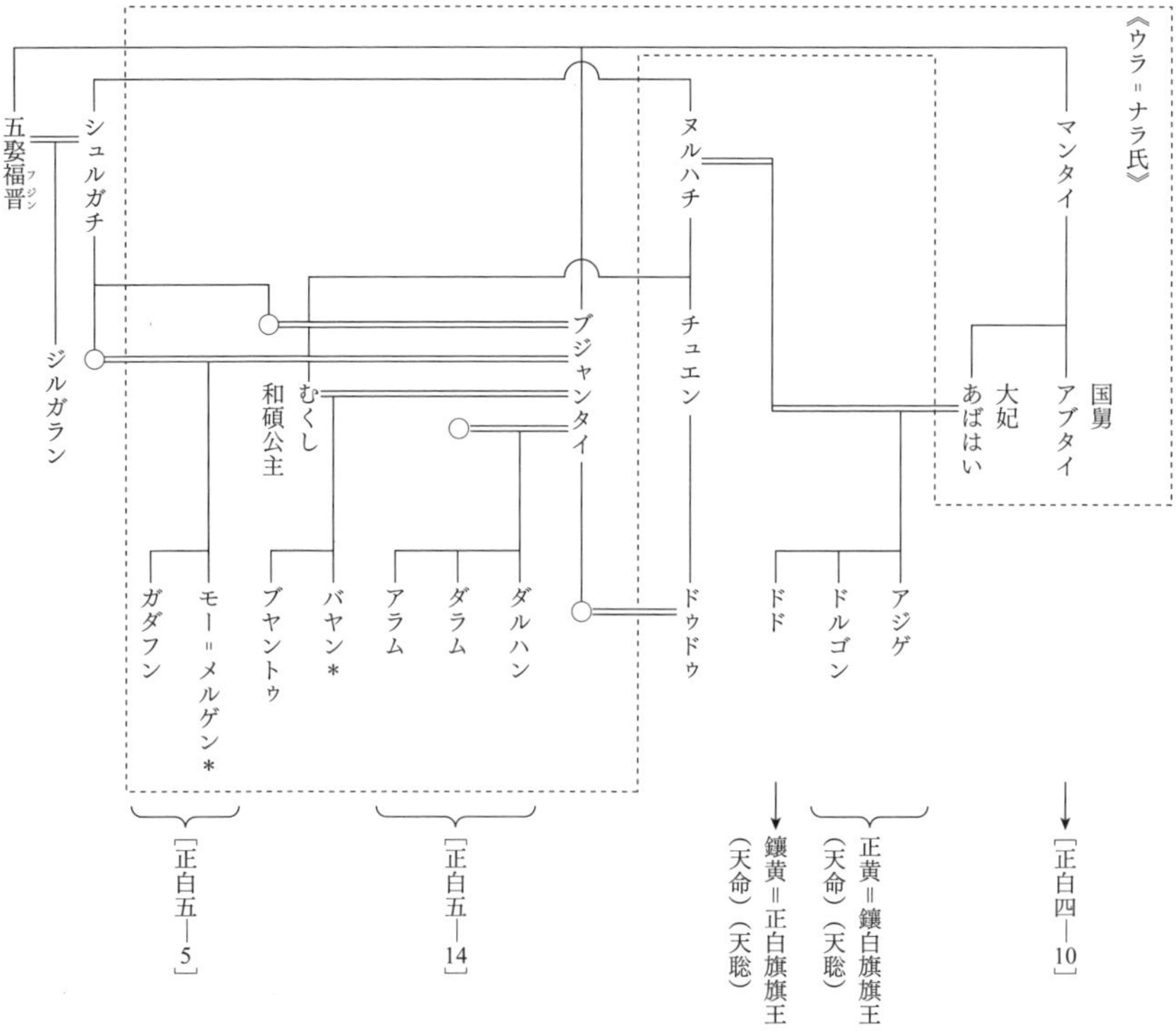

図 2-1　ウラ＝ナラ氏　関係略系図

注）＊は 1635（天聡九）年専管ニル認定（鑲白旗）。平仮名と○は女子を示す。

そらく正白五―14ニルを指すのであろう。専管ニルの分定とは、具体的には属下壮丁に対する免役権と使役権の賦与を意味するものであるから、(7) これは異母兄のダルハン・アラムがニルの管理を担当し、その免役分はバヤンの取り分であることを示すものと考えられる。また、モー＝メルゲンのニルとは正白五―5ニルであり、一六三二（天聡六）年に、

［II―3］　もともとブヤントゥは、モー＝メルゲンが幼かったのでニル＝エジェンで備禦としていた。モー＝メルゲンが長じたのでニルを返還し、備禦とした。ブヤントゥは戦での行動がよかったので、別の備禦とした。

との記事があり、(8) こちらも、当初はモ

ー＝メルゲン本人ではなく、異母兄ブヤントゥが管理していたことが知られる。つまりブジャンタイ家の二ニルは、アイシン＝ギョロ氏の血を引く和碩公主所生・公主所生それぞれの諸子に一ニルづつ与えられていたとみることができる。

他方、位階面での待遇はどうであろうか。イェへに亡命していたアブタイは、一六一九年にようやく帰順したにもかかわらず、僅かな日時で、世職第二等の副将から始まって都堂・総兵官という最高位へと陞任していた。後述するように、彼は天聡年間に入って降格されるのであるが、一六三四（天聡八）年四月に、代ってその従弟で和碩公主ムクシ所生のバヤンが副将に叙せられている(9)。

［Ⅱ―4］　上（ホンタイジ）、哈達《ハダ》・兀喇《ウラ》二国の後を絶やすに忍びず、遂に哈達部の克什内《ケシネ》の原と無職なるを以て、陞せて副将と為し、兀喇部の巴彦《バヤン》の原と備禦に係るをば、今陞せて三等副将と為す。

ここに明言されているように、かかる厚遇は、旧ウラ王家という門地の高さに因るものにほかならないのである（ハダのケシネについては、本章第四節（2）参照）。

このように、旧ウラ王家嫡系は、マンタイ系が一ニル、ブジャンタイ系が二ニルを領有し、大妃の弟アブタイが高位の世職を授けられて一族を代表していた。しかも、彼が失脚した後も、バヤンがその門地を理由としてやはり副将職を授けられ、ブジャンタイ系の二ニルは専管ニルに認定されたのである。

では、彼らは当時何れの旗に属していたのであろうか。**表2-1**は、天命末の「黄字檔」勅書のうち、両黄旗の勅書から遊撃以上の上中級旗人を書き出して作成したものであるが、正黄旗にアブタイの勅書が確認できる（表**2-1**：2）。前章までに見たように、天命期の正黄旗は基本的に編纂史料に現れる正白旗に相当するので（阿南惟敬［一九七五：五五七頁］）、右の三ニルの旗属が何れも正白旗であったことも、これと矛盾しない。すなわち、旧ウラ王家嫡系は、ヌルハチ自らが領し、大妃所生のアジゲ・ドルゴンが受封した正黄旗に隷していたのである。[10]

では、このウラ＝ナラ氏を含む両黄旗の陣容は、いかなるものであっただろうか。そこで表**2-1**を見ると、まず正黄旗は、ウラ＝ナラ氏王家以外に、①ニュフル氏エイドゥ家（3・4・20）[11]、②ヤルグ地方トゥンギヤ氏フルガン家（13）、③ジャクム地方タタラ氏諸家（1・5・9・17）、④フェイデリ（Feideri 費徳里）地方グワルギヤ氏ウリカン（Urikan 呉理戡）家（18）、⑤イェヘ＝ナラ氏王家（8・10）といった錚々たる顔ぶれが揃っていることが知られる。また鑲黄旗も、①スワン地方グワルギヤ氏（34・37）、②ムキ地方イルゲン＝ギョロ氏アサン家（26・31・32）、③マチャ地方トゥンギヤ氏（23・25・35）、④ナムドゥル部長カングリ家（21・22）などが並んでおり、両旗には五大臣およびそれに準ずる重臣一門と、ウラ・イェヘの王家、ウェジ・フルハの大族が列しているのである。

ここで注目されるのは、両黄旗には、ウラ＝ナラ氏以外にもヌルハチ自身の姻族が所属していたことである。前章で述べたように、ジャクム地方タタラ氏一族はヌルハチの母系を通じた姻族であり、また正黄旗のフルガンと鑲黄旗のバドゥリは元妃トゥンギヤ氏の同族で、フルガンの母はヌルハチの姉であった[12]（稲葉岩吉［一九三九：六三－六五頁］）。ホンタイジの生母を出したイェヘ王家では、孝慈皇后イェヘ＝ナラ氏の再従弟アシダルハン（Asidarhan 阿什達爾漢）が属しており（後掲図**2-5**）、ウラのアブタイとともにナクチュ（国舅）の称号を以て呼ばれた。

もとより、帝室から出嫁を受けた姻族は枚挙に遑がない。ウラのアブタイ自身が、「尚和碩公主」（『通譜』）とあって、「国舅額駙《エフ》阿布泰」（後掲［II－7］）などと呼ばれ、またイェヘでも、アシダルハンと並んで正黄旗に属するスナ＝エフ（Suna Efu 蘇納額駙）は、庶妃所生の第六女を娶されていた。[13] マンジュ譜代においても、筆頭格のエイドゥ家には、かつてブジャンタイに嫁いだムクシがエイドゥに再嫁しており、その死後さらに第八子トゥルゲイにレヴィレートしていた。[14] また、タタラ氏のイングルダイはアバタイの娘を娶り、［I－8］でも「多羅額夫」と称されている。[15] マンジュ・フルン以外でも、東海ウェジ部ナムドゥル部長家は、同じ鑲黄旗に属するウダハイ（表**2**

表 2-1 「黄字檔」両黄旗上位旗人一覧

	老檔	勅書記録者	世　職	旗分志ニル	出　自		補足情報
正黄旗							
1	×	{Busan}	一等総兵官→副将	(正白四—1)	7	ジャクム地方タタラ氏	
2	×	{Abtai}	三等総兵官	正白四—10	11	ウラ＝ナラ氏王家	
3	×	{Turgei → Cergei}	三等総兵官	(鑲黄一—11／鑲黄一—4)	2	ニュフル氏エイドゥ家	父の功（エイドゥ）
4	×	{Cergei → Turgei}	三等副将→一等遊撃		2	ニュフル氏エイドゥ家(3・20の兄)	父の功（エイドゥ）
5	×	Šajin	三等参将	正白三—12	7	ジャクム地方タタラ氏	
6	○	Holdo	二等参将	正白二—10	／	ヤラン地方ゲジレ氏	ヤラン路の大人イェオデへの弟
7	○	Ginggūlda	三等参将	正白四—13	／	松花江地方バヤラ氏	ジャクタ路の大人
8	○	Asidarhan	一等参将	正白二—4	11	イェヘ＝ナラ氏王家	
9	○	Inggūldai	三等参将	正白一—4	7	ジャクム地方タタラ氏	
10	○	Suna	一等参将	正白二—2	11	イェヘ＝ナラ氏王家	イェヘから来帰
11	○	Baicuka	三等遊撃	鑲白三—14	／	サチク地方ジャクタ氏	
12	○	Kamtani	三等参将→備禦	正白五—8	／		
13	×	{Samsika}	三等遊撃	正白三—3	9	ヤルグ地方トゥンギヤ氏	
14	○	Ninju	三等遊撃		／		エヘ＝クレン路の大人
15	○	＋ Sintai	二等遊撃	正白五—7	14	ギョルチャ地方ギョルチャ氏	
16	○	Bada	三等遊撃		／	ウラ地方ウジャラ氏	ジャクタ路の者
17	○	Ajige Nikan	三等遊撃	正白一—1	7	ジャクム地方タタラ氏	父の功（ダインブ）
18	×	{Ubai}	三等遊撃	正白一—8	1	フェイデリ地方グワルギヤ氏	
19	○	Toktohoi	三等遊撃	蒙正白右—8	／		
20	○	＋ Ilden	三等遊撃→三等副将		2	ニュフル氏エイドゥ家(3・4の弟)	父の功（エイドゥ）
鑲黄旗							
21	○	Kangguri	三等総兵官	正白一—15	10	ナムドゥル氏部長家	ナムドゥル路の大人
22	○	Kakduri	三等総兵官	正白一—13	10	ナムドゥル氏部長家	ナムドゥル路の大人
23	×	{Baduri}	三等総兵官	正白四—6	9	マチャ地方トゥンギヤ氏	
24	○	Unege	三等総兵官		／		
25	×	{Munggatu}	三等副将	正白四—3	9	マチャ地方トゥンギヤ氏(23の弟)	
26	○	Asan	三等副将→一等参将	正藍五—4	8	ムキ地方イルゲン＝ギョロ氏	
27	○	Duilešen	一等参将	鑲白一—11	／	ワルカ地方ウス氏	フンギャ路の大人ギブカダの弟
28	○	Keceni	三等参将	正白五—12	／	スイフン地方クヤラ氏	スイフン路の大人
29	○	Huwašan	三等参将	正藍四—15	3	ギヤン地方シュムル氏	父の功
30	○	Gisha	三等参将	鑲白一—9	／	ワルカ地方ウス氏	ウラから来帰
31	×	Adahai	一等遊撃→一等副将→三等副将		8	ムキ地方イルゲン＝ギョロ氏（26の弟）	

32	○	Jirhai	二等遊撃→備禦		8	ムキ地方イルゲン＝ギョロ氏（26 の弟）	
33	×	Mandulai	二等遊撃		12	イェヘ地方フチャ氏	
34	○	Soohai	三等遊撃		1	スワン地方グワルギヤ氏	父の功（フィオンドン）
35	○	Yasita	一等遊撃	正白四一8	9	マチャ地方トゥンギヤ氏	
36	○	Udahai	三等遊撃→二等遊撃	正藍一一4	A	宗室（ヌルハチ弟ムルハチの子）	
37	○	Sirana	三等遊撃	鑲白四一2	1	スワン地方グワルギヤ氏	
38	○	Lisan	一等遊撃→備禦	正藍三一3	9	レフ＝トン地方トゥンギヤ氏	
39	○	Bobotu	三等遊撃		／		
40	○	Balan	三等遊撃		9	レフ＝トン地方トゥンギヤ氏	

注）「黄字檔」正黄旗勅書・鑲黄旗勅書の，遊撃以上の記載人名を整理した。ただし，檔冊では鑲黄旗・正黄旗の順だが，便宜上逆にしている。『老檔』欄には，「天命十一年勅書」での有無を○×で示した。勅書記録者欄の｛　｝は「削除」を，下線は「塗抹」を，＋は「加筆」であることを示す。出自欄の数字は**表1-1**，A はアイシン＝ギョロ氏（宗室・覚羅）を示す。

出典）『原檔』「黄字檔」：第 4 冊，pp. 351-372.

-1：36）らムルハチ（Murhaci 穆爾哈斉／ヌルハチ異母弟）一門と通婚していて、ムルハチの娘がカングリに、また孫娘が甥のマクトゥ（Maktu 馬克図）に嫁いでおり、カングリはエフ号を以て現れる。[16]

ウラ＝ナラ氏王家をはじめとするこれら姻族の旗属と処遇から、編入に際し、門地に応じた待遇と結合関係に即した旗属配分がなされたことが、ヌルハチ自身の両黄旗において確認されるであろう。[17]

さらに、両黄旗に集中しているのは姻族だけではなかった。すなわち、第一章第三節で言及したように、「黄字檔」では八旗全体で一二人しかいない世職最高位の総兵官は、正黄旗に三人、鑲黄旗に四人（**表2-1**：1〜3、21〜24）と、実に過半数が両黄旗に偏在しているのである。[18] 五大臣家も、エイドゥ・フィオンドン・フルガンの一族が両黄旗に隷し、所属旗のみならず国政・軍務の首脳として活動していた。これら高位旗人・有力氏族の集中は、ハンの属下が同時に政府の中核を構成していたことを示すものであろう。

以上のように、分封後もあえてヌルハチ自らが掌握し続けた両黄旗は、やはりヌルハチと格別緊密な関係をもつ人びとの集団であったのである。これを八旗八分体制に即していうならば、黄旗もあくまで権利は八分のうちに在って同等であったが、しかしながらその陣容は、ハンの領旗として同時に政権中枢の役割をも担う、非常に充実したものだったということができる。[19] そして、この軍団を継承した者こそ、大妃ウラ＝ナラ氏所生のアジゲ・ドルゴン・ドドの三兄弟であった。これを旗王の側からいうならば、ヌルハチ自身が存命の正妃の一族と、自らの母方を通じた姻族とを収めていたことになり、またドルゴンらにとっては、自分たちの母方の氏族を従えていたことになるのである。

この両軍団は、第一章第二節冒頭で整理したように、一六四三（崇徳八）年十月の改旗の結果、ドルゴンが単独で正白旗、ドドとアジゲが鑲白旗を領することとなった。ドルゴンは自らの属下である正黄＝鑲白旗の半分に加え、ドドの鑲黄＝正白旗の半ばを没収して新正白旗を構成した。ヌルハチ時代以来の鑲黄＝正白旗首脳であったトゥンギヤ氏バドゥリ家、ナムドゥル氏カングリ家などが、順治に入っても引き続き正白旗人として現れるのは、このときドルゴン属下に併されたものに相違ない。かくてドルゴンが単独で支配する順治初めの正白旗は、ヌルハチ直属軍団の中核を集めた、極めて充実した軍団となったのである。もちろん摂政王としてのドルゴンの専権は、彼の非凡な政治的力量によるものであるが、それを支えた基盤は、このような麾下の軍団の構成にあったといえるであろう。このような両黄旗の実力が、創業者ヌルハチそして後の摂政王ドルゴンの権力基盤となったのである。

(2) ドルゴン領旗時代のウラ＝ナラ氏

ヌルハチの没後、正黄旗は鑲白旗と改称してアジゲとドルゴンが一五ニルづつを分領し、鑲黄旗は正白旗と名を改めて、末子ドドが全旗を継承することになる（後掲［V—3］）。では、新たに旗王となったドルゴンらの下で、ヌルハチ自身の姻族であり三兄弟の母系氏族であるウラ＝ナラ氏はどのような関係をもち、活動していただろうか。[20]

従来、ウラ＝ナラ氏一族は無条件にドルゴンと結びつけられてきたが、直接の主従関係はアジゲとの間に設定されていた。すなわち、アブタイは一六四二（崇徳七）年十月にアジゲを告発、その結果「阿布泰納哈処《アブタイ＝ナクチュ》、告首して一旗に同居するに便ならざるを以て、命じて其の弟多羅豫郡王（ドド）の旗下に調撥せしむ」とあって、[21] それまでアジゲ属下だったことが知られる。また、従弟モー＝メルゲンは、その官職を「長史」と記され、一六三七（崇徳二）年の第二次朝鮮出兵後の行罰では、「王のところに留めおかず、ニルに追い立てた（発与牛彔、不許永入王府）」との処分を受けているので、[22] 旗王との深い関わりが推測される。後年、彼はドルゴンの死の直後にアジゲが摂政王の座を狙って失敗した際、「毛墨爾根《モー＝メルゲン》、曾て大罪を犯すも死を免ぜられ、其の英王（アジゲ）の処に行走するを禁ぜらる。……今、王の乱謀に預かり、兵を率ゐて前往すれば、応に斬として其の家を籍すべし」とあって、[23] アジゲと行動を共にして「率兵前往」までしたとして、処刑されることになる。これらから、モー＝メルゲンはアジゲの王府の長を務めたものとみて誤りあるまい。彼らブジャンタイ家は、アブタイと異なりアジゲ属下に留まったのである。

　このように、彼らウラ＝ナラ氏王家はドルゴン領旗・アジゲ属下に隷して行動していた。夙に鴛淵一［一九五五：七頁］は、これを「旧部族の動き」として注目し、継嗣問題を中心とした清初の政争と結びつける。その証左として鴛淵が引いたのは、『国朝史料零拾』に収録された内閣大庫の檔案の一つである、「擬定阿布泰那哈出罪奏」と仮称された一六五三（順治十）年四月三十日付の上奏である。当時既にドルゴンも亡く、この罪奏は、単独の輔政王となったジルガランによるドルゴン派粛清の一環としてなされた。以下にジルガランらによる擬罪のくだりを掲げよう。[24]

［II—5］　叔和碩鄭親王臣紀而哈朗《ジルガラン》等、謹みて奏す。順治拾年肆月参拾日。……臣等、謹みて旨に遵ひ、会勘して得らく、①太祖の時、墨勒根《メルゲン》王（ドルゴン）の母、及び阿布泰《アブタイ》夫婦は太宗を陥れんと欲す。行ひし所の諸悪事は、臣等尽く知る。後、太宗皇帝、位を嗣ぐに、旧悪を念はず、特に赦宥に従ふ。②太宗升遐して、我が

皇上嗣服するに至り、阿布泰夫婦は悪を怙んで悛めず、仍ほ其の前謀を成さんと欲し、邵托《ショト》夫婦、阿打里《アダリ》母子と同に、又た陰謀して乱を作さんとし、皇上を遷して墨勒根王を立てんと欲す。事覚はれて、邵托夫婦、阿打里母子は已経《すで》に正法せらるも、阿布泰夫婦は墨勒根王の親舅に係れば、事因は匿れて未だ発かれず。③今律に依りて罪を定む。

いま便宜上①～③の番号を附したが、そのうち③以下が擬罪の部分で、既にアブタイ本人は没しており、未亡人と近親の処分が述べられている。これによれば、アブタイは①ホンタイジの嗣立と、②フリンの嗣立の二度にわたってこれに反対する動きをとり、少なくとも②において、ドルゴンの擁立を企てたというのである。そこで、天聡～順治期の、関連する動きを追ってみたい。

ホンタイジの継位をめぐっては、ドルゴン自身が「太宗文皇帝之位、原係奪立」と語ったことが知られているように暗闘があり、(25) ①にある、大妃アバハイと弟アブタイ夫妻が「太祖時……欲陥太宗」としたというのが具体的に何を指しているかは不明ではあるけれども、ヌルハチ晩年の水面下の抗争を推測させる。(26) その結果を窺わせるものとして諸家によってたびたび引かれるのが、ホンタイジの嗣立から一年半ほど経った一六二八（天聡二）年三月に見える、私婚をめぐる以下の事件である。(27)

［II―6A］　二十九日、〔アサンの弟〕アダハイの革職の理由。アブタイ＝ナクチュの娘をエルケ＝チュフル（＝ドド）が娶ろうとする時、アジゲ＝タイジはハンや諸ベイレに相談せず、勝手にアダハイを間に立てて話をまとめ、それからアジゲ＝アゲはアダハイと共にその娘を見に行った。この故にアジゲ＝アゲに罪ありとして、……旗王（gūsai beile）をやめさせて〔弟〕メルゲン＝ダイチン（＝ドルゴン）を旗王とした。アブタイ＝ナクチュは遊撃の職を革めて備禦とし、銀二〇〇両を取り上げた。

［II—6B］　六月初一日、アダハイを殺した。……また一罪。「アブタイ＝ナクチュの娘を何れの諸ベイレも娶るな。諸ベイレの娘をアブタイ＝ナクチュ（の子）に与えるな。親戚となってはならない、譏悪である」と断じた。ハンは諸ベイレと議して定め、禁じた。（アダハイは）それに背いてエルケ＝チュフルを唆し、自分は娘をアブタイ＝ナクチュの息子に与えて親家となっているので、「ハンや諸ベイレに請うて、汝はアブタイ＝ナクチュの娘を娶れ」と唆したとして、アダハイを死罪としてあった。……

この一件から、一六二五（天命十）年八月の「黄字檔」勅書では三等総兵官であったアブタイが、僅かな間に遊撃にまで降格されており、このとき一介の備禦に落とされたことが知られる。夙くにアブタイの失脚について専論した鴛淵［一九五五］は、旧ウラ部勢力の代表として天命期に重用された彼が、天聡期に入って抑圧され、順治初めには庶民に落とされるに至ったことを述べ、それがヌルハチ晩年以来のホンタイジとの対立に根差すものであることを指摘している。

一方で、この件自体に注目するならば、旧両黄＝新両白旗における結合関係の構築が看て取れる。すなわち、旗王ドドは、属下の重臣アサンの弟アダハイ（Adahai 阿達海）の仲介で、母方の叔父アブタイの娘、すなわち交叉イトコの女性を娶ろうとしていたのである。ここで仲立ちしたアダハイは鑲黄旗に勅書があり（表2-1：31）、『宗譜』によれば、ドドの側福晋《フジン》として「伊爾根覚羅氏護軍統領阿達海之女」とあるので、(28) 彼自身が主ドドと姻戚関係にあったことが知られる（後掲図3-4）。アサンも、没後の一六五二（順治九）年に、アブタイと並ぶドルゴン支持者として名前が挙がっているのである（黄培［一九九三：八八—八九頁］）。そして、アブタイの失脚や通婚の制限はなされても、史料［II—4］や専管ニル分定で見たように、一方でウラ王家の門地は尊重されていた。

これに続く第二幕が、②フリンの即位であった。一六四三年八月のフリン擁立をめぐる過程については、内藤湖南［一九二二］の先駆的研究以来、数多くの蓄積があり、経緯はほぼ明らかになっている[29]。それによれば、九日夜にホンタイジが急死し、緊急の会議で激論が闘わされた末、十四日にフリンの嗣立が決定し、二十五日にフリンが即位した。しかし、フリン嗣立が決まった十四日、アブタイが身分剝奪処分を受け、続いて十六日に、ダイシャンの子ショト（Šoto 碩託）夫妻と孫の多羅郡王アダリ（Adari 阿達礼）母子がドルゴン擁立を図ったとして処断されるという事件が起きている。フリン擁立をめぐる確執は、ホーゲ派対ドルゴン派の対立としてさらに激化して翌年には大量の刑死者を出すに至るが、ここで見える二例も、このような慌ただしい時期に即刻処分がなされている点で、重要であろう。そこで、史料で確認しよう。

『世祖実録』は巻一に崇徳八年八月を収めるが、この部分の草稿と思われる「清世祖実録稿本残巻」なる檔冊（解題によれば、康熙の初修時の未定稿と推定される）が『文献叢編』に収録されており、独自の記事は見られないけれども、実録の原史料であるから、こちらから引用する。八月乙亥条の補訂前の原文は、以下の通りである[30]。

［Ⅱ—7］　国舅額駙阿布泰、向ごろ内大臣と同に内に在りて行走せしむ。今、国喪に値るに、随班して入内せず、私自に豫王（＝ドド）に随従す。諸王・貝勒・貝子・固山額真・議政大臣は、其の辠《つみ》は上恩に負《そむ》き、人臣の礼無きを以て、議して国舅額駙を革去して民と為し、其の牛彔を奪ひ、並びて優免せる壮丁一百名は、仍ほ役に供せしむ。

アブタイは大喪に際し、ドド属下に転じていたとはいえ、内大臣（第三章第三節参照）の列に在りながら宮中に参列せず、ドドに私従したとして処罰されたのである。さらに二日後の丁丑条には、

［Ⅱ—8］　多羅阿達礼《アダリ》郡王、和碩睿親王（ドルゴン）に往見して言ひえらく、「汝、君と為れば我れ従はん」

と。……碩托貝子《ショト＝ベイセ》、呉丹《ウダン》を差はして和碩睿親王の処に到らしめて言ひえらく、「内大臣図爾格《トゥルゲイ》及び御前下《ヒヤ》等は皆な我と同謀す。汝、何ぞ自ら立ちて君と為らざらんや」と。……二人、政を壊し国を乱すを以て、阿達礼・碩托をば即行《ただち》に正法す。阿達礼の母、碩託の妻の相助けて乱を為す、及び差はす所の呉丹を以て、一並に之を誅す。

とあり[31]、旗王クラスのショト・アダリが処刑されるという大事が出来した。これについて鴛淵［一九五五：九頁］が指摘するのが［II－5］の②の部分で、十四日のアブタイ処分と十六日のショト・アダリ処刑との関連を示す唯一の記事、とする。しかし、ショトはダイシャンの子で鑲紅旗の故ヨトの下にあり、またアダリは親ホンタイジで知られた故サハリヤン（Sahaliyan 薩哈廉）の子で正紅旗旗王であり、その両者がなぜ提携してドルゴン擁立を企てたのかについては、鴛淵は根拠ある説明を与えていない。また処罰は、一方は夫妻、他方は母子というのも不可解である。

だが、『宗譜』によれば、ショトの「嫡妻」、アダリの「嫡母」はともに「烏喇納喇氏布占泰貝勒之女」とあり、ウラ最後のベイレ・ブジャンタイの娘、すなわちアブタイの従姉妹であることが判明するのである（図2-2）[32]。すなわち、ショトとアダリの処罰がそれぞれ「夫妻」と「母子」だったことは根拠があったのであり、「阿達礼之母・碩托之妻、相助為乱」（「残巻」）、「同部托夫婦・阿打里母子、又陰謀作乱」（「罪奏」）というのは、むしろ「妻」と「母」こそが陰で糸を引いていた可能性を示唆するであろう。そしてこのことは、事件の黒幕がアブタイだという「擬定阿布泰那哈出罪奏」の記述を裏づけるものである。ドルゴン没後の告発によれば、このときアジゲとドドがドルゴンに即位を勧めていたといい、それが実話であるかどうかはともかく、そのような時にアブタイが「私自に豫王に随従」していることは重大であろう。

また、このとき使者に立つなどして処刑される覚羅ウダンはショト属下のバヤラ＝ジャラン＝ジャンギンで、その母は、ドド属下のレフ（Lefu 勒伏）島地方トゥンギヤ氏のリサン（Lisan 礼山／表**2-1**：38）の娘、妻はドルゴン属下の重臣ウバイ（Ubai 呉拝／表**2-1**：18）の姉妹であった[33]。すなわち、主ショトの親衛に属すとともに、彼自身が他旗である両白旗と深い関係がある人物だったのである。

さらに余震は続き、翌一六四四（順治元）年六月には、鑲藍旗旗王の一人である鎮国公アイドゥリが、フリンの嗣位に不満を洩らした廉で、妻および子のハイドゥリ（Haiduri 海度里）とともに処刑される[34]。この事件に関しては他の史料を欠くが、『宗譜』によれば、アイドゥリの妻は、これもショト・サハリヤンと同じくブジャンタイの娘であり、さらにハイドゥリは「嫡妻烏喇納喇《ウラ＝ナラ》氏長史懋墨爾根《モー＝メルゲン》之女」とあってモー＝メルゲンの娘を娶っており、夫妻は交叉イトコであったのである（図**2-2**）[35]。以上から、ドルゴン嗣立運動の背後にある姻戚勢力の影がはっきりと看て取れるであろう。

フリン嗣立をめぐる暗闘が、ホンタイジ即位に続く第二波であるとするならば、第三波はドルゴン没後の政争であった。一六五〇（順治七）年十二月、ドルゴンが死去すると、翌年早くも黄旗反ドルゴン勢力の巻き返しが始まり、数々の獄が生起した。まず、先に見たようにアジゲが摂政王の座を狙って失敗した際にモー＝メルゲンが兵を動かして行動を共にしたとして処刑される。さらに一六五二（順治九）年三月には、黄旗でありながらドルゴンに阿附したとしてバイントゥ・グンガダイ（Günggadai 鞏阿岱）・シハン（Sihan 錫翰）ら五人が処断された際、モー＝メルゲンの兄バヤンも「伯陽《バヤン》は官職を革去し、牛彔に併せて間人と為し、伯陽の母は和碩格格《ホショ＝ゲゲ》を革去す」（『世祖実録』）とあって、革職されている[36]。ここには「伯陽」とだけあって旗属・出自は明記がないが、「伯陽之母革去和碩格格」とあるので、ウラのバヤンに間違いない。彼の専管ニルは先に見た正白五－14ニルとみられるが、ここで「間人」すなわち庶人に落とされたので、「旗分志」に記録がないのであろう。

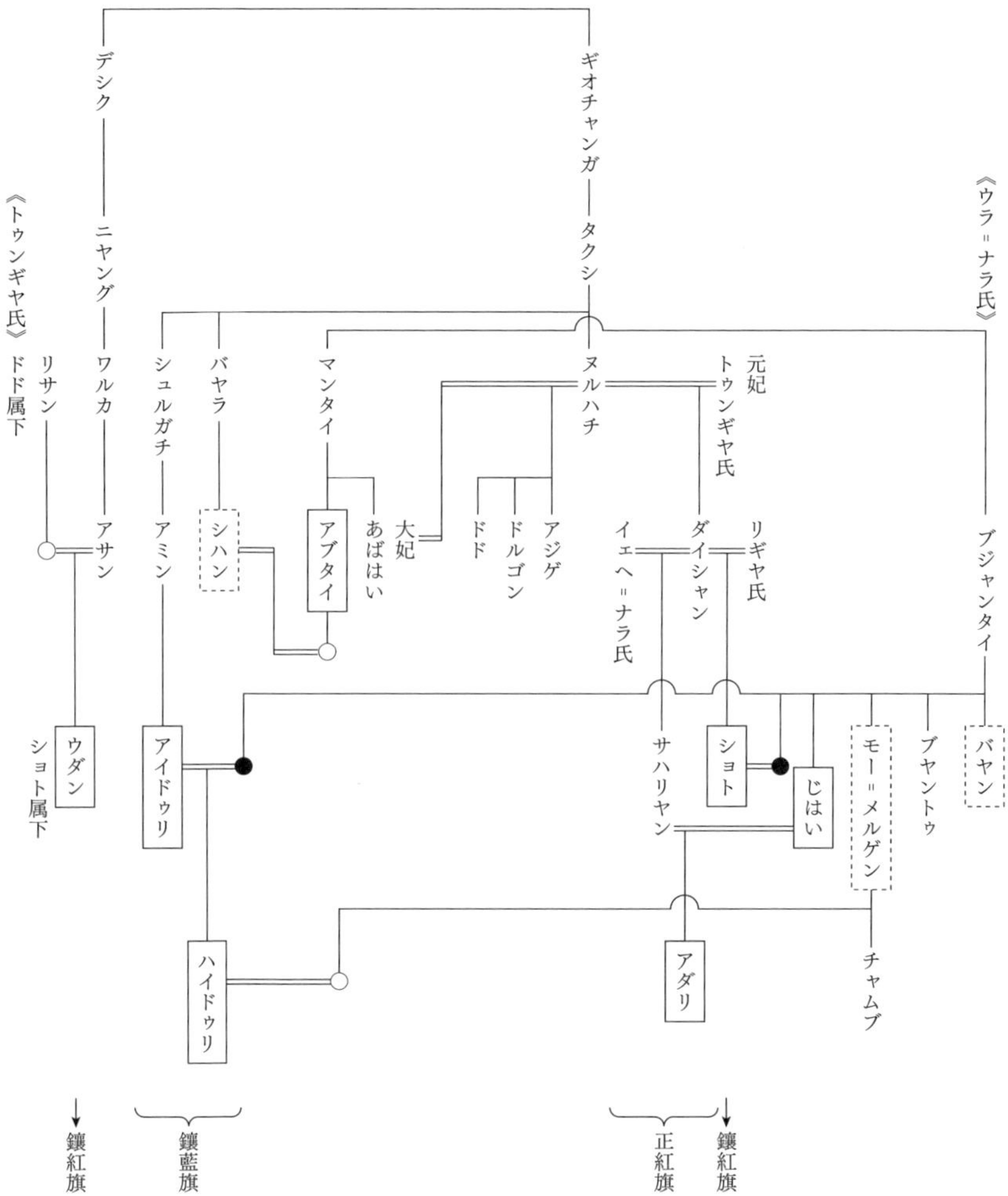

図 2-2　ウラ＝ナラ氏と順治期政争関係者

注）平仮名と○は女子を示す。□と●は 1643–44 年の，フリン即位をめぐる処分者，[ ] は 1651–52 年の，ドルゴン没後の政争による処分者。

また、このとき処刑されたシハンはヌルハチ異母弟のバヤラの子であったが、同じ記事に「伯陽、尓寄養錫翰《シハン》之子巴図・巴哈納」とあって、子をバヤンに預けていたといい、その密接な関係が知られる。『宗譜』によれば、シハンの妻はほかならぬアブタイの娘であった。(37) 彼らバヤラ諸子がドルゴンに与したのは、単に一時の権勢になびいた「阿附」というだけでなく、これらウラ＝ナラ氏王家との密接な姻縁が背後にあったことに因るのであろう。

以上のように、ヌルハチ時代に正黄旗に属した大妃ウラ＝ナラ氏の一門は、旗を継承したドルゴン兄弟の下でも、派閥的活動を続けていたのである。そして、これら一連の事件と処分によって、ウラ＝ナラ王家一門と帝室内の姻族勢力は、大きな打撃を蒙ることとなった。

ただし注意しなければならないのは、たしかに旧ウラ王家はドルゴンの母系氏族として暗躍して睨まれ、アブタイ・バヤンは失脚しモー＝メルゲンは誅殺されるに至るが、氏族自体が没落してしまうことはなかったという点である。ウラ＝ナラ氏が八大家の一に数えられたのは、その証左である。また制度史・政治史的にも、ホンタイジはウラ＝ナラ氏を他旗に転属させるなど、旗王から引き離すという手段は取らなかったことも注意される。そこに、ヌルハチによる分封の不可侵性と、姻縁・門地が旗の構成において重要な役割を果していたことが窺い知られるであろう。また、これほど姻縁をめぐらせ、一再ならず擁立運動が行なわれながら、当のドルゴンはそれに与しておらず、姻縁・閨閥の存在と、実際の政治行動とは、別個に評価しなければならない。

第二節　両白旗——イェヘ＝ナラ氏ヤンギヌ系

緒論で示したように、四旗時代の白旗はヌルハチの長子チュエンが率い、八旗に拡充後は正白旗をホンタイジが、鑲白旗をチュエンの遺子ドゥドゥが、それぞれ領したとされている。その後、天命後期にドゥドゥが転出、ついでホンタイジの即位とともに両白旗は両黄旗と名を改め、さらに一六三五（天聡九）年の正藍旗改易に伴ってこれら三旗が複雑に改組されることとなる。本節では、まずホンタイジの入封についてその背景・理由を考察し、ついで彼の母系に着目して、イェへの併合過程について検討したい。

（1）ホンタイジの白旗入封

まずホンタイジの入封とドゥドゥ転出について、それぞれ背景を考察しよう。ヌルハチ最初の正妃である元妃トゥンギヤ氏所生のチュエンは、長子として期待に違わずたびたび軍功を挙げ、シュルガチ失脚による権力一元化の後、執政（doroi ejen）として政務を委譲されるに至る。しかし、チュエンの執政には専横が目立ち、挙句ヌルハチと対立するに及んで、一六一三（万暦四十一）年に解任・幽閉され、二年後処刑された。四旗が分編されて八旗が成立するのは、この時期のこととされている。姚念慈［二〇〇八：六〇頁］は、このときチュエンの部衆はマングルタイ・ホンタイジ両弟と遺子ドゥドゥに三分され、正藍・正白・鑲白三旗になったとする。[38] かくて、新たに正白旗の旗王としてホンタイジが受封するのである。

では、その理由は何であろうか。従来は、ホンタイジの正白旗領有を前提として、ドゥドゥの転出にのみ注意が払われてきた。しかし、そもそも白旗の領主はチュエン家であり、また同時に受封したマングルタイは正藍旗とされているので、まずはなぜホンタイジが正白旗に割り振られたかから考察を始めるべきであろう。

ここで彼らの間の、兄弟という以外の共通項を探ってみよう。ホンタイジが、イェへのベイレ・ヤンギヌ（Yangginu 揚吉努）の娘でヌルハチ三番目の正妃であるイェヘ＝ナラ氏モンゴ＝ジェジェ（Monggo Jeje 孟古姐姐）の所生であることはよく知られている（内藤［一九二二：三五四頁］；和田清［一九五一：六一三―六一四頁］）。これに対

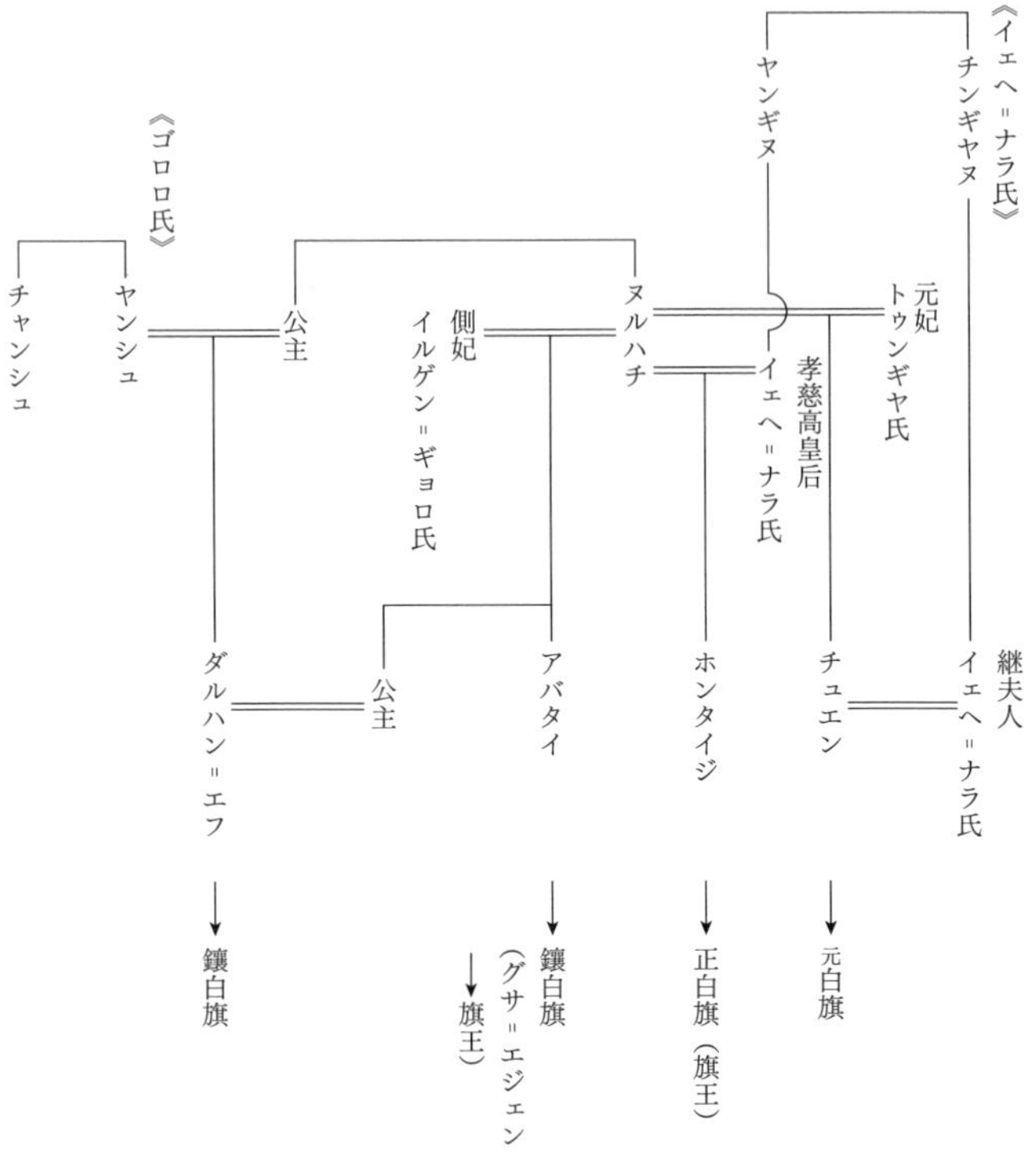

図 **2-3**　イェヘ＝ナラ氏・ゴロロ氏　関係略系図

し、チュエンの母系はトゥンギヤ氏であるが、ホンタイジより一二歳年長である彼は、『宗譜』によれば既に二人の正夫人を迎えており、「嫡夫人郭絡羅氏常舒之女、継夫人納喇氏清佳努之女」とある。[39] ここにいう「納喇氏清佳努」こそ、ヤンギヌとともに万暦初めにイェへの「二奴」として鳴らしたその兄チンギヤヌ（Cinggiyanu 清佳努）であること疑いない。天命年間のヌルハチの訓言として「ドゥドゥ＝アゲの母はニカン＝アゲの母をもとどおりの礼でこれまでのように恭って暮らせ」とあって、[40] チュエン第三子ニカン（Nikan 尼堪）の母すなわち継夫人が、ドゥドゥの母すなわち嫡夫人より上位として扱われていることも、その父がイェへの王その人であったことの有力な傍証となろう。要するに、亡き白旗の主チュエンの妻と、新たな正白旗旗王ホンタイジの母とは、従姉妹同士に当るのである（図 **2-3**）。

したがって、ホンタイジが分封に際し白旗に受封したのは、旧主チュエンとの閨閥を通した関係に因るものとみることができる。そしてこのようにして分領された両白旗から、天命末に至りドゥドゥが転出することになる。では、この間の経緯・事情はどのように解せるであろうか。
まずこの時期の鑲白旗の首脳をみておくと、旗王ドゥドゥの下には、グサ＝エジェンとしてヌルハチの庶子アバタイがおり、また当時の「第一等」大臣として、鑲白旗からは唯一人ゴロロ氏のダルハン＝エフが名を連ねていた(表1-3：9)。そこでこの三者の関係を確かめよう。

右に述べたように、旗王ドゥドゥの生母は嫡夫人「郭絡羅氏常舒之女」であった。ゴロロ氏とは『通譜』巻三二に収める氏族で、スクスフ部内のジャン河近辺(今西［一九六七：六・一六頁第1図］)に分布し、巻頭に立伝されるチャンシュ・ヤンシュ兄弟が、ヌルハチの挙兵直後最初に帰順した功臣「ジャンの河の寨の主チャンシュ・ヤンシュ」に当ることは周知の史実に属する。このチャンシュが「郭絡羅氏常舒」であることは疑いないから、ドゥドゥの生母は、ヤンシュの子であるダルハン＝エフとは、従姉弟に当るのである(図2-4)[41]。かかる関係の故にダルハンはチュエン属下とされ、その失脚・所部被奪後も、引き続きドゥドゥ属下に残されたと推測することができる。

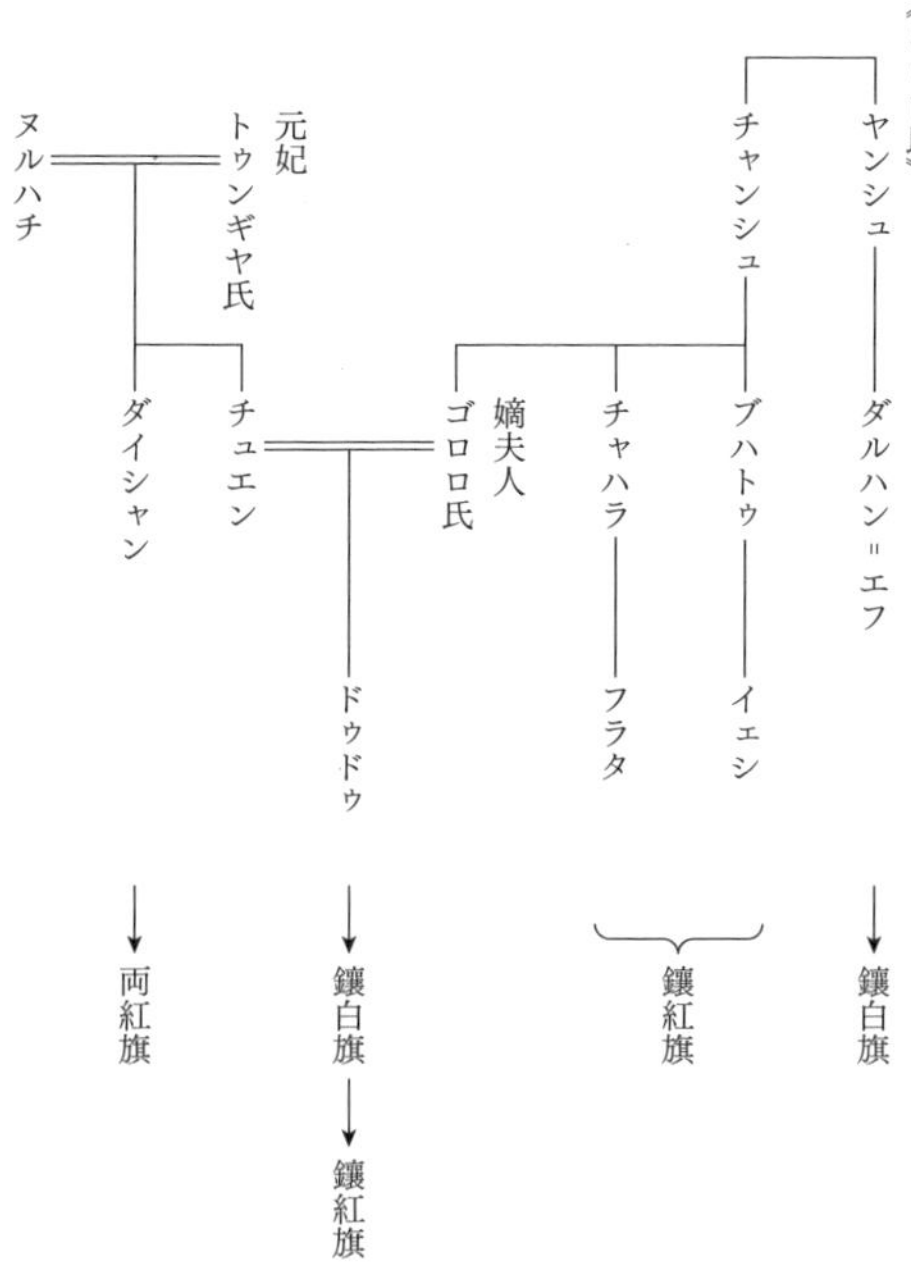

図 2-4　チュエン家・ゴロロ氏　関係略系図

次に、ダルハンとアバタイの関係はどうであろうか。ダルハンはエフすなわち駙馬と呼ばれたが、彼が妻わされた公主とは、帝系の系譜『星源吉慶』によれば、ほかならぬアバタイの同母姉であった[42]。したがって、ドゥドゥ配下のグサ＝エジェンであって後に旗王に昇格するアバタイは、同旗重臣のダルハンと義兄弟に当ることになる（図2-3）。このように、領旗分封当初の鑲白旗首脳は、単なる統属関係にとどまらず、三者互いに姻戚関係にあったのである。かかる事例は、旗王分封・主従関係設定に際し、各旗王・旗人それぞれの結合関係を勘案して分配がなされたことを明瞭に示すものであろう。

しかしながら、このような密接な関係にあったにもかかわらず、ドゥドゥは天聡年間には鑲紅旗の諸王の一人として現れる。これについては、夙に神田信夫［一九五八：四二―四四頁］が、ホンタイジ時代の異動とみなす孟森と三田村の見解を否定して、旗王分封に伴う一六二一―二二（天命六―七）年の実施と推測した。この異動をヌルハチの施策とする見方は支持できるが、時期については、私の検討では、一六二三―二五（天命八―十）年頃に八旗の間でニル・旗人の異動が行なわれたことが確認され（杉山清彦［一九九八：九頁］）、また杜家驥［一九九七：三八―三九頁］によれば、一六二四（天命九）年元旦礼の時点でまだアバタイとドゥドゥが同班次にあるので、一六二四―二五年とすべきであろう。私は、この時期にドゥドゥの移旗と、それに伴う若干の編成替えが実施されたものと考える。その理由については、やはり杜家驥［一九九七：四一―四二頁］が「同母兄弟ごとの分封という原則に従って、両白旗をホンタイジ家に与え、チュエン家を同母弟のダイシャン家の両紅旗に統合することによって分封を整序化したもの」と明快に説明する通りであろう。そして、この天命末には末子三兄弟へのニル分給が行なわれたとみられるから、一連のニル異動は、これら旗王分封の再編成に伴う措置の一環と考えることができる。

では、この変動において、チュエン家と結びついていたゴロロ氏はいかに処遇されたであろうか。亡きチュエン以来の関係でありながらダルハン＝エフは鑲白旗に留められ、天聡年間に入るとアバタイの下でグサ＝エジェンとなることは既にみた。これは、ヤンシュ―ダルハン家には、アバタイとの間に、より近い姻戚関係が存したためであろうと推測できる。両者の関係をよく示すものとして、一六二七（天聡元）年十二月にアバタイが待遇に不平を洩らして処罰された際に、グサ＝エジェンのダルハン＝エフも「汝は指導すべき大臣であるのに、非なることがあった場合にどうして諫めない」と罪に問われた記事がたびたび引かれる[43]。このエピソードは、従来グサ＝エジェンの職務を示すものとして注目されてきたが、旗王とその下で旗を統括する大臣とが、同時に姻戚でもあるという点にも思いを致すべきであろう。このことは、主従関係の設定のみならず、八旗官はじめとする官職起用が、私的な姻縁・結合関係と不可分の関係にあったことを示唆するものである。

同様のことは、同じゴロロ氏の近縁でありながら、ドゥドゥの直接の姻族であるチャンシュ家にも見出せる。一六四〇（崇徳五）年にドゥドゥが行状・言動を弾劾されるが、告発したのはチャンシュの孫のフラタ（Fulata 傅喇塔）・イェシ（Yesi 葉什）・シライ（Sirai 石頼）らであった。彼らはドゥドゥと自分たちを「我等既係舅子」といい、またドゥドゥは彼らを「爾係我至親」と呼んでいるのである[44]。

このように、本来近縁にして同旗であったゴロロ氏の両家が、それぞれの姻戚関係に応じて旗属を分岐させたことは、領旗分封時と同様、旗王との結合関係が依然として主従関係の重要な要素となっていたことを示す好個の事例といえよう。

(2) イェへの編入過程

右でチュエンとホンタイジとのイェヘ＝ナラ閥ともいうべきつながりをみたが、チュエン執政期も八旗分編時も、イェヘは未だ降らず、マンジュ＝グルンに抗していた。では一六一九年八月、遂にイェヘが滅びるとき、かかる関係はいかように機能したであろうか。第一節では、大妃ウラ＝ナラ氏の実弟アブタイらがヌルハチ直属の両黄旗に隷していたことを見たが、このケースは、ハンなるがゆえに恣意的に収めたものと解することも不可能ではない。これに対し、いま確かめたゴロロ氏の如き事例がイェヘ王家において確認されるならば、そのもたらす意味は小さくないであろう。

まず、イェへ滅亡の経緯を概観しておこう。イェへは、一六世紀後半のチンギヤヌ・ヤンギヌ兄弟の時にイェへ河畔に二城を構えてベイレを称し、明からは、ハダを呼ぶ「南関」に対し「北関」と称された。一五八三（万暦十一）年にチンギヤヌ・ヤンギヌが李成梁に謀殺された後も、チンギヤヌの子ブジャイ（Bujai 布寨）とヤンギヌの子ナリンブル（Narimbulu 那林布禄）が後を継いで強盛を誇り、両名の没後はブジャイの子ブヤング（Buyanggū 布揚古）・ブルハング兄弟とナリンブルの弟ギンタイシ（Gintaisi 金台石）が後を襲った（増井［二〇〇六b］）。明の『開原図説』は、両者の勢力を、ブヤングは「部落約五千、精兵二千、用事中軍伯言打里《バインダリ》等」、ギンタイシは「部落六千、精兵三千、用事中軍哈児台失《アルタシ》等」と伝える。[45] ギンタイシは、『開原図説』に「見《げん》に酋長為り」とあるのに対応して、『原檔』ではハンと称されていて、[46] ブジャンタイ＝ハンのウラ、ヌルハチ＝ハンのマンジュと並ぶ大国であった（図**2-5**）。

イェへの本拠は、ホンタイジの伯父ギンタイシが拠る、「天が城を造るがよいと生れさせた山の城」と謳われる要害の西城と、チュエンの舅チンギヤヌの孫ブヤング・ブルハング兄弟が立籠る東城とから成っていた（図**2-6**）。[47] この年三月のサルフの会戦で明軍が壊滅したために孤立したイェへは、八月二十二日にマンジュ軍の総攻撃を受け、一日の激戦の末、まず西城、ついで東城が落ち、ギンタイシ・ブヤングは殺されて、ここにフルン最後の大国・イェへは滅亡した。凱旋の際、降伏したイェへ部衆が后妃に謁するさまを、『原檔』は以下の如く記す。[48]

［Ⅱ—9］　ジャイフィヤン城に到着した日、ハンの諸后妃はジャイフィヤンの河の南の丘に出迎えてハンに叩頭し謁した。アンバ＝ベイレ（＝ダイシャン）は諸ベイレらを率いて后妃に叩頭し謁した。その後でイェへの東城のブルハング＝ベイレ、西城のデルゲル＝ベイレが頭となって、諸小ベイレら、諸大臣を率いてハンの后妃に叩頭し謁した。

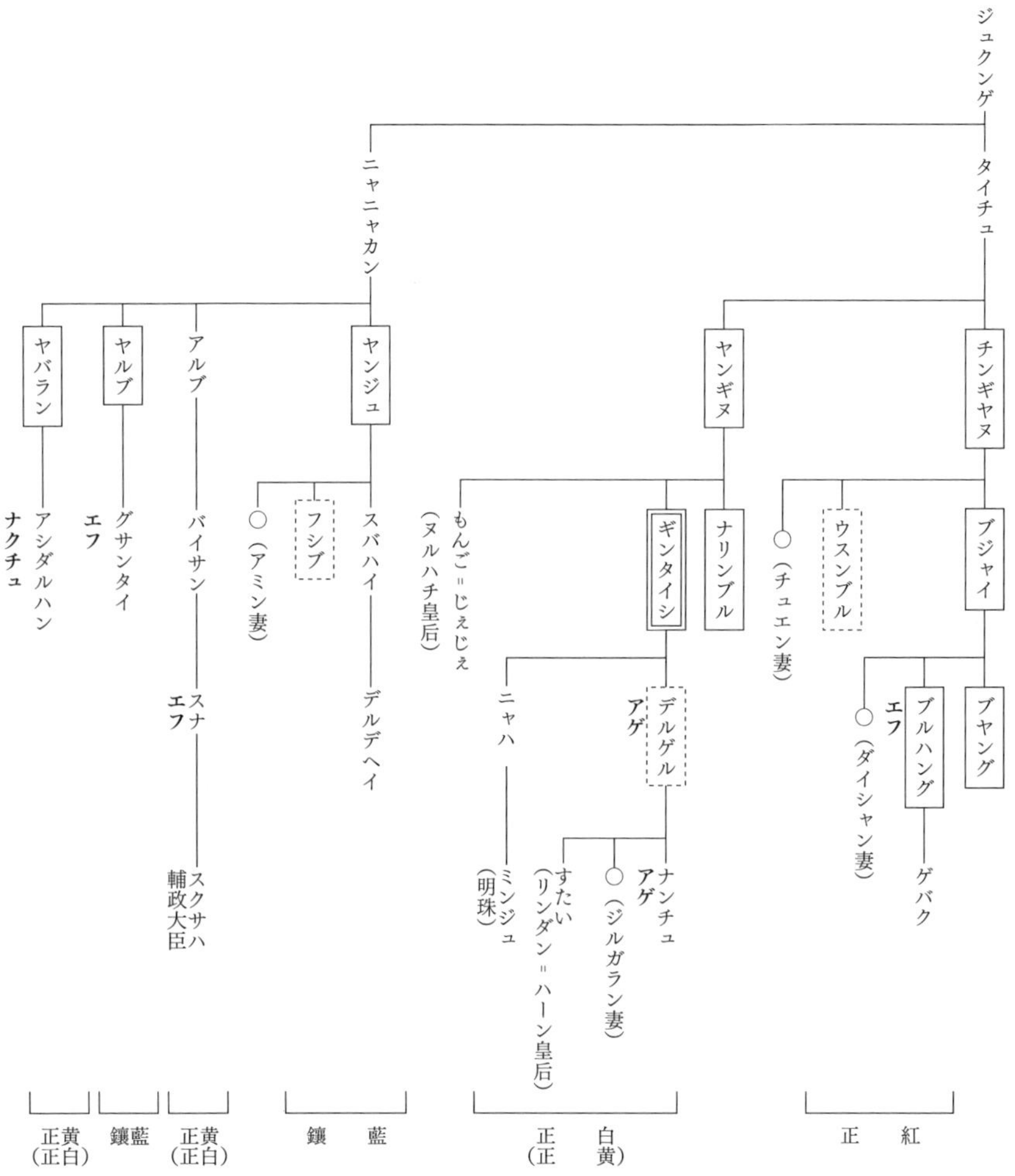

図 2-5　イェヘ＝ナラ王家　略系図

注）旗属は天命年間の所属を示す。（　）は後代の編纂史料の旗属，二重枠ははハン，枠はベイレ，点線枠はタイジと称される者を示す。**太字**はマンジュ成員としての称号。平仮名と○は女子を示す。

出典）『興墾達爾哈《シンケン＝ダルハン》家譜』，『開原図説』，『宗譜』より作成。

図 2-6　イェヘ西城（上）・東城（下）

ここにあるように、ブヤングの弟ブルハングとギンタイシの子デルゲル（Delger 徳爾格勒）が、それぞれ殺された兄・父に代って東西城の部衆を代表している。このとき捕虜となっていた朝鮮の李民寏は、幽囚記『柵中日録』中で、イェヘの滅亡・併合のありさまを簡潔かつ正確に記している。八月二十二日条の「二十二日。奴酋陥北関」（北関はイェヘの異称）の割注には、以下の如くある。(49)

［II—10］　聞くならく、北関は原と二城有り。一城は金台石《ギンタイシ》の守る所、一城は白羊古《ブヤング》及び夫羊古《ブルハング》の守る所なり。奴兵が台石の城を陥とせば、台石は自焚して死す。白羊古は城を以て降る。奴酋は殺掠を禁止し、尽く部落を移す。得る所の精卒は、万名ばかりなり。夫羊古及び台石の子加巨里《デルゲル》は、皆な以て大将と為す。前次に奴中の深患なる者は北関なり。而るに今、其れ破れて降るなれば、奴中喜躍せざる無し云云。

『原檔』の凱旋記事に「イェヘの東城のブルハング＝ベイレ、西城のデルゲル＝ベイレが頭となって」とあったから、「夫羊古」がブルハング、「台石之子加巨里」がギンタイシの子デルゲルであることは疑いなく、正確さに一驚せしめられる。では、「夫羊古」と「加巨里」が「以為大将」というのは、史実であろうか。以下、まずホンタイジと西城王家との関係に注目しながら、詳しくみていこう。

イェへ攻めに当って、寄せ手の軍勢は、東城を大ベイレ・ダイシャンら四ベイレが、西城をヌルハチ自らが率いて押し寄せた。イェへ側も天嶮の要害を恃みとして激しく防戦したが、遂に西城内に八旗の軍勢が突入に成功し、ギンタイシは城楼のある一角に追い詰められた。『原檔』同日条に、以下の記述が見える。(50)

［II―11］　城主ギンタイシ＝ベイレは、彼の居た高い台の家に、彼の妻や小さい子らを率いて登っていたので、兵の者がその家の下に立って、「汝は降ると言うなら降りよ。降らないと言えば攻める」と言ったので、ギンタイシが言うには、「外の二重に固めて造った城で戦っても力足らず取られて、この台の上で我が勝つか。我の妹に生まれた汝のハンの子ホンタイジが我が目に見えたとき、その子の顔色を見たとき、我は降りよう」と言ったので、……

ギンタイシは再三これを繰り返し、ヌルハチもこの要求を認めて、ホンタイジを東城攻めの部隊から呼び戻して説得に当らせた。挿話的であり、非常時のことではあるが、姻戚・母系の関係が、現実に機能しうるものであることが窺われよう。

もっとも、結局ギンタイシはホンタイジの説得にも応じず、再び抗戦した末に自ら楼に火をかけ、死にきれずに捕えられたのち絞殺された。しかし、これより先に囚われて、父ギンタイシの説得に当らされたその子デルゲルは助命された。そのくだりは、『原檔』にこうある。(51)

［II―12］　デルゲルを、ホンタイジが連れに行って連れてきて、ハンに叩頭し会わせたので、ハンはデルゲル

を見て慈しみ、自分の食べた飯をホンタイジに与えて、「汝の兄デルゲルを連れて一緒に食べよ。汝の兄を汝は大いに慈しみ養え」と言って与えた。

注目すべきことに、ここには、「汝の兄を汝は大いに慈しみ養え」と、分与の理由が明示されている。「兄」とあるのは、デルゲルがホンタイジの母方の伯父ギンタイシの子（交叉イトコ）であって、彼より八歳の年長であったからである（図**2-7**）。もちろんこれはベイレ級の大物同士で、かつ相互に姻戚関係がある場合であるので、ただちに一般化できるわけではないけれども、征服後部衆がどのようにして分配されるかを物語る貴重な史料である。これを下々にまで当てはめることはできないにせよ、少なくとも王族・重臣の分配は、征服以前からの通婚関係を生かして決定したことが確認されるであろう。と同時に、たとえ王族といえども、その処遇は「与える bumbi」ことによって設定され、あくまで「養 ujimbi」われるものであることが端的に示されている。

では、「慈しみ養え」とてホンタイジに「与え」られたデルゲルは、八旗においてどのように編入されているであろうか。デルゲルは天命年間に没したらしく、『老檔』ではその後の足跡は追えないが、『通譜』巻二二「葉赫地方納喇氏」の「金台石」伝には、以下の如くある。[52]

［II―13］　金台石 Gintaisi、正黄旗人なり。原と葉赫東城《ママ》貝勒に係る。太祖高皇帝の葉赫を征服せし時、其の子徳爾格爾 Delger に授けて三等男と為す。卒したれば、其の子南楚 Nancu、職を襲ぐ。

ここにある三等男の爵位は、当時の世職の三等副将（後の三等メイレン＝ジャンギン、図**E**）、すなわち前章第三節でみた「第一等」「第二等」クラスに相当するから、厚遇されたことが知られるであろう。

また、ニルについても、彼がニルを領有した形跡はないが、子のナンチュは、『歴朝八旗雑檔』「正黄旗満洲姓氏住址三代檔」中の記事に「初任はヒヤだった。二任はニルを領した」とあり、[53] 来帰後まずヒヤ（hiya 侍衛、第三章参照）となって、次いでニルを管したことが記されている。これに相当すると思われるのが、一六三五年の専管ニル分定の際に、ホンタイジ直属の正黄旗として挙がる「ナンチュの二ニル」という記事である。これに該当するの

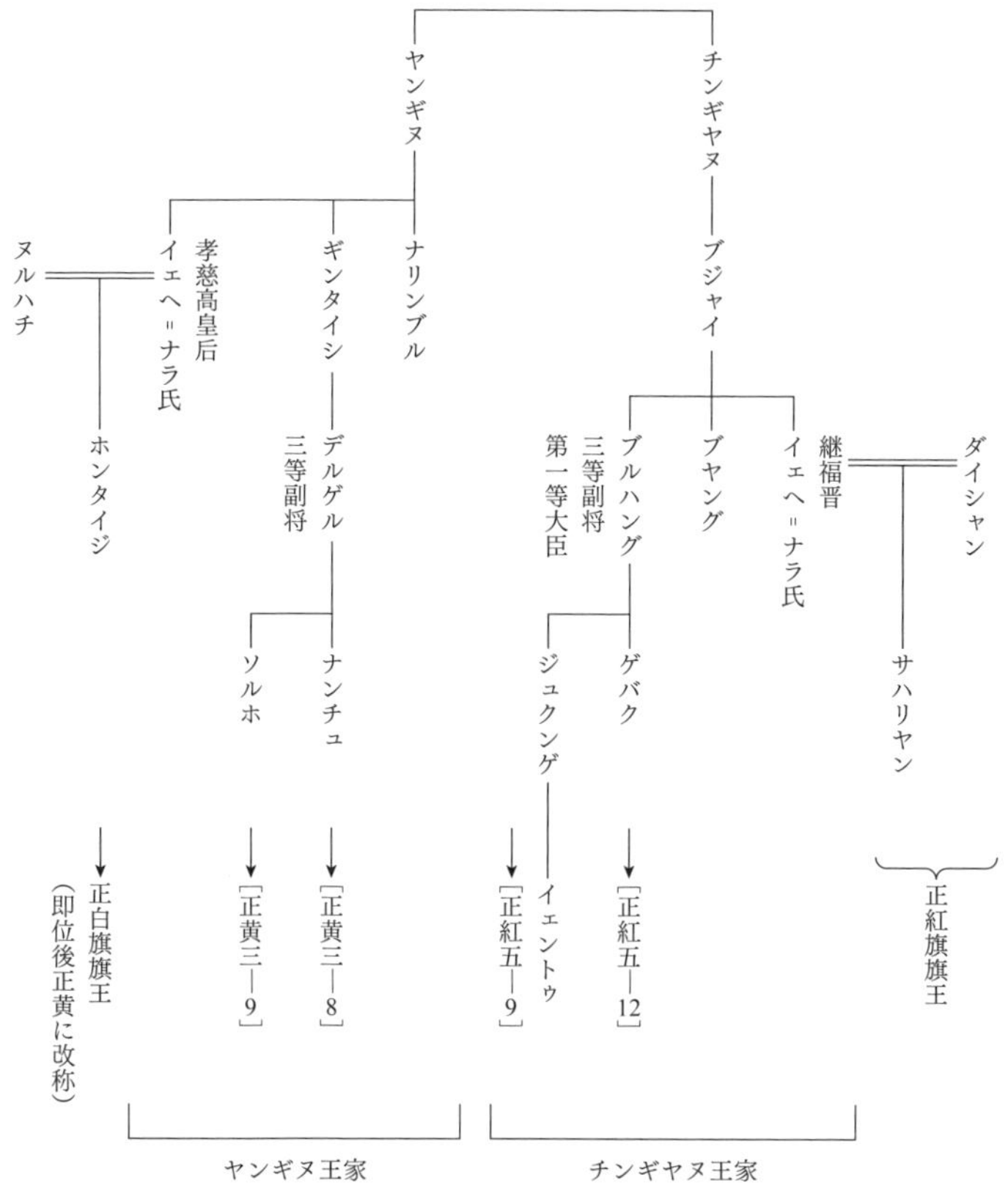

図 2-7　イェヘ＝ナラ氏　略系図

は、正黄三―8・9ニルである。[54]

［II―14］　第八佐領、国初に葉赫地方の人丁を以て編立せしに係る。始め巴雅爾図 Bayartu を以て管理せしめ、巴雅爾図故したれば、其の子阿寨 Ajai を以て管理せしむ。阿寨、事に縁りて革退せられたれば、貝勒金塔錫 Gintaisi の孫南楚 Nancu を以て管理せしむ。

第九佐領、亦た国初に葉赫地方の人丁を以て編立せしに係る。始め喀庫穆 Kakumu を以て管理せしめ、尋ゐで南楚の弟索爾和 Solho を以て管理せしむ。

これによれば、この両ニルはイェへ出身者によって編成されながら、すぐには旧イェへ王家には委ねられず、正黄三―8ニルの場合、アジャイの罷免後に王家のナンチュが継承したという。ところが、アジャイの解任は『原檔』崇徳元（一六三六）年四月十九日条[55]に明記があり、そのときまでニルを管理しているにもかかわらず、その前年の一六三五年の専管ニル分定の際には、既に正黄旗として「ナンチュの二ニル」と記されているのである。これが正黄三―8・9ニルを指すことは疑いない。この事実はどう解すべきであろうか。私は、これはニルの管理業務を旧臣に委ね、支配権は旧王家のナンチュに与えられていたものと考える。

そこで初代のニル管理者についてみてみると、このうち正黄三―9ニルのカクムは出自不明だが、三―8ニルを最初に任されたバヤルトゥとは、緒論で見た寧遠戦の戦没者（史料［I―1B］）であり、『通譜』本伝によればイェへのイルゲン＝ギョロ氏の出身であることが知られる。[56]バヤルトゥは、おそらくはイェへの旧臣だったのであろう。それゆえ、旧主に従って同じホンタイジ麾下に隷し、当初はいわば陪臣的立場でイェへ王家属下のニルを管理したものと考えられる。これは、第一節で見たウラ王家のニル支配のあり方と揆を一にするものということができる。

なお、ニルおよびデルゲル・バヤルトゥの旗属は何れも正黄旗となっているが、既に繰り返し述べたように、天命期の正白旗はホンタイジの嗣立とともに正黄旗となるから、これらは矛盾ではないばかりか、デルゲルとその旧臣が確かにホンタイジ麾下に在ったことを証すものである。このことから、西城の旧主デルゲルは、一定数の旧臣とともにホンタイジに「与え」られ、帰順当初は、なお旧来の主従関係が認められていたものと結論することができる。

第三節　両紅旗――イェヘ＝ナラ氏チンギヤヌ系

両紅旗は、旗創設時から入関に至るまで一貫して次子ダイシャンがその諸子とともに領し、変動の少なかった集団として知られる。両紅旗を率いたダイシャンは、チュエンの同母弟でアンバ＝ベイレと呼ばれ、後に礼親王に封じられた。天命年間は彼が第三子サハリヤンとともに正紅旗を領し、既に成人していた長子ヨトと次子ショトの同母兄弟が鑲紅旗を委ねられていた。事実上両紅旗をダイシャンの領旗とみなす所以である。しかし、この両旗もまた、構成の特徴については、一部の有力旗人を除いてこれまでほとんど触れられてこず、阿南が正紅・鑲紅間の入れ替りが多いことを指摘したにとどまる。

四大ベイレの首位に在ったダイシャンは、岡田［一九七二］によれば、天命前半には「太子（taise）」の地位にあり、これが一六二〇（天命五）年九月に廃嫡されて一後継候補の列に引き戻され、代って八ホショ＝ベイレが立てられたという。その顚末は『旧檔』を駆使して散乱檔を復元した岡田の研究に詳しいが、このときダイシャンの悪行を使嗾したとして殺されたのが、夫人イェヘ＝ナラ氏である。

『宗譜』によれば、ダイシャンには正室が前後三人あり、最初の妻はリギヤ（Ligiya 李佳）氏、その後迎えた継夫人・三娶夫人がともにイェヘ＝ナラ氏であった。イェヘが滅んだ当時の正室は継夫人で、岡田［一九七二：四四〇頁］は、サハリヤンの生母であるこの夫人を通じたイェヘ＝ナラ閥の重要性を鋭く指摘している。彼女の父ブジャイは、チュエンの舅であったチンギヤヌの子で、イェヘ東城の主ブヤング・ブルハング兄弟の父に当る人物である。すなわち、ダイシャンはブヤング兄弟とは義理の兄弟に当ることになるのである（図2-7）。では、正紅旗旗王ダイシャンの姻戚関係は、イェヘ併合に際し、いかように機能したであろうか[57]。

先に第二節で、イェヘ滅亡の際、ホンタイジが母方の従兄の系統が拠る西城攻めで交渉に当り、落城後その一支が彼に与えられたことを述べた。そこで、ダイシャンが指揮した東城落城の様子を確認しよう。ブヤング兄弟は、要害の西城が落ちたと知ると、戦意を喪失して東城の寄せ手の総大将ダイシャンの許に使者を遣わしてきた。『原檔』八月二十二日条に以下の如くある[58]。

［Ⅱ―15］　西城を破って兵が入ったのを東城の者が知って、ブヤング・ブルハング兄弟は自ずと心が挫けて、「今我ら戦ったとてどうなる。降りたい」と人を遣わした。アンバ＝ベイレ（＝ダイシャン）が言うには「初めから降れと言ったのに、汝らは降らなかった。我らが来て、汝らを放置していくか。（汝らの）一人は我が妻の兄であり、一人は我が妻の弟とて、汝らを慈しみ、生き存えるがよいと、我は降れと言うのだ。……

西城と同じく、東城攻めでも総大将ダイシャンの姻戚関係が降伏勧告の場で現れており、通婚関係が果す役割と、またそれが期待されてダイシャンに東城攻めが任されたことが窺い知られるであろう。この後交渉の末、二ベイレは降伏するが、兄ブヤングはヌルハチの前でも不遜な態度をとり続けた。このため、ヌルハチは、

［II―16］　その日その夜思慮して、ハンは心中で思うには、「我は、先の彼の多くの悪業のことを思わないで助命しようとしたのに、殺す身を助命してくれたと少しも喜ばず、このように元どおり仇敵となって、跪いて叩頭することさえ躊躇する者をどうして助命できようか」とて、捕えた翌朝、兄ブヤング＝ベイレを縄で絞め殺した。彼らの悪行を思うより子アンバ＝ベイレを思い、弟ブルハング＝ベイレを助命してその姉の夫アンバ＝ベイレに与えた。

とあって、(59)兄ブヤングは処刑され、弟ブルハングは助命されてダイシャンに与えられたことが知られる。先に見たホンタイジとデルゲル同様、ここでも「弟ブルハング＝ベイレを助命してその姉の夫アンバ＝ベイレに与えた」と、理由が明記されていることが注目される。このときブヤング兄弟の妹であるダイシャン継夫人は健在であり、そのダイシャンに、降伏したブルハングが、姻戚関係を理由として与えられたのである。このことは、第一節で述べたウラの亡命ベイレ・アブタイの正黄旗、第二節でみたイェヘ西城のデルゲルの正白旗所属とあわせ、征服時の部衆分配のあり方を示していよう。

はたして降将ブルハングは、一六二二（天命七）年の「第一等」大臣として現れる（表1-3：13）。彼はその後史料から姿を消すが、『初集』に収める孫チャルキ（Carki 察爾器）の伝記に以下の如くある。(60)

［II―17］　察爾器、満洲正紅旗人なり。其の祖布爾杭俄 Burhanggū 葉赫西城《ママ》貝勒に係り、太祖高皇帝の葉赫を克するの時来帰す。天聡八年、諸臣の功績 gung を分別するに、布爾杭俄は軍功無きと雖も原と貝勒に係るを以て、准して勲臣 gungge ambasa と同等に三等副将の世職を授く。尋ゐで卒したれば、察爾器の父格霸庫 Gebakū を以て職を襲がしむ。

ここにあるように、ブルハングは三等副将という高位世職を与えられ、「第一等」大臣に列したのである。なお、この記事ではブルハングは健在のように見えるが、『歴朝八旗雑檔』「正紅旗五甲喇三代檔」に収めるブルハング家の記事に、

［II―18］　次子ブルハングはイェへの西城のベイレだった。太祖が己未（一六一九）年にイェへを取ったとき、養って三等アスハン＝ハファンとして……、ブルハングが亡くなったので、官を長子ゲバクに継がせた。天聡八年に諸官の功（gung）を計って区別して任じるとき、ゲバクは何の功もないが、異国のベイレであるとて、道を思って功臣（gungge ambasa）の等級とした。

とあって[61]、このとき既にブルハングは没しており、実際には子のゲバクが授官されたものであることが知られる。［II―18］にある三等アスハン＝ハファンとは当時の三等副将の世職をいうので（図**E**）、諸伝の記事や、［II―13］にあった再従兄弟のデルゲルのそれと一致し、これが降伏後まず本人に与えられていたのである。そしてここに見える「軍功無きと雖も原と貝勒に係る」、「何の功もないが、異国のベイレである」とて、功臣（勲臣）の等級で「養（ujifi）」ったという文言は、門地が重要な基準とされたとする第一章の検討結果を裏付ける重要な証言である。

ただ、デルゲル同様、ブルハングとその諸子も「黄字檔」に勅書がないので、征服直後の天命年間の旗属は決め手を欠く。しかし、チャルキの伝には正紅旗人とあり、また、次に見るように、二ニルを正紅旗に有していたことが確認されるから、その所属は、ヌルハチの言の通り「その姉の夫」ダイシャンの正紅旗だったとみて間違いないであろう。

では、そのニル支配の形態はどのようだったであろうか。「旗分志」には、正紅五―9・12の二ニルが確認でき

る。[62]

［II—19］第九佐領、亦た国初に葉赫地方の人丁を以て編立し、始め呉巴海 Ubahai を以て管理せしめ、後、改めて布爾杭俄の孫阿思哈尼哈番《アスハン＝ハファン》殷図 Yentu もて管理せしむ。第十二佐領、亦た国初に葉赫地方の人丁を以て編立し、始め諸莫渾 Nomhūn を以て管理せしむ。諸莫渾、罪を得れば、布爾杭俄の子格巴庫 Gebakū を以て管理せしむ。

このように、少なくとも二ニルがブルハング直系に伝えられており、また、その扱いも、先のデルゲルの場合と同じく、いったんは他人の手に委ねられた後、旧王家が継承したことがわかる。このうち正紅五—9ニルの初代ウバハイは、『初集』「胡里布 Hūribu」伝に明記がある。[63]

［II—20］胡里布、満洲正紅旗人なり。姓は何舎里 Hešeri 氏、世々葉赫地方に居る。父は呉巴海 Ubahai と曰ひ、太祖高皇帝、葉赫国を収服して其の人を以て牛彔を編設し、呉巴海をして其の一を管せしむ。

すなわち、先のバヤルトゥと同様、イェへの出身であってこれも名門のヘシェリ氏の出（表1-1：6）であることが知られるのである。『開原図説』にブヤングの「用事の中軍」と記される「伯言打里《バインダリ》」は、このウバハイと同じホド＝ムハリヤン地方へシェリ氏のバインダリ＝ジャルグチに比定され（増井［二〇〇三：六八頁］）、彼らがイェへの重臣であったことは疑いない。[64] また、五—12ニルのノムホンは出自が明らかではないが、『原檔』天命六（一六二一）年四月四日条に「イェへのノムホンは新附の者であるので罪を免じた」とあるので、[65] やはり一六一九年のイェへ滅亡時に降った旧臣とみて相違あるまい。新附者は帰順後三年間罪の寛免が認められるからである（張晋藩・郭成康［一九八八：五五八—五五九頁］）。夙に阿南［一九七五：五六三頁］は、「けだし呉巴海と前出の諸木渾は共に葉赫の布爾杭俄の重臣であって、天命四年布爾杭俄に従って来帰したものなのである」と指摘している。一六三五年の専管ニル分定の際、ナンチュの二ニルと同様、正紅旗として挙がる「ゲバクの二ニル」とは、これら旧臣が管理していた両ニルを指すのであろう。

このように、西城のデルゲル系と同じく、東城のブルハング系もまた、その姻親ダイシャン麾下に隷し、当初旧臣がそのニルを管理していたのである（図2-7）。先に見た史料［II―10］『柵中日録』には「夫羊古《ブルハング》及び台石の子加巨里《デルゲル》は皆な以て大将と為す」とあったが、ブルハングとデルゲルは何れも三等副将の高位を授けられ同旗の旧臣を統轄していたから、このことを指すものであろう。

以上、第二節（2）および本節から明らかになったように、ヌルハチはイェへ併合・部衆分配に際し、自己の諸子とイェへ諸王との姻戚関係を勘案して配属しており、東西城の旧王家は、何れも激しく抵抗して滅んだにもかかわらず、高位の世職を授けられ若干の旧臣との間に引き続き主従関係が継承されるなど、相応の特権が認められていたのである[66]。また、併合に際しては、ギンタイシの子デルゲルとブヤングの弟ブルハングとが、それぞれ殺された父・兄に代って助命され授官されており、当主を処刑して次席の者に旧部衆を代表させたといえるであろう。この方策は、次節で述べるハダ・ホイファなどにおいても確認される。

第四節　両藍旗——ハダ＝ナラ氏・ホイファ＝ナラ氏

（1）シャジ地方フチャ氏と正藍旗

成立期の八旗において、両藍旗は、一見最も共通性が低いようにみえる。すなわち、四旗時代にシュルガチ率いる藍旗だったものが、八旗分編に伴いシュルガチの子アミンが引き継いだ鑲藍旗と、ヌルハチの嫡出第三子マングルタイが領する正藍旗とになったからである。

しかし、アミンとマングルタイとは、その生母が何れもシャジ地方フチャ氏の出身という点で、ともにフチャ氏系と括れることを岡田［一九七二：四三二頁］が指摘している。第二節で論じたように、チュエン部衆の再分配と八旗分編に際して新たに受封したマングルタイ・ホンタイジ両名のうち、ホンタイジの白旗入封にはイェヘ＝ナラ閥という共通項があったが、マングルタイの正藍旗受封は、このフチャ氏閥によるものだったということができよう。そこで、まずマングルタイとその姻族について確認しよう。(67)

マングルタイの生母である継妃フチャ氏グンダイは、当初ヌルハチの再従兄ウェイジュン（Weijun 威準）に嫁いでアンガラ（Anggara 昂阿喇）ら三子を産み、ウェイジュンが戦没したのちヌルハチと再婚してマングルタイ・マングジ（Manggūji 莽古済）・デゲレイの二男一女を儲けた（岡田［一九七二：四三〇頁］）。グンダイを出したフチャ氏の一族は各地に広がっており、そのうち彼女の系統の本拠であるシャジ地方は、蘇子河畔の要衝グレ付近とされている（今西［一九六七：一四頁・一六頁第1図］／後掲図**3-2**）。この一派の系譜は、『通譜』巻二五「沙済地方富察氏」に収められているほかに、漢文族譜『(沙済)富察氏家譜』（道光七年輯）によって、より詳細にたどることができる。(68)そこでこれらから関係人名を拾い、ヌルハチ以下清室の系譜と合せて作成したのが、図**2-8**である。図示したように、シャジ地方フチャ氏は、グンダイの父マンセ＝ドゥジュフ（Mangse Dujuhū 莽塞都指揮）の系統とその従弟ワンギヌ（Wangginu 万吉努）の系統とに大別される。まずマンセ系についてみてみよう。

ヌルハチの姻族でありながら、マンセ系の事蹟は、各種伝記史料でもほとんど伝わっていない。唯一『通譜』に収める「莽色」伝も、記事は「鑲黄旗人。国初来帰」とあるのみで、ヌルハチとの舅婿関係については全く記されておらず、子孫についても、孫の世代以降が数人記録されているにすぎないのである。(69)しかし、マンセの一門が国

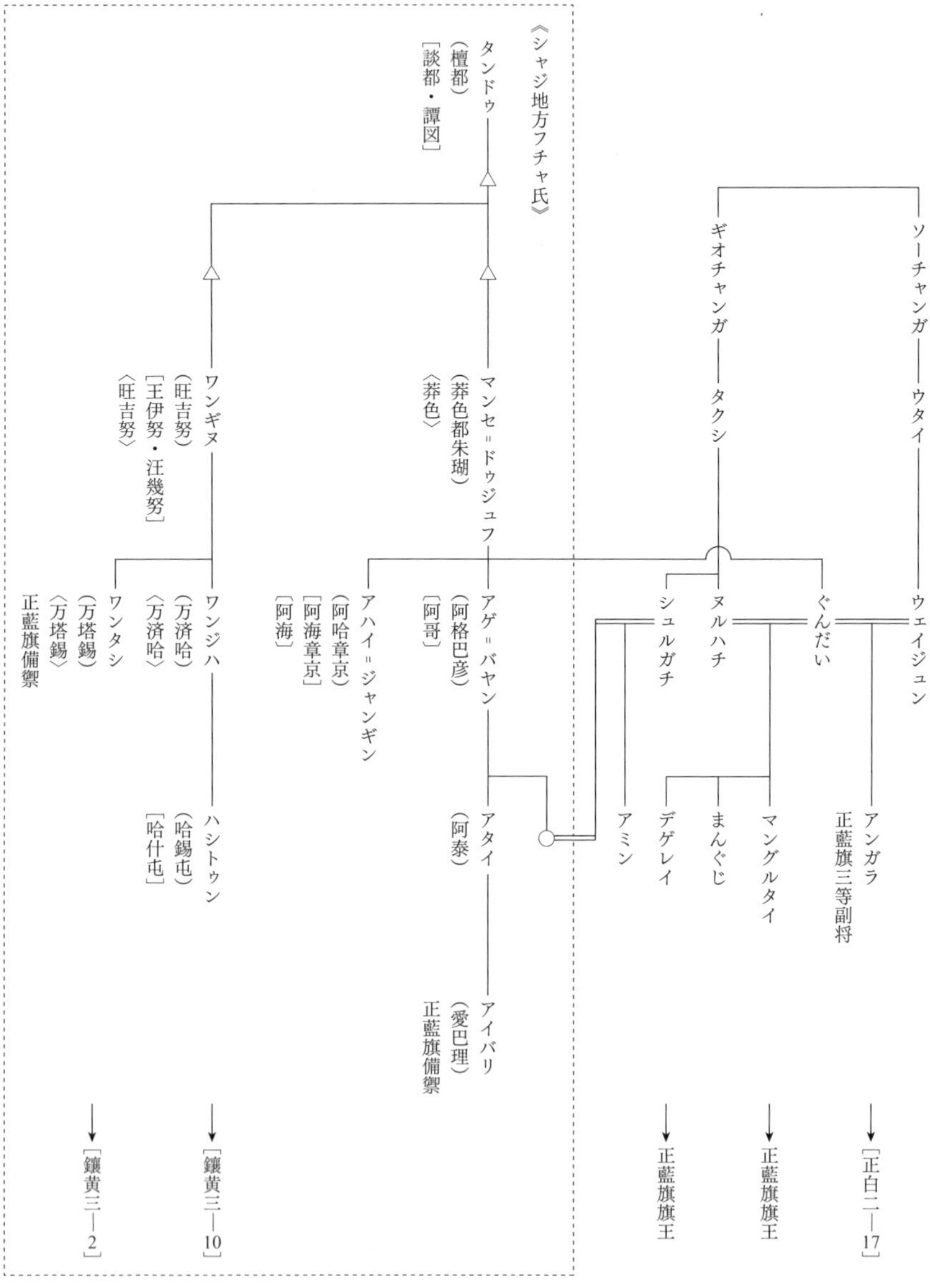

図 2-8　シャジ地方フチャ氏　関係略系図

注）片仮名と△は男子，平仮名と○は女子を示す。(　) は『富察氏家譜』の漢字表記。以下，[　] は『歴朝八旗雑檔』，〈　〉は『通譜』，〔　〕は『万暦武功録』の漢字表記を示す。

初において活躍していた痕跡は見出しうる。すなわち、図2-8に示した、マンセの曽孫「愛巴理」である。『原檔』・実録には、天命後半から天聡年間にかけて、文館に所属して書記・使者などの任に従事した文臣として、「Aibari／愛把里」なる旗人が頻繁に登場するが（神田［一九六〇：八四―八五頁］）、この人物が、『富察氏家譜』に見える「愛巴理」に比定できる。すなわち、彼は一六三五年の正藍旗改易の際、「愛把里は斬に処し、其の親族兄弟幼少は倶な市に淩遅す」とあって、[70] 連坐して処刑されるのであるが（第四章第二節参照）、これと対応して、『富察氏家譜』でも、「愛巴理」兄弟および叔父・従兄弟など近親十一人全員が「無嗣」という不自然な断絶を遂げているのである。これは、事件の処分の結果とみなせよう。[71] 彼はハンや諸王の使者としてだけでなく、マングルタイの出征先からや、私的な用件などで遣わされており、[72] 自らの旗王の腹心だったとみてよいだろう。その理由が、彼の一門と旗王マングルタイとの姻戚関係であることは、贅言を要すまい（図2-8）。

一方ワンギヌ系は、『原檔』・実録にはほとんど登場しないが、入関後にこの系統から康熙の重臣マチ（Maci 馬斉）や乾隆帝の義弟フヘン（Fuheng 傅恒）らを出すことになる（図1-3）。ワンギヌは、国初に二ニル（ただし当初半箇ニル）を領していたことが、「旗分志」に見える。すなわち、「鑲黄旗満洲都統第三参領」として、

［II―21］　第二佐領、原と国初に沙済地方より来帰せる人万塔什 Wantasi の族衆を以て、別姓の満洲と合して編して半個牛彔と為すに係り、万塔什をして管理せしむ。

第十佐領。原と国初に沙済地方より来帰せる人丁を以て編して半個牛彔と為すに係り、王吉努をして管理せしむ。王吉努故したれば、其の子万済哈 Wanjiha を以て管理せしむ。

とある。[73] 三―2ニルの初代ワンタシと三―10ニルの二代目ワンジハとは何れもワンギヌの子だから（図2-8）、これら両ニルはともにワンギヌの来帰に始まるとみてよいだろう。

ところで雍正年間の状態を記した『初集』では、旗属は右の如くともに鑲黄旗となっているが、元来の旗属は正藍旗だったのである。すなわち、ワンジハの子ハシトゥンの伝記には、

［II―22］　哈世屯、万済哈の長子為り。初め前鋒校に任ぜられ、正藍旗に隷す。太宗文皇帝の天聡時、鑲黄旗に隷し、侍衛を授けらる。

とあって、[74]ハシトゥンが天聡年間に鑲黄旗に改隷されるまで、このニルが正藍旗に隷していたことを伝えている。この移動が、正藍旗が一六三五年に解体されて鑲黄旗に編入されることを指しているのは疑いない。また、ワンギヌの次子ワンタシは、一六二一年に「マングルタイ＝ベイレのワンタシ」と見えるから、[75]彼とそのニルも正藍旗所属とみてよい。夙に孟森［一九三六：一〇〇―一〇一頁］が指摘しているように、後年、ワンジハの曾孫マチが「原藍旗貝勒属下」と言われているのは、このことを指すものであろう。[76]

以上から、ワンギヌ系もまた当初正藍旗に属し、二子で二半箇ニルを領する有力旗人であったことが明らかであろう。阿南は見落としている（［一九七五：五九〇頁］）が、この鑲黄三―2・三―10ニルも、正藍旗ニルとして数えねばならない。このように、旗王マングルタイの姻族シャジ地方フチャ氏は、当初マングルタイ率いる正藍旗に所属していたのである。

では、フチャ氏一族は、いかなる経緯で来帰したのであろうか。右に挙げた諸史料はこのことについて語らないが、雍正年間の檔案に、その間の事情が記されていた。すなわち、『歴朝八旗雜檔』「鑲黄旗満洲五甲喇管理佐領原由檔」に収める「niru janggin fucang bošoho niru da turgun 佐領傅昌所管牛彔原由」なる記事の冒頭部分に、以下の如くある。[77]

［II—23］　我らの姓はフチャ、シャジ地方の人。八世の始祖ナシュ・タンドゥは兄弟二人であった。後、子孫が増えて人が多くなったので、シャジの地に四箇所に土城を築いて次々と住んだ。明国の万暦のときに突然明国の兵が来て、我が族祖アハイ＝ジャンギンのいた城を攻め取り、アハイ＝ジャンギンを殺した。彼の妻子は我が七世の始祖ワンギヌを頼ってきた。太祖高皇帝が兵を起して仇を取ろうと兵を集めていたとき、我が七世の始祖ワンギヌは兄弟・族衆・属民を率いて太祖高皇帝を頼って従いに行った。後、ニルを編成するときに、我らの族衆と連れてきた男丁を半箇ニルに編成して、我が七世祖ワンギヌに管理させた。

この檔案は、鑲黄三—10ニル（［II—21］）の継承過程を記録したもので、提出者であるフチャンはハシトゥンの玄孫である（『通譜』・『富察氏家譜』）。引用部分はニルの起源を述べた箇所で、ここには、明の万暦年間に彼らの「族祖」たる「阿海章京」が明兵に居城シャジ城を陥され殺された事件が記されている。これに相当する出来事としてこれまで知られているのは、一五八三年二月に、明将李成梁が「グレと名付くる城の主アタイ＝ジャンギン、シャジと名付くる城の主アハイ＝ジャンギン」を攻めて両人を討ったという、『満洲実録』冒頭の開国記に見える有名な事件を措いてほかにはない(78)。

このときアハイ＝ジャンギンとともに討たれたグレ城主アタイ＝ジャンギンは王杲の遺子で、ヌルハチの伯父リドゥンの娘を娶っており、ヌルハチの祖父ギオチャンガと父タクシは、彼女を救出しようとして、グレ落城の際に落命するのである。この父祖横死が、所謂ヌルハチ挙兵のきっかけであり、文中の「太祖高皇帝が兵を起して仇を取ろうと」していたというのは、まさしくこのことを指す。つまりこの記事は、諸史料に見えないフチャ氏の来帰事情を伝えたものであり、かつそれだけでなく、明末ジュシェン史とマンジュ興起史とを繋ぐ、極めて重要な史料なのである。

出自不明の梟雄・王杲は、[79]『万暦武功録』巻一一の諸伝によると、要衝グレ城に拠って近隣の諸豪族を圧し、明領へ入寇を繰り返していた。しかし、一五七四（万暦二）年に至り李成梁に討伐され、落ち延びた王杲はハダのワン＝ハン（王台）の許に走ったが、逆に明側に引き渡されて翌年刑死した。そしてその数年後、故地グレ城で再起した長子アタイが再び李成梁によって刺刃をさされたのが、右の一戦なのである。

さて、このときアタイとともに敗死したシャジ城主アハイは、史料［Ⅱ―23］に「我が族祖」とあったから、フチャ氏の出ということになる。ところが、明側の『万暦武功録』では、以下の如く二人を兄弟、つまり王杲の子と記しており、これが定説となっているのである。[80]

［Ⅱ―24A：「王杲」伝］　杲、阿台《アタイ》・阿海《アハイ》・王太を生む。

［Ⅱ―24B：「阿台・阿海」伝］　阿台・阿海は、皆な王杲の男《むすこ》なり。……台と海とは、王台の嘗て其の父を縛せしを怨む。海、亦た漢の其の兄阿哥《アゲ》を殺すを怨むなり。

しかしながら、この両記事には矛盾がある。すなわち、史料［Ⅱ―24A・B］ともにアタイ・アハイを王杲の子としておきながら、同じ［Ⅱ―24B］に「海、亦た漢の其の兄阿哥を殺すを怨むなり」とあって、アハイだけに、明に殺された「阿哥」（Age）なる兄の存在を補足している点である。『万暦武功録』には、王杲配下の「阿革」「阿骨」なる人物の敗死の記録（巻一一「阿革」伝）が見えるから、この「兄アゲが明に殺された」という記述は裏付けられるが、もしアタイ・アハイが兄弟ならここも「台と海とは」とするべきであるし、また王杲の子としてもう一人「阿哥」も数えねばなるまい。この点について、『東夷考略』のアタイ討伐のくだりには、「(阿)海は毛憐衛夷なりて、莽子寨に往牧し、阿台と悪を済《な》せば、亦た梟逆なり」とあって、こちらでは兄弟とはしていないのである。[81]したがって、兄弟なのはアゲ・アハイであってアタイは血縁関係にない、という可能性も、同じ『武功録』から引き出せよう。

そこで、アハイを「族祖」と名指しする史料［II―23］の記述に従って、『富察氏家譜』からアゲ・アハイの両名に該当する人物を捜すと、図2-8に記したように、グンダイの父マンセの子として長子「阿格巴彦」・次子「阿哈章京」なる兄弟を見出すことができるのである。この名は明らかにAge Bayan（bayanはタイトルで「富者」の意）とAhai Janggin との音写であるから、『武功録』に見える「阿哥」と「阿海」の兄弟は実在したのである。

この「阿哥」＝アゲ＝バヤンは、『宗譜』によれば、シュルガチの舅でアミンの外祖父として知られる人物にほかならない。[82]また「阿海」が王杲の子と伝えられるのは、王杲と義子関係を結んでいたからであろう（張璇如・蔣秀松［一九八七：二五八頁］）。擬制血縁関係による結合の強化は当時の常套手段だったので、その蓋然性は高い。加えて『東夷考略』では、アハイの居城シャジ城を「莽子寨」と呼んでいたが、この「莽子」はアゲ・アハイ兄弟の父マンセの漢字音写とみられるので、「莽子寨」とは「マンセの城」の意に相違ない。[83]であるならば、この記事もまた、矛盾ではなく、逆に強力な傍証に転化する。このように、旗人自らの系譜記録と、全く系統を異にする明代の史料とが一致するから、『武功録』に見える「阿哥」と「阿海」の兄弟は、フチャ氏の「阿格巴彦 Age Bayan」・「阿哈章京 Ahai Janggin」と断定してよいであろう。

以上の論証から、明末ジュシェン勢力から初期ヌルハチ集団、さらには清代マンジュ旗人権門にまでわたる連続の相が浮かび上がる。いま一度時間を追って整理してみると、シャジのフチャ氏は、ヌルハチ勃興以前の王杲全盛期にアゲ＝バヤンが王杲配下として名を轟かせ、王杲滅亡後は弟アハイ＝ジャンギンが王杲の遺子アタイに与し、さらにその没落後は、今度は新興のヌルハチに投じて、勢力を保ち続けたのである。[84]その両者の具体的結びつきが、一五八六（万暦十四）年頃と目される、アゲ・アハイ兄弟の妹グンダイとヌルハチとの結婚なのであろう。そして先にみた通り、アゲの孫アイバリやマンセの従弟ワンギヌは、八旗成立後の天命・天聡年間に至り、グンダイ所生のマングルタイ率いる正藍旗に隷することとなったのである。(85) これは換言すれば、旗王マングルタイは自らの領旗に母系の姻族を従えていた、ということにほかならない。ここにおいても、姻戚関係に基づく属下分与という原則が確認されるのである。

なお正藍旗には、先に見たようにグンダイ所生でマングルタイ異父同母兄に当るアンガラが属しており（［I－13］）、また王杲の子アタイに嫁いだのはリドゥンの娘であったが、その兄弟に当るボイホチも正藍旗に属し、その子セレはグサ＝エジェンを務めていた（第一章第二節（7））。このように正藍旗下には、旗王マングルタイの出生以前にまで溯る王杲・フチャ氏勢力の紐帯までが看て取れるのである。

（2）ハダの編入形態

前項ではマングルタイの母系の姻族を追ったが、本項では、妻の系統を検証する。マングルタイの妻は、『宗譜』に四人、また『原檔』・『太宗実録』天聡六年十二月二日条のマングルタイ死去の記事中には「amba fujin 大福金」「ula i fujin 兀喇福金」の二名が登場するが、正藍旗の獄で王家が取り潰されたこともあってか、記録に混乱がある。(86)これらのうち、唯一父系が明らかで、かつ主要な子を儲けたのが、『宗譜』所載の「継妻哈達納喇氏貝勒孟格布禄之女」、すなわち海西ハダ最後のベイレ・メンゲブル（Menggebulu）の娘である。

メンゲブルは、かの王杲を捕縛したワン＝ハンの末子であるが、ハダは彼の代にイェへの台頭と内紛とで急速に衰え、一五九九年九月、フルン四国で最初にヌルハチに滅ぼされた。これまで、ハダについての研究は比較的多いけれども、滅亡後旧ハダ勢力が何れの旗に配属され、どのような位置に在ったかについては考察されていない。唯一具体的にハダ編入とニル編成を跡づけた松浦［一九八六：六－七頁、および表4(1)］も、旗属は『初集』によっているため、入関前当時の旗属に即して検討する必要がある。

ヌルハチは、降伏したメンゲブルを一度は迎え入れたものの、ほどなく謀叛を図ったとして誅殺し、一六〇一（万暦二十九）年正月、遺子ウルグダイに三女マングジを嫁がせた。(87) このマングジこそマングルタイの同母妹にほかならないから、メンゲブルの娘を娶ったマングルタイとウルグダイとは、姉妹交換婚を行なっていたことになるのである。『宗譜』によれば、マングルタイと継妻ハダ＝ナラ氏との間に生れた第一子マイダリ（Maidari 邁達礼）は一六〇三（万暦三十一）年五月の誕生であるから、(88) 逆算すると、マングルタイの結婚はマングジ降嫁とほぼ同じ頃に行なわれたと推定される。ヌルハチがハダの取り込みにいかに意を用いているかが窺われると同時に、ハダ＝ナラ王家嫡統とマングルタイとの関係の深さが知られるであろう。以上をもとに、『通譜』・『原檔』などで補って作成したのが図**2-9**である。

ハダ＝ナラ氏嫡系の事蹟は、『通譜』巻二三「哈達地方納喇氏」筆頭の「呉爾瑚達」伝にのみ見える。(89)

［II―25］　呉爾瑚達、鑲黄旗人、孟格布禄の長子なり。世々哈達地方に居り、国初に部属を率ゐて来帰す。太祖高皇帝、公主を以て焉に降し、又た郡主を以て其の子額森徳礼 Esenderi に妻はせしむ。属下の人を将て八旗に分隷せしめ、餘る所の人もて佐領を編し、其の孫克什訥 Kesine をして之を統べしむ。……事に縁りて削革せられ、未だ襲がず。

このように、ハダ嫡系は三代が知られる。文中「公主」はマングジを指すこと明らかで、彼女は「ハダ＝ゲゲ」と呼ばれる。ウルグダイはエフの称号を帯びて、都堂・総兵官という最高位に在り、その子エセンデリはアゲ号を称した（増井［二〇〇四a：二〇頁］）。

その後エセンデリが一六二二年二月に落馬事故で死に、ウルグダイも翌年六月収賄罪で革職されて（天命末頃没(90)）、旧ハダ勢力は一時後退したが、まだ幼かった嫡孫ケシネが長ずると、再び盛り返した。すなわち一六三四年四月に至って、ケシネは「上、哈達・兀喇二國の後を絶やすに忍びず」（[II－4]）とて、一挙に副将に取り立てられ、さらに翌年の専管ニル分定の際には、「正藍旗のケシネの二ニル」とあって、正藍旗に二つの専管ニルを与えられたのである。これが「所餘之人編佐領、令其孫克什訥統之」という記述に相当することは疑いなく、その旗属がハダ併合時にまで溯る姻戚関係に因ることもまた明らかである（図2-9）。

では、このケシネの二ニルは確認できるだろうか。既に触れてきたように、天命・天聰期の正藍旗は、崇徳以降は両黄旗に転じるので、[II－25]でハダ王家嫡統が「鑲黄旗人」となっていることと矛盾しない。そこで鑲黄旗にハダ由来のニルを探すと、「旗分志」に次のものがある。(91)

［II－26：第三参領］　第一佐領。原と哈達の人戸に係る。国初に哈達を征するの時、逃散せる人丁をば招集して編して牛彔と為し、顔布禄巴図魯 Yambulu Baturu に与へて管理せしむ。顔布禄、年老もて告退すれば、其の子布達礼 Budari を以て管理せしむ。布達礼、公主に従ひて開元に往けば、其の子布克沙 Bukša を以て管理せしむ。後に公主、奏准して布克沙をば解任して其の父と一処に行走せしめ、因りて顔布禄の弟の子巴山 Basan を以て管理せしむ。

このニルは、ハダから来帰した初代ヤムブルがハダ遺民を委ねられたもので、『通譜』によれば、彼はハダ地方グワルギヤ氏の出身であり、(92)待遇からしても、また出自（名門グワルギヤ氏）からしても、おそらくハダの有力部将だったのであろう。このことは、『老檔』ムクン＝タタン表（族籍表）として知られる万暦三十八（一六一〇）年の貢勅配当表において、ウルグダイ以下ハダの首領級で構成されていると指摘される第二ムクンの中に、このヤムブル・ブダリ父子の名が見えることからも裏付けられる。(93)しかも、[II－26]後段に「公主」とあるが、件のマングジは、夫ウルグダイの死後、モンゴルのアオハン（Aohan）部長ソノム＝ドゥレン（Sonom Dureng）と再婚して開原地方を与えられていたから、これは彼女を指すと考えられるのである。(94) したがって、ヤムブル一門はハダ降将として政権に迎えられ、旧主に従って正藍旗に隷し、さらにハダ王家の末亡人にして正藍旗王族であるマングジに附けられた、とみてよいだろう。

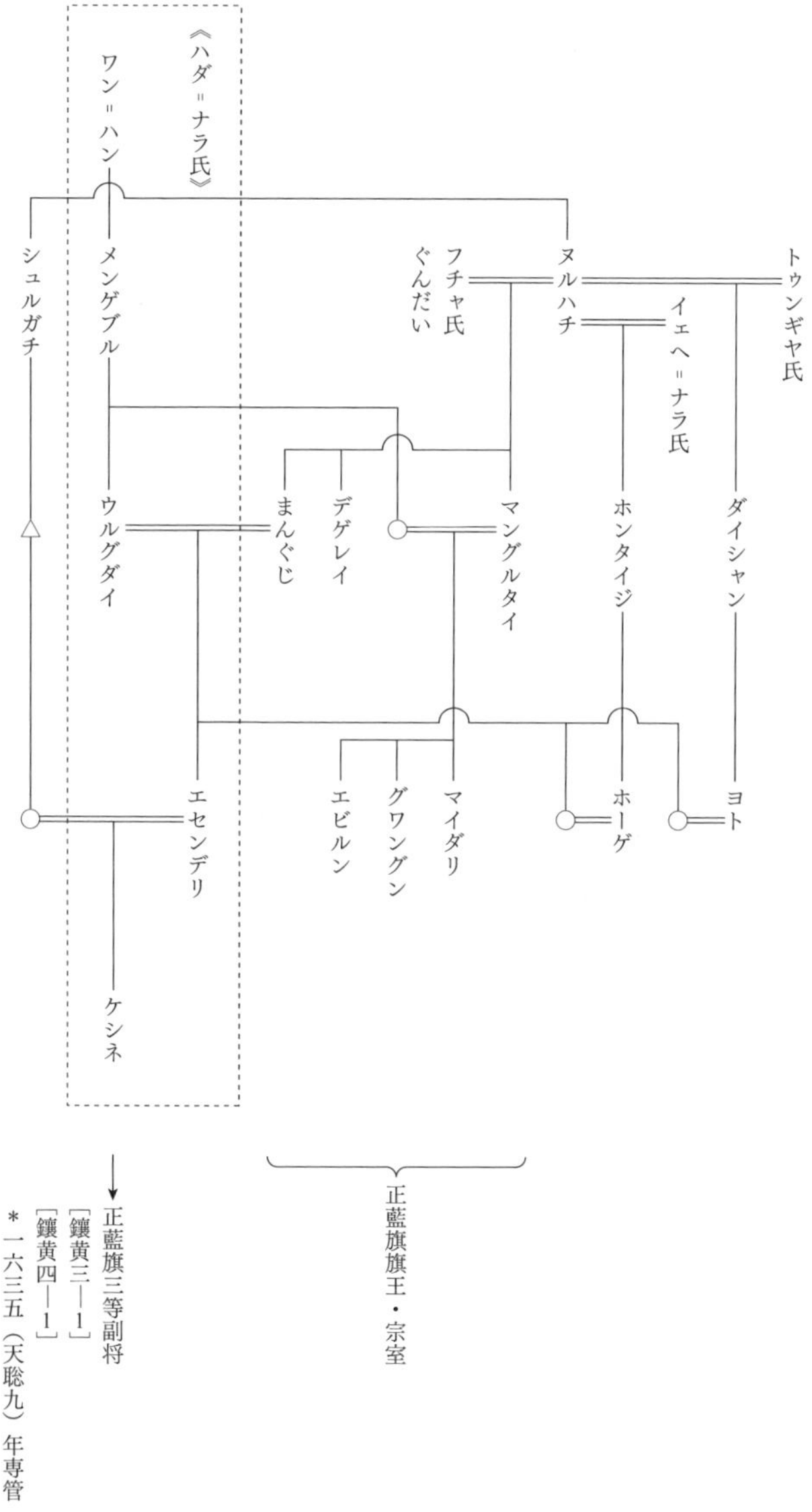

図 2-9　ハダ＝ナラ氏　関係略系図

注）△は男子，平仮名と○は女子を示す。

もう一つのニルと思われるのは、エルケトゥ（Erketu 額爾克図）を祖とする鑲黄四―1ニルである。「旗分志」によれば、「第一佐領。国初に哈達地方より来帰せる人丁を以て編立し、初め額爾克図を以て管理せしむ」と見え、『通譜』によれば、このエルケトゥはハダのフェイデリ地方ナラ氏の出身であった。[95] 彼は、ヤムブル父子と同様、ムクン＝タタン表の第二ムクンに、父キパイ＝ダルハン（Kipai Darhan 奇排達爾漢）とともにその名が見える[96]（三田村［一九六三―六四：一八六頁］）。ヤムブルがバトゥル号を帯びていたように、キパイはダルハンを称しており、彼らはハダの重臣クラスであったことが窺われよう。これらヤムブル・エルケトゥの例は、ハダ＝ナラ王家嫡系と旧臣との主従関係が、正藍旗内に引き継がれていることを示すものといえよう。

しかし、一六三五年十二月に正藍旗の獄が起り、マングジが誅殺されると、ケシネも連坐を免れず、翌年三月、「ケシネの二ニル、アンガラの一ニルは専管ニルであったが、やめさせて内ニルとした」とあって、専管権を剝奪されてしまった。[97] これまでに見たウラ・イェへの王家と違って、ハダ王族が管理するニルが「旗分志」に見えないのは、このためにハダ王家にはニルの移管がなされなかったからであろう。

なお、夙に指摘されているように、ウルグダイとマングジとの間に生れた娘二人が、ホンタイジの長子・鑲黄旗旗王ホーゲとダイシャンの長子・鑲紅旗旗王ヨトとに嫁いでいる（図2-9）。ホーゲとヨトは、そのためにしばしば正藍旗寄りの立場をとって罰せられており、ここにもハダ＝ナラ氏を媒介とする姻戚関係の影響力が看て取れるのである。[98]

以上論証した如く、正藍旗においては、旗王マングルタイの母系のシャジ地方フチャ氏がマンセ系・ワンギヌ系とともに有力旗人として存在しており、また妻の出身氏族である名門ハダ＝ナラ氏も、嫡流が旧臣とともに配されていた。しかも、かかる姻戚関係を通した結合関係が八旗の創設・分封以前に溯るものであるということは、通婚が旗成立後に旗内で展開されたのではなく、逆にそれ以前からの姻戚関係などに基づいて旗が編成されたことを示唆しているといえよう。つまり、旗王の姻戚関係は、領旗支配の手段として機能し、しかも領旗の形成と密接に関係していたのである。

(3) ホイファの編入と鑲藍旗

では次に、鑲藍旗のアミンの取り結んだ関係についてはどうであろうか。アミンはシュルガチの次子で、その母は(1)で見たようにフチャ氏のアゲ＝バヤンの娘であり、継妃グンダイの姪に当る(図2-8)。それゆえ、シュルガチ粛清時も死罪を免れ、むしろシュルガチ家の長として四大ベイレに列し、二ベイレと呼ばれた(岡田［一九七二］；松村潤［一九八一a］)。マングルタイが正藍に受封して両藍旗を構成したのは、このフチャ氏閥のゆえであるが、属下自体は藍旗〜鑲藍旗から割き取られたわけではなく、アミンは亡父譲りの軍団を領して、隠然たる勢力を誇ったのである。[99]

『宗譜』によれば、アミンの正妻は五人あり、うち最初の三人がナラ氏、二人がモンゴルの出身である。[100] ナラ氏の三人は、「嫡妻輝発納喇氏台詩貝勒之女。継妻納喇氏拝音達里之女。三娶妻納喇氏顔諸之女」とあり、継妻の父「納喇氏拝音達里」なる人物は、シュルガチの八娶夫人「納喇氏拝音達里之女」としても見える(図2-10)。この人物こそ、ホイファ最後のベイレ・バインダリ(Baindari 拝音達里)その人であろう。バインダリは実質上の始祖ワンギヌ(Wangginu 王機砮)の孫で、祖父の死後叔父七人を殺して国を継いだが、一六〇七(万暦三五)年、マンジュ＝グルンに滅ぼされて殺された(後藤智子［一九九三］；増井［一九九六―九七］)。ヌルハチとその諸子にホイファとの通婚例がないのに反して、シュルガチ・アミン父子の、ホイファとの緊密な通婚関係が目を惹くであろう。

では、第二・三節で見たイェへの如き姻戚関係が旗属決定に果す役割は、確認されるであろうか。アミンの通婚時期を見ると、嫡妻が第一子ホンコト(Hongkoto 洪科退)を生んだのが一六〇四(万暦三十二)年であるから、ホイ

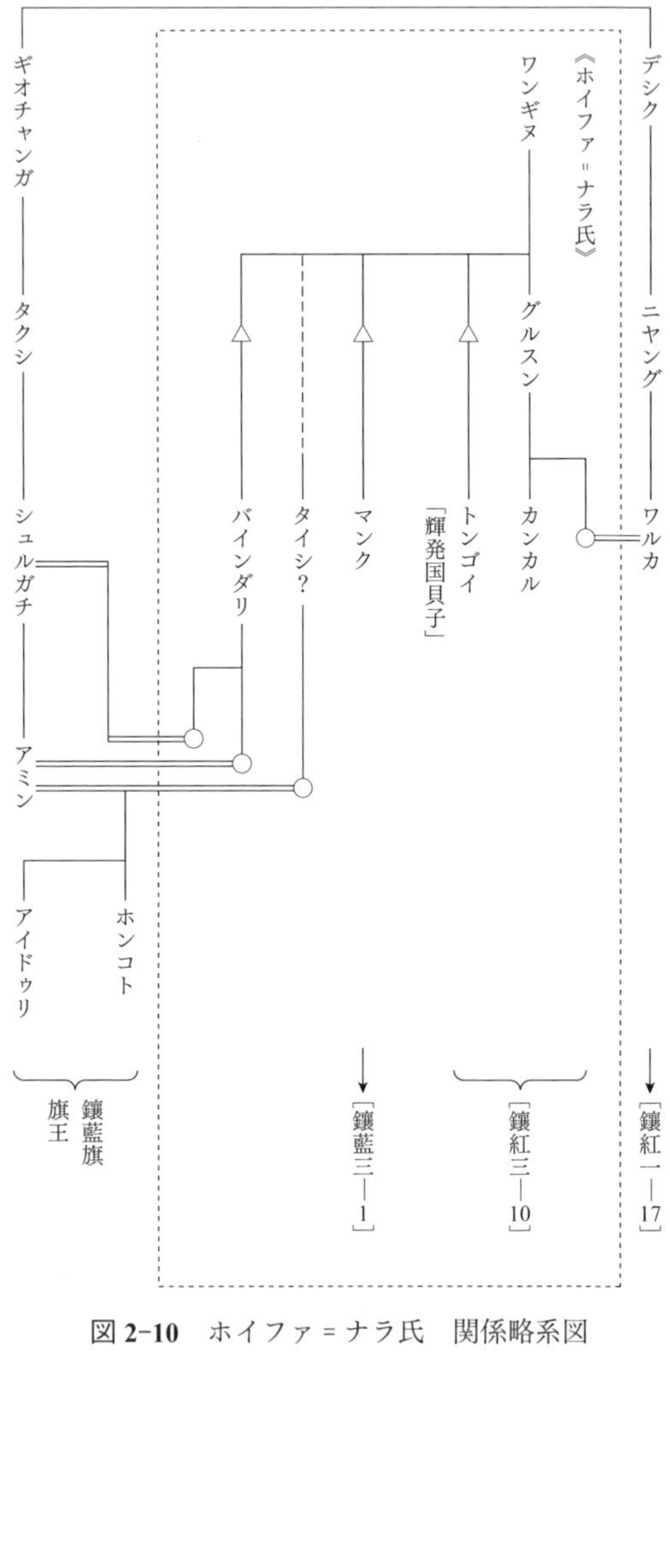

図 2-10　ホイファ＝ナラ氏　関係略系図

ファ滅亡前に娶ったものであることが知られる。そこでホイファ王族の旗属を調べると、「旗分志」によれば、鑲藍三―1ニルに「国初に輝発地方より来帰せる人丁を以て編立せしに係り、始め莽庫 Mangkū を以て管理せしむ」と見え、鑲藍旗に一ニルが編成されていたことを知る。[101] マンクはホイファの王族の一人であり、ワンギヌの孫でバインダリの従兄弟に当る（後藤［一九九三：一〇七頁］）。したがって、ホイファ嫡系のニルが鑲藍旗に編設されたのは、ホイファ滅亡以前からの姻戚関係によって決定されたためと考えられよう。

一方、イェヘ＝ナラ氏が正白・正紅に分属したように、ホイファ＝ナラ氏もまた、鑲藍のみに編成されたわけではない。同じく「旗分志」によると、鑲紅三―10ニルとして「国初に輝発地方より来帰せる人丁を以て編立せしに

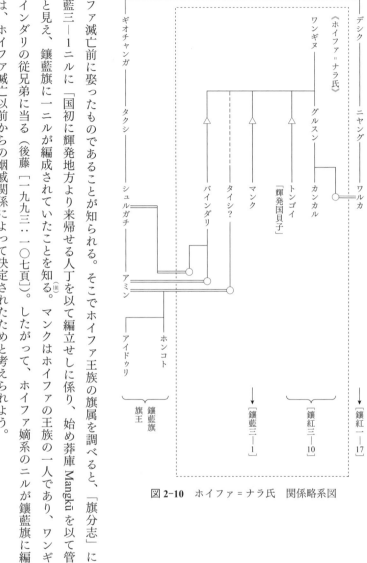

係り、始め通魏 Tonggoi を以て管理せしむ」との記事があり、鑲紅旗にも一ニルが編成されていたことが知られる。[102] トンゴイは「輝発国貝子」とされる王族であるが、その従兄弟カンカル（Kangkal 康喀爾）の姉妹が鑲紅旗の覚羅ワルカ（Warka 瓦爾喀）に嫁いでいた。[103]『通譜』に収めるホイファ＝ナラ氏諸家のうち、王家の同ムクンとされる者の所属は鑲藍・鑲紅両旗に限られるが、これは、ホイファ王家の主な姻縁がこの両旗であったことに因るものであろう。

このように、ホイファにおいても、これまでみてきた、ウラ・イェヘ・ハダ王家嫡系の編入過程と同じ原則——旗王との姻戚関係によって旗属を決定する——が看て取れるのである。一方で、帰順後ホイファ旧王家の嫡統が別格に待遇された形跡はなく、専管ニル分定においてもその名は見られない（Cf. 増井［二〇〇六 a：三三—三四頁］）。これは、フルン四国の中で、イェヘの附庸とも目されるほどに勢力が小さかったことや、バインダリ時代の激しい内訌による王家の混乱、そしてヌルハチ直系との姻縁の欠如を反映するものであろう。

ひるがえって鑲藍旗の側から見るならば、そのようなホイファ＝ナラ氏が麾下にあるだけでは、元来ヌルハチと二巨頭をなしたシュルガチ家としてはいささか不足であろう。そこでいま一人の正妻「三娶妻納喇氏顔諸之女」に目を向けるならば、これはイェヘ王家のチンギヤヌ・ヤンギヌ兄弟の従兄弟ヤンジュ（Yanju）に比定できるのである（増井［二〇〇一：五六頁］）。

イェヘ＝ナラ氏の満文族譜『興墾達爾哈《シンケン＝ダルハン》家譜』によれば、ヤンジュはチンギヤヌ兄弟の叔父ニャニャカン（Niyaniyakan）の長子で、アシダルハン＝ナクチュの伯父に当る人物である（図2-5）。前章で見た鑲藍旗グサ＝エジェン（表1-2）のスバハイはこのヤンジュの次子、またグサンタイは甥であり、彼らとともに「第二等」大臣に列したフシブ（表1-3：35）はヤンジュの第五子であった（増井［二〇〇一：五六・六五頁］）。一六三〇（天聡四）年に、敗戦の責を問われてアミンが失脚する際、その罪状中に、

［Ⅱ—27］自分の子ホンコト、グチュのアルダイ・フシブ・シリン・エムンゲ・デルデヘイと相談し、彼らの言を是として取り上げて、衆大臣の言を非として顧みず帰ってきたが……

とあって、(104)アミン親信のグチュ（gucu 僚友・従臣、第三章参照）が列挙されているが、そこにこのフシブと、スバハイの子デルデヘイ（Derdehei 徳礼得赫）の名が挙がっているのである。グサンタイも、アミンが総司令官となった一六二七年の第一次朝鮮出兵の際に、軍議の席上でアミンの言を支持しており、彼らニャニャカン系のスバハイ・グサンタイ両家はアミンの党与であったといえよう。

このように、シュルガチ家の鑲藍旗には、イェへの両王家とは別系統の王族一門が旗王アミンとの姻戚関係に従って分与されており、両王家嫡統に準じる「第二等」大臣として遇され、旗首脳を構成していたのである。

小結

以上、フルン四国王家ナラ氏の編入形態を中心に、各旗における属下分与のあり方をみてきた。その結果、フルン四国併合においていかんなく示されているように、従前の姻戚・主従関係など諸結合関係を基に主従関係設定が行なわれていることが明らかとなった。本章で検討した、各王家嫡系に限って整理すれば、以下の如くである。

(1)正黄旗：ウラ＝ナラ氏（当時のヌルハチ正妃）
(2)正白旗：イェヘ＝ナラ氏ヤンギヌ系（旗王ホンタイジ母系）
(3)正紅旗：イェヘ＝ナラ氏チンギヤヌ系（旗王ダイシャン夫人）

(4)正藍旗：ハダ＝ナラ氏（旗王マングルタイ夫人）
(5)鑲藍旗：ホイファ＝ナラ氏・イェヘ＝ナラ氏ニャニャカン系（旗王アミン夫人）

このように、旧王家は何れも姻戚関係にある旗王に分与されており、またその隷属形態は、高位の世職を授けられ、旧領民よりなるニルを専管し、旧臣・族人に管理させる、というものであった。しかも、より仔細にみると、世職においては、ハダのウルグダイ、ウラのアブタイ、イェヘのヤンギヌ系のデルゲル、チンギヤヌ系のブルハングは何れも副将を初任としており、また一六三五年の専管ニル分定では、これら四王家は何れも二ニルの専管を認められていた。ゆえにかかる待遇は、フルン旧王家嫡統（ホイファを除く）に共通の編入方策と断じてよいであろう。とりわけブルハングとアブタイは、ウルグダイとともに、イェヘ滅亡から間もない一六二二年既に「第一等」大臣の地位にあり（表1-3：13・15・16）、帰順当初から当主格は高く遇されていたことが知られるであろう。[105]

そしてブルハングが「軍功無きと雖も原と貝勒に係るを以て」（[II—17]）、またウルグダイの孫ケシネとアブタイの従弟バヤンに対しては「哈達・兀喇二国の後を絶やすに忍びず」（[II—4]）と明言されていたように、厚遇の理由は、王家という門地のゆえにほかならなかった。フルンの旧王族でニルや世職を授けられた者が多くあるという事実自体は松浦［一九八四：一二八頁注62］［一九八六：一八頁］が指摘しているが、それは、門地を尊重しつつ旧王族・部衆を八旗に編入していく明確な方策と位置づけられるであろう。[106]

また、彼らにはニルが与えられただけでなく、当初は旧臣や族人が管理し、専管権のみが授けられていた。元来ニル＝エジェンは、より上級のアンバン層とは区別されるクラスであったとされており（松浦［一九八四：一一三—一一四頁］）、旧王族が当初ニル＝エジェンを務めなかったのは、むしろ旧主としての高位待遇の表れであったと解すべきであろう。このように帰順有力者の旧臣・属下に当初ニル管理を委ねるという事例は、モンゴル王公や古参の重臣ドンゴ氏ホホリ家などのニル支配において見出すことができる。[107]その後、旧臣によるニル支配は、次第に旧王家の直接管理に切り替えられていく。これは、一見すると旧王族が授官されたもののようにみえるが、むしろ旧王家の旧臣に対する支配権が剝奪されて、一介のニル＝エジェンに位置づけられるようになっていったものというべきであろう。それゆえ、ホンタイジ時代にニルが旧王家に移管されていくのは、特権的待遇が段階的に回収されていく過程と捉えることができ、これは同時期の、バヨト（Bayot ＜ Bayud）部などの内属モンゴル諸部に対する処遇（楠木賢道［二〇〇〇：二〇―二六頁］）と揆を一にするものである。

またもちろん、前章でも検討したように、マンジュ譜代の有力氏族諸家も同様に各旗に分属していたことは言うまでもない。第一節で見た両黄旗の諸例、また第二節（1）で見た、鑲白旗における新旧旗王たるドゥドゥ・アバタイと重臣ゴロロ氏一族との関係や、第四節で論じた正藍旗におけるシャジ地方フチャ氏の閨閥は、その著しい例である。これらから、属下の分与に当っては、血縁・通婚・主従など従前の結合関係が勘案され、それとゆかりの深い旗王に与えられた、といってよいであろう。このように、征服された在来諸集団は、解体・編入されるに当り、門地・勢力を基準としてニル・世職を授与され、通婚などの諸結合関係に基づいて主従関係を設定されることで、八旗の構成員として支配層に編成されたのである。

以上から、領旗分封とは、ヌルハチ一門の嫡出者が、各旗上層部を構成する有力氏族諸家との結合（主に姻戚関係に応じて、同母兄弟ごと振り分けられたものと結論することができる。そしてこのように、旗王が同母兄弟ごとに受封し、またその姻族を配下に収めていたということは、氏族間・姻族間の結合を妨げないばかりか、集団編成の原則としていたことを示すものといえよう。

もちろん、同族・姻族であるということそれ自体が生得的に政治的行動ないし社会的関係を規定するなどという見方は素朴にすぎると言わねばならないし、あるいはまた、ひとたび結ばれた姻戚関係の効能は、それが政略的であればあるほど、効力を発揮しうる期間は短くなるものである。私も、これらの結合関係が認められることを以てただちに各集団・各主従の関係の強固さを主張するつもりはない。さまざまな軋轢は、むしろふつうに存在するであろう。しかしながらなおここで強調したいのは、そうであるにもかかわらず、出自・姻縁、換言すれば属人的関係を、組織の編成原理として組み込んでいたという点にある。しかも、マンジュ＝グルンにおいては私婚が法で禁じられていたから（張晋藩・郭成康［一九八八：四八七―四八八頁］など）、王族・大臣が姻戚関係にあること自体が政権公認だったのである。これは、実態としての濃密な縁故の展開を社会関係の大前提としながら、明文の制度上は廻避の制をとった漢地の中華王朝の組織編成のあり方と、鮮烈な対照をなすものといえよう。

一方で、いかに門地・姻縁が重んじられようと、八旗制下においては、フルンのグサが編成されたり、旧王族が旗王に任じられることは絶無であり、彼らはあくまでも旗人として位置づけられていた。そしてヌルハチの子弟からのみ任じられた旗王は、八分の特権を独占的に享受するとともに、ニルに編成された同姓・異姓諸族を分与されて、これを属下として支配した。その下で在来諸勢力は、以後各旗の構成単位としてその存在を保証され、その限りにおいて、ニル・世職の授与を通して政権への参画、征服戦争の恩恵に与れたのである。

このように八旗制の下では、一族分封制に基づいて受封した旗王が、ニル制の下に組織された在来諸勢力を、属下として主従関係の下に支配していた。八旗制の裡のかかる支配構造を、タテの階層組織体系や、並列を強調した八分体制と区別して、旗王制と定義したい。

そして、序論においてまとめたように、当時にあっては八旗が国家そのものをなしていたから、八旗の分封とは、すなわち帝国そのものの分有支配を意味する。ここにおいて、杜家驥［一九九八b：一二九頁］［一九九八d：二七・六七―七〇頁］が指摘するところの、帝室内部のみの同姓分封という従来当然視されていた事実が、あらためて重要な意味を帯びてくる。すなわち、マンジュ＝大清グルンとは、ヌルハチ一門による帝国の共同領有・分有支配の総体であり、八旗八分体制とは、その形式にほかならないのである。

かかる体制下においてヌルハチは、自らの家族員でもある八旗諸王に対し家父長として、そして全臣民に対し創業の君主として、君臨していた。このあと立ったホンタイジは、即位の誓詞において「兄弟子姪に過失有るなくして遂に父なる汗の予ふ所の人民を削奪し、或は貶しめ或は殺さば、天地鑒譴して予の寿命を奪え」と誓い、ここに八旗八分体制と帝室によるその分有という体制の継承・固定が宣言された[108]。以後、ヌルハチが定めた国家の基本形態、すなわち八旗の分封はゆるがすことのできない祖法として確立されていったのである。

第三章　清初侍衛考

――マンジュ＝大清グルンの親衛・側近集団――

マンジュ＝大清グルンの国家組織そのものをなしていた八旗制を、グサ∨ジャラン∨ニルという階層構造に即してみてみたとき、マンジュ諸氏族のニル編成（第一章）、帝室諸王のグサ＝旗領有（第二章）に基づく並列的体制が注意される。だが、問題をより広く捉えて、国家形成過程一般、権力編成一般の問題として当該期を見直したとき、従来の研究では君主の身辺に仕える人びとの姿が稀薄であることに気づかされる。そもそもいかなる国家においても、君主の周囲には側近・警護・家内業務等に従事する集団が存在するものであり、マンジュもまた例外ではないはずである。就中、覇権闘争の中で権力を形成してきたヌルハチにとっては、その手足となり、あるいは剣とも楯ともなる側近集団、謂わば親衛隊がまずもって不可欠であろう。では、ヌルハチの側近集団・親衛組織とは、いかなるものであったであろうか。これが、本章の主題となる侍衛、すなわちマンジュ語でいうヒヤ（hiya 轄・蝦）である。

ヒヤとは、モンゴル語 kiy-a と同義で入関後に侍衛と漢訳され(1)、後の定制における皇帝の親衛組織として知られている。八旗の主力部隊は各ニルから抽出される甲士によって編成され、各級の八旗官が指揮・管轄したのに対し、親衛隊・近衛部隊と目される集団には、ヒヤとバヤラ（bayara 擺牙喇）の二種が存在する。バヤラは甲士中から選抜される精兵をいい、後に護軍と漢称される。『大清会典』の規定によれば、入関後完成された皇帝親衛軍は、上三旗から選抜され領侍衛内大臣によって率いられる領侍衛府（侍衛処・親軍営）と、八旗各旗から選抜され前鋒統領によって指揮される前鋒営、同じく護軍統領によって統轄される護軍営とからなるが[2]、この体制は、前者がヒヤ集団、後二者がバヤラ兵から分化・整備されて形成されたものである。

この両者のうち、それがハン・ベイレの軍事力の根幹と目されたことから、これまでの研究ではもっぱらバヤラに焦点が据えられてきた（鴛淵一［一九三八a］；阿南惟敬［一九七一b］；石橋崇雄［一九八一］［一九八八a］）。これに対しヒヤの重要性については、国初において、ダルハン＝ヒヤすなわち五大臣フルガンの如く、重臣が充てられていたことからも窺われよう。だが、ヌルハチ時代においてはヒヤはむしろ称号としての性格が強かったため、これまでの研究においては、ヒヤの称号を持つ人物についての論及はあっても、ヒヤ集団・ヒヤ制そのものの検討はなされてこなかったのである。ヒヤ～侍衛制の研究は、バヤラ制とは逆にそのほとんどが入関後に集中しており、その捉え方も、大半は内廷官制・八旗兵制の一部として概観するにとどまる[3]。

その中で、侍衛制研究に先鞭をつけた佐伯富［一九六八］は、初めての専論として侍衛の職務・地位・選出法など制度的概要を明らかにした重要な論考であり[4]、また常江・李理［一九九三］は、典拠・表記等に問題は多いものの、史料・事例を博捜して成った唯一の専著として価値は高い。ただし、これらの基本的視角は、前者の副題に「君主独裁権研究の一齣」とあることから窺われるように中国官制史・政治史の観点に立脚しており、基本的に入関後を主とするものである。

他方、政権の中枢を構成する人的集団として侍衛制を取り上げた陳文石［一九七七a］は、私と共通する視角からなされた研究である。氏は、侍衛の制度的職務ではなく、マンジュ人を頂点とする満漢共治体制下において侍衛が果した機能にもっぱら注目し、これが官僚的職務というよりむしろマンジュ社会における「主僕身分関係」・「封建義務」というべき主従関係を本質とするものであって、入関後も一貫して政府中枢の人的供給源として機能したことを論証する。そして、これが諸氏族の政権参加の一形態であったこと、侍衛の主従はそれ以外にも多種の関係を取り結んで、緊密かつ特殊な関係にあったことを指摘し、これら入関前に形成された特質が入関以後も底流していることを強調する。陳の研究は、侍衛歴任者の出身氏族別統計を掲げ、侍衛と護衛とを包括的に捉える視点を提起するなど、高く評価される。だが、その主たる課題は、入関前後を連続するものとして扱いつつも、あくまで重点は入関後に在り、それゆえ入関前に関しては、結論的に概略を説くのみであって史料的にも網羅するものではない。

この点で注目すべきは、マンジュ社会における人的結合関係の一様式を表すグチュ（gucu 朋友・僚友、また従者などと訳される）について専論した増井寛也［二〇〇二］である。増井は、ハン・旗王の重臣が概ねグチュでもあり、就中ヒヤ集団こそ最も信任されるグチュとして側近の中核をなす存在だったことを指摘している。これら両氏の指摘は、マンジュ＝大清政権の本質に迫る極めて注目すべき成果であるが、陳は入関後、また増井はグチュ関係を主題とするものであるので、やはり入関前のヒヤ制を専論するものではない(5)。

このように、これまでヒヤ～侍衛制についての研究は極めて乏しく、ゆえにまずはその創設期である入関前、とりわけヌルハチ時代の実証研究が求められているのが現状なのである。そこで本章では、基礎的作業として以下の目標を設定する。第一に、そもそも未だ明らかでない親衛集団の姿を、実例に即して明らかにすること。第二に、それら親衛集団の職務を復元・分析し、その特徴を闡明すること。そして第三に、淵源についていささかなりとも見通しを提出すること。これにより、マンジュ＝大清グルン勃興期の権力中枢の構造とその特質に光を当てることができるはずである。

第一節　ヌルハチのヒヤ集団

実録・『原檔』等におけるヒヤの初出は、挙兵からかなり下った一六〇七（万暦三十五）年三月の記事に見える「フルガン＝ヒヤ」および「ナチブという名のヒヤ」である。[6] だが、言うまでもなくこれ以前、特に挙兵当初の一五八〇年代においてヌルハチを警護し、共に戦う親兵・近臣が存在しなかったはずがない。では、八旗形成以前、ヌルハチ興起当初の親兵・近侍はどのような人びとだっただろうか。また、それはヒヤと称されたのであろうか。本節では、挙兵から天命建元に至る時期を、実例に即して跡づけてゆく。

まず、この間《かん》の経緯を再度確認しておこう（図3-1）。当時のマンジュ五部では、交易の利権争奪の過熱と明の統制力低下のために、中小領主（アンバン）が乱立して抗争を繰り広げていた。一五八三（万暦十一）年二月、スクスフ部の一領主であった父祖を喪ったヌルハチは独り立ちを迫られ、五月、復仇の兵を挙げる。ヌルハチは、当初館《やかた》の主程度にすぎない小領主から出発して次第に勢力を拡大、一五八七（万暦十五）年までにスクスフ・ジェチエン・フネヘ三部をおおむね平定して最初の居城・フェアラ城を築城し、八九（万暦十七）年までにマンジュ五部を制覇した。ついで当時強盛を誇った海西女直すなわちフルン四国との対決に移り、ハダ・ホイファ・ウラを次々と併合、そして一六一九（天命四）年、サルフの戦で明軍を粉砕するとともに、最後に残ったイェヘを滅ぼすのである。この間、一六〇三（万暦三十一）年に居城をヘトゥアラに移し、国家組織の整備を進めていった。

この時期について、常江・李理［一九九三：一―五頁］では、⑴挙兵当初の家丁・奴僕の随従、⑵フェアラ時代における侍衛の本格的出現、という区分を示して事例を列挙するが、その論拠となる事例は一五八八（万暦十六）年以降のものがほとんどであり、論述も概観にとどまるので、あらためて事例の蒐集・考察を行なう。

（1）挙兵当初（一五八三—八七）

一五八三年五月の挙兵当初のヌルハチの戦力は、著名な「遺甲十三副」を基幹とした甲冑兵三〇騎と従兵一〇〇名程度にすぎず、その編成は、(a)シュルガチら諸弟と(b)挙兵前から従っているエイドゥら従臣、(c)アンバ＝フィヤングを筆頭とする家僕、からなる自らの麾下を核とし、(d)いち早く帰附したギヤムフ（Giyamuhū 嘉木湖）寨主ガハシャン＝ハスフ（Gahašan Hashū 噶哈善哈斯虎）とジャン河寨主チャンシュ・ヤンシュ兄弟が同盟者として傘下に従う、というものであった（江嶋壽雄［一九四四：四二九—四三一頁］；増井［二〇〇一：三二—三五頁］）。これに対し一族の多くはヌルハチと激しく対立、たびたび刺客を放って暗殺を図るなど、当初の数年は苦闘の連続であった（和田清［一九五二］）。

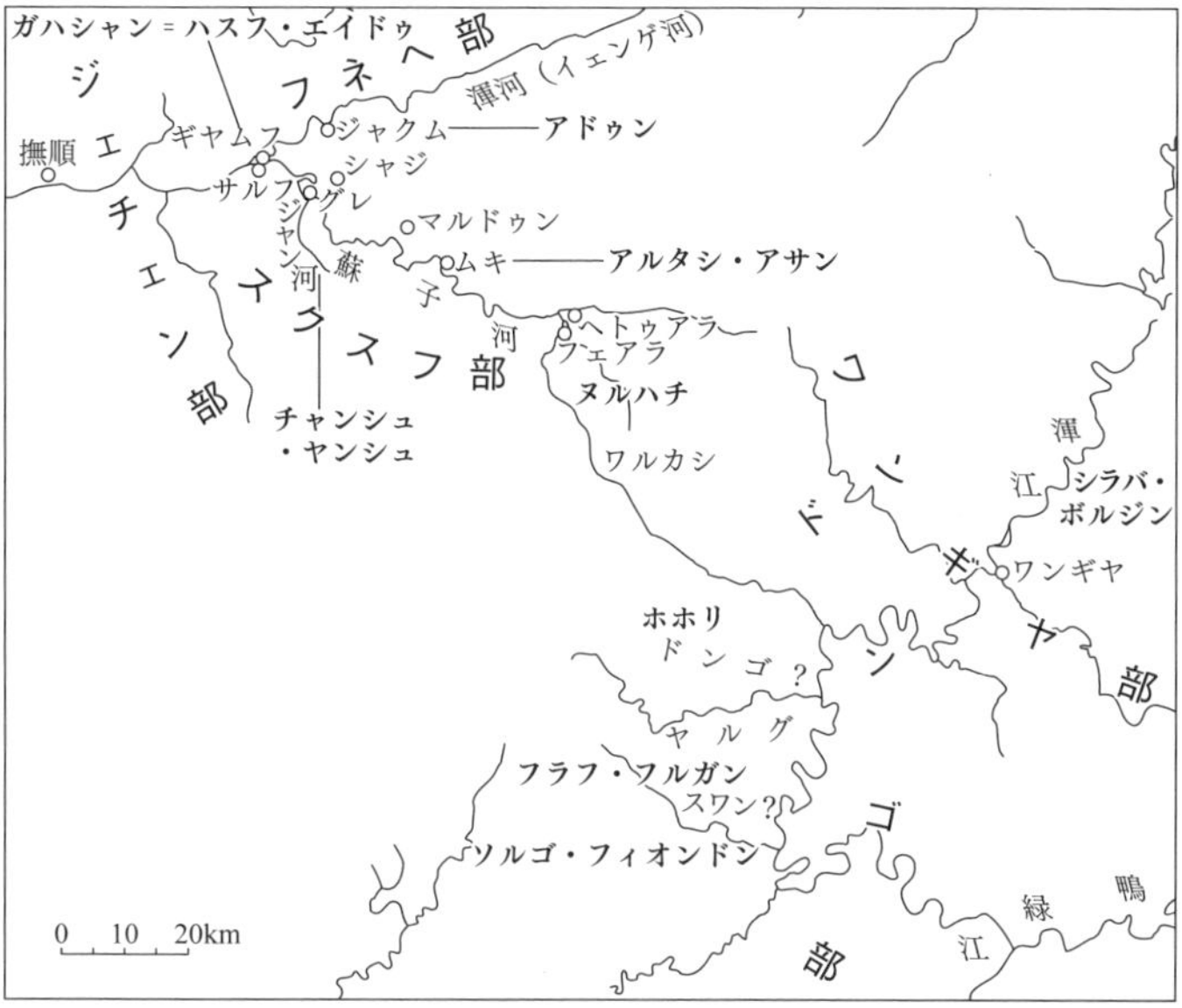

図 3-1　マンジュ統一戦期のマンジュ五部

出典）今西春秋［1967：第 6 図］；松浦茂［1995：59 頁図］を基に作成。

この時期のヌルハチの身辺にはどのような人びとが近侍・随従していたのであろうか。そこで、フェアラ築城の一五八七年までの時期に『満洲実録』・『先ハン檔』中で名の明記される家臣を抽出し、順治重修『太祖武皇帝実録』の漢文表記を並記し、参考に乾隆四修漢文本の表記を添えて、**表 3-1** を作

表 3-1　極初期近臣人名一覧

年　次	人　名	『先ハン檔』・『満洲実録』満文[1]	『武皇帝実録』漢文	乾隆四修漢文本
1583 年 8 月	アンバ＝フィヤング	Amba Fiyanggū gebungge amban [Amba Fiyanggū : Šongkoro Baturu da bebu]	部将雄科落把土魯・巴宗	部将碩翁科羅巴図魯安費揚古及巴遜
	バスン	booi Basun i gebungge niyalma		
	パハイ	Pahai gebungge niyalma	趴海	従人帕海
1584 年 4 月	ローハン	booi Loohan i gebungge niyalma	家人老漢	近侍洛漢
1585 年 4 月	ネングデ＝ジャンギン	amala karun sindaha Nenggude Janggin	後哨章金能古特	後哨能古徳章京
	ヤムブル	booi Yambulu, Uringga	家人楊布禄・鵝凌剛	近侍顔布禄・兀凌噶
	ウリンガ			
1586 年	ジャイサ	Jaisa gebungge niyalma	戒沙	斎薩
1587 年 8 月	エイドゥ	Eidu Baturu	厄一都把土魯	巴図魯額亦都

注 1）アンバ＝フィヤング〜ローハンは『先ハン檔』，それ以降は『満洲実録』満文による。

成した。右の諸将以外でここに登場する家臣としては、一五八三年八月に領内のフジ（Hūji 瑚済）寨が襲撃を受けた際にアンバ＝フィヤングとともにこれを撃退したバスン、同年九月に館に侵入した刺客に殺害されたパハイ、八四（万暦十二）年四月に刺客を捕縛したローハン、八五（万暦十三）年四月にジェチェン部の兵を寡兵で破った際に後方哨戒に配置されたネングデ＝ジャンギン、ヌルハチ兄弟とともに奮戦したヤムブル・ウリンガ、それに八六（万暦十四）年に明領に竄入した仇敵ニカン＝ワイラン（Nikan Wailan 尼堪外蘭）を追蹤して討ち取ったジャイサの七名が挙げられる。

　このうち身辺に随侍した実例といえるのはパハイ・ローハン・ヤムブル・ウリンガであり（図 **3-2**）、パハイ以外の三人は常江・李理［一九九三：一一三頁］で最初期の「侍従」として挙げられている。ただし表 **3-1** に明らかなように、ローハンら三人は、文飾の著しい乾隆四修本では「近侍」と表記されており、常・李［一九九三］もそれに拠ったようだが、最も古形を留める順治重修本およびその草稿である『先ハン

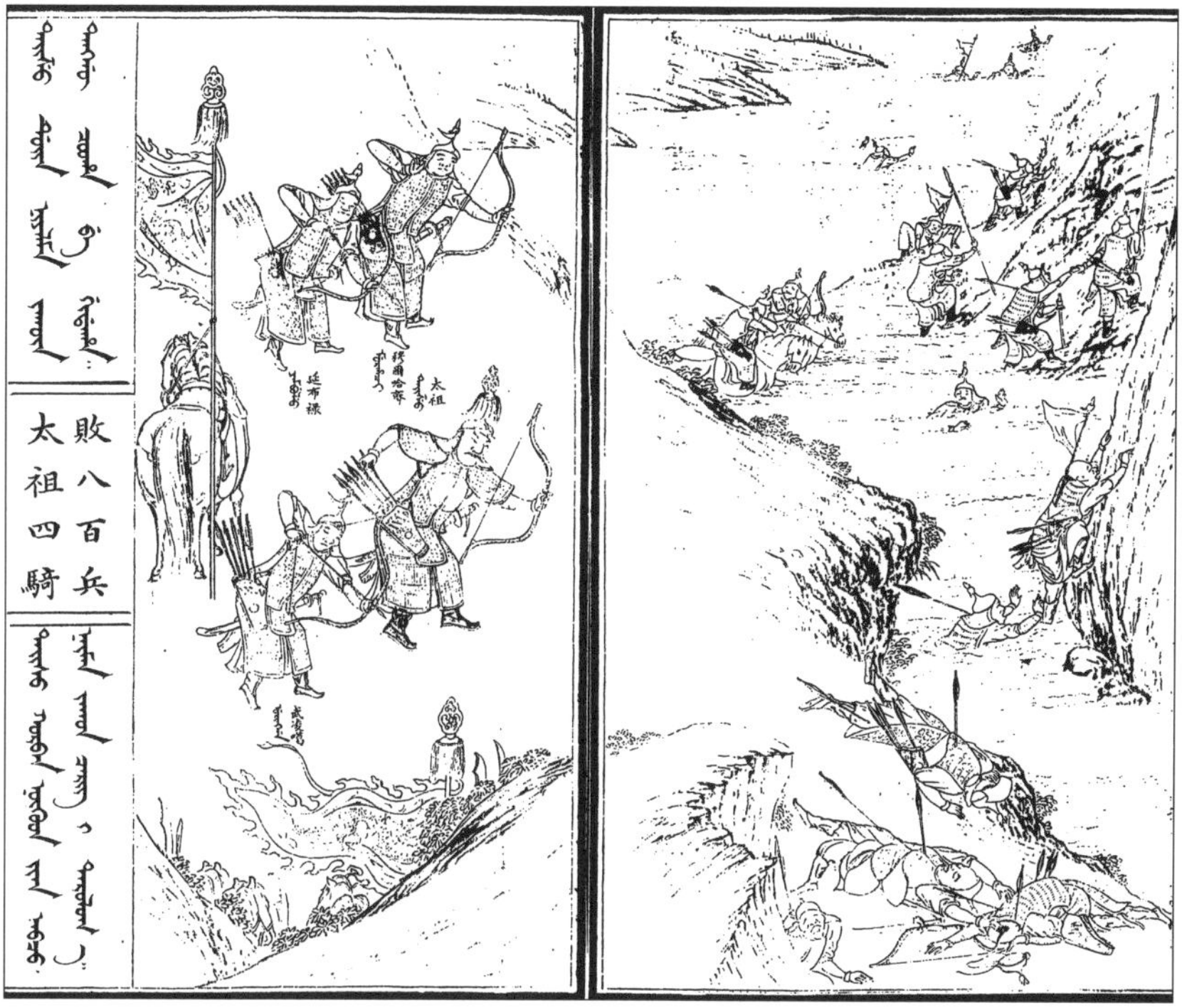

図 3-2　『満洲実録』に描かれた極初の近臣。中央のヌルハチの手前に「家人」のウリンガ，後ろに同じくヤムブルが武装して戦っている。奥は異母弟のムルハチ。

檔』では、何れも「家人」「booi～」とあって、満漢文ともに「hiya」あるいは「侍」字はないのである。周知の如く、マンジュ語 booi は「家」を意味する boo に属格 -i が副えられたもので、人に連称して「家人」「家僕」の意を表す。(7) すなわちこれらは、家僕が家内業務の一環として宿直していた事例と、身辺に扈従するがゆえに近侍して戦った事例というべきであり、専任の宿衛・親衛兵ということはできない。

そのことをより明らかに示すのが、身辺警護の例ではないが、一五八三年八月のフジ寨の戦の両名である。実録漢文では双方にかかるように「部将」と冠されているが、『先ハン檔』満文では「amban」「booi～」と書き分けられており、バスンも家僕が状況・能力に応じて戦った事例の一つであることが知られる。しかも、バトゥル号を持つ「大臣」アンバ＝フィヤング自身も元来家僕の出で、抜群の勲功により大臣に列せられた人物であるから（増井［一九九六：一九二—一九三頁］）、判明する初期の事例のほとんどは家人の随従の一環であったのである。唯一、(b)すなわち従臣のエイドゥのみが活躍しているが、その称号はバトゥルであってヒヤではない(8)。

以上のように、『満洲実録』・『先ハン檔』に現れる家臣は、上記のエイドゥら(a)(b)の数名を除き、漢文本の表記に関わりなく何れも家僕であり、その職務に対してもヒヤの称を見出すことはできない。実録にその名が記されているにもかかわらず彼らの出自が分明せず、その後代も顕れていないことは、その証左といえよう(9)。その中で、ほぼ唯一具体的な記述があるのがローハンである。事件の顛末そのものは措き、その身辺をみてみよう(10)。

［Ⅲ—1A］　高皇帝（＝ヌルハチ）創業の初め、洛翰《ローハン》なる者有り。本と劉姓、中原の人なり。傭を以て遂に至り、初め建州に給事す。頗る勤倹にして勇力有れば、高皇帝賞識し、抜きて侍衛と為す。

（『嘯亭続録』巻三「洛翰」）

［Ⅲ—1B］　鑲紅旗人。世々長白山地方に居る。国初来帰す。太祖高皇帝の行軍の時毎に、随侍して離れず。……太祖高皇帝、甚だこれを愛し、覚羅氏を賜姓す。

（『通譜』巻七四「労翰 Loohan」伝）

彼は、このように後代の史料では「侍衛」を授けられ「随侍」していたとあり、常江・李理［一九九三：一—二頁］は、これを親衛隊関連記事の初見とするけれども、『満洲実録』には「booi niyalma／家人」・「booi Loohan／家人洛漢」として現れ、「傭を以て」給事したと記される。これは、右に述べたように専従を意味するのではなく、極初期において、身辺警護・家政処理が本来一体の業務であったことを示すものと言うべきであろう。かつまた、それが「本劉姓、中原人」とあって、漢人出身だったということも興味深い。一般論として、君主に側近く仕える者はむしろ身分が低く、しばしば外来者が充てられるのが常であるが、この事例も、外来の家内奴隷的身分の者が、起居を共にするが故にあらゆる業務をこなしたものといえよう。と同時に、奉仕に当ってはマンジュ名を名乗り、愛顧を示すには賜姓を以てしたというところに、マンジュ的特徴が示されている。このことは記憶にとどめていてよい。

さて、初期の近侍・親衛の事例として伝わるものは、以上だけではない。そこで次に、実録には見えないが伝記史料中に「侍衛」あるいは「随侍」・「近侍」などと記される人物、および身辺警護の実例を抽出して**表3-2**を作成した。

まず、最初に帰附したガハシャン＝ハスフは、挙兵翌年の一五八四年正月にマルドゥン（Mardun 馬爾敦）山寨で待ち伏せに遭い落命するので、伝に「随侍」とある通り挙兵直後から行動を共にしていたことは疑いない。また、次のバンブリ（Bamburi 巴穆布理）は清室の疎族で、マルドゥン・ムキ地方の勢力によるヌルハチ謀殺の陰謀を阻止したと伝えられる人物である。この両地はヘトゥアラ盆地から蘇子河に沿って下る街道上の要地で（図**3-3**）[11]、増井［一九九九b：五〇・五二頁］は、この暗殺未遂事件を、該地勢力によるガハシャン＝ハスフ殺害で緊張が高まる一五八四年正月以前のこととする。そうだとすればこれは最古の身辺警護の事例といえ、であればバンブリも、おそらく挙兵当初からの近侍の一人とみることができよう。これも増井［一九九六：一九〇―一九一頁］によれば、ギョルチャ氏は不和・犯罪など何らかの事情で追放されたアイシン＝ギョロ氏の疎族と、賜姓による家僕出身者の二系統を含むカテゴリーで、バンブリの一派は前者に属するという。したがって、清室の正規の成員ではないとはいえ、出自としてはけっして家僕層ではなく、ガハシャン＝ハスフともども、ローハンら家人の随従例とは異なるものである。ただし、両者とも「hiya」・「侍衛」といった表記は見られない。そもそも、挙兵直後の段階ではガハシ

表 3-2　極初期近侍・警護事例一覧

年次	人　名	関連記事	出　典
1583	ガハシャン＝ハスフ	随侍太祖高皇帝 taidzu dergi hūwangdi be dahalame	『通譜』巻 12 本伝
1584	バンブリ	少侍太祖高皇帝。 se asihan i fon ci taidzu dergi hūwangdi be weilembihe.	『初集』巻 203 本伝
	ローハン	少事太祖高皇帝。 se asihan de taidzu dergi hūwangdi be weileme.	『初集』巻 210 本伝
		太祖高皇帝毎行軍時，随侍不離。 daruhai dahalame umai aljaha ba akū.	『通譜』巻 74 本伝
		太祖皇帝賞識，拔為侍衛。	『嘯亭続録』巻 3「洛翰」
	チマタ	阿爾塔什，……国初率七村戸口来帰。太祖高皇帝，以宗室女妻之，設佐領，令其子阿山統焉。	『通譜』巻 12「阿爾塔什」伝
		阿爾塔什之弟也。原任二等侍衛。 jai jergi hiya bihe.	『通譜』巻 12 本伝
1585	ヤングリ	其父郎柱，為庫爾喀部長。初，翊戴太祖高皇帝，時通往来。太祖，厚遇之，命其子楊古利入侍 ini jui yangguri be hanci takūrabume，以女妻焉，賜為額駙。……時年甫十四歳。	『初集』巻 146 本伝
1587	アドゥン	—	—
	ナチブ	—	—
1588	フルガン	—	—
	バライ	太祖高皇帝，以巴賚為親衛 gocika hiya obufi，仍於旧居之委和発三鳥蘭山親地方居住。会有王家村人搆兵，太祖命巴賚率族衆攻村南面，太祖親攻北面，平之。……壬子歳，有葉赫・烏喇・哈達・蒙古等九国犯境，巴賚随大兵当先奮戦。	『初集』巻 158「鄂申巴図魯」伝
	ボルジン	初名博爾晋，於太祖高皇帝時，率戸口来帰，授侍従轄 hanci dahalara hiya sindaha，因名博爾晋轄。	『初集』巻 162 本伝
	シラバ	博爾晋族弟侍衛西喇布	『二集』巻 171「博爾晋」伝

注）各種編纂史料より「随侍」「侍衛」などと記される人物を抽出し，活動の確認される時期または帰順時期に基づいて整理した。『初集』・『通譜』は満文本の該当箇所を並記した。長文の場合は，下線部に対応する箇所のみ並記した。

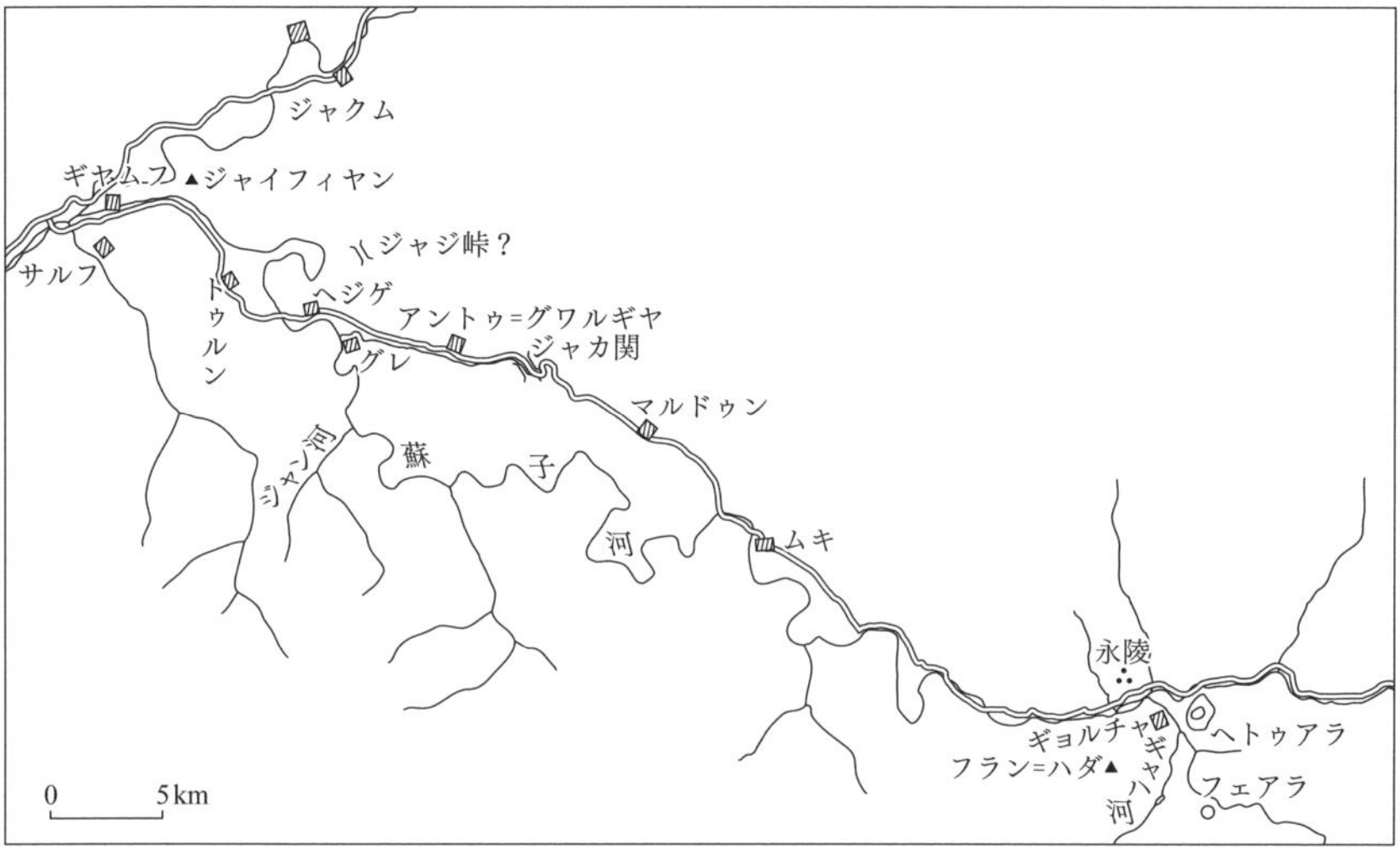

図 3-3　スクスフ部

出典）今西［1967：第 1 図］；承志・杉山［2006］を基に作成。

ャン＝ハスフはむしろ同盟者に近く（増井［二〇〇一：三八頁］）、「随侍」というのは文飾というべきであろう。

ヌルハチはこの年六月、ガハシャン殺害の報復にマルドゥン山寨を攻めてこれを抜いているので、その東南方のムキ地方が従属したのもこれ以前のことと思われる。ムキ地方で著名なのは、重臣アサンを出したイルゲン＝ギョロ氏のアルタシ一族で、**表 3-2** に「侍衛に任ぜらる」とあるチマタ（**Cimata**）は、アルタシの弟である（後掲**図 3-4**）。ただし、任じられた時期ははっきりしない。またこの頃、のちに五大臣に次ぐ重臣となるヤングリ（一五七二―一六三七）も、クルカ部長の父ランジュの許から「入侍」してエフ（額駙／駙馬）となっている。これは一四歳以前というから、一五八五年以前のことと考えられる。(12) ただし、彼もまたヒヤとは記されていない。

次の一五八七年の項目に挙げた二名は、本人の伝記史料は存しないものの、のちにヒヤであることが明らかであってこの時期に帰順したと考えられる人物である。後年「アドゥン＝ヒヤ」（後掲［III―7］）の称で現れるアドゥンは、既に見たようにフネヘ部に属するジャクム地方の有力氏族タタラ氏の出で、その母はヌルハチの生母の妹に当る（第一章第二節）。この一族は同年六月までには帰順していたと考えられるので（増井［一九九九b：五〇頁］）、アドゥンの来帰もおそらくその前後であろう。

またナチブは、ヒヤ号の初出として先述した「ナチブという名のヒヤ」のことである。ナチブなる人物は『通譜』でも同名異人が多いが、『初集』「旗分志」の正藍旗第四参領第三佐領《ニル》の記事に「轄那齊布 Hiya Nacibu」の名が見えるのに対し、『二集』の同ニルの箇所では「謹みて按ずるに、那齊布《ナチブ》は瑚納和《フネヘ》地方の人に係る」という注記があるため、これがフネヘ地方イルゲン＝ギョロ氏の人物であることが判明する。[13] 同地のイルゲン＝ギョロ氏としては、該部勢力によるヌルハチ毒殺の陰謀を通報して阻止したフミセ（Humise 瑚密色）なる人物がおり、これも増井［一九九九b：四九頁］の緻密な考証によれば、この事件は一五八七年六月以前のことと考えられるから、同地のナチブの帰順もおそらくそれ以前であろう。ただし、アドゥンのヒヤ号の初出は一六一〇（万暦三十八）年、ナチブのそれは一六〇七年なので、両者とも帰順当初の称号・職責は知りえない。

以上の如く、一五八七年以前の時期において、各種史料からヌルハチの身辺に扈従し警護に当る人びとの姿を確認することができるが、**表3-1**に見た編年史料に現れる事例は、全て家僕層が状況・能力に応じて従事しているものであった。また、**表3-2**に示したように、漢文で「随侍」・「入侍」などとあっても満文に「hiya」とある例は全く確認できず、ヒヤないし侍衛であることが明記されている場合も、その時期がこの時代にまで溯るかどうかは、断定することはできない。すなわち、この時期はヌルハチが未だ中小アンバンの一人であった時代だけになお職務は未分化で、専従の親衛隊とまで呼べる組織・集団は見出せず、ヒヤの称もまだ存在しないといわねばならない。[14] ただし同時に、勢力・門地の大小・高下はあれ、帰順したアンバン層の随従も確認されること、若年での随侍の事例が見出せることは、後年の萌芽として注意すべきである。

（2）フェアラ時代（一五八七―一六〇三）

ヌルハチの蘇子河・渾河流域制覇の形勢がほぼ定まると、一五八八年四月ごろ、ドンゴ方面よりスワン・ドンゴ・ヤルグの三部長が各々一族郎党を引き連れて来帰した（史料［I―5］）。これがヌルハチの覇権を事実上決定づけるものであったことは、実録がこれを以てマンジュ統一と頌することからも知られるであろう。このうちヤルグ寨長フラフの子フルガン（一五七六―一六二三）こそ、ヒヤ号の初出として現れ、後にダルハン＝ヒヤの称号を授けられる人物である。(15)

［III―2A］　ヤルグの寨のフラフという名の大人《アンバン》は、自らの兄弟の一門の者共を殺し、隷民を率いて従い来たので、太祖スレ＝ベイレはその子フルガンを自らのギョロ姓に入れ、子として養って、第一等大臣《アンバン》とした。

［III―2B］　ダルハン＝ヒヤを養ってきたことを究め語るには、「我が身に生まれた四子と同じように登用して、汝を第五子としてきたのだ。汝をそのように同輩の中から陞せて貴くして養うようなことは、汝の同輩の諸大臣が願っても得られないことだ。……」

（『原檔』天命六（一六二一）年閏二月一七日）

このとき一三歳のフルガンは、このようにギョロ（覚羅）姓を賜姓されて養子となり、ヌルハチ五番目の子とされるという破格の扱いを受けた。フルガンがいつの時点でヒヤの称号・職務を与えられたかは明らかではないが、彼はヒヤ＝アゲ（Hiya Age）なる特異な敬称で現れ、伝には「上の撫育の恩に感じ、誓ふに戎行に死を效さんことを以てし、戦に出づる毎に輒ち前鋒となる」と伝えられる。(16)

ドンゴ部が来降すると、最後に残った独立勢力は建州衛正系の名門ワンギヤ部のみとなる（増井［一九九七］）。ヌルハチは、同年後半から翌八九年初めにかけて同部に出兵してこれを降し、名実ともにマンジュ統一を達成した。

このワンギヤ氏からは、ヒヤの称号を持つ者としてボルジン＝ヒヤが出ているが、彼はヨト配下の鑲紅旗グサ＝エジェンとして知られている（表1-2）。ボルジンが実際にヌルハチを「侍衛」したかについて、次の興味深いエピソードがある(17)。

［III—3A］　博爾晋《ボルジン》、……太祖高皇帝の時、戸口を率ゐて来帰し、即ちこれを轄せしむ。佐領に任ぜられて満洲鑲紅旗に隷し、尋ゐで侍衛を授けらる。嘗て富爾佳斉《フルギヤチ》を征するに従ふに、博爾晋の族弟侍衛西喇布《シラバ》、哈達《ハダ》の西忒庫《シテク》の両矢を射中する所となるも、博爾晋、其の矢を抜きて還り射て、遂に西忒庫を殪す。
（『国朝耆献類徴』巻二六二「博爾晋」伝）

［III—3B］　西喇巴札爾固斉 Siraba Jargūci、満洲鑲紅旗人なり。……太祖高皇帝の時、……五大臣の列に預からしむ。癸巳（一五九三）年、付爾佳斉 Fulgiyaci の兵と戦ふに、常に太祖の大営に在りて、翼衛して功あり。哈達の西忒庫、叔貝勒を射んとして、第二矢を発するに、西喇巴、身を以て鏑鋒に当り、中り傷つきて歿す。
（『初集』巻一六二「西喇巴札爾固斉」伝）

記事中のフルギヤチとはハダ領内で、「癸巳年」とあるようにこの戦いは一五九三年のことである。この両記事によれば、「侍従轄《ヒヤ》」（表3-2）とされるボルジンと、その族弟シラバが、ともにこのとき既に「侍衛」であったという。諸史料によれば(18)、この戦は自領襲撃に対する報復として、ヌルハチがハダのフルギヤチ寨を急襲したもので、撤収に際しヌルハチは伏兵を仕掛けた地点までハダ兵を誘き出すために自ら殿《しんがり》となって戦い、アンバ＝フィヤングとともに前後四騎の敵と鍔迫り合いを演じたという。その際の手勢はわずかに騎兵三・歩兵二〇程度だったといい、フルギヤチ寨襲撃時のことか撤収時のことかは明らかではないが、ボルジン・シラバがヌルハチに扈従して戦っていたことは確かであろう。これは、「侍衛」と称されあるいはヒヤの称をもつ人物が、実際にヌルハチの護衛に当っている最初の例である[19]。

この事例で注目されるのは、ワンギヤ部の最終的な制圧（一五八八―八九年）からわずか四年余りでしかないにもかかわらず、帰順から間もないボルジンとシラバが「侍衛」に充てられ、実際にヌルハチを護衛していることである。このように、ヤングリ・フルガンのように自ら帰順したのではない場合でも、帰順直後から親衛隊への編入が行なわれていたことが知られるのである。

また、このとき戦没したシラバが既に「侍衛」だけでなくジャルグチ（断事官）の任にあり「五大臣之列」にあったということも注意される（Cf.増井［二〇〇四a：二二頁］）。新参の彼らが重用されていたということは、その勢力・門地の大きさ・高さが背景にあるに相違ない（増井［一九九七：七九頁］）。と同時に、そのボルジン・シラバが最前線でヌルハチに扈従していることは、いかに高く遇されようと、あくまでヌルハチと主従の関係にあることを明示するものといえよう。

この時期の事例としては、いま一つ表**3-2**に示したバライ（ニュフル氏、エイドゥの同族）という人物がある。彼は、伝によれば一五九三年のグレ山の戦より前の時点で「親衛」、満文本には「gocika hiya（親随のヒヤ）」を務めており、後代の追記の可能性は排除できないものの、満文でヒヤと明記される最初期の例といえる[20]。バライは、没年から逆算すると一五六六（嘉靖四十五）年の生なので、ヒヤとしての活動は二〇歳代のことと推測される。

以上のように、フェアラ時代になると、まだ編年史料・同時代史料では確認できないものの、ヒヤと明示されたりヒヤの称号を持つ人物の活動が明確に確認される。一方で、大臣に昇任したアンバ＝フィヤングを除いて、極初期にあった家人の随侍はもはや見られず、帰順首長層とその子弟が目につく。次節で確認するように、清の親衛制の特質は既にこの時期に看取され、親衛隊制度の原型が形成された時期とみることができる。

（3）ヘトゥアラ時代（一六〇三—一九）

この後、右のフルギヤチ戦直後のグレ山の戦でフルン連合軍を撃破したヌルハチは、一五九九（万暦二十七）年にハダを滅ぼし、一六〇一（万暦二十九）年には全住民を領内へ強制移住させて完全に併合する。これに伴い、ヌルハチは一六〇三年に、手狭になったフェアラ城からヘトゥアラ城へ遷都する。

このハダ併合・ヘトゥアラ遷都が、一五八七年のフェアラ築城につぐ次の画期をなすといってよいであろう。ヒヤ号が確実に現れるのはこのヘトゥアラ時代であり、既述の如く一六〇七年にフルガン＝ヒヤ・ナチブ＝ヒヤが実録・『原檔』に現れる。フルガン＝ヒヤは、一六〇九（万暦三十七）年に一千の兵を率いて東方フイェ（Huye 瑚葉）路に出征し、その功によりダルハン＝ヒヤの称号を授けられた。また、『老檔』ムクン＝タタン表（族籍表）として知られる一六一〇年の貢勅配当表には、アドゥンが「アドゥン＝ヒヤ」として現れている。[21]

では、新たに収服された大国ハダの旧支配層はどのように扱われているだろうか。ムクン＝タタン表には、ハダ王家嫡系のウルグダイを筆頭とする旧王族・重臣が多数の対明入貢権の配当を受けているが、その中には「モーバリ＝ヒヤ Moobari Hiya」の名が見える（三田村［一九六三—六四：一八四頁］）。モーバリ（Moobari 懋巴里）はハダ王族の一人で、以後もヒヤ号を帯びて現れ、またウルグダイの従兄弟のジョノイ（Jonoi 卓納）は、ギョロ姓を賜姓されたという。[22]

また、後年康熙帝幼時の輔政大臣の最長老として知られるソニン（?—一六六七）は、『初集』の本伝に

［Ⅲ—4］　索尼巴克什 Sonin Baksi、大学士希福巴克什 Hife Baksi の兄碩色巴克什 Šose Baksi の長子なり。太祖高皇帝龍興するに、索尼、父碩色に随ひて哈達国より衆を率ゐて来帰す。索尼、早くより家学を承けて満・漢・蒙古文に兼通し、文館に在りて事を辦ず。初め頭等轄 uju jergi hiya に任ぜられ、大兵の征討に随ひて、向

ふ所功あり。

とあって、ハダより帰順して頭等＝一等ヒヤとなったことを伝えている。[23] ソニンが父ショセ＝バクシに伴われて帰順したのはハダ滅亡からそれほど隔たらぬ時期とみられ（神田［一九六〇：八九―九〇頁］）、少年時代からヒヤとされたものと考えられる。ソニン一族は名族ヘシェリ氏（**表1-1**：7）で、文事を「家学」としたとあるように大国ハダでも相当な地位にあったとみられ、これも前出フルガン・ボルジンあるいは旧ハダ王族と同様の事例といえよう。

この時期になると、登用のあり方がはっきりと見えるようになってくる。後年、猛将として活躍するウバイ（一五九六―一六六五／**表2-1**：18）は大姓グワルギヤ氏出身で、グレ山の戦功で知られるウリカン（Urikan 呉礼戡）の長子であるが、彼は、伝に「太祖高皇帝、内廷に召し入れて撫養し、覚羅姓を賜姓す」とあり、[24]

［III―5］太祖の庚戌（一六一〇）の歳、呉拝《ウバイ》、年十六、丹布《ダムブ》と偕に往きて明の撫順所を略す。……、是の年、多卜顆舒爾黒《ドブコ＝シュルヘ》地方に囲猟するに、一頭の巨熊、囲みを突きて峻嶺に出奔す。一人の独り馬を策《むちう》ちて之を逐ふ有り、……其の人の乗る所の馬、熊を懼れて進まざれば、乃ち下馬して徒歩で之を歩射するに、熊に中りて胸を貫き、嶺下に堕つ。太祖、雅孫巴図魯 Yasun Baturu を遣はして往視せしめて曰く、「朕の呉拝に非ざれば能わず」と。之を視るに果して然り。……即ちに授くるに轄 hiya の職を以てし、父呉礼戡《ウリカン》に代りて牛彔の事を管せしむ。

というエピソードを記す。[25] 挿話の細部はともかく、任用のプロセスは認めてよいであろう。このように、年少の子弟を内廷で養育し、巻狩などで人物・技能を確かめて、武勇や胆力を認めた者をヒヤに起用しているのである。

またこの時期は、挙兵当初からの兄弟たちに加え、ヌルハチの諸子も長じて政務・軍務を担うようになっていく。それと合せて、ヌルハチ以外のベイレたちもヒヤを持っていた。『初集』によれば、ネエン（Neyen 訥殷）地方グワルギヤ氏のイェジュンゲ（Yejungge 葉中額）は、「貝勒の轄員 beile i hiya を授けらる」とあり、その後ウラ征服戦で戦死しているから(26)、遅くとも一六一三（万暦四十一）年以前、既にヌルハチ以外のベイレもヒヤを有していたことが確認できる(27)。

以上のように、天命建元以前において、親衛・側近としてのヒヤ集団が段階的に形成されていったのである。

第二節　ヒヤの職務と特徴

（1）ヒヤの職務

では、ヒヤはどのような職務に当ったのであろうか。常江・李理［一九九三：五―八頁］は、ヒヤの職務として、常にハンに随侍することと宮門の警備とを指摘して、事例を列挙する。ここではそれをふまえつつ、より詳細にみてみたい。

①常時ハンに近侍すること

三田村は、『老檔』イェヘ攻城戦時の「寄せ手のうち、誰のグサが先に立っているか、誰のグサが止っているかと近侍のヒヤたち（hanciki hiyasa）や伝令をつぎつぎ指し向けて見届けさせた」という記事を挙げて、「これによってヒヤが平時にも戦いにもハンに近侍し、その宿営に任じたことを予測せしめる」と指摘している（三田村［一九六三―六四：二〇八頁］）。ヒヤの称号をもつ者が戦場で扈従していることは、先のシラバのエピソード（［Ⅲ―3］）

からも知られる。それ以外の近侍の記事を掲げよう。(28)

［Ⅲ―6：功業記］　ハンが狩猟に出て、フシナ＝シュワという名の山を放囲して行く時……、ハンに側近く従い行く（hanci dahame yabure）ブヤング＝ヒヤと、ハンに食事を供するヤカムとが言うには、……

［Ⅲ―7：天命元年元旦即位式］　ハンの右側に立ったアドゥン＝ヒヤと、左側に立ったエルデニ＝バクシが、それぞれの側から迎えに行き、八大臣が跪いて持った書を受け取って、ハンの前に捧げた。

［Ⅲ―6］は、『原檔』「功業記」の一節で、正確な年次は不明であるが、ブヤング＝ヒヤなる人物が狩猟に随行していることを伝える。［Ⅲ―7］は、一六一六年元旦のハン位即位式のくだりで、この輝かしい式典において、書記官筆頭のエルデニ＝バクシと並んで、ジャクム地方タタラ氏のアドゥン＝ヒヤが侍立している。

以上のように、ヒヤは戦時・平時ともにハンに常時近侍していた。

②平時の宮殿警備

［Ⅲ―8］［一六二一年九月］初七日の晩、マンダルハン＝ニルのケリの家の一モンゴル人がハンの屋敷の門に入ったことを、(a)門を監視していた二キルのバヤラの者や、(b)屋敷内を監視していたヒヤたち（hiyase）は誰も知らなかった。（そのモンゴル人は、門を）入ってハンの居る家の西の側壁を周り行って、北側の入り口から入るのを女らが知って告げたので、(c)ヤスン・ウダナン・アサリが捕えた。その罪を、初八日に法によって審理し断じたこと。「(d)ハンが選んで門を見張れと委ねたヒヤたち、汝らはそのような悪人が門を入っても知らなければ、門を見張ったとて何の益があろうか」と罪として、(e)二キルの二十人を、十ずつ鞭打った。バダという者には、「汝をハンは登用して大臣とし、参将の職とヒヤの名を与えて子として養ったのに、養った恩を

思ってそのような悪者が入ったのをなぜ追及しようとせず、知らなかったのか」と罪として、参将の職を革め、遼東以来賞与した全てのものをみな没収した。（傍線引用者）

ヌルハチは一六一九―二五（天命四―十）年の間頻繁に遷都しており、［III―8］は、この年入った遼陽城での不始末である。[29] この記事は、門衛の失守として常・李［一九九三：六―八頁］が、また、バヤラが関与していることから石橋崇雄［一九八一：六―七・一七頁］が、それぞれ言及している。石橋は、バヤラのヒヤ（白侍衛 šanggiyan hiya、傍線部(a)(d)(e)）が門を守り、屋敷内の見張りにはヒヤ（b）が従事した、と整理しており、ヒヤが宮殿警備に当っていること、またヒヤに二種の区分があることが確認できる。

その顔ぶれをみてみると、まず、(b)と(c)が同一と考えられることから、「屋敷内を監視していたヒヤ」の名が分明する。この三人の筆頭に挙がるヤスンは、バトゥル号をもつ近臣で、先の［III―5］で、ヌルハチに近侍していてウバイの活躍を確かめに遣わされた人物である。また責任を問われたバダ（Bada 巴達／表**2-1**：16）は、「子として養った」人物であって、世職では参将の地位に在り、ヒヤとして警備の責任を負っていた。ここから、養子など擬制親族関係に在った人物がヒヤとして宮殿警備に当っていたことが確認される。

このほか宮殿警備の実例としては、『初集』「呉拝」伝に、一六二六（天命十一）年のこととして、ヒヤであったウバイが「薩譚牛彔 Satan Niru 下の一人の、二人を刺殺して宮殿に奔入するあり。呉拝、徒手にてこれを執ふ」とあり、[30] 侵入者を捕らえたことを記している。また、『原檔』天命八年二月一八日条には、「デムトゥは門を空けた（警備を怠った）故に十両の罪として、彼の父ウネゲ＝バクシの勅書の十両を革めた」とあって、[31]「第一等」大臣であったウネゲ（表**1-3**：11）の子デムトゥ（Demtu 徳穆図）が、やはり門衛に充てられていたことを知る。このように、名門子弟の親衛隊員が、実際に宮殿警備を担当していたのである。

これら諸例から、ヒヤが平時において宮殿警備に当っていたことが確認される。また、同じヒヤであっても、近侍が統轄する邸内の警備と、バヤラすなわち後の護軍の系統の門衛とに分れていたことが知られる。

③ハンの側近・近侍としての、さまざまな任務の委任

(1)使　者

後年、同盟国となったモンゴルのホルチン部長オーバ（Ooba 奥巴）に対する問責の中に、「その後、再びイェへに与して、我がブヤング＝ヒヤを殺した」という一条が見える。(32) この人物は、先の［III－6］に見えるブヤング＝ヒヤのことと思われ、イェへ滅亡すなわち一六一九年以前に出使して殉職したものと推測される。

(2)出　征

ウラを大破した一六〇七年の烏碣巖の戦の記事に、ヒヤ号の初出として既に紹介したように、フルガン＝ヒヤ・ナチブ＝ヒヤの名が見える。ナチブは「我が二子が戦で馬に乗って攻めればその身を見守り行け。馬から下りて攻めれば馬の手綱を執れ」とて長子チュエン・次子ダイシャンに付けられており、結局任務不履行で処罰されるのではあるが、補佐・監軍の任にあったとみられよう。

また、フルガン＝ヒヤはこの戦いで活躍したほか、連年東海諸部への遠征を指揮している。なお、フルガンの場合は一等大臣・五大臣といった別の職責に由来するものという可能性もあるが、これらの軍功に対し授けられたのがダルハン＝ヒヤの称号であることから、ヒヤの職務の例に数えてよかろう。

(3)行政・軍事等の官職兼任による、国務への参与

ヒヤの多くが、随時の出任にとどまらず、五大臣はじめ国政の要職に就任している。例えば、ダルハン＝ヒヤ即ちフルガンは最年少で五大臣に列し、後にそれに代るものとして都堂が新設されると、アドゥン＝ヒヤとともにこれにスライドしている（松浦［一九九五：二四一－二四三・二六七－二七一頁］）。

また八旗の編成に伴い、多くのヒヤが(a)ヌルハチ直属の両黄旗の首脳を構成し、あるいは(b)他の六旗に配属されて、グサ以下の各単位を指揮するとともに若年の旗王を補佐した。例えば、ヌルハチ直属の両黄旗においてはフルガン＝ヒヤが正黄、アドゥン＝ヒヤが鑲黄を率いる一方、ボルジン＝ヒヤはダイシャン麾下の両紅旗で鑲紅旗グサ＝エジェンを務めた（第一章第二節参照）。また一六一八（天命三）年四月の撫順攻略後の論罪記事において、ナチブ＝ヒヤが「五ニルの主」として名前が挙がっている[33]。このようにヒヤたちは、その称号を帯びたまま一般の大臣と同じように世職と八旗官の双方を授けられ、さらに国務ポストを兼務することで国政にも参与した。

なお、(b)の場合は、以後は配属された先の旗王に従うことになる。かつてヌルハチを直衛したボルジン＝ヒヤは、以後鑲紅旗の大臣として活動し、また若くして入侍していたヤングリ＝エフは、ホンタイジの腹心として活動することになる。とはいえ、そもそもそのような異動はヌルハチ自身が命じたものであり、創業の君主であるヌルハチはさらに上位の存在として、別格であったことは言うまでもない。

以上、ヌルハチ時代のヒヤは、少なくとも大別①〜③の三つの職務に従事していた。佐伯［一九六八：三二五—三二八頁］は、入関後の御前侍衛の職務として、氏の強調する間諜以外に、(1)天子の護衛、(2)上諭・上奏伝達や出使など側近としての用務、(3)要務・要職の委任を挙げているが、かかる特徴は既に入関前、ヌルハチ時代に胚胎していたのである。

天命〜天聡期の事情を伝える明・陳仁錫『無夢園集』「山海紀聞」には、「憨《ハン》は貝勒・恰《ヒヤ》・娥夫《エフ》・孤山《グサ》・牛鹿《ニル》・獐鷹《ジャンギン》・擺言《バヤラ》等を総統す」との観察を記して「恰」＝ヒヤをベイレに次ぐ重臣と捉え、「恰を号する者は総督なり［真夷の才略有るを以て之に任ず］」と説明する[34]。これは、当時ヒヤが「才略有る」者から登用されて、ベイレに次ぐほどにハンから重用され、かつ国政・軍務上は総督とも表現される大官と映ったことを、的確に表現したものといえよう。

（2）ヒヤの特徴

次に、これらの職務に任じるヒヤの特徴を考察しよう。

①地位・身分

ヒヤの地位・身分を明確に規定した史料はないが、これまで見てきた例から窺えるように、ヒヤには、ボルジン＝ヒヤの如く人名に連称される称号に近い場合と、史料［III―8］に見える、バヤラの中から選抜された警護兵をいう場合とがある。このうち前者の用例は、ヒヤの称を帯びたままさまざまな官職に就任している例から知られるように、組織を構成するものでなく個人の称号というべきであり、物理的に近侍しているかどうかにかかわらず、その本質は親臣の称号という点にあるといえよう（陳文石［一九七七a：六二五頁］）。このように、ヒヤには親臣の称号としてのヒヤと、警護組織としてのヒヤとの二種のグループがあり、二重構造をなしていたことに留意せねばならない。ただし、［III―8］で「ヒヤの名を与えて子として養った」バダが警備に責任を負っていることから窺えるように、これら二種は別の系統をなしていたのではなく、上下の関係として捉えるべきである。入関後には、皇帝に近侍する側近の内廷侍衛と、上三旗から選抜されて宮門を警備する大門侍衛とがあった[35]が、この二重構造が既に淵源しているということができよう。

他方、称号とはいうものの位階制上に位置づけられたものではないことは、［III―8］のバダの例において、世職の「参将の職」と「ヒヤの名」とが別個に挙げられていることから容易に看取されよう。また、親臣に授けられる称号はヒヤだけではなく、兼称を妨げるものでもない。例えば、［III―4］で見たようにソニンはヒヤではあったが史料上もっぱらバクシの称で登場し、ヤスンもヒヤでなくバトゥル号で呼ばれている。このことは、ヒヤがバトゥル・バクシなどとともに、側近に与えられる称号の一つであったことを示すものといえよう。すなわちヒヤは警護職そのもののみを指すわけではなく、またヒヤのみが側近であったわけでもないのである。

このようなヒヤの地位の特殊さを窺わせる好個の事例として、次のものがある。すなわち、一六二一（天命六）年五月、ヤスンが処罰される際に「衆諸王・諸大臣・ヒヤたち」で協議させたとあり[36]、ヒヤの処罰に際しヒヤ集団が合議に加わっているのである。また、下って一六四三（崇徳八）年八月、順治帝フリンの即位に際して、諸王諸大臣とは別に、両黄旗だけが忠誠の宣誓を行なっているが、「両黄旗大臣・下等《ヒヤ》天地に盟誓す」とあって[37]、やはりヒヤは区別して挙げられているのである。つまり、側近たるヒヤは、大臣＝アンバンに準じ、かつそれとは区別される独自の地位・集団をなしていたのである。

また、右に指摘した、側近を構成する上層部と日常業務を掌る一般部門という後代にも通底する上下の二重構造は、ヒヤ・バクシ・包衣に共通するものとして注意しなければならない。すなわち、ヒヤや書記が全て側近のエリートとは限らないし、また包衣の全てが隷属的であるわけでも、外旗・外朝の臣下の劣位にあるというわけでもないのである。このような特徴もまた、ヌルハチ時代既に胚胎していた。

②出自・来源

出自の特徴としては、叙上の諸例から明らかなように、帰順した勢力の主要者、特に首長格の系統の人物がほとんどを占めていることが著しく、そのなかでも若年の子弟が目立つ。常江・李理［一九九三：三―四頁］では、来源として(1)家僕・従者からの陞任、(2)帰順首長層の子弟、(3)部下から選抜した勇士、(4)一族・重臣の子弟、の四種を挙げるが、(1)は極初期の機構未整備・機能未分化の故であって、あくまで主たる来源は(2)〜(4)の三者であり、以上の諸例においても家僕の兼務はみられない。これは国勢の伸長に伴う組織分化を示すものであるが、また同時に、旧首長格の人物が、客分・同盟者としてではなく、あくまで護衛・従者として主従関係下に位置づけられたことをも意味しているといえよう。

統計的にも、入関後のものではあるが、陳文石が作成した『通譜』所載のヒヤ（侍衛・護衛とも）の出自別統計によれば、グワルギヤ氏の二一六人、ナラ氏の二一五人をはじめ、有力氏族の特定家系からヒヤが輩出しているさまが明瞭である（陳文石［一九七七a：六二六―六三〇頁］）。この事実は、ここで見たヌルハチ時代の個別事例と揆を一にする。

③人材プール・養成機関としての役割

①②の事実から、ヒヤの出身・地位の高さと、ヒヤ制が政権中枢の人材プールとして機能していたことが窺われる。なかでも年少者が目立つことは、文字通りの養成・養育機関の役割を果していたことを示すものであろう。例えば著名なフルガン（一三歳）のほか、次に紹介するエイドゥの子イルデン（Ilden 伊爾登）と前出ウバイ（［III―5］）の事例が興味深い。エイドゥ家の漢文家譜『鈕祜禄《ニュフル》氏家譜』に、以下の記事がある。(38)

［III―9］　八世弘毅公（エイドゥ）第十子　益尔登《イルデン》、丙申年正月初三日［明万暦二十四（一五九六）年］に生る。孩提の時に当り、象貌豊俊なりて常児と同じからざれば、太祖高皇帝、愛でてこれを宮中に撫す。八九歳の時、晩間に群児と同に楼上に戯むるるに、太祖高皇帝、群児の胆量を試さんと欲し、一人をして異形を為りて以てこれを恐嚇せしむ。群児これを見て懼れて奔走する者あり。敢て動作せざる者あるは、惟だ公と呉拜《ウバイ》の二人なるのみ。……太祖高皇帝、賛して曰く「此の二子、後必ず巴図魯《バトゥル》と為らん」と。愈々愛養を加ふ。年十四五なれば、即ち軍中に在りて行走せしめ、稍々長ずれば授けて侍衛と為す。

イルデンとウバイはともに一五九六年生で、このエピソードは数えの八、九歳、すなわちヘトゥアラに移った一六〇三、四年頃のことである。挿話的なエピソードの真偽や文飾はここでは問わない。重要なのは、功臣の子であり、後年活躍することになる重臣が、少年期に内廷に召し出されて君主の手許で育てられ、何らかの形で資質を試されながら、年齢と能力に応じて起用されていっているということである。

　イルデンは、ここにあるように一六〇九、一〇年頃には戦陣へ随従しはじめて、それから数年内に「侍衛」を授けられている。『鈕祜録氏家譜』によれば、イルデンの異母兄のアダハイ（阿達海）も「幼時に太祖高皇帝、之を宮中に撫し、長ずるに及んで常に征伐に従ひ、授けて渠魯額真《キル＝エジェン》［即今侍衛十長］と為し、半分佐領を管せしむ」とあり、同様に内廷で養育され、キル＝エジェンすなわち侍衛什長として、ヒヤの小隊長に起用されたと伝えられている。また、フルガンやウバイが賜姓されていたほか、ヤングリの弟ナムタイも、「幼くして太祖高皇帝に事」えてギョロ姓を賜っていたから、[39]少年期に「入侍」していた兄と同様、内廷に収養されて賜姓の栄に浴していた。

　ヌルハチは、著名なフルガンをはじめとして、功臣・新来者の子弟を内廷に召し出して養育しており、資質を見極めてヒヤに登用していっていたのである。内廷に収養していたのは異姓臣下の子弟だけでなく、ダイシャンの長子である孫のヨトが「太祖高皇帝、深く之を愛して宮中に撫し、長ずる比《ころお》ひ、台吉《タイジ》を授く」、また甥のジルガランも「幼くして太祖に宮中に育てられ、和碩貝勒を号す」とあって、[40]実子以外の親族も手許で育てていた。さらに「宗族親戚の女《むすめ》の十三歳以上なる者を収めて之を内に養ひ、以て功有るを待ちて、後に之を聘らしめ、名づけて阿《エ》府《フ》と為す」とあって、[41]女子をも集めて養育していた。『星源吉慶』に記載されない「宗女」を娶されたエフは数多いが、かかる手段によって賜婚に備えていたのである。このように内廷は、ヌルハチの諸子のみでなく、幼少の功臣子弟や一族の子女が収養され、ヌルハチの謦咳に接しながら養育される場だったのである。

　一方、そのような緊密な関係は、朋輩間にも結ばれた。『鈕祜禄氏家譜』によれば、ウバイはエイドゥの娘を娶っており、[42]イルデンとウバイは同い年で共に育ったというだけでなく義兄弟でもあったのである。ウバイは、伝によればヌルハチとホンタイジの二代にわたって公主降嫁を持ちかけられたにもかかわらず、妻すなわちエイドゥ家との姻縁を理由に二度とも断ったという。

なおまた同時に、ヒヤへの採用は、単に恩顧・信任の表れというよりむしろ、帰順者をそれほど時間を空けずに編入する例が多いことから窺えるように、一種の人質としての性格を帯びていたことを指摘せねばならない[43]。フルガンの収養あるいは遠地クルカ部長の子ヤングリの「入侍」は、その実一面で人質、一面で臣下としての再教育の過程でもあったといえるであろう。ムキ地方イルゲン＝ギョロ氏のアルタシ一門もおそらく同様で、アルタシが宗女を与えられてグフと称される一方、その弟チマタがかなり早い時点で「侍衛」とされたのは（表3-2）、当主たる兄と姻縁を結び、弟を一種の人質として収養したことを示すものと思われる。ハダから来帰したモーバリやソニンも該当すると思われるし、イェへの滅亡時も、デルゲルを副将待遇で迎え入れる一方で、その子ナンチュはヒヤとしていた（第二章第二節（2））。

以上の事例から、(1)臣下の子弟を内廷で養育して教育・訓練を施すとともにその素質を試し、それに応じて登用していること、(2)君主であるヌルハチとの間、また共に養育されたヒヤ同士の間に、強固な人格的繋がりが存すること、(3)それが君主・同輩との通婚や賜姓など、擬制家族的関係下への包摂という形で具体化・緊密化されていたこと、を知ることができる[44]。これは成人の場合でも、随侍する中で薫陶を受け資質を見定められるという点において基本的に同じであろう。

また、ここまで各章で論じてきたように、このような君主との密接・鞏固な関係はヌルハチ直属の両黄旗において顕著に看取されたが、注目すべきことに、ヒヤの多くは両黄旗に属していた。エイドゥ一族・フルガン一族・アドゥン一族・ウバイ・バダらは少なくともヌルハチ晩年、正黄旗に所属しており、またヤスンは鑲黄旗に所属していたのである[45]。

④家政機関・書記局との関係

ヒヤは、ハンの身辺に仕える集団として家政機関と、またハンの側近・近侍として書記局と、それぞれ密接に関係していた。先に見た［Ⅲ—6］では、ブヤング＝ヒヤとともに「食事を供する」ヤカムなる側近が随行しており、ヒヤ即ち親衛隊と家政機関とが一対のものであることを暗示している。他方、［Ⅲ—7］では、即位式の左右にアドゥン＝ヒヤと書記集団の長エルデニ＝バクシが侍立していた。これは、親衛隊と書記局とが、ハンの側近の両輪であることを端的に示すものといえよう。

また、雍正帝の外曾祖父に当るウヤ（Uya 烏雅）氏のエセン（Esen 額参）は、『初集』本伝に崇徳元年以前のこととして、「初め布達衣大に任ぜられ、内大臣に累擢せらる」とある。[46]「布達衣大」とは budai da すなわち皇帝の食事を掌る膳房総領職の音写であり――［Ⅲ—6］の「食事を供する」ヤカムが想起されるであろう――、その後親衛隊の指揮官である内大臣（第三節参照）に転じたというのである。しかも、同伝に掲げる雍正帝による追封の勅によれば、その父エブゲン（Ebgen 額布根）は「太祖高皇帝の時、禁庭に撫育し、視ること子姪に同じ」とあって、ヌルハチ時代に宮中で養育されたといい（増井［二〇〇四 a：二一頁］）、やはり家政機関・親衛隊さらに内廷収養といった養成法が、密接に関係しあっていたことが知られるのである。

このことを端的に示すのが［Ⅲ—4］のソニン＝バクシのケースであり、彼は満蒙漢文に通じて文館に属しながらも、同時に頭等＝一等ヒヤでもあった。そもそも③において指摘した内廷での養育はヒヤに限るものではなく、むしろこれまで書記官において著しいことが指摘されていた（神田［一九六〇：九〇—九二頁］）。著名なクルチャン＝バクシも「少き時、太祖、宮禁に養育し、長ずる比ひ、其の識見の人に過ぐるを嘉して、文館に辦事せしむ」とある。[47]

このように、親衛隊（ヒヤ）・書記局（バクシ・ビトヘシ）・家政機関（包衣）三者それぞれがハン側近を構成し、これら三組織の間には相互に密接な関係が存したとみることができる。

⑤旗王のヒヤの存在

八旗各旗には、ヌルハチのヒヤが出任していただけでなく、各旗王にも自身のヒヤが存した。先に見たように、遅くとも一六一三年以前、既にヌルハチ以外のベイレにも「貝勒の轄員 beile i hiya」がいた。また、ホンタイジ時代に活躍するヒルゲン（Hirgen 希爾根）の伝には、「初め太宗文皇帝に藩邸に於て随侍す」とあって、即位前から仕えていたことが明記されている[48]。入関後の定制では皇帝のヒヤを侍衛、旗王のそれを護衛と称し、ともにヒヤを有していたが、これもまたヌルハチ時代に溯るのである。他方このことは、ハンが一面で黄旗の旗王であることを意味するものともいえる。

その選任に当っては、ヌルハチ自身のヒヤと同様に、手許で養育した子弟を派した例が見出される。後年、アバタイのヒヤとなるワフム（Wahūmu 瓦湖木）地方アヤン＝ギョロ（Ayan Gioro 阿顔覚羅）氏のコルコン（Korkon 科爾坤）は、その神道碑に、

［III―11］　父紹茲《シヨセ》、佐領を以て大貝勒府総管と為る。公、生れながらにして異相有りて、……太祖高皇帝、見て之を異とし、即ちに侍従するを命じ、禁闥に出入すること数年、大貝勒の三等護衛と為る。

とあり[49]、父が旗王の王府に附くとともに、年少の子弟であるコルコンが内廷に召し出され、長じてヒヤとして旗王に随従したという。このような点にも、ハン・旗王のヒヤの同質性が窺われると同時に、このような手法をとることができたのは、創業者たるヌルハチなるがゆえであったともいえよう。

以上①〜⑤の特徴を通覧したとき、警護という本来の任務にとどまらない、ヒヤという人間集団の本質がみえてくるであろう。すなわちヒヤ制は、⑴親信の臣を近侍させて手足として用い、⑵その子弟を将来の政権幹部として

養成・選抜し、さらに(3)新附者を質子《ちし》として留めおくとともに臣下として位置づけなおしていくという、ヌルハチ権力の中枢を構成・再生産する人間組織であるといえよう。そしてヒヤ集団への編入は、賜姓・通婚・養子・養育といった方策とともに、君主との人格的紐帯の強化、ひいては広義の家族員への取り込みとして機能し、ヌルハチはこれらの関係を多様かつ多重に取り結ぶことで、あらゆるアンバン層を、自らを君主にして父とする関係の下に位置づけていったのである。それが最も端的に表れているのが、ヒヤに許された、恩恵としての「父なるベイレ」の呼称である。(50)

［III—12］　十四日に、ハンが言うには、「側近のヒヤたち（hanciki hiyasa）、主だった衆大臣たちは『父なるベイレ（beile ama）』と言え。婿となる者は『妻の父なるベイレ』と呼べ。国人は『ハン』と言うがよい」と言って書を書いて見せて、「父」と呼べる者を定めた。［側近のヒヤたち・諸大臣が「父なるベイレ」と言ったのは、ハンの愛顧を区別するものである］　（『原檔』天命十年五月十四日条）

ここに、ハンとヒヤとの間の、父子に擬せられる緊密かつ一面では隷属的・私属的な主従形態があますところなく語られている。

すなわちヒヤ制の本質とは、規模の大小、門地の高下こそあれ、本来ヌルハチと同格の存在（アンバン、ベイレ）であった諸勢力の首長・重臣層を、君主と侍従・護衛という関係に位置づけることによって直接の主従関係の下に組み込み、それを通して単なる統属関係・上下関係にとどまらない、いわば家産的・家父長的支配関係下に包摂していくというものだったということができるであろう。

ただし、ヒヤは閉鎖的・排他的な集団を形成したわけではなく、また厳格な組織体系や整備された養成制度・施設を保有したわけでもない。(51)ヒヤは、君主の警護を本来の使命としつつも、むしろ親臣の称号・身分というべき性格を有していたのであり、その本質が側近官という点に存したことに留意せねばならない。この柔軟さが、八旗制度の「固い」組織体系と表裏をなして、内部の統合と対外的拡大とに有効に機能したのである。

第三節　ホンタイジ時代のヒヤ

(1) ヒヤ制度の整備と機能

第一・二節の検討によって、ヌルハチ時代に形成されたヒヤ＝親衛隊の職務・機能とその特質が明らかになった。では、次にホンタイジの時代においては、ヒヤ制度はどのように推移したであろうか。まず、他の諸制度全般と同様、制度整備が進展した。

①ヒヤ官制の整備

入関後の定制では、ヒヤを指揮する大臣は、領侍衛内大臣・内大臣（各六名）とされる（『大清会典』）。内大臣はドルギ＝アンバン（dorgi amban／内の大臣）の訳で、ヒヤ＝親衛隊を統率する武官職であり、当初は領侍衛内大臣・内大臣は分化していなかった。『初集』巻一一三の「八旗内大臣年表」は他の年表類と同様順治元年から始まるため、入関前については知りえないが、『実録』の記事によれば、崇徳年間には既に内大臣職が存在している。

その初見について、常江・李理［一九九三：一〇頁］は、早く一六二九—三〇（天聡三—四）年の己巳の役の『太宗実録』中の「御前内大臣侍衛」という記事を挙げている。この文字は乾隆三修本にはあるけれども順治初纂本には見えないため、ただちには根拠とはできないが、この箇所の内容を記す『初集』のヤングリの伝にも「内大臣・轄等 dorgi amban hiyasa」とあるので、その可能性はある。[52] 伝記史料では、『初集』「楊善 Yangšan」伝に見える「天聡五年……授遊撃世職、擢内大臣」とあるのが最も古いようである。[53] ヤンシャンはフィオンドンの甥に当る重臣で、当時鑲黄旗に所属して「側近のヒヤ（hanciki hiya）」と呼ばれており、[54] ヒヤを指揮したものであろう。何れにせよ、崇徳年間に入ると「内大臣」「多児機大人《ドルギ＝アンバン》」は頻出するようになり、皇帝の親衛隊を指揮するようになる。[55]

②職務分化

ホンタイジの時代に、精兵のバヤラ兵が前鋒と護軍に分化していくことは既に指摘されているが（阿南［一九七一a］；石橋崇雄［一九八二］［一九八八a］）、親衛隊もまた職務分化が進む。まず、(a)任務に基づく分化として、御前ヒヤと前鋒ヒヤとが出現する。前鋒とはgabsihiyanの訳で、前方偵察・威力偵察さらには強襲などの任に当る精鋭であり、入関後の前鋒営には前鋒侍衛の職が存している。ホンタイジ時代に入ると、前鋒ないし音写の噶布什賢《ガブシヒヤン》と称される部隊が頻出するようになり、これと並行して御前ヒヤ・内ヒヤ・親随ヒヤなどという名称が現れる。これは、機能に基づく組織の分化が始まったものに相違ない。

また、(b)主君による区別として、皇帝の親衛＝後の侍衛と、諸王の親衛＝後の護衛との差別化が行なわれる。常江・李理［一九九三：一四—一五頁］では、一六三六年以降の記事を示すが、それより早く『実録』天聡七（一六三三）年六月の冠服規定の記事中に「御前及貝勒下蝦」なる一句がみえる。[56] これは(a)にいう前鋒に対する本陣の意味での「御前」とは異なって、「貝勒下」に対する「御前」であるから、既にハンと諸王とヒヤの差別化が行なわれつつあることが知られる。ただし、陳文石［一九七七a：六二五—六二六頁］が強調しているように、そのようなハンのヒヤの別格化の一方で、旗王のヒヤがその王の側近であることには変わりはなく、ホンタイジにとっては依然として警戒すべき関係であった。

③等級規定

職務による分化と同時に、侍衛・護衛ともに、等級の分化・整備が行なわれた。後代の定制では、侍衛は一等

（正三品）から四等（従五品）、および藍翎《らんれい》侍衛（正六品）に、また護衛は一等（従三品）から三等（従五品）にそれぞれ分れ、侍衛と護衛とでは半品の差等が設けられている（表3-3）。

表3-3　入関後の侍衛・護衛官品定制（乾隆期）

	侍従武職	王公府属	八旗武職
正一品	領侍衛内大臣・内大臣		都統（グサ＝エジェン）
正二品			副都統（メイレン＝エジェン）
従二品	散秩大臣		
正三品	一等侍衛	長史	驍騎参領（ジャラン＝エジェン）
従三品		一等護衛	
正四品	二等侍衛		佐領（ニル＝エジェン）
従四品		二等護衛	
正五品	三等侍衛		
従五品	四等侍衛	三等護衛	
正六品	藍翎侍衛		
従六品	親軍校	親軍校	驍騎校

出典）『乾隆会典』巻59兵部・武選清吏司「官制」（第619冊，pp. 523–525）。

等級の起源についてははっきりしたことはわからないが、先に［III－4］で見たように、ソニンが既に「頭等轄《ヒヤ》」として現れている。また、『初集』「星内 Singnei」伝によれば、一六二二（天命七）年正月の広寧攻め以前のこととして「初為二等轄兼牛彔章京」とあるので、ヌルハチ時代に溯ることは間違いない(57)。しかし、制度的に整備が進んだのは、一六三六年の大清建号以降のことである。同年十月に出された婚礼関係の礼式細則、および一六三八（崇徳三）年九月の優免人丁に関する追加規定には、ヒヤが等級別に列記されている（常江・李理［一九九三：一四―一七頁］）(58)。これをもとに表3-4を作成した。既に侍衛・護衛で差等がつけられていることなど諸点が知られるが、注目すべきは、その地位の基本的高さである。すなわち、皇帝の一等ヒヤは八旗のメイレン＝エジェン、六部では参政（侍郎相当）クラスに相当し、ヒヤは、全てニル＝エジェンと同等以上に位置づけられているのである。「閑散ヒヤ」すなわち官職のないヒヤという表現があるように（陳文石［一九七七a：六四四頁注15］）、ヒヤは単なる警護職ではなく、隊員であること自体が一つの地位を表していた。その具体的位置、そしてその高さが、これにより知られるであろう。なお、これらには後の藍翎侍衛は見えないが、『実

表 3-4　崇徳期ヒヤ等級規定

	世職	八旗官	バヤラ職官	皇帝のヒヤ	諸王のヒヤ	その他
1	超品一等公					
2	三等公	グサ＝エジェン				六部承政
3	アンバン＝ジャンギン	メイレン＝エジェン	バヤラ＝トゥ＝ジャンギン（後の護軍統領）	皇帝の一等ヒヤ		
4		ジャラン＝エジェン	バヤラ＝ジャラン＝ジャンギン	皇帝の二等ヒヤ	諸王の一等ヒヤ	
5		ニル＝エジェン		皇帝の三等ヒヤ	諸王の二等ヒヤ	
6		フンデ＝ボショク 小ボショク	十人長		諸王の三等ヒヤ	

出典）崇徳元年十月発布婚礼等級規定（『原檔』「宇字檔」第 10 冊，pp. 526-529：『老檔』太宗 4，pp. 1344-1347）。

録』では崇徳二（一六三七）年六月に「戴翎之蝦」が現れており、既に存在していたことが確認される。(59)

④定員制

定員が設けられていたことは、夙に陳文石が指摘した、「兄礼親王、令に違ひて二十名の蝦《ヒヤ》の外、十二名を多収す」という、一六三七（崇徳二）年六月のダイシャン論罪記事に見え、(60) 定員は一旗二〇名とされていた。ホンタイジの場合も両黄の二旗で四〇名であり、『初集』「陶岱 Toodai」伝に「初め太宗文皇帝に事へ、二十轄の列に在り」とあるなど、伝記史料に確認することもできる。(61) 定員が設けられたのは、ヒヤは免役対象となったので、上限を設ける必要があったからである（陳文石［一九七七a：六二六頁］）。

制度的側面に関しては、以上のように整理できる。これに対し機能面では、まず第一の任務である警護・出任など側近としての役割に関しては、ヌルハチ時代と基本的に大きな違いはないようである。ホンタイジ時代は、己巳の役（一六二九―三〇）・大凌河城攻め（一六三一）・チャハル遠征（一六三二・三四）・朝鮮出兵（一六三六―三七）・松山の戦（一六四一）など大がかりな親征も数多かったため、このような実例は枚挙に遑がない。また、家政機関と親衛隊の密接な関係も確認される。例えばウラ＝ナラ氏のフィヤング（Fiyanggū

費揚古）は、包衣ニルに入れられて内廷で養育され、三等侍衛から起家して内務府総管に就任した[62]（表3-5）。

なお、陳文石は、入関後の侍衛の機能の一つとして、犯罪・失態などによる縁事官の再起・庇護のための一時避難的ポストとしての役割を挙げているが、既にホンタイジの時代、縁事・籍没者の編入・復活の明証がある。例えば、第二章第四節で論じたシャジのフチャ氏一族は、正藍旗改易時に大打撃を受けたが、このとき鑲黄旗へ撥入されたハシトゥンは、史料［II－22］に「天聡時、鑲黄旗に隷し侍衛を授けらる」とあり、以後「行兵・出猟に遇ふ毎に、哈世屯、必ず御幄に在りて宿衛に供し、未だ嘗て一日として上の左右を去らず」と称され、やがてその子孫からマチやフヘンが輩出して栄華を誇ることになる[63]。その再出発の足がかりとなったのは、親衛隊への編入だったのである。このほか、一六三七年に一等アンバン＝ジャンギンを革職されたエイドゥ家のエビルンも、『鈕祜禄氏家譜』本伝に「旋ち事に縁りて世職を革去せられ、侍衛班領と為る」とあって、やはりいったん親衛隊に起用されたことが分明する。

ところで、ホンタイジ時代の顕著な特徴として、非マンジュ出自のヒヤが確認される。もちろん、ヌルハチ時代から存したのであろうが、質・量ともに顕著なのはこのときである。これらは、［III－1］の漢人出自のローハンの例とは異なり、家人の転用ではなく、当初よりヒヤに起用されている例がほとんどであることも注目すべきである。いま、出自別に分類してみると、本来漢字文化圏の出身である漢人・朝鮮人のヒヤの場合は、当人ないしその子弟がマンジュ名を称し、しばしば通婚・内廷収養なども行なわれている（具体的事例は、第七章で論じる）。一方、ホンタイジ時代の国勢の伸長を反映して、モンゴル出身のヒヤも多く存し（常江・李理［一九九三：一二頁］）、漢人出自のヒヤなどと比べると、内大臣を授けられた者が多数存するなど厚遇されている[64]。また、親衛隊一般と同様、諸王の親衛隊にも非マンジュのヒヤが確認される。

一方でホンタイジ時代のもう一つの重要な特徴は、ヌルハチ時代の機能として重要であった、国政機関への出任や政権高官のプール・養成といった事例が限定的にしかみられなくなることである。八旗八分体制が確立した後、その中から登位したホンタイジは、ハンとして諸官職の任免権はもちろん掌握したけれども、それは旗の改編や越旗人事を含むものではなかった。あくまでいったん定まった各旗の構成は固定したまま――罪犯・告発などによる撥出を除いて――、公的官職への任免のみ行使するにすぎなかったのである。このため、ヌルハチ時代のように、自己のヒヤを両黄旗を越えて八旗にスライドさせる、といったことは不可能であり、他旗の属下に対しては、官職の任免によって掣肘する以上の干渉はできなかった。

(2)　ホンタイジのヒヤ

では、具体的なホンタイジの親衛隊はどのようなものだったであろうか（表3-5）。ホンタイジのヒヤとして著名なギョルチャ氏のヒルゲンの伝には、先に掲げたように「初め太宗文皇帝に藩邸に於て随侍す」とあって、即位前から仕えていたことが明記されている。このように、ホンタイジの親衛隊は、基本的に即位前からの親衛隊がそのままスライドしたものだったとみられる。これは、領旗改称と同様の方式であり、けっしてヌルハチ親衛隊を継承したものではなかったのである。

ただし、領旗の陣容としては、即位前の旧両白旗には元来シュムル氏ヤングリ家が所属していた上に、天命末の改組によってスワン地方グワルギヤ氏フィオンドン家が転入するなど、充実してはいた。それは親衛隊にも反映されており、ヤングリの従弟タンタイは、「タンタイ＝ヒヤ」として現れ、一六三五年以降ホンタイジ直属の正黄旗グサ＝エジェンに就任して、以後入関に至る（表3-5）[65]。

［III―14］　スレ＝ハンは超品一等公ヤングリ Yanggūri という名の大臣の弟タンタイをバヤラの兵に主として、

表 3-5　ホンタイジのヒヤ一覧

人　名	記　事	出　自	出　典
ヒルゲン	初，随侍太宗文皇帝於藩邸。～wang ni yamun de dahalambihe.	ギョルチャ地方ギョルチャ氏	『初集』巻 150 本伝
タンタイ	ハンのタンタイ＝ヒヤ	クルカ地方シュムル氏	『原檔』天聡三年十一月八日条
ヤンシャン	側近のヒヤ・ヤンシャン	スワン地方グワルギヤ氏	『天聡八年檔』天聡八年正月初八日条
テンキ	初任頭等轄，太宗文皇帝選用八壮士，騰起与焉	エルミン地方ジョーギヤ氏	『初集』巻 203 本伝
ワルカ＝ジュマラ	以材勇侍従太宗文皇帝，持豹尾槍，扈衛禁中	フンチュン地方ナムドゥル氏	『初集』巻 152 本伝
トーダイ	初事太宗文皇帝，在二十轄之列	ジャクタ氏	『初集』巻 148 本伝
アムルトゥ	在太宗文皇帝時，任一等轄	ウラ＝ナラ氏	『初集』巻 159 本伝
バタイ	天聡二年，選御前承値，旋任二等轄。……以巴泰係太宗恩養轄員	金氏	『初集』巻 184 本伝
イハナ（李献祖）	初以轄員事太宗文皇帝，賜今名	鉄嶺李氏	『初集』巻 175 本伝
ウイ＝ジャイサン	太宗文皇帝，任為多爾済昂邦	モンゴル・チャハル部ウイ氏	『初集』巻 201 本伝
カラントゥ	初隷蒙古正黄旗，任頭等轄。順治二年，以係太宗文皇帝眷顧旧臣	モンゴル人	『初集』巻 151 本伝
フィヤング	奉太宗文皇帝諭旨，令入包衣佐領，在内廷養育，後授三等侍衛	ウラ＝ナラ氏	『通譜』巻 23「博瑚察」伝

注）ホンタイジのヒヤであることが明確に確認できる代表的事例を例示した。したがって，以上がホンタイジのヒヤの全記事ということではない。

バヤラの兵の質問報告の諸事を委ね、ハンの側近く用いていた（hanci baitalambihe）。ハンの叔父ジョリクトゥ＝エチケ（バヤラ）の子ジマフは、自分の居所が狭く、超品一等公ヤングリにハンが大きな地を与えて居らせており、その棄て去った地が自分と隣り合っている。〔よこせと言ってもヤングリ＝エフは与えない。〕（ジマフがそのことを）「ハンに問え」とタンタイに告げると、タンタイは兄を庇ってハンに告げないので、……（ジマフがこのことを直接上奏）……ハンはタンタイ・トゥライらを呼んで問うと、告げなかったのは事実なので、ハンは大いに怒って、タンタイを罵って「汝は下級の小者であった。我が自分の耳目のようにして上に登用したのは、全てのことを依怙贔屓したり遮ったりせず正しくするように、聞知したところを隠さず告げるようにと陞せたのだぞ。……ジマフなる者は我が叔父の子である。彼さえ遮ってその言を我に伝えないで、下級の小者の怨苦のことをどうやって伝えられよう。汝は一門（uksun）が多く強力であるとて庸弱な者を凌げば、それこそ邪悪というものであるぞ。そのような者は元来我が意に合わない」と罵って、タンタイらを刑部に送って審理して、……ハンから遠ざけた（kan ci aldangga obuha）。

このように、タンタイ＝ヒヤはホンタイジの直属旗指揮官であるとともに、ハンの「耳目」として、君主への取次など側近の役割も果していたのである。また、先に見たようにフィオンドン家のヤンシャンも「側近のヒヤ」と呼ばれ、内大臣に任じられていた。さらに一六三九（崇徳四）年九月に、鑲白（旧正黄）旗からニュフル氏エイドゥ家が転入してくると（阿南［一九七四：四七二―四七三頁］）、エイドゥ諸子のうちトゥルゲイが内大臣に起用され、前述イルデン・エビルンが侍衛に充てられている。

また、多様な出自のヒヤを起用しており、例えば表中のバタイ・イハナは漢人、ウイ＝ジャイサン・カラントゥはモンゴル人であった。このほか、八旗八分体制は揺るがないものの、おそらく特例措置として、他旗から出向

（行走）させる場合も存し、[66]当時鑲白旗であったイェへの国舅アシダルハンを身辺で用いていた。

しかし、いかに充実していようと、それはあくまで自己の両黄旗の陣容の充実・強化に依拠したものであるということは、繰り返し強調せねばならぬ。元来ホンタイジと親密で、阿南が「白旗の諸王に対する目付役」（阿南［一九七一 a：四五五頁］）とまで呼んだエイドゥ家一門でさえ、合法的に鑲黄旗へ転入してきてはじめて、ヒヤとして起用できたのである。このように、制度整備が進み、ハンのヒヤを特別化する一方で、依然として諸王のヒヤと同列の体制であるという制約は存した。領旗全体と同様、親衛隊においても、並列の八分体制下、その中での個人的実力の強化を図るしかなかったのである。そして父ヌルハチの遺した親衛隊は、彼ではなくドルゴン兄弟に引き継がれていた。

（3）旗王の諸親衛隊

では、これに対し八旗諸王の親衛隊はいかなるものであろうか。『初集』はじめとする諸史料には、特定の王とそのヒヤとの主従関係が追える例は、実は少なくない。そこで、最も問題となる、ヌルハチのヒヤの行方から確認したい。

①旧ヌルハチ親衛隊

第一・二章で見たように、ヌルハチ直属だった両黄旗を改称した両白旗は、前代以来の非常に充実した陣容を誇っていた。領旗全体と同じく、旗内の精鋭・エリートにして政権首脳でもあったヌルハチのヒヤが彼らに継承されたのであれば、そのもつ意味は重大である。そこで、両白（旧両黄）旗人のうちで、はっきりと確認できるケースを示そう（表**3-6**）。

まず、旧正黄＝鑲白旗を継承したドルゴンのヒヤについてみてみよう。ドルゴンの属下にはジャクム地方タタラ

表 3-6　旗王のヒヤ一覧（天聡～ドルゴン摂政期）

旗	旗　王	人　名	記　載	出　自	出　典
鑲白＝正白旗	ドルゴン	スナハイ	初任睿王多爾袞二等護衛	ジャクム地方タタラ氏	『初集』巻 156 本伝
		ゲステイ	初為睿親王府一等護衛	ワルカ地方グワルギヤ氏	『二集』巻 169 本伝
		ラシ	任王府長史	ヤルグ地方トゥンギヤ氏	『初集』巻 152 本伝
		ウバイ	解正白旗満洲梅勒章京呉拝任，以摂政王多爾袞令入王府随従故也。	フェイデリ地方グワルギヤ氏	『世祖実録』巻 15，順治二年三月丙辰条
	アジゲ	シンネイ	初為二等轄	ギョルチャ地方ギョルチャ氏	『天聡五年檔』
			英親王阿済格……，星訥隷王属下		『二集』巻 157 本伝
正白＝鑲白旗	ドド	ジャタ・ファリィ	公諱法礼，……以世勲授多羅信郡王府三等護衛…遂擢本府長史。……父諱査他，……歴任王府長史。	ムキ地方イルゲン＝ギョロ氏（アサン弟アダハイの孫）	阿金「光禄大夫王府長史伊爾根覚羅公墓表」『八旗文経』巻 47
		トゥルシ・ムシ	図爾錫，初任豫親王多鐸二等護衛。……穆実，任貝勒府長史。	ジャイグ地方ヘシェリ氏（イバイ長子・第 4 子）	『初集』巻 165 本伝
		ムフ	和碩豫親王，遣阿児津・木福・扎塔	マチャ地方トゥンギヤ氏（ヤシタの子）	順治『太宗実録』巻 29，崇徳三年十一月初九日条；巻 40，八年五月十一日条
			木福蝦		
		ビリクトゥ	崇徳七年，任豫親王多鐸一等護衛	モンゴル人	『初集』巻 171 本伝
鑲黄＝正藍旗	アバタイ	コルコン	初任饒餘貝勒護衛	ワフム地方アヤン＝ギョロ氏	『初集』巻 166 本伝
		センテヘ	初為貝勒阿巴泰護衛	フネヘ地方イルゲン＝ギョロ氏	『初集』巻 166 本伝
		ジェセン	命隷饒餘貝勒阿巴泰，授二等轄	モンゴル・チャハル部ウヌフ氏	『初集』巻 216 本伝
鑲藍旗	ジルガラン	サンゲ	初任鄭親王護衛	清河李氏（メルゲン＝ヒヤ子）	『初集』巻 184「墨爾根轄」伝

注）特定の旗王のヒヤ・長史であることが明白な事例のみを例示した。したがって，以上が旗王のヒヤの全記事ということではない。

氏・ヤルグ地方トゥンギヤ氏フルガン家・フェイデリ地方グワルギヤ氏ウリカン家・イェヘ＝ナラ氏王家などの有力諸家が属していたが、これらが揃って確認できるのである。すなわち、タタラ氏ダイトゥク＝ハリ家の出で、のち康熙初期に輔政大臣オボイに殺されたことで知られるスナハイ（Sunahai 蘇納海）は、表中にあるように「睿王多爾袞の二等護衛」と明記されている。また、ヌルハチ子飼いのヒヤであったウバイは、夙に「睿親王の最も忠実な腹臣」と評されており（阿南［一九七一a：四五七頁］）、一六四五（順治二）年には「摂政王多爾袞、王府に入れて随従せしむ」とて、公職を外れてドルゴンの王府で随侍を命じられている。さらにヤルグ地方トゥンギヤ氏でも、フルガンの甥ラシ（Lasi 羅什）が「王府長史」と見えており、[67] 彼はドルゴン没後、失脚・誅殺されてしまうのである。このように、ヌルハチ以来、旗の枢要をなす諸家の中心人物が、ヒヤや王府官として随従しているのである。

一方、ウラ＝ナラ王家のアブタイ一門は、継承後はアジゲの属下とされており、やはり親衛・側近としての活動が確認される。すなわち、アブタイの従兄弟のブヤントゥは『天聡五年檔』に「ブヤントゥ＝ヒヤ」と明記されており、その弟モー＝メルゲンは、『宗譜』に「長史」として見え、アジゲの失脚時に彼もまた処刑されてしまうのである。[68] また、ギョルチャ氏のシンネイもアジゲのヒヤであった。

次に、旧鑲黄旗を引き継いだドドの親衛隊はどうであろうか。ムキ地方イルゲン＝ギョロ氏では、アサンの弟アダハイの子ジャタ（Jata 扎塔）が、その子ファリィ（Falii 法礼）の墓表に「公（ファリィ）之父諱査他《ジャタ》、……王府長史を歴任す」と記されていて、『実録』にもドド配下として頻出する。[69] しかも、アダハイはドドの側妃の父であったから（第二章第一節（2））、王府長史ジャタは主ドドと義兄弟でもあったのである（図3-4）。ジャタの子ファリィ自身も、「世勲を以て多羅信郡王府三等護衛を授けらる」とあって、多羅信郡王すなわちドド家のヒヤであり、その再従姉妹（アサンの孫娘）は、ドドの嗣子信郡王ドニ（Doni 多尼）に嫁いでいた。このように、アサン一門は、親衛隊・王府官として累代ドド家に仕え、またその姻族でもあったのである。

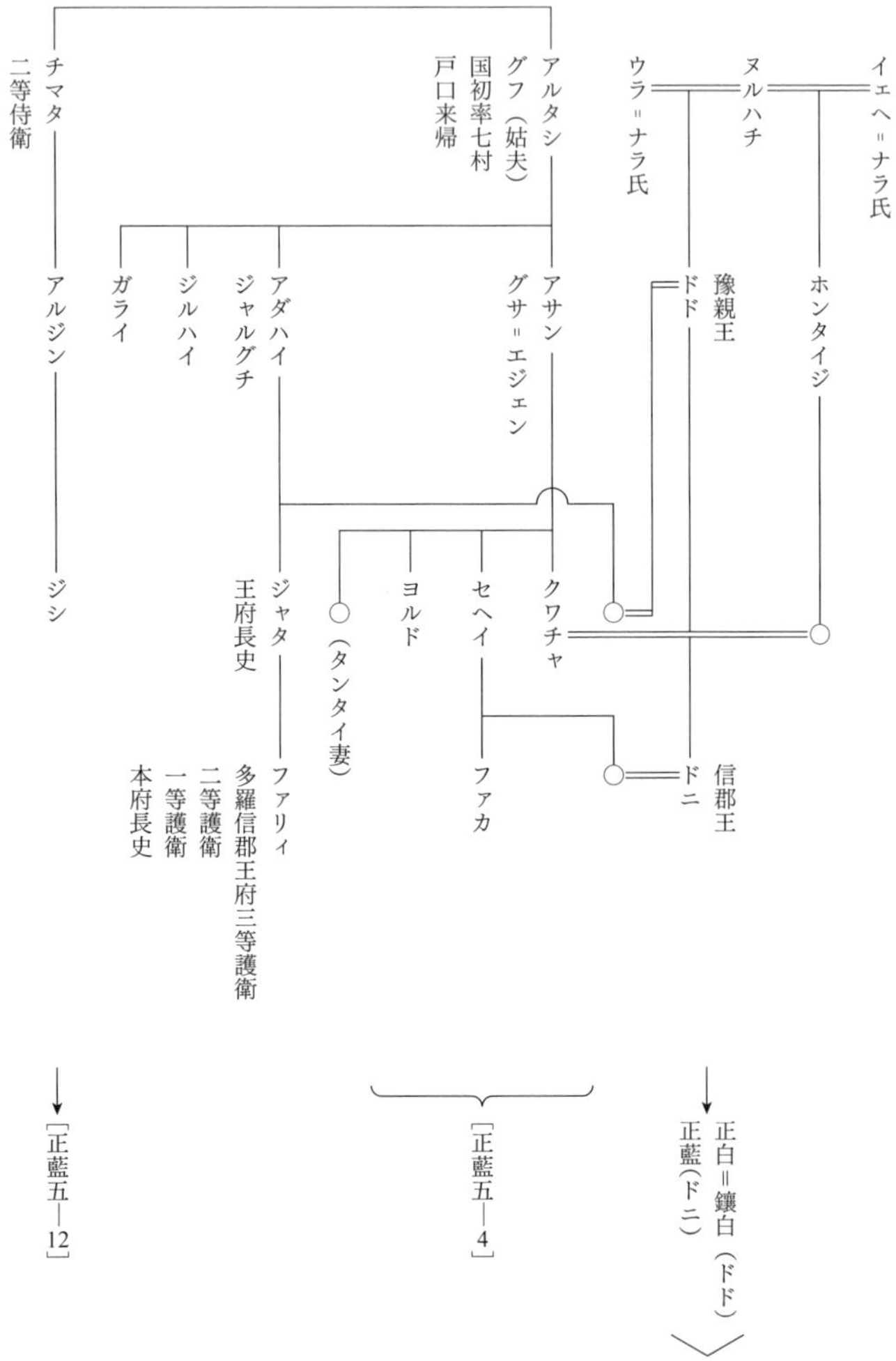

図3-4　ムキ地方イルゲン＝ギョロ氏　関係略系図

注）○は女子を示す。
出典）『通譜』巻12・『初集』巻9・「光禄大夫王府長史伊爾根覚羅公墓表」・『宗譜』などから作成。

ジャイグ（Jaigu 斎谷）地方へシェリ氏でも、トゥルシ（Turusi 図爾錫）がドドの二等ヒヤを初任としており、弟ムシ（Musi 穆実）は「貝勒府長史」とあって、これもドド家の執事を務めていたとみられる。トゥルシ兄弟の伯父イバリ（Ibari 宜巴理）はヌルハチ時代にボーイ＝アンバン（後の内務府総管）を務めていたから、(70) この一族はハンたるヌルハチと旗王ドドの二代にわたって、親衛隊と家政部門を累代務めていたことになる。これらアサン家・イバリ家の事例は、主従ともに累代にわたり、親衛隊と家政機関双方に関わったことを示すものである。

加えて、これもハン＝皇帝と同様、非マンジュ出自のヒヤも採用していた。すなわち、表にあるようにモンゴルではビリクトゥ（Biliktu 畢力克図）が一等ヒヤとなっているし、族譜『甘氏家譜』によれば、三藩の乱時に雲貴総督として抗戦して没した漢軍大官の甘文焜の子・甘国均が「多羅信郡王護衛」とある（後掲表7-7）。

このように、ドド家においても、亡父ヌルハチ譲りの臣下が、累代にわたってその側近・家政を固めていたのである。

②諸王の親衛隊

ヌルハチ領旗を引き継いだドルゴン兄弟以外の旗王たちも、やはり各自のヒヤ集団をもっていた。ホーゲとともに鑲黄＝正藍旗を率いたアバタイの下では、先に挙げたアヤン＝ギョロ氏のコルコン（［III―11］）や、フネヘ地方イルゲン＝ギョロ氏のセンテヘ（Sentehe 参特赫）がヒヤを務めたことが明記がある。センテヘは、ヌルハチ時代のかのナチブ＝ヒヤの子であり、その諸兄は「長史」を務めていた。[71]

まして四旗時代以来のダイシャンの両紅旗においては、いうまでもない。ホンタイジ時代に長くグサ＝エジェンを務めたイェクシュ（第一章第二節（5））は、一六四一（崇徳六）年の記事に「固山額真葉克舒轄」と見え、またガブシヒヤン＝ヒヤすなわち前鋒護衛を務めたその子ヒヤムシャン（Hiyamšan 夏穆善）は、一六五二（順治九）年に旗王レクデフン（Lekdehun 勒克徳渾）に殉死している。[72]その他、諸王のヒヤの事例は枚挙に遑ない。

非マンジュのヒヤも同様に見られ、表中に挙げたように、アバタイの下にはモンゴルのジェセン、またジルガランには、メルゲン＝ヒヤ李国翰の子サンゲが従っていた。

このように、ヌルハチの両黄旗を改称した両白旗においては、やはりその親衛隊も継承されており、実際に新王のヒヤとなっていることが確認されるのである。これらの事例、およびその他諸王家の事例は、以下の特徴を示す。

(1)来源はやはり有力氏族、就中その特定家系の子弟が多かった。

(2)主従間には強い統属・隷従関係が存し、同時に通婚あるいは累代の奉仕など擬制血縁・擬制家族的な緊密かつ隷属的関係が取り結ばれる例が確認される。

(3)父子兄弟の何れか、または同一人のキャリアとして、ヒヤが家政機関＝王府にも関係する場合が多く、人事交流が一般的だったことが知られる。

これら諸点は、ヌルハチ・ホンタイジ二代にわたって確認してきたハン＝皇帝の親衛隊とことごとく一致する。入関後の定制では皇帝の親衛隊のみを侍衛、マンジュ語でヒヤと称し、諸王のそれは漢語で護衛、マンジュ語でギヤジャン（giyajan ＜家丁）と呼ばれることになるが[73]、当初その名称がともに侍衛／ヒヤと称されていたというだけでなく、その組織・機能においても同質であったといえるのである。しかも、皇帝の内務府同様、諸王もまた家政機関として王府を有していたから、ハン・諸王は、呼称こそ違え、それぞれ親衛隊と家政機関を、一組の直属機構として保有していたということができる。

清初ハン＝皇帝権の形成過程を追う石橋崇雄［一九八八b］［一九九八：一八四頁］は、その施策の一環として、本来均しく包衣と呼ばれていた家政機関の呼称が内務府／王府と意図的に差別化されていくこと、あるいは儀杖の整備などによって皇帝と王との上下関係が設定されていくこと、を強調するが、一方で注目すべきは、にもかかわらずそれらが本質的に同じものだったことではないだろうか。その点で、王府長史と王府総管をトップとする各旗王家の側近・家政機関を、八旗制・国制上に位置づけて解明していくことが今後求められるであろう。

この後、一六四四年に入関してからも、ヒヤ＝侍衛は、皇帝の親衛・側近集団としてその身辺を固めるとともに、ヌルハチ時代以来の役割を果し続けた。(74) 華南で藩王となった靖南王耿継茂の長子・精忠が「継茂遣入侍」、次子・昭忠が「年十五、入侍禁庭」、三子・聚忠が「年十一、世祖章皇帝命入侍内廷」とされて、何れも和碩額駙となり、また尚可喜の子・之信が「年十九、可喜遣入侍」してアンダ（anda 安達）公と称されたことは、(75) よく知られている。これは、一面で人質、一面で恩寵という、国初以来の入侍のもつ性質そのものである。

これはまた漢地の漢官に対しても行なわれた。入関から三年、華中をいったんほぼ平定した一六四七（順治四）年三月に、「今、天下初定の時に当り、在京官員の三品以上及び在外官員の総督・巡撫・総兵は、倶な国の為め宣力し著しく勤労有れば、平日と同じからず。凡そ前例に合せて、諸臣は新旧を分つ無く、各々親子《しんし》一人を送りて入朝して侍衛とし、以て満洲の礼儀を習はしむるを准し、才能を察試して、授くるに任使を以てせん」との上諭が出されている。(76) 例えば、明の順天巡撫から降って大学士となった宋権の子で、後年文人として名高い宋犖《そうらく》は、「公、年十四、例として大臣の子なるを以て宿衛に入り、先帝（順治帝）之を器とす」と記されるが、彼は一六三四年生れなので、入侍はまさにこの年のことであった。(77) 旧明の大官の子を「宿衛に入」れ、「満洲の礼儀を習」わせるとともに、「才能を察試」して登用したのである。

またモンゴルをはじめとする外藩王公が入侍した場合は、侍衛でなく「行走」と称されたが、役割・待遇は同じであり、彼らもまたマンジュ勲戚の子弟とともに御前に近侍し、エフとなり、長じて国許へ戻っていったのである。下っては、ジューンガル帝国との抗争・征服の過程で、ハミ・トゥルファンのムスリム王公やジューンガルの王族までもが、御前行走・乾清門《けんせいもん》行走として近侍することとなった。(78)

このように、ヒヤ＝侍衛の組織とメカニズムは、帝国統治を担う人材を養成・プールするとともに、帝国を構成する諸地域・諸集団を君主の下に結びつける役割をも果したのである。

第四節　ヒヤ制の淵源

（1）ヒヤ制とケシク制

以上みてきたマンジュ＝大清グルンの親衛制の特徴をあらためて列記すると以下の如くなろう。

①八旗上層部を構成する有力氏族出身者、就中その特定家系の子弟で構成されていること。これは親信の故の恩恵・優遇の表れというだけではなく、本来独立した勢力を率いていた首長層を、その子弟を宮廷に収めて養育し、賜姓・養子・通婚などさまざまな結合関係を取り結ぶことによって、擬制家族的支配関係下に編成・包摂するというものであった。

②護衛のほか使者・監軍・警備などを務め、各旗幹部はじめ国政・旗制上の要職を輩出したこと。ヒヤは単なる警護要員ではなく、護衛を第一義的な任務としつつ、君主に近侍してさまざまな用務をこなし、国政にも関与する側近であった。またその点において、親衛隊は一面、政権を担う人材の養成・プールの機関としても機能した。

③ハン・諸王がそれぞれ親衛隊（侍衛／護衛）と家政機関（内務府／王府）を保有していたこと。親衛隊＝ヒヤと家政機関＝包衣の両者は、機能面でも人事面でも密接に関係しており、君主権力を支える一対の組織であったといえる。またそれはハンの専有ではなく、各旗王も同様の組織を保有していた。

④征服・帰順勢力の首長・要人や、投入漢人・帰順モンゴル人など、帰順事情・血統的出自に関係なく編入されていたこと。

ヒヤには、武力征服した勢力や帰順したモンゴル王公なども任じられていたことから、一面で質子・再教育といった側面も有していたとみられる。それには人の鹵獲・分配といった側面も同時にあるけれども、彼らは家僕としてではなく親衛隊員として編入されていた。これらの中には、マンジュ名を与えられ王族・旗人と通婚するケースも多かった。

以上の如き特徴を有するマンジュのヒヤ制の淵源は、どこに求められるであろうか。これが明制の侍衛とは全く別のものであることは、火を見るより明らかであろう。(79) ここまで述べ来ったならば、われわれはモンゴル帝国の親衛隊――ケシク（kešig 怯薛）に想到せざるをえない。

ケシクとはモンゴル大カアンの警護に当る一万人の親衛隊で、宿衛《ケブテウル》一千・箭筒士《コルチ》一千・衛士《トルカウト》八千によって構成され、四班が三日交替で勤務し大カアンの身辺に奉仕する一大人間集団である。幸いにしてケシクについては、不充分とはいいながらも、本章で取り上げたマンジュのヒヤ制と比べれば、はるかに厚く長い研究の蓄積が存する。(80) そこで私なりにその成果を要約すれば、以下の如くなる。

①君主の警護に当る一方、家政業務全般に従事し、さらに国務処理・政策決定など国政にも関与。親衛隊であると同時に政府中枢を構成していた。

②千人隊長・服属諸勢力の子弟を、しばしば若年で採用。譜代優遇の側面とともに質子《トルカ》・再教育の側面を有し、将来の政府中枢・属領支配を担う人材の養成組織でもあった。

③君主の家産的支配・隷属関係にある臣下＝ネケル（ノコル〜ヌフル nökür）によって統轄され、君主との間、またケシク同士に強い結合関係が存した。

④大カアンだけでなく、各王家も小型のケシクを保有し、各ウルスにおいて同様の機能を果していた。

以上四点は、右に挙げたマンジュのヒヤ制と、驚くほどの共通性を帯びている。

むろん、君主の周辺の人間集団が側近・警護組織であるとともに政府高官の人材供給源となるというのは歴史上通有のことだ、という反論はありえよう。[81] しかし、例えば中華王朝的国家パターンにおいては、かかる人格的結合に基づく組織形態はあくまで一過性のものであって、ある段階で儒教理念や律令・科挙などに基づく支配に切り換わるのに対し、[82] ケシク制とヒヤ制は、慣習法的な組織原理として政権構造のうちに制度化されている点において、決定的な違いがある。あるいはまた、成文では規定されていないにもかかわらず君主の側近として権力を握るという点では宦官と同じともいえようが、例えば明の宦官の専権が君寵にすぎないのに対し、ヒヤは正規のリクルート法なのである。大元ウルスのケシク、大清グルンの侍衛が、ともに治下の一般漢人から仕途と目されたことに、そのことが端的に表れている。[83] すなわちマンジュのヒヤ制は、同じ君主の側近集団とはいえ、権力形成期一般における非常態としてのそれや、中華王朝における宦官的存在などではなく、モンゴル帝国の組織パターンに淵源するものと考えられるのである。

いまあらためてモンゴル帝国のケシク制にひきつけて見直してみるとき、親衛隊の核心をなすネケルに即してチンギス＝カン国家の形成と構造を論じた護雅夫《もり》［一九五二a］［一九五二b］の理解が注目されるであろう。曰く、ネケルは遊牧首領（ノヤン noyan～カン qan）に随従・奉仕する従者であり、その主従関係は、それが奴僕そのものではないにもかかわらず、主―奴、父―子、兄―弟に準えて観念される「遊牧家父長対家族員・隷属民」の関係、すなわち「家産制的支配・隷属関係」というべきものであった。チンギス＝カン国家の成立とは、このような「家産的臣下」たるネケルたちによって構成・統轄される親衛隊＝ケシクを軸に、元来チンギスに属さない遊牧首領たちをネケルとしてチンギスの家産的支配下に繰り込み、その「家」組織に編入していく過程として把握される、と。[84]

これら諸点は、チンギスをヌルハチに、ケシクをヒヤに置き換えたならば、以上述べてきたマンジュのヒヤ制にそのまま当てはまるであろう。では、モンゴル帝国の構造理解の関鍵となるネケルに相当するものとは、マンジュにあっては何であろうか。

ここにおいて想起されるのが、側近・親信の者として夙に注意されてきたグチュ（gucu）なる関係である（三田村［一九六三―六四：一二二―一二四・二一一頁］；増井［二〇〇一］）。グチュとは特定の地位・階層ではなく「主（ejen）」と一対の社会関係をいい、グチュの重要性とその性格について指摘した三田村は、これを「同伴者、相談相手、腹臣の謂」とし、「その主君と生死を共にした」ほどの緊密な主従関係にあるとしつつ、その来源があくまで「当時の貴族階級に属するもの」であることを強調する。(85) では、なぜ「生死を共にした」というほどの強い隷属性が同時に指摘されるのか。

グチュに注目した増井［二〇〇一］は、護のネケル論を参照しつつ、これを盟友型・従臣型・家僕型に類型化し、これが覇権の進展とともに主君への従属度を深めていく構造にあることを指摘した。その整理に従えば、初期のヌルハチ権力は、元来家人・従僕の出であるアンバ＝フィヤングら家僕型グチュと、アンバン層の出自ながら、零落して単身扈従したエイドゥに代表される従臣型グチュを中核とし、これに極初期のチャンシュ・ヤンシュ兄弟やマンジュ統一期のフィオンドン・ホホリらを盟友型グチュとして傘下に従えたものであり、これが次第に従臣型に近い主従関係下に転化させられていったと説く。これらに共通するのは、主君との間の強い人格的紐帯であり、そしてそれゆえに、主君の厚い恩寵を受けうると同時に、恭順と忠誠が求められる関係下にもあったのである。

かかる関係は、アハ（奴僕）・国人《グルン》とともに、「bumbi 与える」「salibumbi 専属させる」ことによって設定される（井上浩［一九七七：三九頁］）。これに対しジュシェン（隷民）・漢人・ニルの場合は「kadalambi 管轄する」であるから、職務として管轄するというよりはむしろ、私的属下としての属性が強く表れている。そして、親近・親信の存在なるがゆえに、ひとたび関係が設定された後は、主君にとって「ujimbi 養う」べき慈愛の対象と観念されたが、同時に「恩養―恭順・忠誠」の関係、およびその方向へと関係を向かわせていく力が両者の間に発生したのである。

そしてこのような濃厚な隷属関係を有するグチュは、やはり家族的関係に擬制されていた。そこで注目されるのが、夙に知られた次の事例である。すなわち、ヌルハチから一時執政を委ねられた長子チュエンには「ベイレたる汝が死ぬなら、我らも汝に従って死ぬ」と誓った四人のグチュがおり、その一人は、チュエン失脚に先立ち「父なるベイレが死ぬ前に、我は先んじて死のう」と言って自決した、というのである。(86)「父なるベイレ（beile ama）」とは、［III―12］にみた、ヒヤに特権として許された呼びかけではなかったか。これは、君主の側近・腹心たるヒヤが、グチュとしても把握される関係にあったことを示すものにほかならない。そしてこのようにグチュは、父と子、家父長と家族員にも擬すべき恭順・服従の求められる存在であり、その限りにおいて恩養・慈愛の対象とされる関係であったのである。三田村が看破し、増井があらためて論じた通り、これはまさしくネケルの性格・機能と一致する。

ただし、ネケルを「ヨーロッパ中世の僚友を思わせる」とするウラジミルツォフの理解は護によって根本的に修正・発展させられたにもかかわらず、三田村の論はウラジミルツォフに依拠しているという問題点が存する。しかしながら、右に述べたように、グチュはむしろ、「対主君関係において隷属性の濃厚な」「家父長的恩恵―家族的恭順」の関係であるという、増井が挙げた護のネケル理解にこそいっそう適合するものであった。護によれば、彼らネケルは象徴的に「家囲いの奴隷 egüden-nü ömčü」、「門の私奴 bosuγa-yin boγul」と呼ばれる、一面親密、一面隷属性の強い存在であった（護［一九五二a：四頁］；［一九五二b：二・一二頁］）。

この「家囲いの奴隷」「門の私奴」とは、マンジュの booi aha（家の奴隷）を想起させよう。それについて、好例となるエピソードがある。ヌルハチにヒヤとして登用され、ホンタイジ幕下で「側近（hanci takūršaha）」のアンバンと呼ばれたソニン＝バクシは、僚臣とともにホルチンへ問責使として派遣された際、オーバ＝トゥシェート＝ハーンから「お前たち二人は（ホンタイジの）ボーイ＝アハであるぞ」と戯れ言を言われたのに対し、「我らがボーイ＝アハであることは本当である」と返している[87]。これが社会身分としてのアハを指すものでないことは言うまでもなく、貴顕の出自であり高位にありながらも、それゆえにこそハンへの強い隷属性を持つ者として、それを「ボーイ＝アハ」と表現しているのである。これこそがエジェンとグチュの関係を示すものであり、またそこにおいてしばしばアハという卑称が用いられたことは、その一面を表していよう。

すなわち、チンギス＝カン国家におけるネケルとケシク同様、ヌルハチのマンジュ国家においては、かかる性格を有するハンのグチュであるヒヤ集団を核として、その国家を統合・拡大、さらに再生産していったといえよう。

（2）ヒヤ制の移入と歴史的背景

では、このような組織技術の由来は、どこに求められるであろうか。そもそも同時期のモンゴル勢力には、モンゴル帝国時代の親衛制——ケシク制は伝存していたのだろうか。残念ながら、現在のところケシク制とヒヤ制との間に、直接的な継承関係を示すものはない。また、清代以降の各種辞書ではモンゴル語の kiy-a をマンジュ語の hiya・漢語の侍衛と説明するが、これは後に清の統治下でモンゴル語に入った語彙・制度であって、この場合根拠とはなしえない。モンゴルからの移入を想定した場合、考えられる可能性は、第一に、モンゴル時代に移入されて建州三衛～マンジュ五部内部に伝存したこと、第二に、一六―一七世紀のある時期にもたらされたこと、である。

まず第一の可能性についてであるが、周知の如く、ジュシェン人自身の手になる記録はヌルハチ政権の登場を待たねばならず、直接このことを証す史料はない。しかし、モンゴル時代にジュシェン人の制度・文化が著しくモンゴル化したこと、以来明末に至るまでそれが伝存していったことは、さまざまな面からの指摘のあるところである（和田［一九五二：六三七―六三八頁］；岡田英弘［一九九四］；劉小萌［一九九四］など）。

例えば親衛制以外にも、既に言及したものだけでもジャルグチ・ダルハン・バトゥルなどの官名・称号がマンジュ・フルンで広く知られており、官制の来源がモンゴル制であったことを窺うに十分である。例えばネケルと比すべきグチュの制については、イェへにも側近・親衛のグチュが存し（三田村［一九六三―六四：一二四頁］）、ウラのブジャンタイも出陣に際し「グチュ六人」を従えていた。モンゴル時代からの連続性を強調する三田村は、一五世紀初頭の建州の軍制がモンゴル伝統とされる左・中・右三軍編成であったことと、グサ制がモンゴル時代の部隊編制に起源する可能性を指摘している（三田村［一九六二：二九三―二九九頁］［一九六三―六四：二三九―二四〇頁］）。また、朝鮮前期におけるジュシェン人の侍衛入侍という注目すべき問題について論じた河内良弘［一九五九］は、一五世紀前半に盛んに行なわれた侍衛授職の動機が、朝鮮側の意図ではなく、入侍すなわち人質と考えたジュシェン人の側が、恭順の意を示すために自発的に希望したものであることを論証する。[88] かかる彼らの侍衛理解とは、要するにケシクにほかならなかったのではあるまいか。

以上から、第一の可能性に相当の蓋然性を認めることができるであろう。ただしその場合、ケシク・コルチあるいはトルカといったモンゴル時代の用語が伝存せず、ヒヤという語が用いられているのはなぜか、という問題が生じる。

他方、第二の可能性が成り立つためには、まず当該期のモンゴルの状況を確認する必要がある。

そこで注目されるのが、一六―一七世紀のモンゴルにおける、ヒヤ kiy-a・「恰」の称号をもつ有力者の存在である。ヒヤとは、北元期モンゴル各部における首長属下の臣僚の役職・称号の一つで、『三雲籌俎考』は、「恰」を「是れ各台吉門下にて本部落の大小事情を主《つかさど》る断事好き人」とされる「首領」と同じものと解く。[89] とりわけ著名なのが、トゥメト部のアルタン＝ハーン（Altan Qaγan）王家の下で活躍したヒヤ＝タイジ（Kiy-a Taiji 恰台吉：一五三〇頃―九一）とダユン＝ヒヤ（Dayun Kiy-a 歹言恰）である。[90] ヒヤ＝タイジは非チンギス家の出身で、アルタンの義子となってこの称号を賜り、側近として活躍した人物であり、増井［二〇〇四a：二一頁］は、これを「ヒヤ＝アゲ」フルガンと並行する待遇とする。また、ダユン＝ヒヤはアルタン晩年の妃として著名な三娘子配下の「酋首」として明にも知られ、一五七五（万暦三）年にはダライ＝ラマ三世招請の使者を務めた重臣である。

マンジュ側と直接関わった勢力でも、最重要の同盟国であるホルチン部において、サンガルジャイ＝ヒヤ（Sanggarjai Hiya）なる人物の活動が詳しく確認される。[91] この人物は、公主降嫁の迎えや、先に述べた問責使ソニンらへの応対など、ホルチン部長オーバの側近として活動しているのである。内ハルハ五部においても、例えば一六二二年のバヨト部諸首長への賜与の際に、家臣として「第一等のジャルグチ、ヒヤ」が対象に挙がっており[92]、内外ハルハ諸部の使者・随従にヒヤの称号をもつ者は枚挙に遑がない。大元帝室正系のチャハル＝ハーン家にも、『初集』に「阿爾沙護墨爾根 Aršahū Mergen、初め察哈爾汗の轄 Cahar Han i hiya 為り」との記事があって[93]、ヒヤが存在していた。一六三五年正月二十二日、来投したチャハル部の諸将に対し賜与を行なう際、「衆大臣・タイジ・タブナン・ヒヤら」とあって、以下多数のヒヤの名が挙がっており、ヒヤ集団がチャハル重臣層の一角をなしていたことがわかる。[94] また西のかたオルドス部ではウイジェン＝ヒヤ＝タブナン（威正恰把《ママ》不能）なる人物が有力であったといい、さらに遠くオイラト諸部でもエセルベイ＝ヒヤ（Eselbei Kiy-a）なる人物が知られる（井上治［二〇〇二：五三・七三―七六頁］）。

以上の如く、一六―一七世紀モンゴルにおいては、チンギス家王族の側近を務める重臣としてkiy-aの称号をもつ者が広汎に存し、(1)首長・領主層に属し、(2)近侍・警護から出使にまで当る存在であり、(3)ジャルグチ・バクシなどとともに、政権幹部を構成していたのである。

ジュシェン諸部とモンゴルとの接触・交流は一四世紀後半のモンゴルの北帰後も密であり（劉小萌［一九九四］など）、特にジュシェン諸部で国家形成の進行する一六世紀中葉以降非常に盛んとなるので、この頃以降にもたらされた可能性は多分にある。その時期としては、⑴一六世紀中葉、南モンゴル東部に隣接する地域でフルン四国が形成された時期、⑵チャハル部・内ハルハ部が活動を活発化させて接触の増加した一五七〇―八〇年代、⑶ヌルハチ政権が確立しモンゴル諸部と通交を開始した一五九〇年代以降、が考えられる。

このうち⑴が成り立つためには、ヌルハチ麾下以外のジュシェン諸勢力においてヒヤ号が確認されねばならないが、フルン四国やマンジュ統一戦期の諸勢力には、バトゥルはじめモンゴル起源の称号は遍在しているものの、ヒヤの称は管見の限り見当らないため、⑴よりは⑵⑶の蓋然性が高いといってよかろう。一六世紀半ばにアルタンの圧迫で東遷したチャハル部は、一五六〇―八〇年代にトゥメン＝ハーン（Tümen Qaγan）のもと大いに勢力を盛り返し、東方ではマンジュ諸勢力を被管の状態におくほどであった（和田［一九五八：五四七―五五〇頁］）。⑵の可能性は、この時代を指す。他方⑶であるが、清史料によれば、ヌルハチとモンゴル諸勢力との接触は、一五九三年のグレ山の戦に始まる。このときホルチン部はフルン連合軍に加わって敗退し、その結果翌年に早くもホルチン左翼のミンガン（Minggan 明安）らが遣使して通好し、一六〇五年にはバヨト部首長エンゲデル（Enggeder 恩格徳爾）が自ら来朝、翌年ヌルハチにハン号を上った[95]。

直接の史料を欠くため、これ以上時期・契機を詰めることはできないけれども、第一節でみたように、グレ戦前夜には既にヒヤが存在した可能性が濃厚であるので、⑵⑶の交、おそらくはヌルハチ勢力が政権と呼べる段階に達したこの時期に、先行するチャハル・内ハルハ・トゥメトなどの「ヒヤ」なる称号・職位に倣って導入したものと推測することが許されるであろう。ただしその背景として第一の可能性、すなわちモンゴル時代に溯るケシク的組織伝統が伝存していたことが、同時に想定されよう。

なお、注意しておかねばならないのは、「ヒヤ」なる用語の伝播と、ケシク的人間集団・人的紐帯形成制度が存在することとは、区別して考えねばならないことである。そもそも類似した制度が存在することが、ただちにその伝播・移入を証すことにはならない(96)。グチュがモンゴルのネケルのみならず中央アジア～西アジアのチャーカル chākar・グラーム ghulām（清水和裕［一九九九］［二〇〇〇］）とも多くの共通性を帯びていることからも明らかなように、かかる人間組織・慣行の存在自体は必ずしも伝播の関係にあるとは限らないし、kiy-a～hiya の語の継受関係がいえたとしても、その職務・地位までが導入以前に存しなかったことを意味するわけではない。ヒヤの称が見出せない一五八〇年代においても、それに相当する職務が遂行されていたことは既に見た通りである。

その上でさらに視野を広げるならば、君主の親衛・側近組織とその中核的担い手となる親信者という組織パターンは、モンゴル帝国のケシクとネケルのみに限られない。モンゴル以前に溯っても、君主の出身集団の貴顕層およびそれと見合う外来首長層が君主の親衛・側近を構成し、宮廷組織・書記官と密接に関連しながら政権中枢を構成することは、テュルク系・モンゴル系はじめとする中央ユーラシア出自の諸勢力・諸政権において普遍的に見出される。

鮮卑の北魏においては、内朝の諸官が皇帝の手足にして鮮卑系有力者層の牙城となり（川本芳昭［二〇一一］など）、かかる構造は北朝を経て唐初政権にまで至る。そこにおいては、文字通り「親信」が君主の手足となり（平田陽一郎［二〇一二］）、テュルク（Türük 突厥）王族・重臣など外来貴顕層も編入されていた。これら拓跋～テュルク国家とモンゴル帝国とをつなぐキタイ（Qitay 契丹）帝国においても、著帳官組織がモンゴルのケシク・ネケルと重なる存在であることが指摘されている（加藤修弘［二〇一一］）。これら側近集団は、キタイとともにモンゴル帝国の先導役と目される西夏においても確認されているのである（佐藤貴保［二〇〇七］）。マンジュ＝大清グルンのヒヤ＝侍衛制が、これら中央ユーラシア諸国家の組織伝統の流れの上に位置することは——史料上の明記や彼ら自身の意識の中にはなくとも——明らかというべきであろう。

ただし、初期のヒヤ制を表裏一体となって支える、「生死を共にする」ほどの濃密なグチュ関係——ケシクにおけるネケルになぞらえられる——は、ヌルハチ時代にしか明確には見出すことはできず、グチュの語はむしろ単なる従者の意でしか現れなくなる（谷井陽子［二〇一二b：四八頁］）。しかし、ネケルとケシクの違いについての、森安孝夫［二〇一二：五頁］の、「ケシクは、権力奪取前においてはほぼネケルと重なるが」、ケシクは権力形成後も常に新来者を編入・登用していくので「いくらでも増大していく」のに対し、「ネケルとは権力奪取までに腹心となった部下とその子孫に限られ、従ってもはや増えることはない譜代の家柄の家臣とも言うべきもの」であるという指摘を想起するならば、グチュが見えなくなっていくことも、矛盾ではないばかりか、中央ユーラシア諸国家との共通性を、よりいっそう雄辯に物語るものということができるであろう。(97)

以上の考察を総合すると、現時点では、ジュシェン～マンジュ社会にはモンゴル時代の遺制として——その基底には、前金以来、さらには中央ユーラシア古来の要素を想定することができよう——ケシク的・ネケル的・トルカ的制度・慣行が伝存しており、これを基盤として、さらに一六世紀後半に、当時モンゴル諸部における首長の近侍・側近であったヒヤの職位・呼称が導入された、という過程を想定することができる。そして、かかる組織技術が権力編成の中枢に存している以上、これが中央ユーラシア国家の系譜上に位置するものであることは揺るがない事実である。

小　結

マンジュ＝大清グルンの中枢をなす八旗制は一般に、ニルからグサに至る整然とした階層組織体系か、ハン＝皇帝をもその一人とする旗王の並立・連合体制かの何れかで説明される。これらは何れも正しいが、それゆえにまた、精緻な組織と不安定な権力構造というダブル＝イメージを併存させてきたのも否み難い事実である。では、これらを統合する求心構造は何であろうか。かかる関心から権力の中枢たる君主の身辺を見直したとき、就中国家形成過程に溯ったとき、親衛・側近集団の存在が浮かび上がってくる。その中核をなすのがヒヤ、後の侍衛であった。本章冒頭で掲げた三つの課題に即していうならば、それは以下の如くまとめられる。

第一に、国初の親衛集団の形成過程とその内実。第一の時期はフェアラ築城以前の時代であり、中小アンバンにすぎなかったこの時代は、まだ戦場における前鋒・親衛や組織における秘書・警護・家政の区別はなく、年次の確かな史料による限り、その多くは家僕の奉仕の一環であり、ヒヤの称もまだ見出せない。第二の時期はフェアラ時代で、国勢の伸長に伴って、家僕の兼務ではない領主・首長層の随従が明らかに見られるようになり、まだ明確には確認されないものの、ヒヤが出現したのはこの時期と推測される。また宮中での養育・養成が既に行なわれており、後年の定制の祖型ができあがっていた。続くハダ併合・ヘトアラ遷都以降の第三期に至り、はじめてヒヤの号が史料上確認され、ヒヤ制が名実共に確立したといえる。

これを引き継いだホンタイジの時代には職制・規定の整備が進み、皇帝・旗王の親衛組織としての形が整う。この段階に至ると、ヒヤ号を帯びたまま国政高官になることはなくなり、任務としては警護に傾いていくが、高官子弟・首長一門を中心とする構成は変らず、その官歴・仕途としての色彩を強めていく。また、ホンタイジのヒヤは旗王時代の自己の領旗から選抜したものであったように、八旗八分体制の枠組みは、ヒヤ制においても鉄則であった。

第二に、職務と特徴。ヒヤの主たる職務は、①常時ハンに近侍すること、②平時の宮殿警備、③ハンの側近として委ねられるさまざまな用務、であり、後年の侍衛の職務は既にヌルハチ時代に胚胎していた。またその特徴は、古参・新参のあらゆる旧首長層・領主層とその子弟を編入することにより、それらをヌルハチを主君とし父とする従属関係下に位置づけていくという機能にあった。その意味でヒヤは、現在・将来の人材プール・養成機関であり、かつ優遇・恩遇の側面とともに人質・再教育の側面をも有していた。このような関係下にあるヒヤは、また君主のグチュとして把握される存在でもあった（増井［二〇〇一］）。

このヒヤ集団＝親衛隊は、包衣＝家政機関、バクシ集団＝書記局とともに、君主権力を公私両面で支える三本柱の一つであった。すなわち、ハン＝皇帝権力の基盤は、八旗八分体制という側面からみるならば直属の領旗（最終的には上三旗）にほかならないが、それを具体的に支えた担い手は、親衛隊・側近集団たるヒヤ＝侍衛と、家政機関としての内務府、それに文館・内三院～文官組織に存したのである。かかる視点から、これら三組織を有機的に連関させて検討を進めねばならない。

また、旗王もヒヤを有していたことから窺えるように、この観点は、ハン＝皇帝以外の旗王権力の解明にも適用できるであろう。下五旗諸王を中心にこの問題の解明を進める鈴木真の一連の研究が、その際大いに示唆に富む。さらに、人間集団としての特質・メカニズムの点では、ヒヤ制・八旗制における非マンジュ出自者の存在が注目される。一面で質子軍たるケシクには服属諸勢力から多種多様な人々がリクルートされていたが、これはマンジュにおいても当てはまるのである。

第三に、淵源について。ヒヤ制創設の経緯とその起源を直接示すことは難しいが、ヒヤの語およびマンジュにおけると同様の職掌が、同時期のモンゴル諸勢力に確認されることから、それがヌルハチの政権樹立期たるマンジュ統一期前後に、北元期のモンゴルから移入された可能性を想定しうる。そしてヒヤ制およびその核心をなすグチュの特徴・本質は、モンゴル時代のケシク制とネケルに酷似しており、それがモンゴル帝国に代表される中央ユーラシア諸国家の組織伝統に淵源するものであるといえよう。

かかる人間組織とその構造は、入関後、「其の日々禁廷に左右に侍して趨走に供するは御前侍衛と曰ひ、稍や次ぐは乾清門侍衛と曰ひ、其の宮門に値宿する者は統て三旗侍衛と曰ふ」（『嘯亭雑録』[98]）という具体的形態に整っていった。すなわち、上三旗旗人によって構成され領侍衛内大臣・内大臣に率いられる侍衛（三旗侍衛）を基幹とし、さらにその一部は御前侍衛（gocika hiya）・乾清門侍衛に選抜されて、御前大臣（gocika amban）の指揮下、皇帝により近く随侍してさまざまな用務をこなしたのである。

入関から半世紀が過ぎた康熙帝の時代の侍衛の姿を、フランス＝イエズス会士ブーヴェは、次のように伝える[99]。

［III―14］　朝廷の尊貴の子供たちと、韃靼人（マンジュ人）と、「韃靼化した漢人」すなわち韃靼人の麾下に属する漢人の中で、最も富有な最も有力な大官連の子供とが懦弱と奢侈に陥ることを虞れて、康熙帝は彼らの大半を最も骨の折れる、最もつらい役目に任ずるのを常例とされました。

子供たちがご奉公のできる年頃になりますとすぐさま、皇帝はある子供たちには犬を仕込んで狩猟の際にはその犬を引き廻す役目を命ぜられ、ほかの子供たちには猛禽を仕込み、皇帝のあとからその猛禽を拳に据えて運ぶべき役目を仰せつけられます。また御食用の肉類と御飲用の茶を手ずから調達したり、食卓の御給仕をしたりする役目に、ある子供をお用いになります。その他の者には弓矢を作らせ、陛下と王子との使用される矢を運ばせることに使われます。皇帝から最も尊敬されて、最も寵愛される子供たちは御警護役の中に加えられます。御警護役もまた骨の折れる生活を送っております。なぜなら彼等は六日の中で一日だけは昼夜、御警護に立ち、その他の日は毎日、早朝から皇城に出勤しなければなりませんし、またご巡幸の際には、必ずお供をしなければならないからであります。

……それ以外に皇帝は彼らの勤務ぶりを御覧じて彼らの才幹を測るという利益をも得られます。そして皇帝は国家の重職に任ずべき器量ありと認められた人物ばかりをこういう要職に進めるのであります。

これこそは、かつてフェアラ・ヘトゥアラの城中で行なわれていた、養成と選抜の様子そのままの姿であろう。そこから五大臣フルガンや猛将ウバイらが輩出したように、後代にあっても、「最も富有な最も有力な大官連の子供」たちは、このようにして薫陶を受け、登用されていったのである。

一例として、ランタン（Langtan 郎談／一六三四—九五）を挙げよう（杉山清彦［二〇〇七b：二五六・二六二頁］）(100)。ランタンはかのウバイの長子であり、一六四七年に一四歳で三等侍衛として内廷に出仕し、一六七三（康熙十二）年には一等侍衛となり、「内廷侍衛首領 hanci takūrabure gocika hiya」・「親軍侍衛統領 gocika hiya i da」として御前侍衛の長を務めた。彼は一六八〇（康熙十九）年以降は御前を離れて八旗高官に転出し、対ロシア作戦で活躍してネルチンスク条約に名を連ねる。ランタンが御前から転出する際、康熙帝は「一等侍衛・衣都額真《イドゥ＝エジェン》郎談は世職原と大にして人亦た甚だ優れたれば、着して即ちに副都統を補授せよ」として任用しており(101)、侍衛の日夜の随侍は、皇帝による能力・人物評価の場でもあったのである。その後一六九一（康熙三十）年には議政大臣となり、さらに領侍衛内大臣に任じられてヒヤの指揮に当ることとなった。すなわち、名門家系の重臣の子弟である彼は、青壮年時代に侍衛として内廷で近侍し、五十歳代になると今度は大臣として議政に与り、侍衛を統轄したのである。

このように、侍衛はただ警護に立っているだけの存在ではなく、帝国を支えるべき名門から任じられ、将来の幹部候補にして当座の皇帝側近でもあったのである。一七・一八世紀において、旗人大官の多くが侍衛経験者であることは、むしろ当然というべきであろう。そのさまは、「御前侍衛の若きは、多くは王公・冑子・勲戚・世臣を以て之に充て、殿に御せば則ち帝の左右に在り、従扈すれば則ち起居に給事し、満洲の将相、多くは此より出づ」（『聴雨叢談』）などと謳われている通りである(102)。そして帝国の拡大とともに、そこには「韃靼化した漢人」ばかりか、外藩モンゴル王公の子弟も、御前行走・乾清門行走として列したのである(103)。

その根源には、ヌルハチ時代以来あらゆる史料に見出される「hanci 近い」「gocika 御前」という関係、すなわち君主との近さ・親密さがある。そしてヒヤ=侍衛こそが、包衣と並んで、最もそれに与りうる存在であることは言うまでもないであろう。と同時に、「hanci 近い」関係は、内廷に出入りし巡幸に随従するなど、皇帝と対面接触することができれば築きうる。時代が下るにつれ、漢人文官との接触が増え、ヒヤ=侍衛の地位・役割が相対的に低下していくことは、そのような文脈で解することができるであろうし、またそれゆえ、だからといって当初から単なる警護要員でしかなかったということにはならないし、後代になっても、全てが零落・空洞化したということはできない。内廷侍衛を統轄する御前大臣は、側近のトップとして、一九世紀になってさえ、「政治的にきわめて強力でありえた」(坂野正高［一九七三：三七頁］)のである。

以上から、ヒヤこそ八旗制下の求心構造の核心をなし、さらには人間組織としての国家の膨張・展開の原動力となったことが結論できるであろう。[104] そもそも王朝・国家がつまるところ人間集団・人間組織である限り、その頂点に位置する君主を取り巻く集団が普遍的に存在するものであり、それゆえその組織法にこそ、各王朝・国家の特徴が集約的に表出されるはずである。マンジュにおけるそれが、ネケルに比しうるグチュ関係を根底におく、ケシクになぞらうべきヒヤ制であったということは、この国家の本質を示すものにほかならない――それこそが、モンゴル帝国に代表される中央ユーラシア的国家編成原理であるということができるであろう。そして本章で検討したヒヤ制こそが、グチュと表裏一体のものとしてその核をなしたのである。

第四章　ホンタイジ政権論覚書
——マンジュのハンから大清国皇帝へ——

これまで三章にわたって、入関前の八旗制下の国家のありようを見てきた。そこにおいては、新体制を生み出す創見と、それを貫徹させる指導力とを兼ね備えたヌルハチ＝ハンのもと、ジュシェン＝マンジュ諸勢力は新たな八旗制の下に組織され、旗人として旗王に分属して政権に参与していた。この体制下、旗王の中から登位して次代を継承したのがホンタイジであり、彼は内に内訌・分裂の芽を摘むとともに外には攻勢に出て、南モンゴルを従え朝鮮を屈服させることに成功し、皇帝を号するに至るのである。

ところがこれまで、創業の君主であるヌルハチの国家建設過程とその人物像については数多く論じられてきたけれども、ホンタイジについては、必ずしも充分ではない(1)。彼の時代を取り上げるものも、多くはその時期の制度や事件、人物などを論じていて、ホンタイジその人に関することは、彼が継位するに至った即位事情とその後の権力確立過程にほぼ限られる。その場合も、領旗支配など八旗制との関わりへの視点を欠くことが多かった。しかし、それまでのジュシェン諸勢力が権力継承に失敗してきたことに鑑みても、守成の君主たるホンタイジの役割もまた重要であり、その個性と営為、また政権の特質と政策の志向を探ることは喫緊の課題であるはずである。では、ここまで論じてきた八旗制下の権力構造や組織原理は、彼の政権運営をいかに規定したであろうか。彼は創業の君主たる父の遺した体制にいかに向き合い、またそれを共有した兄弟子侄にどのように接したであろうか。

そこで、既に論じたところと重なる点、また概括に流れる点もあるが、ホンタイジの人物とその政権運営について、覚書としてまとめておきたい。

第一節　〝スレ＝ハン〟ホンタイジ

(1) ホンタイジという人物

後に太宗文皇帝と呼ばれることになる第二代君主のホンタイジは、一五九二（万暦二十）年十月二十五日、ヌルハチの第八子、嫡出第四子として生れた[2]。生母は、ヌルハチが三番目に迎えた正妃・孝慈高皇后イェヘ＝ナラ氏モンゴ＝ジェジェである。モンゴ＝ジェジェはイェへの王ヤンギヌの娘で、その唯一の所生がホンタイジである。

ホンタイジをめぐっては、彼が最終的にヌルハチの後継者となった即位の事情への関心も絡んで、彼自身というよりもヌルハチの后妃・諸子について、夙く内藤湖南［一九二二］以来注目されてきた。整理すると、図**D**に示したように、ヌルハチには前後四人の正妃があり、八人の嫡出子を儲けている[3]。

マンジュ語では夫人をフジン（fujin 福金）といい、最初の正妃は、乾隆『太祖実録』や『星源吉慶』で「元妃」、『満洲実録』では「neneme gaiha fujin 先娶之后」と記される、トゥンギヤ氏タブン＝バヤンの娘ハハナ＝ジャチン（Hahana Jacin）である。その結婚は、久しく『満洲実録』に記される一五七七（万暦五）年と考えられてきたが、『先ハン檔』の発現によって、一五七四（万暦二）年であったことが判明しており[4]、ヌンジェ＝ゲゲ・チュエン・ダイシャンの二男一女を産んだ。次に娶ったのは、前出シャジ地方フチャ氏のマンセ＝ドゥジュフの娘のグンダイで、「継妃」と記されるが、先述したように彼女はまずヌルハチの再従兄ウェイジュンに嫁いでおり、再婚であったので、『満洲実録』では「jai gaiha anggasi fujin（次に娶った寡婦のフジン）」と記される。元妃の没年は不明だが、継妃グンダイがマングルタイを産むのが一五八七（万暦十五）年（月日不明）なので、一五八六（万暦十四）年までには元妃が没し、継妃が入嫁したことは間違いない。グンダイはマングルタイ・マングジ＝ゲゲ・デゲレイの二男一女を儲けるが、一六二〇（天命五）年二月に至って罪を獲て廃され、子マングルタイの手にかかって殺される。

これに続くのがモンゴ＝ジェジェであり、ヌルハチがマンジュを統一した一五八八（万暦十六）年に一四歳で来嫁し、「dulimbai amba fujin（中のアンバ＝フジン／中宮皇后）」と呼ばれた。彼女は一六〇三（万暦三十一）年に二九歳で没し、最後に正妃の座に就いたのが、イェヘと並ぶ名門ウラ＝ナラ氏のアバハイである。アバハイはブジャンタイの兄マンタイの娘であり、一六〇一（万暦二十九）年に来嫁して「amaga amba fujin（後のアンバ＝フジン）／継立大妃」と呼ばれ、アジゲ・ドルゴン・ドドの末子三兄弟を産んだ。そして一六二六（天命十一）年八月十一日にヌルハチが病没すると、翌日その後を追って殉死するのである（増井寛也［二〇一四］）。

この四人の所生子のうち、一六一三（万暦四十一）年に粛清されたチュエンを除く七人と、シュルガチの年長の嫡子アミンの中から、四大ベイレの最年少で「四ベイレ Duici Beile」と呼ばれていたホンタイジが、諸兄を超えてハン位を継ぐことになる。

これについては、夙く三田村泰助［一九四二］が正妃の出自に着目して、トゥンギヤ氏・フチャ氏は大福金とは称されず、門地の上で両者とイェヘ・ウラ両ナラ氏とでは大きな格差があったことを、年少のホンタイジが後継候補として浮上した背景として説く。これに対し岡田英弘［一九七二］は、イェヘ＝ナラ氏モンゴ＝ジェジェの生存年代がフチャ氏グンダイと全く重なっていることから、モンゴ＝ジェジェは生前は側妃（ashan i fujin アスハン＝フジン）であって、アンバ＝フジン号は後の追尊に係る可能性を指摘し、ホンタイジが嫡出子たりえたか、疑義を呈する。この説は一定程度受け入れられており、松村潤［一九七五］［二〇〇一］は、ホンタイジが『太祖太后実録』

なる異例の体裁の実録を編纂させたことを、これと結びつけてハン位継承の正当化を図ったものと説明している。

ホンタイジの人物を論じるにおいて、この点は避けて通れないので、まずこれについて私見を述べておきたい。岡田説は、それまで看過されていた正妃在位年代の矛盾点を衝いた鋭い指摘であるが、しかし、ただ在位時期が重なっているというだけでは、フチャ氏・イェへ＝ナラ氏何れかが正妃でなかったとは言えても、ただちにイェへ＝ナラ氏が側妃であった＝ホンタイジが庶出子であったとまでは言えまい。ジュシェン＝マンジュ社会における嫡庶の別、生母の出自についての厳格さを考えるならば、もしイェへ＝ナラ氏が生前に側妃でしかなかったのならば、ホンタイジには、そもそもハン位の継承資格自体がないことになってしまい、史実の展開と矛盾を来すと思われるのである。明確に「側妃」の所生であるアバタイが、ハン位継承資格どころか、天命末まで旗王の列に入れられず、グサ＝エジェンなどを務めていたのは、第一章第二節・第二章第二節で見た通りである。

注意すべきなのは、岡田説ではアンバ＝フジンの語がただ一人の正室の意で用いられているが、右に紹介したように、史料中ではイェへ・ウラ両ナラ氏にのみ用いられていて、フチャ氏のみならず、単独の正妻であったことが明らかであるトゥンギヤ氏に対しても用いられていないことである。また、松村説で言うように、出自に疑念があるがゆえにハン位継承の正当化が必要であるとすれば、それは継妃フチャ氏の存在ゆえということになるが、フチャ氏とその諸子は、『太祖太后実録』編纂時には既に姿を消しており、躍起になる理由がない。そもそもハン位継承の正当化が狙いであるならば、その最大のライバルであるドルゴンの生母のウラ＝ナラ氏もアンバ＝フジン号を並称されていることは、不自然ではないだろうか。

これらを勘案すると、嫡妻間の序列の問題はあるにせよ、嫡妻同士の時期の重複と所出子の嫡庶とを結びつける必要はないと考えられる。他の正妃と時期が重ならず、罪に問われてもいない元妃トゥンギヤ氏がアンバ＝フジンとは呼ばれず、しかも所出のチュエン・ダイシャンが何れも後継者に擬されたことは、その証左である（三田村

［一九六〇：六五頁］）。もちろん、史料上「正妃」の意味で「アンバ＝フジン」が用いられることも一般的ではあるが、ヌルハチの后妃の問題に関していえば、アンバ＝フジンの称は、家格もしくはヌルハチ自身の君称と連動したものとして、嫡庶の問題ではなく君主配偶者の格と関連するものと理解すべきではないだろうか。少なくとも、モンゴ＝ジェジェが、その所生子が庶出扱いとされるという意味での「側妃」であったとは考えにくく、ホンタイジの嫡出の座を疑う必要はないと思われる（杜家驥［一九九八c］）。

そもそも実態に即していうならば、家格の面でも背後の政治的実力の面でも、イェへ＝ナラ氏は他を圧倒していた。『満洲実録』によれば、モンゴ＝ジェジェの来嫁は、ヌルハチがイェへのヤンギヌに懇請して承諾を得たものであった。ヤンギヌは一五八三（万暦十一）年十二月に明に謀殺されており、かたやヌルハチが独り立ちしたのは同年二月のことであったから、輿入れより五年前に婚約を取りつけていたのである（和田清［一九五一：六一三―六一五頁］）。入嫁以前の両者の関係は、和田が「保護者と被保護者の関係」と評しているほどであり、その後ヌルハチがマンジュ統一を果すに及んで、国主を継いだナリンブルも約束を履行せざるをえなくなり、ようやく一五八八年九月に入嫁が実現したのである。

門地の上でも、明代に「大抵斡朶里《オドリ》の酋長は管下を娶らず。必ず婚を同類の酋長、或いは兀狄哈《ウディゲ》、或いは兀良哈《ワルカ》、或いは忽剌温《フルン》に求める」といわれたように、(5)オドリ＝マンジュの君長にとって、フルンの王家との通婚は当時最高ランクの縁組みであった（三田村［一九六〇：八五頁］）。それゆえ、その一子として生れたホンタイジが「父なる我の愛しい妻から生まれた唯一人の血筋」と特別視されたのも、官撰史料の阿諛と片付けるわけにはいかないであろうし、本人の力量によるものだけでもないであろう。(6)

母方がイェへ王家であることは、嫡庶・継承権の問題だけでなく、ホンタイジの資質を考える上でも重要であると思われる。イェへ王家は、何れもナラ姓を称するフルン四国のうちで、モンゴル人が改姓して創始したものであることはよく知られている（『満洲実録』巻一）。そもそも母の名モンゴ＝ジェジェは「モンゴル姐さん」ほどの意であり、また実際の関係でも、母方の従兄デルゲルの娘がチャハルのリンダン＝ハーンの皇后になっているなど（図2-5）、イェへとモンゴルとの関係は深かった。後年、ホルチンから后妃を次々娶るなど、ホンタイジの宮廷が極めてモンゴル色の強いものであったことは指摘されているが（松村［一九七二］；岡田［一九九四］）、このような母系の環境から、ホンタイジもモンゴル文化に親しんでいたと思われる。他方、『建州聞見録』に「胡将の中、惟だ紅歹是《ホンタイジ》のみ僅かに字を識ると云ふ」と記されるように、ホンタイジはまた漢文を解することができる数少ない王族でもあり(7)、満蒙漢語を解するインテリであった。

ホンタイジについて常に語られるのは、その名が「皇太子」に由来するということである。ホンタイジという語の語源は漢語の「皇太子」であるといわれるが、漢語から直接入ったものではなく、漢語起源のモンゴル語「ホンタイジ qong tayiǰi」に由来するのは確実である。彼がその名のゆえに元来意中の後継者であったという臆説や、予言的な符合であるという公式史料の評言は、もとより取るに足りないが、そもそもこの「ホンタイジ」が、実は本名ではなかったとみられることが、夙に指摘されている。すなわち三田村［一九四二：一四頁］によれば、明の陳仁錫「山海紀聞」に「喝竿」、朝鮮『仁祖実録』に「黒還勃烈《ベイレ》」とあって、本名はヘカン、ホンタイジは通称だというのである(8)。三田村は、モンゴルにルーツをもつイェへの王女の所出ゆえに、「モンゴル王子」という意味で通称されたものと推測しており、また李光濤［一九四八］は、その登位を正当化するために即位後に自称したものと説く。

このことはその後ほとんど深められていないが、あらためて確認すると、ヘカンという名を記す記事は、同時代の明・朝鮮史料にかなり見出すことができる（表4-1）。それらは全て名をヘカン、元来の地位をベイレないし第四ベイレと伝えており、それらの記事に併載される情報の精度も高いことから、信を置くに足るものと判断される

表 4-1 「ヘカン」名記載記事一覧

1626 年	奴酋死後，第四子黒還勃烈承襲。	朝鮮『仁祖実録』巻 14，天啓六年十月癸亥条	三田村［1942］；李光濤［1948］
1626 年（1642 年述）	六年八月，奴児哈赤死，其四子河干貝勒立。	銭謙益「特進光禄大夫左柱国少師兼太子太師兵部尚書中極殿大学士孫公行状」『牧斎初学集』巻 47 上	
1630 年（1642 年述）	奴四酋河干貝勒，傾巣入寇，偽二王子安明貝勒居守瀋陽。	銭謙益「特進光禄大夫左柱国少師兼太子太師兵部尚書中極殿大学士孫公行状」『牧斎初学集』巻 47 下	己巳の役（1629-30）で河北に親征した際の記事
1629 年	四月間，四憨掲竿先至。	『国榷』巻 90，崇禎二年三月条	同上
1630 年頃	号憨者主也。［四男，名喝竿。称憨不出戦］	陳仁錫「山海紀聞」『無夢園集』	三田村［1942］
	一，黄旗下是喝竿憨，老奴第四男也。老奴死，喝竿立。奴衆称為憨，偽号後金国皇帝。倒黄旗，則喝竿之頸可繫，頭可献。内有黄心紅辺者，台吉超哈貝勒乃喝竿之男。		
1641 年	建主喝竿以三千騎来援。	『国榷』巻 97，崇禎十四年八月辛酉条	

のである。したがって、残念ながら正確な語と語義は不明だが、[9] ホンタイジが本名ではなかったことは確実と思われる。

では、そのホンタイジとはいかなる名であろうか。先学がこれを通称や自称のように述べる点については、再検討の余地がある。ホンタイジなる名は、「洪太主」（『光海君日記』）・「紅歹是」（『建州聞見録』）・「黄台住」（『遼夷略』）などと伝えられており、異なる情報源をもつ複数の外国人が記す以上、公的な場で用いられていたはずであるから、単なる通称ではなく、ヌルハチが授与した称号とみなくてはなるまい。[10] この点について少し検討したい。

ホンタイジが初めて史料に登場するのは一六一二（万暦四十、壬子）年十月のウラ征討戦の記事中であり、『満洲実録』では「太祖クンドゥレン＝ハンの二人の子マングルタイ＝ベイレ・ホンタイジ＝ベイレ（Hong Taiji Beile 皇太極貝勒）」として現れる。[11] この箇所は、対応する『老檔』の記事では「manggūltai beile, duici beile」とあって、「Duici Beile 四ベイレ」の称号で記されているが、原資料の『原檔』「荒字檔」では、「manggūltai beile, hong taiji」となっていて、ベイレの号を附さずにホンタイジと直書されているのである。(12) これに続く一六一三（万暦四十一、癸丑）年三月のチュエン失脚のくだりでは、『老檔』で「manggūltai taiji, duici beile」とあるのに対し、『原檔』「荒字檔」では、やはり「manggūltai taiji, hong taiji」となっている。(13) 以後も、おおむね『原檔』では「hong taiji」ないし「hong taiji beile」、それを『老檔』では「duici beile」、『満洲実録』では「hong taiji beile」として表される。

「duici beile」は一六一六（天命元）年に四大ベイレが定められて以降の称であり、『老檔』がこの称で記すのは、編纂時に避諱のため機械的に書き換えたものと思われるから（三田村［一九五〇：三三〇—三三一頁］；神田信夫［一九五八：三七—三八頁］）、ここでは考慮に入れなくてよい。したがって問題となるのは、『原檔』が名を直書し、かつベイレ号なども附さないことがあることである。

これら天命建元前の両記事においては、賜号を持った形跡のない三兄マングルタイがベイレないしタイジと称される一方で、ホンタイジがベイレなどを附称することなく並記されており、また、これらを載せる『原檔』「荒字檔」では、長兄チュエンは「argatu tumen」、次兄ダイシャンは「guyeng baturu」と、両者とも概ね称号で記されている。これらの用法からすると、「ホンタイジ」は、アルガトゥ＝トゥメンやグェン＝バトゥルと同様の、ヌルハチによる賜号と判断するのが適切と思われる。『原檔』では一見ホンタイジが呼び捨てに見えるのに対し、マングルタイがベイレ号ないしタイジ号を附称されるのは、むしろ「ホンタイジ」が称号であって、マングルタイには賜号がないがゆえに実名に連称されたものと解すことができよう。

そこで、初期の王族の賜号を表**4-2**として整理した。そこに挙がるのはことごとく、よく知られたバトゥル（baturu < Mo. baγatur）をはじめとして、ダルハン（darhan < Mo. darqan）、トゥメン（tumen < Mo. tümen）、ジョリク

表 4-2　天命建元以前の王族賜号一覧

時　期	被授与者	賜　号	年　齢	出　典
1585年四月以前	ムルハチ（ヌルハチ異母弟）	チン＝バトゥル（青巴図魯）	25歳以前	『初集』巻137本伝
	＊1592年ホンタイジ生			
1598年正月	バヤラ（ヌルハチ異母弟）	ジョリクトゥ	17歳	『満洲実録』巻2；『初集』巻137本伝
	チュエン	フン＝バトゥル（洪巴図魯）	19歳	『満洲実録』巻2；『初集』巻133「尼堪」伝
	＊1606年ヌルハチ，クンドゥレン＝ハン号			
1607年三月	チュエン	アルガトゥ＝トゥメン	28歳	『原檔』「荒字檔」；『満洲実録』巻3
	ダイシャン	グェン＝バトゥル	25歳	『原檔』「荒字檔」；『満洲実録』巻3
	シュルガチ	ダルハン＝バトゥル	44歳	『原檔』「荒字檔」；『満洲実録』巻3
	＊1609年シュルガチ失脚（1611没）			
1612年十月	ウラ戦記事中に「マングルタイ＝ベイレ・ホンタイジ」の称		26歳・21歳	『原檔』「荒字檔」；『満洲実録』巻3

トゥ（joriktu < Mo. ǰoriɣtu）、チン（cing < Mo. čing）、グェン（guyeng < Mo. güyeng）といった、北元期モンゴルで盛んに用いられた称号の組み合せである。それゆえ、その一つとして、当時モンゴルにおいて副王の意味で広く用いられていたホンタイジ号があったとしても何ら不自然ではないであろうし、また逆に、単なる通称として用いる性質のものではなかったことも確実であろう。

では、いつ、どのようにして授与されたと考えられるだろうか。**表4-2**のうち、時期的に目を惹くのは、一六〇七（万暦三十五）年のシュルガチのダルハン＝バトゥル、チュエンのアルガトゥ＝トゥメン、ダイシャンのグェン＝バトゥル号の授与である。これらの号は遠征帰還後に戦功に対して授けられたものであるが、これは前年十二月にモンゴル・内ハルハ諸部からクンドゥレン＝ハン号が奉呈された直後のことであり、増井［二〇〇七：五七頁］は、このハン号奉呈を、制度の新設・改新の契機となる一つの画期であったことを主張する。私もその考えに賛同するものであり、子弟に対するモンゴル由来の称号授与も、単なる論功行賞というだけでなく、政権が体裁を整えていく一環とみることができるように思われる。その一つとして、モンゴルにおける権威ある、しかし濫用されつつあった副王の称号であるホンタイジ号も、充分想定されるであろう。

それとともに注目されるのは、その年齢である。当初後継者と目されていたチュエンのアルガトゥ＝トゥメン号は二八歳の時のことであるが、最初のフン＝バトゥル号は、一九歳で授けられたものであった。そこでホンタイジについてみてみると、両兄が賜号された一六〇七年には一六歳、史料に初出する一六一二年には二一歳であった。この間、一六〇九（万暦三十七）年三月に継妃ウラ＝ナラ氏から長子ホーゲが生れているから、継妃との結婚は一七歳の一六〇八年前半以前であり、元妃ニュフル氏（エイドゥの娘）を娶ったのはさらにそれ以前ということになる（増井［二〇一四：三一頁注43］）。ジュシェン＝マンジュ社会においては、十歳代後半は婚姻・分産して自立するに足る成人であり（増井［二〇一三］）、一六〇七年以降の時期、彼に対して賜号が行なわれても何ら不思議はない。

ここで想起されるのは、ホンタイジ自身が、継位からほどない一六二八（天聡二）年に、ドルゴンにメルゲン＝ダイチン（mergen daicing）、ドドにエルケ＝チュフル（erke cūhur）の称号を授けたことである。[14] しかもその年齢はドルゴン一五歳、ドド一三歳にすぎず、その勲功の称揚の文辞とはうらはらに、実のところは、最後の正妃の幼子として特別視されていた二人を別格扱いするために、実績に関係なく授与したものというべきであろう。しかも、それらは何れも純然たるモンゴル由来の称号であった。

以上を勘案すると、一六〇七―一二年のいずこかの時期に、成人した嫡出第四子ヘカンに対し、モンゴル由来の称号「ホンタイジ」号が授与され、以後その名で呼ばれるようになったものと考えることができるのではないだろうか。なお、「hong taiji beile」という表記も存することは、やはりこれが本名であることを示すようにも解せるが、シュルガチを「darhan baturu beile」、ダイシャンを「guyeng baturu beile」と記すなど、称号にさらにベイレ号を連称する例もあるので、「hong taiji」と「hong taiji beile」が併存することは、なんらおかしなことではない。また、以上の推論は、先に述べた后妃の嫡庶、および所生子の嫡庶の問題とも矛盾しない。同時に現れるマングルタイには終始称号はなく、また同母弟デゲレイも、大妃ウラ＝ナラ氏所生の諸子より年長でありながら、やはり称号はみられない[15]。このことは、ともに「アンバ＝フジン」と称されるイェヘ＝ナラ氏・ウラ＝ナラ氏所生の諸子と比して、継妃フチャ氏所生の同母兄弟の地位の相対的低さを示すものであろう。この点も、イェヘ＝ナラ氏の地位とホンタイジの処遇を整合的に示すものといえよう[16]。

以上の論と既知の情報を整理してみると、次のようになる。

本　名　：ヘカン
即位前の称号　：ホンタイジ hong taiji（一六〇七―一二?～）・四《ドゥイチ》ベイレ duici beile（一六一九～二六）
君主としての尊号　：スレ＝ハン sure han（一六二六～三六）
→寛温仁聖皇帝《ハン》 gosin onco hūwaliyasun enduringge han（一六三六～）

ただし、称号や尊号をとることは漢字圏でも非漢字圏でも珍しいことではないが、君主の実名は忌避すればよいのであって、記録には残る。ところが、実名の忌避にとどまらず、本名を記録から抹消してしまった（とみられる）ことは、ホンタイジの特異な点であり、また彼の人物と施策を考える上で考慮しなければならない点であろう。

（2）〝セチェン＝ハーン〟と〝ダイチン＝ウルス〟

そこで次に、即位後の君主としての尊号（死後の諡号ではない）が注目される。すなわちスレ＝ハン（天聡汗）である。ホンタイジは、一六二六年八月十一日にヌルハチが没すると、王族会議で第二代ハンに選出され、九月一日

に即位した。このとき、スレ＝ハンの尊号を称したのである。(17)

スレ＝ハンは「聡明なるハン」を意味し、モンゴル語ではセチェン＝ハーン（sečen qaγan）、漢語では天聡汗・天聡皇帝と訳されるが、ホンタイジがなぜこの称を採用したのかは、史料では説明しない。既に見てきたように、ヌルハチの称号はもともとスレ＝ベイレ（Sure Beile 淑勒貝勒／聡睿貝勒）といい、また最初のハン号はスレ＝クンドゥレン＝ハン（Sure Kundulen Han）で、スレ＝ハン・スレ＝ゲンギェン＝ハン（Sure Genggiyen Han）という言い方もあったので、父の称号を継いだものと考えることもできよう。しかし、「クンドゥレン」や「ゲンギェン」が本義であるヌルハチのハン号と違って、ホンタイジの尊号はスレ＝ハンとのみ言うので、「スレ」自体に意味があると解さなければならない。

そこで注目されるのは、モンゴル語での〝セチェン＝ハーン〟である。大元時代以降のモンゴルにあっては、セチェン＝ハーンとは、字義通りの「聡明なるハーン」の意味ではなく、世祖クビライ（Qubilai）の謚、すなわちクビライその人を指す固有名にほかならないのである。このことは、モンゴルの強い文化的・社会的影響下にあったマンジュ世界でもよく知られていた。例えば、チャハル征服を進めつつあった一六三四（天聡八）年、かつてクビライのとき五台山に祀られたというマハーカーラ仏がチャハルからもたらされたことは、このように記される。(18)

［IV―1］　その日、モンゴルの大元国の世祖フビライすなわちスレ＝ハンの時に、パクパ＝ラマがマハーカーラ仏を金で鋳造して、五台山に祀っていた。サキャの地に持って行って祀っていた。さらにシャルバ＝フトクトゥ＝ラマが招請して、大元国の裔のモンゴルのチャハル国に持って来て祀っていた。マンジュ＝グルンのスレ＝ハンがチャハル国を討つためチャハル国人は自ら敗走して政を壊して、国人がみな帰順して来る時、メルゲン＝ラマがマハーカーラ仏を持って来て帰順して来た。スレ＝ハンは、ビリクトゥ＝ナンス＝ラマを遣わし

て招請して連れて来て、ハンの居した盛京城に、スレ＝ハンの第八年甲戌冬の末の月の十五日丁酉に到着した。

このように、「セチェン＝ハーン」ことクビライが「スレ＝ハン」と訳され、しかも「モンゴルの大元国の世祖フビライすなわちスレ＝ハン（monggoi dai yuwan gurun i sidzu hūbilai, sure han）」と「マンジュ＝グルンのスレ＝ハン（manju gurun i sure han）」が、対比するように並記されているのである。またホンタイジ自身、モンゴル側から実際に「セチェン＝ハーン」と称されており、例えば『天聡九年檔』に収める、ハルハのショロイ＝チェチェン（セチェン）＝ハーンからの国書では、満文で「Sure Han」、モンゴル文で「Sečen Qaɣan」と呼びかけられている。[19] 自らを指す「セチェン＝ハーン」なる尊号が、モンゴル世界においていかなる意味で受け止められるか、どのようなイメージを喚起するかを、モンゴル的教養を持つホンタイジが意識していないはずがなく、彼の「スレ＝ハン」号は、これがモンゴルにおいてはセチェン＝ハーンと訳されることを承知の上で名乗ったものと考えざるをえない。

このような志向と手法は、彼が採用した「大清」国号にも見受けられるように思われる。この国号があくまで「大清」であって「清」ではないこと、また漢文「大清」と満文「daicing」とが一致するものであって、満訳名が存在しないことは夙に指摘されているが（今西春秋［一九五九：六〇七―六〇八頁］；松村［一九六九］）、その由来と含義を清側公式史料が説明しないため、解釈については、これまで幾多の見解が提出されてきた。それらを総合すると、「大清」とは、その出典こそ明らかでないものの、「崇徳」年号とあわせて「大明」「崇禎」に対抗するものであり、氵の字が用いられたのは火徳に打ち勝つ水徳を示すとともに、「水の三万女真」といった、ジュシェン＝マンジュ人を象徴するものである、とされる。[20] しかし、このような字解きだけでは、それまでの「満文＝マンジュ、漢文＝後金・金」という使い分けと違って、大清は純然たる漢語国号であって満文は読みを示すにすぎない、という解釈に陥ってしまう。そしてそこから「小中国」「中国化」という見方も出てくるのである。しかし、果してそうだろうか。

ここで再び、当時のモンゴル・マンジュ世界における称号・尊称の語彙を想起しなければならない。その中の一つに、ダイチン（daicing < Mo. dayičing）がある。ダイチンとは、一六世紀以降広まった称号要素で、堅固・卓越・勇敢、また勇士・統率者を意味し、一七世紀前半のモンゴル諸勢力において、人名・称号として盛んに用いられていた（薄音湖［一九九二］；鮑明［二〇〇八］）[21]。すなわち、大清国こと「ダイチン＝グルン／ダイチン＝ウルス」は、漢語を解さないマンジュ人・モンゴル人にとっては、「勇ましい強国」「上なる統べる国」という、彼らの世界での国号として解釈されたものと思われるのである（鮑明［二〇〇八］）。漢文の世界では「明に勝つ大清」、マンジュ・モンゴルの世界では「勇ましい上国」――ホンタイジは、自らの尊号ともども、仕掛けを施していたといえるのではあるまいか。

そこからまた、一六三六年の大清建号・尊号奉呈＝大清皇帝即位の意図も浮かび上がってくるように思われる。これが前年の「大元伝国の璽」の獲得を契機とするものであることは清側史料に明記があるが、それが大ハーンの地位と支配権を受け継ぐものであるとの主張までは、史料中では明言されていない。それゆえ、「清皇帝はモンゴル大ハーンの地位を継承した」との言説は、研究者の観察から導かれる推論にとどまってきたのである[22]。

しかし、ホンタイジの振る舞い――漢語では皇太子、モンゴルにあっては政権ナンバー2を意味する「ホンタイジ」をあたかも本名の如く称し、また、モンゴル人にとってクビライその人にほかならない「セチェン＝ハーン」を自ら名乗り、しかもそれらの意図についてはけっして明言しない、という彼の政治手法、イメージ戦略から推するならば、大元正統のチャハル＝ハーン家の臣属と「大元伝国の璽」なるものの入手とを契機として新たに誕生した「大清国皇帝」が、「大元ハーン」の支配を引き継ぐものであると主張していることは、明言はなくとも明らかと思うのである。以後、大清皇帝がモンゴル大ハーンの役割を兼ねたことは諸家も認めるところであるが、のみならず、大元から大清への王統の継承の意識をそこに見出すことも、誤っていないと考える。

いったいポスト＝モンゴル期以降のモンゴル・ジュシェン（マンジュ）の人びとは、図0-1で示したように、世界をいくつかの言語・習俗・精神文化・居住圏などのまとまりと捉え、それぞれの支配権とその継受の系譜を、古代ウイグル語に由来するtörü、doro＝「政《まつりごと》・政道」という語で呼び、またその規模をトゥメン、すなわち万戸（万人隊）で表現した(23)。ヌルハチ・ホンタイジの覇業とは、ジュシェンの「政」を統べ、他国の「政」を奪って自らの「政」のもとに統合していく過程であった。一六六二（康熙元）年に成ったモンゴル文年代記『蒙古源流』では、ホンタイジの即位を、「セチェン＝ハーン」（スレ＝ハン）が、「モンゴルのハーンの政を奪っ」たものと表現している(24)。そのような考え方から言えば、チャハル収服と大清皇帝即位とは、マンジュのハンであるホンタイジが、大元の「政」を引き継いだものといえるし、またそう捉えられていたのではないだろうか。であれば、あえて明言する必要もない――饒舌な清史料の沈黙は、むしろホンタイジ政権の性格を示すものであるように私には感じられる。

そもそもマンジュ＝大清グルンにおいて、モンゴル大元帝国に対する敬慕・継承の意識が極めて具体的に抱かれていたことは、例えば首都の西「三里」に勅建チベット仏教寺院を建立するという、クビライの大護国仁王寺と全くパラレルなホンタイジの実勝寺建設の事例からも、明らかである（中村淳［一九九七：一四一頁］）。実勝寺は、［IV―1］にあったマハーカーラ仏を祀るために一六三六年に起工され、二年後の一六三八（崇徳三）年に落成して、盛大な落慶式が挙行された。石濱裕美子［二〇〇七：五三頁］は、国璽獲得が大元の政治権力を象徴する遺物であるならば、マハーカーラ仏伝来は、大元時代に隆昌したチベット仏教を象徴する遺物であるとして、聖俗二つの大元伝世の遺物将来とそれを寿ぐ祝祭を「即位式は元朝の政治の復興を、実勝寺の落慶式は元朝の仏教の復興を満洲皇帝が宣言する場であった」と位置づける。

〝スレ＝ハン〟ホンタイジは、これら聖俗双方のページェントを通して、自らを〝セチェン＝ハーン〟の再来と演出しようとしていたように思われるのである。

（3）ホンタイジの継位と政局

ひるがえって、ホンタイジは、現実的な国内政治においては、いかに政権を運営したであろうか。ホンタイジ時代の政治史の基軸は、第一にはダイシャン・アミン・マングルタイの三人の兄ベイレとの力関係であり、第二は、自らと拮抗する門地を誇り、亡父の領旗を継承したドルゴンとの関係であった。年長者を相手とする第一の問題は、ハン・諸王個々人の人格的関係や歯序が注目されてきたが、ホンタイジの後継選出時はまだ少年だったドルゴンとの関係である第二の問題は、個人的資質や人格関係よりも、領旗すなわち属下集団の意味が大きいはずである。そこで、主に第一・二章の成果を基に、旗人の人事からその施策をたどってみたい。

ホンタイジが即位した一六二六年九月一日、八グサ＝エジェンと左管・調遣の各十六大臣からなる各旗五名、全四〇名の諸大臣が任命されたことが『太宗実録』巻一に見える。その顔ぶれを、これまで第一・二章でみてきた天命末の記録と比較するために、**表4-3**を作成した。

この人事が、ヌルハチ一門とマンジュ勲旧の有力諸家系が三分の二以上を占めるものであることは、既に増井［二〇〇六a：三六—三八頁］が指摘している通りであり、詳しい分析はそちらに譲る。ここでは、人事の特徴をみるために、そのほぼ一年前（一六二五年八月）に授与された「黄字檔」世職勅書と比較してみたい。通覧すると、ほぼ全員が「黄字檔」に記録されているので、抜擢人事ではないことが知られるが、いま一つ気づくのは、世職最高位の総兵官が六人しか起用されていないことである。

すなわちこの人事は、全体の傾向としては各旗の有力大臣・有力氏族をほぼ網羅したものであるが、位階上の最

表 4-3　ホンタイジ即位時（1626）八大臣以下高官一覧

	旗　色	官　職	人　名	出　自		「黄字檔」世職
1	正黄旗	グサ＝エジェン	ナムタイ	3	クルカ地方シュムル氏（ヤングリ第3弟）	三等副将
2		左管十六大臣	バイントゥ	A	宗室（バヤラ次子）	一等副将
3			レンゲリ	3	クルカ地方シュムル氏（ヤングリ次弟）	三等総兵官
4		調遣十六大臣	バブタイ＝アゲ	A	ヌルハチ庶子	三等参将
5			バキラン	11	ハダ＝ナラ氏	一等遊撃
6	鑲黄旗	グサ＝エジェン	ダルハン＝エフ	—	ゴロロ氏（ヤンシュ次子）	三等副将
7		左管十六大臣	イスン	1	スワン地方グワルギヤ氏（フィオンドン甥）	三等副将
8			ダジュフ	—	ネエン地方ジョーギヤ氏	三等副将
9		調遣十六大臣	ドノイ	1	ウラ地方グワルギヤ氏	三等遊撃
10			ヤンシャン	1	スワン地方グワルギヤ氏（7の兄）	世職なし
11	正紅旗	グサ＝エジェン	ホショトゥ＝エフ	5	ドンゴ氏（ホホリ嗣子）	一等総兵官
12		左管十六大臣	ブルギ	A	覚羅	三等副将
13			イェクシュ	—	ニマチャ地方ホイホ氏	三等副将
14		調遣十六大臣	タングダイ＝アゲ	A	ヌルハチ庶子	三等総兵官
15			チャハラ	—	ゴロロ氏（チャンシュの子）	三等副将
16	鑲紅旗	グサ＝エジェン	ホルジン＝ヒヤ	13	ワンギヤ氏	三等遊撃
17		左管十六大臣	ウシャン	8	フネヘ地方イルゲン＝ギョロ氏	備禦
18			チョホノ	10	ナムドゥル氏	三等遊撃
19		調遣十六大臣	ハハナ	10	ナムドゥル氏	三等参将
20			イェチェン	13	ワンギヤ氏	備禦
21	鑲藍旗	グサ＝エジェン	グサンタイ	11	イェヘ＝ナラ氏	三等副将
22		左管十六大臣	シュサイ	—	サクダ氏	三等副将
23			カンカライ	—	フルハ氏	三等参将
24		調遣十六大臣	ムンタン	—	ハダ地方ダイギヤ氏	三等副将
25			エムンゲ	1	ワルカ地方グワルギヤ氏	三等遊撃
26	正藍旗	グサ＝エジェン	トボホイ＝エチケ	A	覚羅	三等副将
27		左管十六大臣	トゥンブル	A?	覚羅？	二等遊撃
28			サビガン	A	覚羅	—
29		調遣十六大臣	アンガラ	A	覚羅（マングルタイ異父同母兄）	三等副将
30			セレ	A	覚羅	三等遊撃
31	鑲白旗	グサ＝エジェン	チェルゲイ	2	ニュフル氏（エイドゥ第3子）	三等副将
32		左管十六大臣	ウバイ	1	フェイデリ地方グワルギヤ氏	三等遊撃
33			サムシカ	9	ヤルグ地方トゥンギヤ氏（フルガン第3弟）	三等遊撃
34		調遣十六大臣	トゥルゲイ	2	ニュフル氏（エイドゥ第8子）	三等総兵官
35			イルデン	2	ニュフル氏（エイドゥ第10子）	—
36	正白旗	グサ＝エジェン	カクドゥリ	10	ナムドゥル氏部長家	三等総兵官
37		左管十六大臣	ムンガトゥ	9	マチャ地方トゥンギヤ氏	三等副将
38			アサン	8	ムキ地方イルゲン＝ギョロ氏	三等副将
39		調遣十六大臣	カングリ	10	ナムドゥル氏部長家	三等総兵官
40			アダハイ	8	ムキ地方イルゲン＝ギョロ氏（38の次弟）	一等遊撃

注）出自欄の数字は**表 1-1**，A はアイシン＝ギョロ氏（宗室・覚羅）を示す。

上位層についていえば、ヌルハチ最晩年の傾向を引き継いでいないといえるのである。そして、第一章第三節で指摘したように、高位世職は極端に偏在しており、八旗全体で一二人しかいない総兵官は、両黄に七人が集中していたから、このことは、とりもなおさず、最上位層が偏在していたヌルハチ幕下の旧両黄＝新両白旗に対する抑圧を意味するといえよう。

とりわけ、ヌルハチの直属にしてドルゴンに引き継がれた、旧正黄＝新鑲白旗の人事の特異さが目につく。「黄字檔」正黄旗勅書には、ハンの直属旗として総兵官三人・副将一人・参将七人が記録されていたにもかかわらず（前掲**表2-1**：1〜10・12）、このクラスでこのとき任用されたのは、三等総兵官トゥルゲイと三等副将チェルゲイのみであり、しかも勅書のなかったイルデンとあわせ、エイドゥ家の同母兄弟が三人も起用されているのである（**表4-3**：31・34・35）。名族・大官がひしめいていたにもかかわらず、特定家門の偏重と中下級世職からの起用という人事は、他の七旗と比べて著しく異例といえよう。

では、旧正黄＝新鑲白旗の高位旗人はどのような処遇にあったのだろうか。これに関して、細谷良夫［一九九一：三二頁］は、ホンタイジ政権の成立に伴う政治変動を具体的に示すのが「黄字檔」勅書の補訂であることを指摘し、「天命一〇年以後に旗人の二割が官職剥奪を受け、総兵官の半数が失脚するに至っていたと推定される」と述べている。第一章第三節で見たように、天命末の総兵官は両黄旗に著しく偏在していたから、このことは旧両黄旗の高官が揃って失脚したことを意味するであろう。

そこで、両黄旗の上中級旗人を一覧に示した前出**表2-1**から、「黄字檔」勅書の補訂状況を確認しよう。正黄（新鑲白）旗の高位旗人の地位の変化を確認すると、筆頭の一等総兵官「Busan」勅書とそれに続く三等総兵官「Abtai」・「Turgei」、三等副将「Cergei」、三等参将「Šajin」の五通が全て「削除」されているのである。以上の補訂の結果、『老檔』「天命十一年勅書」は、二等参将「Yeodehe の弟 Holdo」勅書から始まっていた（太祖3、一〇〇七頁)。

なかでも、天命期の重臣ブサン・アブタイ・シャジンがことごとくその地位を失っていることは重要である。第一・二章で見たように、筆頭のブサンは「太祖の母の妹の子」という格別の縁をもつ、ジャクム地方タタラ氏の猛将であり、次席のアブタイは、大妃ウラ＝ナラ氏の実弟として、都堂・総兵官・グサ＝エジェンと最高ランクの待遇で任用されていた。またシャジンも、同じくジャクム地方タタラ氏の出身で大法官ともいうべき賜名をもつ老臣であった。それが、四〇大臣の中に名が見えないばかりか、何れもが何らかの処分を受けて、勅書自体が「削除」されているのである。とりわけ、ヌルハチ世代のブサン・シャジンと違ってホンタイジと同世代のアブタイは、本来なら起用されてもおかしくないはずであるが、しかし彼は、第二章第二節（2）で見たように、既に遊撃に転落しており（一六二八年には備禦にまで転落）、おそらくはホンタイジ嗣立をめぐる暗闘の結果であると思われる。またブサンも一六二九―三〇（天聡三―四）年の間に副将、次いで参将に降格され、監禁されるに至り〔細谷［一九九二：四三―四四頁］〕、シャジンも、おそらくこれと相前後して地位を失ったものであろう。

これに対し、上位五人のうち、エイドゥの子のチェルゲイ・トゥルゲイはグサ＝エジェン・調遣十六大臣に任じられており、その職責ゆえに戦闘に伴う昇降を頻繁に経験したことは『原檔』・諸伝に明らかであるから、これらの勅書の補訂には政治的意図は窺えない。彼らは失策などで処罰されてもすぐ復職しており、グサ＝エジェン職も、**表1-2**に明らかなように、一六三九年に移旗するまでエイドゥ家の三兄弟が交代で務めているのである。

これら八旗官の人事と勅書の補訂内容から窺えるものは、ドルゴン兄弟が継承した旧両黄＝新両白旗、とりわけかつてのハン直属軍団である旧正黄旗に対する、ホンタイジの掣肘策という意図であろう。

ただし、注意すべき点が二つある。一つは、その掣肘策が、あくまで八旗官の任用や世職の与奪という、ハンの国制上の権限の範囲で行なわれているということである。エイドゥ家の偏重人事にしても、これは彼らがもともと旧正黄＝新鑲白旗に属していたからであって、ホンタイジは、本来所属していた者の中から自己の親信者を選んで任用したのである。このことは、ハンといえども恣意的な旗の改組や属下の配置換えはできなかったことを意味している。

いま一つは、ホンタイジは、必ずしもドルゴン兄弟やその属下と全面的な対立・緊張関係にあったわけではないということである。ホンタイジ嗣立をめぐる暗闘があったにせよ、三人の兄ベイレが当面の政敵であったホンタイジと、なお年少のドルゴンとの間には直接的な対立はなかった。また、その属下にしても、アブタイの失脚後もバヤン・モー＝メルゲンが旧ウラ王家の代表者として扱われ（第二章第一節）、また古参の宿将ブサンらに代ってその子の世代のイングルダイらが登用されたように、彼らはけっして排除・誅滅されたわけではない。これら天聡期の失脚事例は、ドルゴンないしその属下に対する組織的弾圧というよりも、世代交代・政権交代に伴う変動・牽制とみなすべきである。それゆえ、ホンタイジが権力を確立し（次節参照）、ドルゴンも長じた崇徳年間になると、天聡年間ほどの露骨な抑圧はみられなくなる。

そもそも、ブサン・アブタイの失脚やトゥルゲイ兄弟の親任など、ホンタイジは即位当初両白旗の掣肘に努めたとみられるのに、イングルダイ・アサンを選任したりニルの継承を認めていることは、注意せねばならない。というのも、彼らはホンタイジにも重用されており、就中イングルダイは鑲黄旗（崇徳以降正藍旗）旗王であるアバタイの女婿であるなど、自らの旗王と結びついているからといって、必ずしも反ハン的だったわけではないのである。また、ドルゴンの親信と評されるウバイにしても、第三章で見たように、彼は内廷で養育されており、同年輩（一五九〇年代生れ）のホンタイジとは近しかったと思われるのである。

だが、いずれにせよ、国政レベルでは人事を通してある程度はコントロールできたにせよ、ホンタイジが八旗八分体制の下で領旗レベルでの政治的実力を強めていくことは難しい。そのような制約下で生起したのが、八つの旗の一つが解体されるという、開闢以来始めての大事・正藍旗の獄である。

第二節　乙亥の変——天聡九年正藍旗の獄

(1) 事件始末

これまで見てきたように、創業者たるヌルハチは、八旗編成・属下分与に当り、血縁・通婚・主従など旧来のまとまりや結合関係を破壊するのではなく、むしろそれを活かして旗を編成し、それとゆかりの深い旗王を封じていった、という流れが想定できる。ただ、それだけに二代目ハンであるホンタイジにとっては、このような姻戚関係に基づく結合に干渉することは困難だったと考えられる。そこで次に、これに対するハン権力の働きかけが看て取れる政治史上の事件として、一六三五（天聡九）年に起った正藍旗の獄を取り上げる。

マングルタイ兄弟の率いてきた正藍旗は、一六三二（天聡六）年十二月にマングルタイが、次いで一六三五年十月にデゲレイが没すると同年十二月に突如取り潰され、両黄旗に編入されて姿を消してしまう。そしてその僅か四カ月後、ホンタイジは大清グルン皇帝位に即くのである。

そもそもこの天聡九年という年は、単に大清建号の前年というだけでなく、この年のチャハル遠征によって、ホンタイジは(1)大元帝室の正統チャハル＝ハーン家を降し、(2)大元伝国の玉璽を獲て皇帝即位の大義名分を手に入れ、さらに(3)戦勝後の処理をめぐって長兄ダイシャンを失脚せしめてハン権を確立したことが、既に指摘されている（松村［一九六九］［一九九二］）。しかしながら、この正藍旗の獄は、その只中に生起しながら、大清建国への一連の動きの中で位置づけられていないのである。

この事件については、夙く孟森［一九三六：四六―五三頁］が経過を整理して上三旗（皇帝直属の鑲黄・正黄・正白旗）の起源となったことを指摘し、また陳文石［一九六八：四九五―五〇〇頁］は網羅的に関連史料を博捜している。しかし、両氏はじめこれまでの研究は、ホンタイジと諸ベイレとの間の権力闘争を相手別に検討する方法を採ったため、事件を政治史全体の流れの中に位置づけられておらず、また事件そのものについても、謀叛発覚・旗改編といった公式記録の記載がそのまま受け入れられるにすぎなかった。唯一正藍旗の側から論じた阿南惟敬［一九七七］も、重点は事件前後の構成の変化の解明にあって、事件自体については、当時新出だった『天聡九年檔』の記事の紹介にとどまっている。そこで本節では、経過をたどりながら事件の内容を分析し、性格の再検討を行なう。(25)

一六三五年二月、既に南モンゴルの大半を制圧していたホンタイジは、前年病死したチャハルのリンダン＝ハーンの遺子エルケ＝ホンゴル＝エジェイ（Erke Qongγor Ejei）を降すべく遠征軍を送り出した。幼いエジェイは故リンダンの諸后妃とともに無抵抗で投降、遠征軍に伴われて来投し、かくて南モンゴルは完全にマンジュ＝グルンの支配下に入ったのである。ところが、九月に入りこの后妃の分配をめぐってダイシャン・マングジがホンタイジと対立し、結局二十五日に至って二人は厳しく罰せられた。この事件が、前述したダイシャンの失脚である。この時マングジの後夫ソノムと婿のヨト・ホーゲも罰せられ、デゲレイも姉マングジに同調した廉で処罰されている（松村［一九九二］）。そしてその僅か一週間後の十月二日、デゲレイはにわかに病を得て急死してしまった。

『天聡九年檔』によると、デゲレイの葬儀は十月十一日に執り行なわれ、一方ホンタイジは、十一月十七日から十二月三日まで、ダイシャン・アバタイ・ドド・アジゲと兵三千を率いる大規模な狩猟を行なっているから、デゲレイの葬儀以後彼が国都盛京にいた期間は、一カ月余りにすぎない。またこの時期、ドルゴンは十月二十六日以降妻を娶りにホルチンへ出かけ、留守にしている。そしてホンタイジが狩猟から帰った直後の十二月五日、正藍旗改易の大獄が史料に現れるのである。(26)

事件に関する記録としては、『太宗実録』巻二一の記事が最もまとまっているが、幸いこのほかに『実録』の原資料とみられる満文史料が残されている。すなわち、『原檔』に収める『天聡九年檔』と、これと系統を異にする『内国史院檔』の同年部分とであり、このうち前者には直接の記事がなく、後者に『実録』とほぼ一致する記述がみられる[27]。

それによると、かつてマングルタイ・デゲレイ・マングジ・ソノムらが簒奪を企てていたことを、マングジの家僕レンセンギ（Lengsenggi 冷僧機）が、盛京で留守を守る刑部ベイレのジルガランに告発し、またそれとは別にソノム自身も、狩猟中に国舅アシダルハンらに自首した、というのである。十二月三日に盛京城に戻ってレンセンギの告発に接したホンタイジが諸王・諸大臣に罪を議させると、マングジの女婿ヨトが辯護した以外正藍旗懲罰を決議、ホンタイジも裁可し、かくて関係者が逮捕処刑された。その処分内容は以下の通りである。

①マングジ・エビルン（Ebilun 額必倫／マングルタイ第五子）・アンガラ処刑。
②「同謀」のアイバリ・トゥンブル斬刑、族誅。
③マングルタイ・デゲレイの諸子は庶人に降し、妻・侍妾は分配[28]。
④資産・荘田・家畜などは七旗に分配。
⑤正藍旗人は両黄旗に分割編入して、二旗を再編成。

その後、家宅捜索の結果、不軌の証拠として「金国汗印」なるものが発見されたという。また、一連の変を受けて、マングジの女婿であるホーゲは「仇敵の子を妻とすることはできない」といって妻を殺し、それに倣おうとしたヨトは止められた。明けて翌年には、ハダのケシネが祖母マングジに連坐して世職を奪われ、ケシネとアンガラの三ニルが専管権を剝奪された（第二章第四節（2））。

こうして、マングルタイ一門は処断され正藍旗は解体されてしまったのである。

（2）事件の再検討——正藍旗の獄

まず、処分の内容とその関係者について検討しよう。

その処分内容を一見すると、①②に見える刑死者が、第二章第四節で指摘した正藍旗の旗王派閥たるフチャ氏・ハダ＝ナラ氏閥であることは明らかであろう（図2-8・9）。処刑されたマングジとアンガラはともに継妃グンダイの所生で、マングジはホンタイジにとっても異母姉であり、またグンダイ前夫の子である覚羅アンガラ（表4-3：29）は、一族有力者としてアゲ号を附しても呼ばれる。エビルンは、継妻ハダ＝ナラ氏すなわちマングジの娘の所生で、マングルタイの九子のうち代表的な立場にあり、この年も遼西方面へ出陣していた。これら正藍旗の主要王族が処刑されたのである。

またこれまで、マングルタイの同母兄妹であるマングジとアンガラの誅殺のみが注目されていたが、第二章第四節で論じたように、②に見えるアイバリはシャジ地方フチャ氏の出身とみられるので、姻族もまた大打撃を受けたのである。[29]さらにハダ＝ナラ氏も、嫡系ケシネが翌年正月六日に「彼の祖母ハダ＝ゲゲ（マングジ）の罪に連坐して」世職を免じられ、三月八日にはケシネとアンガラの計三ニルが専管権を剝奪された。[30]

以上の如く、処分された者はことごとく旗王マングルタイの近親と姻族とであり、マングルタイ派は一掃されたのである。もちろん、事件の性質がマングルタイ王家による簒奪謀議であるから、これは当然の処置ともいえるが、旗の最高責任者たるグサ＝エジェン・セレさえ、特に咎められることもなく、鑲黄旗に移って引き続きメイレン＝エジェンを務めており、処罰の偏りを感じさせる。

その後も事件の余震は続き、マングジの女婿で、告発の際ただ一人異議を唱えたヨトは、その正藍旗との関係の故にたびたび糾弾を受けており、没後に罪が追論された際、「其の事、姚托貝勒豈《ヨトＩベイレ》に之を知らざらんや」と論じられている[31]。また、一六三七（崇徳二）年六月には、宗室を除籍されてホーゲの下に預けられていたマングルタイの次子グワングン（Guwanggun 光袞）が、事件への憤懣を語るなどしてあらためて罪に問われ、誅殺されている[32]。

他方、告発に関係した者を見ると、ホンタイジの姻族ばかりであった。すなわち、最初の密告者レンセンギは、この功で一躍三等メイレン＝ジャンギンに取り立てられホンタイジ直属の正黄旗に隷するのだが、この人物は、ホンタイジの母系氏族イェヘ＝ナラ氏の出身であり、受理したジルガランも、刑部ベイレであるというだけでなく、ホンタイジの母方の従兄デルゲルの娘を二人も娶ったイェヘ＝ナラ氏閥であった。またソノムが自首した相手は、ホンタイジの生母の族弟として国舅の称号を持つアシダルハンだったのである（図2-5）[33]。

これに関連して、後代の記録ではあるが、一六九九（康熙四十八）年正月、康熙帝の皇太子をめぐる政争に関わって、この正藍旗改易時に鑲黄旗に移ったフチャ氏のハシトゥンの孫のマチが糾弾された時に、康熙帝が「馬斉《マチ》は原と藍旗貝勒徳格類《デゲレイ》の属下の人に係るも、本旗貝勒を陥害して上三旗に投入す。其の族中を問ふに、一人として身の戎行に歴して陣亡せし者有らんや」と罵っている[34]。マチの曾祖父ワンジハ・祖父ハシトゥンがそのような密告を行なったのかどうかは確かめる術はないし、激昂した康熙帝の発言にどのような根拠があったのかは不明というしかないが、正藍旗の旗王家が「陥害」されたものであるという認識は窺えよう。

次に、事件の経過を再検討したい。注意せねばならないのは、十月のデゲレイの死によって、正藍旗には旗王がいなくなったとみられることである。このことを指摘した陳文石［一九六八：四九九頁］は、事件がホンタイジによる計画的なものであった可能性を示唆しており、私も氏の見方に賛成するが、氏は特に史料を挙げて論証しているわけではないので、あらためて事件前後の情勢を詳細に検討しよう[35]。

『宗譜』によれば、当時マングルタイの長子マイダリは三三歳、また活躍の伝えられるエビルンは二七歳で鑲黄旗旗王ホーゲと同い年だったから、ホショ＝ベイレに陞って正藍旗を継承する資格は充分だった。しかし、彼らはアゲと呼ばれたりニルを領したりしてはいるが、ベイレやタイジであった形跡はなく、十月以降も叙任の記事はみられないのである。

幸いこの間の事情について、『明清史料』に収める明の「兵部題「宣府巡撫陳新甲塘報」行稿」（崇禎九〈＝崇徳元、一六三六〉年四月五日）なる檔案に、貴重な情報が残されている（王思治［一九八四：八九―九〇頁］）。檔案の主要部分は、宣府巡撫陳新甲が北京の兵部に送ったマンジュ＝グルンからの亡命者に関する報告で、この中に、正藍旗の獄に関する情報が含まれているのである。

いま仮に、亡命者の供述内容を①〜⑤と呼ぶことにする。まず供述①で身許と亡命の経緯を述べ、次いで供述②以下が尋問の答えで、問題の正藍旗の獄は②で述べられている。供述③は、「上年」すなわち一六三五年に「挿酋的児子黄鵝児台吉《ホンゴル＝タイジ》」を捉え、ホンタイジが自分の娘を娶らせたことを伝えている。「挿」字はチャハルの音写「挿漢児」の頭文字だから、これは正しく「チャハルのハーン（＝リンダン）の子ホンゴル＝タイジ（＝エジェイ）」の意に相違ない。また、同年十二月のハルハからの来使を伝える供述④は、先に挙げた『天聡九年檔』十二月七日条に記されるハルハのショロイ＝ハーンからの使節団が到着したことを述べるものである。同じく「補哈倘不能」なる人物の敗死を記す供述⑤についても、同十二月六日条に、寧遠方面に遠征したブハ＝タブナン（Buha Tabunong）が明軍の逆襲にあって戦死したことが記されており、対応する事実が確認されるのである。[36] 亡命者の供述は、事件以外の内容は極めて正確であるから、ここに記される情報の信憑性は高いとみてよい。

そこで、以下に事件に関する部分を訳出しよう。[37]

［IV―2］ヌルハチの嫡出子にマングルタイという者がおり、大ベイレだった。既に一昨年病没しており、三

子を遺していた。そのうち長子が、昨年十一月内にベイレを継ぐことを要求した。四ベイレ（ホンタイジ）は、彼にベイレを継がせることを認めず、両家は互いに争って殺し合い、四ベイレは、大ベイレ・マングルタイの子三人を皆殺害し、その上重要な者千餘人を殺した。その他の人馬は全て没収し、八旗に分配した。（有奴児哈赤大子蟒五児代、係大王子。已於前年病故、遺有児子三個。内有他長子、於上年十一月内、要襲王子。有四王子不肯叫他襲王、両家相争厮殺、四王子将大王子蟒五児代児子三個倶都殺死、還殺了当緊的夷人一千有餘。其餘人馬倶都収了、分在八哨官児所管。）

文中、蟒五児代は明らかにマングルタイの音写、また王子とはベイレの翻訳で、四王子とはDuici Beile（四貝勒）と呼ばれていたホンタイジを指すこと疑いなく、情報の精度は高い。これによれば、マングルタイの遺子が十一月に旗王襲封を要求、それをホンタイジが拒否したため、両家の争いとなってマングルタイ派は壊滅させられた、というのである。

ここで最も重要なのは、⑴十一月に、⑵遺子が旗王位を要求した、という、清側史料に一切見えない二点である。この史料に着目した王思治は、⑵を「生前マングルタイがハン位を狙った」ことの誤伝とするが、要求のなされた十一月とは旗王デゲレイの死去によって、まさしくホショ＝ベイレが不在になっていた時期であるから、これは正しく「マングルタイの遺子がホショ＝ベイレ位を要求した」の意とみるべきであろう。ゆえに、十二月の告発に先立って既にホンタイジと正藍旗とは、遅くとも十一月の段階で、旗王襲封をめぐって緊張状態にあったとみてよい。そしてホンタイジは、十一月、すなわち告発以前から、マングルタイ諸子の正藍旗襲封を認めるつもりがなかったのである。

このことから、事件について次の何れかの可能性が考えられよう。すなわち、⑴ホンタイジは、旗王のいなくなった正藍旗の併合を狙って襲封を拒否し、謀反事件をでっちあげてこれを滅ぼした、(2)襲封を拒否されたマングルタイ派は実際に（未遂か既遂かはともかく）謀反を企てて滅ぼされた、である。かつまた『天聡九年檔』など諸史料は、それら襲封要求をめぐる事実を削除し、あたかも告発があってはじめて処断したかの如く記している、ということになる。

これを裏付けるように、『実録』では処分は全て十二月五日条に繋げられているが、『宗譜』によればアンガラの刑死は「天聡九年十一月」（日付不明）となっており、[38] これを信じるならば、告発があったはずの十二月よりも前に処刑されていたことになる。この時期は、前述のように不在だったドルゴンとワルカ遠征部隊とを除いて、全ての旗王と軍団が盛京に集結しており、しかもホンタイジ自らが諸王と大軍を引き連れて大規模な狩猟に出かけていた。史料の作為があるかどうかまでは断じえないが、この時期に何らかの動きがあったことは確かであろう。[39]

他方、事件直後の「十二月十四日到」の日付のある上奏文で、正藍旗の漢人大臣馬光遠が「汗の固□（山）の下に在らんことを満望するに、期せざりき、此に到り藍旗固山を分在せしむるを。……伏して望むらくは我が汗、臣等の帰順の初心を俯□して、収めて黄旗固山の下に在らしめ、亦た我が汗の微臣を優養するの聖徳を彰はされんことを」と黄旗への編入を嘆願しているから、[40] この段階でなお解体後の旗再編が完了していない状況を知ることができる。このように、衝突と処断は、十一月から十二月にかけて生起していたとみるべきであろう。

また、「要人千人以上を殺した」とあることからも窺えるように、事件の規模は清側史料が伝えるものよりも大きかったようである。朝鮮が翌年四月になって得た情報では、

［Ⅳ―3］　北兵使李沆、馳啓して曰く、「騎胡三人、会寧に到りて商胡と密かに語りて曰く、『近来瀋陽に変有り。兵部尚書たる者、逆を謀りて諸大将と党を結ぶに方りて、其の中の一大将の妻、即ち汗の女なり。潜かに

其の父に告げ、捜して文書を得。大小の将官を斬殺すること百餘人なり』と云ふ」と。

とあり[41]、事実関係に混乱が見られるが、「斬殺大小将官百餘人」とあって、大規模な刑死者が出たことを裏付けるものといえよう。そして、セレや馬光遠ら生き残った旗人たちは、ホンタイジ幕下に収められることとなった。

かくて、正藍旗はマングルタイ一門の手を離れて、両黄旗に編入されたのである[42]。ホンタイジは、自己の正黄旗と没収した正藍旗とを折半して新たな正黄・鑲黄二旗を編成し、自らの直属とした（杜家驥［一九九九］）。代って、ホーゲ・アバタイが領していた鑲黄旗が新たに正藍旗となり、マングルタイが率いた正藍旗は名実ともに消滅した。

以上を総合すると、この解体事件は、ただちに冤獄とはいえないまでも、ホンタイジによる、正藍旗が旗王を失ったのに乗じた粛清と乗っ取りだった、としてよいであろう。そして清側史料は伏せているが、告発を受けて少数の関係者が逮捕・処罰された事件ではなく、もっと長い期間（数週間〜一カ月余）にわたって、多数の関係者が殺害された動乱、いわば正藍旗の獄、乙亥の変とも呼ぶべき事件とみるべきである。

事件がなければ、エビルンの活動や従兄弟のヨト・ホーゲらの待遇からすると、マイダリやエビルンは、本来ならば正藍旗を襲封し、翌年には多羅郡王や多羅貝勒クラスに封じられて、旗王家の一つとして清代に存続してもおかしくはなかった。ところが彼らは誅殺・放逐されて、改易されてしまったのである。この後も政争によって、アジゲ・ドルゴンの断絶やホーゲ家・ドド家の衰落と復活、さらには雍正帝による兄弟・一門の弾圧など、波瀾は相次いだが、「謀叛」という重大な罪状によって、ヌルハチが定めた一つの旗が解体され、旗王の系統そのものが断絶したケースは、清一代を通じて、この正藍旗とフチャ氏系王家しかなく、事件の重大性を捉える必要がある。

そしてホンタイジの狙いは、旗人集団の掌握とみて相違あるまい。というのも、ホンタイジ自身の領旗は両黄旗であるが、当時両紅旗はダイシャン・ヨト父子が、両白旗はドルゴンとその同母兄弟が、鑲藍旗は従弟ジルガランがそれぞれ支配しており、二旗を領有しているのはハンであるホンタイジだけではなかった。それがこのとき、正藍旗が没収されて両黄旗に編入され、自らの長子ホーゲ率いる鑲黄旗が正藍旗の名を引き継いだことで、この状況が打破されたのである。しかもこの時ダイシャンは処罰を受けた直後であり、また先に指摘したようにドルゴンは不在だったから、ホンタイジを掣肘しうる者はいなかった(43)。したがって正藍旗の併合は、ホンタイジにとって、マングルタイ派の追い落としというだけでなく、他の何れの旗王家にも優位を占め得る三旗の掌握という意味があったと考えられるのである(44)。

かくて三旗を掌握したホンタイジは、チャハル部征服による〈大元ハーンの後継者〉という正統性を具現化する力を得て、翌一六三六年四月、皇帝の尊号を受け、新たに国号を大清、年号を崇徳と定めた。これがホンタイジのハン権力の確立であることは――もちろん君主独裁の意味ではなく、ライバル全てを退けたというレベルで――、異論のないところである。ただしこれまでは、チャハル部征服と九月のダイシャン失脚、それに事件後の十二月二十八日に八旗の旗王たちに改めて忠誠の誓書を提出させたことが、即位の前提として重視されていたけれども(45)、ハン権力の根源が畢竟軍事的・政治的実力にあると考えられる以上、諸王の誓書が形式的・名分上の契機とするならば、この正藍旗粛清・没収＝三旗掌握は、実質的・実力上のハン権力確立の契機と捉えうるであろう(46)。

しかしまた、同時にその限界も指摘しておかねばならない。すなわち正藍旗の獄は、一見するとハン権力強化の表れのようにもみえるが、他旗への介入に、謀叛という名目と暴力的手段とを必要としたという点で、むしろ逆に、ハン権力の限定性と分封の不可侵性をみることができよう。正藍旗は旗王不在につけこまれたにすぎないのであって、この事件はむしろ、平時においては、ハンといえども領旗・属下を改編したり権益に容喙することができなかったことを示しているのである。であればこそ、偶然的な旗王空位の間隙を衝いて、強硬手段に出て一旗を接収したのである。したがって、ここで確立したハン権力が、ホンタイジ父子による三旗の直接支配を基盤としているという点に、ハンもまた旗王の一人として旗の実力に頼らねばならないことが表れているといえよう。ゆえに、彼の死とともに三旗支配はたちまち瓦解し、今度はドルゴンを軸とした順治朝の新たな抗争が始まるのである。その意味で、正藍旗没収＝三旗支配は、あくまでもホンタイジのハン権力確立と言わねばなるまい[47]。

以上、一六三五年末の正藍旗の獄について、内容および経過を再検討した結果、この事件は、三旗の掌握を狙いとした、ホンタイジのハン権力確立のための粛清と捉えるべきである、という結論に達した。この結果有力王族の一つである正藍旗マングルタイ家は壊滅、その姻族勢力は没落し、改編によってホンタイジ父子が率いる両黄・正藍の三旗が新たに編成された。かくてホンタイジは、三旗掌握の実力を背景に、翌年四月、大清グルン皇帝の大位に即いたのである。

小　結

第二代ハンにして初代「皇帝」ホンタイジについて、その人物と施策の一面を取り上げてみた。第一節で見たパーソナリティーはひとまず措き、これを第一～三章での成果を念頭において、八旗制との関わりの中で位置づけてみたい。

これまで説いてきたように、八旗八分体制に即してみたとき、ホンタイジの即位とは、領旗の変更を伴わない旗色交換が行なわれただけだったために、ヌルハチの軍団はドルゴン兄弟に引き継がれ、それがこの時代の政治史を規定する要因となっていた。なるほど議政権は八旗八分が原則だったし、ハンの専決もまた伝統であったから、ホンタイジがヌルハチ直属の両黄旗を掌握できずとも、少なくとも国政運営面においては制度上それほど深刻な問題はなかったであろう。しかしながら、領旗の実力として、ヌルハチ直属だった旧両黄＝新両白旗の陣容が他の六旗を圧倒していることには変わりがない。そもそも内廷収養・要職出任などといった手法は、自ら両黄旗の支配者であると同時に、創業者として、あるいは諸王の父としてグルン全体の政務の実権を執ることができたヌルハチならではの方法というべきであって、一旗の主から推挙されたホンタイジの場合は、例えばヒヤを他旗のグサ＝エジェンなどとして送り込む、といった施策は不可能であった。

このことが、新両白旗人に対する黜陟による掣肘策、六部・内三院の設立・拡充、帰順漢人軍閥の藩王待遇、明式の皇帝―諸王関係の導入による王爵の序列化、といったホンタイジ時代の諸政策の方向性を規定したといえるであろう。すなわち、八旗八分体制に拘束されない、それとは別個の統属関係の創出という方向性である。換言するならば、かかる一連の施策の多くが「中国化」の流れとして評価できるにしても——その定義については第七章第四節で触れる——、そもそものような施策を採った、また採らざるをえなかった規定要因は、支配下の漢人の増大や中華的王朝理念による政権の正当化だけでなく、八旗制下の各旗の陣容とハン位継承の内実とのギャップという、マンジュ支配層中枢の構造によって与えられた、ということができる。

またこれは、第三章で論じたモンゴル帝国との比較からも論じうる。モンゴル帝国においては、チンギスの死後、帝国の中央政府をも兼ねるケシクは、オゴデイ＝カアン（Ögödei Qayan）の掌握するところとなった(48)。ところがマンジュ＝大清グルンにおいては、ヌルハチの親率した両黄旗は、その死後アジゲ・ドルゴン・ドドの末子三兄弟に継承されたため、領旗全体としても、ヒヤ＝親衛隊においても、並列の八分体制下、その中での個人的実力の強化を図るしかなかったのである。これがモンゴル帝国のケシク制とのもう一つの相違点であり、そしてそのことによってもたらされた、大清帝国興起史の重要な特徴の一つである。

そして、この状況を打破しようとして起したのが、一六三五年の乙亥の変——正藍旗の獄であった。これによる正藍旗接収を通して、ホンタイジは三旗支配を実現し、ハン権力を確立させたのである。しかしまた、これはあくまでホンタイジの権力確立であった。それゆえ、順治朝にはドルゴンが自らの影響下の領旗拡大を進め、その没後には順治帝による三旗支配＝上三旗の成立という形で、八旗制の枠内での権力闘争が続いたのである。その意味では、順治年間の上三旗の成立は、皇帝・旗王による領旗拡大競争の終焉として、一つの画期ということができる。ここで比較多数を確保した皇帝権力は、次には下五旗への段階的な影響力の浸透へと向うことになるのである。だが、同時にそれは、旗王の領旗支配という基本型を崩すものではなかったことは、見落してはならないであろう。

第五章　中央ユーラシア国家としての大清帝国

以上、四章にわたって、帝国形成期の八旗の集団編成・組織運営に焦点を当てて内部構造を探るとともに、その形成・展開の様相をたどってきた。そして八旗とは、入関前にあっては国家そのものであり、入関後においても、清一代を通じて帝国支配の中核にあり続けた社会集団であったから、その構造とは、すなわちマンジュ＝大清グルンの国制そのものでもある。

では、マンジュ＝グルンの国制としての八旗制、そしてそれを核とした大清グルンの構造は、どのようなものであろうか。またそれは、世界史においていかなる歴史的系譜の上に位置づけられるだろうか。本章では、第Ⅰ部の総括として八旗制の全体構造とその特質・淵源について論じ、その史的位置づけを明らかにしたい。

第一節　国制としての八旗制

（1）八旗制の垂直構造・水平構造・求心構造

まず、八旗の構造から検討していこう。八旗がグルンすなわち国家の組織形態であるとは、具体的にはどのような構造をいうのであろうか。一般的な説明では、八旗とはグサ＝旗と呼ばれる軍団八つからなる組織であって、グサはジャラン、ジャランはニルから構成される階層組織体系をとり、後に八旗蒙古・漢軍が別に編成された、などと語られる。[1]しかし、それは八旗制を構成する多様な側面の一つでしかない。そこで、序論で掲げた『康熙会典』「八旗官制」の記事をもう一度確認してみよう。

［V―1］国初に八旗を設立し、(a)鑲黄と曰ひ、正黄と曰ひ、正白と曰ひ、正紅と曰ひ、鑲白と曰ひ、鑲紅と曰ひ、正藍と曰ひ、鑲藍と曰ふ。(b)八旗を分ちて両翼と為し、左翼なれば則ち鑲黄・正白・鑲白・正藍とし、右翼なれば則ち正黄・正紅・鑲紅・鑲藍とす。(c)又た鑲黄・正黄・正白を以て上三旗と為し、其れ五旗は各々王・貝勒等を以て之を統べしむ。(d)旗毎に又た満洲・蒙古・漢軍に分ちて三旗と為し、共せて二十四旗あり。

ここには、(a)八旗の序列、(b)それが左右各四旗に分けられること、(c)上三旗と五旗にも分れ、後者は「王・貝勒ら」が率いていること、(d)満洲・蒙古・漢軍の「二十四旗」からなること、が語られている。だが、著名な階層組織とこれら多様な側面との関係、そしてそれらを総合的・整合的に説明する全体像となると、史料でも研究でも未だ明確には述べられていないのである。そこで、主に、順治年間にひとまず完成した状態を念頭に、八旗制全体の構造を素描してみたい。

まず、有名なピラミッド的階層組織体系から容易に連想される、縦の支配関係について見てみよう。

①グサ―ニル制

周知の如く、八旗はグサ＞ジャラン＞ニルというピラミッド的階層組織からなっている。これを図示すると、図**5-1**のようになろう。これは、八旗という組織のうちの指揮・命令系統や管轄体系の側面であるということがで

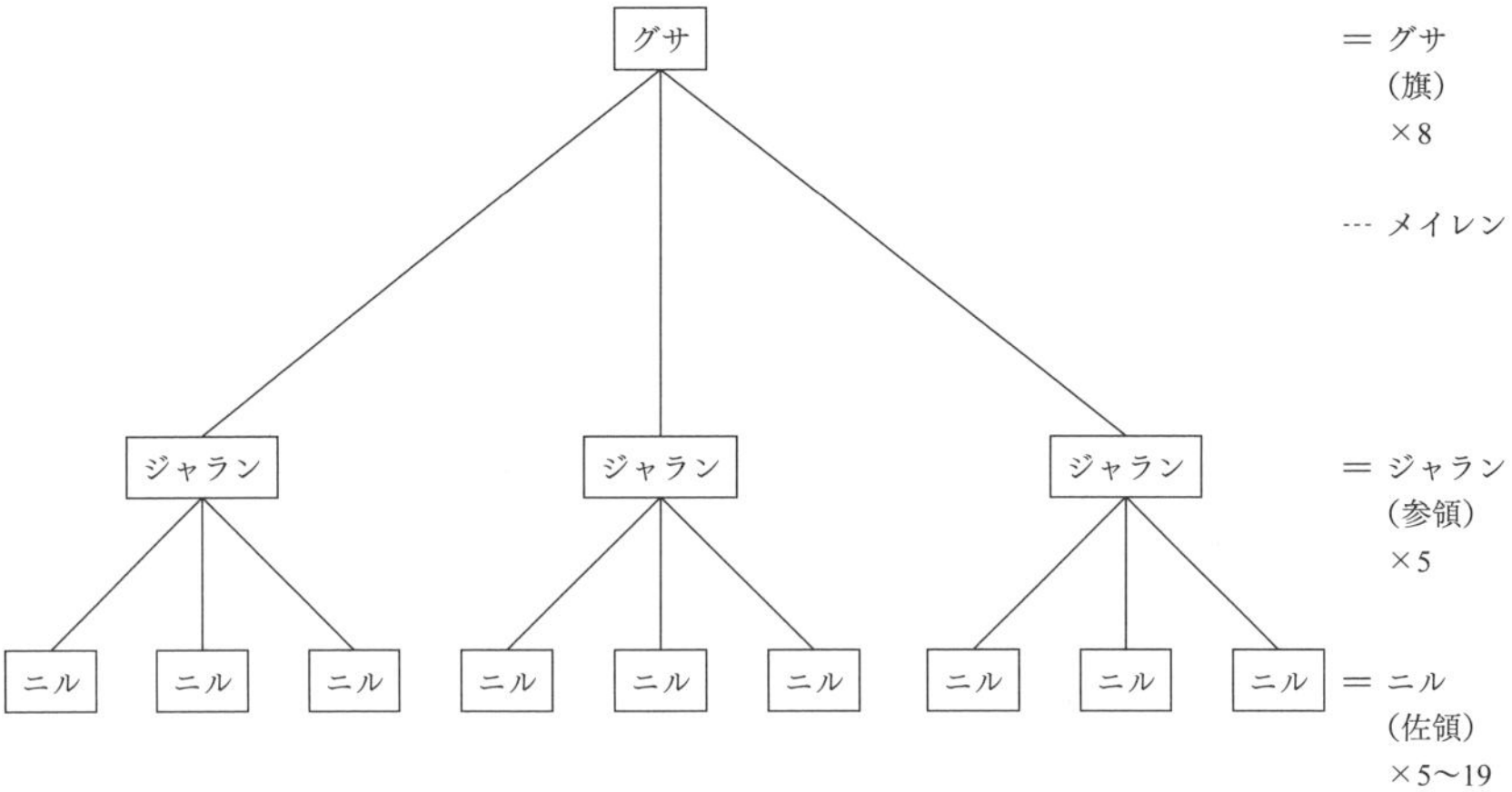

図 5-1　グサ―ニルの階級組織モデル

きる。

その基本組織はニルであり、在来の集落・集団を再編して、兵役・労役に服する壮丁の供出母体としたものである。一ニルの基準人丁数やニルの総数は時期により変化したが、兵役や労役、租税の賦課、戦利品の分配などあらゆる公的行為はニルを単位として行なわれ、戦時も平時も、一ニル当り何人という形で均等に動員・賦課された。そのような指示・命令はグサ・ジャランを経て伝達され、また軍事行動時はニルから抽出された将兵がジャラン（天命期には「五ニル」と呼ばれた）を、ジャランの部隊がグサの部隊を構成した（谷井陽子［二〇一二a］）。このようなピラミッド的階層組織体系を、②以下で述べる八旗制の他の諸側面と区別して、特にグサ―ニル制と呼ぶこととしたい。

このような整然とした階層組織をとる一方で、各ニルのニル＝エジェンは概ね特定家系が任じられており、官職叙任の形をとりつつ、その実態は世襲であった。ニル制施行以前、すなわちヌルハチの登場以前にあっては、ジュシェン人は、数戸から数十戸程度の家すなわちボーからなる集落、すなわちガシャンをつくって、農業・交易・狩猟採集、さらには外敵との戦闘・防衛に従事していた。個々の集団は、**図5-2**に示したように、ベイレ・アンバンなどと呼ば

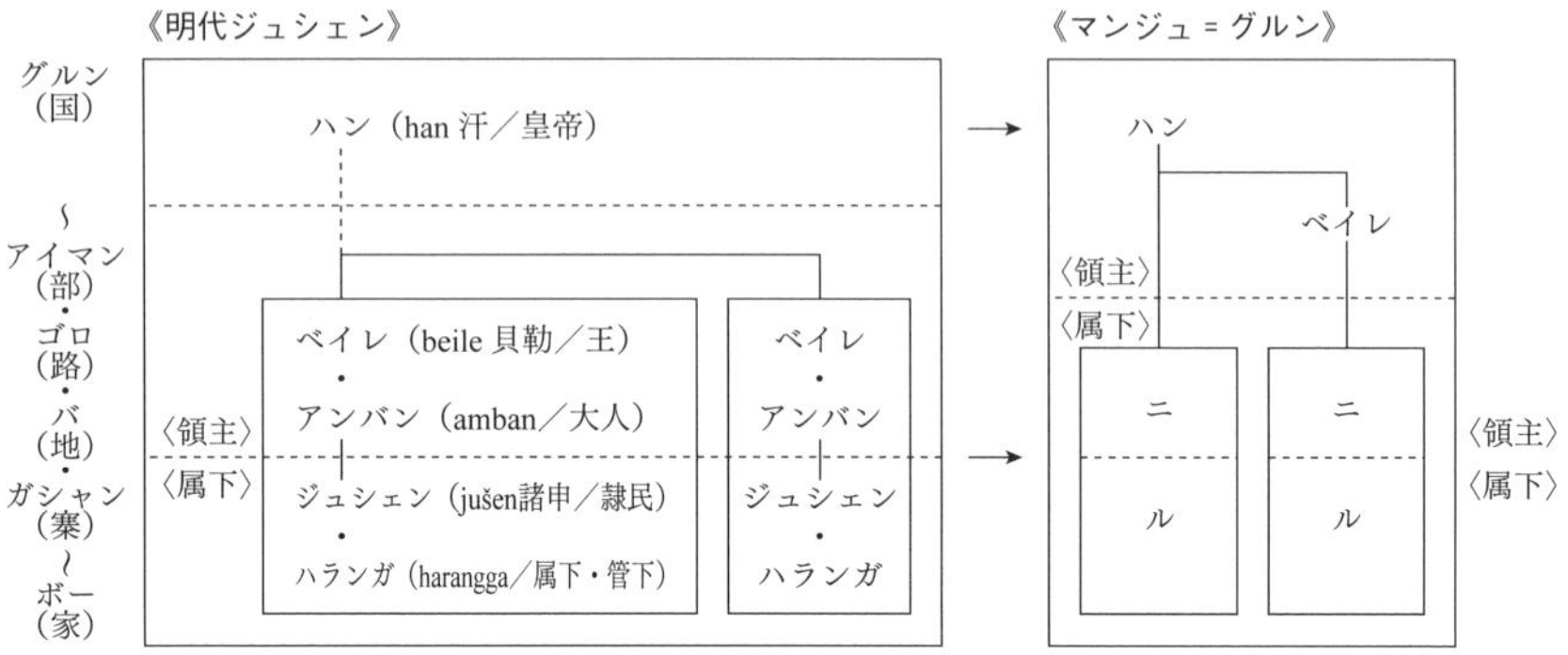

図 5-2　ジュシェン〜マンジュ社会の構造

れる領主層と、ジュシェンあるいはハランガといわれるそれぞれの属下・隷民から構成される。かつて家臣・領民を従えて割拠していた大小のアンバンたちは、八旗制の創設に伴い、所領はニルという形に、領主としての地位はニル＝エジェン（ジャンギン）職という形に置き換えられて、再編成されたといえよう。したがって八旗は、一見近代軍隊にも似た整然とした組織体系をとりながら、一面において領主の連合という側面も有していたのであり、一兵卒からニル＝エジェンに成り上がれるようなものではなかった。

有名なグサ―ニル制およびその基礎をなすニル制には、外形における極度にシステマティックな面と、内実における在来の氏族勢力の継承という面の二重の性格がみられることに注意しなければならない。

②旗王制

グサ―ニル制のもと整然と組織された八つの旗は、しかしハン＝皇帝が一元的に掌握していたのではない。史料［V―1］『会典』に(c)として見えた通り、皇帝自ら鑲黄・正黄・正白の上三旗（当初は両黄旗）を直率したが、それ以外の五旗（下五旗）は「王・貝勒ら」が分有し続けた。領旗を分封されニルを領有するそれらの上級王族を旗王と呼ぶ。

旗王の地位には、二つの側面がある。すなわち、(1)爵号を授与されて王族として位置づけを得ることと、(2)特定の旗に受封して、属下としてその旗のニルを分給されることである。これら旗王―旗人間の支配従属関係は、ニル制の原則に基づいて、これまでの各章でも見てきたように、ニルを単位として設定された。下っての例であるが、夙く細谷良夫が用いた、一六七五（康熙十四）年に康熙帝が異母弟二人を旗王に分封した際の上諭を挙げよう。(2)

［Ｖ—2］恭親王常寧は着して正藍旗に在らしめ、純親王隆禧は着して鑲白旗に在らしめよ。恭親王に鑲黄旗満洲旗分の津分佐領《ジムブ＝ニル》・噶布喇佐領《ガブラ＝ニル》、正黄旗の噶布拉佐領《ガブラ＝ニル》・霍爾鈍佐領《ホルドン＝ニル》、正白旗の覚羅夸代佐領《ギョロクワダイ＝ニル》・覚羅布魯佐領《ギョロブル＝ニル》、蒙古旗分の墨赫徳佐領《メヘディ＝ニル》・恩克佐領《エンケ＝ニル》、鑲黄旗蒙古旗分の額卜根佐領《エブゲン＝ニル》、正白旗漢軍の李廷霖佐領《ニル》・李毓正佐領《ニル》・佟文玉佐領《ニル》、包衣《ボーイ》正白旗満洲の阿那岱佐領《アナダイ＝ニル》、正黄旗漢軍の姚質義佐領《ニル》、正黄旗の噶布臘《ガブラ》の所属をば撥給せよ。
純親王に正黄旗満洲旗分の鄂莫克図佐領《オモクトゥ＝ニル》・阿世図佐領《アシトゥ＝ニル》・蘇爾泰佐領《スルタイ＝ニル》、正白旗の穆舒渾佐領《ムシュフン＝ニル》・託進佐領《トジン＝ニル》、鑲黄旗の鍾内佐領《ジュンネイ＝ニル》、鑲黄旗蒙古旗分の哈喇爾代佐領《ハラルダイ＝ニル》・白貝佐領《ババイ＝ニル》・阿畢達佐領《アビダ＝ニル》、正白旗漢軍旗分の蕭養元佐領《ニル》・霍世栄佐領《ニル》・李世静佐領《ニル》、包衣《ボーイ》鑲黄旗満洲の薩畢漢佐領《サビガン＝ニル》、漢軍の劉格佐領《リオゲ＝ニル》、正黄旗の得希図《デヒトゥ》の所属をば撥給せよ。

すなわち、常寧と隆禧の二人に対し、それぞれ(1)和碩恭親王・和碩純親王の王爵を授けるとともに、(2)正藍旗・鑲白旗に封じ、(3)満洲・蒙古・漢軍・包衣からなる麾下ニル群を与えるというのである。このように旗王の分封とは、具体的には王爵の授与と特定の旗における麾下ニルの分給とからなり、分与されたニルに属する旗人たちは以後その王公を主君として仰ぐこととなる。

各旗には、このようにして爵号授与とニル分給を受けた旗王が、それぞれの属下を従えて併存していた。例えばヌルハチ自身の両黄旗でも、晩年に自らと末子三兄弟とで、一五ニルづつを分領している。(3)

［Ｖ—3］（ドドに対するホンタイジの訓戒中で）「……太祖が諸子に隷下を専属させる時（jušen salibure de）、武英郡王（＝アジゲ）に一五ニル、睿親王（＝ドルゴン）に一五ニル、汝（＝ドド）に一五ニル、太祖自身も一五

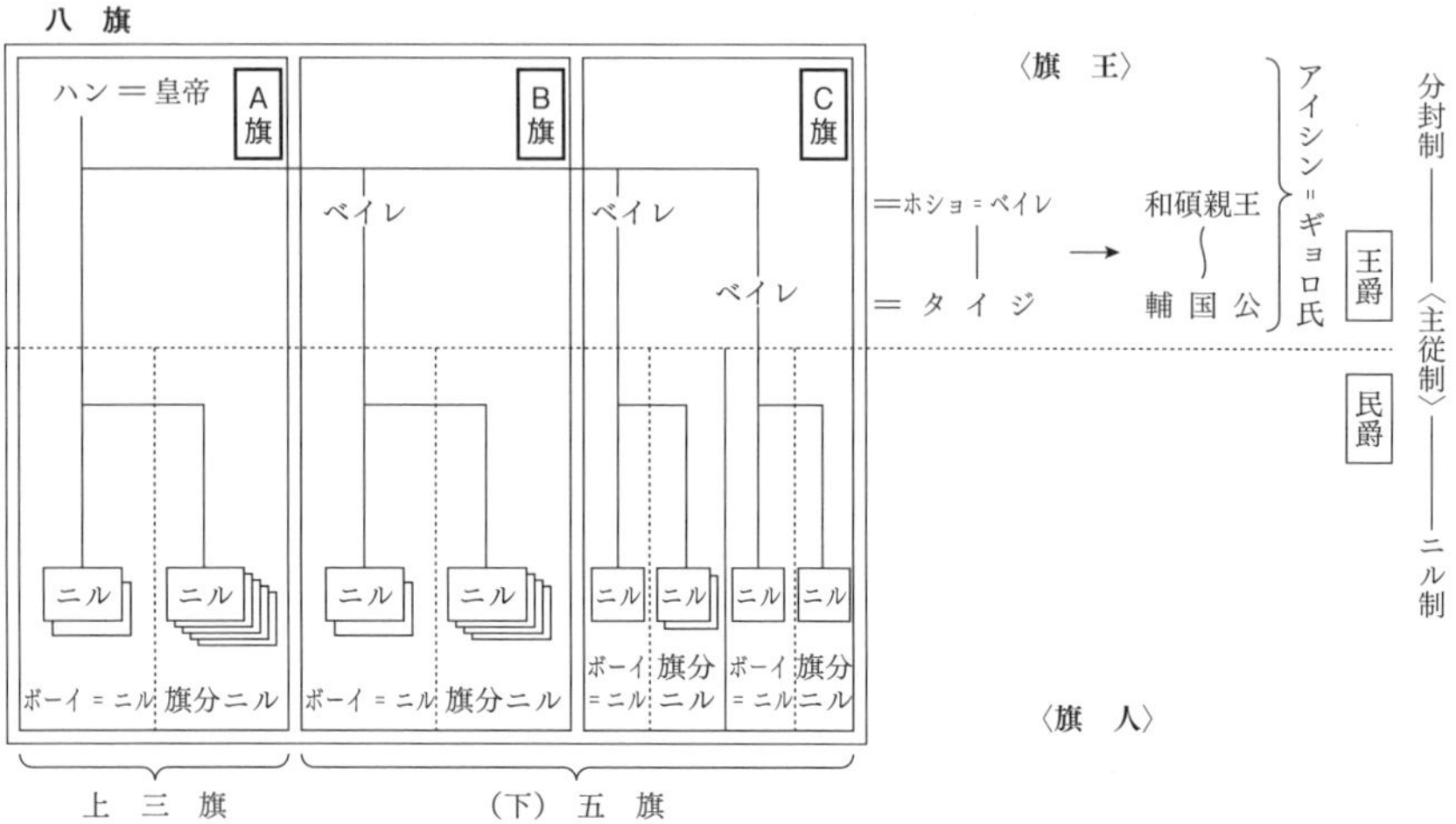

図5-3　旗王制

ニルを割り当てていた。……」

（順治『太宗実録』巻三十、崇徳四年五月二十五日条）

このように、ハン直属の両黄旗も、ヌルハチ晩年には正黄旗はアジゲとドルゴン、鑲黄旗はヌルハチ自身とドドが、各一五ニルづつ分領して支配していたのである。それは「撥給（bu 与えよ）」（[V—2]）、「隷下を専属させる（jušen salibure）」（[V—3]）、漢文「分撥牛彔」と表現されているように、「bumbi 与える」「salibumbi 専属させる」ことで設定された。

図5-1として示した階層組織体系とは別に、このような支配・統属関係の側面を図式化したのが図**5-3**である。ここでは仮にA・B・Cの三つの旗をモデルとして示し、そこにおける旗王と旗人という上下の境界を、水平方向の破線によって示した。そのうちA旗が上三旗、B旗・C旗が旗王の領する五旗を表している。すなわち、特定の領旗を有しその構成ニルを従えるという側面から見れば、ハン＝皇帝もまた旗王の一人だったということができる。

破線より上、すなわち旗王について見てみると、[4] A旗・B旗の如く一旗を専有する旗王——皇帝自身や、順治期のドルゴンなど初期の有力旗王がこれに当る——もいれば、C旗のように一つの旗内に兄弟・父子など複数の旗王がいる場合もあり、時代が下るとともに後者が増えていった。これらのうち、一旗を代表する管旗ベイレをホショ＝ベイレ、それ以外をタイジといい、これらは全て広義のベイレの地位にあった（表**0-1**）。やがて崇徳年間以降、図**5-3**に示したように和碩《ホショ》親王から輔国公までの六等を基本とする王爵体系が整えられていくが、旗王となる資格はヌルハチ兄弟の嫡系子孫に限定されており、独占的かつ厳格な一族分封の原則が貫かれていたということができる（杜家驥［一九九二］［一九九八b］［一九九八d：第一・二章］など）。

他方、破線より下、すなわち旗人はニルに編成されて各旗に分属し、当該旗の旗王に隷属した。つまり図**5-2**の主属関係が、ベイレはアイシン＝ギョロ氏嫡系の専有・専称となり、属下はニル制に組織されるという形で再編され、図**5-3**のようになったということができる。

彼ら旗人は、先に［V―3］にも見られたように、旗王に対しては属下すなわちジュシェン、あるいはハランガと呼ばれた。この実例はもとより枚挙に遑がないが、最も端的なのが、一六三五（天聡九）年十月の、ジュシェンからマンジュへの族名改称記事として引かれる有名な勅令である(5)。

［V―4］二十四日に大政殿で布告した言。「くに《グルン》の名をマンジュという。旗《グサ》の諸ベイレに専属させた属下《ジュシェン》（salibuha jušen）を、その｛旗の｝ベイレのジュシェンという」と衆に｛記憶させるために｝布告した。

ここにあるように、八旗制下においては、旗王に専属させた属下をジュシェンというのである。

旗王と旗人の身分差は絶対であり、異姓の臣下は、たとえいかに権勢を誇り多くのニルに編成されていようとも、旗王＝主と旗人＝従の境界を越えることはけっしてできなかった。旗王と旗人の厳格な関係を示す初期の一例として、対明開戦直前の一六一七（天命二）年十月の次の記事がある(6)。

［V―5］　ハン（ヌルハチ）の子ホンタイジに与えた（buhe）｛専属させた（salibuha)｝イラカ＝バトゥルという大臣は、力を尽さないのに、「（ホンタイジが）我を養わない。養ってくれたハンのもとに還りたい」と故なく訴えた。そこでハンは諸ベイレ・諸大臣に向って諭り「イラカは元来我と一緒にいたけれども、我に対して殆ど力を尽さず、益を与えないので、我に怨を懐かせ苦しめたことが多かった。このように我に怨を懐かせたのを我は意とせず、イラカを大臣として我が子に与えたのであったぞ。汝イラカは全く力を尽さないのに、故なく養わないと訴えれば、我らの間を往き来して叛き暮らすのであるか」と言って、イラカを殺した。

ここで誅殺されたイラカは大族イルゲン＝ギョロ氏の出身で、バトゥル号を持つアンバン(7)であるが、旗王に不平を漏らして転属を求めたところ、不当であるとして誅殺されたのである。また一六三四（天聡八）年十二月の事例(8)では、

［V―6］　十五日にホショ＝メルゲン＝ダイチン＝ベイレ（ドルゴン）が、「ダルハン＝ヒヤの子フンタが旅順口に行って鋼鉄を持って来る時に、フンタが語るには、『我が鉄を持って行くならば、アジゲ＝ベイレに持って行く。我がベイレ（mini beile）には持って行かない』と言ったことを、ギングルダイが告げた。ベイレの門（beilei duka uce）に反目して、登庁しない」と告げて、法で審理すれば、この二つの罪は本当であった。しかもまたベイレが悪いと、ハンに訴えている。この故に、フンタを彼のベイレ（ini beile）に託して殺した。

とあるように、かの五大臣フルガンの嗣子フンタ（Hūnta 渾塔）が、旗王ドルゴンへの不服従の廉で死罪となり、ドルゴンに引き渡されて殺されているのである。この正黄（天命）＝鑲白（天聡）旗は、右の［V―3］にあったようにアジゲとドルゴンが分領しており、フルガン一門はドルゴン属下とされていたにもかかわらず、フンタはドル

ゴンと反目してアジゲになびいたとして罪に問われたのである。

これらは、国法を乱す者とみなされたという解釈や、誣告罪に因るものとする見方もありえるが、［V―6］のフンタは、誣告よりもそもそも「二つの罪」を有罪とされたのであり、それは、同旗の他の旗王になびいて自らの旗王に従おうとしない旨の発言と、自らの旗王のもとに出仕しないことであるから、これは、旗人にはハンに忠誠を誓い国務に務める義務と同時に、自旗の自らの旗王に従い、伺候する義務があったことを示すと解さなくてはならない。［V―5］のイラカ＝バトゥルの事例では、ひとたび諸子に属下として与えられた者は、旗王に対して忠勤しなければならないことが明言されており、不当にその義務に反したとみなされた場合は、大族出身や重臣の子弟といえども、容赦なく処罰されたのである。

ただし注意すべきは、旗王と旗人の関係や、そもそも領旗の分封自体について、明文の規定がないことである。それゆえに、これを私的な結合関係や、力関係に基づく服従にすぎないとする見方も出てくるのであるが、成文の規定はなくとも、［V―2・3・4］のように、ニルの分給という形の主属関係の設定が行なわれ続け[9]、［V―5・6］のような規律が厳として存することを捉えなければならない。そしてその関係は、［V―2］が示すように、常にニルを単位として設定された。旗の司令官職であるグサ＝エジェン（都統）も、グサ―ニル制の側面においては組織上の最高責任者であったが、旗王に対しては、彼もまた自家のニルに属して旗王の下に隷する旗人にすぎなかった。ニル＝エジェンと上級指揮官との間には主従関係はなく、旗人が主と仰ぐのは旗王であったのである。

このように、八旗は制度上の階層組織体系と明文の規定をもたない旗王の属下支配との二重構造からなっており、その両面に目を向けなければならない。そこで、このような宗室における分封制と臣下におけるニル制との主従的結合の側面を、管轄体系を表すグサ―ニル制と区別して、旗王制と称することにしたい[10]。そして八旗全体・国家全体は、このうちの分封制の部分、すなわち各自の麾下を従える旗王たちが、国主にして家長たるハンに臣従することによって統合されていたのである。

入関後、世代交代と組織整備が進む中で、康熙年間には越旗人事が行なわれるようになり、また旗人の職務であったグサ＝エジェン以下の官職に、旗王も就任するようになった（杜家驥［一九九八d：二一二―二一五頁］）。これは入関前と比べると大きな変化であり、皇帝権力の強大化と旗王・旗人を問わない官僚化の進行と評することができようが、一方で、旗王―旗人の統属関係が併存していたことは強調されなければならない。越旗人事についていえば、旗人が他旗の役職を務めるようになっても、当該旗人と本属の旗王との関係が切れるわけでも、出向先の旗王の属下になるわけでもなく、元来の統属関係は継続しているのである。また、グサ＝エジェンなどの官職に宗室王公が任用されるのも、入関前から例があったように（第一章第二節）、職務として就任するのであって、旗王と旗人が同格になったわけではなかった。その意味で、図**5‐3**の構造は基本型であり続けたのである。

次に視点を変えて、横の連合の構図に目を向けてみよう。

③左右翼制

『会典』に(b)として見えていたように、八旗は両黄旗を首位として鑲黄・正白・鑲白・正藍の左翼四旗と正黄・正紅・鑲紅・鑲藍の右翼四旗に分けられる。左右翼制は遊牧軍隊や巻狩の陣形としてよく知られているが、それは八旗においても実際に当てはまる。

よく知られた『嘯亭雑録』「木蘭行囲制度」の記事には、

［V―7］　中に黄纛を設けて中軍と為し、左右両翼は紅・白二纛を以て分ちて之を標識す。両翼の末は国語もて之を烏図裏《ウトゥリ》と謂ひ、各々藍纛を立てて以て之を標識し、皆な中軍の節制に聴ふ。

とあって[11]、黄旗を中央として左翼に白旗、右翼に紅旗が展開し、両翼端に藍旗が分れる鶴翼の陣形をなすとある（**図5-4**）。すなわち、八旗の左右翼の区分・序列は、一見すると無原則にも見えるが、このように黄旗を北として南面して翼を閉じた場合、左翼すなわち東方に白旗、右翼すなわち西方に紅旗、そして南方で翼端の両藍旗が合わさって、円陣を構成するようになっているのである[12]。

この中軍すなわち囲底をフェレ（fere）、両翼をメイレン、翼端をウトゥリ（uturi）といい、囲猟の基本型は囲底を中心とする五隊編成で、翼端のウトゥリが合同して包囲陣が完成すると、四面になるのである。さらに各旗もまた同様の下部構成をとっており、グサを構成する五つのジャランとは、この中軍・両翼・両翼端に対応するものであった[13]。壮丁の供出母体であるニルが時代とともに増加するのに対し、ジャランが五つという固定数であったこと、またグサ＝エジェンに次ぐ二人の副長がメイレン＝エジエンと呼ばれたのは、これによるのである。

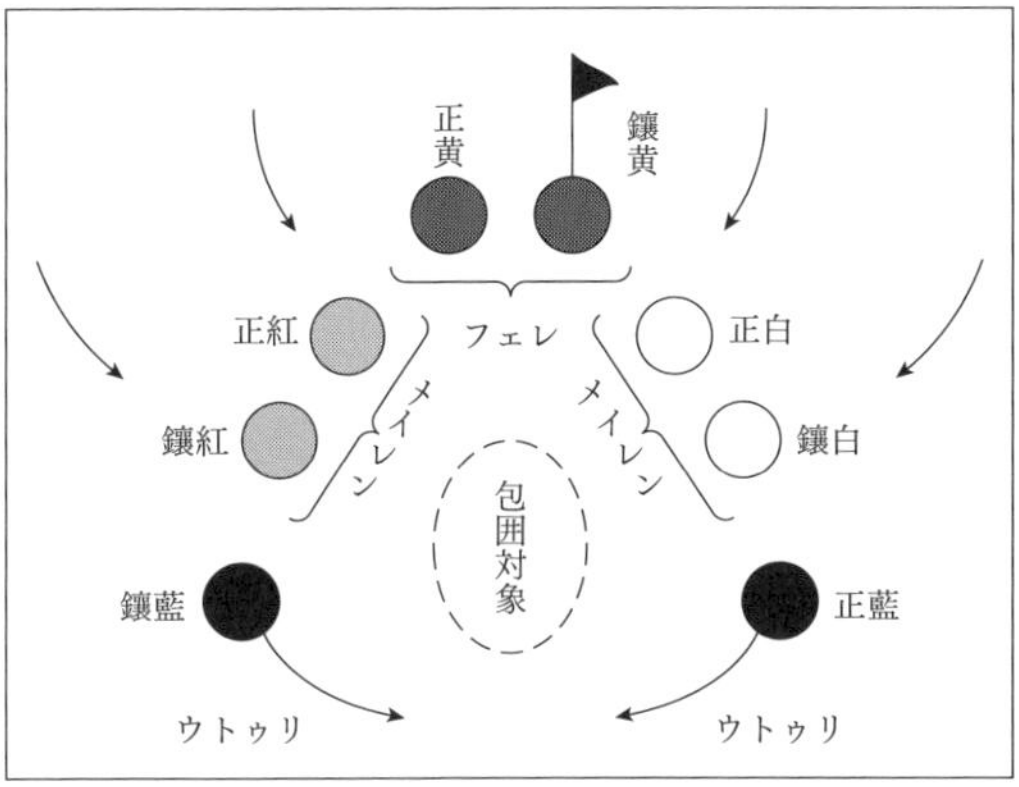

図 5-4　八旗と巻狩の陣形

狩猟とはすなわち戦闘訓練であるので、これは実戦における包囲戦時の基本配置でもあった。例えば、**図5-5**の模式図において、城外側に旗色を示したように、一六二九（天聡三）年の己巳の役で遵化城を包囲した際には、

［V―8］三日、遵化城を攻め取った。攻めるに当っては、北面に両黄、東面に両白、西面に両紅、南面に両藍の八旗が整列して、同時に梯子を近づけて喊声を挙げて攻め、……

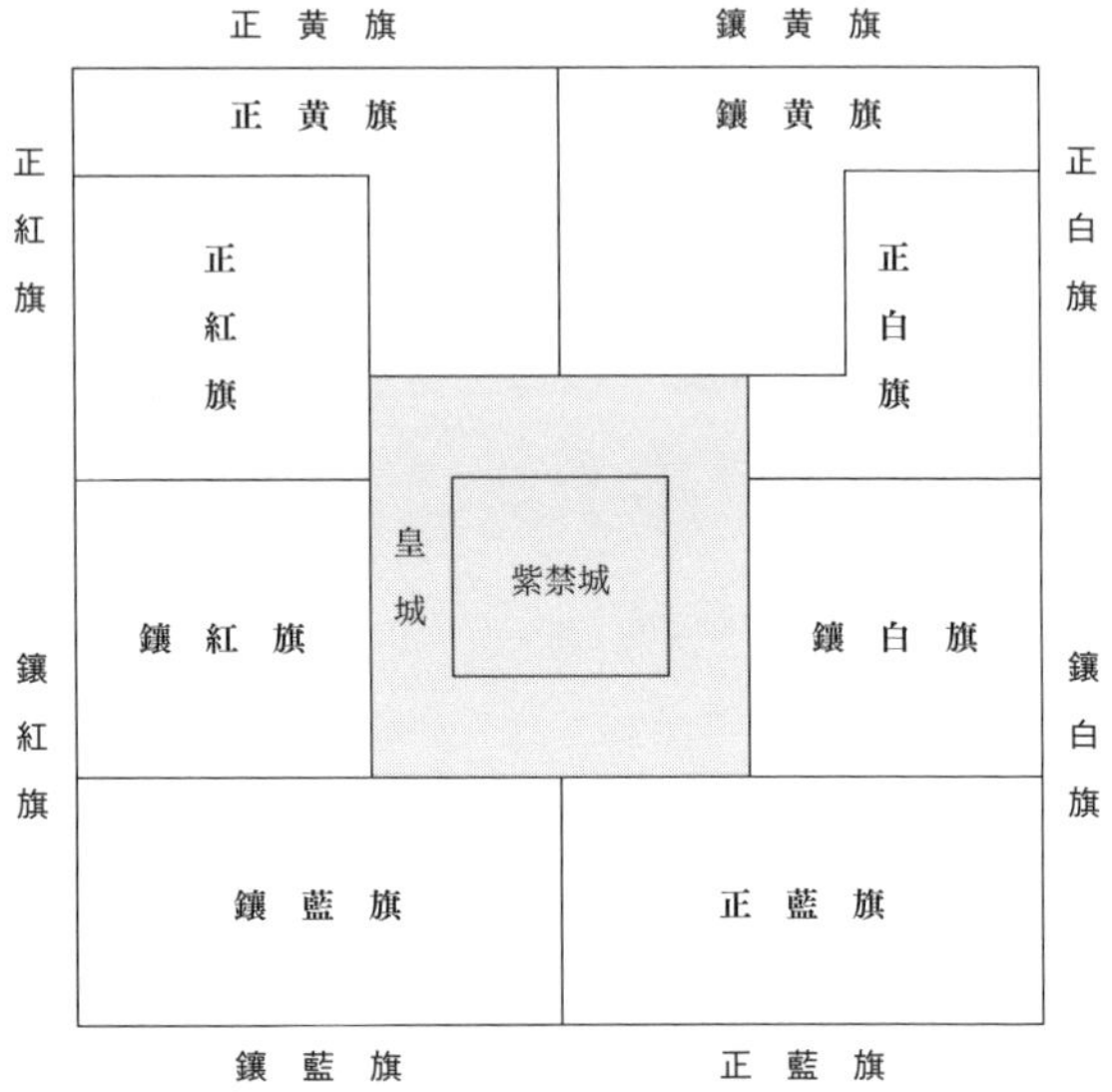

図 5-5　北京内城・八旗配置概念図

注）城内の旗色は居住区の配置，城外側の太字は攻城戦・巻狩り時の布陣配置を示す。

とあり、一六三一（天聡五）年の大凌河城攻城戦などでも、同様の包囲陣形がとられている。[14] よく知られているように、入関後、北京内城は住民が立ち退かされて八旗の居住区となったが、**図5-5**に示したように、その区画の配置は、この包囲陣形にほかならないのである。[15] 溯れば、入関前の国都盛京（瀋陽）でも、主殿たる大政殿の前庭に、左翼王亭・右翼王亭と左右各四旗の八王亭からなる十王亭と通称される建物が東西二列に並んでいた（**図5-6**）、これらは八旗各旗の集合・議政の場所となり、中央の空間は、八旗が整列するための広場となっていたのである（**図5-7**）[16]。

左右翼に基づく空間配置は、日常の居住区画から儀式時の整列位置、戦時の出陣隊伍まであらゆる集団生活・団体行動と対応していた。また、前鋒統領・前鋒侍衛などの翼缺（翼単位で設けられた官職）が設定され、人事も翼単位で行なわれる慣行があるなど、制度・人事、さらには社会的結合にまで結びついていた。[17]

史料［V―1］で(a)として見えた八旗の序列は、一見無原則のようだが、「鑲黄・正黄・正白・正紅・鑲白・鑲紅・正藍・鑲藍」（傍線が右翼四旗）となっていて、実は左翼・右翼各旗が交互に配列されたものだったのである。これが左右翼に分れると、皇帝直属の両黄旗は、左右翼の筆頭であるとともに、鶴翼の陣をつくったときは左右に各三旗を展開する中軍をなした（図5-4・8）。八旗に関する研究・概説ではほとんど等閑視されているけれども、このように左右翼制は、一列（[V―1](a)）・二列（[V―1](b)）・円陣（図5-4・5）と、あらゆる形で八旗を秩序づけていたのである。[18]

④八分体制

ひるがえって、八旗には[V―1](a)の如き旗色の序列、(c)でいう領主に基づく区別があったが、そこに上下優

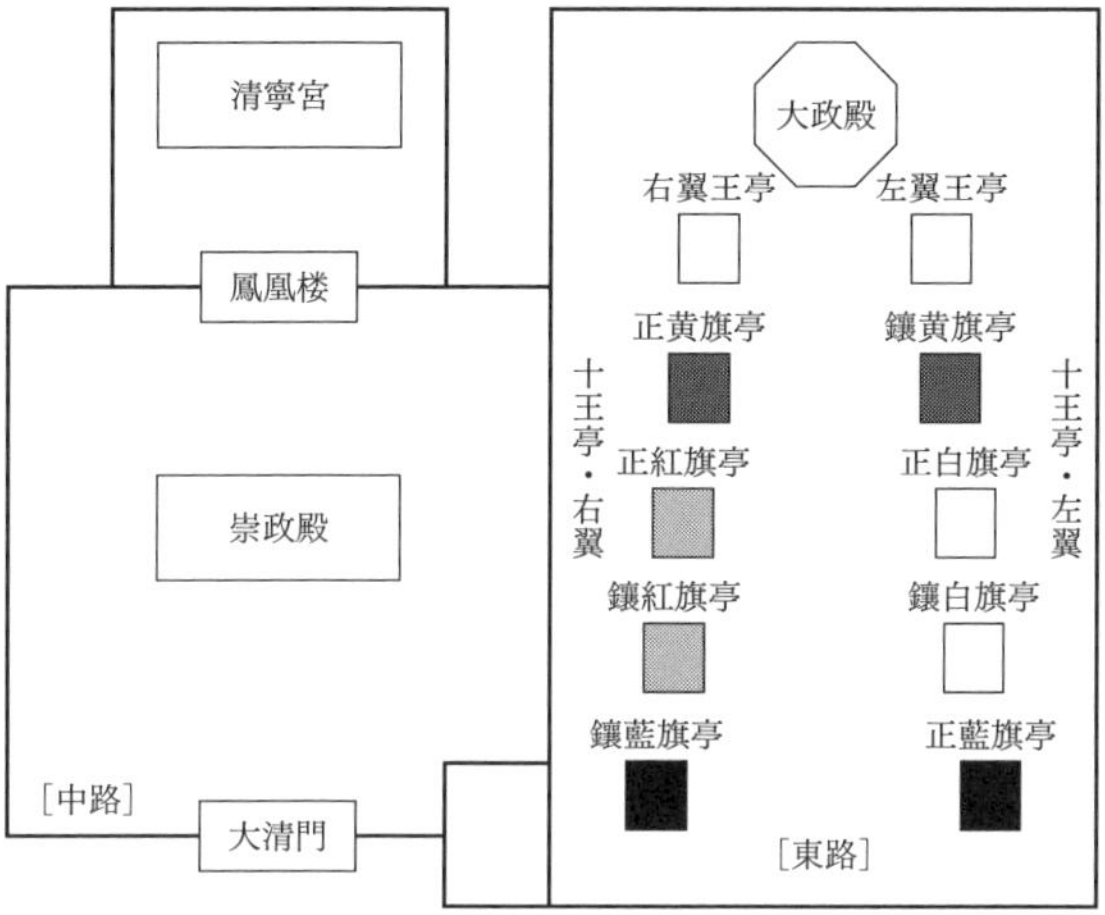

図5-6　瀋陽・盛京宮殿と十王亭

図5-7　瀋陽・十王亭

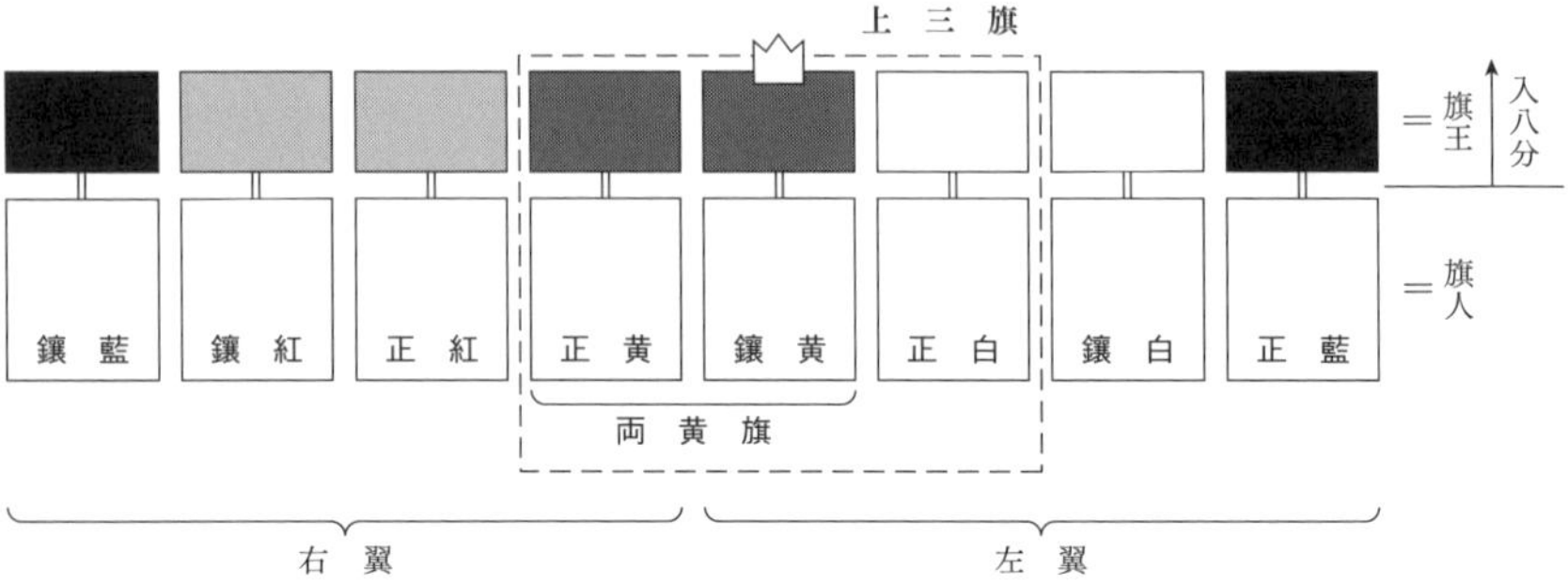

図 5-8　左右翼制と八分体制

劣はあったであろうか。八旗制下においては、序列の先後や儀礼上の尊卑はあったが、軍役・徭役・戦利品分配などあらゆる権利と義務は、各旗均分が大原則であった。これを「八分（jakūn ubu）」といい、それに与ることを「入八分」、逆に八分の列に加われないことを「不入八分」という。分（ubu）とは分け前、およびその分け前に与りうることを意味し、[19] 八とはその資格が八旗に等分されていることをいう。これは、谷井陽子の指摘する通り分配・負担の均等化を図ったものであり、同時に、征服の果実が皇帝の独占ではなく一族の共有であることを意味しているといえる。

これを上下の関係、すなわち身分秩序・統属関係について見るならば、「八分」に与りうる資格は、旗王のみに限られていた。「入八分」、すなわち鎮国公・輔国公（八分公または入八分公と総称される）以上の封爵を得た宗室は、臣下と身分的に区別される上位の存在としてニルを支配する側とされたのである（**図 5-3・8**）。すなわち、この八分の特権を保有するということは、属下ではなく主であることを意味するということができる。

他方、水平の関係、すなわち八旗相互・旗王相互の関係について見るならば、八分とは「分」に与る資格が旗を単位として均分されていることを意味する（**図 5-8**）。その際の分配・供出単位としての八旗各旗の旗王家の経営体、すなわち次項⑤でみる内旗の部分を、外旗という意味での「八旗」に対して「八家（jakūn boo）」という。したがって、「八家」とは特定の八人ないし八家系をいうのではない。
八旗がニルの集合体であるように、「入八分」の資格は、ニルの分給を通して設定された。戦利品の分配や労働力の供出はニルを単位としていたが、各旗王は、それぞれ自己に専属するニルの数・種別に応じた配分・負担を割り振られていたのである。そして、ニルの多寡にかかわらず、「八分」の権利は八旗均分であり、この点において皇帝の親率する上三旗も、特別の地位・待遇にあるわけではなかった。

⑤内外旗制――〝いくつもの満・蒙・漢〟、〝いくつもの内と外〟

八旗はまた、史料［V―1］に(d)としてあったように、「満洲・蒙古・漢軍」の「二十四旗」からなるとも説明される。これは、満・蒙・漢の八旗があるのではなく各旗が満洲・蒙古・漢軍に分れていたということだと夙に指摘されているが、それは具体的にはどういうことであろうか。

これを端的に示すのが、先ほどの［V―2］の旗王分封の記事である。そこでは、新封の旗王が満洲・蒙古・漢軍ニルとボーイ＝ニルの分給を受けていた。一つの旗下は、このように分れていたのである。そこで一つの旗について、その構成・区分を示したものが**図5-9**である。

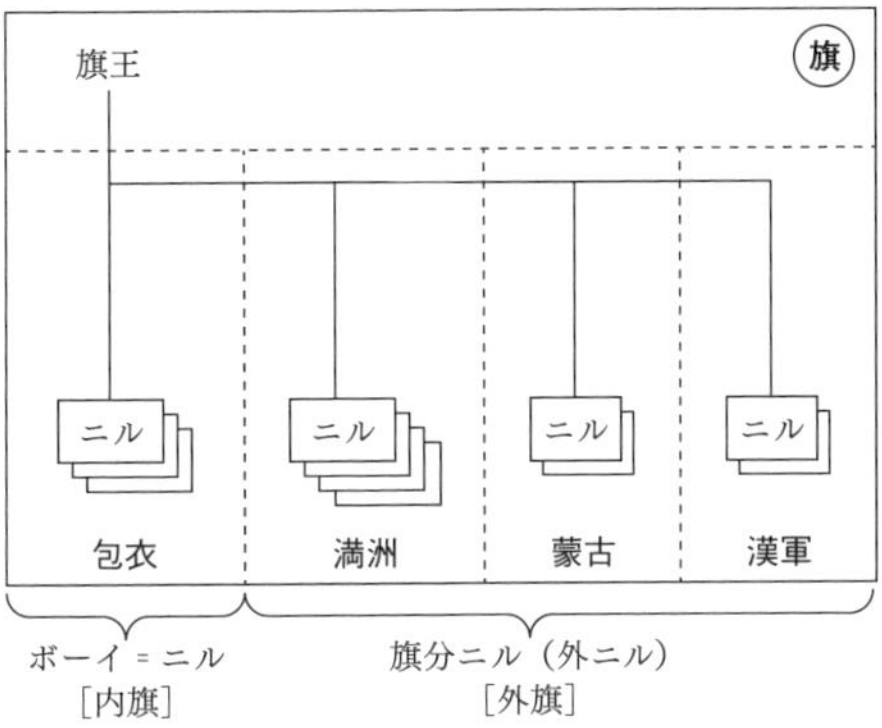

図5-9　旗下のニル構成

これは**図5-3**の各旗の部分を拡大したもので、そこに示したように、各旗を構成するニルは旗人各家が支配する旗分ニル（外ニル）と、ボーイ＝ニルと呼ばれる、旗王家に直属するニルとに区別される（増井［二〇〇八a］；谷井陽子［二〇一〇］）。旗分ニルは、旗王を主君と仰ぎつつもニルそのものは各旗人が支配ないし管理しており、その収益や兵役・労働力は基本的に国家に提供されたが、ボーイ＝ニルからの収益は各旗王の王府の

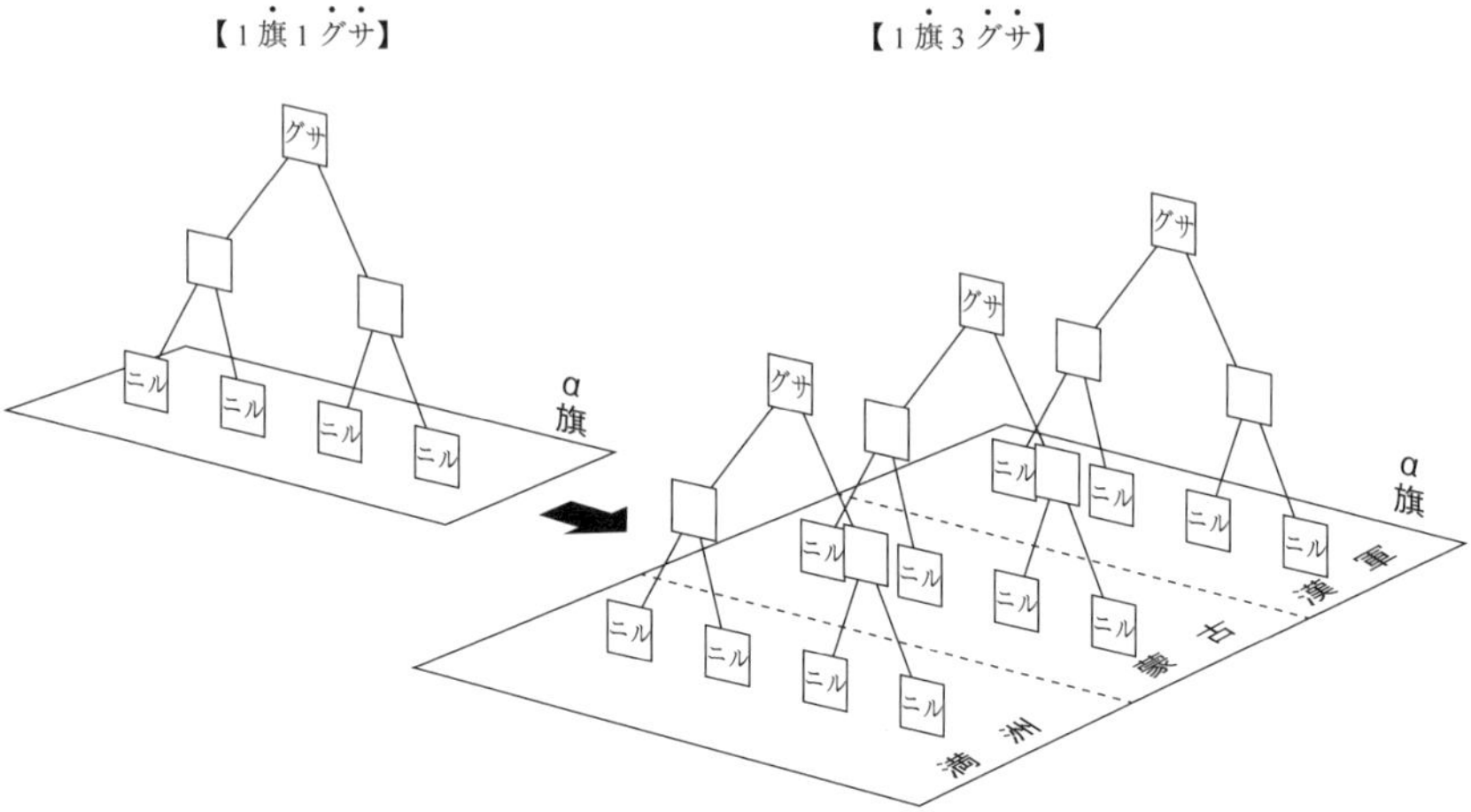

図 5-10　1旗1グサと1旗3グサ

家計に入った[20]。

当初、旗分ニルには来源・属員による区別はなかったが、勢力の拡大に伴ってモンゴル人・漢人の帰順者が増えると、内属モンゴルで編成した蒙古ニル、火器の製造・使用ができる漢人を集めた漢軍ニルを在来の満洲ニルから分離・組織し、図のようになったのである[21]。さらに、これらを元の満洲ニルと同様に独自のジャラン・グサに編成したので、各旗は満洲・蒙古・漢軍の三つのグサで構成されるようになった。史料上は同じ「グサ＝旗」と記されるが、これによって八つの固定数の軍事＝行政組織体（以下、この意味の場合を「旗」と表記する）のもとにニル・ジャランの集合体（同じく「グサ」と表記する）が複数編成されるようになったのである[22]。つまり、八旗制は創設当初は一旗一グサ編成だったということであり、蒙古グサ・漢軍グサの編成によって、各旗は一旗三グサ編成となったのである（図**5-10**）。したがって、［V―1］(d)でいう「二十四旗」とは、八旗が三組あるということではなく、「二十四グサ」ということを意味する。これらは、統属関係でいえば、各旗に所属した上で当該旗の旗王の麾下に隷していた。「満洲八旗のほかに蒙古八旗・漢軍八旗が設けられた」とよく言われるが、このよう

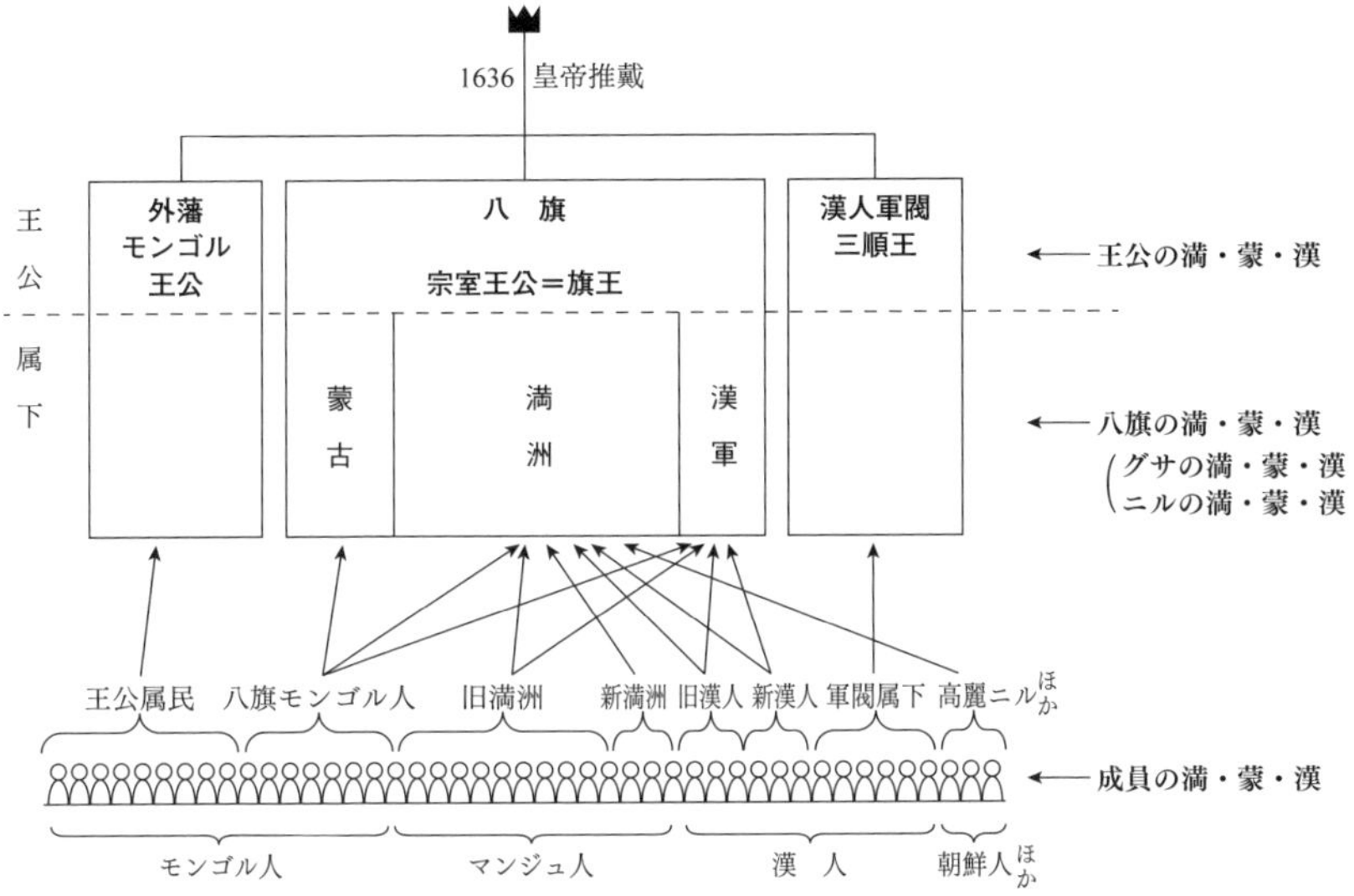

図 5-11　いくつもの満・蒙・漢

に軍事＝行政組織体としては、最後まで「八」旗だったのである。

　では、これもしばしば言われる「八旗は満・蒙・漢の民族別編成をとった」という点は、どのように説明できるだろうか。〝満・蒙・漢〟といえば、しばしばホンタイジ時代を画期とするもののように言われるが、成員についていうならば、その構成は当初から「多民族」的であった。マンチュリアには、もともと漢人・モンゴル人・朝鮮人などマンジュ人以外の人びとが招聘・亡命・拉致などさまざまな経緯で多数入りこんでおり、ヌルハチは国家建設に当って、これらを区別することなく支配下に収めていったのである。これを八旗制という制度体系によって組織化したのが八旗満洲・蒙古・漢軍であるが、それは右に見たように、あくまでグサ・ニルの種別を意味するものであった。したがって、それぞれの内部が、同種のニルや成員のみで構成されたというわけではない。ひとくちに〝満・蒙・漢〟といっても、その内実は多重的であり、**図 5-11** としてモデル化して示したように、その「多民族」的側面は、グサのレベルと、基本単位たるニルのレベル、さらに個々の成員のレベルで辨別しなくてはならない。

まず、個々の成員レベルでいえば、出自によって帰属が決められたわけではない。例えば漢人についていえば、その大多数は満洲ニルに隷属民として所属しており、漢人であれば八旗漢軍に所属したというわけではない。そもそも漢軍という漢称は入関後の一六六〇（順治十七）年に定められたもので、マンジュ語では一貫して ujen cooha（烏真超哈《ウジェン＝チョーハ》）、すなわち「重い兵」と称され、専門の砲兵部隊だったのである（細谷［一九九四］）。また、ニル・グサのレベルでいえば、八旗蒙古創設後も引き続き満洲グサに属した蒙古ニルなどもあり[23]、満・蒙・漢のグサが、それぞれ満・蒙・漢のニルからのみ成っていたわけではない。さらに満・蒙・漢のほかに、グサこそ設けられなかったものの朝鮮人のニル（高麗ニル）もあり、これは満洲グサや包衣に所属した（第七章第三節（3））。つまり、組織名称に族名が用いられているからといって、即「民族別」編成をとったと考えるべきではないのである。

さらに、王公レベルでも満・蒙・漢がある。八旗制の基本構造は、王公爵を有する上級王族がピラミッド型組織＝グサに編制された麾下の軍団を率いるというものであったが、ホンタイジの時代に、この旗制ユニットの仕組みが、八旗の外側に対しても拡大して適用されていったのである。

すなわち、南モンゴルのホルチン部をはじめ、牧地に留まったまま服従したモンゴル諸勢力に対しては、その首長に王公爵を与え、麾下の集団をジャサク（jasak 扎薩克）旗という形式に組織して従属させた。ジャサク旗の内部は八旗になぞらえた階層組織からなり、モンゴル王公を旗王に相当するジャサクに任じて支配させた（岡洋樹［二〇〇七 a］）。また、部隊ごと投降してきた明の部将孔有徳・耿仲明・尚可喜の集団も、階層組織に再編された上で天祐兵・天助兵なる独立した軍団として従属し、三人にも王号が授けられて三順王と呼ばれた（細谷［一九八七］）。八旗蒙古・漢軍に属する者があくまで八旗の成員であって各旗王に臣属したのに対し、これらジャサク旗・漢人軍団は、八旗には編入されず在来の統属関係を維持したまま別個の集団をなすものであったが、見方を変えていえば、王公の支配するユニットという点では八旗と同列のものということができる。

しばしば誤解されているが、一六三六年にホンタイジに尊号を奉呈したのは満・蒙・漢の八旗ではなく、それぞれが八旗型のユニットを率いる、これら満・蒙・漢の王公であった。換言すれば、大清グルンはこれら分節的な旗制ユニットを支配する満・蒙・漢の王公たちの連合だったのであり、そこでは、宗室の旗王に率いられる満・蒙・漢の八旗は、そのうちの「満洲」に含まれていた（図**5-11**）。

もう一つ重要なのは、「内《ドルギ》 dorgi」と「外《トゥレルギ》 tulergi」という〝内外〟の区分である。その含意は多様であるが、各旗においては、君主の私属を〝内〟とする意でボーイ＝ニル群を内旗と呼び、これに対して旗人が統率する旗分ニルを外ニルともいい、外ニルである満洲・蒙古・漢軍のニル群を外旗といった（図**5-9**）。ホンタイジの時代に、各旗はこのように満洲・蒙古・漢軍の旗分三グサの外旗と内旗とから成るようになったのである。

他方、ハン＝皇帝を〝内〟、それ以外の旗王を〝外〟とする呼び方もあった。皇帝のボーイ＝ニル群を内務府と称するのはその典型であり、また、上三旗成立以前のホンタイジの時代、直属の両黄旗を「内二旗」と呼ぶ例がある（杜家驥［二〇〇八：一六六頁］）[24]。さらに帝国レベルになると、八旗そのものを〝内〟とする意で、「外藩 tulergi golo」に対して八旗を「内藩」、外藩の「外王公」に対して宗室王公を「内王公」と呼んだ（岡洋樹［一九九四］）。さらにこれらがからみあって、外藩に対する諸王の旗を「内六旗」と称した例さえある（杜家驥［同：一六六頁］）[25]。

このように、多様な〝内〟と〝外〟の区別、多重的な満・蒙・漢の区分が可変的・重層的に現れていたのである。

以上の①・③〜⑤を見ると、極めてシステマティックに組み立てられている印象が強いであろうし、②からは、支配・服従の面ばかりが目につくかもしれない。だが、皇帝・旗王は、単に制度上の統轄者として位置づけられていたのではない。その求心的構造については、次を挙げることができるであろう。

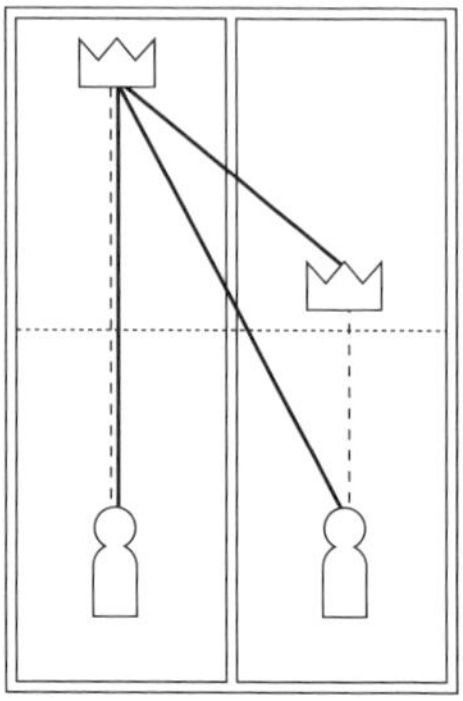

図 5-12　ハン・旗王・旗人の関係

⑥親衛隊制＝ヒヤ制～侍衛・護衛制

第三章で見たように、八旗各旗においては、腹心の旗人やその子弟が皇帝・旗王の身辺に集められ、ヒヤと呼ばれる親衛・側近となって近侍していた。彼らは単なる警備兵ではなく、さまざまな職務をこなす側近であったが、その職掌やリクルート法は当初必ずしも厳密には定められていなかった。このことは、ヒヤ＝侍衛が軽輩であったり組織・制度上未成熟であることを意味するのではなく、皇帝が随意に親信者を起用・任使するものであったことを示している。その点においてヒヤ制は、官僚制的統制という意味ではなく、君主との私的な人格関係下に包摂して登用・任用するという方向性での求心装置であったといえよう。

また各旗王家も、属下から編成したヒヤと包衣からなる王府組織を有しており、王府長史・王府総管と一～三等護衛を基本として、侍衛と同様に組織されていた。入関後、皇帝と旗王を差別化するため、皇帝のヒヤ・侍衛の称に対して、旗王のそれはギヤジャン・護衛と呼び分けられるようになっていくが[26]、麾下から選抜した側近集団という性格は長く変らなかった。

⑦世職（世爵）制

旗のレベルで求心的な役割を果したのがヒヤであるのに対し、国家レベルで旗人たちを統一的に序列づけたのが、第一章第三節などで見た、世職・世爵と呼ばれる位階制である（図**E**）。この世職制（世爵制）の特徴は、松浦茂［一九八四］や谷井陽子［二〇〇四］が強調するように、ハン＝皇帝のみが統一的に与奪・昇降するものだという点である。旗王には属下に対する任免権はなく、人事権は皇帝が一元的に掌握していたのである[27]。

ただし、一方で旗王の側から見てみるならば、彼らには公式には人事権はなかったものの、適任者の推薦は行なわれており、実態としてはある程度影響力を行使しえた。[28] また旗人の側から見るならば、これは一元的に授与されるという点では国家のものだが、同時に、それは単なる〝御恩〟ではなく、臣下の側にとっては、国家から公式に認定された、世伝される家の権利でもあった。世職という形で認定された「功 gung」は、家系に伝わる功績として代々受け継がれ、その表現である世職やニルは、時の皇帝でも恣意的に剝奪することはできなかった。

このような関係にみられる構造を、**図5-3**などを念頭に表すならば、**図5-12**のようになる。旗人は各旗に分属して旗王に従う一方、国家の構成員として皇帝にも直接従う、二重の性格を持っていたと表現することができよう。

（2）八旗制の全体構造

それでは、以上のような垂直構造・水平構造・求心装置をもつ八旗制の全体構造は、どのようなものであろうか。**図5-9**で一つの旗の内部構成を模式化して示したが、さらにこれを**図5-3**で見た複数の旗王がいる状態として立体化したものが、**図5-13**である。この図では、仮にこのX旗に和碩親王A・多羅郡王B・鎮国公Cの三人の旗王がいるものとして示した。この場合、最も高い王爵をもつA親王は、X旗全体を統率する代表者（一六三六年以前でいえばホショ＝ベイレ）であるとともに、旗内で自己の属下として一定数のニルを領する個別の王公でもあり、後者の側面からすれば、爵位の高下、属下の多寡こそあれ、B郡王・C公と同列の存在ということができる。これを旗人の側からいうならば、X旗の各旗人・ニルは、さらにその中でA親王属下・B郡王属下・C公属下にそれぞれ分れていたのである。

このような状態と、その下での主属関係を明示したものとして、一六三六年に発布された次の規定がある。[29]

［V—9］　親王・郡王の誕生日・元旦に叩頭する礼は、親王には各自の旗《グサ》の官人らがグサ＝エジェン以下ニ

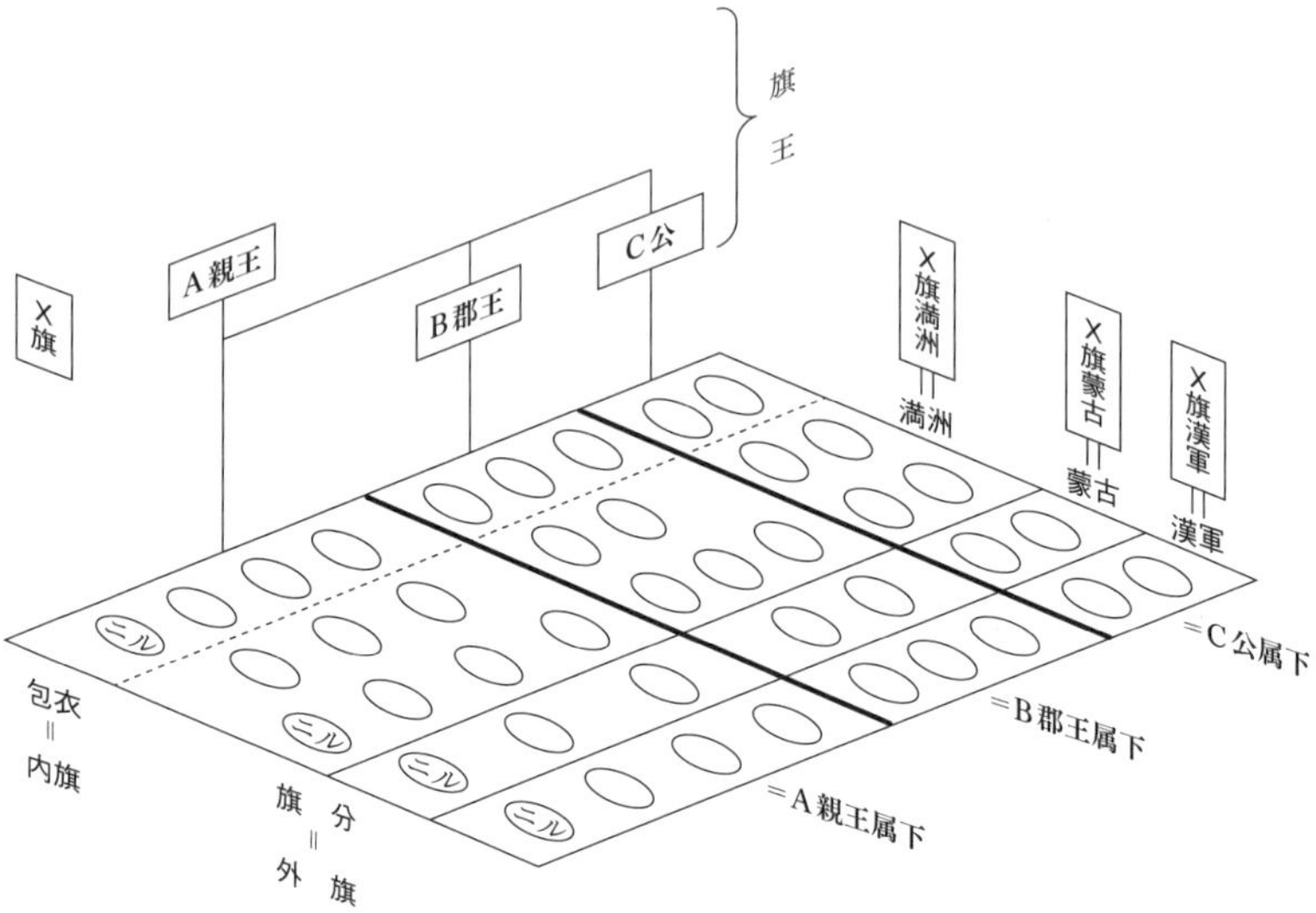

図5-13　旗下の組織編成と支配関係

> ル＝ジャンギン（エジェン）以上みな集まって、二度跪いて六度叩頭する。郡王にはその属下《ハランガ》の官人らだけが集まって、二度跪いて六度叩頭する。…（中略）…多羅貝勒らの誕生日および元旦には、その属下の官人らだけが集まって、一度跪いて三度叩頭する。叩頭するとき、全く用事がないのに家にいて叩頭しに来なければ、罪とする。

これは大清建国に伴って発布された一連の規定の一つであり、これによれば、旗全体を代表する和碩親王に対しては、当該旗の旗人は直属か否かを問わず総員で行礼し、さらに旗内で親王以外の王公に分属している旗人は、各自の主君に対し行礼することが定められている。このように旗人は自らの所属する旗の旗王に対して主従の関係にあり、さらに旗内に複数いる旗王に分属していたのである。

さらにその内訳に立ち入って見てみよう。先に史料［V―2］として挙げた康熙帝の異母弟分封の例に見られたように、各旗王は、それぞれ満洲・蒙古・漢軍ニルおよびボーイ＝ニルからなるユニットを自己の属下として与えられており、いわば旗内にさらに小型の旗を構成して領有していたのである（細谷［一九六八a：一六頁］）。これら旗王属下のニル群はふつう特定のジャランに固まっており、ジャランは指揮・管轄上の中間単位というだけでなく、旗王の所領・家臣団をも構成していた（鈴木［二〇〇七b：第Ⅳ章］）。つまりこのX旗は、組織編制に即して見てみると、X旗満洲・X旗蒙古・X旗漢軍・X旗包衣に分れ、主従関係についていうならば、A親王属下・B郡王属下・C公属下に分れるのである（図5-13）。このうち前者が成員の帰属を示すものとして常用され、史料にも明記されるのに対し、後者については主従関係設定に関する明文の規定はなく、また誰が誰の属下であるかを網羅的に明記するものもない。しかし、にもかかわらず、これら両者の関係が相俟って旗人の社会を律したのである。

例えば、先に史料［V―3］で見たように、ヌルハチが分与した正黄（天命期）＝鑲白（天聡・崇徳期）旗では、アジゲとドルゴンの二人が旗王となり、当初はアジゲがホショ＝ベイレとして全体を代表していたが、一六二八（天聡二）年に罰せられて、以後ドルゴンがその座に就いた。そして属下については、二人は一五ニルづつを分領しており、五大臣エイドゥ家やウラ＝ナラ氏はアジゲに、五大臣フルガン家は、［V―6］で見たようにドルゴンに与えられていたのである。

さらにこれを八旗全体へ拡大してみよう。これが図5-14である。図中、各旗を示す部分の一つ一つが図5-9に相当し、その内部は、満洲・蒙古・漢軍グサからなる外旗と包衣すなわち内旗とに分れる（⑤内外旗制）。これが鑲黄・正黄・正白・正紅・鑲白・鑲紅・正藍・鑲藍の順で序列づけられつつ（③左右翼制）、先後の差はあれ、組織としては並列して権利・義務を均分していた（④八分体制）。これを各旗を支配する旗王について見てみると、序列上位の鑲黄・正黄・正白三旗が皇帝直率の上三旗、それ以外が一族諸王の領有する五旗（下五旗）に分れ、それぞれ旗王が領旗の旗人を属下として従えていた（②旗王制）。そして全体は、これら旗王たちが皇帝を八旗の代表、一族の長として戴くことによって統合されていた。

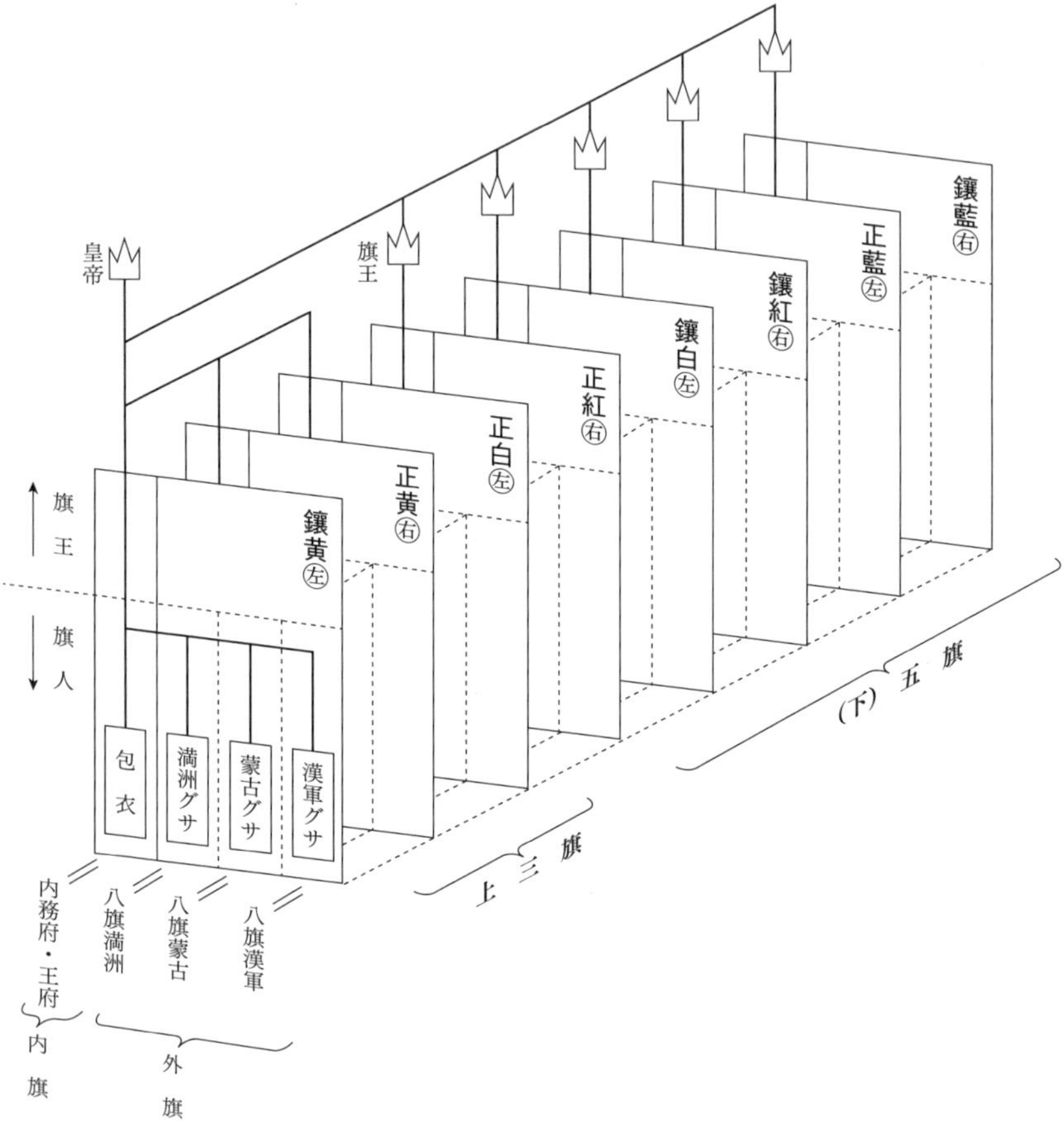

図 5-14　八旗制の全体構造

他方、組織としては、各旗は統属関係上は満洲・蒙古・漢軍・包衣の別なく各旗王の麾下に隷するが、編制上は各旗からそれぞれが抽出されて満洲・蒙古・漢軍の八旗を組成し、また各旗の包衣はそれぞれの旗王の王府を構成した。皇帝の家政機関として有名な内務府は、このうち上三旗の包衣で組織されたものであり、本質としては各旗王と同列であることに注意せねばならない。

なおまた留意すべきは、これはあくまで組織編制上の区分であって、⑤で述べたように、必ずしも成員の出自を示すものではなかったことである。例えば、グサを編成するほどではないがある程度数のいる朝鮮人は独自のニルに組織した上で満洲グサや内旗に配属するなど、グサ―ニル制・内外旗制の厳格な組織体系を適用しつつ、状況に柔軟に対応した。八旗、ひいては帝国の拡大の背景には、このような固い組織体系と柔軟な運用という特質があったといえよう。

このような全体の関係をよく示すのが、第三章でも言及した、一六四三（崇徳八）年八月の順治帝フリン即位時の奉戴と宣誓である。このとき、まず十四日に、礼親王ダイシャンの首唱によって、王公・大臣がフリンの奉戴を盟誓し、ついで二十二日、両黄旗の大臣・ヒヤたちが別に集まって盟誓した。その誓書中の威嚇文言のくだりでは、諸大臣が「我らがもし皇上が幼いからとて、先帝の時のようには尽力しなかったり、本主に媚びへつらって、よからぬ謀議に預かって無辜の人々を苦しめたりすれば……天地はこれを責めて、ただちに厳罰を下されんことを」というのに対し、両黄旗の大臣・ヒヤは「我らがもし主上が幼いからとて、先帝の時のようには尽力しなかったり、諸王に媚びへつらって、諸王・ベイレ・ベイセ・公らと結託して叛逆したりすれば」と述べている[30]。つまり、六旗の諸大臣にとっては、「諸王・ベイレ・ベイセ・公ら」が「本主」に当るのであり、これに対し両黄旗の大臣・ヒヤは、六旗がいうところの「皇上」を、「主上」といっているのである（杜家驥［一九九八d：四五頁］）。これは、八旗すなわち国家としては、皇帝（「皇上」）は最高君主であるが、両黄旗人にとっては、国家の君主であるよりも自らの主君（「主上」）であることを示しており、そして他の六旗においても、それぞれの旗王が主君（「本主」）であることを示すものといえよう。それが、各旗王が皇帝に臣従することを通して、全体として統合されているのである（図5-12・14）。

八旗といえば、ふつうニルからグサに至るピラミッド的階層組織としてのみ説明されるが、それは指揮・管轄体系の一面――本書の提案でいえば、グサ―ニル制――を表すものにすぎない。あらためて全体像を見るならば、このように、グサ―ニル制の体系のもと八分・左右翼・満蒙漢三グサ・内外旗によって区分・整序され、旗王制によって統べられた、一つの社会の全構造だということができる。すなわち八旗制は、中央ユーラシアに伝統的な階層組織体系をとりつつ、ハン＝皇帝の強力な求心力のもと、垂直方向の厳格な統御と水平方向の緊密な連合によって全体を構成した、軍事組織兼国家組織そのものであったのである。このような点で、ヌルハチとその後継者たちが築いた国家を、八旗制国家と呼ぶことができるであろう。

八旗制国家は、入関に伴って総員を挙げて北京一帯に移動するが、彼らの政治的・社会的まとまりが融解したわけではない。八旗制国家の成員は、以後も清一代を通じてニルに所属し独自の戸籍に登録され、漢地の漢人と明確に区別される社会を維持し続けたのである。それを中核に据えた帝国――大清帝国の支配構造については、第八章で論じることとする。

（3）集権国家説と分節国家論

以上述べてきた像が、従来の、グサ＞ジャラン＞ニルの階層組織体系や満蒙漢の種別の存在をただ並列し、左右翼や八分には触れない通行の説明に対して、私が提案する八旗制の全体構造理解である。そこでさらに焦点となるのは、この制度ひいては国家の性格の理解である。

八旗制、ひいてはマンジュ＝大清グルンの構造と性格の理解をめぐっては、近年、谷井陽子［二〇〇五―一三］が、先行研究に対する丁寧な批判と一次史料の再検討に基づいて、八旗制を集権的体制として理解すべきことを強力に主張している。それは、八旗制とそれに基づく入関前国家を、官僚制的な集権的国家であったとするものである。

谷井の論は、およそ以下のようなものである。まず学説史の構図を、パイオニアである孟森［一九三六］が提示した「連旗制」論、すなわち入関前政権をそれぞれ独立性の高い組織である旗の連合体と捉える見方が学界の通説であるとみなし、これと根本的に異なる見解は安部健夫［一九四二―五二］の官僚国家論のみであって、それゆえに連旗制論的理解は、現在に至るまで批判的検証がなされていない、とする。谷井自身は、八旗制に基づくマンジュ国家を分権的・連合体的なものではなく官僚制的・集権体制であるとする見方に立ち、財政・経済面、軍事面、政治体制・政治思想面から検討する。それによれば、財政・経済面では、上位者・上級単位は下位者・下級単位からの収奪に支えられておらず、それぞれが自活を基本としており、経済的に依存する関係にない。また人事・司法の権限はハン＝皇帝が一元的に掌握しており、軍事面でも動員・編成・指揮・賞罰は同じくハンが握っていた。旗王―旗人間や旗王・旗人相互の結託は厳しく禁じられており、彼ら自身がそれを受け容れていて、旗王への忠誠や旗を単位とする帰属意識は見られず、それを支えるエートスもない。したがって、旗は旗王の、またニルは旗人の政治的・経済的基盤とはなっておらず、むしろハンの下に集中管理される性格のものであった。当時、新興の満洲勢力を制約するような女真社会の政治的伝統やモンゴルの影響などはなく、ヌルハチの独創に係る八旗制は、そのような桎梏から自由であるという環境から出てきたものであり、この集権的かつ効率的な体制こそが、一七世紀の激動期に生き残り、そればかりか勝ち抜いて帝国に成長する秘訣となった――。

学説史を全面的に洗い直し、一次史料に立ち戻って一から歴史像・全体像を築き直して提示した谷井の試みは壮図というべきであり、高く評価しなければならない。また、その先行研究・他学説に対する批判は鋭く、傾聴すべき点が多い。しかし一方で、学説史を「根本的批判にさらされないまま定説化している連旗制論的理解と、ほぼ安部説のみに限られる、自らが支持する官僚制的・集権国家的理解」と把握して整理・批判するため、安部以外の研究者を一くくりにして論じており、そのような学説史理解を共有しない私には、違和感がある。

もしこれまでの通説を、「各旗が各々独立した存在であり、それが連合したもの」というように理解するならば、それは谷井の批判する通り、誤っている。(31) 本書で縷々述べてきたように、八旗はあくまでヌルハチが画一的に設定したものであって、建州諸衛やフルン諸国などそれ以前の政治的まとまりを単位とはしておらず、あるいは一族有力者がヌルハチによらずして自力で獲得・形成した勢力でもない。また、部族的伝統や規制を強調する従来の見方の問題点についても同様で、むしろ、ジュシェン的伝統をある部分で断ち切っているが故に、ライバルを打倒することに成功したのである。その点では、谷井［二〇〇五］の批判には、概ね異論はない。

しかし、そのような従来の学説についての批判の観点は共有しながらも、それに対して組み上げて提示する理解は、彼我懸隔しているのである。私もまた、八旗はヌルハチが創出した新組織であり、ジュシェン社会の伝統は、社会慣習・規範意識レベルでは尊重されつつも、具体的な政治勢力や政局面で彼を規制するものではなかったと理解しており、八旗は、強力なハンの指導力と厳格な組織統制とを特徴とする体制であると捉えている。しかし同時に、それがハンが全部衆を直接統轄する形態をとらず、また同族・姻縁・地縁を排除するのではなく組織編成の原理にしているところにこそ、特徴を見出すべきと考えるのである。その際、組織が分節的な構造で組み立てられ、そこに自らの子弟を旗王として配して統率させるという形態が選択されたのであり、その具体的な内実の解明と、そのような形態が選択された意義と歴史的文脈をこそ探るべきと思うのである。杜家驥や鈴木真、そして私などが掘り起こしている「主従関係」の検証などは、まさにそのためのものである。(32)

ところが谷井は、他の学説で用いられるところの「主従関係」という語を、その内容を極めて狭く限定して、関係の設定がハン＝皇帝によることや、行罰や給与・恩賞・人事が皇帝の命によってなされることを以て否定するのである。しかし、谷井は批判に急なあまり、ここまでにも多数掲げてきた、属下の分与、ニルの発給をどう理解するか、その意味についてほとんど触れておらず、軽視している。氏が言うように、単なる官僚的統属関係にすぎないのであれば、なぜ旗王や旗人にとって、ニルの与奪が褒賞になったり懲罰になったりするのであろうか。例えば史料［Ⅴ－9］の行礼規定では、旗王に対し、しかも管主ごとに行礼することが定められており、しかもそれを怠ると処罰の対象になるとされていた。また既にたびたび引いた［Ⅴ－1］の「鑲黄・正黄・正白を上三旗と為し、五旗は各々王・貝勒等に之を統べしむ」という説明、あるいは［Ⅴ－2］にあった康熙帝による異母弟の旗王分封時のニルの発給を、どう解釈するのであろうか。

私は、これは本章で説明してきた図**5-3～14**によって整合的に全体を説明することができると考えており、それは、そこで縷説したように、八旗が制度上の階層組織体系と明文の規定をもたない旗王の属下支配という二重構造からなっていることを明瞭に示すものと思う。たしかに、旗王と旗人の関係や、そもそも領旗の分封自体についての明文の規定はないが、それがそのような関係や制度の不存在を意味するわけではない。むしろ、私を含む一定の研究は、それを個々の事例から掘り起し、復元しようとしてきたのである。それを「論証抜き」の研究と一くくりにして、「何ら実証されていない」と切って捨てることは、あまりに一方的であろう。

この点に関連して、私が拙稿［二〇〇七a］などで、この構造を明快に述べたものとしてフランス・イエズス会士パランナンの記事を掲げたことに対して、谷井［二〇一〇：五七・七三頁注79］［二〇一二b：四四頁］は厳しい批判を加えている。個別的な点になるが、史料をめぐる問題であるので、ここであらためて検討を加えたい。

それは、以下のようなものである。(33)

［V―10］　配所にあるこれらの公子たち（雍正帝によって処罰された宗室スヌ〈Sunu 蘇努〉一族）に仕える奉公人（domestiques）の中には二種類があります。一方は(a)まさにその家の奴隷（esclaves de leur maison）であり、他方は(b)皇帝が宗室の公子たちに授与する位階の高さに応じて、数の多寡はありますが、彼らに賜与されるマンジュ人またはマンジュ化された漢人であります。(c)後者は王公の供廻りのものであって、普通家門の人（les gens de sa porte）と呼ばれています。(d)この連中の中には相当な官人や巡撫、総督がいます。彼らは前者のように奴隷ではありませんが、王公がその位階を維持している限り、その命令にはほとんど前者と同様に従います。彼らは王公の死後、息子たちが父と同じ位階を与えられる場合には、この息子たちに奉仕することになります。父がたまたま在世中に位階を失うことになるか、それとも臨終までこれを維持してはいたが、息子たちの誰の手にも渡らなかった際には、この種の奉公人は予備に取っておかれ、宗室の他の公子が家を起こすことを許され、同様の位階を与えられる時にその公子に支給されます。

これは、一七二五（雍正三）年七月二〇日付のフランス・イエズス会士パランナンのフランス語書簡の一節である。私は、この(a)を文字通りの家人・家僕（booi aha）[34]、これに対し「奴隷ではありませんが」、「その命令にはほとんど前者と同様に従います」という、皇帝が賜与する「マンジュ人またはマンジュ化された漢人（Tartares ou Chinois tartarisés）」すなわち(b)を、旗王の属下と判断したのである。

これに対し谷井は、(1)この書簡の時点で既にスヌ家の旗分ニルは没収されており、王府のボーイ＝ニルしかなかったこと[35]、(2)文中(c)でいう「家門の人」とは「家の人」すなわちボーイ＝ニャルマ（booi niyalma）を指すと考えるべきこと、という理由でこれを全面的に否定し、これは旗分ニルの旗人について触れるものではなく、むしろボーイ＝ニルに属する旗人の隷属性を示すものと主張する。そして、(3)他の箇所や他書の引用も含めて、これら西洋人の観察記事の不正確さを批判して、史料としての問題点を強調する。

なるほど氏の指摘する(1)の点は、事実関係としてはその通りであり、また(3)についても、個々の史料や記述の是非はともかく、歴史学の手続きとしてもっともなことである。

しかし、この「家門の人」を「家の人＝booi niyalma」と断定して、そこから(a)(b)何れも包衣のことであるとするのは、はたして確かなことであろうか。実は、このような従属関係を表すマンジュ語として「dukai niyalma」、すなわち文字通り「門の人」なる語がある。

マンジュ語 duka は文字通り「門」であり、各種辞書ではそのままの意味しか載せられていないが、この語は、清代の用例では、例えば『上諭旗務議覆』・『上諭八旗』などに、漢文で「王等属下」や「王府」などとあるのに対し、満文では「王らの門 wang sai duka」と記されていることなどから知ることができる。先に旗王―旗人関係の例として引いた[V―6]でも、フンタが旗王ドルゴンへの不服従の罪に問われる際、「ベイレの門（beilei duka uce）に反目して、登庁しない」とされていた。このように、「duka 門」は、包衣だけでなく、外旗の旗人の統属関係を表す際にも象徴的な語なのである。[36]

パランナンの記事と同時期の具体的な用例を挙げよう。一七二二（康熙六十一）年十一月に即位した雍正帝は、即位後間もなく、正藍旗の旗王であるドド家の多羅信郡王徳昭を呼び出して、正藍旗蒙古所属の大臣マングリ（Manggūri 莽鵠立）の、鑲黄旗への引き抜きを相談する。そのことを伝える同年十二月十二日付の上諭には、満文で「マングリは汝の門の人である（manggūri sini dukai niyalma）」、漢文で「莽鵠立係你門下之人」と述べられているのである。[37] マングリはイエへ地方イルゲン＝ギョロ氏という名族出身で、このとき正藍旗蒙古の旗分ニルに属しており、その引き抜きを、旗王である信郡王にわざわざ訊ねて諒承を取り、上三旗へ擡旗しているのである。ここに在証されるように、旗王の属下は「門下之人 dukai niyalma」とも呼ばれ、それはれっきとした外旗の旗人を指すものなのである。

また、史料［Ⅴ―9］の行礼規定でも、旗人は各自の旗王の屋敷に伺候して行礼することが義務づけられており、これを怠ると処罰が規定されていた。このように、旗王の属下は、自らの「王の門」に出仕することが課されていたのである。これが「門下之人」にほかならない。パランナンのいう「家門の人」がこれを直接訳したものと断言することまではできないが、それを指している可能性は極めて高いと私は考える。少なくとも、「家門の人」なる一句を「家の人＝booi niyalma」と断定して立論することはできないであろう。

ただし、スヌ家のニルが既に没収されているはずであることは史料にも明記があり、谷井の指摘する通りである。しかし、同じ［Ⅴ―10］の記述中に、(d)「相当な官人や巡撫、総督がいます」とある点について、谷井は、包衣にも督撫になった旗人が出ていることから、これを包衣旗人としてよいとするが、スヌ家に残されたボーイ＝ニルに多数の高官が含まれていたとは考えにくい。この記事は、多数の高官が含まれているのが一般的であると述べているように受け取れるので、それゆえこの記述は、書簡が書かれた時点でのスヌ家の実情ではなく、旗王家としてのスヌ家についての説明、ないし八旗制一般の説明をしたものと理解したのである。この点、「配所にあるこれらの公子たちに仕える」とある文言は、何か不正確なものとみなしたわけであるが、その箇所をテキスト通り受け取る限り、批判の余地があることは認める。しかし、後段の、こういった属下は事情があった場合はいったん皇帝の手許に回収され、別途旗王が就封するときに与えられる、という記述を、［Ⅴ―2］などでみた旗王への発給を指すものと理解するならば、あわせ考えて、(d)は外旗の属下と見る方が自然ではないだろうか。

だがいずれにせよ、もとよりこの一条のみを根拠として八旗制下の統属関係を証明したというつもりなど毛頭ない(38)。それは、前章まで縷々述べ来ったさまざまな事例と本章で提示した構造理解によって、明らかであると考える。

また谷井は、旗人官員たちが、主従関係下にあるというよりも「あくまで官人である」ということを主張するが

〔二〇一三：八九頁〕）、旗人があくまで官員であることは、私も拙稿〔二〇〇八b〕などで言明している。しかし同時に主張してきたのは、彼らの多くが、国家創業以前に溯る首長、領主の側面と、新たに旗王に分与されて臣従する側面を、同時に併せ持っていたという点である。むしろ要点は、図5-12として示したように、帰属という点では各自が旗に分属して旗王に従うと同時に、国家の構成員としては皇帝に仕える官員として出仕するという二重性にある。右のマングリの擡旗についていえば、その転属を――谷井の理解に従えば、一片の命令で済むはずのものを――、成文の規定に根拠があるわけではないにもかかわらず、旗王を呼び出して、わざわざ承諾を取りつけてから擡旗しているのである。このような部分にこそ、成文法・不文法双方の世界を包含した、八旗制下の社会のルールとメカニズムを読み取るべきではあるまいか（張晋藩・郭成康〔一九八八：一六六―一六九頁〕；鈴木真〔二〇〇九：一〇九頁〕）。

では、その八旗の組織伝統や、さらにその土壌となった社会伝統・歴史的背景はどのように理解すべきだろうか。ヌルハチの創意と、厳格な法の支配とがマンジュ＝グルンの成功の秘訣であったという指摘には、全く異論はない。しかし谷井は、ヌルハチの創見のみに帰して、明代ジュシェン諸勢力から清初マンジュ旗人への連続性、伝統を否定し、むしろそこに意義を見出すが（〔二〇一三〕）、これは三田村以来の研究、とりわけ一九九〇年代以降の増井および私の一連の研究成果を無視するものである。その連続性はそれらの諸研究で克明に跡づけられており、そのことは、例えば図1-3に明らかであろう。

もっとも、谷井に言わせれば、これは血縁や姻縁であって政治的伝統ではない、ということになるのであろうが、本書で明らかにしてきたように、清初八旗制においては、まさに門地や姻縁が組織の編成原理・運用原則に組み込まれていたのである。であれば、明初以来の名門大族が各旗・グルン全体の首脳を構成しているということ自体が、政権の性格とその背後に横たわる伝統を示すものと理解してよいと私は考える。

具体的にいえば、明がしいた衛所制度を外被とした政治的枠組みや朝貢制度の手続きなどが、彼らの政治権力編成の下敷きになっており、そのもとで、ベイレ・アンバンを首脳として、ジャルグチ・バクシ・ヒヤなどを任じて政権中枢を構成するというグルンの組織が存在したのである（増井［二〇〇三］［二〇〇四b］）。例えば、イェへでは東西城に拠るチンギヤヌ王家・ヤンギヌ王家を両頭としつつ、その分支やニャニャカン系分支などもベイレを称して王族層を構成し、その下で、ヘシェリ氏・イルゲン＝ギョロ氏など大姓出身の重臣がジャルグチなどとして参与し（明からは「中軍」などと描写される）、さらにバトゥル号・バクシ号などを授かる臣下らが連なっており、またグチュや家人が諸王に随従して周りを固めていた。ひるがえって、八旗が、外国である明・朝鮮からだけではなく、構成員からも、衛所制になぞらえて「衛」と漢称されていたことは、その外被を物語る（松村［一九七八］）。

こういった、八旗制以前・ヌルハチ以前の政治組織やその伝統がどのようなものであるかは未だ研究途上ではあるが、しかし、「女真に見るべき政治的・社会的伝統がなかった」と断じることにはとうてい従えない。彼ら固有の社会伝統の上に、明制由来の政治的枠組みと、中央ユーラシア的組織法とが融合した政治組織のあり方がもともと存しており、そこに飛躍的に統制力を高めた組織として創出されたのが、八旗制であったとみるべきであろう。

この点で明確に見方が分れるのが、第一章で触れたギランとフレへについての理解である。そこで引いたように、ヌルハチは諸大臣に訓示して「由緒（fulehe）を見るな。心の正しく寛いのを見て登用したいのだ。出自（giran）を見るな。徳を見て大臣としたいのだ」と語っていたが、これを増井［二〇〇六a：四〇頁］が「太祖の公正な態度を強調する『老檔』編者の意図とは裏腹に、この文章は血縁と姻縁によって結合する門閥エリート集団が、当時すでに揺るぎない地位を確立し、ギランとフレへを抜きにしてマンジュ国／アイシン国政権の中枢人事は語り得なかったことを示唆する」とするのに対し、谷井［二〇一三：一〇六頁注50、cf.一〇五頁注34］は、これを否定して「この史料から「揺るぎない地位を確立」していたとは到底読み取れ」ず、「むしろ「ギランとフレへ」を見ないことを「公正な態度」とする常識が確立している」とする。

なるほど、この訓示のみを見る限り、谷井の指摘はもっともなように見える。しかし、第一章でグサ＝エジェン（第二節）・「第一等」「第二等」大臣（第三節）の顔ぶれを確かめ、第二章でフルン諸王家の処遇をたどって確認したように、そこにはまさに「ギランとフレヘ」によって序列づけられた大族功臣の家系のみが列し、それが姻縁や門地によって任用・配属されていた。[39] 彼らこそが「血縁と姻縁によって結合する門閥エリート集団」の具体的顔ぶれであり、そうであるならば、私は、「ギランとフレヘを抜きにしてマンジュ国／アイシン国政権の中枢人事は語り得なかった」とする増井の理解こそ、国初の政権の姿を言い表したものといえると考える。でなければ、なぜ管轄官であるグサ＝エジェンや実務ポストである六部官に、「個人の資質」（谷井［二〇一三：九一頁］）によって抜擢された非門閥官員が一人としていないのだろうか。実績によって任じるというはずの世職で、なぜ能力のみによって高位を授けられた者がいないのだろうか。これも第一章で触れたように、グサ＝エジェンを任じる際、ホンタイジが「トゥルゲイよ、汝の兄弟三人をグサ＝エジェンに任じて、皆罪を得てきた。今汝をグサ＝エジェンに任じるのは、兄弟であると配慮して任じたのではなく、汝を有能として任じたのである。今後よく務めなければ、他の者を任ずる」と訓示したことは、右のヌルハチの訓戒と同様、言葉の表面上の意味とはうらはらに、任用の発想を示してあまりあるといえよう。

しかし同時に、その「ギランとフレヘ」は、世職や官職によって表現されていた。そのような点で、私の立場は、ジュシエン＝マンジュ人の系譜概念・規範意識の連続性を重視しつつも、ヌルハチ政権がそれと一線を引いた点を同時に強調するものである。むしろ、漢地の制度や漢人社会との対比において、廻避の制とは正反対に血縁・姻縁・地縁によって組織編成・運営が行なわれたことや、漢地では王朝初期に主従的結合関係の切断を伴う原理的転換がしばしばみられたのに対して、マンジュでは勲旧・貴戚が重んじられたことにこそ、注目すべきであろう。[40]

では、ジュシェン＝マンジュ的伝統をさらに超える政治文化・組織技術の系譜はいかに評価できるだろうか。谷井は、モンゴル帝国や遊牧国家への言及を予断と片づけ、「敢えて言えばモンゴルとの混同」と断じる（［二〇〇五：九八頁］）。そして、具体的には軍事面では、「従来の研究の主流を成してきた「連旗制論」的観点からすれば、八旗は各々独立した軍団であり、その旗の王の命令によって動くものであって欲しい筈であるが、史料に見える軍隊の組織・運営は、それとは懸け離れた実態を示している」（［二〇一二a：五七頁］）とまで言って、旗王が軍団として動かすものでなかったことを論じ、官僚制的統御を証すものとする。しかし、これは全く逆である。ハンのみが戦利品を分配する権限をもつ。出征軍は基礎単位から均等に抽出して編成し、諸王が隷下を直率するのではない――これらは、モンゴルに代表される遊牧系軍隊の常識である。したがって、これらを指摘したところで批判たりえないばかりか、むしろ、八旗制が中央ユーラシア史の系譜上に位置することを、より雄辯に物語ってくれるものなのである。そこで、八旗制にみられる中央ユーラシア的性格を、積極的に確認することにしよう。

第二節　中央ユーラシアのなかの八旗制

(1) 八旗制の特質とマンジュ＝大清グルン

ここであらためて、前節で述べた構造理解を基に、八旗制の特質について私見をまとめよう。

第一は、整然としたピラミッド型の階層組織体系である。八旗の組織は、ニルを基本単位として五〜十数ニルで一ジャラン、五ジャランで一グサすなわち旗を構成するという階層構造をとった。この体系は、匈奴《きょうど》以来の中央ユーラシアの遊牧国家にみられる十人隊―百人隊―千人隊というピラミッド型組織と共通したものであり、十進法でこそないものの、八旗の組織体系がこのような遊牧軍制の系譜上に位置することは一見して明らかである。一方で、傘下に入った集団は厳格な組織体系のもとに再編され、その構成員・構成単位として強い統制下におかれていた。ここに悠久のユーラシア的伝統と八旗特有の性格の双方を看取することができよう。

第二は、階層組織体系とは区別された、垂直方向にみたときの身分秩序である。国家の支配層は、ハン＝皇帝を頂点として、ベイレと総称される上級王族たちとアンバンと呼ばれる上級家臣たちを中核としていた。アンバン以下の家臣・領民たちが全てニルに組織されて八旗に分属したのに対し、ベイレたちは各旗に分封され、旗王としてその旗の構成員すなわち旗人を支配した。彼ら旗王はピラミッド型階層組織に組み込まれるのではなく、その上に立って麾下の旗人を支配する存在であった。旗王以外の異姓臣下は世職・世爵などと呼ばれる民爵によって秩序づけられ、また同じアイシン＝ギョロ一族でも、王公爵を持たない一般の宗室・覚羅は、民爵と同列の爵を与えられ旗人として扱われた。旗王の地位は極めて高く、彼らは官品の正一品、民爵の一等公よりも上位に位置して全ての臣下の上に立ち、自己の領旗の旗人を家臣、ニルを所領として支配した。旗人にとってみれば、皇帝との間には官職・爵位の叙任という関係はあるけれども、直接の主従の関係は各旗の旗王との間にあったのである。

第三は、水平方向にみたときの並列体制である。右に述べたように八旗各旗は旗王が分有しており、皇帝自身も上三旗を直率していた。すなわち、自らの領旗を率いるという点において、皇帝もまた旗王と同列の存在だったのである。八旗には鑲黄旗を首位とする序列があり、また皇帝と親王〜公など領主の地位の違いもあったが、これらは序列の先後・上下はあっても、組織としては同格であった。兵役・労役から賞賜に至るまで、あらゆる権利と義務は旗・ニルを単位として均分され、君主の領旗・麾下ニルといえども特権的な扱いはなかった。この点において、君主は中華皇帝のように全体に超越するものではなく、また分封制をとりながらもハーン自身が圧倒的多数を直属下におくというモンゴルの形態とも異なっていた。

第四は、皇帝の強い指導力と求心力である。八旗は組織の上では自立的・自己完結的なニル・旗を単位として組み立てられ、皇帝自身もその中の領主の一人であるという形式をとっていたが、同時に皇帝は国家全体を指導する君主として、また八旗の支配権を独占する旗王たちの家長として、強力な指導力を発揮した。国政運営に当っては旗王・重臣による合議制や輪番制がとられたが、それらは諮問に対する答申や日常事務の処理にとどまり、最終的な決定は常に皇帝自らが下した。

このような八旗制によって組み立てられたマンジュ＝大清グルンは、皇帝の統率力・指導力にみられる強い求心性と、それを支えかつ牽制する八旗の連合体制という、二つのベクトルのバランスの上に成り立っていたということができる[41]。前者の側面こそ、長きにわたって求心力を維持し続けて他勢力との競争に打ち勝ちえた秘訣であり、他方、後者の側面は、権利や資産を一族の共有とみなす、マンジュ社会の伝統的観念の表れであった。

では、さらに視野を広げて、このような八旗制の性格の背後には、どのような社会的・政策的特質が見られるだろうか。

まず第一に、臣下を強固な主従関係のもとに編成したことが挙げられる。そのメカニズムの中核にあったのがグチュであり、背景にあるのが、エジェン（主人）とアハ（奴僕）という伝統的な主従関係の観念であった[42]。明代のジュシェン社会では、規模・家格の大小上下こそあれ、それぞれが家臣・領民を従える在地の領主であるという点において、建州三衛などの大首長も管下の首長たちと同列の存在であって、未だ強固な主従関係のもとには編成されていなかった。これに対しヌルハチは、服従した大小の領主たちを八旗制の厳格な組織体系に再編し、強固な主従関係の下に組み込んだのである。そもそもヌルハチ勢力の原点は、彼のためには水火も厭わず、奴僕にもなぞらえられるほどの強い主従関係を誓った股肱の臣たち（グチュ）からなる小軍事集団であった。以後の勢力拡大は、打倒・吸収した他勢力をそのような従属関係下に組み込んでゆく過程であり、服属したあらゆる勢力は、客分のような待遇を受けることはなく、あくまでエジェンとアハの関係に位置づけられた（第三章：増井［二〇〇一］）。

第二は、その主《エジェン》としての地位が、君主の一門によって独占されていたことである。旗王は全てヌルハチ・シュルガチ兄弟の嫡出の子孫という狭い範囲に限定され、一族遠縁の実力者や外様《とざま》の異姓有力者はいなかった。たとえ国家創業の功臣であろうと建州三衛・フルン四国などの名門首長家であろうと、例外なくヌルハチとその近親の旗王たちの臣下に位置づけられたのである。同時にこのことは、その強固な主従関係が君主ただ一人の独占ではなかったことをも意味する。異姓・遠戚を排除した支配権の独占と、その果実の一門による共有――ここに、創業者ヌルハチの独創とジュシェン的伝統の並存を見出すことができよう。八旗制には、ジュシェン的慣習の克服という側面の一方で、国家を君主一族の共有とみなし、それを一族で分有するという伝統的観念が、このような形で表出していたのである。

後者の面は、君主位の継承においても色濃く見られる。君主の地位は、当主個人のものでもなければ当主の長子など特定の立場の人物に自動的に与えられるものでもなく、後継者選任に当っては一族の合議ないし承認が必要と考えられていた。したがって、最後まで皇太子制は根づかなかったし、それは一門各王家においても同様であった。またそれゆえ、帝国は皇帝個人のものではないので、国政運営に当っても、皇帝が臣下の中から特定の宰相を任じることはなく、王朝に対し権利と義務を共有している意識をもつ王公たちが、皇帝を取り巻いて国政に参与した。

第三は、このような主従制的支配の一方で、これと相対的に自立した官制機構・位階体系を創出し、安定的な国家運営に成功したことである。官制や職称は短期間に変遷を重ねたが、いずれにせよ八旗制下の統属関係や君主の家政運営とは区別される実務官職に旗人が充任されて、職務を遂行したのである。また旗人は、統一的な位階制に従って官位を授けられて序列づけられ、戦闘や統治の功罪に応じて与奪・昇降された。つまり彼らは国家の公的な役職に就き位階を帯びて評価を受けるという点ではハンの官僚であり、主人の家に伺候しその命令に服するという点では旗王に仕える家臣であった。このような複合的な性格は、互いに矛盾するものというよりは、安定的・恒久的な事務処理には不可欠ながらともすれば形骸化・守旧化しやすい官僚制機構と、主観的・個別的なものではあるが強固で献身的な忠誠心・結束力を発揮しうる主従制的支配とを結びつけ、組織にしなやかさと強靭さを与えたものということができよう。そして、その二つの面を媒介したのは、やはり八旗制であった。

第四は、このような強固な統合を支えた、ヌルハチ以来一貫・徹底して行なわれた集住政策(43)である。明代のジュシェン諸勢力は、分割相続の慣習とそれに伴う分居のために勢力の分裂を繰り返していたが、ヌルハチは服従した勢力を首都周辺に領民ごと強制移住させて強い統制下におき、加えて旗王たちに対しても空間的な領土分封を行なわず、主従関係のみを設定して君臣ともに首都に集住させた。これによって、それまで常態であった分裂・内紛を根絶するとともに、強力かつ長期にわたる集権的政治指導が可能となったのである。

このようにヌルハチは、明快な組織体系と強力な統制という特徴をもつ八旗制によって、ジュシェン勢力が抱えてきた権力の遠心化という伝統的課題を克服し、かつ自分たちの価値観・慣習とそれがもつ主従的結合力を損なわずに、それを制度化してゆくことに成功したのである。

そして、これはジュシェン＝マンジュ社会在来・固有のものというよりも、ヌルハチが統合の方策として創出した新組織というべきであるが、同時にまた、全くの独創にのみ帰すこともできないであろう。さらに視野を広げるならば、ピラミッド型の組織体系をとりつつ各単位が高度に自立しているという分節的・重層的な構造は、遊牧民のモンゴルをはじめとする中央ユーラシアの諸国家・諸社会に広く見られるものであり、岡［二〇〇二：二一頁］は、このような国家構造を、「北アジア的」国家・社会構造と呼んでいる。そのようにみたときあらためて浮かび上がる八旗独特の特徴は、その求心力の強さである。八旗制を核とするマンジュ＝大清グルンは、ユーラシア世界に共通の分節的・重層的国家構造をとりつつ、それが強力に統合されたものということができるであろう。

(2) 中央ユーラシア国家としての大清グルン

そこであらためて第Ⅰ部を振り返ってみよう。第一〜四章では、八旗を中心に、マンジュ＝大清グルンの形成・整備・展開過程を、微細な史実に即して追ってきた。八旗制とは、いかなる形に組織された統合のシステムであったのか。その下に編成された諸勢力は、いかなる形で組み込まれ、どのように位置づけられたのか。そしてそのような形に組織された大清帝国の支配の核心はどのようなものなのか。

これらについて明らかになったことは、まず、軍団長選任・世職授与・六部任官においては、氏族の血統観念の不動性と現実の分岐・細分化とを巧みにふまえて、門地を基準とした上で功績・旗属を勘案して配分を行なっていた(第一章)。他方、軍団編成・主従関係設定は、従前の姻戚・主従関係など諸結合関係をもとにして行なわれており、領旗分封とは、ヌルハチ一門の嫡出者が、各旗上層部を構成する有力氏族諸家との結合(主に姻戚)関係に応じて、同母兄弟ごとに振り分けられたものであった(第二章)。すなわち、グルンの人事・運営においては門地を基準としながら功績・旗属を按じ、八旗各旗の集団編成においては、従前の血縁間・姻族間の結合を基本としていたのである。八旗八分体制の内実、運用のメカニズムは、このようなものであった。すなわち、マンジュ＝大清グルン政権の本質は、門地・功績に基盤を置く諸氏族が、帝室アイシン＝ギョロ氏を中核に八旗に分属して、重要な地位・職掌を分有し、支配層を構成した連合政権であったといえよう。そしてそのような支配構造の中核をなすのがヒヤ＝親衛隊制度であり、これこそが、ハンの――各旗においてはその王の――家産的支配下への編入・再編成と、構成員の政権への参与・再生産とに機能する、政権の核心であった(第三章)。

以上を各旗に即してみるならば、形式としては八旗八分の並列体制下ながらも、実態としてはヌルハチ直属の両黄旗に、創業以来の功臣と各勢力を代表する大族嫡統とが、血縁擬制に包摂されながら組み込まれており、並列下の首位として、事実上グルン全体の中枢をも兼ねていた。並列体制下の第一人者 *primus inter pares* としてその首位に立ち、形式は並列ながら実態としては直属下を譜代・親信・縁者で固めて全体の執政機構を構成する——これはまさに中央ユーラシア国家の伝統的組織法ではなかったか。われわれは、直ちにチンギス＝カンの十三クリエンを想起するであろう（本田實信《みのぶ》［一九五二］）。夙に慧眼にも三田村は、八旗制成立以前の支配体制について、その並列的構造とグチュはじめ類似制の存在から、これをモンゴル帝国の構造と酷似するものと指摘している（三田村［一九六三—六四：二一〇—二一三頁］）。[44] しかし、残念ながら三田村は八旗制成立以後については論及しておらず、また、その後モンゴル帝国史・遊牧国家史の研究は著しく進歩した。それらをふまえて、いまあらためて八旗についてみてみると、モンゴル帝国との本質的共通性が看取されるのである。

それが集約的に現れると思われる点として、軍事力編制に注目してみよう。羽田正《はねだまさし》［一九七八：三〇頁］は、イランのサファヴィー朝がその創設期において遊牧国家的特徴を具有していたことを論証するに当り、遊牧民の軍隊の特徴として、次の四点を挙げている。

（A）それぞれの部族を一つの単位として構成されていること。
（B）左翼・右翼・中軍の体制をとっており、両翼における各部族の位置が定まっていること。
（C）十進法的な軍事体系を持っていること。
（D）モンゴルのケシクに典型的にみられるような君主の親衛隊を持っていること。

これら諸点を八旗について確認してみると、まず、グサ＞ジャラン＞ニルという階層体系に組織された八旗制が（C）に該当することは、言うまでもあるまい。三〇〇人を起点とし八を最大単位とする形式ではあるが、かかる階層組織体系を、広義での十進法的編制と呼んでも差し支えなかろう。次に（A）については、八旗制下においては在来の諸氏族は比較的小規模の集団を単位としてニルに組織されていたから、細分化された形ではあるが、これも該当するといってよい。また、(B)についていうならば、八旗は鑲黄・正白・鑲白・正藍の左翼四旗と、正黄・正紅・鑲紅・鑲藍の右翼四旗とに分れ、両翼の首位たる両黄旗が、扇の要に位置して中央を構成していた(図5-4)。他方、ハンの両黄旗を中央とみなすならば、中軍二旗と左右各三旗という、左翼・右翼・中軍の三軍体制とみることもできる(図5-8)。しかも三田村［一九六二］によれば、三軍編制は、明初建州三衛以来の戦闘隊形であった。そして、最後に(D)にいう「君主の親衛隊」が、これまで清初史研究でほとんど等閑視されてきたヒヤ制にほかならないことは、第三章の論証から、もはや明らかであろう。すなわち、遊牧を生業とするわけではないとはいえ、マンジュ人の軍制たる八旗制もまた、単なる十進法的編制という制度観察上の特徴にとどまらず、本質的部分において、伝統的な中央ユーラシア国家の特徴を遍く具有していたのである。

では、あらためて中央ユーラシア国家という視点からマンジュ＝大清グルンを見直してみるならば、いかなる像が描きうるであろうか。中央ユーラシアの遊牧国家を念頭におきながら要約するならば、それは以下のようにまとめられよう。すなわち、マンチュリア統一戦の過程で創立されたその国家は、左右各四旗からなる八旗に編成され、序列・陣容ともに首位に立つハン親率の両黄旗を中央として、分封された一門諸王が支配する六旗がその両翼に展開するという構造をなしており、かかる体制は、集住政策のために、分地分民としてではなく主従関係に基づく分民分産として現象していた。その下で在来の諸勢力は、フルンなど諸グルンよりははるかに小規模で、ムクン・ガシャンなどといった血縁・地縁に基づく社会集団よりは大きい、ニルなる新単位に組織化されて各旗を構成しており、これら諸成員は、貴姓アイシン＝ギョロ氏のヌルハチとその血筋を君主として戴くことによって結合していたのである。その組織形態たる八旗は、黄旗を北として南面して翼を閉じた場合、左翼すなわち東方に白旗、右翼すなわち西方に紅旗、そして南方で翼端の両藍旗が合わさって、円陣を構成する。これはまさしく、著名な北京内城における八旗駐屯の方位であり、かつ攻城戦時の布陣と完全に一致する(図5-5)。つまり、八旗制下のマンジュ

＝大清グルンにあっては、「国家体制とは、即、軍事体制であり、軍事体制イコール国家体制の変化形、であった」（杉山正明［一九七八：五六頁］）のである。

かくまとめうるとき、より踏み込んで具体的にモンゴル帝国と比較することが許されるであろう。そこで、近二〇年に著しい進歩を遂げたモンゴル時代史研究の成果(45)と比較しつつ、八旗制、そしてその下に組織されたマンジュ＝大清グルンの構造をまとめてみよう。

①階層的組織体系：ニル制と千人隊制

モンゴルにおいては、チンギスの千人隊制によって、「旧部族体制は崩壊し、新しい部族秩序が生み出された。千人隊と表裏一体に形成された新部族は、旧部族体制とは一応絶縁させられ、チンギス・ハンの権威においてのみ、その存在理由を保証された」という（本田［一九六一：五〇頁］）。これは、いま右においてまとめたヌルハチによるニル制の創始と全く揆を一にする。

ただし、千人隊をおよそ千人の遊牧戦士を供出する単位と考えるならば、規模としてはニルよりもジャラン（五ニル）に相当するというべきであろうが、チンギスの千人隊再編事業と匹敵するものがニル制の創始・整備であったことは疑いない。すなわちニル制は、チンギスの千人隊制と同じく、在来の諸勢力の再編という意義を有するのである。

②左右翼制とその並列的体制：八旗左右翼と左右両翼体制

これもいま確かめたように、八旗も左右翼から構成され、一面で左翼・右翼・中軍の三軍体制であるともいえた（**図5−8**）。これまた、左翼・右翼・中軍の三軍という匈奴以来の伝統的体制からなるモンゴル帝国の基本構造と酷似する（**図5−15**）(46)。しかも、さらに詳細にみるならば、モンゴルにおいて、「チンギス・カンが直轄する「中央《コルン》ウルス」が、さらに一万名の近衛軍団 tümen kešigten を中心にはさんで、ムカリ所轄の左翼軍、ボオルチュ所轄の右翼軍に分かれる」（杉山正明［一九七八：五五頁］）のと同じように、八旗においても、創設当初ゲレン＝エジェン（geren i ejen／衆の主）なる左右翼の長が設けられており、ハン直属の両黄旗人にして五大臣筆頭格のエイドゥとフィオンドンが任じられていたのである（三田村［一九六二：三一七頁］）。そして、モンゴル帝国における中央の近衛軍団に当るのが第三章で見たヒヤ集団であり、その長が五大臣ダルハン＝ヒヤ・フルガンであろう。

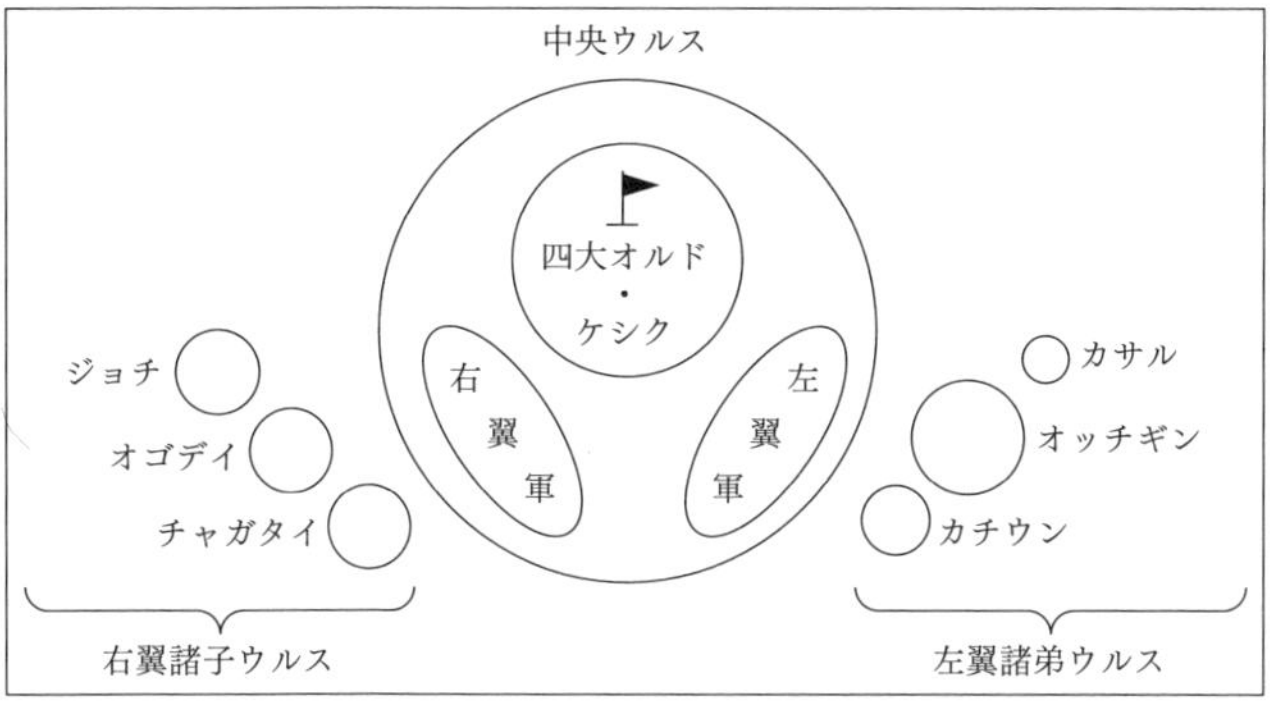

図 5-15　モンゴル帝国の中核構造

ただし、モンゴル帝国においては、一二九の千人隊のうち一〇一までをチンギスが直轄して巨大な中央ウルスを形成していた（本田［一九五三］［一九六二］）のに対し、八分体制下のマンジュにあっては、数・権利とも均分が原則であり、ヌルハチ晩年の時点でおよそ二四〇とされるニルは、一旗約三〇ニルと概ね均分されていた。しかしながら、制度的には並列でありつつ、同時にハンはその中の首位にあって全体の第一人者である、という構造は共通であり、モンゴルにおいては中央ウルスが数的に両翼を圧倒していたのに対し、八旗制下にあってはハンの両黄旗が、質の面で他の六旗を凌駕していた（第二章第一節（2）：杉山清彦［二〇〇一a］）。

③一族分封制：八旗制と遊牧ウルス

以上の如き構造を有する両帝国においては、創業者たるチンギスとヌルハチとが、それぞれ自己の諸子・諸弟を分封して、帝国を分有支配していた。(47) そこにおいては外様・異族のウルスないしグサは存在せず、彼ら帝室一族による帝国の共同領有という原則が貫かれていたのである。ただし、両者の決定的な違いは、遊牧生活を営むモンゴルにおいては、分封が遊牧ウルスの形成として表れたのに対し、定住生活を基本とするマンジュにおいては、分封は主従関係の設定として現象した点に看取される。むろんモンゴルにおいても、農耕民と違い分地は必ずしも第一義的なものではなかったが、広大な牧地を実際に必要とするモンゴルと違って、諸王・諸将の集住政策をとったマンジュにおいては、分封の属人性がより明瞭だったのである（杜家驥［一九九一］）。にもかかわらず、土地ではなく人を単位とする把握・編成であるという点で、両帝国は相似する。そして八旗制においては、旗王・旗人にとってグサ＝旗は八分に代表される権利・義務の枠組み（それが最も端的に表れるのが、鹵獲物分配の権利と出兵の義務）としての性格を有しており、これに対し人の帰属という点でいうならば、法人格的な旗への所属よりも、属人的な旗王への従属という側面がより明瞭に看取されるといえよう。

④親衛制と側近組織：ヒヤ制とケシク制

マンジュ＝大清グルンにおいては、ハンの親衛隊にして戦時の中央軍の中核をなすヒヤ集団が存在しており、八旗諸王も同様の組織を保有していた。これらはハン・諸王の親衛軍の中核を構成するとともに各旗首脳・中央政府を構成する人間集団であり、その本質は、来源・出自を問わずあらゆる隊員をハン・諸王の家産的支配・主従関係へ包摂していくという機能にあった。これが家政機関と一対のものとして支配構造の核心をなし、帝国の膨張・展開の原動力となったのである。

モンゴルにおいてもまた、大カアンの近衛軍団たるケシクが存在し、側近集団の役割を果すとともに家政をも担った。このようなケシクを指して杉山正明［一九九二：八三頁］は、「じつは、こうした存在は、オスマン朝のイェニ・チェリ、清朝の包衣《ボーイ》にもみとめられる。ひろく、モンゴル帝国以後の中央ユーラシアの諸国家、諸集団をみわたすと、そこには、ケシクに似た人間組織がみてとれる。おそらくは、その直接の由来はモンゴルにある」と述べている。氏は包衣すなわち家政機関を挙げているが、ヒヤこそ、よりふさわしいものであることは言うまでもあるまい。かかる展望をふまえるならば、モンゴル帝国のケシクのみならず、オスマン帝国のカプ＝クル、サファヴィー帝国のコルチ・グラームなどさえ視野に入ってくるであろう。(48) すなわち、八旗制下の求心装置たるヒヤ制こそは、マンジュ＝大清グルンの中央ユーラシア的性格を最も端的に表すものなのである。

ただし、ケシクとヒヤには、同時に重要な相違点も存し、そしてそれが両帝国の政治体制とその後の歴史展開に、看過すべからざる違いをもたらしたのである。すなわち、遊牧・分住と城居・集住という、生活形態の相違に由来する組織の差違である。遊牧のために空間的に分住せざるをえないモンゴルにおいては、君主の身辺に随侍しうるのは移動を共にするケシクであり、それゆえ中央ウルスの中核を構成する一万人のケシクが、大カアン直属の親衛隊であると同時に帝国の中央政府としても機能したのである。(49)

これに対しマンジュにおいては、固定家屋で定住生活を送るという社会の特徴と集住政策のために、(50) 君主の身辺に仕える者はヒヤとは限らなかった。このため、ヒヤ＝侍衛――旗王のそれをも含む――は、側近として皇帝・旗王を補佐したり、国政への参与を許されたりすることは常態ではあったけれども、それがただちに国政機関をも兼ねることが制度的に保障されるということはなかった。そのため、政府首脳が必ずしもヒヤやヒヤ出身者だったわけではないし、やがて入関に伴い文官系統の側近・顧問が進出してくる素地ともなるのである。

だが、そのような相違をこえて、かかる人間組織が権力の中核に存在したことに注意せねばならない。

このように、マンジュ＝大清グルンは、創業の始祖ヌルハチ一門を君主として戴き、アイシン＝ギョロ氏一族を含むマンジュ有力氏族の特定家系が支配の上層部を構成し、一般の諸家系・諸氏族をその下に編成した連合政権であり、その連合形態こそ八旗制であった。その中において譜代最高の家柄たるニュフル氏エイドゥ家、スワン地方グワルギヤ氏フィオンドン家、クルカ地方シュムル氏ヤングリ家、ドンゴ氏ホホリ家、ヘシェリ氏ソニン家、やや後れてマギヤ氏トゥハイ家、フチャ氏ハシトゥン家・アランタイ家、また外様の名門たるフルンのナラ氏各王家などは、八旗に分属しつつ、国政上・旗制上・帝室家政上何れにおいても高位要職を独占し、帝室の姻族を構成して帝国支配の中枢に在り続けた。と同時に、宗室をも含む彼ら諸氏族は旗人として各旗王に従属しており、ヌルハチ一門の血の聖性は、旗人とは明確に区別された旗王の地位に、集約的に体現されていたのである。

これを氏族連合体あるいは部族連合と呼ぶ見解（三田村［一九六三―六四］；石橋崇雄［一九九七］［二〇一一］ほか）もあるけれども、重要なのは、八旗制の下に組織されたマンジュ＝大清グルンは、けっして氏族を単位として、あるいは諸氏族からなる在来の部族勢力を単位として構成されたものではないということである。第二章における、最大の部族勢力をなしていたフルン四国の併合過程の検証によって明らかになったように、部族国家というべきものはニル単位に解体され、各旗へ分割編入されていた。在来の諸勢力は、ニルへ再編成され各旗の構成単位となることによってはじめてその存在を保証され、政権への参画、分配の恩恵に与れたのである。

そして以上の成果を基に、序論で提示した清初政治史像の問題に立ち返るならば、ハン権力・旗王権力と八旗八分体制との関係が整合的に理解されるであろう。すなわち、ヌルハチは、たしかに並列的体制の制約は受けつつも、(1)並列下の首位として最も充実した領旗を直轄支配し、(2)自らの家族員でもある八旗諸王に対し家父長として臨むことによって、全臣民に対し創業の君主として君臨していたのである。そして、モンゴルにおいてチンギスによる分封が神聖な祖法であったように、マンジュ＝大清グルンにあっても、ハンといえども領旗・属下の恣意的な変更は許されなかった。そのためホンタイジは、自国の敗戦さえ利用してアミンを弾劾し（松村［一九八一a］）、死人に口なしとて既に死去したマングルタイに簒奪謀議の嫌疑をかけて所領の正藍旗を奪い（第四章第二節）、国政ボイコットという賭けにまで出て長兄ダイシャンを屈服させたのである（松村［一九九二：五六―六一頁］）。それに対し、亡父ヌルハチ直属の両黄（新両白）旗を継承したドルゴンら末子三兄弟は潜在的政治力を維持し続け、順治時代に栄華を誇ることとなる。かくホンタイジが亡父の軍団を継承しなかったことが、彼の時代の政治史を規定する要因となったといえよう。それが正藍旗の強行奪取であり「中国化」の推進となって現れたのである。以上の如くまとめうるとき、マンジュ＝大清グルンは、半農半猟あるいは定住農耕などの生業の論理や、制度導入による「中国的」側面などではもはや表しえまい。この国家の性格は、非遊牧的な集住・非分土を特徴としつつも、基本的に中央ユーラシア国家の一パターンと考えられるのである。

いったい「中央ユーラシア的」とは何であろうか。それをただ遊牧とのみ捉えるならば、なるほどマンジュ人はその中から脱け落ちてしまう。しかし、中央ユーラシアとは、遊牧民の歴史的活動の舞台ではあったが、遊牧民のみの世界ではない。中央ユーラシア世界は、その名の通りヨーロッパとアジアにまたがる広大・多様な地域であり、それ自体が草原地帯の遊牧社会と砂漠地帯のオアシス社会とによって特徴づけられる一つの歴史世界であると同時に、それを超えて東アジア・南アジア・西アジア・東ヨーロッパと重なりあい、またそれらを結びつける超広域の世界であった（岡田英弘［二〇一三］；杉山正明［一九九七］）[51]。

そこにおいては、たしかに遊牧民の勢力が歴史を動かす牽引役となってきたが、しかしアクターはそれだけではなかった。中央域のオアシス住民や国際商人、北方・東北域の森林狩猟民などが、さまざまな形でそこに関わりながら歴史を織りなしてきたのである。マンチュリアのツングース系の人びともその一つであり、彼らは時に遊牧国家や中華王朝の支配下に入り、時に自立しながら、統治の訓練を重ねてきた。

遊牧国家とは、遊牧民が支配権を握る国家であって、遊牧民だけで構成される国家ではない（杉山正明［一九九七］）。政治と軍事を遊牧民が握った上で、オアシス都市や農耕地帯の農民・商人・都市住民などさまざまな定住民を支配下に収め、国際商人を取り込んで貿易・外交を担わせるという連合体であり、構成員の生業・言語・習俗は常に多民族的・複合的であった。なかでも、一〇世紀頃以降登場した西ウイグル・キタイ・西夏・セルジュークなどは、遊牧勢力自身がオアシス都市や定住農耕社会を安定的に統治するようになる。この段階を、森安孝夫［二〇〇七］は中央ユーラシア型国家と呼んでいる。それは、オアシスをはじめとする定住社会で蓄積されてきた行政運営・社会生活上のノウハウと、彼ら自身が錬成してきた軍事・政治組織、交通・情報伝達制度、人材登用制度などの統治技術とを組み合せ、遊牧軍事力と貿易利潤とを力の源泉として、支配集団の特質と凝集力を維持したままで、少数による多数支配を実現したものである。これらの経験の上に、モンゴル帝国が登場したのである。チンギス家にみられる王統の至尊化、出自と実績双方に目配りした人事運用、定住社会からの人材リクルート、翻訳・並記など多言語運用のしくみ、広域を迅速に結ぶ駅伝網、多様な地域・集団からの正統性調達、職能や信仰に基づく集団把握と自治委任など、モンゴルのもとで広域・多民族支配のノウハウが大成され、それはさらにその後の諸帝国に受け継がれていった（補論参照）。

その支配のあり方は、軍事力と政治的意思決定は遊牧集団を核とした支配層が独占するものの、それ以外は納税と服従のみを求めて、治安上の問題がない限り在来の社会・慣習・信仰には干渉しないという、ローコストの経営であった。その際、必ずしも漢字など多数派の文字・言語によらず、独自の文字文化・文書行政体系・翻訳システムが創出されたことが、中央ユーラシア型国家の登場以降の特色であった。

そうであるならば、根幹をなす軍事力が――そして軍政一体のゆえに必然的に権力編成も――遊牧的に編制されていさえすれば、もはや支配者自身が遊牧民である必要すらない。このような意味において、自身は城居しながらも、マンジュ＝大清グルンはまさしく「中央ユーラシア的」国家の系譜上に明確な位置を占める帝国であったといえるであろう。

同時に、そこにおけるマンジュ的特質とは、①十進法的組織と在来の氏族勢力の間に、八旗八分体制が介在したために、組織としてははるかに複雑化し、かつそれによって在来氏族勢力や外来者の再編・組織化を効率的かつ徹底的に行なうことができた、[52] ②中央ユーラシア的ではありつつも、固定家屋で城居し、集住するという社会・政策上の性格のために、分封による分裂・藩乱や諸王宮廷の独立化といった事態が全く発生せず、そのために強力かつ集権的な政治指導が長期にわたり可能となった、という二点に集約される。そしてその二特徴こそ、八旗制によって導出されたものであった。すなわち八旗制とは、中央ユーラシア的軍政一致体制の、マンジュ的連合形態にほかならないのである。

第II部　「近世」世界のなかの大清帝国

緒　論

第I部において、大清帝国すなわちマンジュ＝大清グルンが、中央ユーラシア国家の系譜の上に明確に位置することを論じた。しかし同時に、政権が形成され大統合を現出するには、統合の契機となりうる状況が、政権そのもののみならず、その周囲において準備されねばならない——モンゴルの大統合以前における、ユーラシア諸地域の分裂状態のように。

では、従来の研究において、マンジュ＝大清グルンの興起はいかなる視点から、どのような位置づけを与えられていたであろうか。実のところ、興起の歴史的背景とその意義については、なおほとんど深められていないのが現状である。というのも、通説的理解における「マンチュリアの辺陲より興起した異民族王朝が、中原に侵入して中華王朝の継承者となった」という王朝の性格の二重性のために、国家形成過程に即した所謂「満洲史」においては興起前後の近隣情勢や治下の漢人社会との関連が、また「清＝異民族王朝」と捉える「中国史」にあっては政権の性格・構造が、お互いに軽視ないし無視されてきたからである。

このため、マンジュ語一次史料を駆使した着実な実証研究の蓄積にもかかわらず、帝国形成の背景とその意義は、謂わば「満洲史」と「中国史」との研究の谷間に放置されることとなった。まこと戦後の日本東洋史学界にあっては、「満洲語を解する者は、普通清初史を意味する「清朝史」の研究者と呼ばれ、解さない者は、社会経済史を意味する「清代史」の研究者と呼ばれた」（エリオット［一九九三：一四九頁］）ままなのである。その結果、アジア各地域の「近世」史研究が質量ともに大きくその相貌を変えるなか、ひとり大清帝国史研究のみは、取り残されたままとなっているといえよう。

では、従来の所謂「清朝史」は、マンジュ国家の興起を論じるに当り、政権の形成・展開をどのように位置づけてきたであろうか。戦後の「清朝史」ないし「清朝・満洲史」研究はマンジュ語史料に密着した実証研究を中心に進んできたが、論文中で興起の背景や歴史的位置づけが語られることは少なかった(1)。その中で最も代表的な説明は、神田信夫が多くの概説中で述べる、「八旗の連邦」たるマンジュ＝グルンが、その領域の拡大と領民の多様化――言うまでもなく漢人の存在が重大となる――によって、「満蒙漢の三民族連合国家」たる清朝へと発展・変貌していく、という図式である(2)。このような「八旗の連邦から満蒙漢の三民族連合国家へ」という見方は基本的理解といってよく、その後の石橋崇雄［一九九七］［一九九八］［一九九九ａ］［二〇一一］は、さらに「統一多民族国家の形成」とするが、基本的にはその延長線上にあるといえる。

このような理解は、あえて概括していうならば、ジュシェン＝マンジュ人の統合・発展の推移にもっぱら焦点を当てているという点で、時系列的「民族」史、一「国」的発展史の見方であったように思われる(3)。このような理解は、「中国史」に埋没させず「清朝史」の独自性を打ち出す有効な説明ではあるが、同時に二つの問題点をはらんでいる。第一の問題点は、これが政権の興起・展開過程に即した視点より導出された説明だという点である。かかる視点からのみでは、成長過程は説明できたとしても、それが可能となった環境・背景は説明できないであろう。さらにまた、このような政権の興起から説き起す説明は、ともすれば起点以前の視点が欠落してしまうため、通時的脈絡が断絶してしまいやすく、その社会・文化を極めて孤立的に描いてしまう虞れが大きい。

これに対する一つの解答が、より長いタイムスパンでジュシェン＝マンジュ社会を扱うという方法である。河内良弘［一九九二：第Ⅱ部、特に七三七頁］は、マンジュの興起を、長年にわたり独自の政権を組織しえなかったがために苦難の道を歩まざるをえなかったジュシェン人の輿望を担った、民族主義を背景としたジュシェン人の民族的結集である、と位置づける。また中国にあっては、唯物史観・発展段階論を、明代ジュシェン社会から清の入関に至る過程に適用して説明するパターンがかつてほとんどであった。[4] しかし、これらは結局「民族」史・一「国」史的見方に変りはなく、やはり同時代的観点が欠落している。岩井茂樹［一九九六：六五九頁注62］は、このような見方では、この時代に登場してきた理由と意義が説明できないと批判している。しかし、現在に至るまで「清朝・満洲史」研究の側の応答はみられない。[5]

第二の問題点は、「三民族の連邦」・「連合国家」という捉え方についてである。というのは、およそ「連邦」・「連合国家」あるいは「多民族国家」というとき、支配領域内に複数の民族が不可分に混在していることと、その政権・国家が民族別に把握・編成されることとは全く別だからである。つまり、マンチュリアのエスニシティ状況がどのようであったかということと、それを政権がどのように把握し、いかにして編成していくか、といった点とは、それぞれ別個に考察せねばならないはずであろう。また、「三民族の連邦」・「連合国家」という説明の一方で、この時期の国家が依然八旗制の下に組織されていたことは諸家も認めているから、この段階において八旗制と「三民族の連邦」・「連合国家」形態とがいかなる関係にあるかが、説明されねばなるまい。ところが、これらの具体像にふみこんだ研究や整合的な説明は、未だ試みられていないのである。

これらの問題の解決のためには、〈多民族〉の内実に注意しつつ、同時代の状況の把握が欠かせない。その際注目すべきは、一九九〇年代半ば以降の「清代史」側の動きである。岸本美緒［一九九五：二一頁］は、「明朝初期に成立した「固い」支配体制は、一六世紀のユーラシアを覆った商業活動の活発化の衝撃を受けて崩れていった。……軍事支出の増大による財政の膨張と税・役負担の過重化、そこから生まれる反政府的感情、沿海地方に展開する「外向き」の経済圏とそれを基盤に成長する自立的軍事勢力――こうした遠心力のなかで、明朝体制は崩壊していった」と、同時代の諸事象を有機的に連関させて、新たな視座から「明から清への移行」を描き出す。[6]

では、大清帝国の興起は、このような視座においてはどのように映るであろうか。また、それは第Ⅰ部の成果といかように交差するであろうか。そこで第Ⅱ部では、視野を同時代に広げて、「近世」世界の中での大清帝国の位置づけを探る。ここでいう「近世」とは、概ね一六世紀に、それ以前とは区別される政治・社会・経済にわたる秩序の変動と再編が進み、それが一七世紀にはっきりと形を整えて、一八世紀にそれぞれの地域で成熟していき、一九世紀に欧米の本格的進出のもとでの変容を迎える、という一連のサイクルを念頭においていうものである（岸本［一九九八ａ］［二〇〇六］）。これを「近世」と呼ぶことについては議論があるが、本書においては、時系列的にそれ以前を「中世」とすることを意味するものではないという了解のもと、一六世紀から一九世紀前半までの一まとまりの時期を「近世」と呼んでおく[7]。ここで主題となるのは、その前半期ということになる。

まず第六章「大清帝国の形成とユーラシア東方」では、同時代――一六―一七世紀東アジアの政治・社会変動について、研究動向とその成果を概観し、ついで第七章「「華夷雑居」と「マンジュ化」の諸相」において、マンチュリアの状況とそれに対するマンジュ＝大清グルンの対応を整理する。そして第八章「大清帝国形成の歴史的位置」において、本書全体のまとめとして、帝国にみられる通時的特質と共時的特質との交差を展望するとともに、マンジュ・八旗制を中核に据えた大清帝国の支配構造を提示する。

第六章　大清帝国の形成とユーラシア東方

一六―一七世紀のユーラシア東方における大清帝国の勃興にはどのような背景があり、またその国家の特質は、いかなる文脈に位置づけられるだろうか。そのためには、興起の背景をなす同時代状況への視線と、国家の特質の系譜・淵源という通時的な視点との双方が求められるであろう。

マンジュ語史料を基軸に据え、マンジュ人の事績とマンジュ＝大清国家の興亡に焦点を合せる「清朝史」（清朝・満洲史）は、帝国形成過程の諸問題を中心に、これまで大きな成果を挙げてきた。しかし、視線を転じて一六―一七世紀のユーラシア東方を広く見渡したとき、同時代的状況との連関の視点が欠如していることに気づかされるのである。従来、「清朝史」においては、ヌルハチの挙兵から説き起してジュシェン統合・マンジュ国家樹立〜大清帝国形成へと筆を進めることがふつうであり、その背景・舞台となる周囲の情勢や、その中で統合・拡大を可能ならしめた固有の特質は、ほとんど顧慮されてこなかった。[1] その克服のためには、一六―一七世紀（さらに一八世紀）のユーラシア東方〜アジア海域世界の情勢とその動因に目配りし、マンジュ大清国家の興起・発展をユーラシア規模・世界規模の動きの中で見てゆかねばならないが、そのような観点は稀薄であったと言わざるをえない。

他方、「清代史」の側でも、従来、この時期は「明末清初」として重大な画期と位置づけられてきたが、それは江南を先頭とする商業化・都市化や銀流通の盛行、あるいは秩序の流動化といった経済・社会変動を以て指標とするものであって、王朝の交替とはほぼ無関係に進行したとみなされてきた。そのため明から清への移行は、かつては明の党争・内乱といった「明の滅ぶは万暦に滅ぶ」流の説明に終始することが多かった(2)。しかしながら、かかる見方は、よしんば明の滅亡を説明できたとしても、清の国家形成・覇権を説明することにはならないであろう。

一九九〇年代までのこのような状況の結果、マンジュ語史料を駆使した豊かな成果にもかかわらず、世界史を描くにおいて大清帝国の存在は、「清代史」として中国史の中に解消されてしまい、一方で中央ユーラシア史の側からは「清イコール中国」視される、という状態に陥ったのである。むろんこのことは、大清帝国史研究の意義の低さをいささかも意味するものではない。にもかかわらず、このようなことになった理由の一つは、実証に徹するあまり、実証の成果を位置づける枠組みがほとんど検討されずにきたことであろう。その結果それらは、従来のジュシェン民族史あるいは清政権発展史のレールの上に並べられていくこととなり、他分野の問題関心・研究成果と交叉せぬままとなったのである。

だが、大清帝国と隣接する中国近世史・日本中近世史の分野では、一九八〇—九〇年代に大きく研究状況が動き、マンジュの勃興に対しても、それまでと異なる位置づけや問いかけが提起されている。それゆえ今求められているのは、「清朝史」側からのそれらへの応答と対話であろう。そこで、まず本章では、大清帝国史を取り巻く諸分野の動向を概観し、大清帝国の興起にひきつけながら分野横断的に成果と問題点の整理を試みる。

第一節　ユーラシア東方の「近世」とマンジュ＝大清グルン

近年、さまざまな研究分野において、国際交易ブームと銀流通に特色づけられる一六—一七世紀のアジア東方の政治・社会変動が注目を集めている。また、モンゴル時代に一変したユーラシア諸地域の政治秩序・社会構造が再変し、近現代に至る枠組みが形成された時期としても、当該期に始まる数世紀は重要視されている。かかる研究状況の中で、多くの研究者のまなざしは、その最大・最後の覇者となった大清帝国に、あらためて向けられつつあるように思われる。そこにおいては、かつての〈明末清初画期論〉・〈幕藩体制の成立〉などといった個々の分野における一国史的画期としてではなく、そこに有機的連関を見出そうとする動きが高まっている。では、それらの研究において、マンジュ＝大清グルンの興起はどのように位置づけられているだろうか。

(1)〈華夷〉観念と明清交替

大清帝国の登場に焦点を合せて、ユーラシア東方諸地域についての研究状況を見渡すとき、日本史・東洋史各分野において、〈華夷〉なる概念がキーワードとなっていることが注目されるであろう。すなわち、明初以来東アジアの国際関係を律してきた〈華夷秩序〉の弛緩・崩壊と、その終着点としての明清交替という〈華夷の逆転＝華夷変態〉、そしてそれを承けた各国における独自の〈華夷意識〉の展開、という一連の流れである。これらでいう〈華夷〉とは、むろん史料用語そのままの差別的概念ではありえない。そうではなくして〈華夷〉に注目する意義は、〈華〉と〈夷〉との弁別による自他認識という意識構造に、東アジアをして東アジアたらしめていた共通性を見出し、かかる観念を切り口として史料中の言説の文脈・構造を解き明かしていくという方法論的側面にある。[3][4]

従来、大清帝国の興起とその覇権への視線は、いうまでもなく明清交替の衝撃に対し注がれていた。一六四四年——明の崇禎十七年、清の順治元年、そして日本の正保元年に突如生起した明の滅亡と清の入関に始まる、明＝〈中華〉の崩壊と清＝〈夷狄〉の中原制覇、すなわち〈華〉と〈夷〉がところを変えたこの一大事件を、日本の徳川政権の儒者林鵞峯は「華夷変態」と呼んだ。当初なお清の覇権は疑問視されており、況や〈夷狄〉の〈中華〉

支配に対する反発は烈しかった。そのため、日本ではこれを「華夷変態」と呼んで明の復興を期待する見方が強く、また朝鮮やベトナムにおいては、独自の小中華形成へと傾斜していったのである。(5)

夙く一九六〇年代末、日本近世成立史に東アジアの視点を導入することを主張した朝尾直弘［一九七〇：二九四―二九六・三〇八―三一二頁］は、一五七〇年代以降世紀交替期にかけての東アジアにおける政治・社会変動を指摘し、この時期を、日本と女真（ジュシェン）という東方の二つの「夷狄」による、「これら周辺民族の中華に対する反抗と自己主張の表面化した時代」と位置づける（朝尾［一九九三：二三三頁］）。朝尾によれば、これら両社会は①「それぞれ独自に農耕社会成熟のレベルをあげ」て国家形成を果し、②単なる中華への憧憬とは異なる「固有文化の自己主張」を特徴としており、女真が文字・服装・辮髪など「自民族の風俗・文化の独自性を尊重し、そこに存立の根拠をもとめる傾向をつよく有していた」のに対し、日本は「中華の文に対する日本の武」にアイデンティティを求めた、という（［同：二三四―二三五頁］）。これは、豊臣秀吉・徳川家康とヌルハチの統合事業の並行現象を、単なる偶然の指摘にとどめず、共通の土俵に立たせる重要な指摘である。そしてその結果、近世東アジアにおいて専制国家が並立する体系が成立するのである（佐々木潤之介［一九八五］）。

この文脈における終着点こそが、明清交替であった。岸本美緒［一九九八a：四四―五六頁］は、その衝撃のうち、華夷意識をめぐる問題を、「華夷観の「多元化」」として整理している。岸本の整理によれば、「多元化」とは(1)「「華」が中国ないし漢民族の専有物ではなくなり、「華」の自意識が東アジアの複数の地域に生じてくること」、(2)「「華」と「夷」とを区別する論理に関し、（中略）多様なヴァリエーションが生まれ、一つの国の内部でも競合すること」を意味する。これらの特徴の剔抉に当り、岸本は、近代中国政治思想史の佐藤慎一［一九七七：二〇四―二〇六頁注10］の議論を援用して、華夷意識をめぐる言説を、「「漢族―異民族」という種族の別（ないし「中国―周縁」という地理的な中外）を重んずる」ところの「実体概念」と、「「文明―非文明」という文明性の差を重んずる」

ところの「機能概念」とに区分する。

まず焦点となるのは、〈華夷変態〉の生起した「中国」である。マンジュ人の支配する漢地において展開された華夷意識は、自ずから双方向性を帯びるものとなる。すなわち、〈夷〉に出自して〈華〉の座に就いたマンジュ人政権は機能概念的華夷論を標榜し、これに対しその支配下におかれた漢地の漢人知識人は、実体概念的華夷論を展開することとなる。他方、従来何らかの形で明の〈華夷秩序〉体系下に位置づけられていた周縁諸国においては、〈華夷変態〉を受けて、それぞれ独自の華夷意識・華夷論を模索しはじめる。儒教・漢字文化という価値観を、少なくとも公式には共有する朝鮮とベトナムでは、清を〈中華〉と認めることを拒んで自らを〈中華〉と位置づける、独自の〈小中華〉志向が形成される。[6] これに対し、〈武威〉と〈万世一系〉という独自の価値観に存立の根拠を見出す日本の武家政権は、〈日本型華夷秩序〉と称される、対外関係の再編成を進めていく。[7] このように、本来〈中華〉そのものであるはずの漢地をも含めた各地において、華夷意識の再編・展開が進行するというのである。

ただし注意しなくてはならないのは、〈華夷〉概念の有効射程であろう。というのも、明清交替は現実の国際情勢であるが、それを〈華夷変態〉と呼ぶのは、一つの認識の表明にほかならないからである。すなわち、近隣諸国が明清交替をどのように受け止めたかということと、マンジュの覇権が現実の政策に与えた影響とは、区別して考えなければならないであろう。

この点について、日本近世史の分野で現実面での影響力を重視する紙屋敦之《のぶゆき》［一九八七a］［一九八七b］［一九九七］は、清の国家形成とその動向が日本の統一政権の対外政策に与えた影響を強調する。紙屋によれば、秀吉の朝鮮出兵（文禄の役）における加藤清正のトゥメン江流域の威力偵察に始まって、後金建国・朝鮮出兵・明領進入そして一六四四年以降の漢地征服戦が、豊臣政権から徳川政権の対外政策・政権構想を規定していったという。[8]

しかし、マンジュ＝大清グルンの国家形成の現実的影響を重視する紙屋の説に対しては、清の、それもマンチュリアに在った段階での動向を過度に強調しているとする批判（山本博文［一九八八］：上原兼善《けんぜん》［一九九一］）がある。このうち、少なくとも一六一六（天命元）年八月の所謂元和二年令に後金建国の影響をみる（紙屋［一九八七b：八八―九〇頁］）のは、明らかに行き過ぎである。同年正月の所謂後金建国は対外的に宣布されたわけではなく、明・朝鮮が建国・建元を知るのはサルフ戦後の一六一九（天命四）年のことである。(9)その点では、山本［一九八九：二二八頁］が、江戸幕府の対外政策には「女真族に対する配慮はないのである」と斥けている通りであろう。

現実の影響関係として注目されてきたのは、いわゆる日本乞師である。入関後ただちに南征を進めた清軍は、早くも翌一六四五（順治二）年五月に南京を攻略して南明の福王政権を滅ぼしたが、これに代って福州で鄭芝龍らによって擁立された唐王政権は、同年末と翌年九月の二度にわたって日本に使者を送り、援軍派遣を要請したのである。これについては、一六四六（順治三）年八月の福州陥落で情勢が決定的になるまではある程度現実的に派兵が検討されたという説があったが、小宮木代良《きよら》［一九九〇］が、家光政権・諸大名ともに当初から派兵の計画や期待をもたなかったことを明らかにしている（また、山本［一九九五：第Ⅲ部］）。この時期注目されるのは、一六四四年五月に日本海で難破して保護された越前三国湊《みくにみなと》の商人一行が、瀋陽・北京に転送されて、一六四六年に朝鮮経由で帰国したことである。その見聞記『韃靼漂流記』（園田一亀［一九三九］）は、まさに入関前後のマンジュ宮廷・社会を目撃した記録として貴重であるが、同時に注目されるのは、漂流民の事情聴取に当ったのが家光の側近中根正盛であったことであり、徳川政権が清の動向・内情をいかに重視していたかが窺われる。(10)入関前以来、清側も朝鮮経由で日本情報を収集しており、建前・観念上の〈華〉と〈夷〉とは別に、見えざる国際政治が展開していたことが知られるのである。(11)

何れにせよ、一七世紀中葉を過ぎ、南明政権の崩壊、鄭氏勢力の後退が続いて清の覇権が安定していくにつれ、近隣諸国は現実の情勢に応じた対応をとらざるをえない。「清朝支配の確立期」（岸本［一九九八a：三六頁］）とされる一六八〇年代、日本において、清政権の呼称が、〈中華〉の征服者としての「韃靼」から、王朝としての国号「大清国」へと変化・定着するという。[12] そしてこのような情勢を受けて、近隣諸国は、現実の対応とは切り離して、華夷観・華夷意識の再構築・展開が進行していく。これが岸本のいう「多元化」である。

そもそも、このように〈華夷〉とは自他認識のための枠組みという観念の所産であるから、現実の情勢とは必ずしも一致しない。当時において指摘されるのは、むしろ〈華夷〉を分たぬ〈雑居〉の状況である。日本近世対外関係史の荒野泰典は、一六世紀半ば以降の「東南アジアから東アジアにかけて展開する通交網の拠点には、ほぼ共通して認められる」、「その地域の原住民のほかに、多種類の民族が雑居して、多様な交流をくりひろげている状態」を、「諸民族雑居の状態」と呼ぶ（荒野［一九八七：一八五頁］）。また岩井茂樹［一九九六］は、単にさまざまな人びとが混住していたというだけでなく、華人（漢人）が漢地辺外に進出して雑居しているという、それ以前の時代と一線を画す社会状況を指摘し、「華夷共同社会」が成立していたと説く。このような〈華夷〉なる概念と〈雑居〉という実態、この二つのキーワードとして、一六世紀末から一七世紀初めの諸族混交の社会状況を〈華夷雑居〉と呼んでおこう。[13] それこそが、〈華夷変態〉＝明清交替に帰結する大変動の前提となったのである。

（2）マンジュ＝大清グルンの興起と一六世紀の社会・経済変動

では、マンジュ＝大清グルンの勃興は、このような同時代の状況において、いかに位置づけうるだろうか。

そもそも一六―一七世紀の世紀交替期のマンチュリア周辺においては、モンゴル帝国の興起前とは異なって、少なくとも表面上は分裂状況はみられない。マンチュリアがマンジュ・フルン四国の分立・抗争下にあるのに対し、明の軍事的・経済的実力は依然として強大で、朝鮮も、日本による二度の戦災で苦しみつつも、戦後鉄砲隊の編成など軍事力の再建が進められていた。にもかかわらずマンジュの勃興・制覇が可能となったのは、その外被の下で

〈華夷雑居〉が進行していたことと、それへの対応に成功した点にあったといえよう。

いったい、同時代の視点――マンジュ興起直前の一六世紀後半のマンチュリアの状況については、夙に和田清［一九五一］が、ヌルハチ勃興初期の諸問題を劄記風に論じる中で的確に指摘している。それによれば、一六世紀中葉以降顕著になる事象として、(1)明代に廃れていた城居が再び広まり、屋居定住の風が浸透していたこと、(2)軍事拠点・交易拠点としての城寨建築が広く行なわれたこと、(3)それらを拠点として交易・手工業・農耕が盛んになったこと、そして(4)かかる状況を惹起した主原因が、漢人の塞外流出であったこと、を挙げる。また、その後三田村泰助［一九六三―六四］も、マンジュ統合・フルン諸国形成を、一六世紀中葉以降の交易ブームの過熱と有機的に結び付けて実証的に強調した。しかし、残念ながら和田あるいは三田村自身、そしてそれ以降の論者も、このことのもつ意味について、部分的にしか取り上げてこなかったのである。むしろ、これらの指摘を発展的に継承しようとする際、参考となる史実と枠組みとを提供してくれたのは、ほぼ同時代の隣接の空間を扱う日本中世・近世対外関係史の一九八〇年代以降の研究成果である。

環シナ海地域における倭寇の多民族性に着目した村井章介［一九九三］は、明初以来の〈冊封―勘合―海禁〉からなる国家間関係を軸とする交流、換言すれば政権による外交の独占が一六世紀に解体し、代って非国家的・多民族的な交流が大規模に生起する過程を活写した。村井は、その主役となった「民族的出自や国籍と、服装・言語が一致しないような、曖昧な人間類型」を〈マージナル・マン〉とカテゴライズし、彼らが活躍する舞台を〈国境をまたぐ地域〉と呼んだ（村井［一九九三：四―五・三九頁］）。そして、かかる状況下に新たに形成されてきた日本統一権力とマンチュリアのヌルハチ政権に、明の周縁に形成された新興軍事帝国という共通点を見出す。(14)朝尾と同様、豊臣秀吉とヌルハチに偶然ではない共通性を見出すという村井の視点は、日本対外関係史の分野のみならず近世東アジア史全体にとってもきわめて重要なものである。そしてその背景となった、東アジア〜東南アジア各地で見られた諸民族雑居状況と、それらを担い手とする非合法・多民族的・複線的な通交のあり方を、荒野泰典［一九八七］は、〈倭寇的状況〉と呼んでいる。

これらをふまえて、岩井［一九九六］は、視点を環シナ海地域から明の辺境にスライドさせて、一六世紀後半以降の時代を〈華人が外夷に入る時代〉と名づけ、明の周縁地域で同時多発的に簇生した諸勢力を、〈辺境をかけめぐる銀〉をキーワードに連関させて捉えて、東南沿海部の倭寇・南モンゴルのアルタン・遼東の李成梁・マンチュリアのヌルハチを、共通の商業＝軍事勢力として指摘した。また、東南アジア、さらにはヨーロッパ勢力の動向まで視野に収めてこれを展望した岸本［一九九八a］は、この時代の特徴を、(1)海域を中心とした、(2)世界的な銀流通に支えられた、(3)国際交易の活発化、と要点を指摘し、(4)この競争を勝ち抜いた諸勢力によって秩序が再編されて、「近世」社会の安定・成熟期に移行する、というサイクルで、一八世紀末までを描き出す。そしてその最後の勝者となり、秩序の主宰者となったのが、マンジュ人の大清帝国なのである。

すなわち、一六世紀後半から一七世紀前半にかけてユーラシア東方を覆った政治・社会変動と、その主たる担い手となった新興諸勢力を、〈環シナ海地域〉と〈明の周縁〉という二つの有機的連環によって捉えうる、というのが近年の理解であるとまとめられよう。

これらにおいて貫かれているのは、孤立した国家ないし社会の時系列的・内在的変化過程とその集合としてではなく、ある動因（例えば銀や鉄砲）とそれに対する人々・地域それぞれのレスポンス、そしてそれらの織りなす政治・経済・社会変動、といったリズムを共有するものとして当該時期・地域を捉える視座である。そのような文脈において、岸本は清の最終的覇権を、単なる王朝交替あるいは異民族による征服としてではなく、銀流通と国際商業の過熱を背景に明の周縁地帯に簇生した半自立的な商業＝軍事勢力同士の覇権争いの勝者として、また彼らの母胎ともなった一六世紀以来の政治・経済・社会状況の沈静化の中での新たな国内・国際秩序の主宰者として位置づける。言葉を換えていうならば、大清帝国は、ジュシェン＝マンジュ人の内在的発展の結実としてよりはむしろ、同時代のアジア規模・世界規模の状況に対するマンジュ的適応形態として、また何らかの統治理念から演繹される固定的・形式的制度体系の体現としてよりはむしろ、専制的意思の発動を留保しつつ、治下の在地社会それぞれに即した社会編成・社会秩序の保護者として現れる。そうであるならば、明の遺産を継承しながら明とは異質なその特質は何に由来し、いかに説明しうるのか。かかる関心から、興起の背景や支配の構造・性格が、注目を集めているのである。であれば当然その眼差しが注がれるべきは、窮極的には大清帝国の支配構造であり、その中核をなすマンジュ人と八旗制であろう。

他方、もう一つ重要なのは、北方史の視点である。日本列島の北方史ないし広く東北アジア史からも、東シナ海地域と近似した諸民族雑居＝〈北の「倭寇的状況⒂」〉と、その状況下で進行した一五―一七世紀の東北蝦夷と明代ジュシェンとの統合過程の並行現象が指摘されている。

人類学の佐々木史郎［一九九四］［一九九六］は、奥羽～北海道の蝦夷とマンチュリアのジュシェン＝マンジュ人との統合運動の並行現象を指摘し、そこに両者の有機的連関を見出す。佐々木は、一五世紀後半以降にマンチュリアと蝦夷地双方において看取される政治秩序の混乱を、「中国王朝や幕府といった国家の後ろ楯をすべて失った蝦夷たちが新たな秩序を作り上げるまでの一過程」（［一九九四：三三三頁］）であるとし、経済ブームと反比例しての中央政府の弱体化にその原因を求める。佐々木［同：三三四―三三六頁］によれば、両地域の動静の共通点は以下の三点である。第一点は、旧来の支配勢力が一五世紀後半に衰退をはじめ、一六世紀末に新たな統合の時期を迎えるという、動乱の生起から統合へかけての周期の対応である。第二点は、一五世紀後半以降、交易をめぐって在地の武装＝商業勢力が割拠抗争し、一六世紀末に新興勢力によって新たな秩序が打ち樹てられるという、統合過程の対応である。第三点は、何れも新興勢力の代表者であるという、統合の主体となった勢力の対応である。佐々木は、蠣崎＝松前氏・ヌルハチ政権を、二つの世界にまたがる「境界権力」と位置づける。[16]

これら共通点に対し、佐々木は相違点として統合方法を挙げる。すなわち蝦夷地においては、蠣崎氏は統一政権に承認される松前藩となって「和人化」していく一方、アイヌを地理的・民族的に区別・外在化していったが、これに対しヌルハチのマンジュ＝グルンは、マンチュリアのツングース系諸集団を併合・編入して、「マンジュ」なる集団の拡大に努めていったと指摘する。佐々木がいうように、ヌルハチ・ホンタイジは、ワルカ・ウェジ・フルハ諸集団に対して積極的に勧誘・遠征活動を繰り返して次々と八旗に編入しており、その方策は彼ら自身が入関して北京へ移った後も継続され、それらは新満洲（Ice Manju）として把握されていったのである（松浦茂［二〇〇六：第三部］など）。

そしてフルン・マンジュの政権形成と大統合の背景に、彼らの毛皮貿易と人参貿易の利潤があったことは、夙に三田村［一九六三―六四］・河内良弘［一九七一］が論じるところであり、近年あらためて日本北方史やマンチュリア史・中国近世史をリンクさせるものとして注目されている（岩井［一九九六］：岸本［一九九八b］）。さらにその後背では、黒龍江〜サハリン（樺太）を経て、物流は日本列島へもつながっていた。[17]

このような北方史の成果をも汲み取るならば、〈環シナ海地域〉と〈明の周縁〉という二つの環のみではなお不充分であり、〈環日本海地域〉（村井［一九八五：一二五―一二八頁］）という環をも組み込んだ〝三つの環〟の連環として捉えなければならないだろう（図**6-1**）。[18]これらは、「清代史」の動向と相応じて、日本史あるいは（日本）北方史、東北アジア「少数民族」史といった孤立した歴史像の並列や、それら孤立した単位間の交渉という旧来の外交史・交易史の観点ではなく、環シナ海・環日本海といった地域の中に共通のリズムとそれぞれのレスポンスを見出そうとする視座を共有しているのである。

本書の課題である大清帝国史にひきつけてみたとき、これら隣接諸分野の研究動向は、単に清の興起への関心の

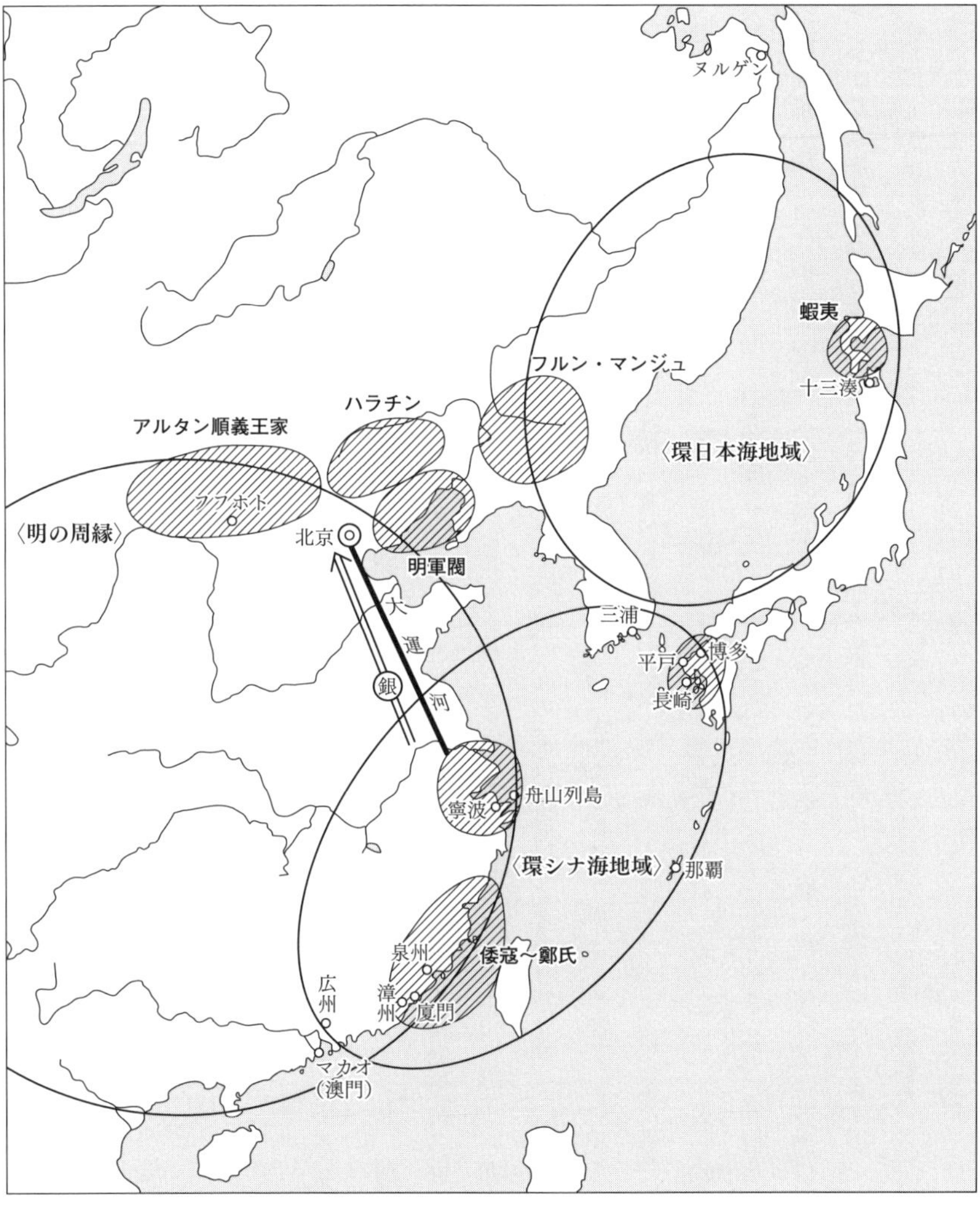

図 6-1　16-17 世紀秩序変動期の“三つの環”

高まりというにとどまらず、「ジュシェン（マンジュ）人の覇権闘争・統合→国家形成→多民族国家への発展」といった「民族」史・一「国」史的単線モデルの問い直しを「清朝史」に迫っていると言わねばならない。では、これまでの「清朝史」の側の説明と位置づけは、これら隣接分野の研究動向や提言と、どのように交叉するだろうか。

第二節 大清帝国の興起をめぐって

第II部緒論で述べたように、従来の「清朝史」は概ね一「国」史的見方に立っており、前項までで紹介したような研究動向とはほとんど対応していなかったと言わざるをえない。そのなかで、皇帝権の性格の考察と清朝の歴史的位置づけに取り組んできた石橋崇雄の議論――「マンジュ（manju、満洲）王朝論」［一九九七］・「清朝国家論」［一九九八］・『大清帝国』［二〇〇〇→二〇一一］は、どのように評価できるだろうか。[19]

石橋は、農耕社会に立脚した漢族王朝と部族社会に立脚した満族王朝という王朝の性格の二面性と、入関前後の連続性とを強調し、その両面を統合する契機として「統一多民族国家」なる視点を提起する。その多民族性は「華」と「夷」として表現され、清朝は「夷」が中華の主宰者となった「華夷一家」の多民族国家であって、「五族の中国（満・蒙・漢・蔵・回）」を完成させたものとされる。そしてその形成・発展の過程を、複合部族国家から多民族国家（統一複合多民族国家）への展開と説き、その支配構造を「旗・漢・藩」の三重構造と捉えるのである。

しかしながら石橋の議論に対しては、第I部で論じた八旗制についての面をひとまず措くとしても、第II部の観点に即してもいくつか問題点が指摘される。まず挙げなければならないのは、「華夷」という捉え方である。〈華夷〉なる概念は、前節で整理したように、文化的優劣の基準によって、自らを優位とする形で自他を切り分けて定位する枠組みであり、その基準の根本は礼教とそれを伝える漢文の素養にあるが、それが浸透している地域すなわち漢地に出自することが重視されるのも自然な趨勢であった。そこに、機能概念と実体概念の別や、小中華の形成というベクトルが生じてくるのである。ところが、石橋の議論ではそれら〈華夷〉の多元化や双方向性はほとんど考慮されておらず、「「夷」と「華」の二面性」（［二〇一一：二八頁］）などというように、旧来の二元論的理解にとどまっていると言わざるをえない。そもそも〈華夷〉とは、「中国」ないし「東アジア」の枠組みで世界を切り取るときに意味をもつものであるが、第Ⅰ部で論じたように、彼らマンジュ人が向き合う地域世界はそれらだけではなかった。彼らは同時に、中央ユーラシア世界の住人でもあり、チベット仏教世界の構成員でもあったのである。

いったい石橋の議論は、ある範囲の空間と成員が統合された状態をあるべき常態とみなす「統一多民族国家」という表現や、現代から溯上した「五族の中国」など、中国という国家枠組みに収斂されるものと言わねばならないが、これが前近代王朝に即した捉え方として適切でないことは、夙に岡洋樹［二〇〇二：二九頁注3］が批判している通りである。一六―一七世紀に国家形成を果し、一八世紀に成熟していった「大清」なる帝国を捉えるには、溯及的・予定調和的でない観点から、王朝そのものと時代状況との両面に即したアプローチが必要であろう。

第二には、「複合部族国家」や「統一多民族国家」などといった、石橋の清朝史理解の関鍵たるべき概念の内実が不分明であるという点が挙げられる。言うまでもなく、「部族」や「民族」といった概念については、人類学・社会学・政治学などさまざまな分野で議論が積み重ねられているが、それについての議論や定義はなく、また「複合」の在り方や「伝統」の内容についても、特に説明はない。しかし例えば、そもそも「多民族国家」と対置されるであろう単一民族の国家なるものが虚構に過ぎないことは、いまや人文諸学の常識に属することであり、ならば「多民族国家」という規定は、それだけではなにも言っていないに等しい。となると「複合」が鍵となると思われるが、どのような人間集団がいかにして併存・連合しているかについての具体的考察は、現在のところない。その

「部族」理解と「部族連合」なる表現についても、谷井陽子［二〇〇五］からの手厳しい批判がある。これらの点につき、概念規定の緻密化、また実証研究による検証と深化が望まれよう。

第三の問題点は、満族史ないし北アジア史の枠組みのみ（または中国史のみ）で捉えることを批判しながらも、その像が依然として「民族」史・一「国」史の延長上に在ることである。たしかに石橋は、ジュシェン＝マンジュ人の民族統合的側面のみの強調は避け、また単なる内陸アジアのハンないし中華皇帝との同一視も批判して、より広い枠組みを提示しようとしてはいるが、興起史自体は政権の形成・整備過程に即して語られており、そもそもの興起を可能ならしめた同時代情勢の検討や、同時代あるいは先行する諸勢力との実証的比較は、考慮されていない。「アイシン国の性格にモンゴル族・漢族世界が深く関わっていたことを示す事例が数多くみられる」（［一九九七：二九六頁］）とは述べているが、「世界」という表現からは、それが地理的近接をいうのか人的交流をいうのか、あるいは文化的影響をいうのか政治的影響をいうのかがはっきりせず、第一節で見てきた隣接諸分野の研究についても、ほとんど言及がないのである。

それゆえ、「中国史」の立場から森正夫［一九九七：四一頁］が「マンジュ王朝論」に対し、「今一つの期待であり、かつわれわれにとっての課題でもあるのは、清朝が「マンジュ国家」から出発しながら、ほかならぬ中国王朝の特質を全般的に継承・吸収している契機のさらなる解明である」として、岩井［一九九六］を「解明の手がかりの一つとなるように思われる」と指摘するように、これら「王朝論」・「国家論」を以てしても、なお〈大清帝国の形成〉と〈近世ユーラシアの秩序変動〉とは交叉しないままであると言わざるをえない。

これに対し、一六—一七世紀の政治・社会・経済にわたる秩序の変動と再編に注目した岸本［一九九八a］は、マンジュ＝大清政権の形成をその一環と捉え、アジア大・世界大の共時的脈絡に位置づける。岸本［二〇〇二］［二〇〇九］は、時を同じくして東アジア・東南アジアの各地で簇生してくる新興勢力全般を念頭におきつつ、その中の一つとしてのマンジュ＝大清政権の特質を、(1)辺境の長距離商業の利益を財政的基盤とし、その利益をめぐる角逐の中で権力形成していった商業＝軍事集団であり、(2)指導力あるリーダーのもとでその抗争を勝ち抜く軍事力を自己形成するとともに、戦闘集団的一体感に由来する強い凝集力をもち、(3)多様なエスニシティや外来の事物に対し柔軟な姿勢で臨み、自覚的・選択的に内部に取り込んでいった、とその特質を指摘する。

このうち(2)に当るのが、本書第I部でみてきた八旗制であることは言うまでもない。では、前節でも概観してきた一六—一七世紀のユーラシア東方を特色づける(3)は、そこにどのように現れているだろうか。そもそも「清朝史」分野の通説においても、第I部の内容に鑑みても、八旗制やそれを核とするマンジュ国家においては、むしろマンジュ的性格が強調されて映りやすく、多様なエスニシティの包含とは背馳するように感じられるかもしれない。とりわけ私は、第I部において、マンジュ＝大清グルンの中央ユーラシア的性格を強調した。

では、かかる中央ユーラシア的性格＝言わば通時的側面は、岩井・岸本の強調する、一六—一七世紀における秩序の流動化と辺境の商業ブーム＝言わば共時的側面と、いかなる関係にあると考えられるであろうか。以下、マンチュリアにおける「華夷雑居」の実態を探るとともに、それを取り込み戦力化していこうとする政権の手法と、生き残りと上昇とを賭けて身を投じる個々の選択とが、八旗を媒介として交叉するさまを追っていきたい。

第七章　「華夷雑居」と「マンジュ化」の諸相

古来、マンチュリアは、「漢民族の居住圏とは陸つづきでありながら、有史以前からチュルク系・モンゴル系あるいはツングース系など、アルタイ系語族に属する民族が居住し、それらが漢民族と政治的・経済的・文化的に複雑にからみあいながら社会の発展をとげてきた特別の文化圏」（河内良弘［一九八九：二一一頁］）であった。しかし、一四世紀末以降二〇〇年間の明の遼東支配の下、辺墻内においては、その血統的出自を問わず、「漢化」が浸透・進行していた。他方、辺外においては、一六世紀中葉以降、交易の過熱に伴う銀の流入にとどまらず、漢人の投入・浸透も進み、ジュシェン世界の変質の契機となっていた。このような中から登場したマンジュ＝グルン傘下には、必ずや南マンチュリア～遼東のエスニシティ状況と、一六世紀末から一七世紀初めの時代状況とが反映されているはずである。

では、新興のマンジュ＝大清グルンは、それにどのように向き合い、取り込んでいったのだろうか。これは見方を変えていえば、さまざまなエスニシティ・生業の人びとにとって、どのように生き残っていくかということでもある。そこで本章では、第Ⅰ部で見た八旗制の構造と特質を念頭におきつつ、マンジュ＝大清グルンが南マンチュリア～遼東のエスニシティ状況にいかに対処し、組織化・戦力化していったかを検討し、あわせてその手法・姿勢の特質を探る。

第一節　「漢化」ジュシェン＝マンジュ人

まず明代のマンチュリアの状況を確認しておこう。一般的には、遼東辺墻を境として、ツングース系諸民族を主体とするマンチュリアと漢人主体の遼東地方を区分することができる。遼東辺墻は、明が遼西地方から朝鮮国境にかけて築いた凹型の土塁線で、軍事的に堅固なものではなかったが、明の直接統治区域とその外側のジュシェンやモンゴルの勢力とを区別する境界としての役割を果した。明は、洪武年間（一三六八―九八）以来、遼東地方（広義には、遼河以西の遼西地域と遼河以東の狭義の遼東地域とを含む）に遼東都指揮使司（遼東都司）を置いて直接統治するとともに、永楽・宣徳年間（一四〇三―三三）には黒龍江（アムール川）河口に進出してヌルゲン（ヌルガン、奴児干）都指揮使司を置き[1]、マンチュリア統治をも企図したが、後者は一時的な企図に終り、一五世紀半ば以降は、辺墻を境として遼東の直接統治とそれ以遠の間接統治という形態に落ち着いたのである[2]。

このように、辺墻以南の遼東地方は、明初以来ヌルハチの遼東進出までの約二五〇年にわたって明の統治下にあった。この点では、マンジュ・フルンなど隣接する辺墻外のジュシェン世界とは、政治的・文化的・社会的に互いに異なる地域であり続けたといえる。ただし、元来のこの地域は「漢人」の世界ではなかった。明の進出以前、この地域はキタイ帝国・金帝国の統治を経てモンゴル帝国に至っており、モンゴル治下でモンゴル系のモンゴル人・キタイ人、ツングース系のジュシェン人、移住させられた渤海人・高麗人などが混住し、さらにそれらがモンゴル文化・漢文化などの影響を受けていた。例えば金元期に遼東～華北で活躍したジュシェン人高官は、文化的にはもはや漢文化知識人というべき者が多く、一方でマンチュリア在地のジュシェン人有力者は、建州左衛を開いたモンケ＝テムルのように、多くはモンゴル化しており、しかもそれらモンゴル化ジュシェン人武将が、朝鮮の建国叙事詩『龍飛御天歌』に見えるように、李氏朝鮮王国の建国にも深く関わっていたのである。

このように遼東地方は、行政上は辺墻外のジュシェン世界とは区別され、文化的にも漢文・儒教文化が基軸とされていたが、エスニックには、漢・朝鮮・ジュシェン・モンゴルの接壌・混住地帯であり、しかも一六世紀には、商業の活性化とともに、その交流・混淆がますます進んでいたのである。では、マンジュ＝大清グルンは、このような状況にいかに対応し、どのように組織化したのか。また、多文化性やその方向性はどうであったか。そこで、マンジュ傘下において見出される諸事例を、分類を行ないつつ確認していこう。

そうしたとき、まず移動・投入に即したメルクマールとしては、大別満・蒙・漢・韓という四つの要素相互の間の移動の方向性によって分類できるであろう。就中、人口的に圧倒的な漢文化圏とそれ以外との接触・交流の諸相が重要となる。これに対し、存在形態・編成方式に即してみるならば、投入した先に同化し、その成員となってゆく方向性と、逆に本来の出自を維持したまま外来者として迎え入れられる場合との二つがありえよう。この場合前者は、さらに同化の度合・方式によってさまざまな形態に分岐し、それらは総じてマージナルな要素を多分に含むものである。

まず最初に「漢化」したマンジュ人の動向を取り上げよう。漢文化圏の社会・言語・習慣に習熟したこれら血統的マンジュ人の存在の重要性は、夙に神田信夫［一九八六：一八頁］が「清朝の成立と、その中国王朝への発展には、遼東地方に在住する漢人、もしくは女真人の漢人化した者の果した大きな役割を考えなければならない」――「中国王朝への発展」の是非はともかく――と指摘する通りである。その代表格とされるのが、遼東進出当初に漢人統治を委ねられるとともに、八旗の漢人部隊であるウジェン＝チョーハ、すなわち後の漢軍の創設に当って指揮官に起用された、佟養性と石廷柱であった。まず、彼らについて確認しよう。

なお、後のウジェン＝チョーハ（一六三四年～）＝漢軍（一六六〇～）となってゆく漢人部隊は、当初「fe nikan

／旧漢人」およびその軍事編制としての「nikan cooha ／漢兵」と呼ばれていたので（細谷良夫［一九九四］）、ウジェン＝チョーハ成立以前の時期については「漢兵」と呼ぶことにする。

①佟養性・佟養真

佟氏とは、第Ⅰ部でもしばしば現れたマンジュの大族トゥンギヤ氏の漢姓である。早くから辺墻内で地歩を築いていた佟氏一族から出た佟養性は、ヌルハチ時代に漢人統轄の総責任者に起用され、漢兵～ウジェン＝チョーハ創設に伴ってこれを預かるなど、大いに貢献したことで知られる。このような活躍、および初期の明韓史料においてヌルハチが佟姓で現れることから、トゥンギヤ～佟氏は古来注目されてきた。[3] そのため研究の蓄積は例外的にずばぬけて多く、そこで、ここでは主として先行研究によりつつ、他の諸例との比較に資する点を中心にまとめておこう。

トゥンギヤ～佟氏は、元末明初以来の系譜がたどれるマンジュ有力氏族である。『通譜』では巻一九～二〇、第九位が充てられており、さらに一七〇一（康熙四十）年刊の漢文族譜『佟氏宗譜』（佟国維監修）が残されている。[4]『通譜』によれば、トゥンギヤ氏の系譜はバフ＝テクシン（Bahū Teksin 巴虎特克慎）とその七子から始まることになっており、次子ダルガン＝トゥメト（Dargan Tumetu 達爾漢図墨図）が撫順佟氏につながっていくが、彼らの実在が明代史料から確認できることが夙に知られている。

一三八七（洪武二十）年にジュシェン人統治のために設けられた三万衛の所属武官の戸籍・人事記録である『三万衛選簿』には、

［Ⅶ―1］　佟国臣、女直人なり。始祖満只《マンジ》、洪武十六年に帰附す。故すれば、高祖荅剌哈《ダルハン》、埰集《ちょうへい》せられて軍

に充てらる。永楽元年、招諭もて小旗（十人長）に陞り、二年、招諭し、四年に総旗（五十人長）に陞さる……宣徳元年、奴児干《ヌルガン》にて公幹《こうむをはた》し、都指揮同知に陞さる。

とあって、[5]「高祖苔刺哈」すなわちダルガン＝トゥメトがヌルガン都司経営事業に従事しており、その父が一三八三（洪武十六）年に明に帰附したことが記されている。このダルガン＝トゥメトは、『佟氏宗譜』では、第一世「佟達礼」とされる。

その子孫は大別四派あり、マンチュリアには三派が残った。そのうち二派は、かのダルハン＝ヒヤ・フルガンの出たヤルグ地方の一派と、バドゥリ＝ジャルグチを出したマチャ地方の一派で、後者はダルガンの弟エヘリィ＝トゥメト（Ehelii Tumetu 額赫礼図墨図）直系に当り、一族の系譜を伝えた。他方、早くに遼東辺墻内に入って転身したのが、撫順の佟氏である。

撫順の佟氏は、はやくダルガン＝トゥメト（佟答刺哈・佟達礼）のとき以来商業に従事して開原・撫順に遷住し、「佟氏」と化したらしい。『通譜』「佟養正」（雍正帝の避諱で養真を改めたもの）伝[6]とその従兄弟の『初集』「佟養性」伝[7]に、次のようにある。

[VII―2A：「佟養正」伝]　其の祖達爾漢図墨図《ダルハン＝トゥメト》は明の時に東旺《ママ》・王肇州・索勝格 Sošengge 等と同に近辺を往来して貿易し、遂に開原に寓居し、継いで撫順に遷る。天命四年《ママ》、大兵、明を征し撫順城を克するに、養正、弟・養性及び族衆と同に来帰す。太祖高皇帝、養正の原と満洲に係るを念ひ、族人の大半を将て仏阿拉《フェアラ》に居らしめ、恩養すること三年、差役を加へず。

[VII―2B：「佟養性」伝]　佟養性、漢軍正藍旗人なり。世々撫順所に居し、商販もて業と為し、貲を以て一

方に雄たり。養性、識量有りて能く其の郷人を役服す。天命初年、太祖高皇帝の功徳日々盛んなるを見て、誠款を密輸するも、明の覚る所と為りて、獄に収置せらる。尋で獄より逃出して来帰す。太祖、之を嘉して宗女を賜ひて壻と為し、号して施吾礼額駙《シ＝ウリ＝エフ》と曰ひ、二等副将の世職を授く。

ここにあるように、佟養真（養正）・養性はマンジュに帰順した代表者であるが、その先世は、［Ⅶ―2A］前段に族祖ダルハンが「往来近辺貿易」して内遷したとあり、これと対応して、『初集』「佟養正《ママ》」伝にも「高祖達爾哈斉、明の遼東の辺境に客遊し、遂に開原に寓居して、稍やあって撫順に遷る」とあって[8]、ダルハチ＝ダルハンが商業活動に従事して辺墻内に遷居したことを伝える。［Ⅶ―2B］でも、「世居撫順所、商販為業、以貲雄一方」とあって、養性以前の代から商家として栄えたとしている。彼らと同輩の族人・養澤も「本と明の撫順所の商人」、また祖父輩（祖父の従兄弟）の孫も「家貲巨万」というから[9]、内遷したトゥンギヤ＝佟氏は商業活動によって致富し、撫順の富豪として地歩を築いたのである。

一方、彼らの選択肢はそれだけではなかった。**図7-1**に略系図を示した通り、『佟氏宗譜』によれば、ダルハンの子は早くも漢字名を称し、三世で輩行字を用いるようになって、漢人の親族組織の形式を受容しており、それとともに、とりわけ第七世以降、明の文武官として出仕する者を輩出するようになる。なかでも佟恩の系統は、武進士から広西総兵官に進んだ孫の養政などを輩出し、曾孫の卜年は、遂に一六一六（万暦四十四、天命元）年に進士に及第するに至る（Crossley［1983］；岡本さえ［一九八八］）。もとより、ダルハン以来の女直軍官としての衛所武官職はこれらとは別に世襲しており、『三万衛選簿』に載せる佟国臣に至っているのである。

このように、元来ジュシェン軍官の家系であった撫順佟氏は、マンジュ＝グルン興起の時点で、その軍官ポストを世襲するだけでなく、漢文化・社会規範を受容した上で、商業活動による致富、文武官員としての出仕といった

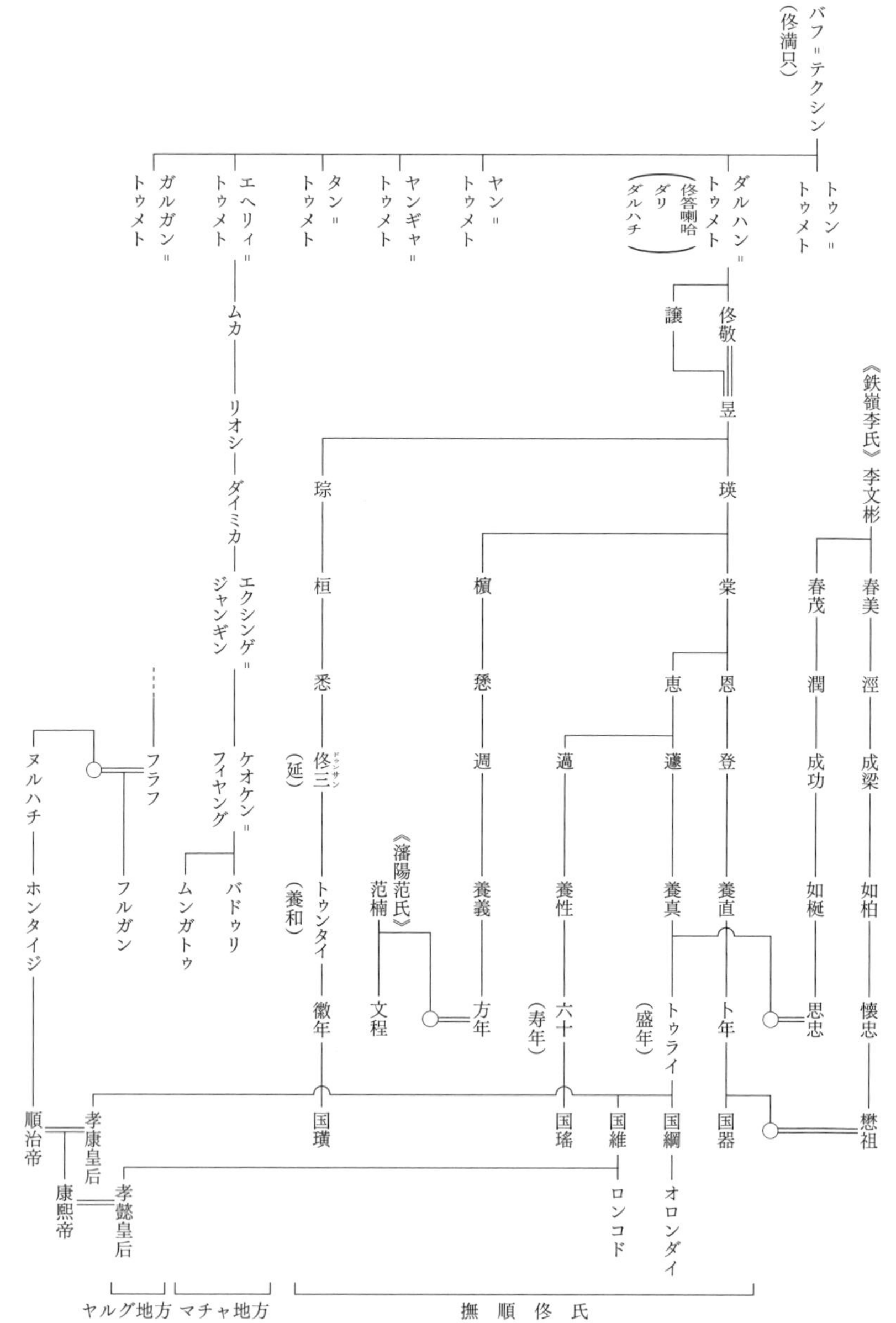

図 7-1 トゥンギヤ＝佟氏 略系図

複数の社会的再生産・上昇戦略を選択していたのである。そして進士及第者を出したまさにそのとき、マンジュ＝グルンの興起に際会したのである。

［Ⅶ—2B］によれば、佟養性は開戦に先だって内通しており、それが発覚して逮捕されたものの、脱獄してマンジュ側に投じたといい、孫娘を娶されてシ＝ウリ＝エフ（Si Uli Efu 施吾礼額駙）と称された。[10] そして一六一八（万暦四十六、天命三）年、ヌルハチが対明宣戦とともに撫順を攻略すると、在地の富豪・撫順佟氏は、この佟養真・養性を中心として一族を挙げて帰順したのである。

帰順後佟養性は、このとき降った撫順遊撃の李永芳（後出③）とともに漢人統治を一任され、筆頭格の重臣に列した。第一章第三節で見た一六二二（天命七）年正月の賞賜記事［Ⅰ—19］では、「シ＝ウリ＝エフ」佟養性は、フシ＝エフ（Fusi efu 撫西額駙）すなわち「撫順駙馬」と呼ばれた李永芳とともに、ホホリ・フルガン・バドゥリ・ヤングリといった重臣と肩を並べて最高ランクとして現れる。

一方、佟養真は鎮江守備に任用されて、明将毛文龍の侵攻で殉職したが、その子・盛年の家系が繁栄した。この佟盛年こそ、康熙帝の生母孝康章皇后の父・佟トゥライ（Tung Tulai 佟図頼）にほかならない。その二子佟国綱・佟国維はともに康熙帝の侍衛に入って栄達し、国維の子ロンコド（Longkodo 隆科多）は、康熙帝の遺詔伝達の挿話で知られる権臣となった。

他方、進士に及第した佟卜年は明に仕え続けたが、マンジュ＝グルンの興起と佟養性の存在のために、通敵の嫌疑を受けて自殺せしめられた。そして江南に移ったその子・国器は、進撃してきた佟トゥライに同族として迎えられ、清の地方官として再起するのである（岡本［一九八八］）。

以上のトゥンギヤ＝佟氏一族諸支派の動向を整理すると、次の如くなろう。

A マンチュリアに残り武装商業勢力となったもの ↓バドゥリ・フルガン
B 明に入り「漢化」したもの：(a)商業活動に従事したもの ↓佟養性ら
(b)明に仕えたもの：武官 ↓佟養政ら
：挙業 ↓佟卜年

このように、明初ジュシェン衛の軍官として現れる佟氏の一族は、マンチュリアに残ったフルガン・バドゥリが「トゥンギヤ氏」として八旗の有力部将に列したのに対し、辺墻内に入った「佟氏」は、そこで漢文化の積極的受容＝「漢化」によって、地域社会において上昇せんとしたといえよう。何となればBの諸類型——挙業（科挙受験）・商業・軍官出仕は、まさに近世漢人社会における社会上昇のための戦略にほかならない。(11) しかもそれがひとたびマンジュ＝グルンの興起に際会するや、「漢化」の故に漢人統治・漢兵統轄に充てられ、あるいは「通譜」（系譜の接合、ないし詐称）によって再起し、また入関後は再び「マンジュ」であるとして上昇せんとしたのである。

以上みてくるならば、私は、①各支派の戦略的適応、②戦略的適応の際に系譜意識が浮上するという構図、に注目すべきであると考える。「トゥンギヤ氏」も含めて、それらの選択に共通するのは、均しく社会上昇の戦略といえるのではあるまいか。

一方、政権側に目を転じると、編入・登用するに当っては、単に官職に任じるだけでなく、(1)帝室との通婚、(2)マンジュ名の使用や賜号、(3)侍衛への登用、といった方策が用いられていた。これらは第三章で見たように、さまざまな勢力を編入・包摂していく際に共通してみられる手法であり、撫順佟氏は、「漢軍」指揮官でありながらも、そのような方式で編入・登用されていったのである。また、トゥライという名が通名であるのに対し、その孫ロンコドは本名であるように、時代が下るにつれ、かえってマンジュ名が浸透していることも注意すべき点である。

②石廷柱

最初の漢兵指揮官として、佟養性とともに重要な役割を果したのが石廷柱（一五九九―一六六一）である。彼もまた、その本姓はマンジュの大族スワン地方グワルギヤ氏であり、明に仕官して石姓を名乗るようになったものであった。彼については、専論の神田［一九八六］があるので、それによって要点のみ整理したい。

石廷柱の一門は、彼の第三子フワシャン（Hūwašan 華善）が上奏文中で述べる家世によれば、「臣の高祖布哈 Buha、原と蘇完《スワン》の人に係り、姓は瓜爾佳《グワルギヤ》氏なり。明の成化間、建州左衛都指揮僉事を授けらる。臣の曾祖阿爾松阿 Arsungga、嘉靖間に父の職を承襲す。臣の祖石翰 Sihan に至り、遼東に移居す」とあって、[12]代々建州左衛都指揮僉事を受職した建州諸衛の首長の一家系であった。石廷柱の曾祖父ブハは成化年間（一四六五―八七）に、祖父アルスンガは嘉靖年間（一五二二―六六）に受職しており、父シハンの代に至って遼東辺墻内に移住して明に仕官し、この父の名の漢字表記「石翰」の一字目を姓の如く用いて、「石」氏となったというのである。時期的には万暦年間（一五七三―一六二〇）前半と思われるが、その三子は石国柱・石天柱・石廷柱といって、わずか一代で輩行字をもつようになっていたことは注目される。

彼ら三兄弟は広寧で明の武官となっていたが、[13]やがて一六二二年にマンジュ軍が遼西に侵攻し、広寧に迫ると、石天柱を筆頭として城門を開いて来降した。彼らはいずれも副将・遊撃級の世職を授けられて、以後登用されていく。とりわけ末弟の石廷柱は重用され、当初「命じて文館に在りて行走せしむ」とされた後、漢兵指揮官に取り立てられて、草創期の漢兵を管掌した。

興味深いことに、右に見たように彼の兄弟は全て「柱」字を有し、輩行字をもったことが知られる一方、子・孫は石姓の漢風名とマンジュ名とが混在していた。ここでもまた、先の佟氏同様、「満」と「漢」との双方向性が端的に看て取れるであろう。また、このフワシャンはドドの娘を娶って和碩額駙となっており、ここでもやはり、(1)

帝室との通婚、⑵マンジュ名の使用、を見出すことができる。

以上、代表的な二例を挙げた。このように、出自的にはジュシェン人の石廷柱・佟養性は、帰順後漢兵の指揮官になっているが（浦廉一［一九三二］；神田［一九八六］）、一方で名前はじめ、帰順後マンジュへ「先祖返り」しはじめる傾向があるといえそうである。それが著しいのは、ともに子孫が満洲旗分への改隷を願い出たことである。右で引いたフワシャンの上奏文はそのときのものであり、また佟国綱・国維兄弟も、帰順当時、マチャ地方のバドゥリ一門と同族であることを確認済みであるとして、申し立てたのである。編成壮丁数に不均衡が生じてしまうために、戸籍記載のみ満洲旗分に変更することが許可された。このうち佟氏の例を取り上げたCrossley［1983］；侯寿昌［一九八八］は、撫順佟氏のトゥンギヤ氏への牽強附会の通譜、とみる。しかし、それが附会であるかどうかよりもむしろ、そのような系譜意識が浮上する構図、およびそのような選択をとらしめる社会的上昇の戦略にこそ、注目すべきではなかろうか。すなわち彼らは、満と漢ふたつの顔を、時代と立場に応じて使い分けていたのである。

同時に、状況に応じてそのような系譜意識・血統意識が浮上するという図式は、政権側にとっても同じであった。明の遼陽城には東寧衛というジュシェン系・朝鮮系住民の居住区があったが、ヌルハチは一六二一（天命六）年に遼陽を攻略した際、「この遼東の地にいた東寧衛の国人《グルン》はもともとわが国人《グルン》であった。わが国人《グルン》、わが地を我は得たのである」と語っている。[14] 地理的には明の直轄領内にあっても、その出自・来歴から、東寧衛の住民を「わがグルン」とみなしているのである（河内［一九八六］）。また、広寧で石氏が降ってきた際、石天柱は「ジュシェン出自（jušen giran）の千総官の石天柱」（『満洲実録』）と記されており、彼らは「爾は乃ち建州の満洲なり si giyan jeo ba i manju kai.」（『初集』）といって迎えられていた。[15] このように、出自・血統の観念は、勢力を拡大せんとする政権側、激変する状況下で保身・上昇をはかる帰順者側の双方で、状況に応じて選択的に注目・利用されていたのである。

第二節　清初漢軍旗人の諸相

以上に見た「漢化」ジュシェン＝マンジュ人の果した役割は大きいが、これら謂わば「華に入る夷人」の存在自体は、この時代においても、またそれ以前の時代でも、珍しい事例ではない。では、これに対しマンジュに投入した漢人の存在形態はどのようなものだったであろうか。

この点に注意を喚起した岩井［一九九六：六二七―六三三頁］は、「漢地におけるのとほぼ同質の生活が、辺外においても成り立つ必要」があり、この条件が具備されたところに「華人が夷狄の中に入り、種族や言語を越えて、一種の共同社会のなかで活動するという現象」が出現するとして、内モンゴル・遼東・環シナ海域を挙げている。これは重要な指摘であるが、その「共同社会」の在り方、また参加の仕方は、かなり幅があるように思われる。ここでは、労働力や兵卒となった層ではなく、「共同社会」をともに運営したクラスの存在形態に注目したい。

以下、帰順時期に沿って、いくつかの事例を見ていこう。

対明開戦以前においても、ヌルハチの下には、彼に投じた漢人の姿があった。それには、家政・家務や工芸などに従事する下僕・職人の類と、右筆や渉外を担当する秘書の類とがあった。第三章第一節で極初期の身辺警護の事例として見た、劉姓の「家人」ローハンは、前者の代表例といえよう。史料［III―1A］に「本と劉姓、中原の人なり。傭を以て遼に至り、初め建州に給事す」とあった如く、一五八〇年代、「傭を以て」投じた漢人がヌルハチの側近くにもいたのである。おそらく、これはけっして珍しい事例ではなかったであろう。

他方、後者の例としては、夙に和田清［一九五二］が指摘した龔正陸なる書記がいる。この人物は、もと浙江の紹興府会稽県の茶商で、一五八一（万暦九）年に捕われてジュシェン世界に入り、ヌルハチに仕えるようになったといい（和田清［一九五七］）、大した学識はないものの、漢文文書担当係として一五九〇年代の初期政権で重用されていたという。

同様に、早期にヌルハチに仕えたとみられる者として、アイタ（Aita 愛塔）の名を賜った劉興祚（？―一六三〇）がいる。劉興祚とその一族については、田中克己が専論［一九五八a］を著してその半生を復元している[16]。それによれば、開原出身のこの人物は、早く一六〇五（万暦三十三）年に、「未入学時、服諸生衣冠」とて罪せられんとしたことに恐れをなして辺墻外に逃亡し、ヌルハチに投じたという。そしてヌルハチの遼東進出以後、現地支配の要職に就く[17]。田中の論考は、副題に「中国官人の一性格」とあるように、官人・小軍閥の存在形態の一例として扱っているが、対明関係の良好だった時分に自ら竄入し、マンジュ名を称するあたり、むしろ「辺境人の一性格」というべきではあるまいか。辺墻内に入って挙業した佟氏とは逆方向ながら、彼らにとってはマンチュリアも、社会上昇・保身の多様な選択肢の一つだったように思われる。これは、岩井の指摘によく合致する事例といえよう。

これらに対し、一六一八年の対明開戦以降は、人数も劇的に増加するし、一族や部下を引き連れて帰順する者、高度な文筆能力や各種技能を持った者が投入するようになり、部隊を従えてきた者や火器を保有・使用・製作できる者は、漢兵として組織され、八旗漢軍のもととなっていった。それらの事例をいくつか追ってみたい。

③鉄嶺李氏：李永芳一族：ソタイ・バヤン

李永芳は明の撫順遊撃（撫順駐屯軍司令官）であったが、一六一八年の対明開戦劈頭ほぼ無抵抗で降伏し、帰順後妻を与えられるなど厚遇された。このことは夙に知られた事実であるが、どちらかというとこれまでは、ヌルハチの対漢人懐柔・統治策の一環として、それも特別な事例として扱われてきたように思われる。しかし、彼だけでなく子孫に目をやったとき、異なる様相が現れてくるのである[18]（表7-1）。

表 7-1　李永芳一門　略表

<table>
<tr><th>I</th><th></th><th>II</th><th></th><th>III</th><th></th></tr>
<tr><td rowspan="13">李永芳</td><td rowspan="13">明撫順遊撃：1618投降
→三等副将
→三等総兵官＝世職❶三等アンバン＝ジャンギン
○宗室：アバタイ長女</td><td>(1)李延庚</td><td rowspan="2">吏部承政
→通敵罪で処刑</td><td colspan="2" rowspan="2"></td></tr>
<tr><td>Yangga 洋阿</td></tr>
<tr><td>(2)李延齢</td><td>12 歳で入侍
→浙閩総督
世職⓵一等アダハ＝ハファン</td><td rowspan="2">李正宗</td><td rowspan="2">正藍漢一—1⑤
世職⓶一等アスハン＝ハファン</td></tr>
<tr><td>Sotai 率泰</td><td>○宗室</td></tr>
<tr><td>(3)李延寿</td><td rowspan="2">山西総兵官</td><td colspan="2" rowspan="3"></td></tr>
<tr><td>G'anggatai 剛阿泰</td></tr>
<tr><td>(4)Hasikū 哈什庫</td><td>提督</td></tr>
<tr><td rowspan="2">(5)Bayan 巴顔</td><td rowspan="2">都統
世職❷三等アンバン＝ジャンギン
→一等伯
正藍漢一—4①
○宗室：ドゥドゥ女</td><td>Šagiyaboo 釈迦保</td><td>都統
世職❸一等伯
○宗室：オング女</td></tr>
<tr><td>Tiyamboo 天保</td><td>世職❺一等伯
正藍漢一—6⑥</td></tr>
<tr><td>(6)Hūturi 呼図礼</td><td>提督</td><td colspan="2" rowspan="4"></td></tr>
<tr><td>(7)Hūbai 胡拝</td><td>提督
○宗室：アバタイ孫女</td></tr>
<tr><td>(8)Kesingge 克勝額</td><td>副都統
正藍漢一—5②</td></tr>
<tr><td>(9)Kede 克徳</td><td>総兵官</td></tr>
</table>

注）本章の表では，I は世代，(1)は出生順を示す。○は妻の出自。①はニルの継承順，❶⓵はそれぞれ同一の世職の継承順を示す。

出典）杜家驥［2005］および杉山清彦［2009a］より作成。

①で紹介したように、李永芳は投降後、三等副将の世職を授けられて漢人統治の任に当り、一六二一（天命六）年には三等総兵官に陞った。また、アバタイの長女を娶わされてフシ＝エフと呼ばれ、その九子は、表7-1に示したように、洋阿《ヤンガ》・李率泰《ソタイ》・剛阿泰《ガンガタイ》・哈什庫《ハシク》・巴顔《バヤン》・呼図礼《フトゥリ》・胡拝《フバイ》・克勝額《ケシンゲ》・克徳《ケデ》と、全員がマンジュ名を称していた。[19]

李永芳の児輩は「延」を輩行字としており、長子は「延庚」といったが、『原檔』では、おそらく本名に因んだものと思われるマンジュ名 yangga もしくは yengge として現れる。洋阿《ヤンガ》すなわち李延庚は父とは別に世職を授けられ、一六三一（天聡五）年の六部設立時に吏部承政に起用された。しかし、一六三六（崇徳元）年七月に不正を告発されて罷免され、さらに十月にはたびたび明に接触を図っていたことが露見し、通敵罪で処刑された（張玉興［一九九二］）。

これに対し、次子李率泰は漢兵指揮官として活躍した。『初集』「李率泰 Lii Sotai」伝には、以下のようにある。

［Ⅶ―3］　李率泰、字は寿濤、漢軍正藍旗人なり。初名延齢。父永芳、明朝の撫順遊撃を以て率先して命に帰し、公主を尚る。率泰、年十二にして即ち内廷に入侍し、太祖高皇帝、今の名を賜ふ。年十六にして、宗室の女を以て之を妻はす。

とある。[20] すなわち、「率泰」とはヌルハチによる賜名で、本名は延齢であった。「率泰」は漢名ではなく sotai（または sootai）というマンジュ名で、ゆえに「索泰」とも表記され、しばしば姓を冠さずに名のみで史料に現れる。その登用は、「入侍内廷 dolo yabume」とあるが、『太宗実録』に「蝦率泰 hiya sootai」として現れており、[21] 具体的には蝦すなわちヒヤ（hiya 轄）であったことが確認できる。ふつう満文では、役職・称号は名の後に連称するが、『実録』満文では「hiya」の前に圏点が打たれていて、この語は「sootai」にかかっており、「侍衛率泰」と解釈すべきである。このように、後に佟トゥライらとともに漢地征服戦の指揮官の一人として活躍する李延齢＝ソタイは、父・永芳の投降後、(1)一二歳の少年時に、(2)内廷に入侍し、(3)マンジュ名を賜り、(4)宗室から降嫁を受けたというのである。これは君主の側近く仕え恩顧に与るという特権的待遇であると同時に、杜家驥も指摘するように、一種の人質であったということができよう。

同時に、李永芳一門はニルを領しており、正藍旗漢軍第一参領所属の六ニルは全て彼らのニルであった[22]。世職でも、李永芳は当時最高位の総兵官に陞り、その職は第五子バヤン（一六二〇－五二）が継承して、一等伯にまで昇進した。バヤンは僅か一五歳で世職を継承しており、その後一六三九（崇徳四）年の漢軍四旗成立時には弱冠二〇歳でグサ＝エジェンになっている[23]。年齢的にみて実績によるものとは考えにくく、その生年からすると、公主の所生と推測される。「玉牒」を利用した綿貫哲郎によれば、バヤンはヌルハチの孫ドゥドゥの娘、第七子フバイ（Hūbai 胡拜）もアバタイの次子ボホト（Bohoto 博和託）の娘を娶っており、他方、李永芳の娘がボホトの長子ウング（Unggū 翁古）に嫁いで、清室と緊密な関係を築いていた[24]。

このように、李永芳についてむしろ注目すべきは、(1)本人が駙馬となり、(2)子弟が(a)マンジュ名を称し、(b)宮中に入侍し、(c)やはり駙馬となった、という諸点である。この編入方式は、まさしく第三章で確認した親衛隊ではないのか。ヒヤはハン＝皇帝の警護を中心にさまざまな用務を委任される側近であり、その役割・性格は、(1)親信の臣を随侍させて手足として用いるとともに、(2)大臣の子弟を近侍させて将来の政権幹部として養成・選抜し、あるいは(3)新附者ないしその子弟を質子として留めおき再教育していくという、側近集団兼人材養成・プール機関であった。新附の李永芳・延庚父子が世職を授けられ統治に起用される一方で、年若い延齢すなわちソタイが「入侍」しているので、まさしく(3)のパターンに合致する。外来勢力の編入法としての親衛隊方式の対象としては、撫順遊撃だった李永芳は、自己の属下を有した首領であるという点において、充分条件を満たした存在だったといえよう。

表 7-2 范文程一門 略表

I	II		III	
范 楠	范文采		范達礼（達理）	三等アダハ＝ハファン(1) 鑲黄漢二―5③
	范文程	大学士 一等ジンキニ＝ハファン❶ ○ムキ＝ギョロ氏	范承陰	
			范承謨	侍衛／進士
			范承勛	鑲黄漢二―5⑤ ○ムキ＝ギョロ氏
			范承斌	一等ジンキニ＝ハファン❷
			范承烈	鑲黄漢二―5⑥
	（女子）	（佟方年妻）		

④瀋陽范氏：范文程一族

国初の大学士として有名な范文程は撫順の出身で、李永芳と同じく、一六一八年のヌルハチの撫順攻略の際に投降した[25]。彼の帰順の経緯については、諸伝は「名臣の後裔を得た」という美辞を記すが、撫順佟氏の記録によれば、「先大父、諱は方年、字は長公。范公、諱は楠の壻為り。范公は即ち本朝の師相文粛公（文程）の父なり」とあって、彼の姉妹が佟方年に嫁いでいたことが判明する（図7-1）[26]。詳しい経緯は分らないものの、佟氏との姻縁をたどって新政権に無事参入できたであろうことが想定されよう。

よく知られているように、范文程はもと生員で、文館・内三院に召されてホンタイジに仕え、清朝の中国化に貢献した文臣とよく評価されるが、あくまで旗人であったことを忘れてはならない。彼は一六二九―三〇（天聡三―四）年の己巳の役の際の戦功で世職を得るのであり、天聡年間には前線への随行や出使が目立つ。彼は鑲紅旗旗王のショトの属下であり、第二章第一節で見たように、一六四三（崇徳八）年八月のホンタイジ没後にドルゴン擁立を企てたとしてショトが処刑された際に、はじめて鑲黄旗に移されるのである（杜家驥［一九八七：八八―八九頁］［一九九八d：四四―四六頁］）。それまでは、鑲紅旗に属しつつ、文館・内三院に出向していたのである。

范文程の妻は、墓誌銘に「元配　陳夫人。太宗の時、穆奇爵楽夫人を賜婚せらる」とあって、ホンタイジの命でマンジュ旗人の娘を娶っており、第三子承勲も「始娶　穆奇覚羅氏」とある。[27] ムキ＝ギョロ（穆奇覚羅）氏とは『通譜』にも見えないが、ムキ（穆奇）地方のギョロ氏、すなわちイルゲン＝ギョロ氏のアサン一族と推測され、[28] これと累代通婚していたのである。

また、三藩の乱で殉職したことで有名な次子承謨は一六五二（順治九）年の進士であるが、初任は「年十七充侍衛」「初任侍衛」とあり、侍衛すなわちヒヤとして順治帝に仕えたことが知られる。[29] 范文程の諸子は、このように承字を輩行字としているが、甥の范達礼は承字がついておらず、「達礼」とも「達理」とも表記される。彼は満文では「fandari」と表記されており、[30] マンジュ名と考えられる。

このように、国初の大学士や殉難の忠臣を出したことで知られる范文程一族は、一方でヒヤとして近侍しマンジュ旗人と通婚し、マンジュ名をも称して、あくまで旗人として仕えていたのである。

⑤李成梁一族：李顕祖・李恒忠・李献祖

有名な遼東総兵官李成梁は鉄嶺の出身で、彼の直系は主に北京に住まったが、鉄嶺に残っていた族人はマンジュ軍の侵攻によって投降した。[31] 最も早いのは、一六一八年に撫順で投降した李思忠であり、その後、一六二一年の鉄嶺攻略時には、多数の族人が落命あるいは投降した。ところが、にもかかわらず、ホンタイジ時代に活躍した李思忠以下漢軍の大官が輩出するのである。私は、その登用の在り方に注目したい。そこで、漢文族譜『李氏譜系』（康熙六十一年修）[32] を用い、彼らの政権参加の在り方を確かめていこう（表7-3）。

鉄嶺李氏は、李成梁の祖父輩で五房に分れており、思忠は老二房に属し、成梁の孫輩に当る。『初集』・『二集』に収める思忠の本伝のうち、『二集』伝は、その帰順を「我が太祖高皇帝の天命三年、大兵、撫順を克するに、思

表 7-3　鉄嶺李氏・李思忠一門　略表

I	II	III	IV	V	VI	VII
李春美	李　滘	李成梁	李如松	李世忠	李遵祖	?
鉄嶺衛 指揮僉事	指揮僉事	寧遠伯			寧遠伯	
			李如楨			
			→表 7-7			
		李成樌	李如梧	李弘訓	李献箴	李向文
		清河 副総兵	清河 参将		侍衛 正黄漢五—1①	**セレン**
李春茂	李　潤	李成功	李如梴	李一忠	李献祖	李　鈊
			×鉄嶺	×鉄嶺	**ダイドゥ** 正黄漢四—2①	**フワセ** 正黄漢四—2②
						李　錀
						インシェオ 正黄漢四—2③
				李思忠	李栄祖	
				○佟氏：佟養真女，トゥライ姉	**リドゥ** ○宗室：バイントゥ女 正黄漢四—4①	
					李蔭祖	李　鈉
					○覚羅：セレ女	正黄漢四—4④
					李顕祖	
					セベリ　侍衛	
			李如梓	李恒忠	李輝祖	李　錕
			×鉄嶺	**イハナ**　侍衛 ○グワルギヤ氏：ソーハイ女 正黄漢 I—7①	正黄漢一—7②	正黄漢一—7③
					李儀祖	李　鉞
					正黄漢一—7④	

出典）『李氏譜系』および杉山清彦［2004a］より作成。

忠来帰す」と明記する。(33) すなわち思忠は、鉄嶺陥落に先んじて、その前年、明との緒戦である撫順にてマンジュに来降していたのである。思忠の墓誌である汪琬「特進光禄大夫・提督陝西統轄漢兵兼管烏金超哈《ウジェン＝チョーハ》・昂邦章京《アンバン＝ジャンギン》・世襲一等阿思哈哈番《アスハン＝ハファン》又一拖沙喇哈番《トゥワシャラ＝ハファン》李公思忠墓誌銘」には、この間の事情がより詳しく記されている。(34)

〔Ⅶ―4〕年二十四、撫順の外家に往游するに、会たま我が太祖の兵、撫順を破り、公、執へられて費阿喇《フェアラ》の地に至り、遂に正黄旗に隷す。久しうして又た鉄嶺衛を破る。鉄嶺の四埜は皆な甌脱《おうだつ》にして、公、遼の遺民を招集し、各おのをして故業に復せしむ。

思忠は一五九五（万暦二十三）年の生なので、二四歳とはまさしく一六一八年、撫順攻略の年に相当する。彼は、このとき撫順の「外家」に滞在していてマンジュ軍に捕えられ、フェアラに連行され旗に隷したというのである。では、撫順の「外家」とは何者を指すのであろう。「外家」はふつう母か妻の実家をいうが、思忠の母は「羅氏」としか伝わらず、父の名・職歴などは全く不明である。他方、思忠の妻は、『李氏譜系』に「娶佟氏〔少保兼太子太保・吏部尚書・正藍旗都統・加一級佟公盛年之姉〕」とある。ここにいう「佟公盛年」とは、撫順佟氏の佟養真の子・佟トゥライの漢名にほかならない（図7-2）。『李氏譜系』によれば、佟氏の所生である長子・栄祖が「生于明万暦甲寅（四十二＝一六一四）年十一月十一日子時」とあるので、思忠の婚娶は遅くとも一六一四年初頭以前であることが判明する。ここにいう思忠の「外家」とは、妻の実家、すなわち岳父・佟養真の撫順佟氏のことと考えてよいであろう。先に引いた史料〔Ⅶ―2A〕に撫順佟氏の帰順の経緯が述べられていたが、その際、佟養真の婿の李思忠も同時に帰順していたのである。

佟氏との通婚については夙に園田〔一九三八：一〇七頁〕が注目しているが、その締婚時期には触れておらず、むしろ後の官界における栄達との関連を想定しているようである。しかしここでは、それが撫順〜鉄嶺攻略の混乱

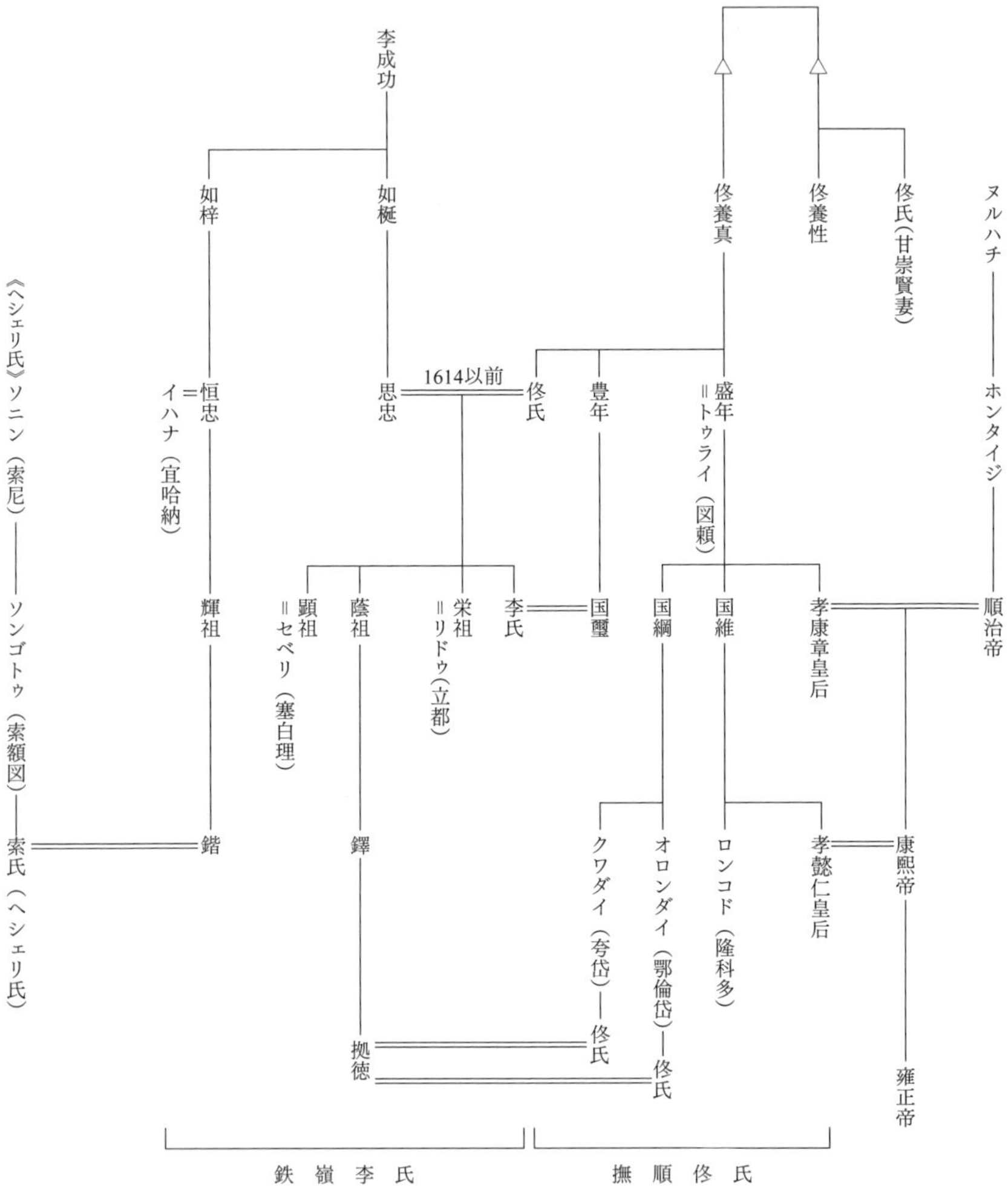

図 7-2 鉄嶺李氏・撫順佟氏 関係略系図

出典）『李氏譜系』・『佟氏宗譜』・『甘氏家譜』より作成。

期以前、まだこのような事態が考えられていなかったときに在地有力者同士の間で結ばれていたこと、そしてこの姻戚関係が思いもかけずマンジュ帰順時に機能したこと、という二点に注目したい。

マンジュに投じた思忠は、世職を授けられて占領地行政に起用されて活躍する一方、その長子栄祖はリドゥ(Lidu 立都)、第三子顕祖はセベリ(Seberi 塞伯理)というマンジュ名を称した。顕祖は、

[Ⅶ―5]　李顕祖、思忠公の三子なり。満名は塞伯理《セベリ》、字は亢宗、鉄嶺と号す。明の崇禎癸酉(一六三三)年六月十三日申時に生る。国朝順治己丑(一六四九)年、三等侍衛を授けられ、辛卯(一六五一)年、二等侍衛に陞る。

とあって、(1)「Seberi」と賜名されて、[35](2)一七歳で侍衛すなわちヒヤを授けられたことが知られる。また、長兄栄祖も、『李氏譜系』にはマンジュ名はないが、『二集』旗分志の注記に「立都之父李思忠」[36]とあって、やはり「Lidu」と賜名されていた。

また、李思忠の甥・献祖と従弟・恒忠はともに鉄嶺で父を亡くし、既にマンジュ=グルンに投じていた思忠を頼った。李思忠の兄で鉄嶺で死んだ一忠の子・献祖は、

[Ⅶ―6]　李献祖、一忠公の子なり。満名は代都《ダイドゥ》、字は光庭。明の万暦丁未(一六〇七)年正月初十日　時に生る。国朝、初任三等侍衛、二任佐領、三任参領、四任副都統、……。

とあって、これも(1)賜名されて、(2)親衛隊に入ったことが判明する。彼は「Daidu」として『老檔』・実録にもしばしば現れ、のち漢軍の部将として活躍するのである。しかも先の顕祖=セベリが入関後であるのに対し、彼の授官はホンタイジ時代か、それより以前であろう。

年代が明らかなのは、李思忠の従弟李恒忠で、

［VII―7］ 李恒忠、如梓公の子なり。満名は宜哈納《イハナ》、字は徳貞。明の万暦辛亥（一六一一）年九月二十五日子時に生る。国朝天聡庚午（一六三〇）年、佐領を授けられ、癸酉（一六三三）年、参領に陞る。

とあって、ホンタイジ時代の初期に任官している。ここでは初任は佐領すなわちニル＝エジェンとなっているが、『初集』「宜哈納 Ihana」伝、すなわち彼の本伝によれば、「初め轄員を以て太宗文皇帝に事へ、今の名を賜はる」とある。[37]「轄」とはヒヤの音写であるから、やはり彼もまず親衛隊に入って賜名されたことが判明するのである。このように、来帰後、献祖はダイドゥ（Daidu 代都、戴都）というマンジュ名を称して三等侍衛で起家し、また恒忠もイハナ（Ihana 宜哈納）というマンジュ名を賜り、ヒヤとしてホンタイジに近侍した。

鉄嶺では、この他に李成梁の甥の如梧が孫の献箴とともに投降しており、高齢の如梧は世職を授けられ、献箴はヒヤに任用された。李鍇（恒忠＝イハナの孫）「資政大夫・軽車都尉・参領衛唐李公三世墓表」には、献箴の帰順について次のように記す。[38]

［VII―8］ 如梧、二子宏訓・継先を生む。宏訓の子は献箴、継先の子は丹箴・秉箴なり。遼陽失はるるに、丹箴・秉箴は皆な殉難して嗣無く、而して献箴も亦た掠せらる。献箴とは即ち資政公なり。太宗皇帝既に遼を定むるに、物色して公を得て侍衛に充つ。功を累ねて世襲一等騎都尉を授爵せられ、参領を官とす。

このように、如梧の系統は、次子・継先の家は二子とも横死して断絶したけれども、献箴がおそらく祖父・如梧とともに帰順し、如梧が世職を授かり献箴が「侍衛」に擢用されたのである。

このような方策は順治年間に入っても引き継がれ、セベリすなわち顕祖は一六四九（順治六）年に三等侍衛で起

家し、また献箴の子向文も、同じ頃セレン（Sereng 色冷）というマンジュ名を賜名されている。ダイドゥすなわち献祖の二子も、フワセ（Hūwase 花塞、花色）・インシェオ（Ingšeo 尹寿）というマンジュ名を称している。

彼ら李氏一族は、マンジュ名を賜るだけでなくマンジュと通婚していた。リドゥすなわち栄祖は宗室バイントゥの娘、その弟蔭祖は覚羅セレの孫娘、セベリすなわち顕祖はヤングリの弟レンゲリの孫娘、イハナすなわち恒忠は五大臣フィオンドンの子ソーハイの娘を、それぞれ娶っていた。李思忠一族の縁戚はこのように門地が高く、また両黄旗が多かった。

彼らの所属は、李思忠が『原檔』天聡六（一六三二）年二月条に「正黄の李思忠遊撃を参将とした」と見えて(39)、一門も伝記諸書で正黄旗とされるので、天聡期以降正黄旗に属していたとみられる。帰順時の記録が、ヌルハチ時代のことであるにもかかわらず、［Ⅶ－8］のように「太宗」としていたことからも、ヌルハチ時代からホンタイジ属下だったとみられる。ニルについていえば、老長房の献箴系が一ニル、老二房の思忠系が三ニルを領有し、世職とともに世襲していった。

⑥金氏：金玉和一族

金玉和は明の千総で、一六一九（天命四）年に開原が攻略されたとき投降した(40)。旗人として戦功を重ねるとともに、礼部承政に登用されて行政にも手腕を発揮したが、一六四四（順治元）年に戦死している。その子・維城はUici（Ujici）というマンジュ名で呼ばれ、やはり戦場で活躍した（表7－4）。

金維城については、『国朝耆献類徴』本伝に「初由侍衛授参領」とあり、侍衛すなわちヒヤであったことが知られる(41)。『歴朝八旗雑檔』「正黄旗漢軍馬守義李興祖三代宗譜檔」によれば、さらに詳しく、墓誌を典拠として「年十七にして白牙拉章京より起り、披堅執鋭、寧遠・朝鮮を征するに従ひて功有り、侍衛に擢んでられて永平・錦州・

表 7-4　金玉和・維城一門　略表

Ⅰ		Ⅱ	
金玉和	二等アスハン＝ハファン❶ 正黄漢一―8①	金維城 **ウイチ（ウジチ）**	バヤラ　→ヒヤ 三等アダハ＝ハファン⓪ 正黄漢一―4①
		金維廷	一等アスハン＝ハファン❷
		金維屏	正黄漢一―8②
		金維垣	一等アスハン＝ハファン❸

大凌河を攻む」と記されている。[42]「従征寧遠・朝鮮」とあるのが、それぞれ一六二六（天命十一）年の寧遠戦と一六二七（天聡元）年の第一次朝鮮出兵（丁卯の役）とを指し、「攻永平」は一六二九（天聡三）年の華北侵入（己巳の役）をいうことは明らかであるから、一七歳で「白牙拉章京《バヤラ＝ジャンギン》」すなわちバヤラとして起家したのが天命年間であることは間違いない。そして、天聡初めの一六二七―二九年に侍衛＝ヒヤとして登用されたのである。

金玉和一族は、諸子のうち維城系・維屏系がそれぞれ一ニルを領有し、また玉和が得た世職は維垣系が世襲していった。彼らは正黄旗に属し、『李氏譜系』によれば、維城の妻は［Ⅶ―8］でみた李献箴の娘であった。

⑦清河李氏：メルゲン＝ヒヤ李国翰

以上の③⑤⑥が明の軍人、④が知識人であるのに対し、民間人出身で登用された者もある。その中でおそらく最も著名なのが、メルゲン＝ヒヤ（Mergen Hiya 墨爾根轄）李国翰一族である[43]（表7-5）。

［Ⅶ―9］　李継学、漢軍鑲藍旗人なり。原と清河の商人に係る。天命六年、遼東を克するの後来帰す。事を辧ずること勤労なるを以て都司を授く。……三等副将の世職を授く。年老を以て致仕す。墨爾根轄、李継学の子なり。原と名は李国翰。生れながらにして明敏、勇鋭なること人に過ぐ。初め父の三等副将の

表 7-5　李国翰一門　略表

I		II		III		IV	
李継学	清河商人 →　都司・三等副将	李国翰	**メルゲン＝ヒヤ** 賜名 都統・三等侯 鑲藍漢一―2②	**ハイルトゥ**	都統・三等侯 鑲藍漢一―3②	李　柄	鑲藍漢一―3③
				李世盛	一等護衛		
				サンゲ 李世栄	鄭親王護衛 →雲南提督		
				ノマイ	鑲藍漢一―2⑦	李　杕	多羅額駙 鑲藍漢一―2⑧
				李世昌	雲南布政使		
				ノムトゥ	和碩額駙 都統・雲南提督	**ノロホン**	都統

世職を襲ぎ、墨爾根轄と賜名せらる。

ここにあるようにメルゲン＝ヒヤは本名を李国翰という。父の李継学は建州と接する清河の商人で、一六二一年に投降した後、漢人統治官に起用され、都司に任じられて三等副将の世職を授けられた。そしてその子国翰は、父の世職を継承し、メルゲン＝ヒヤの称号を賜わって、鑲藍旗の漢軍大官として活躍した。

彼は、この称号にあるようにヒヤであるが、さらに『初集』本伝によれば、「第二子李世盛、仕至一等護衛」、「第三子桑額、初任鄭親王護衛」とあり、次子・三子がいずれも「護衛」を務めていた[44]。漢語の侍衛が皇帝のヒヤを指すのに対し、護衛は旗王のヒヤを指し、ここに明記されているように、鑲藍旗の鄭親王家のヒヤとして登用されていたのである。

また、第六子ノムトゥ（Nomtu 諾穆図）は「尚和碩公主、封和碩額駙」とあり、また第四子ノマイ（Nomai 諾邁）の子李杕も「多羅額駙」とあって、マンジュ名を称した上に清室と通婚していた[45]。サンゲ（Sangge 桑額）・ノムトゥのように、メルゲン＝ヒヤの六子のうち四人までがマンジュ名を名乗っており、世職は長子のハイルトゥ（Hairtu 海爾図）が継承し、鑲藍旗漢軍第一ジャランにニルを領有した。

表 7-6　金氏バタイ一門　略表

I	II	III	IV
金得栄	金炳世	**バタイ**	**スヘイ**
	一等アダハ＝ハファン兼トゥワシャラ＝ハファン❶	一等ジンキニ＝ハファン(1) ヒヤ	一等ジンキニ＝ハファン(2) 鑲藍漢三—3⑤
		バカ	**セレン**
		バイタラブレ＝ハファン1 鑲藍漢三—3①	バイタラブレ＝ハファン2
		バヘイ	
		ダルフ	金依敏
		一等アダハ＝ハファン兼トゥワシャラ＝ハファン❷	一等アダハ＝ハファン兼トゥワシャラ＝ハファン❸

このように、撫順の佟養性と同様、商人出身の清河李氏一門も、(1)現地事情に通じていたと思われる李継学自身が遼東統治に起用されるとともに、(2)子の国翰がヒヤに採用されて軍務に就き、(3)ニル・世職を与えられて世襲していった。それは第三世代にも継承され、メルゲン＝ヒヤ李国翰の諸子は、(a)マンジュ名を名乗るとともに、(b)旗王のヒヤとなり、(c)帝室とも通婚して、旗人として包摂されていったのである。

⑧金氏：巴泰一族

バタイ（Batai 巴泰）は金姓の漢人であり、祖父は金得栄、父は炳世という[46]（**表 7-6**）。バタイの弟も、バカ（Baka 巴喀）・バヘイ（Bahei 巴黒）・ダルフ（達爾護）とすべてマンジュ名を名乗っており、バタイの子はスヘイ（Suhei 速赫、蘇赫）、バカの子はセレン（Sereng 塞楞）というなど、児孫の多くもマンジュ名を称した。

バタイは本伝に「天聡二年、御前承値に選ばれ、旋ち二等轄に任ぜらる hanci dahalara haha juse de sonjome gaifi. dahanduhai jai jergi hiya sindaha」とあり、ハハ＝ジュセすなわち小姓・侍童として近侍し、ついでヒヤになったという。父の炳世は一六三四（天聡八）年に世職を授けられていて健在なので、子のバタイは若くしてヒヤとして出仕したものであろう[47]。

後年、バタイは一六四五（順治二）年に「太宗恩養轄員 taidzung i gosime

ujiha hiya」、また一六六九（康熙八）年には「以巴泰当太宗・世祖時、即用為親近侍衛之臣 hanci dahalara hiya amban de baitalafi」と表現されており、ホンタイジに近侍したことが確認できる。[48]

　バタイ一族が漢軍鑲藍旗人とされるのは、康熙年間に移旗したからであり、元来は正黄旗包衣に属した（鈴木真［二〇〇三：二九頁］）。バタイは順治年間に包衣昂邦《ボーイ＝アンバン》すなわち内務府総管と蘇喇昂邦《スラ＝アンバン》すなわち散秩大臣という内務府・侍衛の高官を歴任している。また、彼だけでなく、弟のバカも「初為壮尼大、尋管牛彔事、累陞至一等侍衛」とあり、バヤラを初任としてヒヤとなっている。また、彼らは一ニルを領するとともに大小三つの世職を分襲した。

⑨瀋陽甘氏：甘文焜一族

三藩の乱で陣没したことで知られる甘文焜（一六三二―七三）は、明代瀋陽の武官の家系の出身である。マンジュ勃興期の一族の勢威・動向は不明だが、注目すべきことに、族譜『甘氏家譜』[49]によれば、彼の祖父・崇賢が佟養性の姉を、父・応魁は李成梁の第三子如楨の娘を、それぞれ娶っていたことが知られる（表7-7）。崇賢の第一子は一五九〇（万暦十八）年に生まれているので、早い段階から撫順佟氏と親密な関係にあり、帰順の時期・経緯こそ不明だが、おそらくこの関係を活かして来帰したものと考えられる。これに対し、崇賢の次子・応魁は一六〇八（万暦三十六）年の生なので、李氏との婚姻はマンジュ傘下に入ってからのことであり、彼はさらに「公主」を娶ったという。

　甘氏一族は佟養性一門と同じ正藍旗に属して一ニル（正藍漢四―3）を有し、崇賢の従兄弟の家系が管掌した。[50]『甘氏家譜』によれば、文焜の長子国均は「多羅信郡王護衛」とあり、正藍旗の旗王である信郡王すなわちドド家に仕えていたことが知られる。また、次子国培はタタラ氏・ナラ氏・宗室から妻を娶っており、元配のタタラ氏は、国初の名臣イングルダイの孫娘であった。さらに第三子国基の次子士琇は、佟国綱の子のオロンダイ（鄂倫岱）の

表 7-7 瀋陽甘氏一門 略表

I	II	III	IV	V	VI
甘 沛	甘九章	甘崇教	甘応期	甘体鎮（甘四）	甘国標
瀋陽中衛指揮僉事				正藍漢四―3②	正藍漢四―3④
		甘崇照	甘応挙 ?-1652		
			正藍漢四―3①		
	甘九官	甘崇賢	甘応魁 1606-55	甘文焜 1632-73	甘国均 1654-1705
		○佟氏：佟養性姉	○李氏：李如楨長女 ○公主 京営巡捕参将 →直隷石匣副将	○程氏：王府長史女 官学生・兵部筆帖式 →直隷巡撫 →雲貴総督：戦没	多羅信郡王護衛（ドド家, オジャか）
					甘国培 1659-1735
					○タタラ氏 ○ハダ＝ナラ氏 ○宗室：健明女
					甘国基 1661-1705
					○金爾黙氏
					甘国壁
					雲南巡撫
					甘国城
					→三藩の乱で殉難

出典）『甘氏家譜』・『初集』。

娘二人を娶っていた。

甘文焜一族にはマンジュ名は見られないが、ヒヤとして旗王に仕えたり満漢旗人と緊密に通婚する点は、以上の諸家と共通していた。

⑩祖氏：祖大寿一族

祖大寿は、明の大凌河城・錦州城の守将として長期間にわたって清と戦い、降伏後も彼とその家族・家丁は漢軍旗人として迎えられ、厚遇された[51]。勢力が大きかっただけに、祖氏一族は鑲黄・正黄・鑲白三旗に分属し、およそ八ものニルを有した（表7-8）。

祖大寿麾下の祖姓の武将には、祖可法など義子を多く含むが、『祖氏家譜』[52]によれば、澤溥ら六人が実子である。ただし、長子扱いされたのは義子の澤潤であり、三等アンバン＝ジャンギンの高爵を授けられて漢軍グサ＝エジェンに任じられ、同時に第四子植松が二等侍衛となった。また、実子の第一子澤溥と

表 7-8　祖大寿一門　略表

I	II	III	IV	V
祖仁	祖承訓	祖大寿	祖澤潤 一等ジンキニ＝ハファン兼トゥワシャラ＝ハファン① ＊祖大寿義子 ＊親弟**フワシャン・ローハン**	祖植栢：正黄一―6⑤ 祖植松 一等ジンキニ＝ハファン兼トゥワシャラ＝ハファン② 祖植桂：二等侍衛
			祖澤溥 御前一等侍衛	
			祖澤淳 御前一等侍衛 正黄漢五―7① バイタラブレ＝ハファン(1)	**ダライ** **バンディ**
			祖澤清　○佟氏 正黄漢三―6②	
			祖澤汪 正黄漢三―5③	祖良楨 ○ナラ氏
			祖澤浹 正黄漢三―6③	
		祖大弼 散秩内大臣 鑲黄漢三―6①	祖澤溶 鑲黄漢三―6④	
	祖承教	祖大定	祖澤洪 一等ジンキニ＝ハファン(一) 鑲黄漢一―6①	祖良輔：三等侍衛 祖良棟 一等ジンキニ＝ハファン(二) 鑲黄漢一―6② 祖良璧 一等ジンキニ＝ハファン(三) 鑲黄一―6④
			祖澤沛 鑲白漢五―3①	祖良基 鑲白漢五―3②
			祖澤遠 一等アダハ＝ハファン1 鑲白漢一―3①	祖良臣 一等アダハ＝ハファン2 鑲白漢一―3⑥ ＊子祖応策：満名**スバリ**
祖義	祖承業	祖大眷 バイタラブレ＝ハファンI 正黄漢四―3①	祖澤源 バイタラブレ＝ハファンII	祖良策 バイタラブレ＝ハファンIII
	祖承功	祖大貴	祖澤盛	祖建極 鑲黄漢三―6③

出典）『祖氏家譜』・『初集』。

第二子澤淳がともに順治帝の「御前一等侍衛」に任じられたことが記されている。これらは、厚遇であると同時に一種の人質であることは明らかである。

入侍した澤淳は、『祖氏家譜』によれば、長子は「達頼」(Dalai)、次子は「班迪」(Bandi) といい、モンゴル風のマンジュ名を称していた。『祖氏家譜』によれば、澤潤の弟も「和尚」(Hūwašan)・「老漢」(Loohan) といい、また『初集』旗分志には、「祖澤遠之孫阿達哈哈番蘇巴里《アダハ＝ハファン・スバリ》」として、澤遠（大寿の従弟大定の子）の孫・応策がマンジュ名で現れる。このように祖氏一族もまた、マンジュ名を称しヒヤとして入侍していた。

このように、明末清初の漢人武将一門として著名な祖大寿一族もまた、(1)投降後、一族諸将がニル・世職を与えられて優遇される一方、(2)若手の子弟やさらに幼い世代が(a)ヒヤなどとして入侍し、(b)マンジュ名を名乗るようになっていったのである。

以上、わずか八つの例であるが、入関前に帰順し、漢軍の有力家門となった諸家の編入のあり方を見てきた。まず、帰順前の地位・生業によって整理すると、次のようになる。

(a)地方文武官員：③⑤⑥⑨⑩

明の地方官員でマンジュに投降・仕官した者は数多く、これらは即戦力として統治・戦闘に起用・投入されていった。その代表格が③李永芳と⑩祖大寿であり、彼らは後に二朝に仕えた者として「弐臣」と呼ばれることとなったが、後世の評価ではなく、彼らが生きた時代にあっては、その存在・編入形態に注目すべきと思われる。

(b)知識人：④

開戦以降降ってきた④范文程や、それ以前に投入していた襲正陸・アイタ＝劉興祚など、知識人や知識人くずれの人物もあり、彼らは主に右筆や通訳として用いられた。後の内三院の母体となる文館には、そのような漢人書記も勤務していた。部下や一族を引き連れて従った場合と異なり、彼らは当初個人として仕官する形が多かったが、あくまで旗人として何れかの旗・ニルに所属することは同じであり、やがて軍功によって旗人として地歩を築いていくことになった。

(c)民間人：⑦

撫順の佟養性や⑦清河の李継学のように、商人と明記される者もみられる。現地の事情に通じている彼らは、当初遼東統治に起用されるが、そのような役割が継続・再生産されることはなく、その子弟は漢軍旗人として軍務に就き、戦功で上昇していくことになる。

そして編入・登用に当っては、帰順以前の地位・身分の相違にかかわらず、ほぼ共通して(1)年長者が主に統治・行政に起用され、(2)その子弟が(a)質子と訓練を兼ねてヒヤやバヤラ・包衣などとして近侍し、(b)マンジュ名を称し(場合によっては賜名)、(c)帝室・旗人と通婚して、(3)ニルや世職を与えられて、旗人として編成されていった。言い換えれば、占領地行政といった現実的な必要を除けば、文筆・礼教知識など、漢人としての技能・特質はほとんど顧慮・期待されず、とりわけ子弟以下の世代においては、もっぱら軍人としての勤務が求められていたといえよう。彼らは、血統的には「マンジュ」であった①②の「漢化」マンジュ人とは異なり、全くの漢人なのであったが、[53]にもかかわらず、彼らは均しく賜名・入侍・降嫁などの方法で編入・組織化されていた。先に「漢化」マンジュ人についてみたとき、そこに満漢双方向的な戦略的適応がみられたが、「マンジュ化」は、編入される側の戦略的適応であるだけでなく、政権側の編成原理でもあったといえるであろう。すなわち、岩井がいうように、彼ら漢人の投入先にはたしかに「華夷共同社会」は存在したが、しかしそれは、およそマンジュ的統合方式の下であったというべきである。

では次に、漢人以外の混住・雑居状況と、マンジュ＝大清グルンの対応はどのようであったろうか。

第三節 満・蒙・漢・韓の混住と包摂

古来、マンチュリアの地は、漢人世界と接するのみならず、朝鮮半島とも不可分の関係にあり、さらに、西方に広がる遊牧世界とも密接な関係にあった。とりわけ、元末明初期に南下する中で再編されたマンジュ・ワルカ諸部は李氏朝鮮王国と隣接する地域に展開し、他方、松花江上流域に広がったフルン諸部は、大興安嶺東麓以東に広がるマンチュリア平原に展開するモンゴル諸勢力と接することとなり、交流と紛争を繰り返すこととなった。

さて、これまで一六―一七世紀のマンチュリア～遼東の民族問題に触れたものの多くは、以上の満・漢間を扱うものであった。しかし、古くは高麗・渤海以来この地が、ツングース系を中心としつつも非常に多様な文化・言語構成をみせてきたことは、冒頭でふれた通りである。そこで、朝鮮・モンゴルとの関係をみてみよう。

(1) 朝鮮人と「向化」ジュシェン人

古来マンチュリア～遼東地方と朝鮮半島は、歴史的に密接不可分の関係にあった。モンゴル時代以降においても、朝鮮半島北部の平安道・咸鏡道は一四世紀末の朝鮮成立後ようやく支配が及んだ地域にすぎず[54]、他方、明の遼東都司の治所・遼陽に併置された東寧衛、およびそこから平安道にかけての地域には、高麗以来(さらに新たな逃亡民)の朝鮮人集落が散在しており(河内［一九八六：第四節］)、鴨緑江・トゥメン江流域両岸一帯は明韓分たぬ状況であった。マンジュ＝グルンもまた、興起以来南隣の朝鮮との接触は深く[55]、ヘトゥアラには「高麗村」と呼ばれる朝鮮人捕虜・亡命者の集落が存したという(藤本幸夫［一九九四：二六六頁］)。以下では、さらにいくつか具体例を挙げよう。

⑪韓潤・韓義

亡命者として迎えられた者に、一六二五（天命十）年に光海君廃位クーデター（仁祖反正）に絡む李适《りかつ》の乱で逃亡してきた韓潤・韓義がいる。[56] 彼らは賜名こそ確認されないけれども、やはりニルを組織して委ねられており、「旗分志」には正紅一―14ニルとして、

［Ⅶ―10］　第十四佐領、国初に朝鮮より来帰せる人丁を以て編して半箇佐領《ニル》と為すに係り、始め韓運《ハン＝ユン》を以て管理せしむ。韓運故し、其の子韓季《ハンギ》を以て管理せしむ。韓季故し、韓泥《ハン＝ニ》の子那秦《ナチン》を以て管理せしむ。

とあって、[57] ダイシャン麾下の正紅旗で満洲旗分に所属していた。韓雲（韓運）の弟・韓尼（韓泥）の諸子は第四子のナチンなどマンジュ名を称しており、次子ギェエン（Giyeyen 傑殷）は「初任一等轄」とあって、正紅旗の王府で活動していた。[58]

彼らの漢字表記は『初集』・『通譜』などでまちまちである。これは、本来の朝鮮漢字音でも漢字自体でもなく、漢字名の中国漢字音を適宜漢字音写したためと思われる。そして第二世代以降は、ナチンなどマンジュ名を称するようになるのである。

⑫シンダリ一族

『通譜』末尾の一五巻には八旗満洲所属のモンゴル人・漢人・朝鮮人が収められているが、そのうち巻七二「満洲旗分内之高麗姓氏」巻頭として挙がる「金氏 Gin hala」の筆頭に立伝されているのが、このシンダリ（Sindari 新達礼）である。[59]

［VII─11］　正黄旗包衣人なり。世々易州地方に居る。天聡元年、子弟を率ゐて来帰したれば、授けて通事官と為す。……崇徳二年……太宗文皇帝、賞賚を優加し、俘獲せる高麗の人戸を以て佐領を分編し、特に新達理に命じて之を統べしめ、内務府三旗火器営総管事を兼ねしむ。……長子噶布拉 Gabula、原と三等侍衛に任ぜらる。次子胡住 Hūju、原と二等侍衛・参領に任ぜられ、佐領を兼ぬ。第三子花住 Hūwaju、原と員外郎に任ぜられ、佐領を兼ぬ。花住の子常明 Cangming、原と御前大臣・領侍衛内大臣・辦理上駟院事務・内務府総管に任ぜられ、佐領を兼ぬ。

もと金姓のこの人物は、賜名か通称かは不明ながら、シンダリなるマンジュ名を称し、通事から身を起してやがて内務府＝帝室家政機関の大員となっていく。彼が帰順したという天聡元（一六二七）年とは、アミン指揮する第一次朝鮮出兵を指すこと疑いないから、おそらく戦役時の捕虜ないし投入者であり、「正黄旗包衣」とあって、分配に際しホンタイジ直属の正黄旗に入れられたものであろう。伝にニルを授けられたことが記されている通り、『初集』「旗分志」によれば、正黄旗包衣四─2ニルに「第二高麗佐領、国初に編立するに係り、始め辛達礼《シンダリ》を以て管理せしむ」とあって[60]、このシンダリ家が世襲したことが確認される。伝に、一六三七（崇徳二）年に「俘獲せる高麗の人戸を以て佐領を分編」とあるのは、一六三六─三七年のホンタイジ親征による第二次朝鮮出兵を指しているので、このときの捕虜によって編成した朝鮮系ニルを任されたというのである。

このように彼は、通事出身ながら、ニルを与えられ内務府火器営総管を兼ねて、内務府の幹部となるのである[61]。そして三子は何れもマンジュ名を称し、孫の常明に至っては、雍正期に領侍衛内大臣・内務府総管、すなわち親衛隊・家政機関双方のトップにまで登りつめる[62]。これは、(1)朝鮮出身者が、(2)まず通事として家政機関隷下にあり、(3)能力・功績によって家政機関幹部に栄進して上三旗有力家系となったケースであり、しかも(4)帰順者本人以降マンジュ名を称していた（常明は漢字名であるが、金姓を名乗ったわけではなく、マンジュ人の漢字命名法と同様の名とみなしうる）。

⑬イェチェン・マフタ

マンチュリアを離れて移住先に同化する事例は、明領内においてだけではなかった。一六三六年の第二次朝鮮出兵の際、

［VII—12］（十二月）二十一日に、果実を求めさせに送った者が、高麗《ソルホ》に入った百家ばかりのワルカ人を、イェチェン・マフタら四人が引き連れて来帰してくるのに出会って、連れてきた。

とあって、[63] トゥメン江方面（咸鏡道）のワルカ系の出身で朝鮮住民となっていた人びとが、その頭目に引き連れられて帰順してきたことが記されている。彼らは、『通譜』には、「各地方他塔喇氏」として、

［VII—13］ 納林 Narin、正黄旗人なり。世々訥殷《ネエン》江地方に居る。天聡時、兄葉臣巴図魯 Yecen Baturu と同に満洲一百四十人を率ゐて来帰し、佐領《ニル》を編して之を統べしむ。……按ずるに、納林、正白旗の扎庫木《ジャクム》地方の岱図庫哈理《ダイトゥク＝ハリ》と同族なり。

瑪福他 Mafuta、正紅旗人なり。世々瓦爾喀 Warka 地方に居り、後、朝鮮に入りて遂に属す所と為る。朝鮮を平定するの時、復た一百三十三人を率ゐて朝鮮を棄てて来帰す。騎都尉を授けられ、其の属す所の人を以て編して佐領《ニル》と為し、其の孫邦那密 Bangnami をして之を統べしむ。

とあって、[64] 大族タタラ氏の出自であった。第一章で見たように、タタラ氏はアンチュラク地方などトゥメン江方面

とフネヘ部のジャクム地方とに二大支派があり、このとき来帰したイェチェン・ナリン兄弟の家系は、ジャクム地方のダイトゥク＝ハリと「同族 emu mukūn」だという。このダイトゥク＝ハリとは、重臣イングルダイの祖父にほかならず、これが〝先祖返り〟して、八旗満洲に迎えられたのである。

そもそもトゥメン江方面一帯は元来ジュシェン人の住地であったが、元明交替の混乱に乗じて高麗・朝鮮が一方的に領域に組み込んだため、ワルカを主とするジュシェン系住民が混住することとなり、以後ジュシェン諸勢力との間で帰属問題がたびたび発生していたのである。とはいえ、これらは既に朝鮮に帰化した住民であり、にもかかわらず、依然としてそれを同胞とみなす認識が存在していたということができよう。早く一六〇九（万暦三十七）年、ヌルハチはワルカ部の経略を進めるなかで、「昔、金の皇帝《アイシン＝ハン》の時に散じたワルカ国人《グルン》は高麗《ソルホ》に入って、高麗の国境沿いに住んでいた」として、朝鮮に対し咸鏡道のワルカ系住民の送還を要求し、これを認めさせているが(65)、これがまさに現実になったのである。

このような朝鮮帰化ジュシェン人は「向化」と称され、より早い例としては、建州左衛首長家の童清礼が知られている（園田［一九四八―五三］；河内［一九九二］）。

以上、マンジュ＝大清グルンに編入された朝鮮人をみた。ここにおいてもやはりマンジュ名がみられ、また職務においても、通事・高麗ニルなど出身に応じた業務が委ねられてはいるものの、あくまで基本的帰属は八旗であり、そこからの立身であった。

とりわけ、シンダリの初任であった通事については、グルマフンこと鄭命寿なる人物が知られている。この人物については、これも田中克己が専論［一九五八b］を著してその半生を復元している（また藤本［一九九四：二七六―二七八頁］；楊海英［二〇〇二］）。それによれば、平安南道の微賤な身分の出であった彼は、一六二七年の第一次朝鮮出兵の際に捕虜となった後、グルマフン（Gūlmahūn／ウサギの意）なるマンジュ名を賜り通訳として登用され、以後清の威光を笠に着て朝鮮に対し専横を極めたという。彼は、朝鮮外交をほとんど専管していたイングルダイと行動を共にし、イングルダイ・ドルゴンの没後失脚した。このグルマフン＝鄭命寿のケースもまた、シンダリ一族の例ともども、マンジュへの編入・組織化の一例とみなすことができよう[66]。

また、これら二例は当時の通事すなわち通訳官（通事官／tungse hafan）の存在形態を示すものとしても興味深い[67]。挙例は省いたが、『通譜』巻七二～七三「満洲旗分内之高麗姓氏」の立伝者には、多数の通事が含まれており、しかもその多くはマンジュ名で記録されているのである（藤本［一九九四：二七六頁］）。

（2）モンゴルとマンチュリアの多属性・多方向性

モンゴルもまた、マンチュリア～遼東、さらには華北と密接な関係にある。当時のモンゴルにおいては、中興の祖バトモンケ＝ダヤン＝ハーン（位一四八七―一五二四）から一世紀を経て、世代の深化に伴う勢力の分岐が再び昂進していた。その左翼＝東方においては、宗家チャハル＝ハーン家を筆頭としてダヤン＝ハーン裔の内ハルハ五部・アオハン部・ナイマン部などの諸部が、また嫩江方面にチンギス諸弟裔のホルチン諸部、長城方面に異姓のハラチン部が展開していた（図**0-3**）[68]。

これらとマンジュ＝グルンの接触は、一五九三年のグレ山の戦に始まる。このときイェへなどと連合して侵攻し、ヌルハチに大敗を喫したのを機に、ホルチンのミンガンと内ハルハのローサ（Loosa 労薩）が翌年遣使してきたのである。一六〇五年には内ハルハ・バヨト部長のエンゲデルが来朝し、翌年末に彼がクンドゥレン＝ハン号を奉呈したことが、ヌルハチのハン号の始まりとなったのである。やがてチャハルのリンダン＝ハーンがモンゴル再統一をはかって軍事行動を起すようになると、これらの諸勢力はマンジュ＝グルンに軍事援助を求め、ヌルハチ・ホンタイジ父子はこのような機運を利用して南モンゴル東部に勢力を拡大していった。
それには、いくつかの方策があった。まず、遊牧所領にとどまったまま通交し、盛京への朝覲や遠征時の軍事動員などを通じて首長が臣従を表したもので、これが後年の外藩につながってゆく。これに対し、帰服してニル・グサに編成されたものは八旗に属することとなった。その大半は八旗蒙古となったが、一部は満洲旗に編入された。最も早く内徙して帰順したエンゲデルがその例で、彼の一門は八旗満洲に編成されて正黄旗に隷したのである。[69] だが、これら元来の首長が率いる集団のみが組織的に従属しただけではないので、個別の事例をいくつか見てみたい。

⑭ウネゲ＝バクシ

八旗蒙古の初代グサ＝エジェンを務めたウネゲは第Ⅰ部でも登場した重臣で、ヌルハチ時代の「第一等」大臣としてその名が見え（表1-3：11）、子デムトゥも宮殿警備につくなどヌルハチに側近く仕えていた（第三章第二節）。

［Ⅶ—14］ 呉内格巴克什《ウネゲ＝バクシ》、蒙古正白旗人なり。先に葉赫《イェヘ》に居り、国初に妻子を率ゐて来帰す。……呉内格、性は聡敏なりて蒙古文及び漢文に兼通し、因りて巴克什と賜名せらる。

このように、彼はモンゴル人でイェヘより帰順しており、〈雑居〉がヌルハチ政権下に限るものではなかったことが知られる。[70] 彼は一六一三年にウラを滅ぼした際に戦功を挙げているので、イェヘ滅亡（一六一九年）以前に帰順していた。しかも「蒙古文及び漢文に兼通し」とあるから、当然の前提としてマンジュ語はこなせたことが推察される。つまり⑴イェヘ・マンジュを渡り歩き、⑵満・蒙・漢語を解し、⑶八旗蒙古に編成されたのである。
一六二四（天命九）年の元旦礼では、アミン・マングルタイ・ホンタイジに先んじて、ダイシャンに次ぐ次席としてエンゲデルがモンゴル諸王を代表して行礼しており、それとは別に、八旗諸王・漢官に続いて、ウネゲが八旗隷下のモンゴル人を率いて行礼していた（岡［二〇〇七b：五一頁］）[71]。漢官を率いたのは李永芳・佟養性であり、彼ら満・漢、満・蒙をそれぞれつなぐ立場の人材が、各集団を統轄・代表していたのである。

⑮ガンドゥ

さらに複雑なのは、同じくイェへを経て帰順したガンドゥ（G'andu 甘篤）なる人物である[72]（楊余練［一九八六］）。

［Ⅶ—15］　甘篤、蒙古鑲藍旗人なり。世々長白山の東北隅に居る。其の高祖は葉赫に遷りて遂に葉赫の人と為る。甘篤、沈勇にして騎射を善くし、葉赫の国事の日々非なるを見て、太祖高皇帝の威徳を慕ひ、衆を率ゐて来帰せんとす。葉赫国、兵を遣はしてこれを追はしめ、遂に北のかた蒙古へ奔り、巴林台吉《バリン＝タイジ》に依りて以て居す。又た巴林を以て氏と為し、因りて蒙古書に通習す。太祖の賢才を招徠し、帰附する者雲集せるを聞きて、乃ち子弟を率ゐて復た来帰す。

これによれば、その先世は「長白山の東北隅」にいたという。長白山の東北方はトゥメン江流域に当るから、これはワルカ部、ないし会寧時代の建州左衛に属したものである可能性が高い。とすれば、これはジュシェン人ないしジュシェン化した旧元以来のモンゴル人の家系であろう。それが、高祖の代というからおそらく一六世紀前半頃にイェへの人となり、さらに彼に至ってイェへを去ったという。しかも帰順に失敗して（これは、早くから帰順の意をもっていたことを主張するための創作かもしれないが）モンゴルに亡命し、そこでバリン氏を名乗りモンゴル文を習得したというのである。

整理すれば、⑴トゥメン江流域のおそらくジュシェン系の出自であり、⑵一六世紀頃イェへに仕えるようになり、⑶ガンドゥの代に至りモンゴルへ奔ってモンゴル化し、そして⑷帰順して八旗モンゴルに編入された、ということになる。そしてこの例はかなり極端なケースであるけれども、このような多方向の移動自体は、けっして珍しいことではない。また、改姓とともに、「蒙古書」の習得がアイデンティティに関係していることも興味深い。

このバリン氏を称するモンゴル人には、他に「綽拝《チョボイ》、蒙古鑲白旗人、姓巴林氏、世居葉赫」とある人物もおり(73)、やはりイェへと関わりがあった。フルン四国のうち、イェへは位置的にモンゴル勢力と近いだけでなく、王家の出自もモンゴルとされており、最後のハン・ギンタイシの孫娘がリンダン＝ハーンの皇后となるなど、深い関わりをもっていた。ウネゲ・ガンドゥともども、満蒙混成の状況がマンジュのみでなかったことを窺わせるものといえよう。これはまた、第四章第一節で述べた、ホンタイジの文化的・人脈的バックボーンともつながるものであろう。

以上取り上げたものは朝鮮人・モンゴル人で八旗に編入された例であるが、出自と旗籍の関係をめぐっては、さらに多様な事例がある。このことをよく示すのが、一六二二年正月に陥落した広寧の明官とその帰順であろう。

⑯ホジゲル

清の掌故を詳しく記した光緒年間の書『養吉斎叢録』巻一に、「和済格爾、本と蒙古の烏魯特《ウルート》の人なり。後、正白旗漢軍に隷し、遂に何氏と為る。此れ蒙古の漢軍に改むるなり」という記事がある(74)。この「和済格爾」こそ、ここに挙げたホジゲル（Hojiger 何智機理）なるモンゴル人である。『初集』の伝には以下の如くある(75)。

［VII—16］ 何智機理、漢軍正白旗人なり。原と明朝の千総に係る。天命七年、大兵の広寧を取りし時、石廷柱に随ひて来降す。

このように、モンゴル人ながら広寧で明の千総として任官しており、帰順後は八旗漢軍へ編入されたのである。しかも、彼の子はマンジュ名だが、孫は『養吉斎叢録』にある通り、ホジゲル＝何智機理の何字を取って何氏を称した。広寧には先にみた②石廷柱一門がおり、彼らがシハン＝石翰から石氏と称したことと揆を一にする。

この広寧の征服は、モンゴルのホジゲルのみにとどまらず、マンジュ＝大清グルンの施策を窺うことができる興味深い事例を提示する。このとき降った者は、近隣の諸城や援軍の将を除いても、

(a)明朝文武官：孫得功（遊撃）・張士彦（巡撫下中軍）・郎紹楨（千総）・陸国志（千総）・黄進（守備）

(b)知識人　　：郭肇基（秀才）

(c)帰化武官　：ハイタ（遊撃）・ホジゲル（千総）・石天柱（遊撃／千総）・石廷柱（署事守備）・石国柱（武弁）

といった面々が降り、しかも、モンゴル出身のホジゲルや元来グワルギヤ氏の石廷柱兄弟を含めて、ハイタ（Haita海塔）以外全てが、後に漢軍に編成されたのである。[76]

このハイタは旧ハダ王族で、最後のベイレ・メンゲブルの甥であった。第二章第四節で見たように、ハダの滅亡（一五九九年）後、メンゲブルの子ウルグダイは旧ハダの嫡統としてマンジュ＝グルンに迎え入れられていたが、明側にも「克把庫」＝ゲバクなる遺子が亡命しており、「王世忠」なる漢名を称し、「撫夷総兵官」として、お家再興・マンジュ切り崩しのために活動していた。[77]これら亡命ハダ王族のハイタもこのとき降り、彼らのみは既に編入されていた同族に合せて八旗満洲に属したものと思われるが、それ以外は、血統的出自に関わりなく、みな漢兵所属とされたのである。

このように、当時のエスニシティ状況とそれへの対応には、極めて多様な出自・方向性があったことを示した。⑪〜⑭の諸例は、満漢双方向のみならず、蒙韓を含めた多方向だったことを示しており、しかも⑮⑯のケースからは、多方向の上に、それが多重に展開されたことが知られるであろう。マンジュ出自でイェヘに仕官したと言いながら、最終的にモンゴルから来帰したガンドゥが蒙古旗に隷する一方で、モンゴル軍官のホジゲルや「ジュシェ

ン出自」と認識されている石廷柱兄弟が漢軍所属とされたことは、元来の血統的出自とは関係なく、モンゴルから来帰した者は蒙古旗に、明領から来帰した者は原則として漢軍旗に、という傾向を窺わせる。そして二〇余年にわたって抵抗を続けたハダ王族ともども、何れも八旗に編入されて帝国の構成員となったのである。

このような諸族編入策は、入関以後、帝国の拡大に合せてさらに発展・適用された。「八旗通志」旗分志には、さまざまな出自・来歴のニルが収められている。(78)

［VII―17A：ロシア］　第十七佐領、康熙二十二（一六八三）年、尼布綽《ニプチュ》（＝ネルチンスク）等地方より取来せる鄂羅斯《オロス》三十一人及び順治五（一六四八）年来帰せるの鄂羅斯伍朗各里《ウランゲリ》、康熙七（一六六八）年来帰せるの鄂羅斯伊番《イワン》等を将て、編して半箇佐領《ニル》と為し、即ち伍朗各里を以て管理せしむ。（『初集』「鑲黄旗満洲都統第四参領」）

［VII―17B：テュルク＝ムスリム（ウイグル）］　第五参領新増回人佐領、乾隆二十四（一七五九）年以後、葉爾羌《ヤルカンド》等処より陸続と投到せし回人漸く多ければ、二十五（一七六〇）年四月内に旨を奉りて編して一佐領と為し、正白旗包衣第五参領第七佐領に附す。初め柏和卓を以て管理せしめ、柏和卓故すれば、劉淳を以て管理せしむ。

（『二集』「正白旗包衣佐領管領」）

［VII―17C：チベット系］　新増佐領、乾隆四十一（一七七六）年に両金川を平定して投順せし人丁もて十三（一七四八）年に旧と駐京せしの番子と合して、共せて一佐領と為す。初め内務府属に隷し、後、乾隆四十二（一七七七）年五月に旨を奉りて改めて本旗第四参領属に隷す。初め健鋭営前鋒参領舒臣を以て管理せしむ。

（『二集』「正黄旗満洲佐領下」）

［VII―17D：ベトナム］　第二参領第九佐領、乾隆五十五年、旨を奉りて安南の黎維祁及び其の属人一百六十七

名を以て編して一佐領と為し、黎維祁をして管理せしむ。（『二集』「鑲黄旗漢軍佐領」）

［Ⅶ―17Ａ］は、ネルチンスク条約（一六八九年）締結に至る過程で得た捕虜によって編成したオロス（ロシア）ニルである。(79)［Ⅶ―17Ｂ～Ｄ］は、乾隆帝の所謂「十全武功」に関わるもので、Ｂはジューンガルを併合した際に編成した回子ニル、Ｃは大小金川の役で降ったチベット系住民によって組織されたニル、そしてＤは、西山《タイソン》の乱で滅びて亡命してきたベトナム黎朝の旧王族によって編成した安南ニルである。(80)このように、どこから来たどのような勢力であろうとも、一定の戸数と兵丁供出能力を具えた集団は、ニル制を適用することで編成・組織化しえたのである。これらは数の上ではわずかであるが、けっして八旗は「満・蒙・漢」のみに限られるものではなかったことを証すものといえよう。

以上三節において、マンジュ＝大清グルン勃興の舞台となったマンチュリアの状況と、それに臨む政権の姿勢を眺めてきた。帰順者たちは、出自・所属に関わりなく自ら逃入・投降してきた者が多く――清代の官撰史料という潤色を考慮したとしても――、南マンチュリア～遼東、さらにはその周辺の朝鮮半島北辺・南モンゴル東部における、政治・社会秩序の流動化は著しいといえよう。彼らの多くは、母語に加えマンジュ語、さらに漢語・モンゴル語などをこなしたとみられ、なかには言語の習得や習俗の転換を通して所属するエスニシティを変えていった者さえあった。

マンチュリア～遼東の状況について、ジュシェン出自者のエスニシティ問題を扱ったパメラ＝クロスリーは、「遼東は、一七世紀において、漢文化が辺境の生活状態に適応した、異質の地域であった。すなわち、その住民にとっては、そこは「漢人」「ジュシェン人」あるいは「朝鮮人」が副次的な意味の語でしかない世界であった。また、文化的アイデンティティのように、帰属意識は多義的で、選びうるものであった」（Crossley［1983：p. 41］）と的確に指摘している。他方、統合・編成の主体となるべきジュシェン＝マンジュ人の範疇自体が、きわめて曖昧であったことも重要である。その意味で、佐々木史郎［一九九六：八一頁］の「『満洲』とはヌルハチやその後継者たちが女真諸勢力を統合することで創り上げた『民族』なのである」という明快な指摘には、充分注意を払うべきであろう。

そもそも当時のエスニシティ的・政治的境界はそれほど越え難いものではなかった。(81) また、越境も明領からマンチュリアへの一方通行とは限らなかった。第二・三節で取り上げた諸例では、当然ながら越境の方向は全てマンジュへ向かってであったが、その逆の事例もまた枚挙に遑がない。ヌルハチ興起以前に勢威を振るった王杲は、明との間に逃亡者の相互引き渡し協定を結んでおり、ジュシェン人の明領への逃入は、明一代を通じて政治問題となり続けた。しかもそれは下層民や漢人奴隷に限ったことではなく、例えばショト・アサンといった王族・重臣までもが、対明開戦以降もなお亡命を企てて連れ戻されているのである。(82) 政権中枢の王族や重臣が、いとも簡単に明へ逃亡を図る（かつ、行けば受け入れてもらえると考えている）という感覚が、逃亡企図者・政権側双方にあったといえよう。

そのような多方向的で流動的な状況の中、マンジュ＝大清グルンは、さまざまな出自・帰順事情の者を、何らかの形で支配層として受け入れ、組織化・戦力化していったのである。そこにおいては、(1)マンジュ名の賜名、(2)親衛隊編入あるいは宮中入侍、(3)帝室ないしマンジュ旗人との通婚、といった編成法がとられ、その身柄は何らかの形で均しく八旗に分隷していた。八旗とは、その内部にさまざまなエスニシティを抱え込んでいたのである。ひるがえって、岩井［一九九六：六四六―六四七頁注10］は、マンジュ＝グルンに先行する、アルタン＝ハーンのトゥメト王国について、「趙全ら華人のリーダーがアルタンを皇帝にまつりあげて、城郭宮殿を建設する一方、アルタンは趙全にバートル＝ハンの称号を授与して華人部隊を統率させるなど、政治的な統合組織体が形成されていたことも注目される。……満、蒙、漢の八旗に編成され、ヌルハチ、ホンタイジをそれぞれの君主として推戴するという清朝の軍事国家統合と同様に、複数の種族集団を包みこむ多重帝国の原初形態をそこに見ることができよう」と指摘している。炯眼なるこの指摘の通り、こののち登場した八旗とは、厳格な組織体系によって流動的な成員を統制しつつ、あらゆる個人・集団を吸収・戦力化した組織であったということができよう。

第四節　〈華夷雑居〉と「マンジュ化」・「中国化」

マンジュ＝グルンへの投入・編成形態に即してではあったが、満・蒙・漢・韓四者間相互の雑居・混在状況は、以上のような政権側史料からだけでも明瞭に看て取れる。その中で形成されたマンジュ＝大清グルンは、当時の〈華夷雑居〉というべき状況に対し、巧みに対応してこれを組織化していったのである。以下、あらためて二点に即して総括を試みよう。

（1）八旗への編成と「マンジュ化」

このような状況を自らの主導下に編成していったマンジュ＝大清グルン支配下においては、帰順者は均しく八旗に分配・配属されたが、その形態は、全くの奴隷としてでもなければ、逆に在来の集団のまま無条件に受け入れられたわけでもなかった。これを遼東ひいては明統治下の漢人たちの立場から見れば、まずは新たな政治権力の下でいかにして自分たちの生命・地位・財産を守っていくかが最大の関心事であったはずであり、他方、圧倒的多数の人口を擁する遼東辺墻以南・長城以南の漢人世界を占領・統治せねばならなくなったマンジュ側からすれば、いかにして治安・秩序を迅速に確立し、効率的に恒久支配の仕組みを構築していくかが最大の課題であったはずである。このような柔軟かつ現実的な観点から当時の状況を見つめなおすとき、在来の在地有力者層・地域エリートがいかにして政権に接近・浸透していくか、また政権がいかにして彼らを自らの傘下に収め再編成していくかが、双方にとって最大かつ焦眉の課題であったことが了解されるであろう。その両者の接点として、また新来者を流し込み枠にはめてゆく鋳型としての役割を果したのが、八旗であった。

しかし一方で、当初は言語・習慣も解さぬ新来者が、戦闘を前提に組織され成文規定よりも経験的・慣習的原則で動く八旗組織の中にそのまま配属されただけでは、働くことも働かせることも難しい。そこで、その組み込み方が注目される。従来、李永芳は〝弐臣〟、范文程は文臣、祖大寿一族は〝祖家将〟など、別々に捉えられてきたように思われるが、本章で確認してきた諸例を見わたすと、共通の特徴が得られるように思われる。

まず第一に、彼らはニルに編成される、あるいは世職を授与されることを通じて、八旗制の下に位置づけを与えられていた。もともと属下を有していた李永芳や祖大寿はもちろん、それ以外も多くの旗人一族が自己のニルを有しており、また高位の世職を与えられて、一族各支で特権を世襲していた。

第二に、当人またはその子弟が、質子兼見習としてヒヤとして登用される、または内廷に入侍することである。ヒヤすなわち侍衛として近侍した者としては、李永芳の子李ソタイ、范文程の子承謨、李思忠一族のダイドゥ＝献祖・イハナ＝恒忠・献箴、金玉和の子ウイチ、バタイ・バカ兄弟、祖大寿の子澤溥・澤淳など多数に上り、その多くは、若年で入侍していた。また、鄭親王属下の李世盛・サンゲや信郡王属下の甘国均のように、旗王のヒヤとして近侍する者がいたことにも注意すべきである。

第三に、マンジュ名を賜名される、あるいは賜名でなくともマンジュ名を名乗ることである。ソタイすなわち李延齢はヌルハチ、イハナすなわち李恒忠はホンタイジ、セベリすなわち李顕祖とセレンすなわち李向文は順治帝から賜名されていたことがはっきりしている。またそれ以外でも、マンジュ名を称する風が広がっていた。

第四に、宗室・マンジュ旗人と通婚することである。ソタイ・バヤンやリドゥ・セベリ・イハナなどマンジュ名をもつ者はもちろん、一族で入侍した者やマンジュ名を持つ者があまり見られない范氏や甘氏でさえ、宗室や有力旗人と通婚していた。

第五に、漢語とマンジュ語、あるいは加えてそれ以外の言語を解することである。有力な漢軍旗人は、宗室・旗人と通婚しマンジュ名を名乗るなどしているのだから、たとえ時間はかかるにせよ、マンジュ語を身につけていたであろう。一例として、一六三五（天聰九）年六月に、投降してまだ四年足らずの祖澤潤・祖澤洪らに対し、ホンタイジは范文程に通訳させており、文館の范文程が満漢両語を用いていたことが知られる。(83)

以上を整理するならば、次のようにまとめられよう。

(1)ニルに編成され、あるいは世職を授与されることで、八旗制下に存在基盤を有する。
(2)当人またはその子弟が、質子兼見習として宮廷ないし親衛隊組織に編入される。
(3)マンジュ名を賜名される、もしくは名乗る。
(4)マンジュの宗室・旗人との通婚。
(5)母語とマンジュ語、あるいは加えてそれ以外の言語を操る、ないし解する。

新来者は、これらのうち(1)を共通条件としてそれ以外の複数に合致することで、ひとしく「準マンジュ」として政権に組み込まれたということができるであろう。私はこれを「マンジュ化」と定義したい（杉山清彦［二〇〇四a］）。政権への参加者を「軍閥」・「文臣」などと分類するのではなく、このような指標のうちどれにいくつ合致するか、という幅のある捉え方をすることによって、「漢人官僚」の子弟がマンジュ名を称して内廷に出仕していたり、伝記では循吏・儒者として扱われる者がマンジュ旗人と通婚しあるいは戦場に出ているといった、従来の理解では捉えにくいケースも整合的に説明することができると考える。そして彼らは、あくまで旗人としてマンジュ同様に勤務し、軍事・統治に寄与することが求められ、またそれが評価されたのである。

その意味では、これを「旗人化」と呼ぶこともできるが、(2)～(5)のように、マンジュ支配層の一員として社会的・文化的にも組み込もうとする点に特色があるため、ここでは「マンジュ化」と呼びたい。この点について、夙に王鍾翰［一九八二］が、言語・服飾・信仰・習俗などの面における漢軍旗人の「満洲化」現象を指摘している。最近では、劉小萌［二〇〇八］が、「〝満化〟的漢人」「漢軍世家」といった項目を設けて、漢軍旗人の「満化」を詳細に論じており、また張佳生［二〇〇八］も、習俗面を中心に〝漢人満化〟について考察している。[84] また徐凱［一九九九］［二〇〇〇］は八旗満洲所属の高麗（朝鮮）旗人の服飾・姓名・官学入学を取り上げて、やはり彼らの「満洲化」を説く。私もこれらの指摘に賛同するものであるが、あえてここでやや異なる指標・定義を唱えたのは、右に述べたように母語・習俗といった生活レベルの変容・転換に注目しつつも、支配層への組み込み（組み込まれる側からいえば参加）の方法としての側面をより重視したいからである。それは、いわば「マンジュ化」を条件とする、政権側の拡大戦略と来投者側の個別生存戦略との合致とみることができる。

そしてこのように捉えるとき、堤一昭［一九九五：二四・二六―二七頁］が提唱した、モンゴル時代における「モンゴル化」という概念が想起されるであろう。堤は、華北の漢人軍閥・張氏一族の主要人物たちが、(1)モンゴル名を名乗り、(2)質子としてカチウン王家（東方三王家の一つ）のオルドで育ち、(3)モンゴル人との通婚を重ね、(4)少なくとも漢語とモンゴル語を操ったことを指摘し、「「漢人」でありながら、かつ支配者側のモンゴルであるという存在がありえた」として、かかる事例を「「華化」の逆の「モンゴル化」の実例」であるとする。これまで検討してきた諸例から導き出した「マンジュ化」の指標が、これといかに合致するかはもはや贅言を要すまい。第Ⅰ部において、八旗制下の組織編成法、親衛組織の存在とその特質から、マンジュ＝大清グルンの中央ユーラシア国家的特徴を指摘してきたが、多様な出自の外来者を編入・登用していく方式もまた、モンゴル帝国に代表される中央ユーラシア国家の方策と揆を一にするものといってよいであろう。

もちろん、モンゴル時代の「モンゴル化」とは、当然違いも存する。大元治下にあっては、入侍・通婚はともかく、モンゴル名やモンゴル語の習得はかなり一般的にみられたという。これに対しマンジュ＝大清グルンにあっては、それらがはっきり確認されるのは、何らかの形で記録が残るような官位保持者がほとんどであり、況や入関後の治下の漢地にあっては、モンゴル時代とは異なって、ほとんどそのような「マンジュ化」はみられなかった。しかし、私は、この相違は政権の支配力の強弱や清の中華王朝的性格を示す証拠とはならないと考える。清代の漢地において漢人がマンジュ名を名乗らずマンジュ語を習おうとしなかったのは、彼らが望まなかったのではなく政権がそれを求めなかったからにほかならず、しかも政権が「その俗に従う」、つまり科挙の継続・官制の継承はじめ旧明制の存続を打ち出したために、一般漢人までが「マンジュ化」する必要がなかったのである。その証拠に、先に挙げた漢軍旗人や満洲旗分の朝鮮人のように、旗籍に隷した者は入関後もマンジュ名を名乗り続け、清末にまで至る（浦［一九三二：八三四―八三五頁］）。それゆえに「マンジュ化」が漢地支配期の一般漢人に及ばなかったことは、むしろ逆にマンジュ支配の柔軟さを示すもののように思われるのである。

また、このような「マンジュ化」という方策に対する漢軍旗人の態度は、時期によって当然変化がある。漢地の平定と支配の確立が目前の課題だった一七世紀においては、武人・将相として積極的に「マンジュ化」する者と、漢地支配の官僚・文人としての面に重きを置く者とがあり、次第に後者が増加していった。しかし、マンジュ旗人が漢語や漢地行政に習熟する一方、科挙官僚の役割が増した一八世紀になると、逆に漢軍旗人の「マンジュ化」が再開するのである。人名を例とするならば、国初にマンジュ名が多くみられた後、いったんこのような傾向は少なくなるが、一八世紀以降、マンジュ名を持つ者が再び顕著になる。しかも、国初のマンジュ名が賜名など別称であったのに対し、このときは本名であることが多く、「マンジュ化」はかえって進展したといえるのである。旗人と漢人という二つの性格をもつ漢軍旗人は、漢地の兵乱が終熄しマンジュ旗人と科挙官僚とが官界を動かすようになると、旗人としても漢人としても二流の存在に甘んじざるをえなくなり、そのため旗人＝特権階級たることを顕示する方向へ舵を切ったということができよう。

このように、外来の帰順者は、八旗への編入、さらに「準マンジュ」としての包摂を通して、マンジュ国家の構成員として編成・戦力化されたのである。これが「マンジュ化」であり、所謂「民族別」八旗編成は、その一環にほかならない。

ここで著名な満・蒙・漢の八旗を「マンジュ化」の下位とみなしたことには理由がある。第一は、以上の「マンジュ化」過程の大半が、満・蒙・漢の八旗が成立する以前、八旗満洲のみの時代に行なわれたことである。最終的な八旗の満・蒙・漢の成立は一六四二（崇徳七）年であり、換言すれば、入関前のほとんど全期間は「民族別」編成ではなかったのである。それゆえ、出自・言語・所属に関わらない編入・組織化こそ一貫した政権の編成法とみなすべきであり、八旗制の整備はその一環と位置づけるべきであろう。

第二には、第五章第一節で〝いくつもの満・蒙・漢〟として述べたように、そもそも「民族別」なる見方そのものに問題があるという点である。例えばモンゴル人では、⑯のホジゲルのように八旗漢軍に編成された者もいるし、例示したエンゲデルのように八旗満洲に留まり続けた家もある。また、漢人でも③の李ソタイや⑤の李顕祖＝セベリのように、年少時から入侍して育てられ、マンジュ名を称した者は、漢人としての学識や文才ではなく、マンジュと同様の旗人としての働きが期待されたのである。そもそも入関前においては、一般の漢人は当初も、そして蒙・漢成立以後も、大半が満洲所属のニルの下に統治されていた。さらに満・蒙・漢に含まれない朝鮮人の場合は、概ね満洲・包衣に所属している。このように、満・蒙・漢の八旗は、その成員が「民族別」に編成されていたわけではないのである。

そうであるならば、八旗漢軍の性格・含意については、一考が必要であろう。当時、マンジュ語でニカン（nikan 尼堪）と呼ばれる漢人の区分は、投降の時期・場所によって区別されていた。ヌルハチ時代の帰順・投降者は「fe nikan／旧漢人」と呼ばれて佟養性・李永芳、後には石廷柱に率いられ、ホンタイジ時代の者は「ice nikan／新漢人」と呼ばれて、己巳の役で投降した漢人総兵官馬光遠に統率された。このほか、開戦劈頭撫順で降った人びとは「fusi nikan／撫順尼堪」というカテゴリーとして把握され、八旗満洲に所属していた（Crossley［1983：p. 40］）。このように、ニカンと呼ばれる者の内実は極めて多様であり、それらは概ね時期と場所とによって把握されていたのである。(85)

このことをよく示すのが、第三節で見た広寧の来降者の編入である。さまざまな出自の者があり、しかもハダのハイタ以外は、モンゴル人のホジゲルも含めて、全て漢軍に編成されていた。あるいはまた、［Ⅶ—17］などとして列挙した諸族ニルの存在も興味深い。満蒙漢以外のうち、高麗ニルとオロス（ロシア）＝ニルは八旗満洲に、安南ニルは八旗漢軍に編入されたが、ロシア人と朝鮮人がともに満洲ニルとされ、しかもベトナム人とも処遇を異にするというのは、言語・文化による区分でもなければ外来者を一括したというわけでもなく、帰順したのがマンチュリアだったからとしか説明できない。また漢軍には「漢化」マンジュ人も「マンジュ化」漢人も、さらには明仕官したモンゴル人やベトナムの亡命者さえも、均しく漢軍に編入されていた。そしてその中で「新／旧」の別があったのである。これらからすると、基準は「どこから」「いつ」来たか、ということに帰納されよう（図7-3）。(86)

このようにみてくるならば、八旗の「民族別」編成という見方は、組織が三グサ編成をとり、民族名称がそれに

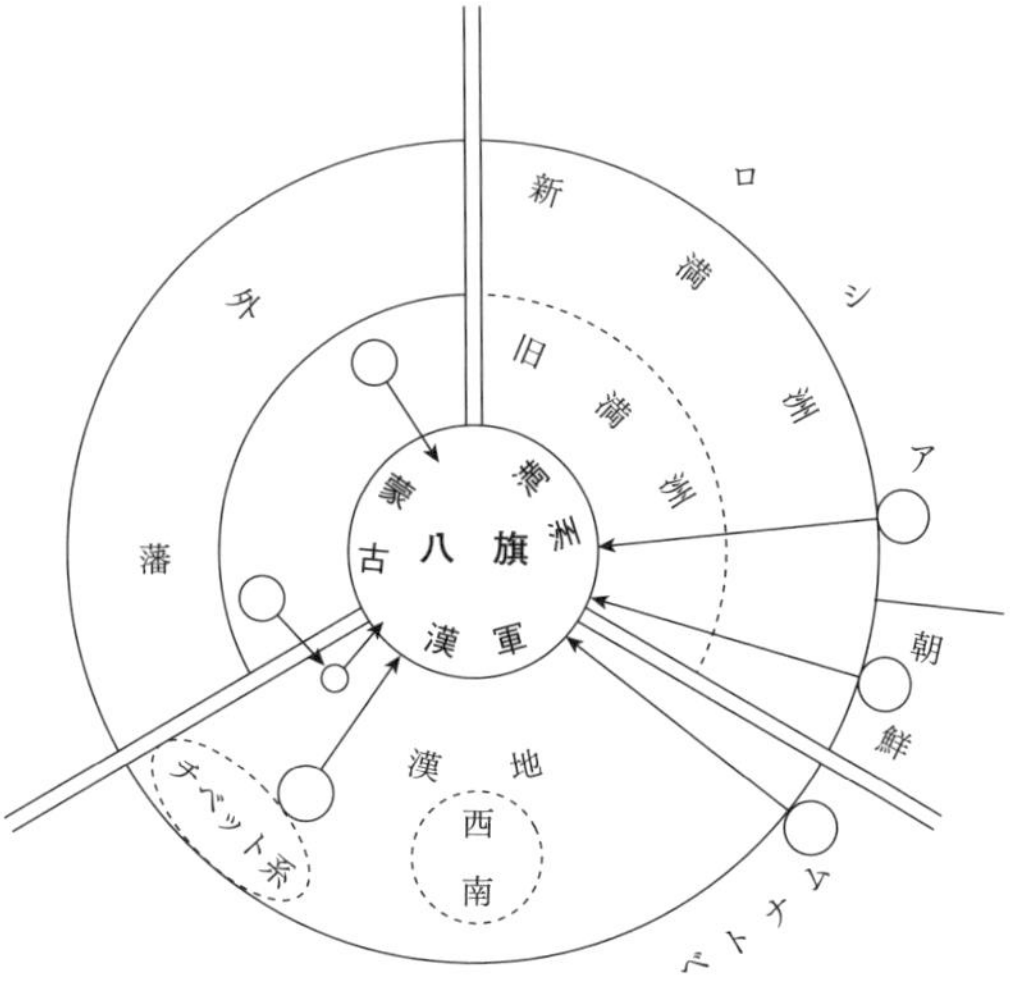

図 7–3　外来勢力の吸収・編成パターン

冠せられたというにとどまり、成員がそれに対応していたというわけではない。とりわけ入関前においては、「民族別」編成という表現から想像されるような整然とした形に編成したのではなく、「マンジュ化」をこそ核心として、「どこから」「いつ」来たか、「どれだけ功を挙げたか」を基準として分類・配列していっていたということができるであろう。

そして八旗とは、旗王の支配のもとニルからグサに至る明快・厳格な組織体系と、それにさえ従えば誰でも編入しうる柔軟な運用という、両面の性格をもつ組織であったといえよう。このような〝固さ〟と〝柔らかさ〟を兼ねそなえた八旗制は、あらゆる帰順者を帝国の構成員へと位置づけなおしてゆく人員吸収・再編成システムであったということができる。このように、八旗はそれ自体が多様な構成要素からなる組織であると同時に、外部のさまざまな集団を組み入れてゆくひな型ともなったのである。

(2)「もう一つのモンゴル化」と「漢化」「中国化」・「儒教化」「士人化」

では、いったいマンジュにおける「漢化」や「中国化」といわれる事象とそれを指す言説は何だったのか。

従来、「清朝は入関すると明朝を全面的に継承した中国王朝となり、満洲人自身も漢化して母語・武芸をはじめとした特質を失い、同化された」と説明され、「そのような中国化の動きは、入関前すでに始まっていた」として、とりわけホンタイジ時代の諸施策が挙げられる。常に指摘されてきたのは、次のような事柄である。

(a)制度・法制：六部・内三院（内閣の前身）の設置、科挙の実施
(b)知識体系　：正史・会典・経書など主要漢籍の満訳、実録・史書の編纂
(c)典礼・礼制：儀仗・冠服・諡法などの整備、孔子廟祭祀の導入
(d)習俗・文化：嫂婚の禁止など婚姻習俗の改変、火葬から土葬への転換など(87)

その画期となった一六三六年の称帝建元は、「大清」国号を「純然たる漢称」とする理解とあわせ、「小中国としての清朝の誕生」（松村潤［一九六九：八四頁］）とも評されてきた。

従来「清朝史」「清代史」を問わず、Sinification, Sinicization――中国的要素の浸透ないし導入は、特に断られることなく「中国化」と称されているが、その意味するところは、旧来の「漢化」を相互置換的に言い換えたにすぎない場合がほとんどである。これを検討・再定義する際に参考となる枠組みを提供してくれると思われるのは、同様に漢人社会に隣接・対峙する国家・社会を扱った研究成果である。

ベトナムの「中国化」を問題にした桃木至朗［一九九三］［一九九四］は、それを「漢化」としない理由について、「ここで問題となっているのは、民族学的な文化変容ではなく「国家」そのものの動きであり、その「相手」は漢民族というより中華帝国である」［一九九四：一二〇頁］と明快に説明する。その上で、なお「中国の文化・制度の主体的摂取」とまでは言い切らず「中国化」という概念を用いる理由を、「「民族」の主体性の現れ方さえをも規定する「地域世界」のあり方、そこに働く力を重視するからである」［一九九二：一八二頁注1］と指摘し、ベトナムにおけるその現れ方を、「脱中国化のための中国化」と位置づける（［一九九三：七三―七四頁］［一九九四：一一九―一二〇頁］）。以上の議論は、諸文化・民族混淆の地にして古来遊牧文化圏・漢文化圏双方と密接不可分の関係にあ

り続けながら、しかも言語を境界として独自の歴史・文化を展開させてきたマンチュリアのツングース系諸民族の、隣接文化圏との関係を考える上で非常に有益である。

この指摘を念頭にマンジュ＝大清グルンを見るならば、「中国化」といわれてきた右の(a)〜(d)の諸点は、概ねこのような自覚的・選択的な「中国化」に当てはまるといえるだろう。それは、単に「中国を模倣／追随した」ということではなく、中華王朝的組織の選択的移入や、部分的改変を伴った儒教儀礼の導入など、能動的かつ独自性をも織り込んだ主体的移入過程をとるとともに、一方で、たとえ主体的かつ独自色を加えたものであろうとも、そもそも「中国的」要素を取り入れざるをえなかったという含意をも込めて、これを「中国化」と定義したい。

しかし同時に強調すべきであるのは、「中国化」だけでなく、もう一つの「主体性の現れ方をも規定する「地域世界」」――中央ユーラシア世界への順応・対応も同時に現れたことである。一九世紀まで続く熱河巡幸・大囲猟といった草原のハーンとしての振る舞いや、チベット仏教の導入・振興は、彼らが向き合わねばならなかった、中央ユーラシアというもう一つの「地域世界」の規定力とみなすことができる。遊牧民ではなく、また先祖祭祀とシャーマニズムに生きてきたジュシェン＝マンジュ人にとって、草原地帯に数カ月単位で滞在して囲猟したり、チベット仏教を篤信することはけっして自然なことではなく、意図的に行なったことなのである。[88] すなわち、モンゴル時代に見られたものとは異なる意味で、「もう一つのモンゴル化」と呼ぶことができるであろう。

もちろん、従来からも「漢化」言説に批判的ないし慎重な立場からはマンジュ的独自性が強調されてきたが、ただ独自性を強調するだけでは、中国的要素・モンゴル的要素の導入が並行して進んでいたこと、さらにマンジュ語の振興など国粋化的な動きが「中国化」と同時にみられたことを、整合的に説明することができないであろう。しかし、右のように考えれば、マンジュ＝大清グルンの国家建設に当っては、政権成員を「マンジュ化」していく一方で、「漢化」とは区別される「中国化」と、中国モデルのみに収斂させない「もう一つのモンゴル化」とが並行して行なわれていたと説明することができるであろう。

では、明末のジュシェン社会や入関後のマンジュ旗人のおかれた社会状況と変容は、どのように理解すべきだろうか。これに関し注目されるのは、西南「少数民族」研究の成果である。人類学の竹村卓二［一九八二］［一九九四］は、漢文化の受容・浸透という「漢化」と、「漢族化」とを区別する。歴史学の分野では「漢化」はむしろ習俗・言語など文化変容の面を表すものとのみ受け取られがちであるが、竹村［一九九四：一五―一六頁］によれば、漢文化の受容と、民族的「境界」の喪失＝「漢族化」とは辨別せねばならない。また、ミャオ（苗）族の民族接触・社会変容を扱う武内房司、壮族を対象とする塚田誠之の研究では、一見「漢化」と捉えられる、自主的な漢習俗の導入や民族的アイデンティティに関する言説を、漢文化の同化圧力の影響・結果というよりはむしろ、対内的・対外的威信保持・社会上昇のための、他民族の文化様式の選択的受容と位置づける。このような観点を参考にするならば、マンジュにおける、祭祀儀礼の部分的改変を伴う導入や、逆に嫂婚制の制限といった習俗の改変は、漢文化への即自的埋没でないことはもちろん、単なる独自性の強調でも片付けられず、むしろエスニシティの『境界』維持装置」（竹村［一九九四：一五頁］）としての導入といえるのではないだろうか。

このような「漢化」と「漢族化」の辨別という観点は、マンジュにおいても重要である。「中国化」を主導する国家という主体がなければ、習俗・言語の変容は「漢族化」へと進行する可能性がある。明代の撫順佟氏・石氏あるいは所謂明代女直軍官(89)は、漢語を話し漢名を名乗り、漢人と同じ生活・文化様式の下で暮して、明の文武官として仕官を志していた。彼らはおそらく、マンジュの興起に際会しなければそのまま「漢人」と化してしまっていただろう。その意味では、彼らのケースは、エスニシティの境界維持のための「漢化」とは違って、「漢族化」と呼ばねばならない。しかも彼らは、帰順後今度はいわば「先祖返り」を始めて、次第にマンジュ出自を強調するようになっていったのである。

同様のことは、「マンジュ化」して上昇する道を選んだ漢軍旗人にもいえる。（1）で述べたように、彼らは入関前から入関初期においては漢人統治や戦闘で重用されたが、次第に軍人としても統治官としても活躍の場が少なくなっていき、そこで、一七世紀末以降、マンジュ名を称するなど「旗人であること」を強調しはじめた。一見矛盾する彼らの動きは、このような、漢人としての顔と旗人としての顔との緊張をはらんだ使い分けの所産とみることができるであろう。満・漢それぞれの旗人社会におけるこのような現象は、西南地域での民族接触の諸相において指摘される、「二重の民族意識の使い分け」（武内房司［一九九四：一〇〇頁］）などと並行する事象ともいえよう。このような帰属意識の多重性は、入関の前後を問わず、当事者の戦略的適応として、また政権編成の重要な構成・運営方法として、今後注意していかねばならない。

ひるがえって、入関後顕著になるマンジュ旗人の文化変容や言語の転換、すなわち「漢化」と言われてきたものはどう解すべきであろうか。近年、マーク＝エリオット（Elliott［2001］）は「満洲アイデンティティ」と固有の習俗が保持されていたことと、それがもつ意味を強調している。いったいマンジュ旗人は「漢化」したのか、それとも固有の特徴を維持したのか。これは、いかに説明できるだろうか。

そこで注目されるのは、儒教的規範の受容をめぐる「儒教化」と「士人化」という捉え方である。私の理解では、「儒教化」とは、二つの文脈で用いられている。一つは、中国近世・近代史の西南「少数民族」史・華南社会史において、華南・西南地域で進行した現地エスニックグループの儒教規範・儒教的習俗受容をいうものであり（井上徹［二〇一四］など）、ここでみた「漢化」「漢族化」「中国化」などの使い分けと照応するものである。

もう一つは、一七―一八世紀の「東アジア」諸社会でみられた、統治層・社会エリートを中心とした儒教規範受容とその民衆層への浸透という趨勢をいうものである。朝鮮史の宮嶋博史［二〇〇六］［二〇一〇］は、この時期の東アジア――江戸時代の日本、清代中国、後期朝鮮において、社会構造における小農社会の成立と国家理念・社会規範における朱子学理念の受容という二層構造が共通のものとなったとし、これを「近世化」（後には「儒教的近代」）と呼ぶ。そこにおいては、支配層の生産過程からの遊離という共通の現象が看取される一方、中国・朝鮮の士大夫・両班《ヤンバン》＝「文」による支配に対し、武士が統治階層をなした日本は、東アジア規模の「近世化」に全面的には対応できなかったと位置づけられる。また、日本近世史の深谷克己［二〇一二］［二〇一二］は、近世東アジアにおいて、国ごとに濃淡・偏差はあれ、儒教的価値観・教説の浸透を共通項とする「儒教核」文化と、それに基づく「政治文化」の共有を挙げる。

このような理解は、本書の観点からすれば、このまま当てはまらないことは言うまでもない。その中で、政治的にも社会的にも最も大きな存在であった清代中国において政治秩序を主宰していたのは、マンチュリアに出自するマンジュ人であったからである。すなわち、小農社会と朱子学モデルは、清代中国のうちの漢人社会の特質をいうものであって、元来武人であり非漢字文化に属したマンジュ支配層には、ただちには当てはまらないのである。そして清朝支配層の「政治文化」を形づくっていたのは、彼らであった。実際、このように特定の地域・社会を対象として何らかの実体的定義を与えようとする「近世化」論に対しては、岸本［二〇一二］が、農耕社会を前提とし漢字・儒教を評価の基準としていて、言語・文字や生業・習俗・信仰を異にする地域・集団への視野が欠落していると批判している。

しかし、一方でマンジュ人自身もまたやがて儒教規範を受容していったのであるから、少し補助線を引くことで、この問題提起に応じつつ、マンジュ人を位置づけることも可能であるように思われる。そこで、宮嶋・深谷の「儒教化／近世化」論をふまえつつ、マンジュ人・大清帝国を視野に収めて図化すると、図**7-4**のようになるであろうか。すなわち、小農社会の範囲において朱子学理念の広汎な受容がみられたことはその通りであろうが、朝鮮においては両班、琉球では士《サムレー》――「近世化」論ではなぜか抜け落ちているが、独立して位置づけなくてはなるまい

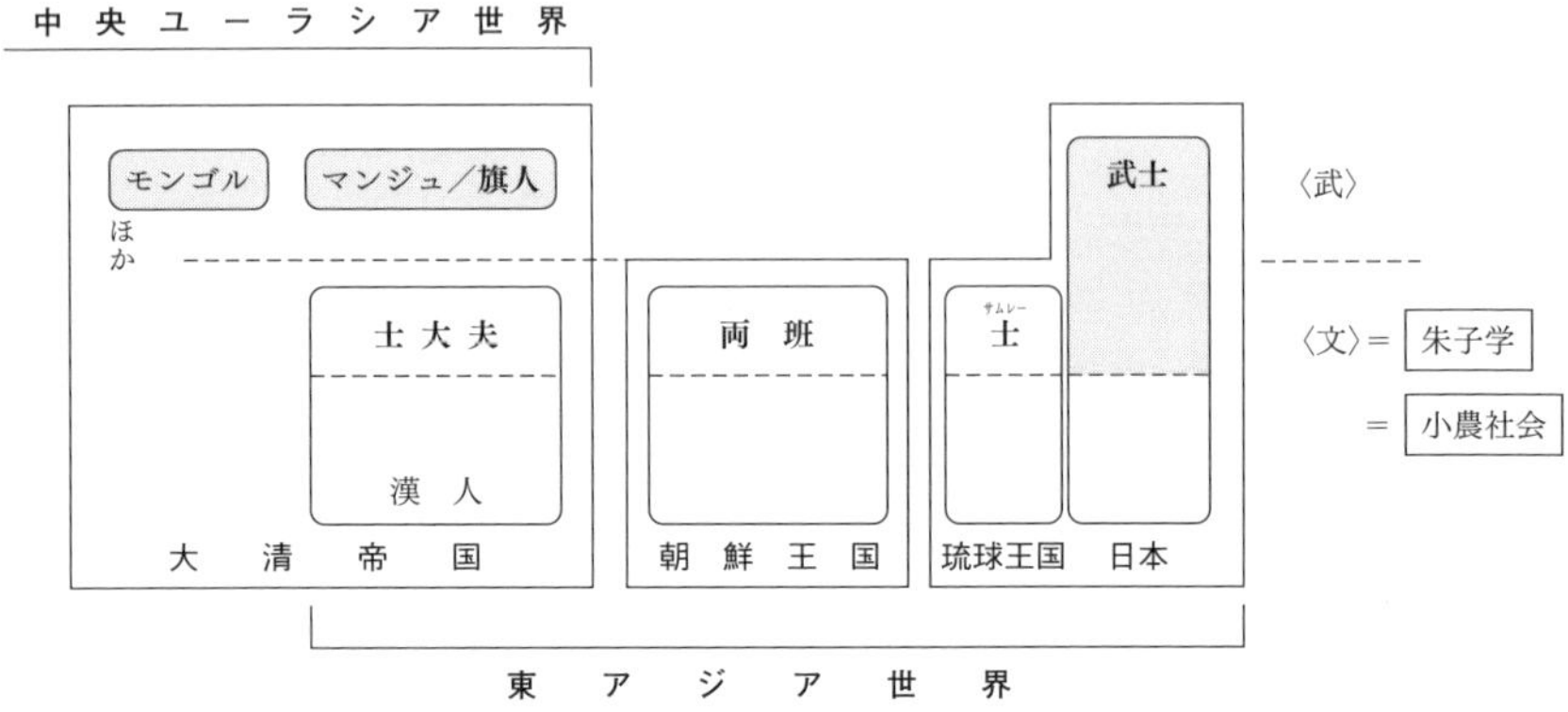

図 7-4 「近世」のアジア東方と「儒教化」

——といった「文」の人が担い手となったのに対し、武人がそれと向き合うことになったのは、独り武士の日本だけでなく、清代中国においても、一面では当てはまるのである。

そのさまは、そこに示したように、日本では「武」の人である武士が「文」の役割をも担うことになったのに対し、大清治下では、「文」は前代と変らず漢人士大夫が、「武」は征服者たるマンジュ人・旗人が引き受けたということができよう。やがて日本の武士においても、「文」の側面が比重を増すとともに心性・規範の面でも浸潤していったが、それと同様にマンジュ人・旗人においても、「武」のエートスは維持しながらも、漢字文化・儒教規範が次第に浸透していったといえる。

さらに宏観してみれば、マンジュ人とその「武」のエートスは、「東アジア」の価値観からみて礼教・漢文の素養の欠如、と否定的に捉えるべきではなく、それとは異なる独自の「政治文化」の伝統をもつ中央ユーラシア世界に根ざすものと位置づけられるのである。大清支配にみられる東アジア世界と中央ユーラシア世界の二重性を、このように表現することができるのではないだろうか。

また角度を変えて、通時的に鳥瞰してみれば、このような現象は必ずしも清代のみに限られるものではないことに気づかされる。そこで想起されるのが、モンゴル大元時代の漢地でみられた多様な出自の知識層・

統治エリートにおける同様の現象である。清代と同様、これもふつう「漢化」として語られてきたが、蕭啓慶〔二〇〇六〕は、このような現象を、外来諸族出自の人士が、自らの言語や習俗・自己認識を保持しつつ、儒学を修得して士人層に加わっていくものとして、これを「士人化（literatization）」と呼ぶ。(90) マンジュにおいては、そもそもの前提が世襲身分としての旗人であるので、儒学修得や士人サークルへの参加が社会的地位の保障や上昇に結びつくわけではないが、先に見た「漢化」と「漢族化」の区別と同様、漢文化への即自的埋没や規範・言語・習俗など側面を区別しない同化言説と一線を画すものとして、重要と思えるのである。

マンジュ人の変貌は、ユーラシア東方を見渡したときは、文化の優劣を持ち込む「漢化」ではなく、より大きな文脈での「東アジア化」の一環としての「儒教化」として捉えることができようし、漢地に焦点を合せたときは、「士人化」として説明できるように思われる。従来、マンジュ支配下のはずの清代中国を漢字・儒教のみで語ろうとするときは、彼らが漢字・漢語・漢文化に同化されたという「漢化」言説が常に持ち出され、それはマンジュ支配の脆弱性や漢人の社会・文化の優越を示すものの如く言われてきた。しかし、このように見れば、マンジュ人の漢語・儒教受容は、全面的没入・文化的同化というよりも、日本の武士と同様に、選択的な「文治と民政のための受容」とみなすことができようし、あるいは旗地経営の放棄と旗人の俸給生活化は、「支配層の生産過程からの後退と土地からの遊離」の一環として説明できよう。そのように考えれば、マーク＝エリオットが〝満洲の道〟と呼ぶ、固有の習俗・規範の維持(91)と両立させて説明することができるように思われる。

マンチュリアは、成員の血統的出自を問わず機能主義的にその外延を拡張していく漢文化圏と恒常的に接触しつつも、あくまでツングース系・モンゴル系諸族を主体とする世界を形づくってきた。また、初期の帰順外来者の行動様式や彼らを取り巻く遼東〜マンチュリアのエスニック状況は一六―一七世紀という同時代性だけでなく、マンチュリアの通時的地域性にもあった。そしてその中で形成されたマンジュ＝大清グルンは、国家の基本組織たる八旗への編入を通して、あらゆる成員を「マンジュ化」して組織化していった。それと同時に、支配の恒久化という彼ら自身の戦略と隣接社会の地理・文化的引力のために、国家としては「中国化」、すなわち組織技術の摂取（官制・法制）や文化装置の移入（祭祀・婚姻習俗）を進めていったが、それは「もう一つのモンゴル化」とも平行したものであり、しかもそのバックボーンはあくまで中央ユーラシア的組織法＝八旗八分体制と「マンジュ化」とに存していたといえよう。

本章で概観した状況を、「マンジュ化」をキーワードに編成していったのが、マンジュ＝大清グルンの大統合だったのである。

第八章　大清帝国形成の歴史的位置

これまで二部七章にわたって、八旗制に焦点を当てて、入関前を中心とする国家形成期のマンジュ＝大清グルンの構造とその特質を検討してきた。最後に第八章では、第II部の総括として帝国形成の歴史的位置を説くとともに、本書全体の知見をふまえて、八旗制を核に据えた大清帝国の支配構造を提示する。

第一節　大清帝国の形成とユーラシアの「近世」

以上二部にわたって検討してきたマンジュ＝大清グルン、すなわち大清帝国形成の歴史的背景と意義は、どのように捉えうるであろうか。

第II部緒論で指摘したように、従来の「清朝史」における〈八旗の連邦〉から〈満蒙漢の連合国家〉への展開という理解では、充分にこれを説明することはできない。そこで、第I部の成果に従い、中央ユーラシア史からの発言をみてみよう。岡田英弘は、チャハル＝ハーン家征服と国璽将来を契機とするホンタイジの大清皇帝即位を、満・蒙・漢三者の代表による、大会議《クリルタイ》における皇帝選挙であるとし、その意義を、〈チンギス・ハーンの世界支配の天命〉を引き継いだものと位置づける。[1] 杉山正明もまた、マンチュリアの地域国家が、大元ウルスの後継国家〝ダイチン・グルン〟に発展したものとし、正統性のみならず、通婚を通してモンゴルと一体化したものと説く。[2] そして大清帝国が、その構造においてもモンゴル後継国家といいうることは、第I部第五章において論証した通りである。

これに対し同時代の観点からは、大清国家の形成とその特質を一六―一七世紀のアジア大・世界大の政治・社会変動の一環として捉えることが、中国近世史や日本対外関係史の分野から提起されている。すなわち、倭寇・海商勢力や明の辺境軍閥、またモンゴルあるいはジュシェン勢力を、「民族」や「国籍」で区分して考えるのではなく、国際商品と銀をめぐる辺境の交易ブームの中でこの時期に形成された新興軍事勢力として把握し、続く一七―一八世紀を、それらのなかで勝ち残った者が主宰者となった近世国家の並存の時代と捉えるのである。第六章で紹介したように、日本近世史において夙くから〈東アジア〉の視点を提起してきた朝尾直弘は、日本の天下統合とヌルハチのマンチュリア統合の進展の並行現象に注意を喚起し、そこにおける内在的共通性を指摘している（朝尾［一九九三：二三二―二三九頁］）。一方、中世対外関係史の立場からこの問題に注目した村井章介は、(1)軍事行動を前提に組織された規律ある社会組織、(2)それから来る自信と自尊意識、(3)社会の高度な軍事化を支える、銀を中心とした辺境の経済ブーム、という三点にまとめ（［一九九三：二一六―二二三頁］）、一七世紀に出そろう各国の新体制の特徴を、①〈強固に集中された軍事力〉、②〈華夷意識の再編成〉と要約する（［一九九三：二二二頁］［一九九六：二五六頁］）。では、マンジュ＝大清グルンにおいて、この二点はどのように現れていたであろうか。

まず、ここにいう〈強固に集中された軍事力〉こそ、帝国の根幹をなす八旗制にほかならないことは言うまでもあるまい。そこであらためて八旗制について位置づけておこう。マンジュ＝大清グルンは、創業の始祖ヌルハチ一門を君主として戴き、アイシン＝ギョロ氏一族を含むマンジュ有力氏族の特定家系が支配の上層部を構成し、一般の諸家系・諸氏族をその下に編成した連合政権であった（第一・二章）。その中において、在来の諸氏族は、八旗に分属しつつ、帝国の公私両面にわたって高位要職を独占し、帝室の姻族を構成して帝国支配の中枢に在り続けた。帝国の中枢を構成したかかる人的集団の組織形態こそ八旗制であり、そこに属する人々は一種の身分を構成して、帝国支配のための人材供給源として機能したのである。

　その点において、石橋崇雄が「清朝の拡大過程が、全てその八旗制から生まれたものということは到底できない。八旗が常にそれほどの強大な軍事力を誇っていたものとはとても考えられないからである」（［二〇一一：三二頁］）と述べて大清帝国形成における八旗制の意義を低くしか評価しないことには、異議を唱えざるをえない。石橋は、八旗を「清朝独自の軍事組織で、政治・社会組織としての性格をも兼ね備える」制度であって、一面「部族連合」（［同：九一頁］）であるとも述べているが、かかる低い評価の由って来る所以は、畢竟八旗を軍事組織としてしか捉えられていない点にある。

　しかしながら、第Ⅰ部において論じたように、大清帝国は本質的に中央ユーラシア国家であり、そうである以上軍事体制は即国家体制であった。それゆえ、八旗が第一義的には軍事組織であるからといって、八旗をただ軍事力としてしか評価せず、そこから「そうした軍事力の要素だけで、史上空前の「帝国」が生まれたと考えるのはあまりに短絡的に過ぎよう」（［同：三二頁］）という結論を導くのは、あまりに一面的にすぎよう。私は、八旗が基本的に軍事組織であることの重要性を充分認めつつも、それと表裏一体のものとして国家組織そのものでもあったこと、そして入関以後も引き続き帝国支配の人的中枢たり続けたことをも八旗制のうちに読み込んで、あらためてこれが大清帝国形成の原動力であり、支配の中核であったことを主張したい。かかる意味において、当時のユーラシア東方各国の新政権の特徴として村井が指摘する、〈軍事行動を前提に組織された規律ある社会組織〉なる表現の有効性が注目されるのである。これこそが、大清帝国の根幹をなす八旗制の世界史的意義にほかならない。

では、②、すなわち彼らの〈華夷意識〉は、どのような形で再編成され、体現・可視化されたであろうか。かく考えるとき注目されてきたのが、〈華夷秩序〉なる概念であった。[3]〈華夷秩序〉とは、自らを〈華〉とし、これと区別される地理的・文化的周縁を〈夷〉として外在化・差異化した上で（華夷意識）、内外を階層的に編成した秩序の体系である。その特質は、(1)〈華〉と〈夷〉を分つ王権の聖性・正統性論理、(2)自己を中心とする世界観、(3)内外にわたる階層的差等秩序編成、に求められ、世界支配を可視化する演出として〈華〉＝自己に従属する〈夷〉を必要とするために、しばしばコスモポリタンな構成をとる。そしてかかる秩序体系は、文化的実体としての漢地・漢人社会を離れ、普遍的な〈中華帝国〉モデルの柱の一つとして周縁に移入されていった。[4]文化に対し「武威」、易姓革命に対し「万世一系」を主張した〈日本型華夷秩序〉は、その一つである。近年はさらに、古代史における「東夷の小帝国」論をも念頭に、「東夷」という観念を克服した近世日本の自立的政治秩序を「日本型小帝国」と捉えることも提唱されている（荒野泰典［二〇一三］）。であるならば、もともと〈華―夷〉の世界観に属するわけではないマンジュ人の大清グルンは、この文脈においても、自立的な独自の「帝国」と位置づけることができるであろう。

むろん、マンジュ＝大清グルンは中華的価値体系を共有していたわけではないから、漢字・儒教といった価値観を共有しながらも、領域的文化的独自性に自立の根拠をおく〈小中華〉を目指した朝鮮やベトナム歴代王朝とは相違する。しかし、自らを〈華〉に従属する〈夷〉とは思わないという形で、明中心の〈華夷秩序〉から離脱していったという点で、そこに独自の〈華夷意識の再編成〉を見出すことができるように思われる。それは、村井がヌルハチについて指摘する自律的・自尊的な対明意識にとどまらない。ホンタイジの時代、ツングース系諸集団を「マンジュ」として積極的に招撫・編入し、自らを人口的に拡大していく（佐々木史郎［一九九六：八一・八五頁］）一方で、満・蒙・漢の三勢力に推戴されるスタイルで王権を演出し、朝鮮を自己の朝貢国に位置づけていった。また、六部・科挙など明制の導入が進む一方で、漢語の音写だった世職制が国語化されるなど（第一章第三節）、並行して国粋化の動きが現れた。異化と同化の、また「中国化」と国粋化の同時進行、これはまさしく、彼らなりの〈華夷意識の再編成〉にほかならない。そしてそのとき戴く大清帝国の正統性は――日本が「武威」と「万世一系」であったのに対し――、大元ハーンの継承であった（第四章第一節）。

その具体的現れとしてマンジュにおける秩序編成をみるならば、(1)大元ハーンの継承・再現という正統性の論理、(2)モンゴル諸部・朝鮮・明といった自己を中心とする世界秩序意識、(3)〈ハン―八旗諸王・モンゴル王公―八旗満洲（さらに帰順時期に基づく〈マンジュ―フルン―新満洲〉の別）―八旗モンゴル・漢軍―一般漢人〉といった政権内部の階層的秩序編成[5]とコスモポリタンな構成、が看取されるであろう。そして、日本が「帝国」を目指しつつも、「中国」の存在を意識していたように――「南の天子」を自任するベトナムも同じといえよう[6]――、マンジュも、自らが明に対抗していることを認め、単一の頂点とは自らをみなさなかった。しかしそれは、中華王朝の存在を意識して自らを位置づけた結果ではなく、その本質に中央ユーラシアの伝統があったこと、王権を正統化するのは、儒教の専有物としてではない「天abka」とチベット仏教とであったことによる（岡洋樹［二〇〇二］）。

それが形をなす前に自身が中華王朝の座をも兼ねてしまったためにぼやけてしまったけれども、未だ明の自滅と自らの入関を予見しえなかったホンタイジの時代にあっては、当時関外にあって志向された世界秩序構想を、自己を中華王朝とみなす、ないし装う入関後の理念と峻別することが必要であろう。このあと明が倒れたため、皮肉にも中華王朝と一体化してみられてしまうようになったけれども、それを見ることなく関外の皇帝としてみまかった「ホンタイジのヴィジョン」（岸本・宮嶋［一九九八：二二二頁］）とは、このようなマンジュ型国際・国内秩序を具えた〈大清帝国〉としての秩序体系の構築ではなかったかと思われるのである。

以上の如く、マンジュ＝大清グルンの特質は、①〈強固に集中された軍事力〉すなわち八旗制と、②〈華夷意識の再編成〉としてのマンジュ型支配秩序として現れていたといえよう。そしてまた、①②に該当するものの違いによって、同じ状況下に形成された諸政権に独自性が現れ、それがそれぞれの政権・地域を形づくっていった（岸本［一九九八ａ］［二〇〇二］）。マンジュ人が巨大で多文化的な大帝国を形成し、他方幕藩制下の日本が同質的・固定的な社会体制を構築したように、共通の母胎から成長してきたにもかかわらず、それぞれの選択した国家・社会の編成法の相違が、同時期に形成された各政権に独自の特徴を刻印したことも指摘されている。[7]

そうしたとき、第I部でみたように、大清帝国の特色は、①②ともに中央ユーラシア的特質にあったのである。それが集約的に現れているのが、八旗にみられる軍事力編制の「中央ユーラシア的」特徴であった。ただし、興起の背景に〈華夷雑居〉・国際交易ブームが存したように、軍事編制においても同時代的特徴が看て取れる。それが軍事革命、すなわち火器の時代の幕開けであり、[8] それへのマンジュの対応が、八旗漢軍すなわち重火器部隊の編成であった（浦廉一［一九三二］；田中宏巳［一九七四］［一九七四―七五］；岸本［一九九八ｂ］）。[9]

このように、同時代の情勢を、中央ユーラシア的合理性・組織力・包容力によって組織することで、中華の征服――「華夷変態」が可能となったのである。いま一度具体的に挙げるならば、流動化していた辺境の政治・社会・文化的秩序を、ニルへの編成あるいは親衛隊への編入を通して八旗という人的集団に組織化したこと、軍事革命に対し、八旗における重火器部隊の編成によって対応したこと、[10] などである。このような柔軟さのゆえに、大清帝国は「華夷変態」すなわちシナ制覇を果したのみならず、同時に内陸へも大発展を遂げえたのであろう。このことは、八旗が第一義的には軍事組織でありながらも、より本質的な機能が支配層の組織・連合形態としての側面に在ったことを示している。

そしてその重要なメカニズムとして指摘した親衛隊制度（第三章）・「マンジュ化」（第七章）といった編入法は、入関後もいよいよコスモポリタンに発展した。例えば、一六八三（康熙二十二）年に降伏した台湾鄭氏は、処罰されるのではなく逆に八旗漢軍に編成され、鄭克塽は公爵の高位に封ぜられ旗人として支配層に編入された（細谷良夫［一九九五］）。同じ頃黒龍江で投降したロシア人は、ニルに編成されて八旗満洲に所属し、ロシア正教の信仰を維持しつつも「皇帝のために禁衛隊員として奉仕」した（吉田金一［一九六九］）。かかる方策は、雍正帝の改革を経た一八世紀中葉にも存継し、最大領土を達成した乾隆半ば（一七五〇年代）、投降したジュンガル最後のホンタイジ（オイラト部族連合の長の称号）・ダワチ（Davači）は、王位を授けられてエフとなり、帝国支配層に組み込まれたのである（荘吉発［一九八二：三九―四〇頁］）。この頃も、モンゴル王公子弟の親衛隊入侍は引き続き行なわれており、このジュンガル併合時には、モンゴル王公にとどまらず、ジュンガル治下の東トルキスタンの有力者にまで適用され、「回子侍衛」すなわち現地ムスリムの首長（ベグ）一門の親衛隊員が出現した（常江・李理［一九九三：七六―七七頁］）。

このように、帝国拡大の原動力は、八旗の、それも純粋な軍事力というよりは人間集団への組み込み・再編成という、軍事組織イコール政権編成（巨大な漢地を支配した入関後にあっては、もはやイコール国家とまでは言い難い）といった側面・機能にあったのである。人間組織と軍事編制との見事な融合、それこそが軍政一致の八旗制の本質といいうるであろう。

ひるがえって、八旗制の特質とその淵源に目をやるならば、それはジュシェン＝マンジュ社会固有・在来のものというよりもヌルハチが統合の方策として創出した新組織であり、その特徴は、中央ユーラシアの諸国家と共通するものということができる。モンゴル帝国に代表される中央ユーラシア国家の中核構造として、①階層組織体系による組織編成、②一族分封とそれによる麾下の分有、③左右翼配置、④君主の親衛隊の存在、という諸点が挙げられるが、これらは全て八旗制に見出すことができるのである。(11) すなわち、一七世紀前半に勃興・成長した大清帝国は、たしかに同時代に簇生した諸勢力・諸政権と共通の母胎から出てきたものではあるが、できあがった国家の編成法には、マンジュ的・中央ユーラシア国家的性格が貫かれていたといえるであろう。私見では、大清帝国において共時的文脈と通時的文脈は、このようにして交差するものと説明できるように思われる。それこそが、「「ポスト一六世紀」の共通問題」（岸本［二〇〇一］［二〇〇九］）に対する、彼らの回答でもあった。

かくの如く、マンジュ＝大清グルンはまさに一六―一七世紀東アジアの諸民族雑居・社会変動状況の中から登場したものであり、並立・競合した諸勢力と多くの共通点を有するとともに、しかもその中で最大最後の勝者たりえた内在的要因は、マンチュリアの地で培われた、外来の制度・人間に対する開放的性質、それを編みあげてゆく中央ユーラシア国家としての性格に帰せられるのである。そしてその集約的形態が、軍政一体の組織体系・八旗制であった。これが私の考えるマンジュ＝大清グルン形成史の枠組みであり、中央ユーラシア的特質と一六―一七世紀の政治・社会変動との交差の理解である。大清帝国の形成史は、このような立場から出発せねばならないのではないであろうか。

第二節　大清帝国の支配構造と八旗制

では、大清帝国の形成に前節で総括したような歴史的文脈と世界史的意義があるならば、次に、そうして形づくられた帝国はいかなる構成をとり、どのように位置づけられるだろうか。なかんづく、第I部で論じたように八旗制が帝国中枢にあるのであるならば、それはどのように現れているだろうか。

そこでは、この巨大な領域の統治構造は、故地マンチュリアと中国本土とからなる直轄領と、間接支配の布かれた藩部とに二分、ないし三分して説明される。すなわち、直轄領においては、マンチュリアを特別行政地域とし、中国本土については明の体制を踏襲して皇帝が中央主要官庁と全国の地方官を直接統轄して統治した。他方、藩部と総称される地域は、理藩院の管轄のもと、南北（内外）モンゴル・青海などではモンゴル王公、チベットではダライ＝ラマを頂点とする聖俗領主、東トルキスタンではベグと呼ばれる各オアシスのムスリム有力者といった現地の支配層・有力者層が、官制上に何らかの形で位置づけられて、送りこまれた駐防官らと並立して統治に当った。さらに、皇帝を中心・頂点とする秩序は版図を越えて周辺の諸国にも及び、冊封―朝貢の関係を通してそれらを支配の枠組みのもとに結びつけた――と。つまり、明の版図とその統治制度を基準とした上で、その枠を超えた領域は「清代に附け加えられた部分」とされ、また固有の特徴は、「征服王朝としての側面」と片づけられ、全体として「最後の中国王朝」として位置づけられるのである。そこにおいては、支配集団であるはずのマンジュ人は、制度上も文化面でも「中国化」ないし「漢化」したとして、旧明朝と一体のものとして扱われ、独自の行政体系・社会組織は捨象されてしまう。

しかし、これらは漢人の社会と価値観、そしてそれに基づく王朝像を基準として描きだしたもの、すなわち中華王朝「清朝」の姿であって、この帝国それ自体に即した説明ではない。そこで本節では、マンジュ人皇帝が君臨しマンジュ人が支配層を構成しているという、ある意味当り前の事実に立ちかえって、「清朝」ではなく「大清帝国」の支配構造について、一七―一八世紀を対象に素描を試みたい。

（1）「清朝の構造」をめぐる諸説

第五章で、第Ⅰ部の総括として八旗制の構造を提示してみた。では、さらにこれを拡大して、かかるマンジュ王朝の秩序、八旗の構造・性格から見ると、帝国の全体構造はどのように描きうるであろうか(12)。清制を明制の導入・継承として捉え、明制の部分的改廃と大清独自の追加点のみを特徴とみなすならば、帝国の構造は、冒頭に示した

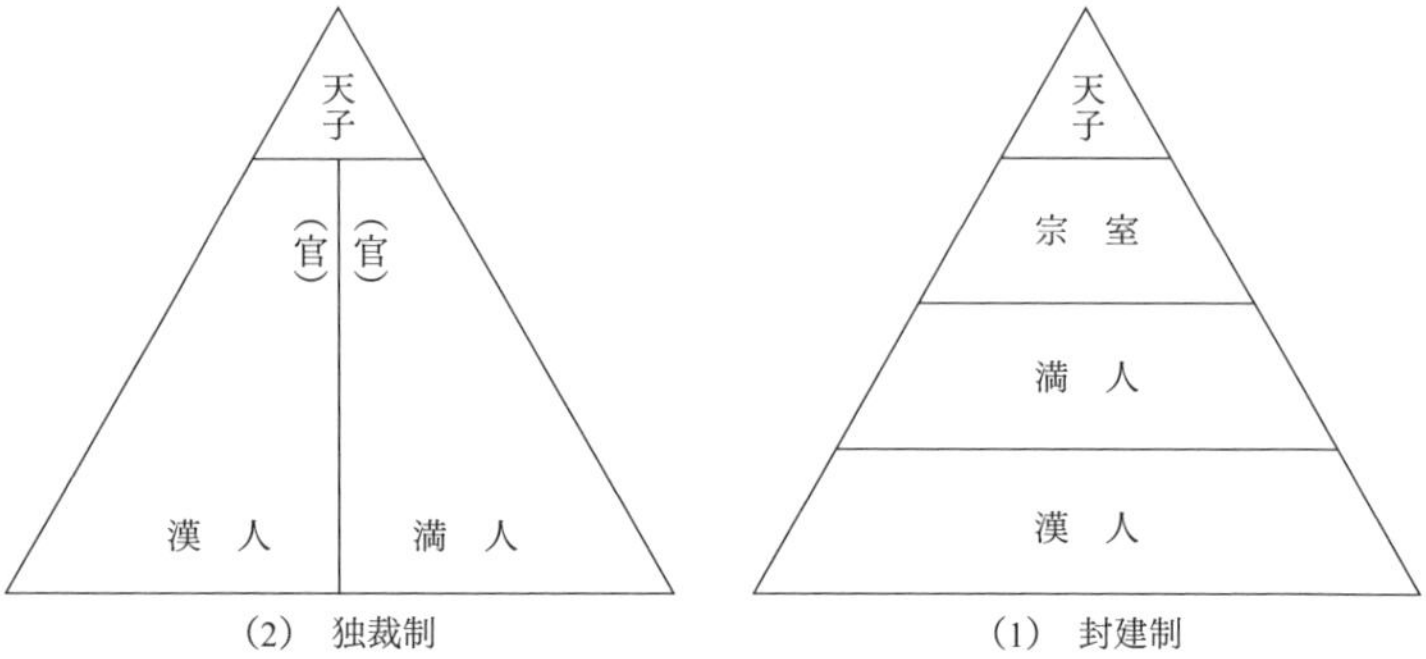

図 8-1　〈封建制→独裁制〉モデル

出典）宮崎市定［1957］。

ような理解となるであろう。そうではなく、八旗制とそれを核として組み立てられた体制として見るならば、八旗制の構造・特質が、八旗の枠を超えて帝国全体の構造・秩序に深く関係したことが看取される。

では、多様な地域を統合した帝国の全体像はどう描きうるであろうか。まず、これまで提示されているモデルとその説明をみてみよう。(13)

①中国史・近代史からのアプローチ

〈封建制→独裁制〉モデル：図**8-1**（宮崎市定）

君主独裁制の発展という観点から提示されたのが、宮崎市定［一九五七］の〈封建制→独裁制〉モデルである。宮崎は、清朝政権の構造を、天子を中心として、宗室＞満洲人＞漢人と外周を取り巻いていく同心円構造と描き、中心から遠いものほど権利において一等低く、義務において一等高いと説く。これを側面から見るとピラミッド型になるとして図式化したものが、**図8-1**(1)である。そして、これを「階層的な、封建的な体制」であるとして、清朝初期史の推移を、満・漢の官僚に支えられる、(2)独裁制への移行として描くのである。

「封建」「独裁」という用語の適否はともかく、この簡潔なモデルそれぞれと、その対立・移行として描く歴史像とは、今なお少なからぬ意義をもつものであり、本書の立場からみても、宗室の重要性の喝破や、あくまでこれを「当時の満洲人が胸中に描いた清朝政権の理想的あり方」とする慎重さなど、首肯・評価すべき点は多い。

しかし一方でこのモデルは、「清朝政権」のあり方としながらも、実際には満・漢の関係のみが対象であって、外藩を含む帝国の全体構造の説明にはなっていない。また、理念的あり方を表現しているために、満・漢をそれぞれ一かたまりに扱っていて、各々の内部構造・社会層は反映させていない。むろんマンジュ人にも被支配層が存在すること、漢人エリートがそれらより優位にあることはいうまでもない。これらの点は、宮崎の関心が「清朝」そのものではなく、その治下にある漢人社会の側から出発しているためであろう。したがって次なる課題は、「漢」でなく「満」の立場から、また「理想的あり方」に対し、より現実に近づけた構造を、提示することであろう。

〈同心円的世界観と「西北／東南の弦月」〉：図8-2（濱下武志）・図8-3（茂木敏夫）

清代に限らず、いわゆる中華王朝の支配秩序・国際秩序を説明する際にしばしば用いられるのが、皇帝を中心として、各要素を中心からの遠近に応じて階層的・差等的に配置する同心円型モデルである。とりわけよく知られるのが、「朝貢システム」の提唱者である濱下武志の提示したモデルであり、単純な同心円としてではなく、「朝貢」を冠しつつ、その下で展開される多様な関係を包含した全体構造を描出しようとしている（濱下［一九八六］［一九八九］）。さらに茂木《もてぎ》敏夫［一九九五］［一九九七］は、マーク＝マンコール（Mancall［1968］［1984］）の学説を敷衍して、帝国の領域内外を二つの部分、すなわちマンチュリアと藩部からなる内陸アジア世界としての〝西北の弦月〟と、中国本土とその朝貢国からなる中華世界としての〝東南の弦月〟とに分つモデルを提示した(14)。

これらは、図8-2が「中国と周辺関係」と題されているように、清の支配構造それ自体を描くことよりも、それを通して、領域内外にわたる広域・多様なネットワークを描き出すことに主眼がある。しかし、そのまま統治構造モデルとして広く受け容れられていることは事実であるし、それにたえる有効性をもつことは疑いない。とりわけ「西北／東南の弦月」モデルは、歴代中華王朝の伝統的領域観に立脚しつつ、それのみに還元されない清代特有

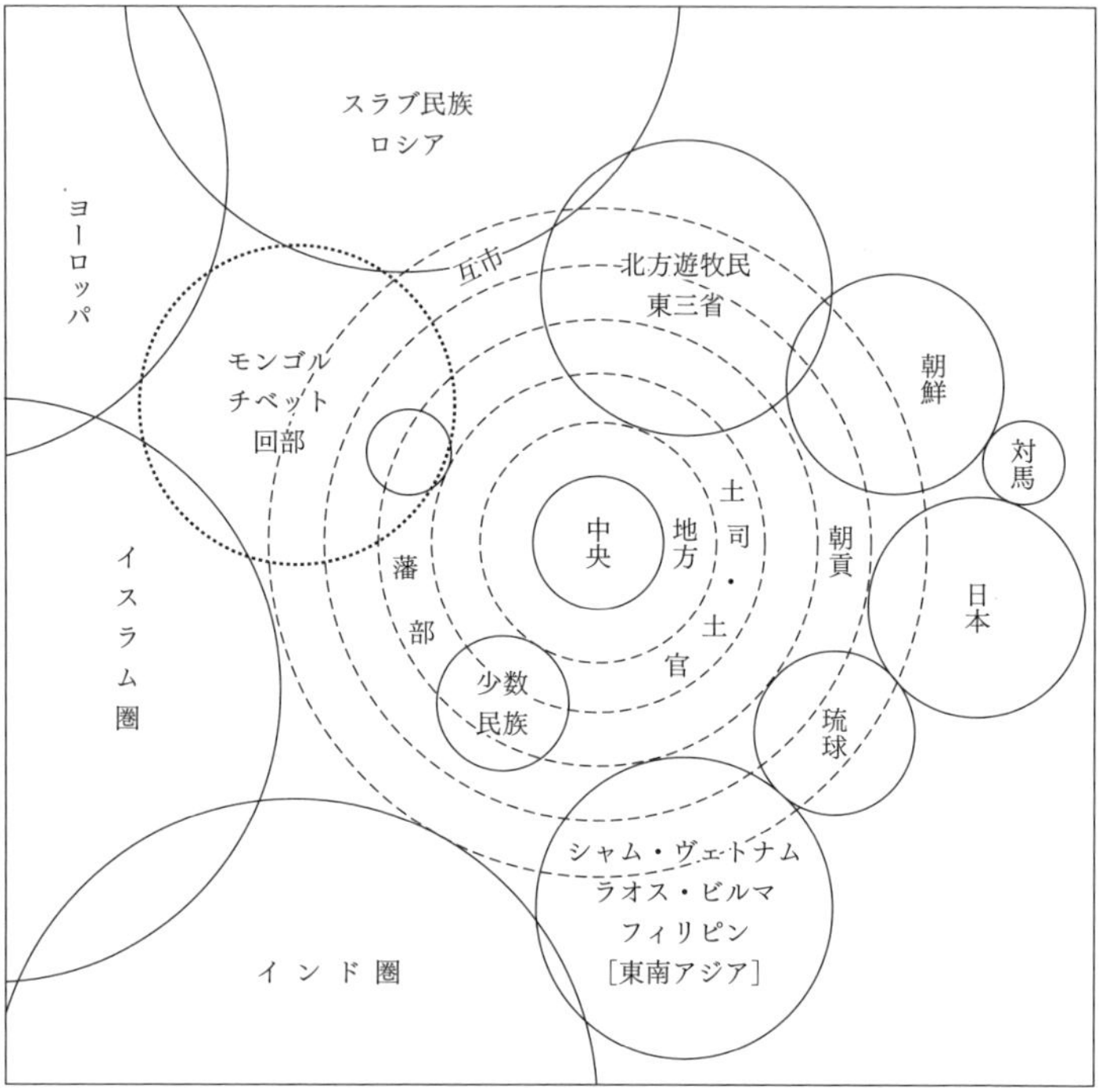

図 8-2 中国と周辺関係（清代を中心として）

出典）濱下武志［1986］。

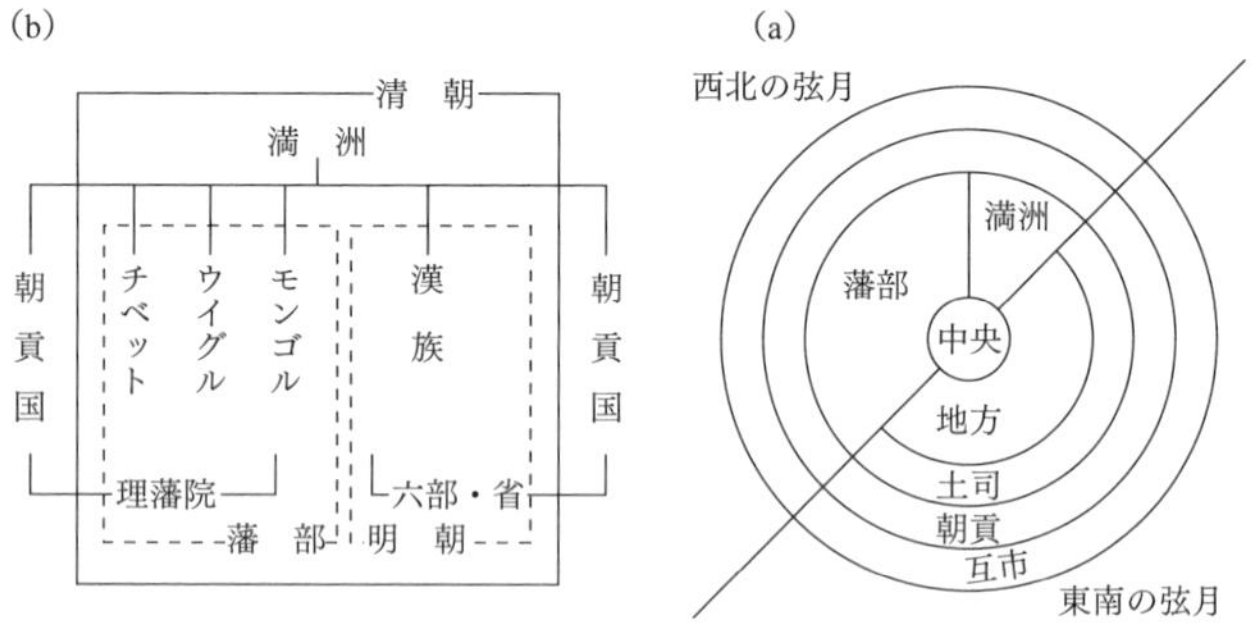

図 8-3 清朝の統治構造

出典）茂木敏夫［1997］。

の複合的性格を巧みに表現したものとして、近年広く受け容れられている。[15] しかし、視点を変えてマンジュ王朝としての立場からみるならば、なお検討の余地があるといえよう。

第一に、多様性と複合性を重視しながらも、結局は全体を儒教理念と華夷思想によって秩序づけていることである。これに対し平野聡［二〇〇四：第一章］は、そもそも「中華という統括的原理」がモンゴル・チベットなどには共有されていないとしてこのような理解を批判し、かわって漢字・儒教などに収斂されない普遍的・抽象的な統合理念の存在を主張する。また、個別には多様でありながら全体としては複合・融合している側面を強調して、「弦月」論などの二元論的見方を批判している。平野が説く「皇清の大一統」なる統合の論理には未だ議論の余地があるにせよ[16]、華夷観念に基づく同心円状モデルに対する平野の指摘は、正鵠を射たものといえる。

第二には、既に指摘があるように（Oka［1998：p. 133］）、中心に据えられねばならないはずのマンジュ人・マンチュリアをどう説明するのかが明らかでないことである。すなわち図**8-2**・**3**(a)ともに、支配集団の出自たる「満洲」が「中央」に対し周辺に位置づけられてしまい、また皇帝はその出身母体と切り離されて「中央」に一体化したものとして扱われることになっている。他方、図**8-3**(b)において支配構造を表す際には、「満洲」が各構成要素の上位に置かれている。図**8-3**(a)・(b)の相違は、まさにその相違する側面を表現するためのものであろうが、そうであるにせよ、「満洲」の位置づけの曖昧さ・矛盾は否めない[17]。おそらくその理由は、「満洲」が人的概念であるのか地理的概念であるのかが不明確なためであろう。

第三には、同心円型モデルでは各要素相互の関係や要素内部の構造を表しきれないことである。八旗に編成されたマンジュ人は帝国の支配層をなしたが、それは王公・官員層のことであって、集団全体が支配者だったわけではないし、〝東南の弦月〟においても、中国本土の漢人の庶民までが朝貢国の君主より上位にあったなどということはない。現実にはどの集団も支配層と被支配層に分れており、またそれら相互の関係は多様であるが、それは同心円型モデルでは表現しえないのである。

むろん、現在広く受け容れられているように、これらのモデルが、中華王朝「清朝」としての国際・国内秩序を描出するための一つの到達点であることは疑いない[18]。ここで指摘した問題点も、先に述べたように、これらのモデルと概念が、多様な関係を説明するためのものであって支配構造を説明するためのものではないことによるというべきであろう[19]。これらの問題は、各要素を一まとまりのものとして捉えた上で、中心からの遠近によって配列するという同心円型モデルの本質的限界であろう。さらにいえば、清代特有の複合性・多様性に注意を払いつつも、結局のところ同心円に構想された華夷思想・儒教的天下観に基本をおいていることに起因しているといえよう。

そこで次に、漢文だけでなくマンジュ語・モンゴル語・チベット語など非漢語史料をも利用する研究者の見解を確認しよう。

②内陸アジア史からのアプローチ

〈分節的国家構造と「ハーン体制」、チベット仏教世界〉：**図8-4**（岡洋樹）・**図8-5**（片岡一忠）

従来、帝国統治をめぐっては、漢地を念頭においたときは「満洲人の中国支配」として漢人の立場から「異民族による統治」「征服王朝」と捉えられる一方で、モンゴル・チベットなどいわゆる藩部（外藩）についていうときは「中国の辺境支配」として「清イコール中華王朝」とみなされるという、奇妙な矛盾した図式で捉えられてきたといえよう。しかも、領域外にも及ぶ広域秩序についていうときは、ここでも「清イコール中華王朝」として華夷秩序・中華思想によって説明され、その場合満洲は支配者であるはずでありながら「辺境」として扱われるという、これまた矛盾した構図に位置づけられてきたのは、右で見た通りである。それらにおいて共通しているのは、「中央―辺境」「中華―夷狄」といった上下・差等の関係で捉える図式と、「中華王朝」を中心に据えた同心円状モデルであり、そこに清朝秩序の特定の側面を当てはめてゆくという発想である。それゆえ、右のようなぶれが生じるのである。

このような理解に対し、近年の内陸アジア史の側の傾向は、単に清の独自性を強調するだけでなく、そのようなモデル自体を相対化し、さまざまな主体や価値観からみた帝国像を描こうとするものということができる。モンゴル史の岡洋樹［二〇〇二］［二〇〇九］は、遊牧社会の生産組織から政治体制まで共通してみられる分節的性格を指摘して、「ハーンを頂点とするヒエラルヒー構造を有しながらも、これを構成する社会単位が高度に自立・完結しており、上部の単位が下部の住民全体の統治に直接関与することのないようなシステム」を「北アジア的」国家・社会構造」と呼び（岡［二〇〇二：二一頁］）、**図8-4**(a)のように表現する。そして、遊牧民ではないものの、文化的共通性を基盤にもつジュシェン＝マンジュ人も、国家・社会組織を形成したときは、このような「北アジア的」国家統治構造をとるとし（**図8-4**(b)）、その諸身分の頂点には、「内」のアイシン＝ギョロ氏王公（内王公）

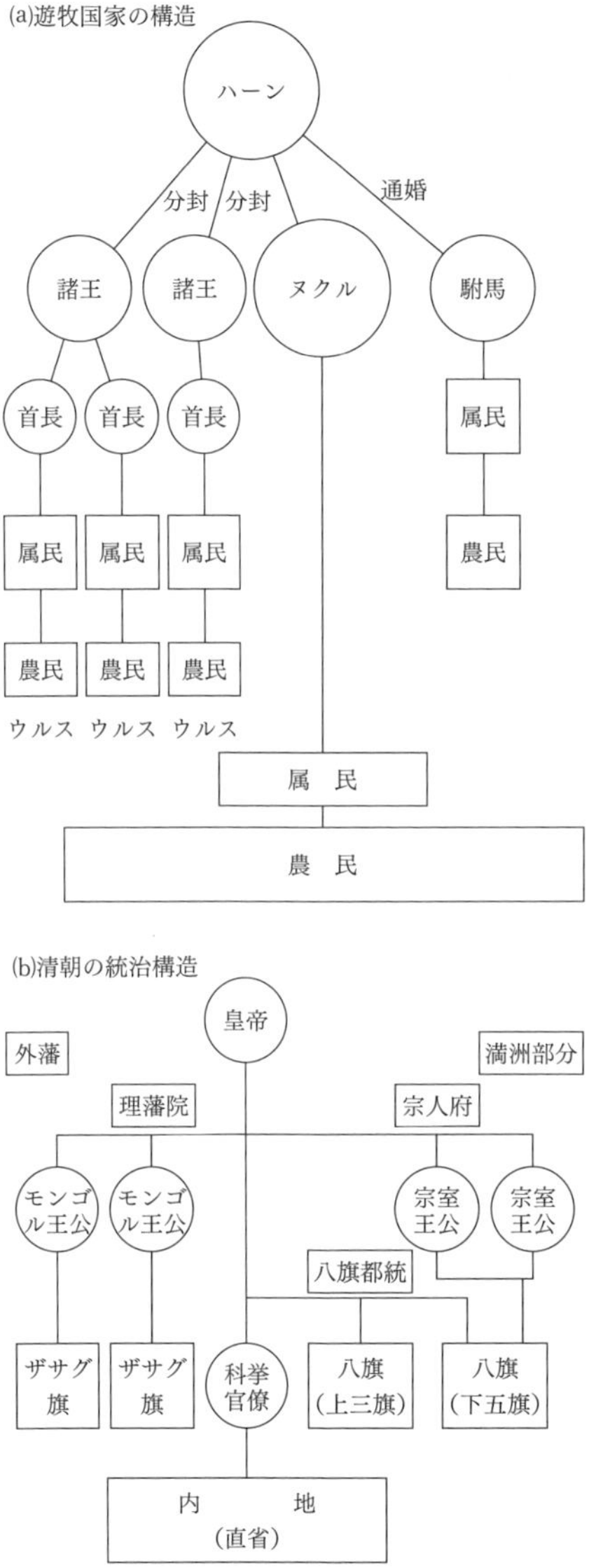

図8-4　遊牧国家と清朝の統治構造

出典）(a)は岡［2002］，(b)は岡［2003］。

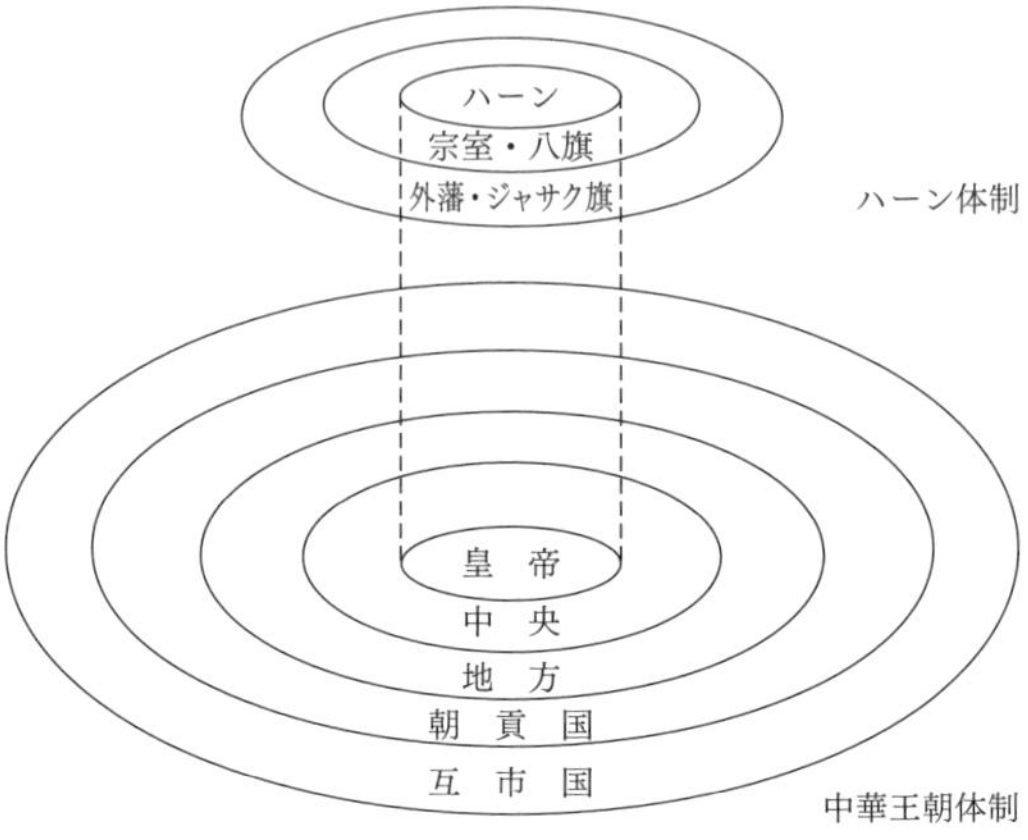

図8-5　清朝の支配体制概念図
出典）片岡一忠［1998］。

と「外」のモンゴルのボルジギン氏王公（外王公）とが、ともに同範疇の王公身分を構成して位置づけられたと指摘する（岡［一九九四］；Oka［1998］）。

内外王公を頂点とする秩序を説く岡［一九九四］をふまえて、片岡一忠［一九九八］は、これらマンジュ・モンゴル王公に加えて、同様の王爵を授与された東トルキスタンのムスリム首長やその外延上とみなされたカザフ・コーカンドの首長が、外藩王公およびそれに準じるものとして位置づけられていたことを指摘する。片岡は、支配構造をハーン体制と中華王朝体制との二層の同心円構造と規定して、大清皇帝をその二重円の中心と位置づける（図**8-5**）。ハーン体制と中華王朝体制は、それぞれ人的・地理的概念に対応するものとして説明され、前項の図**8-2・3**で問題となった不分明さはクリアされている。このうちハーン体制に相当する部分は、楠木賢道［二〇〇〇］［二〇〇二］が、その連合のあり方と淵源について、さらに議論を深めた。楠木は、直轄の両黄旗を率いるハン＝皇帝を中央としてその周りを宗室の旗王が、さらにその外縁を外藩のモンゴル王公が取り囲むというモデルを提示し、これが少なくとも一九世紀初頭まで継続したことを主張する（楠木［二〇〇〇：一五八―一六一頁］）。

他方、石濱裕美子［一九九四b］［二〇〇〇］［二〇〇一］は、これらマンジュ・モンゴル・チベットにチベット仏教世界の世界観が共有されていたことを明らかにした。一六世紀後半以降、チベット仏教は中央ユーラシア東部に急速に弘まり、南北モンゴル・オイラト諸部に浸透・定着するとともに、東方のジュシェン＝マンジュ人にも影響を及ぼすに至った。マンジュ人はその後も祭天習俗とシャーマニズムを維持したが、チベット仏教も併信し、歴代皇帝はチベット仏教を尊重・理解して、多数の仏寺を勧請し、自らも高僧に師事するなど、その振興に尽したのである（石濱［二〇一一］）。その世界観の下では、大清皇帝は、観音菩薩の化身であるダライ＝ラマ、阿弥陀仏の化身であるパンチェン＝ラマと鼎立する文殊菩薩の化身と位置づけられてマンジュシュリ＝ハン（文殊菩薩大皇帝）と称され、仏教を興隆させ国土を安寧に育む王たる転輪聖王《てんりんじょうおう》にしてダライ＝ラマの大施主として振る舞った。

その特徴は、宗教的・思想的な価値体系・世界観に基づくものでありつつも、単一の天子＝皇帝の支配に収斂される儒教世界と異なり、複数の王権の併存・交渉を許容するものであることと、その王権は仏教上の位置づけをもつものではあっても、仏教界を統べるわけではないこととにある。このため、康熙帝はマンジュシュリ＝ハンではあったが、ダライ＝ラマから護教《テンジン》ハーンを授けられたガルダン＝ハーンや青海ホシュート＝チベット王と当初並立する関係にあったし（石濱［一九九九］［二〇〇〇］）、世俗権力として青海ホシュート・ジューンガルの征服を経た乾隆帝も、チベット仏教世界を支配したわけではなく、同格の化身同士としてパンチェン＝ラマを礼遇し、共に臣下の崇敬を受けたのである（石濱［一九九四a］）。

これらに共通するのは、外藩を中央に対する被支配者とみなすのではなく、逆に支配の中枢に組み込んだものとして帝国の支配構造を構想する姿勢である。また、「清のモンゴル（またはチベット・東トルキスタン）支配」「清・ロシアによる内陸アジア分割」といった、二元論的支配―被支配の構図あるいは近代史の空間的前提といった枠組みからではなく、中央の大清皇帝から在地社会各々の住民に至るまで各層の「世界観」「統治理念」「正統性認識」に焦点を当てる、主観的視点からのアプローチであるということができる。

またこれらは、一見すると藩部研究やモンゴル史・チベット史として、「朝貢システム」など国際秩序・統治理念に関する議論と分野を異にするように思われがちだが、中国史や東アジア世界の文脈において国際秩序は国内統治の延長として考えられているように、これらの成果は「辺境統治」の問題などではなく、帝国内外をつらぬく全体秩序の像に見直しを迫るものなのである。ここにおいて、「八旗制」「外交史」「藩部統治」「宗教政策」などに分野を分つのではなく、それらを帝国の全体秩序のうちに位置づけて総合的に考える必要があることが理解されよう。このように内陸アジア史の側からのアプローチは、「中華王朝」モデルへの単なる異議申し立てや、別の側面の補足的提示にとどまるものではなく、①とは別の角度から出発しつつしかも帝国全体を照射するものなのである[20]。

しかし、「中華」を中心に据えるアプローチと違い、「内陸アジア」からのアプローチの立脚点は一つではない。如上の諸成果の拠って立つところも、モンゴル史・チベット史・マンジュ史などさまざまであり、これらを総合して大清皇帝・マンジュ人を中心に据えた全体像を描出することは、なお途上といわねばならない。このため①でみたような明快な図式も、未だ多くは提案されていない。その中で片岡の説は、明確な構造モデルを提示したものとして重要であるが、全体構造がいささか分りにくいことは否めず、またハーン体制下・中華王朝体制下の各構成要素が、ひとしく皇帝の臣下・臣民としてどのように整序されているのかが読み取りにくい。他方、本来の「清朝史」分野での「満・蒙・漢三民族の連合国家」や石橋崇雄の「旗・漢・藩」の三重構造論などは、このようなモデルとしては提示されていない。

そこで、次なる課題は、八旗を核とする大清皇帝・マンジュ人を中心に据えて、①②の諸成果を取り入れつつ、それらを整合的に説明するモデルを提示することであろう。

(2) 八旗からみた大清帝国の支配構造

では、本書の観点、すなわち帝国の原初の姿たるマンジュ王朝としての側面に立ち返り、そこから帝国の全体構

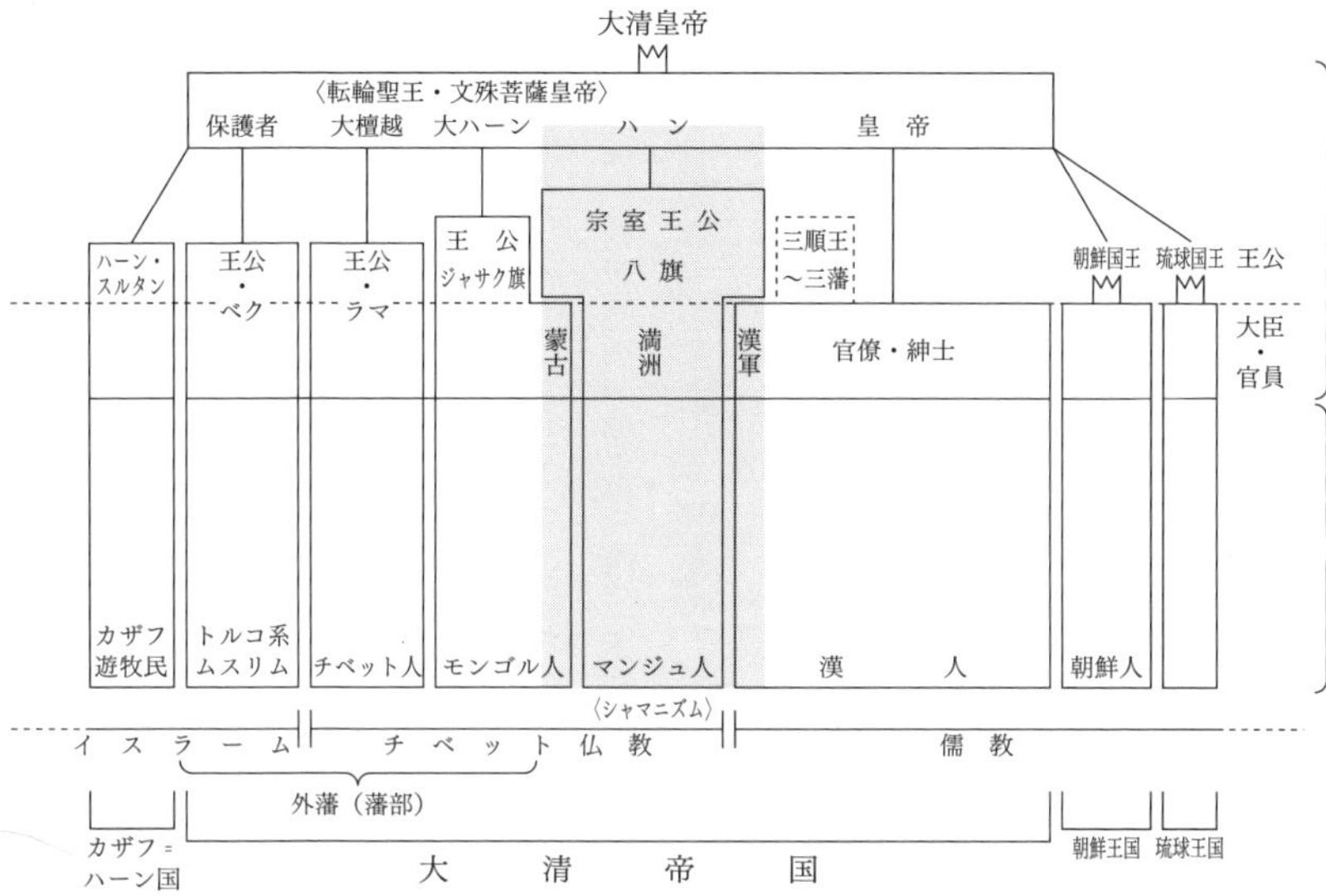

図 8-6　大清帝国の支配構造

造を描き出すならば、どのような像が得られるだろうか。そこで視点を変えて、上空から見下ろすようにではなく、各要素の内部構造と相互の関係を眺めうるように、ヨコから断面を見てみたい。

第五章で見た八旗制を中核とする形で、帝国の支配構造とそれに基づく全体秩序を図式化したものが、図8-6である。図で水平方向に引かれた実線は各集団内における支配層・被支配層の区分を、また破線は支配層内における王公身分とそれ以下の官員・属下層との区分を、それぞれ意味する。マンジュ＝グルンの国家組織そのものであった八旗においては、各自の麾下を従える旗王たちが、その一人をハン＝皇帝として戴いて連合していた。他方、旗王すなわちアイシン＝ギョロ氏王公以外の諸勢力は、旗王麾下の旗人として位置づけられて領民統治に当っていた。八旗制下のこのような支配―被支配関係を示したのが、図8-6の░部分である。このように八旗制下では、皇帝とそれ以外という君臣の区分だけでなく、皇帝をもその一人とする旗王たちと旗人という区分、さらに旗王・旗人たち支配層とその領民という区分も存していたのである。もとより、図中「マンジュ人」として示した八旗満洲麾下に多数の漢人隷属民がいたように、この図は現実の統属関係そのものを表現したものではなく、各集団における主たる関係を以て代表させて図式化した理念的なものであるが、同心円式模式図や二元構造的理解では表現しきれない／しえない構造を描き出すことができるはずである。

さらにその外側に視野を広げてみよう。図中、マンジュを中央として左右に並んだ五つのブロックは、大清帝国の主要構成部分を示す。帝国形成はこの中央のブロックから出発したのであり、征服活動・版図拡大は、中央から左右に広がってゆく過程として説明することができよう。

その際、八旗制は、マンジュ人自身の組織としてだけでなく帝国支配のモデルとして応用された。八旗制によって組織されたマンジュ＝グルンにおいては、支配領域が拡大し成員が増加するに際し、まず当初は全て八旗に編入し、ついで八旗の中で蒙古・漢軍を増編して対応した。**図8-6**において宗室王公が左右へ張り出しているのは、八旗満洲のみならず蒙古・漢軍をも支配していることを表現するものである。さらにまとまった規模の集団が傘下に入るに及び、それらを八旗と同形式の組織に編成して外縁に連ねた。すなわち、モンゴル諸勢力はジャサク旗として、また明の降将孔有徳・耿仲明・尚可喜の軍団は天佑兵・天助兵として再編され、首長たちは旗王に準じるジャサク王公・三順王に封じられて従属したのである(21)。後者には有名な呉三桂が入関時に加わり、他方孔有徳が南明征討戦で戦死して脱落し、三藩となる。一六三六年に成立した大清グルンは、このように宗室のマンジュ王公すなわち旗王率いる満洲・蒙古・漢軍の八旗と、これと同格・同形式のモンゴル王公率いるジャサク旗、三順王率いる天佑兵・天助兵の連合であり、その外縁に朝貢国として朝鮮を従えるというものであった。石橋崇雄（［一九九七］など）が「旗（満・蒙・漢）・漢・藩」と呼び、岡［二〇〇二］［二〇〇九］が満洲部分・外藩部分・漢部分という三分構造の原初の姿はこのような鼎立構造であり、これを図示すると、**図8-7**のようになるであろう。

このような体制は、入関後も基本型として堅持されつつ、それぞれの拡大方向に応じて分化していった。それは、

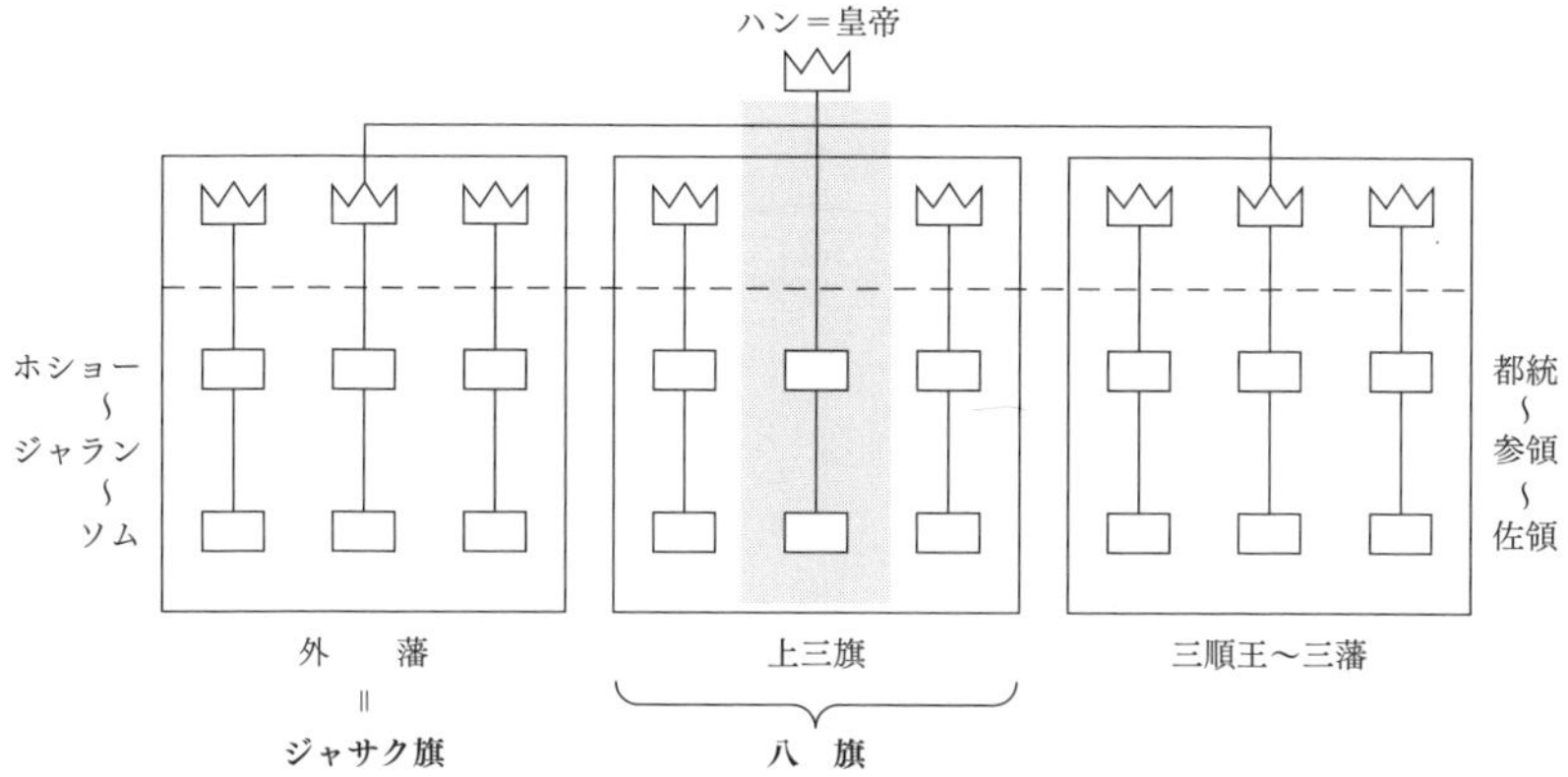

図 8-7　満・蒙・漢の連合国家体制

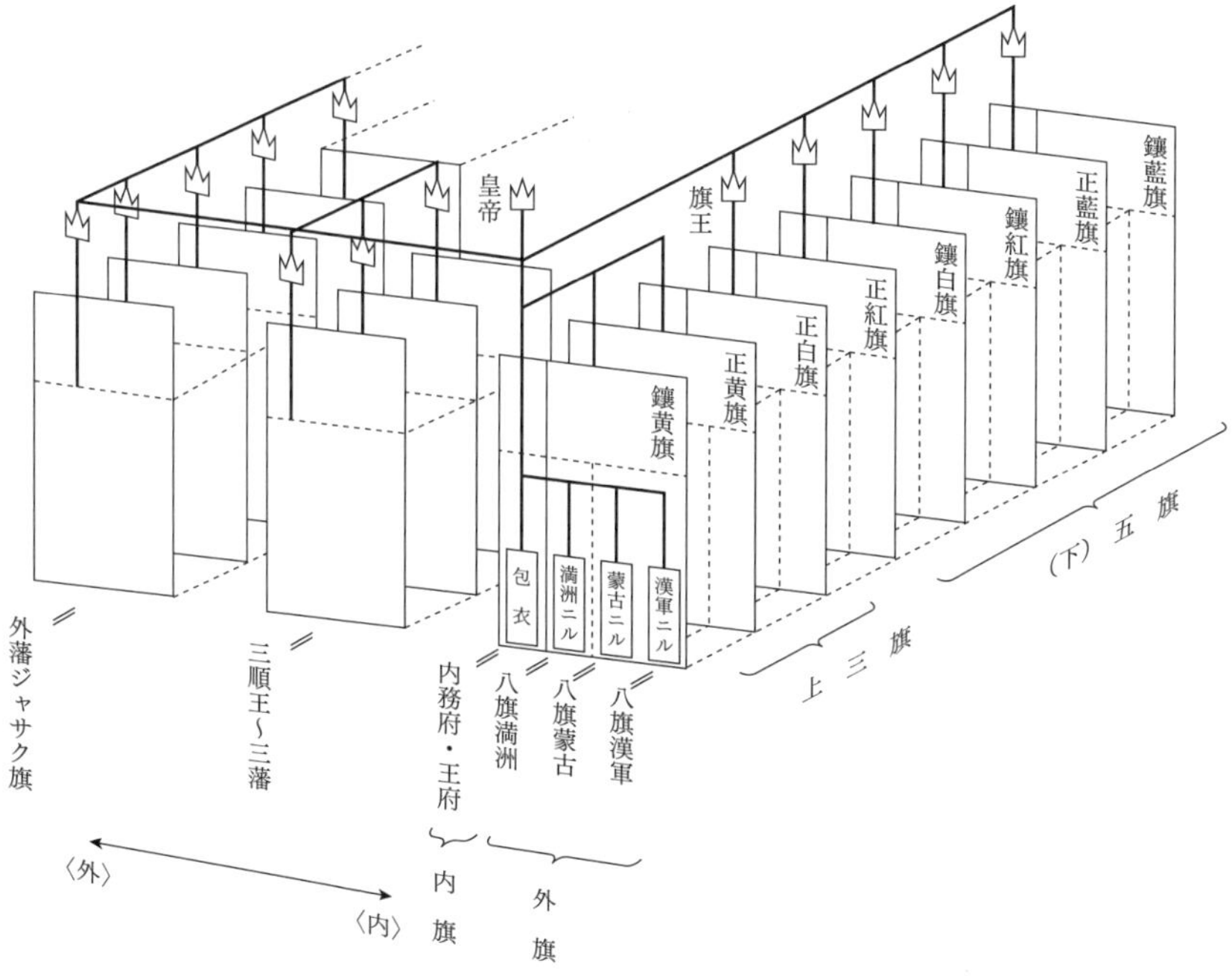

図 8-8　3 つの旗制ユニットの連合

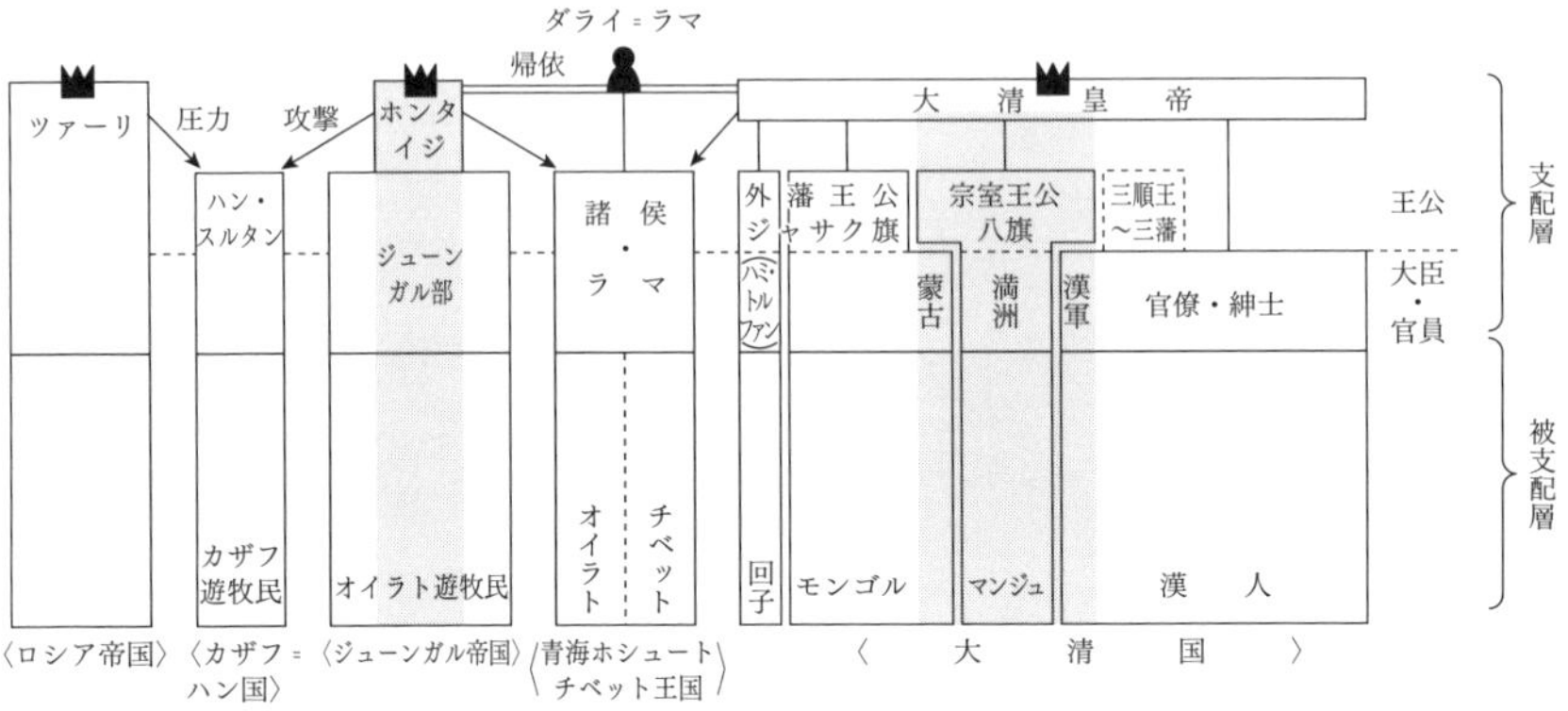

図8-9　18世紀前半の大清帝国の構造と国際関係

具体的にみるならば、第五章でみた八旗制の全体構造を示す図5-14を発展させた、図8-8のような構造として描くことができる。すなわち、臣従した内外諸首長が、八旗型主従ユニットに組織された属下を従えて、大清皇帝から王公爵を授けられて連合・整序されているのである。漢人についていえば、入関当初はこの旗制ユニットの三藩と、王公を介さず直接臣従する州県制下の一般漢人とが並存したが、前者は三藩の乱（一六七三—八一年）後解体されて八旗漢軍に編入され、漢地については一元的な支配がおおむね達成された。

他方、モンゴルに対してはジャサク旗制が広汎に適用された。大元ハーンの役割を引き継いだとはいえ、大清グルンは、入関が明の内部崩壊という偶然に端を発していたのと同様に、必ずしもモンゴル・チベット方面へ領土的野心や計画を持っていたわけではないが、ガルダンとの戦争に因るハルハ＝モンゴルの臣従や、ダライ＝ラマの保護をめぐる青海ホシュート・ジューンガルとの抗争の延長上でのチベット進駐など、結果的にモンゴル＝チベット仏教世界に介入・拡張していくこととなったのである（図8-9）[22]。その際に採られたのが、南モンゴル東部の外藩モンゴルに適用していたジャサク旗制であった。

ジャサク旗の内部は八旗に準えた階層組織からなり、その長を八旗の旗王に相当するジャサクに任じて支配させるものであった。ボルジギン

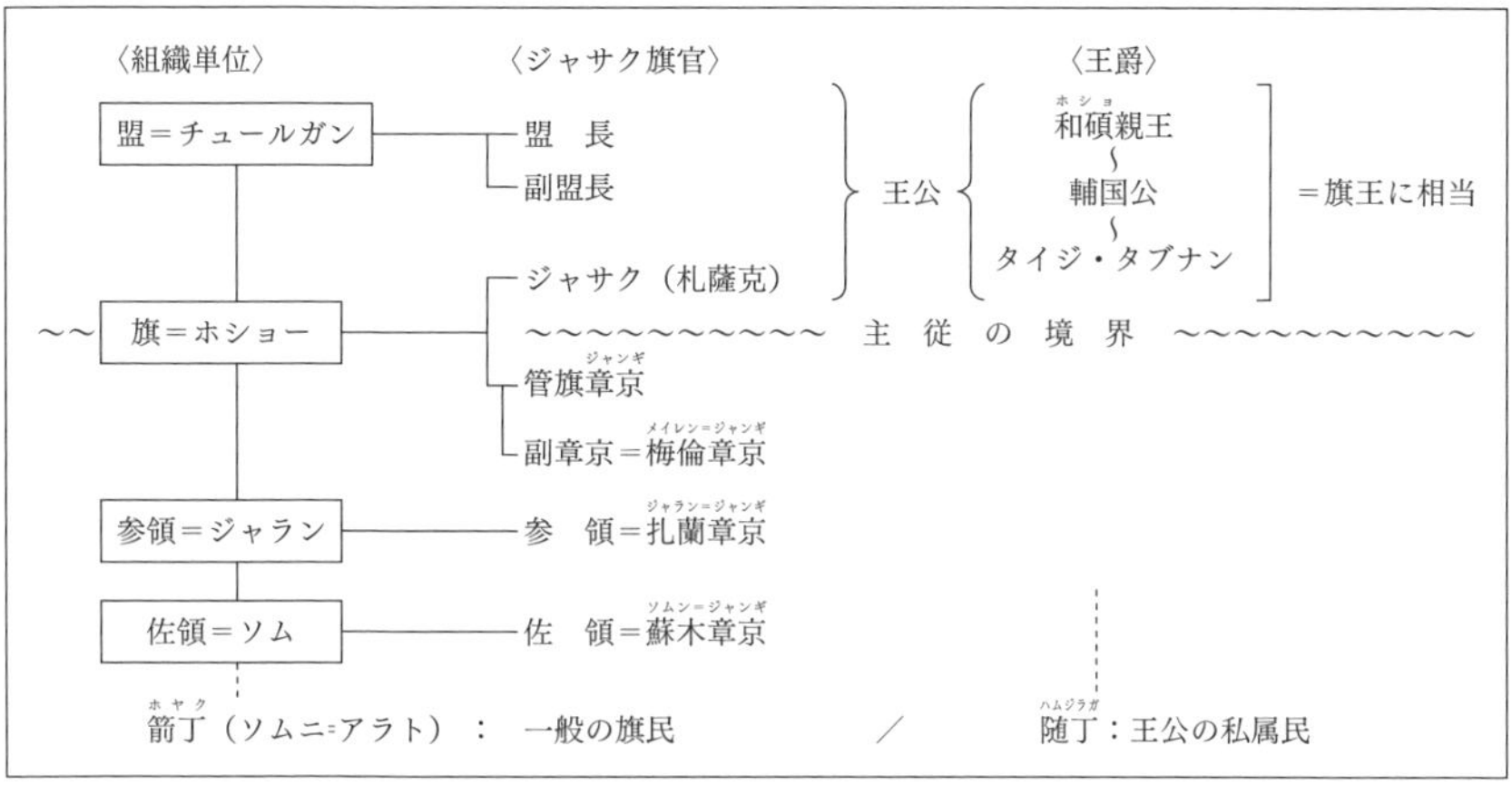

図 8-10　外藩モンゴルの支配体制

氏はじめとする旧来の領主層（ノヤン）は、和碩親王〜輔国公という宗室王爵（表**0-1**）と同格の王爵、およびそれに次ぐ一〜四等のタイジ（台吉）・タブナン（塔布嚢）といった爵位を授与されて、王公タイジと総称される領主身分を構成した。彼らモンゴル王公の遊牧集団は、旗（モンゴル語ではホショー）・佐領（ソム）に編成され、さらに複数のジャサク旗で盟（チュールガン）を構成した（盟旗制：図**8-10**）[23]。この旗制ユニットの形式をとる限り、ユニットの増設は随時可能であり、外藩では南モンゴル六部四十九旗・北モンゴル四盟八十六旗をはじめとする多数の盟・旗・ソムが編成されていったのである。

　このような把握・編成法は、モンゴルに対してだけでなく、さらに外縁の、図**8-6**左側に連なる多様な地域の諸集団に対しても適用された。チベット・青海・東トルキスタンなどでは、現地の支配層・指導者層であるモンゴル王族・ラマ・ベクたちが、清の爵制・官制体系上に何らかの形で位置づけられて、送りこまれた駐防官らと並立して統治に当ったのである。東トルキスタンではハミ・トゥルファンの首長がジャサク王公に封じられてジャサク旗を編立し、またチベットでは、ジャサク旗は編成されなかったものの、ジャサク王公爵は授与された。

これら多様な地域にまたがり、さまざまな形式で服従する臣下を統一的に秩序づけていたのが爵制である。なかでも、**図8-6**左側の地域の首長層は、宗室と同級の王公爵を授けられ、帝国の身分秩序の頂点を構成した。彼らは内王公すなわち宗室王公に対して外王公・外藩王公と呼ばれ、またその集団・領域は外藩・藩部と称された[24]。外藩王公のほとんどはモンゴル王公であったから、大清帝国は、一面において八旗を統べるアイシン＝ギョロ氏の「内」王公と、ジャサク旗を率いるモンゴル王公を頂点とする「外」王公との連合であったのである。その意味で王公爵は、宗室の旗王を整序するにとどまらず、大清皇帝に忠誠を誓い各自の属下を支配するという点では同格の存在であるこれら諸首長を、統一的に序列化するものであったということができる。宗室王公・外藩王公の縁起と系譜を網羅した『欽定宗室王公功績表伝』・『欽定外藩蒙古回部王公表伝』がふたつながら編纂されていること[25]は、帝国の支配秩序の一面を象徴するものといえるであろう。

このような王公爵制とジャサク旗制を組み合せた方式は、青海のようにモンゴル同様本格的に展開した地域もあれば、東トルキスタンのように一部にとどまった地域もあったが、いずれにせよ明朝式官制とはほとんど無縁の世界であった。よく誤解されているが、担当官庁の理藩院は藩部を支配するものではなく事務を掌管するにすぎず、宗室の旗王たちと同格の外藩王公が上位であることは歴然としていた。また、北京の理藩院や各地の駐防官など、これらの地域に関わる軍事・統治は宗室を含む旗人の専管事項であり、漢人官僚は原則として関与することができなかった。

さらにいえば、自己の家臣・領民を支配する在地の首長が王爵を授けられて臣従するという点において、領域の内外の勢力間にも本質的違いはない。すなわち版図外の「朝貢国」「藩属国」も、一面において帝国を構成する王公たちと同列の存在として、**図8-6**の如くその延長上に位置づけることができる[26]。版図外の大首長という点で、さらにはロシアをもそこに位置づけることができるであろうが、その高さは、対外・対内など〝場〟や時期によっ

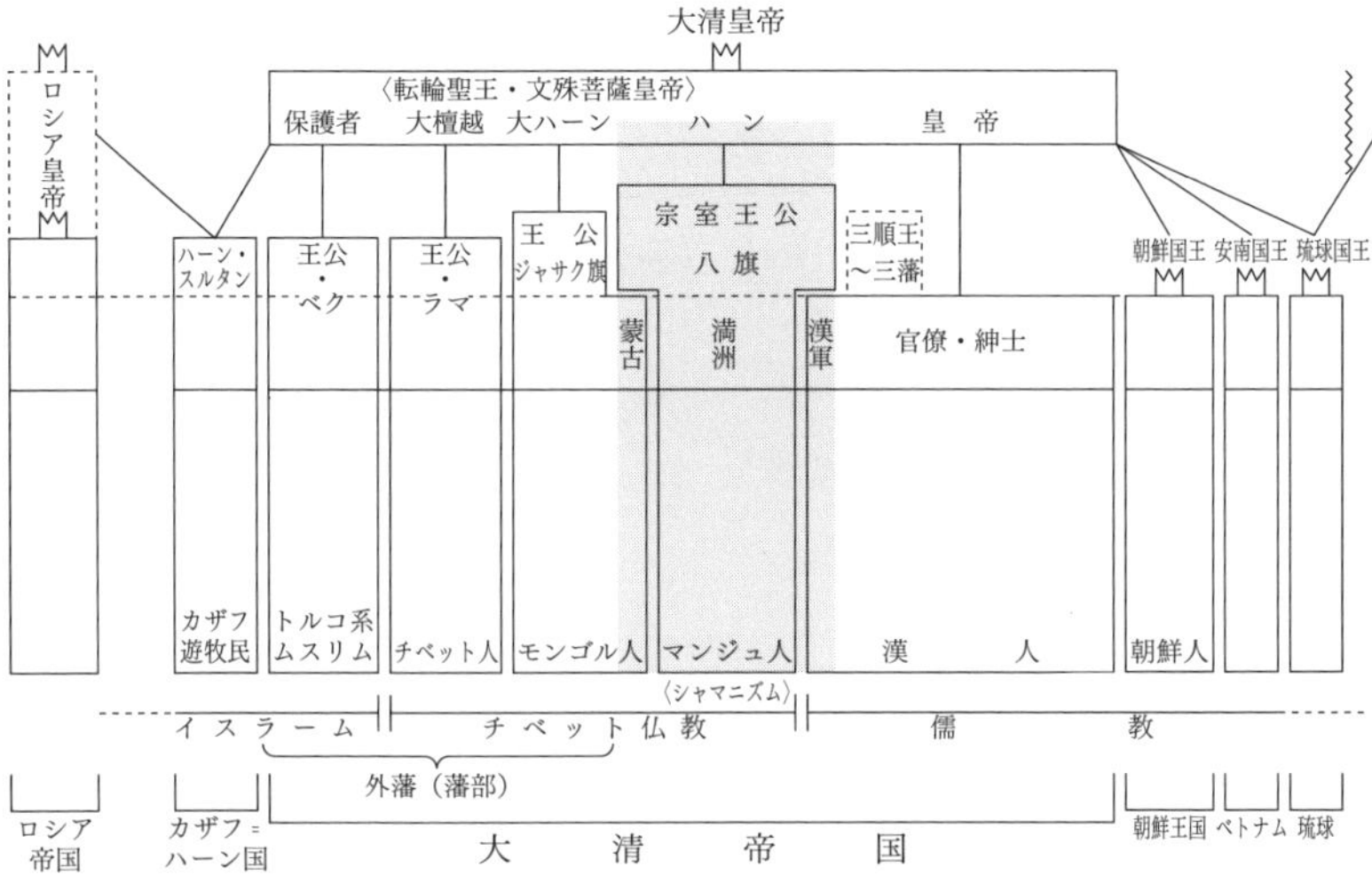

図 8-11　大清帝国と国際関係

て、事実上の対等から朝貢扱いまで振幅があった（図8‐11）[27]。また、公式な関係をもたなかった日本との関係は、このように示すことができようし、国家の構造という点では、領主・主従制的編成という点で、一面において親和的であったともいえよう。

ただし、これはあくまで帝国の支配構造を説明しようとするものであって、ここに示された地域・集団それぞれとの関係のあり方を専一的に定義するものではない。とりわけチベットは、世俗の政治勢力を臣従させていったモンゴルなどと違って、面を押える支配が行なわれたわけではない。そこではダライ＝ラマとの施主―帰依処の関係、貴族に対する王公爵の授与、駐蔵大臣の派遣など、個別的な関係・関与があっただけであり、むしろ秩序の頂点においては対等ないし帰依というべき関係があったのである。このような、チベット仏教世界の広がりと大清皇帝を君主とする範囲、そしてその実効支配の範囲――とりわけ、そのずれ――を図示すると、図8‐12のようになるであろうか。

また、以上において支配者といったのはあくまで王公・官員層についてであり、マンジュであれモンゴルであれ、集団

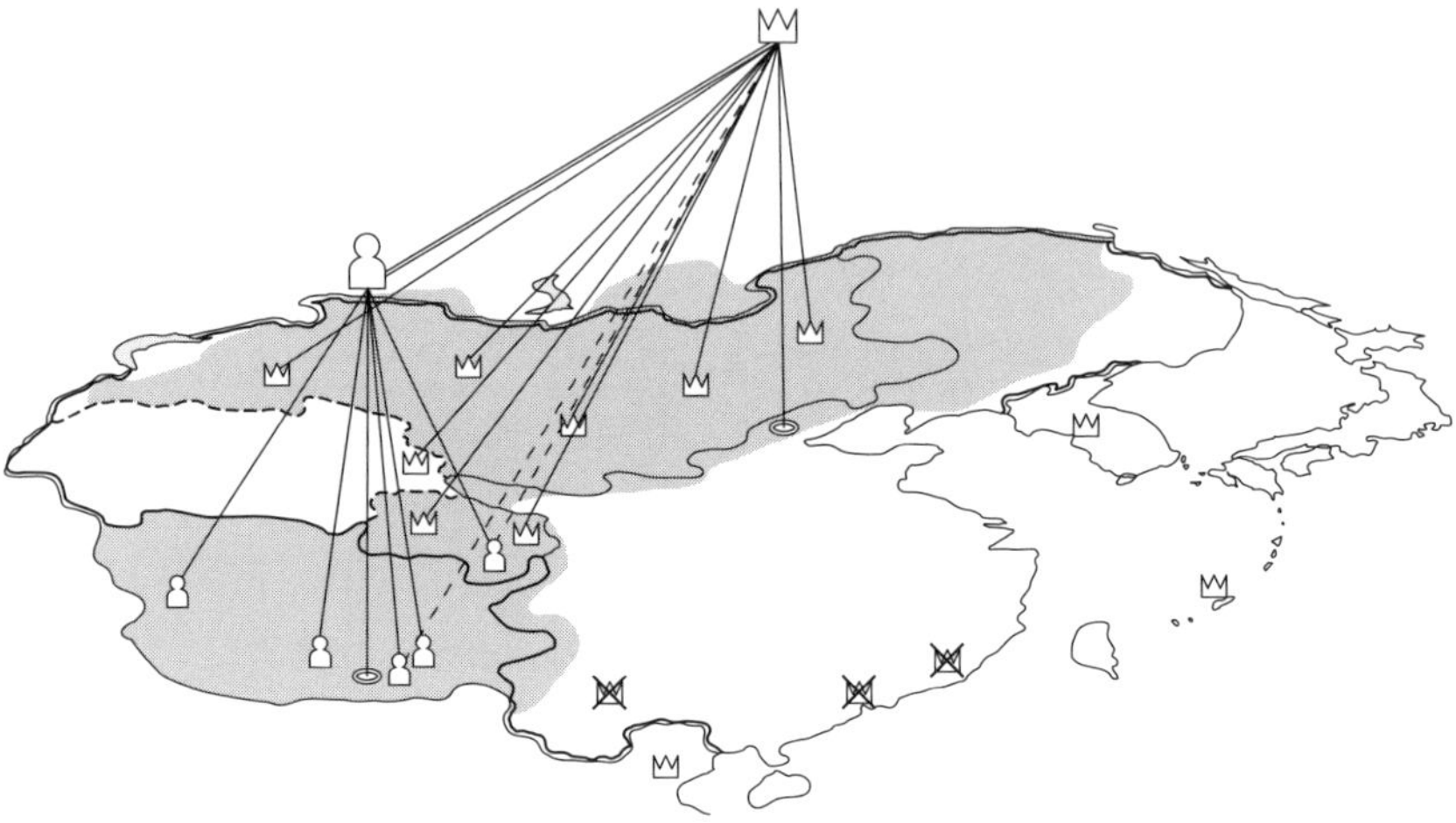

図 8-12　帝国の支配構造とチベット仏教世界

全体が帝国の支配者だったというわけではない。図8-6において実線で区分したごとく，現実にはどの集団も支配層と被支配層に分れているのは当然である。各社会における王公の存在感の違い（チベット・東トルキスタンでは，王公の支配は該地のごく一部を覆うにすぎない），また支配層・被支配層がこのように截然と区分できるかなどの問題点があるにもかかわらず図8-6を提示した狙いは，このように，集団全体ではなく王公・官員層のみを取り出して支配層として位置づけることにある。またこれによって，例えば皇帝―マンジュ人―漢人，といったヒエラルヒッシュな説明の欠点（漢人の最上層がマンジュ人の最下層よりも下位のように示されてしまう）を解決することもできよう。そのうえで各集団における支配層をみたとき，漢地における王公の不在と，それ以外における王公身分の存在が，改めて注目されるのである。

その意味では，王公身分が存在せず非世襲原理の科挙官僚が皇帝に直接臣従するという点において，漢地こそが帝国の中でむしろ異質な地域であったということも――人口・経済力では圧倒的な位置を占めていることはいうまでもないが――できるであろう。

（3）マンジュからみた帝国支配のあり方

大清帝国の支配構造は、このように八旗制に基づくマンジュ王朝的秩序を骨格として組み立てられたものとして描くことが可能である。もちろん、八旗制が統治制度そのものとされたのはマンジュ人自身にとどまり、旧明領の漢地では旗制は布かれなかったし、藩部でも全てのモンゴル勢力がジャサク旗となったわけではなく、それ以外の地域ではそもそも王公やジャサク旗の設置はごく一部にすぎなかった。しかし、にもかかわらず帝国の全域において、(1)八旗が要所に配置される（駐防八旗など）、あるいは旗人官僚が要路を占めること、(2)全体でなくとも該地から一部の集団が抽出されて八旗に編入されること、といった諸点が共通して看取されることに注目すべきであろう。漢地でも、周知の如く各地に駐防八旗が展開し旗人が上級地方官となって統治を担ったし、旧南明・鄭氏系勢力などの武装集団は八旗漢軍に編入された（綿貫哲郎［二〇〇八a］；細谷［一九九五］）。その点では、漢地も藩部も共通して八旗制・位階制の秩序の下に包含されていたということができよう。

あらためていうならば、八旗は高い機動力と統制力で帝国の拡大と維持を支えた軍事集団であり、同時に一つの身分集団・社会集団として、文武官の人材供給源の役割をも果した。即物的な軍事力として、また支配者の手足としては、要所に集中的に投入して効率的にポイントを押えるという方針のもと活用された（杉山清彦主編［二〇一三］）。八旗を分散せず、要地にまとまった数を集中的に駐屯させて全土ににらみをきかせ（駐防八旗、北山康夫［一九五〇］；定宜荘［二〇〇三］）、また主要な港・関所や産業の中心地には八旗管轄下の官用品製造局や税関監督などの機関・役職を配置し、利権を押さえた（祁美琴［一九九八］）。一方で、人事や命令系統は中央で強力に管理していたため、それらが地方で自立化することはなかった。清代、中央・地方ともにマンジュ支配層内部の反乱が一切起らなかったことは、世界史上特筆すべきである。このような強い求心力と厳格な統制は八旗制固有の特徴であり、これが強力かつ長期にわたる広域支配を可能にしたのである。

また人材供給源としては、彼ら自身の八旗諸官制や、理藩院・駐防官といった外藩統治部門に起用するのはもちろん、明制をほぼそのまま引き継いだ中華王朝的中央・地方統治機構に対しても、人事を通して旗人たちが入りこみ、組織を内部から押えた。制度上は、要職にはポストを複数設けて旗人と漢人を同数任用する満漢併用制を導入し、また併用制ポストか否かにかかわらず、要職ほど旗人を重用した。任用においては、官職ポストすなわち「缺」に就任資格を指定し、旗人を優先した。その序列は、宗室を筆頭として以下満洲旗人、蒙古旗人、漢軍旗人、内務府包衣旗人（皇帝直属の上三旗の包衣）、そして最後が一般の漢人というもので、上位のカテゴリーの者ほど就任可能な役職は幅広く、また要職が多かった。[28] その関与する範囲も、旗人官僚は帝国全域を「巡礼圏」（B・アンダーソン）[29] すなわち赴任範囲として統治を担ったのに対し、漢人科挙官僚の「巡礼圏」は漢地に限られ、一九世紀後半まで原則として非漢地統治に関与できなかった。

このような秩序の頂点に立つ大清皇帝は、内外王公や旗人官僚・科挙官僚らを統べて全帝国の統治を主宰する大清帝国の君主（図**8-6**）であるとともに、属下の旗人を従える旗王たちを統率するアイシン＝ギョロ氏の家長にしてマンジュ王朝の君主（図**8-6**▒部）でもあり、さらにその中において上三旗の旗人を従える主人（図**8-7**・**8**）でもあった。よく知られているように、漢人官僚が皇帝に対して「臣」と称したのに対し、旗人が「アハ＝奴才」と称したことはその表れである。その手綱としての役割を担い、帝国統御の手足となったのが八旗である。

大清帝国の広域支配は、基本的に在来の支配関係・社会慣習に干渉せず、上述のように現地支配層を帝国の統治組織に組み込んだ上で、監督官・駐留部隊を派遣して間接支配するというものであった。支配体制を構築していく際の原則は、帰順以前の枠組みに基づいて、領主・代表者を通じて把握し、その属性によって区分するものということができる。領主―領民の形で把握される社会の場合は、南北モンゴル・青海・オイラトの首長のように、王公爵を授けてその集団を旗制を適用して編成した。これに対し在地有力者・指導層はあるけれども領主とはいえない場合は、東トルキスタンのベグのように、それらを統治官に任用する形で支配組織に組み込んだ。ただし、原則をふりかざして帰順以前の状態に改変を加えるようなことは基本的に避けた。このため、中国西南の非漢人地域には独自の首長がいる場合が多かったが、これを切り分けて王公―旗制を布くようなことはせず、旧明領として一括して把握したうえで土司（土着の首長を世襲の地方官に任命した統治組織）として扱った。ジューンガル併合後の戦後処理の破綻に起因するオイラトの徹底的解体は、むしろ例外であった（小沼孝博［二〇一四］）。

総じていえば、**図8-6**に即して説明すると、左方のモンゴル人、右方の漢人を、まず八旗への編入によって、ついでそれとは別に外藩モンゴル・漢人軍閥（三順王〜三藩）として従え、さらにその後モンゴルは外藩の拡大として、他方漢地の漢人は明制適用に切り替えて、それぞれ従属させていったということである。換言すれば、空間的・人口的に把握しえた時代には求心的な八旗制を適用し、規模が拡大してこれが困難な段階に至ると、在地それぞれの社会編成・権力秩序の流用に軸足を移した、ということができるであろう。

では、旧明領の漢人の扱いはどのように捉えられるであろうか。漢人に対しては、当初は八旗に直接編入するか八旗型組織に編成して従属させるという満・蒙・漢共通の対応で臨み、入関して中国本土の巨大な漢人社会を直接支配しなくてはならなくなるに及んで、科挙による人材登用、州県制による地方行政など在来の明制適用に切り替えたということができる。ただし、それはその方が統治しやすいという合理性からの判断であって、民族的出自を基準としたり儒教的価値観を尊重したというわけではなかった。したがって、旧明領内で割拠・横行していたさまざまな武装勢力に対しては、漢人だからといって杓子定規に州県に登録し科挙を目指させるようなことはせず、八旗に編入して軍事力化した。帝国の姿勢を明瞭に示すのが、爵位の扱いである。科挙によって出仕した漢人士大夫は、就く役職は高くても、位階を示す爵位においては旗人よりもはるかに低く抑えられていた。しかも漢人には王公身分がなかったので、一見中華王朝の伝統の現れのようにみえる爵位の世界では、漢人の地位はきわめて低かったのである。

このようにみるならば、中国本土が外藩と異なる直轄支配の形式をとったのは、そこに特別に尊重されるべき価値観を見出したからというよりは、征服以前の明代において、領主・首長が分有支配するような社会ではなかったからというべきである。しかも、直轄領といいながらも直接民衆支配に当る府州県レベルは漢人官僚のみが行政に当っており、これは、王公―旗制と身分・形式は異なるものの、在地レベルの統治を在来の支配層に委ねているという点で、藩部支配と一脈通じるものということもできよう。その意味では、中国本土における科挙の継続と儒教・学芸の保護は、モンゴルにおけるチンギス家王公との提携やチベットにおける仏教寺院・高僧の保護などと同列の方策であったということも可能である。これは在地社会に統治の実務を委託し請け負わせたものともいえ、いわば帝国はローコスト経営であった。

このように、大清帝国の支配は全面的な押しつけでも一方的な妥協でもなく、在地在来のやり方に任せつつ、要所で手綱をしぼるというものだったということができる。

このようなさまざまな集団・地域を従え、それを操る手綱を一手に握るのが、マンジュ人の大清皇帝である。大清皇帝は一般に考えられているような中華のみの皇帝ではなく、それをもその一つとする、さまざまな顔をもっていた。八旗を率いるマンジュ人のハン、明皇帝を継承して紫禁城の玉座に坐る儒教的天子、草原でモンゴル君長たちの臣礼を受ける大ハーン、チベット仏教の大檀家にして自らも文殊菩薩の化身、そして異教徒ながらイスラームの保護者――大清皇帝は、図**8-6**に示したように支配下のさまざまな人びとに対し、それぞれに対応した〝いくつもの顔〟をもつことによって君臨・統合していたのである。これはまた、見方を変えれば、帝国はアイシン＝ギョロ氏のヌルハチの子孫を君主としていただくことによってのみ統合されていたということでもあった。

注意せねばならないのは、これらを統合する皇帝の複合的で多様な性格は、はっきりとは分けられないということである。これら〝いくつもの顔〟は、別々の顔を使い分けるというものではなく、皇帝個人の一つの人格のうちに体現されていた。したがって、儒教的な中華王朝の中心部と思われている紫禁城においてシャーマニズムやチベット仏教の祭礼を行ない、他方、熱河での狩猟に漢人官僚も同行し、草原に張った幕舎で朝貢国の使節を引見したりしたのである。そこでは、漢人官僚にとっては君主は常に天子であり、他方モンゴル王公にとってはどこで会おうが草原世界の盟主であって、ある扉をくぐれば天子からハーンに変わる、というものではなかった。このような特質は、皇帝はいくつもの顔をもちながら、見る側からは自分に向いた顔しか映らない、と表現することができよう。多様な経緯・論理で支配を受け容れたさまざまな集団・地域を統合したのは、このように多元的でありながら一体であるという大清独自の皇帝権力であった。(30)

それゆえ帝国の秩序は、皇帝をも位置づけうる単一の論理——儒教理念など——によってではなく、求心力の中心、すなわち皇帝への〝近さ〟によって整序されていたということができる。〝近さ〟とは、個人・家系・集団と皇帝・王朝との関係の濃淡の度合いであり、それが密な者ほど皇帝により近い存在、王朝において高い存在とされたのである。(31)

それは具体的には血縁的・時間的・空間的近さとして把握できよう。血縁的とは、〈血縁の宗室旗王—姻戚のモンゴル王公—遠戚・姻戚の旗人—それ以外〉といった、血縁・姻縁の親疎の序列である。時間的とは、帰順時期のより早い者（＝より長く仕えた者）が優遇されるという、王朝に対する関係の古さ・深さの序列である。空間的とは、皇帝により側近く近侍できる者が恩寵を蒙ることができるという序列である。皇帝との親疎、ついで「功」の大小によって序列づける王爵・世爵制はその最たるものであり、先にみた「缺」の序列もまた、皇帝と縁が深く、王朝に従ったのが古いものほど上位とされる体系であった。既に多数見た、「御前」を意味する「gocika」・「hanci」といった職称の形容は、全て〝近さ〟を表現するものであった。(32)

したがって、皇帝の一族である旗王と通婚相手であるモンゴル王公とが身分秩序の頂点に位置づけられたこと、また、同胞たるマンジュ人の組織体であり国家創業以来の功労集団たる八旗に属する旗人がより高い地位・広い職権を担うのは、自然なことであろう。[33] またそう考えれば、入関後に服従した旧明朝治下の漢人の地位がそれより抑えられていたことは、別に「民族」差別というわけではない。同じ漢人でも、入関以前から仕えていた者は旗人として特権階層の側に入っており、これは服属の早さと功労の大きさで区分したものにすぎないのである。ゆえに、関係は新しくとも功績が大きいとみなされれば、漢人士大夫でも内閣・六部のトップへ昇って譜代の旗人貴族たちと肩を並べることもできた。王朝に対する寄与を認められた者、あるいはそれを期待される者は、皇帝により〝近い〟ところへ――図**8-6**でいえば、下から上へ、左右から中央へ――引き上げられたということである。

その〝近さ〟の最たるものとして、皇帝は自らの身辺に人材を集め、側近集団を形成して統治集団の核とした。皇帝の周囲には、右筆や儒学の師を務める満漢の書記・儒官、親衛隊たるヒヤすなわち侍衛、そして包衣を指揮して家政を掌る内務府官員などが随侍して常に行動を共にし、その手足となったのである。なかでも侍衛は、上三旗の満洲旗人を中核としつつ、蒙古旗人・漢軍旗人や五旗の旗人、さらに外藩王公の子弟（この場合、行走と呼ばれる）をも選抜して組織されたもので、その上層部は皇帝親信の側近となった。とりわけ、御前大臣率いる御前侍衛・乾清門侍衛は旗人名家の子弟から選抜されたエリート集団で、次代の政権幹部であった。

しばしば、侍衛は単なる警護役とみなされたり包衣は奴隷と説明されたりするが、そのような理解は適切ではない。彼らはただの警備兵や召使ではなく、常時随侍する側近としてあらゆる任務に当るとともに、文・武、中央・地方の大官として転出・起用されて帝国全域の統治・軍令を担ったのである。[34]

要は側近とは〝近さ〟の表現であり、重要なことは、官職そのものよりも、能力なり出自なり個人的関係なりが有用とみなされた臣下を側近として抜擢・登用することである。したがって自ずから旗人が主体となるものの、必ずしもマンジュ人・旗人に限られるわけではないし、その役職が侍衛や包衣に限定されるわけでもない。ゆえに、バクシすなわち書記・秘書が担った部分は早い段階から漢人官僚が取って代っていくことになるが、それらをも含めて、広く側近集団として捉えるべきであろう。側近には漢人文化人やチベット仏教僧まで含まれており[35]、それらさまざまな形で人材を身辺に集めることで、**図8-6**でいえば左右全てのブロックから人材を掬い上げ活用するとともに、それぞれの出身母体を中央に繋ぎとめていたと見ることもできよう。これら側近集団は、帝国を動かすための手足であるだけでなく、帝国を皇帝のもとに結びつけるものでもあったのである。

その意味では、大清帝国の政治は、一見整然とした政府組織・官僚機構のピラミッドによって動いているように見えつつ、その実は独裁的な権力をもつ皇帝が、さまざまな名目で身辺に集めた側近によって運営する側近政治であったということができよう。侍衛・包衣は側近政治の人材源の一種であり、一八世紀前半に成立し、以後国政の中枢を担うようになる軍機処（図**8-13**）もまた、側近政治という点で一連の流れの上にあるということもできる。

図8-13　軍機処

側近が重要となるという体制は、君主個人への権力の集中すなわち専制を意味する[36]。これは一見、先行研究が強調し本書でもこれまで述べてきた八旗の分立・連合体制や国政運営における合議制の伝統と対立ないし矛盾するもののように映るかもしれない。しかし、議政王大臣や内閣・軍機処は、合議とはいうものの予め定められた固有の権限や拒否権はなく、決定は常に皇帝が最終的に下した[37]。皇帝の親裁・専決を大前提としつつ、皇帝が一方で臣下に諮問し建議を求めることと、他方で側近と謀議し時に実行をも委ねることとは、専制の両様の手段であって、相反するものと見るべきではなかろう。その意味で、皇帝の最終的決定という専制性と、それを侵すものではない重臣一同による合議制の伝統とは、相補うものであって対立するものと捉えるべきではないし、また合議制と側近政治は、むしろ強大な皇帝権力の異なる補助手段であったといいえよう。

しかし、にもかかわらずそれが分節的・重層的に組み立てられたところにこそ、八旗制・マンジュ国家的特徴があるのである。私の見るところ、強力な求心性・集権体制と、分節的・重層的な権力編成とは、矛盾しないように思われる。（1）でみたように、岡［二〇〇二］［二〇〇九］は、ヒエラルヒー構造を有しつつ各単位が高度に自立している分節的な組織を「北アジア的」国家・社会構造と呼んでモデル化しているが（図**8-4**）、八旗制下の体制もまた、権力が分節的に組み立てられつつ全体として強力に統合されていると考えるべきであろう。重要なことは、皇帝の強力な求心性と機動的・効率的な組織運営とを両立させるに際し、遠心的にみえる分封制・分節構造が選択されたということである。その契機・論理の解明こそが課題であり、またそれが具体的にどのような局面でどのようにして表出するかということを検討せねばなるまい。

以上、大清帝国の統治構造・支配秩序を、マンジュ的特質に即して概観してみた。漢人の立場からみたとき、一君万民の体制を極限まで発達させたように見える「清朝」国家は、ひるがえって八旗・外藩の視点からみると、宗室王公・外藩王公を国家の諸身分の頂点とし、王公はじめ帝国を構成する各ブロックの支配層が各自の属下・領民を従えて服属・連合するという体制として描くことができる。これらの諸側面を、図**8-6**の最上部に示したように、マンジュ人皇帝が対象に応じた多様な位置づけを以て臨むことで統治・統合していたといえよう。そのもとで、帝国を構成する各部においては、在来の支配層・統属関係が、支配体制の中に位置づけなおされながら基本的に存継していた。一方で、それらへの楔として駐防八旗はじめとするマンジュ的軍事・行政系統を全土の要地に打ち込み、また帝国全体の統治はマンジュ人・旗人にのみ担わせて、この広大な領域を統御したのである。それらの点から見れば、濃淡はあるにせよ、帝国全体が八旗を根幹とする支配体制下にあったということができる。

このように、八旗は支配集団たるマンジュ人自身の統治組織たると同時に帝国支配の要でもあった。八旗とは単なる軍制や軍隊そのものではなく、軍事を第一義としつつも、広く統治行為全体を担う身分集団だったのであり、八旗制度とはそれら支配集団の組織形態であったといえよう。いうまでもなく、広域・多様な大清帝国の国家・社会全体を八旗制のみで以て説明することはできないが、往々にして見られるように漢地の明式官制と漢人社会で以て帝国全体を説明することもまた、適当ではない。本書で試みたように、マンジュ王朝という帝国の本質・根幹に立ち戻った上で、漢地なりモンゴルなり各部の内実や近代における変貌など、それぞれの問題を照射すべきではなかろうか。

そしてこのように、マンジュ的特質に即して大清帝国の統治構造・支配秩序を眺めてみると、一面において、大清帝国の支配とは、〝マンジュ人による支配〟という大原則のもと、一定の制約を条件として多様なものを多様なままに共存させるしくみであったということができよう。その大原則の徹底は、有名な辮髪の断行や文字の獄のように、ときに苛烈なものであったが、一方で、一定の条件さえ受け入れれば在地の社会・慣行は最大限維持されたのである。むろん、それは諸民族の平等や諸文化の尊重という理念に支えられたものではなく、支配領域の拡大の中で選択された現実主義的な判断――「そうするのが、治安の維持と税収の確保に一番効果的」との――にすぎないが、それが結果として帝国の拡大と長期にわたる安定に貢献したといえるであろう。そして、その拡大と秩序の担い手となったのが、すぐれてマンジュ的な八旗であった。そこにみられる特質は、〝固い〟原則と〝柔らかい〟運用であったと表現することができよう。

強靭な統治の組織とゆるやかな共存のシステムがあいまった、強固にしてしなやかな支配——オスマン帝国にみられるこのような支配のあり方を、鈴木董［一九九二］は〝柔らかい専制〟と呼んだ。この語を借りて、岸本美緒は大清帝国の支配をも〝柔らかい専制〟と表現している[38]。その文脈は、マンジュ的特質に十分に目配りしつつも、近世中国社会をどう捉えるかという関心の下にあるが、本書で述べたように、専制的にして柔軟な支配という特質は、マンジュ人支配の面からみても、明瞭に看取されるのである。このように考えることで、ともすれば〝中国〟ということでまとめられてしまう大清帝国を、新しい観点から近世史、さらには世界史に位置づけていくことができるように思われる。

そこからさらに視野を広げるならば、大清帝国の性格・特質を世界史的視野で考え、位置づけてゆくための比較の視座として、第一に淵源でもあるモンゴル帝国、第二に、同じモンゴル帝国から分かれ出て広域支配を行なったティムール帝国・サファヴィー帝国・ムガル帝国・オスマン帝国などのユーラシアの「近世」国家群、そして第三に、それらと異なり相互の関係はないものの、同一の状況を背景にして時間的に並行して形成された日本の幕藩制国家、を挙げることができる[39]。例えば八旗・外藩の構造と特質を見る際に、大小の世襲的領主の組織体と彼ら領主層による国政担任という点で、これらモンゴル時代史・中央ユーラシア近世史・日本中近世史などと対比して考えることは、重要な示唆を与えてくれるであろう。他方、その上であらためて——アプリオリにではなく——中華王朝「清朝」として検討することも重要であろう。明と清の連続と断絶を先入見にとらわれることなく再検討することで、「中国史」にも新しい光を当てることができるのではあるまいか。本書で試みたのは、中央ユーラシア国家として大清帝国の形成を捉え、それを近世世界の中に位置づけることであったが、もとより探求の方向性は、それのみにとどまらない。大清帝国史の可能性は、あらゆる方向に開かれていると思われるのである。

補論　近世ユーラシアのなかの大清帝国
――オスマン、サファヴィー、ムガル、そして〝アイシン＝ギョロ朝〟――

(1) ユーラシアの「帝国の時代」

広くユーラシアを見わたすと、一七―一八世紀は各地に巨大帝国が並立する時代であったということができる。アジア・アフリカ・ヨーロッパの三大陸に覇を唱えたオスマン帝国をはじめとして、イラン高原のサファヴィー帝国、インド亜大陸のムガル帝国、ユーラシア中央部のジューンガル遊牧帝国、またユーラシア西北部から北辺一帯に広がったロシア帝国、そしてパミール高原以東を覆わんとする大清帝国である。なかんづく、これらの帝国期が重なりあった一七世紀後半は、まさに帝国の時代であったということができよう。

しかし、これらは「トルコのオスマン朝」「イランのサファヴィー朝」「インドのムガル朝」「中国の清朝」などとして、その後に成立する国民国家に接続するような時系列的王朝史の上にそれぞれ位置づけられ、たんに並存したものとみなされることが一般的だった。その場合ロシア帝国は、実体はユーラシア国家であるにもかかわらず、ふつう「ヨーロッパ」の側に数えられてむしろ「アジア」に対置されるものとして扱われ、他方、一八世紀半ばに崩壊・脱落して国民国家につながらなかったジューンガル帝国は、忘れられた存在となってしまっている(1)。かくて、残る「アジア」の四帝国は、共通性といえば「同時代に存在したアジアの専制帝国」という外観の印象にとどまり、往々にして各地域における「落日の大帝国」としてくくられてきたように思われる。近年では、オスマン・サファヴィー・ムガル三帝国については、ムスリム（イスラーム教徒）が君主として秩序を主宰する「イスラーム国家」としてまず把握し、その上で個々の帝国それ自体に即して位置づけられるようになったが（羽田正［二〇〇〇］）、いずれにせよ大清帝国のみは「中国の清朝」としてそれらとは区別され、意識的に切り分けて扱われてきた。四帝国の間に共通性を見出したり対比して特徴を探るのではなく、かたやイスラーム、かたや儒教的世界観に立脚する世界帝国として、むしろ異質・対照的なものとみなされてきたのである。

しかし、本書で論じてきたように、ユーラシア東北部でマンジュ（満洲）人が「大清」を号して建てたこの帝国は、いわゆる〝中華王朝〟として単純にくくれるものではなかった。では、新しい〝大清帝国〟像に立って改めてユーラシアの諸帝国を眺めわたすならば、どのような発見があるだろうか。この補論では、牽強附会の謗りを承知で、一つの試みとして素描を提示したい。

（2）近世ユーラシアの帝国群

大清帝国については本編各章で論じてきたので、それとの対比を念頭におきながら、ふつうはイスラーム国家としてまとめられるオスマン・サファヴィー・ムガル三帝国の帝国形成の過程と支配体制の特質を、先行研究に拠ってまとめてみたい[2]（存続期間は、教科書的年代を示した）。

一七世紀初めにヌルハチ（位一六一六—二六年）が建て、一六四四年の入関以降本格的に帝国化したマンジュ＝大清グルンすなわち大清帝国（一六一六—一九一二年）は、これら諸帝国と比べれば最後発組である。これに対し最も早く形成され、最も長命であったのがオスマン帝国（一二九九—一九二二年）である。[3]オスマン帝国の原型は、一三〇〇年前後にアナトリア西北部に現れたオスマン家を指導者とするムスリム＝トルコ系の軍事集団であり、これが近隣の類似したムスリム君侯国やビザンツ系・スラブ系のキリスト教徒勢力と合従連衡を繰り返しながら次第

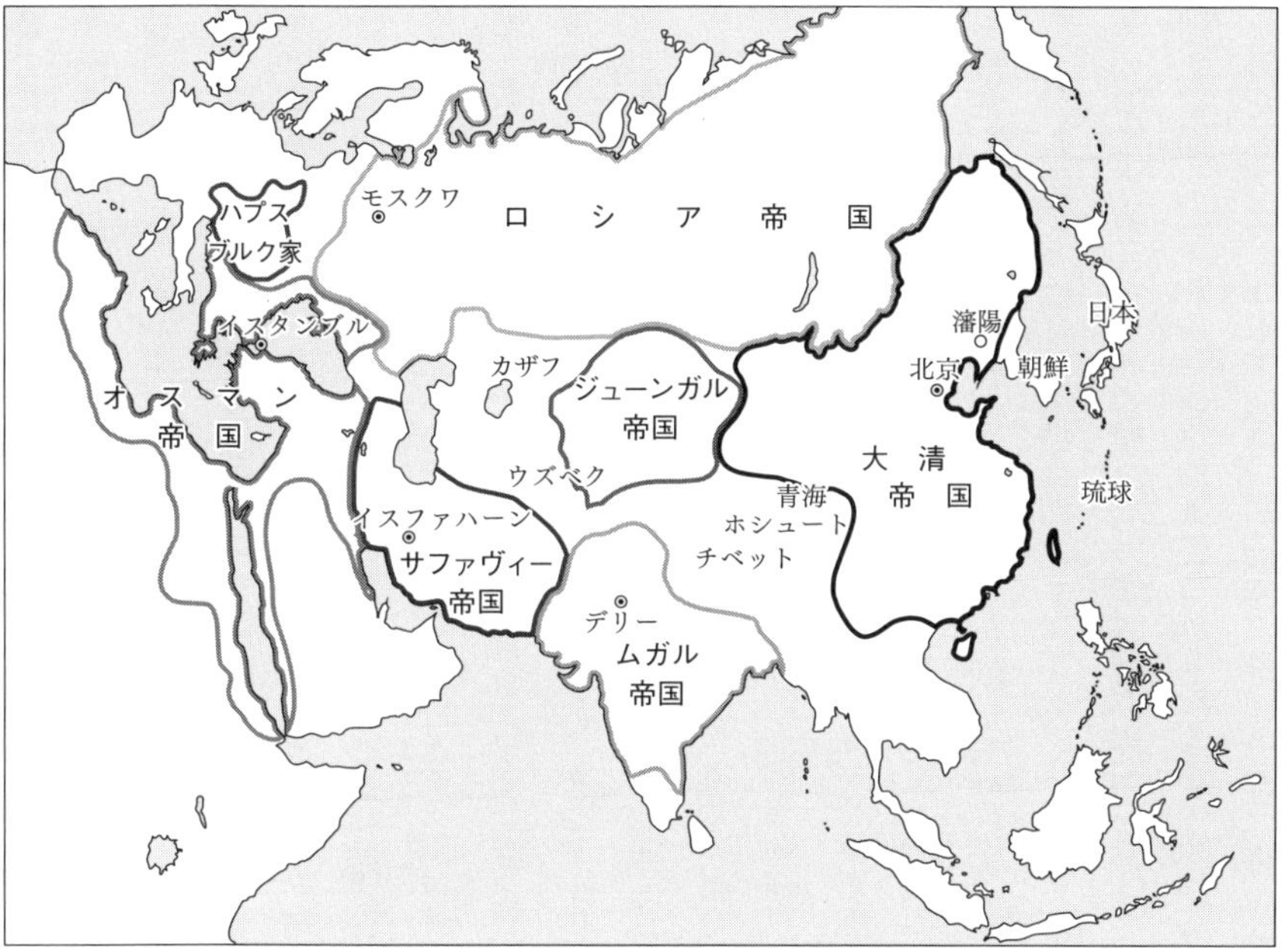

図補-1　近世ユーラシアの帝国群（1700年頃）

に成長し、やがて大帝国に発展したのである。その帝国化の画期とされるのが一四五三年のコンスタンティノープル征服であり、さらに一五一七年にはエジプト・シリアのマムルーク朝を滅ぼして聖地メッカ・メディナを庇護下におき、名実ともにイスラーム的世界帝国となった。

　その人的基盤を提供したのは、領内のキリスト教徒子弟を強制徴用して改宗・訓練する「デヴシルメ」と呼ばれる特異な登用制度であり、これによって徴集・養成された若者たちは、「スルタンの奴隷」として君主に直属するエリート軍人集団を構成した。名高い歩兵軍団のイェニチェリはその主力であり、なかでも特に優秀な者は小姓としてスルタンの宮廷に入り、その薫陶を受けながら教育・訓練を施されて将来の政権幹部となっていった。近年の研究では、大清帝国の形成期に相当する一七世紀は、かつて考えられていたような衰退期の始まりではなく、一六世紀までに完成されたそのような支配のメカニズムが、スルタンの指導力に依存することなく自律的に機能するに至った時代とみなされている。

一方、最も短命であったのが、シーア派イスラームを標榜するサファヴィー帝国（一五〇一―一七三六年）である。とはいえ、他と比べて短命とはいうもののその存在期間は二〇〇年以上にわたり、イラン高原に興亡した国家としてはきわめて長命であった。イラン高原を中心とした地域は、西北方のアゼルバイジャン地方と東方のホラーサーン地方とに核がある楕円構造をしているが、サファヴィー帝国はこのうちのアゼルバイジャンで興起し、カリスマ的指導者イスマーイール一世（位一五〇一―二四年）のもと、アナトリア東部から中央アジアのアム川に至る広大な領域を支配下においた。君主たるサフィー家はイスラーム神秘主義教団の教主の家系であり、その教えを信奉するキジルバシ（赤い頭の意）と呼ばれるトルコ系遊牧部族の軍事力が建国の原動力となった。サファヴィー帝国は、かつては王家の出身や主たる支配領域からシーア派やイラン王朝として特色づけられていたが、そのような点からみるならば、その核心は、先行するティムール帝国（一三七〇―一五〇七年）などと同様のイスラーム化したトルコ＝モンゴル的遊牧国家体制にあったということができる。

そのもとでは、これまたティムール帝国などと同様、トルコ系遊牧民が軍事を担い「タージーク」と呼ばれるイラン系定住民が行政を担うという一種の分業が行なわれた。しかし、軍事力によって王権を支える遊牧部族は、その内部に上位権力の容喙をも許さない自立性をもっており、また君主位の継承や支配の果実の分配に対して関与する権利を有していたため、遊牧国家体制は王権にとって両刃の剣であった。このため、ヌルハチのマンジュ統一（一五八八年）とほぼ同時期に即位したアッバース一世（位一五八七―一六二九年）は、君主直属の近衛兵コルチを拡充するとともに、グルジア・アルメニアなど主にコーカサス地域出身者からなるグラームと呼ばれる親衛・側近集団を整備し、キジルバシを抑えてこれらを軍事・政治の中心に据えた[4]。アッバース一世の改革によって新たな寿命を得たサファヴィー帝国は、その後一世紀を経て雍正帝（位一七二二―三五年）即位の年である一七二二年に実質上崩壊するが、一八世紀末の乾隆時代の終り（一七九九年没）をこれになぞらえるならば、大清帝国にほぼ八〇年程度先行しながらパラレルな二〇〇年間を過した王朝ということができよう。

さて、ある意味で最も異質に感じられるのがムガル帝国（一五二六―一八五八年）であろう。[5]「中国」の清と同様、「インド」の印象の強いムガル帝国は、大清帝国との比較どころか、オスマン・サファヴィー両帝国と比べることさえ未だ途上である。しかし、その起源はティムール帝国の一王子バーブル（位一五二六―三〇年）が北インドに転進して建設したムスリム政権であり、支配下の圧倒的多数こそインド亜大陸のヒンドゥー教徒ではあったが、紛れもなくイスラーム国家であった。その支配層の中核は、トゥーラーン系と呼ばれる中央アジア出身のトルコ＝モンゴル系貴族と、建国期にサファヴィー帝国の支援を受けて以来の密接な関係を背景とするイラン系貴族、それに土着のヒンドゥー教徒であるラージプート諸侯であった。非ムスリムであるラージプート諸侯を支配層の柱の一つとして抱え込んでいるところに、圧倒的な非ムスリム人口を統治せねばならないムガル独自の特徴を見出すことができる。

これらムガル帝国の支配層は、マンサブという数値化された位階を授けられて序列化され、数値に応じた軍役と俸給を賦課・授与された。[6]軍隊の大半は皇帝直属ではなく個々の武将（マンサブダール）の手勢であったが、この独特のマンサブダール制度によって統一的に把握され、恒常的な征服の拡大と新規参入者の編入が可能となったのである。このような体制が機能したのは、康熙帝（位一六六一―一七二二年）と重なりあって在位したアウラングゼーブ帝（位一六五八―一七〇七年）の時代までで、一八世紀初めにこの老帝が没すると、帝国は急速に解体してゆく。滅亡こそよく知られているように一九世紀半ばのインド「大反乱」時であったが、ムガル権力は一八世紀前半のうちにデリー周辺のみの地方政権に転落して帝国としての実体を喪失しており、その点ではサファヴィー帝国とほぼ並行した二〇〇年であったといえる。また大清帝国とは、創業者バーブルとヌルハチ、最大版図を現出したアウラングゼーブと乾隆帝（位一七三五―九六年）とがそれぞれほぼ一〇〇年の違いであり、一世紀ずれの、これまたパラレルな巨大帝国であったともいえよう。

一六世紀から一八世紀にかけて鼎立したこれら三帝国は、改めて比べるまでもなく三者三様であって、ムスリム君主が支配する政権という以上の共通性はないようにみえるかもしれない。しかし、あえて極端に一般化してみるならば、これら諸帝国は、いずれも外来もしくは外来起源の少数の軍事集団が、宗教・宗派なり言語文化なりを異にする人口稠密地域を支配下に収めた帝国であるということができよう。そしてそのように表現するならば、万里の長城以北でマンジュ人が建設し、厖大な人口を擁する長城以南の漢人社会と内陸に広がるモンゴル遊牧社会を治下に収めた大清帝国もまた、同様の性格をもつものとして捉えることが可能ではあるまいか。これら三帝国と大清帝国の間には、トルコ系とツングース系、イスラームとチベット仏教・儒教といった違いを超えて、遊牧地域と定住地域にまたがり遊牧民・都市民・農民など多様な人びとを統治する複合的な巨大帝国という点で――けっして、「東アジアの中華王朝」と「西アジアのイスラーム国家」の鮮烈な対比としてではなく――、共通性を見出しうるように思われるのである。

（3）帝国形成の特質と支配組織の性格

そのようにみるならば、これらの帝国には、具体的なレベルでの相違を超えて、いくつかの共通の特徴を指摘することができる。

第一は、それ以前の政治的・文化的枠組みからみて境界ないし辺境に当る地域から勃興し、古い文化伝統を誇る地域を征服・再編成したことである。大清帝国の揺籃の地たるマンチュリアは、独自の伝統をもつジュシェン＝マンジュ人の社会が存在しつつも、より広域的影響力をもつモンゴル遊牧社会と漢人農耕社会の周縁部でもあり、言語文化の面でも組織技術の面でも、それらの混淆と選取の中から権力形成が行なわれたということができる。そのような国家生成の土壌によって培われた強靱さと柔軟さのゆえに、モンゴル諸勢力と旧明朝双方の征服・支配が可能となったのである。

これと比べみたときただちに思い当るのが、中央アジア起源にしてアフガニスタンを根拠地として帝国形成を果したムガル帝国である。ムガル帝国が、王家・軍事力・文化伝統などあらゆる面でインド外部に出自する集団が異言語・異宗教の亜大陸を征服・支配したものであることは言を俟たない。中央アジアからもちこんだ遊牧国家的制度や慣習をむき出しにふりかざすのではなく、さりとて厚い伝統を誇るインドの文化や社会に同化するのでもない複合性・多面性のゆえに、ムガル支配層は、一億人を超える人口を擁するインド社会に埋没することなく数世代にわたって強力な支配をなしえたのである。

一方、サファヴィー帝国の場合は、建国地のアゼルバイジャンは辺境というよりも中心地の一つというべきであるが、中核集団がトルコ系遊牧部族であり結集核となったのが独特のシーア派信仰であったということからすると、そこに伝統的イラン社会に対しての周縁性・他者性を見出すことも許されるように思われる。著しく時期が溯るため同列には論じられないとはいえ、オスマン帝国もまた、トルコ＝イスラーム世界とビザンツ＝キリスト教世界との境界地帯から勃興し、その両方を支配下に収めたことはよく知られている。そのように考えれば、原初における境界性ないし周縁性、また人口稠密地域にとっての他者性は、これら諸帝国に共通する特徴であり、そこに大発展を可能ならしめた理由の一つがあるように思われる(7)。

第二は、国家構成員や組織技術に見られる多「民族」的・多文化的な混合性・複合性である。大清帝国においては、本書第五・七章でも述べたように、そのような特質は、原初の国家そのものにして帝国形成後も支配集団を構成した八旗のうちに明瞭に見出される。八旗においてはマンジュだけでなくモンゴル・漢が主たる構成要素をなし、加えて朝鮮やロシア・チベット・ベトナム・ムスリムさえ包摂されていた。さらに統治組織全体に視野を広げていえば、八旗に所属しない一般漢人や草原で遊牧しているモンゴル王公なども、それぞれの領域において統治を担い支配層として位置づけられていた。そこでは儒教も、影響力は大きいとはいえあくまで数ある正統化論理・倫理観の一つにすぎず、全体としてみれば帝国は多「民族」的・多文化的であったということができる。

　このような点は、あらためて述べるまでもなく三つのイスラーム国家においては当然の特徴であった。オスマン帝国はけっして「トルコ人」の国家でも「イスラーム」のみの国家でもなく、ムスリムが主宰しつつもその下で多種多様な非ムスリムが共存し、デヴシルメを通して、むしろ非トルコ・非ムスリムの人材がエリートコースに昇っていったのである。同様に、以前は「イラン民族国家」とみなされていたサファヴィー帝国も、現在では、それを支配層・統治領域の重要構成要素としつつも、それだけに限定されない多「民族」的・多文化的社会であったことが強調されている。むろん、いずれにおいても支配層に加わるためにはムスリムになる必要があったが、これを「支配層参入のための所定のハードル」と一般化して考えるならば、大清帝国における「出身母体を離れて八旗に編入されること」と、一脈通じるものということも可能であるように思われる。

　特に支配の上で重要であったのは、支配層とは出自や文化を異にする多数派住民を、共存・利用しながら統治したことである。オスマン帝国においては、ムスリムとしてははるかに先輩格のアラブなどに対し、各地域社会のウラマー（イスラーム法学者）を官僚機構に組み込んで司法・地方行政を担わせた。また全人口のおよそ半分を占めるバルカン半島のキリスト教徒を必ずしも疎外せず、イスラームへの改宗が必須であったとはいえ、彼らの子弟をデヴシルメによって中央に登用していた。

　サファヴィー帝国でも、前述のように軍事を担うトルコ系に対しタージークすなわちイラン系定住民が行政を掌っており、その点ではサファヴィー時代以前からの共存・分業のしくみが継承されていた。さらに、グルジアはじめとするコーカサス地域のキリスト教国をも支配したばかりか、有力者の子弟をムスリムに改宗させてグラームに登用しており、オスマン帝国のデヴシルメや、大清帝国におけるモンゴル王公の行走を想起させる。

より明瞭なのは、圧倒的多数のヒンドゥー教徒を統治したムガル帝国である。先に見たように、ムガル帝国はムスリム君主が統治する国家でありながら、その支配層と軍隊にラージプート諸侯をはじめ非ムスリムのヒンドゥー教徒を抱え込んでいた。これはイスラーム国家としては相当異質な特徴であろうが、比較の視点を広げてみれば、外来の軍事集団が人口稠密地域を支配することによって在地の多数派住民を支配層に加えたという点において、旧明領征服にともなって科挙官僚制度を継承し、武装勢力は八旗漢軍に編入した大清帝国と、相通じるものということができるように思われる。ムガル帝国の支配層がトゥーラーン系・イラン系・ヒンドゥー系を三本柱としていたことは、大清帝国における満・蒙・漢に相当するものとみなすこともできよう。

第三は、その領域が一元的な支配下におかれているのではなく、多様な統治形態の地域の集合体であったことである。これは、言いかえれば君主が多様な構成集団・地域の結節点であったということである。第八章で述べたように、大清帝国においては、支配集団自身の組織たる八旗制を中核として、旧明領の漢地では明から継承した州県制と地域的には土司《どし》制度、南北モンゴル・青海ではジャサク旗制、旧ジューンガル領の新疆ではジャサク旗制・ベグ制・州県制など、帰順経緯や現地の実情に応じて多様な統治方法がとられていた。これら独自の前歴をもち相互には連関のうすい各地域は、ハン・皇帝などそれぞれに対応した位置づけを有するアイシン＝ギョロ氏の君主に臣従することによってのみ統合されており、君主はそれらに八旗系統の駐留軍・監督官の網を被せて統御していたのである。これは、国内外を問わず一元的な体系に当てはめてゆこうとした明朝の支配のあり方とは、大きく異なるものであった。

オスマン帝国においても、首都イスタンブルを中心にアナトリア・バルカン・シリアが直轄領として軍管区・行政区に分たれて統治される一方、エジプトなどシリア以外のアラブ地域は比較的独立性が強く、中央派遣の総督がおかれるもののその下では旧来の体制がおおむね維持された。さらにその外延には、黒海北岸のクリム＝ハン国など、スルタンに臣属する形で間接支配を受け入れた自立的な政権が連なっていた。このような統治体制を、羽田[二〇〇〇：二一頁]は「地方の数だけ統治の方法があった」と表現しているが、これはそのまま大清帝国にも当てはまるように思われる。そのような統治の多様性は、広域・多様なインドを支配し、多数のヒンドゥー藩王国などをも従えたムガル帝国においても看取されることはいうまでもない。

これらの王権の支配の根拠は、王家の血統そのものよりも、まずイスラームという普遍的理念に求められた。しかし、それは同時に王権をも超えるものとして君主を制約する両刃の剣であったし、またいずれの帝国も治下に多数の非ムスリムを抱えていたので、帝国統合を正統化する論理は、イスラームのみに依拠したわけではない。オスマン帝国では、君主は称号としてイスラーム的なスルタン、トルコ＝モンゴル起源のハン、そしてイラン伝統のシャーをあわせ称えていた。このような点は、チベット仏教や儒教によって正統化しつつ、いくつもの性格を兼ねそなえて君臨していた大清皇帝の君主権のあり方と、興味ぶかい類似をなしているといえよう。

第四は、それ以前からの伝統的言語文化とずれをもつ言語や文字が支配の言葉として用いられ、それによる文書行政が高度に発達したことである。一般的には「清＝中華王朝＝漢文」と思われがちであるが、大清帝国においてはあくまでもマンジュ語・マンジュ文字（モンゴル文字系）が第一の公用語・文字であり、上級の公文書はマンジュ語のみか、マンジュ語とそれ以外の言語による並記（合璧《がっぺき》という）を原則とした。たしかに行政文書の圧倒的多数は満文・漢文並記（満漢合璧）であり、地誌・行政ハンドブック・各種台帳など地方統治レベル・事務レベルの書籍・記録類はほとんどが漢文であるが、あくまでも漢文はマンジュ語以外の諸言語の代表というにすぎず、支配中枢に近づくほどマンジュ語のもつ比重は高まった。かつ、漢文はあくまでも旧明領に関する部分における第二公用語であって、モンゴル・チベット方面ではモンゴル語が国際語《リンガ・フランカ》の地位を占めており、マンジュ・モンゴル合璧あるいはマンジュ・モンゴル・チベット三体合璧で行政文書や外交書簡が作成された。

西方において古くから漢文に当る地位を占めたのはペルシア語であるが、これはイラン高原のサファヴィー帝国だけでなく、ふつう「インドの王朝」とみなされがちなムガル帝国の公用語でもあった。広大なインドにおいて、在地各処の宗教や言語が何であろうと、文書行政はペルシア語によって行なわれたのである。他方オスマン帝国においては、オスマン＝トルコ語といわれる独自に発達したトルコ語が支配の言語とされた。オスマン帝国でトルコ語が公用語とされたのは現在の目からすれば当然のことのように思われるが、それまでの中央アジア以西のトルコ系王朝では、日常会話の言語はトルコ語であっても、支配のための公文書で用いられる言語はほとんどの場合ペルシア語であった。ところがオスマン帝国では、ペルシア語・アラビア語といった古くからの伝統をもつ書記言語があるにもかかわらず、自らのトルコ語を中軸に据えた上で、それらを併用したのである。トルコ語をマンジュ語、ペルシア語を漢文に相当するものと考えるならば（それでいけば、アラビア語はモンゴル語ないしチベット語に当るといえようか）、オスマン・大清両帝国の言語状況と王朝の方針は、きわめて似通ったものといえよう。ひるがえってムガル帝国の場合は、インドの住民を漢人に当ると考えれば、ペルシア語による文書行政は、漢地でのマンジュ語によるそれとみなすことができるであろう。

（4）モンゴルからの流れと「近世」のひろがり

このように近世のユーラシア世界を眺めわたすと、当然存在する個々の相違よりむしろ、意外な共通性・並行性や、これまで個別の差異に目を奪われて気づかなかった相違点が浮かびあがってくるのである。では、そのような相似がみられるのはなぜだろうか。共通の淵源なり動因なりがあるのだろうか。

私は、別の機会に大清帝国と江戸幕府の対比を試み、そこに多くの共通点を見出したが（杉山清彦［二〇〇八f］）、その場合はいうまでもなく両者には交流や継授・模倣の関係はなかった。むしろ、にもかかわらず共通の特徴が見られることにこそ面白さがあるといえよう。これに対し、一七―一八世紀に重なりあって栄えたこれらの帝国は、先行する一三―一四世紀のモンゴル帝国から、いずれもその広域支配と多「民族」統合を引き継いだ巨大国家であるということができるのではないだろうか。もとよりモンゴル帝国とこれら四帝国、また四帝国相互の間に大きな隔たりがあることはいうまでもないが、にもかかわらず、一方で共有される淵源・源流と、他方での地域・時代などおかれた条件の差違が、これらの帝国に共通点と相違点とを生み出したように思えるのである。

確認してみるならば、ムガル帝国は、チャガタイ家臣から興ってチャガタイ・フレグ両家領を引き継いだティムール帝国の直接の後身であり、サファヴィー帝国も、ティムール帝国の滅亡と入れかわりに、モンゴル帝国期以来の流れをくむトルコ系遊牧部族に支えられて成立したものであった。これらと比べると、オスマン帝国は成立時期が早く相違点も目立つが、国家形成の背景にモンゴル帝国の西アジア進出があったこと、また君主位継承法や原初期の軍事・政治構造に遊牧国家的性質がみえることは一致している。オスマン的特徴は、むしろ遊牧国家的特質を前提とした上での、そこからの脱却にあったというべきであろう。他方、大清帝国はけっして明朝のコピーではなく、遊牧民でこそないもののそれと親和性をもつマンジュ人が、遊牧王権・遊牧軍隊のしくみをベースにしながら独自につくりあげた新国家であった。その皇帝号は大元ハーンを引き継いで称えられたものであり、政治の運営には合議制・側近政治など中央ユーラシア的な政治文化がみられた。総じていえば、これら四帝国は、橋渡しとなったティムール帝国も含めて、モンゴル帝国の継承国家の系譜上に位置づけることができるであろう。

今一度まとめ直すならば、近世に並立したオスマン帝国・サファヴィー帝国・ムガル帝国・大清帝国は、いずれも遊牧国家そのものではないが、その起源や軍事力・権力構造などにおいて中央ユーラシアに由来する特徴をもっており、その力によって大帝国を築いたということができる。同時に、暴力的に直接支配を行なうのではなく、意志決定と軍事力を掌握した上で支配下の定住民を積極的に活用して共存するという方法で、広域統合と長期的安定を実現した。モンゴル帝国において一つの完成態に達したこのような統合・支配のあり方は、帝国の形成・護持を担う〝固い〟核と、多様なものを受け入れ帝国の拡大・安定を支える〝柔らかい〟ひろがりという二面性として説明することができよう。サファヴィー帝国やムガル帝国は、共通してその中核にイスラーム化したトルコ＝モンゴル系遊牧民出自の勢力が存在していたし、オスマン帝国でもオスマン王家と「スルタンの奴隷」たち、大清帝国ではマンジュを中核とした八旗など、いずれにも帝国を支え動かす〝固い〟中核部分が存し、その上でイラン人やヒンドゥー教徒の書記、あるいは漢人の科挙官僚などを数多く登用して支配を実現していたのである。このようにみるならば、比喩にも似た比較ではなく、具体的に内実に立ち入った新しい比較検討が可能となるように思われる。

もとよりこのような鳥瞰の試みは、必ずしも目新しいものではない。清の国家形成と支配の特質を世界史的文脈において捉えようとする試みは、第II部で紹介したように岸本美緒によって積み重ねられており、そこでは世界大の経済の動きを視野に収めながら、東アジア・東南アジアを取り巻く大状況とそれへの個々の対応として位置づけられている。だが、そこでは経済の拡大と収縮、秩序の流動化と安定・成熟といった、リズムの共有という共時的側面に関心が強くある。ではこれに対し、共通の時代状況に向き合いながら、それぞれ個性的な選択を行なって国家統合・政権運営に当ったこれら諸帝国の共通点と相違点は、何に由来すると考えられるだろうか。そのように考えたとき、モンゴル帝国という共通のルーツ、さらには中央ユーラシア国家という類型が想起されるのである。

そこで私が関心を寄せるのは、先行するモンゴル帝国からの継承・変容と、その上で地域・時代の相違がもたらしたそれぞれの個性にあり、またそこにおいて興味をひかれるのは、政治組織の伝統や組織技術がいかに継受され、同時に集団や時代に応じてどのように改変され状況に適応していったかということである。そこには、岸本が挙げるような一六世紀的・ポスト一六世紀的と表現される時代状況も含まれる。では、そのような共時的側面は、ユーラシア諸帝国に貫流する通時的特質とどのように交叉したか――本章での試みは、「近世化」論や「近世帝国」と対立ないしすれ違うものではなく、むしろそれら鮮烈なスポットライトとは異なる角度から対象に光を当て、像を豊かにすることになるものと考えている。

(5)「アイシン＝ギョロ朝」として描き直す世界史

本章において「オスマン朝」などという呼称を避けたのは、そのような呼称が与える印象が、各帝国を「××国の○○朝」といった、現代の国家から溯った各国別王朝史の系譜の中に押し込めてしまうことを恐れたためである。しかし同時に、「○○朝」という呼び方は、「○○家の王朝」という意味において、「(××国というまとまり先にありきではなく)○○家を君主として戴くことによって統合された国家である」という積極的含意をもつ。そのような発想に立ってみるならば、ふつう「清朝」と呼びならわされているユーラシア東方の王朝は、アイシン＝ギョロ(愛新覚羅)氏のヌルハチが建設しその子孫が玉座につくことによって統合された帝国という意味で、「アイシン＝ギョロ朝」と呼ぶこともできるであろう。「大清」とは、そのアイシン＝ギョロ朝の自称というわけである。

オスマン朝、サファヴィー朝、ロマノフ朝、ハプスブルク朝、そしてアイシン＝ギョロ朝――そのように眺めてみれば、「大清」を号する王朝を「中国」としてはじめから切り分けてしまい、ステレオタイプの〝中華王朝〟像に現実の方をはめ込んで理解してしまう桎梏から解放されるであろう。そして、そこに新たな近世世界の姿、ひいては世界史像が浮かび上がってくるように思われる。無謀を承知で、あえて対比を試みた所以である。

注

序論

(1) 時期区分をめぐってはさまざまな見解があるが、一六四四年の入関を大きな画期とみる点は一致している。本書においても、入関までに築かれた国家体制がその後も中核に在り続けるという観点から入関前後の連続性を重視しつつ、主たる検討対象時期として入関前を取り上げる。なお、時期区分に関しては石橋崇雄［一九九七：二九二―二九四頁］［二〇一一：補論］の提唱があるが、本書で検討するところではないので、「清初」などの用語法については、慣用に従うものとする。

(2) 学説史・研究動向については、序論第二節（2）および第II部第六章で述べる。なお、より詳しい研究史と近年の動向については、杉山清彦［二〇〇一b］［二〇〇八d］［二〇〇八e］参照。清の建国・展開を「満洲人のハン」から「満・蒙・漢三民族の皇帝」「三民族の連邦」へ、とするのは、戦後の清朝史研究を牽引してきた神田信夫が多数の概説で用いた表現である。

(3)「民族」が一九世紀以降の概念であることは言うまでもないが、本書が対象とするのは近代的な「民族」の概念と語彙が登場する以前の時期に限られるので、言語や生業・習俗などを共有し、他集団と対比して「われわれ」意識をもつ人間集団のまとまりを、民族と呼ぶものとする。ただし、なるべく使用は避け、人間集団・住民集団・勢力などと表現する。

(4) 近年では、中国王朝としての連続性や同質性よりは独自性・多元性を強調する見方も広がりつつあるものの、「清＝中国王朝＝君主独裁・専制王朝」モデルは、なお一般的と言わねばなるまい。

(5) 岩井茂樹［一九九六］；岸本美緒［一九九八a］［一九九八b］［二〇〇一］［二〇〇六］［二〇〇九］など。これらの動きは、荒野泰典［一九八七］；村井章介［一九九三］など日本対外関係史の動向と密接に関連している。詳しくは、第II部で整理する。

(6) 承志［二〇〇九］は、より尖鋭的に「ダイチン・グルン」を掲げており、その意図するところは本書も同じである。

(7) 三田村泰助［一九三六］；松村潤［一九六九］；神田［一九七二］。

(8) ジュシェン～満族の歴史的内実、およびその変遷については、平野健一郎［一九八八］；細谷良夫［一九九〇］参照。なお、マンジュの語源は一般にサンスクリット語のMañjuśrī（文殊菩薩）に由来するとされている（今西春秋［一九六二］）が、言語学の池上二良［一九八七］は「大河」を意味するツングース諸語の単語起源とするツィンツィウス説を支持しており、河内良弘［一九九四：一八頁］も、語源の判断は避けつつもマンジュを文殊信仰に直結することには疑念を呈している。これらマンジュの語源をめぐる諸説については、滕紹箴［一九八二］［一九九六］；Stary［1990］；趙志強［二〇〇七：第一章第四節］参照。

(9) 今西［一九七〇：21「Kuni と gurun・ulus」］。

(10) ここで説明するように、「大清帝国」の語は研究上の概念・呼称であり、史料上の名辞としては、清末になって初めて現れる。吉澤誠一郎［二〇一〇：二二八頁］は、このことを指摘して「一八世紀までの清朝に「帝国」という言い方を当てはめるのは誤解のもとである」と警告を発している。私は、吉澤の指摘を承知した上で、「大清」を号する、世界史上・近世史上の――中国通史上よりむしろ――一帝国という意味で用いるものである。

なお、「大清帝国」の語をめぐっては、石橋崇雄が、その著『大清帝国への道』［二〇一一：三一四頁］の中で、同書の原著『大清帝国』刊行（二〇〇〇年一月）後のこととして、「ところで大清帝国の表題は独り歩きをし始め、概説書あるいは入門書だけにとどまらず、論文や研究書にまで大清帝国の表記があふれるようになった。しかも定義付けはまったくなされていないままである」と苦言を呈している。氏は明言しないが、両書刊行の間に発表された、「大清帝国」を表題に用いた学術的論著は、管見の限り一連の拙稿・杉山清彦［二〇〇一b］［二〇〇七a］［二〇〇七b］［二〇〇八e］［二〇〇八h］などしかない。しかし、それらにおいては、意図や用法について断っているので（例えば［二〇〇八e：三四七頁］）、このような批判は――もし拙稿に向けられているものであるとするならば――全く当らない。「定義付けはまったくなされていない」との批判は、表題に「大清帝国」を掲げながら、叙述中では大清帝国と清朝とを説明なく等置・混在させている氏自身にこそ、むしろ当てはまるものであろう。また時期的にも、私は石橋原著刊行以前の一九九九年一二月に大阪大学に提出した博士学位申請論文（二〇〇〇年三月学位取得）を「大清帝国形成史研究序説」と題しており、むしろ先んじているので、氏の表題が「独り歩き」したわけでもない。

(11) 諸種史料の記述、および研究史については、鴛淵一［一九三八b：二〇〇―二一二頁］；三田村［一九六二：第一節］；李鴻彬・郭成康［一九八一］；陳佳華［一九八四］；劉小萌［一九九〇b］参照。

(12)『康熙会典』巻八一兵部・武選司「八旗官制」：「国初設立八旗、曰鑲黄・曰正黄・曰正白・曰正紅・曰鑲白・曰鑲紅・曰正藍・曰鑲藍。分八旗為両翼、左翼則鑲黄・正白・鑲白・正藍、右翼則正黄・正紅・鑲紅・鑲藍。又以鑲黄・正黄・正白為上三旗。其五旗各以王・貝勒等統之。毎旗又分満洲・蒙古・漢軍為三旗、共二十四旗」（第七二冊、四〇二五―四〇二六頁）。五版ある大清会典は、以下年号によって略称して言及する。文中、上三旗の「上」字は擡頭されており、「皇帝の三旗」を意味していることが指摘されている（細谷［一九六八a：四〇頁注12］；石橋崇雄［一九八八b：三三頁］）。

(13)［0―2A］『満洲実録』巻三、辛丑年条：漢文「是年、太祖将所聚之衆毎三百人内立一牛彔、額真管属。前此凡遇行師出猟、不論人之多寡、照依族寨而行。満洲人出猟開囲之際、各出箭一枝、十人中立一総領、属九人而行。各照方向、不許錯乱。此総領呼為牛彔［漢語大箭］額真［額真、漢語主也］。於是以牛彔額真為官名」（一七四―一七七頁）。［0―2B］『満洲実録』巻四、乙卯年条：漢文「太祖削平各処、於是毎三百人立一牛彔額真、五牛彔立甲喇額真、五甲喇立一固山額真、固山額真左右立梅勒額真。原旗有黄白藍紅四色、将此四色鑲之為八色、成八固山」（二七二―二七五頁）。Cf. 承志［二〇〇九：三四三頁注12］。「スレ＝ベイレ」と

は一六〇六年以前、「クンドゥレン＝ハン」とは一六一六年以前の称号である。なお、［０—２B］のくだりは、ヌルハチの即位前年末の条にそれまでの事績を列記したものであり、以下「功業記」と呼ぶことにする。

(14) グサ（固山）が軍団・集団の意であって「はた」でないことは夙に指摘がある（鴛淵［一九三八b：二八五頁注3］；田中宏巳［一九六八］）が、以下通例に従い、グサを指して「旗」の語を用いる。なお、石橋崇雄［一九八三］によれば、各旗の色別称呼が定まった時期は八旗成立よりかなり後れるとされるが、本書では便宜上当初より色別称呼を用いる。

(15) 組織単位としてのニル・ジャランの漢訳である佐領・参領は、その管轄官であるニル＝エジェン（ジャンギン）・ジャラン＝エジェン（ジャンギン）をも指すので、区別するため、以下史料原文を除き、佐領・参領の語は避けて、ニル／ニル＝エジェンなどと片仮名表記で表す。

(16) 以下のニル制の概要については、陳文石［一九六五］；傅克東・陳佳華［一九八二］［一九八八］；張晋藩・郭成康［一九八八：二一五—二二三頁］；劉小萌［一九九〇b］；増井寛也［二〇〇八a］など参照。

(17) 標準規模のものを整ニル（gulhūn niru）、規準に満たない小規模のものを半箇ニル（hontoho niru）という。なお、ホントホの語はボーイ＝ニルの種別の一つである管領をも意味するので、区別に注意が必要である。

(18) 谷井陽子［二〇〇七］［二〇一〇］。軍役負担については、三田村［一九六二］；阿南惟敬［一九六〇］［一九六六b］；谷井陽子［二〇一二a］参照。

(19) このほか若干の高麗（朝鮮）ニルが存し、後年には、さらに多様なニルが編成された。これらについては、第七章参照。

(20) 谷井陽子［二〇一〇］；増井寛也［二〇〇八a］［二〇一二］。

(21) 概略は、陳文石［一九六五：五三八—五四二頁］；張晋藩・郭成康［一九八八：二一五—二二三頁］参照。特にニルの三分法とその名称については、安部健夫［一九四二a］；細谷［一九六八b］；承志［二〇〇九：第七章］などで論じられている。

(22) 概略は、阿南惟敬［一九六八］；傅克東・陳佳華［一九八八］；郭成康［一九八七］、また『二集』「旗分志」参照。

(23)『天聡五年檔』七月八日条に、「ベイレら大臣らを等級ごとに呼ぶ名称を定めた言」として、「ホショ＝ベイレ：［グサを掌管したベイレらを（いう）］」「タイジ：［グサを掌管しない閑散ベイレらを（いう）］」（II、一五九頁）と明確に定義されている。

(24) すなわち、帝室アイシン＝ギョロ氏のうち、ごく一部の上級王族のみが旗王の地位にあった。アイシン＝ギョロ氏は、図Cに示したヌルハチの祖父の六兄弟の子孫をいい、このうちヌルハチ兄弟の子孫を宗室《ウクスン》（uksun）、それ以外を覚羅《ギョロ》（gioro）と呼ぶ（神田［一九九〇］；増井［一九九六］［二〇一〇］）。公（入八分公）以上の爵位を持たない一般の宗室・覚羅は、旗に属する旗人として扱われた。

(25) これが最も端的に現れているのが、一つは旗王—旗人間の〈主・主子—奴才〉なる称であり、いま一つは歴代類をみない民爵の低さ（宗室第六等の入八分輔国公までが、異姓公侯・正一品の上位に位置する）である（杜家驥［一九八七］［一九九四］［一九九

八ｄ：二四二―二四四・二五五―二五九頁〕）。

(26) 細谷［一九六八ａ：三五―三八頁］；杜家驥［一九九八ｄ：八一―八八頁］。

(27) 傅克東・陳佳華［一九八八］；郭成康［一九八五］；杜家驥［一九九八ｄ］など。ニルの支配とは、土地の支配というよりむしろ、ニルに属する人間に対する支配権に重点がある。杜家驥は、八旗の分封におけるかかる属人的側面を強調する（杜家驥［一九九一］）。

(28) 三田村［一九三六］；石橋秀雄［一九六四］［一九七七］；増井［二〇〇八ａ］など。その概念・範疇、またそれが社会構造上いかに措定しうるかをめぐっては、長い研究史が存する。

(29) 莫東寅［一九五八：一一六―一一九頁］；劉小萌［一九九八：一二二―一二五頁］；杜家驥［一九九八ｄ：七〇―八〇頁］［二〇〇八：第二章］；谷井陽子［二〇一〇］。

(30) 杜家驥［一九九一］［一九九八ｄ：第一・二・六章］［二〇〇八：第三章］。

(31) 五大臣など「政を執れる諸大臣」と呼ばれた要職については、増井［二〇〇三］［二〇〇四ｂ］［二〇一〇］参照。六部・内三院については、宮崎市定［一九四七］など参照。

(32) 世職制については、松浦茂［一九八四：第二・三章］；谷井陽子［二〇〇四］など参照。詳しくは第一章第三節（１）・第五節で述べる。

(33) 神田［一九五二］；杜家驥［一九八六］。また、白新良［二〇〇二］；趙志強［二〇〇七］など。

(34)「清朝・満洲史研究」の概略については杉山清彦［二〇〇八ｅ］、より詳しい研究史は、塚瀬進［二〇一一］［二〇一二］参照。

(35) 内藤［一九一二］［一九二二］。また「清朝衰亡論」（一九一一）と「清朝史通論」（一九一五）は、内藤［一九四四］参照。

(36) 和田清［一九五五］；園田［一九四八―五三］；中山［一九三五］［一九四四］［一九五一］；旗田［一九四〇］；周藤吉之［一九四四］［一九七二］など。

(37) この盛況の背後には、シロコゴロフ・凌純声・秋葉隆らの人類学・民族学的研究や、同じ頃広まりつつあった発展段階論・社会構成体論といった、社会科学はじめ隣接諸学の成果・方法論の影響があることも注意せねばならない。とりわけ、この時期原著・訳書が公刊されたシロコゴロフ『満洲族の社会組織』［一九六七］とウラジミルツォフ『蒙古社会制度史』［一九三七］の影響は大きい。かかる関心に即した整理として、旗田［一九三九］；布村一夫［一九四二］；松浦［一九七七：一二三―一二五頁］参照。

(38) 神田［二〇〇五］；松村［二〇〇八］；石橋秀雄［一九八九］。また岡田英弘［二〇一〇］。

(39) 一九七〇年頃までの概況については、大谷敏夫［一九七四］参照。

(40) 江嶋［一九九九］；河内［一九九二］。一九八〇年代までの主要な研究は、河内［一九九二：あとがき］に整理されている。

(41) これら檔案館とその所蔵史料、刊行史料などについての概要は、民国期・台湾での所蔵・刊行状況も含め、秦国経［二〇〇五］

に網羅的に解説されている。

（42）安部［一九四二―五一］は、戦前の研究の到達点にして戦後の研究の出発点となった独創的な大作であるが、大きく二つの問題点を含む。一つは形式に属することで、連作形式での発表の途上、未完のまま氏が逝去したため、論文の全貌を知りえないということである。二つは内容面の問題であり、論理構成および行論の根拠が、その後の研究によって根本的に否定されていることである（松浦［一九七七：一二四頁］）。この点は谷井陽子も認めており、その上で、安部が提示した官僚制国家という国家像の大枠を是認するのである。この点に関しては私は異見があるが、安部が掘り起こした個々の論点や考証については重要な指摘がなお多く含まれており、本書においても、安部の議論全体を検討する必要はもはやないとみなすけれども、個別の点については適宜言及することにする。

（43）Rawski［1996］; Ho［1998］.

（44）「新清史」の概要については、エリオット［二〇〇八］［二〇〇九］、またWaley-Cohen［2004］など参照。

（45）入関前史と入関後史との間のリンクについては、康熙・雍正期の旗王―旗人関係を中心とする鈴木真の研究によって、進められつつある。鈴木真［二〇〇一a］［二〇〇五］［二〇〇七b］［二〇〇八］［二〇一一］［二〇一二］。

（46）以上の説明について、代表的な叙述として、鴛淵［一九四八：三〇三―三〇九頁］；松村［一九六九］参照。

（47）その経緯については、神田［一九七二］［一九七九］など参照。

（48）全体の内容は、漢語訳の『内国史院檔訳編』で把握することができ、全文のローマ字転写を示す訳注は、『天聡五年檔』・『天聡七年檔』・『天聡八年檔』・『崇徳二・三年檔』が刊行されている。「満文国史院檔」については、加藤直人［一九九三］；松村［二〇〇一：Ⅳ章］；石橋崇雄［一九九九b］参照。

（49）「nenehe {+ genggiyen} han i sain yabuka kooli」（先ゲンギェン＝ハンのすぐれた事蹟）と記される無圏点満文檔冊で、石橋崇雄［一九九九b］は「先ゲンギェン＝ハン賢行典例」、松村［二〇〇七］は「太祖紀」と呼称している。本書では『先ハン檔』と仮称し、石橋［二〇〇〇］と松村［二〇〇一］の該当箇所を指示する。

（50）松村［一九七三］［一九七五］［一九八九］［二〇〇一］；神田［一九九三］；加藤直人［一九九三］；石橋崇雄［一九九四a］。『太宗実録』は順治初纂満文本・漢文本、『世祖実録』は康熙初纂漢文本の写本である三朝実録本を用いる。

（51）ヌルハチの実録については、満漢文双方の参照の便から『満洲実録』を主に使用し、場合により各種テキストを使い分ける。『満洲実録』は、今西春秋訳注『満和蒙和対訳満洲実録』を参考にした拙訳を掲げ、同書該当箇所を指示する。

（52）以下、それぞれ漢文本の原文・頁数を注に附記し、『初集』については、満文本によってローマ字転写を示す。

（53）和田清［一九三四―三七］；園田［一九四八―五三］；三田村［一九六三―六四］；河内［一九九二］；江嶋［一九九九：第二篇］；増井［一九九六―九七］。基本的な概説的説明として、神田［一九七七］［一九八九］［一九九九］；松村［一九八一b］などがある。

(54)『原檔』天命四年九月条（第一冊、「昃字檔《しょくじとう》」二九三頁：『老檔』太祖1、一八九頁）。Cf.『清太祖朝(二)』一七一頁。

(55) 本書では、「中国」なる語は多義的であって指す範囲が誤解を生じやすいこと、「マンジュ語はじめ諸言語に「シナ」に相当する語彙・概念が認められること」（中見立夫［一九九二：一五六頁］）から、華夷思想に基づく「中華（帝国）」とは区別して、文化圏およびその地理的空間を「漢地」または「シナ」（China, Chine, etc.）、その担い手となった住民を「漢人」と呼ぶことにする。また、「漢族」などの称は、中華人民共和国における法的区分としての民族籍と混同する虞れがあるので、「人」で統一する。

(56) したがって、ロシア領を除外し、モンゴル世界である大興安嶺方面を含む戦前の満洲国や現在の中国東北部とは一致しないので、地域呼称としての満洲とは範囲を異にする。東北アジアの地域呼称・地理範囲については、細谷［一九九〇］：中見［一九九三］［二〇〇四］：塚瀬［二〇一四］参照。

(57) 彼らが定住農耕の一方で乗馬・騎射に長けていたことは名高いが、遊牧民とは異なって養馬の習はなく、馬の所有は富裕層・有力者に限られた（江嶋［一九五四］）。

(58) 財産分与および君主位継承の慣習と実際をめぐっては、増井［二〇〇六b］［二〇一三］を参照。

(59) かかる状況を惹起した明の施策上の要因として、江嶋は一五四一（嘉靖二十）年頃の年間入貢数の定額化（その結果、毎年度朝貢者数が定額に達し次第入貢を締め切るため、より早く入貢しうる辺墻隣接地に新興勢力が擡頭することとなる）を、また河内は一四九三（弘治六）年の授官規定の弾力化（その結果、部下を統制しうる実力者の授官・陞任が公認され、従前の首長層の凋落と下剋上とが促進される）を、それぞれ強調する（江嶋［一九六二：一八六―一八九頁］：河内［一九九二：七一九―七二一頁］）。

(60)『満洲実録』巻一、開国記（二八―三〇頁）。

(61) このうちマンジュが建州、フルンが海西、それ以外が野人女直であるとするのが有名な女直の三区分であるが、増井［一九九六―九七］によれば、元来は建州衛分・海西衛分という羈縻衛所制上の二つのカテゴリーのみであり、フルン四国が形成されると、万暦年間初めに「海西」がその専称となり、それ以外の旧海西衛分の諸衛が別途「野人」として把握されるようになったものであるとする。かかる史料用語としての曖昧さ、およびそれが他称であることから、所謂野人女直については、仮に清初史料にみえる東海諸部という呼称を用いることとする。

(62) なお、マンジュ＝グルンをヌルハチ政権に限定せず明初まで溯らせ、建州諸衛の自称とする仮説（安部［一九四二b：九七―九九頁］：三田村［一九六三―六四：二三七頁］）も存在するが、ここでは慎重を期して採らないでおく。

(63) なお、明軍の大砲で受けた傷がもとで死んだというのは俗説にすぎず、夙に園田［一九三三］によって否定されている。

第Ⅰ部　清初八旗の形成と構造

(1) 三田村泰助［一九六二］、および序論注11参照。

（2）陳佳華・傅克東［一九八一ａ］；傅克東・陳佳華［一九八八］などで、『歴朝八旗雑檔』・『八旗世襲譜檔』を用いて、一六〇一年以前創設のニルが四〇ニル以上あることが指摘されている。

（3）孟森［一九三六］；鴛淵一［一九三八ｂ］；三田村［一九四二］［一九六二］；神田信夫［一九五八］；阿南惟敬［一九六七ａ］；陳捷先［一九六九］；李鴻彬・郭成康［一九八二］など。

（4）三田村［一九六二］；岡田英弘［一九七二］；増井［二〇〇九］など。

（5）「黄字檔」檔冊は二つの部分からなり、後半（二〇二〇―三六頁）には一六二五年の新附集団への安堵状を収めているが、以下では、細谷［一九九一：二二頁］に倣い、前半部のみを「黄字檔」と呼ぶことにする。なお、阿南は、晩年の論考では『旧檔』の記事を取り入れつつあったものの、本格的利用には至らぬまま逝去した（細谷［一九八一：二〇六頁］）。

（6）なお、細谷は補訂時期を少なくとも一六二九（天聡三）年八月に及ぶとしているが、これに対し私は、正藍旗勅書の検討から、補訂は一六三五年末に及ぶ可能性を指摘した（杉山清彦［一九九八：七頁］）。このとき正藍旗の改易に伴って大規模な旗の編成替えが行なわれたため、これは「黄字檔」が機能した下限でもあるはずである。

（7）『満洲実録』巻八、天命十一年正月二十四日・二十五日条：「二日攻城、共折遊撃二員・備禦二員・兵五百」（六七〇頁）。

（8）［Ⅰ―1Ａ］『初集』巻一五五「辛泰」伝：「辛泰、満洲正白旗人。……従大兵征明攻遼陽城、……遂克遼陽。以功加授世職為遊撃、歴任纛章京。十一年、攻寧遠未下、力戦陣亡」（第六冊、三九二一頁）。［Ⅰ―1Ｂ］『初集』巻二二一忠烈「覇雅爾図」伝：「覇雅爾図、満洲正黄旗人。……天命六年、従大兵征明克遼東、……論功、加世職為遊撃。十一年正月、従大兵攻寧遠陣亡。長子阿寨襲職」（第八冊、五〇五五頁）。

（9）［Ⅰ―2Ａ］『原檔』第四冊、「黄字檔」三六五頁（『老檔』太祖3、一〇〇九頁）。［Ⅰ―2Ｂ］『原檔』第四冊、「黄字檔」四一〇頁。なお、［Ⅰ―2Ａ］「Sintai」勅書の前に書かれている「Ninju」勅書の続きの部分は省略した。Cf.杉山清彦［二〇〇一ａ：一六頁表1］。綴り方は後の正書法とは異なっており、極力忠実に転写した。また、「天命十一年勅書」・「黄字檔」勅書の鑲白旗勅書については、阿南［一九六八：二九一頁］；細谷［一九九一：四四頁注15］参照。

（10）［Ⅰ―2Ｃ］『原檔』第四冊、「黄字檔」四〇七頁（『老檔』太祖3、一〇四九頁）。原載の「jonggoi～yunggui」については、『原檔』でもある程度読み取れるだけでなく、国立故宮博物院図書文献処で「原檔」の記載も確認した。

（11）なお、「天命丙寅（十一）年五月二十六日」の年次は、「Sintai」勅書と同じ正黄旗に記載されていたが、既に細谷［一九九一：三八頁］が指摘するように、この日付は個別の勅書の末尾に続けて書かれていたものであり、同じ正黄旗勅書に「Sintai」勅書が最初から記載されている以上、基本的に天命十（一六二五）年の記録とみて間違いあるまい。なお、「Sintai」勅書は、他と比べて字が小さく行が詰まって書かれており、「加筆」のようにも見えるが、この二行は頁の末尾であり、余白が少なくなったので詰めて書いたものであろう。いずれにせよ、本文で論じた通り、勅書に「塗改」が施されているので、戦没前に授与されたことは揺るがない。

（12）記事自体の分析と対象者の考察については、増井［二〇〇六a］参照。

（13）第一次分定は『天聡八年檔』十二月十四日条（三八八―三八九頁）、第二次分定は『天聡九年檔』正月二十三日条（1、四〇―四二頁）。ただし前者は、途中から原檔冊の葉が抜き取られて記事が欠けており、順治『太宗実録』満文本の該当箇所によって補われている。『天聡八年檔』の解題については、同書「解説」（楠木賢道）参照。

第一章　八旗制下のマンジュ氏族

（1）研究史整理として、松浦茂［一九七七：特に一二三―一二五頁］参照。なお、元来ウクスンとはムクンのうち小規模かつ緊密な結合関係のある範囲を指す用語であるが（増井［一九九五b］）、序論で説明したように、マンジュ＝大清政権下では「ハンのウクスン」すなわち宗室を指す用法に特化したため（神田信夫［一九九〇］）、清代には代ってウクスラ（uksura）の語が用いられた。

（2）増井［一九九三］［一九九四］［一九九五a］［一九九五b］。また、劉小萌［一九九〇a］［一九九二］［一九九五］：李鴻彬・劉小萌［一九九六］。

（3）以下本書からの引用は、和訳とローマ字表記は満文本により、漢文本の原文・頁数を注に附記する。

（4）各伝の内容は、まず帰順時期・世居地、それに判明する場合は世系から始まり、以後立伝者を起点にその子孫が世代ごとに列挙される。ただし、その内容は官爵の授受・継承を基準としていて、書名とはうらはらに、必ずしも系譜の明示を主体とはしていない。Cf.杉山清彦［二〇〇八b］。

（5）なお、六六巻以降は満洲旗分内のモンゴル・朝鮮・漢人出自者五〇〇姓近くを収録する。

（6）ジュシェン＝マンジュ氏族の概要については、三田村［一九六〇］：杉山清彦［二〇一〇］。具体的な検討は、増井［一九八九］［一九九七］［一九九八］［一九九九a］［一九九九c］など。

（7）『嘯亭雑録』巻一〇「八大家」条：「満洲世族、以瓜爾佳氏直義公之後、鈕祜禄氏宏毅公之後、舒穆禄氏武勲王之後、那拉氏金台吉之後、董鄂氏温順公之後、輝発氏阿蘭泰之後、烏喇氏卜占泰之後、伊爾根覚羅氏某之後、馬佳氏文襄公之後為八大家。凡尚主選婚、以及賞賜功臣奴僕、皆以八族為最」（三一六頁）。三田村［一九六〇：一〇三頁注7］は「数えると実際は九大家である。なぜ「九」を「八」としたか分らない」と述べているが、本文に述べた通り、差し引きすると八氏族である。ホイファ＝ナラ氏と誤解されてきた「輝発氏」が同地のフチャ氏を指すことは、陳文石［一九七七a：六四六頁注27］参照。

（8）『嘯亭雑録』巻二「五大臣」条：「国初太祖時、以瓜爾佳信勇公費英東・鈕祜禄氏宏毅公額亦都・董鄂氏温順公何和理・佟忠烈公扈爾漢・覚羅公安費揚古為五大臣。軍国重務皆賛決焉」（四三頁）。五大臣の詳細、および八大家との関係については、三田村［一九六〇：六三―六六頁］［一九六三―六四：第七節］：増井［二〇〇七］参照。

（9）『満洲実録』巻二、戊子年四月条（一一〇―一一二頁）。

（10）三田村［一九五一：一四―一七頁］；増井［一九九六］［二〇一〇］。

（11）アイビダ（Aibida 愛必達／エイドゥ曾孫）撰「開国佐運功臣宏毅公家伝」に、「五臣之首」と見える。『八旗文経』巻五二「伝状」丙（四二三頁）、また『碑伝集』巻三（第一冊、四〇頁）所収（三田村［一九六三―六四：二〇四頁所引］）。ニュフル氏の系譜とエイドゥ家の詳細については、黄培［一九八六］；Toh［2005］参照。

（12）**表1-1**に見えない残る一人は、例外的に家僕出身のギョルチャ氏のアンバ＝フィヤングである（増井［一九九六］）。

（13）ナムドゥル氏は『通譜』でも「著姓」として著録され（巻二一）、三田村［一九六〇：七八―八二頁］は、彼らを勇猛で武勇に優れたとして、その招撫を軍事力強化の一環と指摘する。ただし、人類学の佐々木史郎［一九九六：八五頁］は、このような民族気質論に疑問を示している。ウディゲ諸部については、河内良弘［一九九二：第一七章］；増井［二〇〇八ｂ］参照。

（14）ジュシェン＝マンジュ社会では、同ハラでも同姓不同宗の場合があるので、ハラではなく同宗のムクンの範囲での同族婚が禁忌とされた。このためアイシン＝ギョロ氏とイルゲン＝ギョロ氏や、イェヘ＝ナラ氏とハダ＝ナラ氏などの間では通婚が行なわれた。増井［一九九五ｂ］［一九九六］［二〇一〇］。

（15）朝鮮『世宗実録』世宗二十（一四三八）年七月己丑条（第三冊、五一〇頁）。

（16）『通譜』では、ギョロ氏のみ、本来ムクンに当るはずの諸支派が、イルゲン＝ギョロ氏の如く冠称を添えて立巻されている。これは、帝室のムクンがアイシン＝ギョロ姓として独立のハラと位置づけられた関係上、ギョロ姓諸ムクンが何れも一段上のハラに格上げされたためとされる。もとより国姓アイシン＝ギョロ姓は、別格として『通譜』には収められていない（神田［一九九〇］）。

（17）なお、その後グサ＝エジェンの称は、「主」を意味するエジェンの語は僭越であるとして、一七二三（雍正元）年にグサ＝アンバン（gūsai amban 固山昂邦）と改められた。『世宗実録』巻九、雍正元年七月壬辰条（第一冊、一七三頁）。ejen の語義とその変遷については、石橋秀雄［一九九二］参照。

（18）また、中間単位のジャラン＝エジェンは元来戦闘・狩猟時の行動単位としての性格が強く、平時・戦時を通しての管轄官としての役割は薄いので、在任者も最もつかみにくい。なお、メイレン＝エジェンは独自の管轄単位のない副長職なので、他と性格を異にする。

（19）阿南［一九六七ｂ］［一九七三］［一九七四］；郭成康・劉建新・劉景憲［一九八二］参照。なお、国初のグサ＝エジェンについて初めて検討したのは鴛淵一［一九三八ｂ］である。

（20）阿南の研究は、［一九六七ｂ］［一九六八］［一九七一ａ］［一九七三］［一九七四］［一九七五］［一九七七］。その要旨は、［一九七七：五六八―五六九頁］に三点にまとめられている。本書では、その第三点を③④に分けて示した。なお、このほか天命後期の数年間にも、ドゥドゥの移旗や、複数の旗にわたる旗人の移動といった改編が行なわれたとみられる。

（21）①の黄白改換は、夙く安部健夫［一九四二ａ：二九五頁］が指摘している。ただし、安部は両黄と正白の交換としている。

(22)『建州聞見録』(影印『柵中日録』一五五頁)。『原檔』天命六年閏二月二十六日条(第二冊、「張字檔」二四頁:『老檔』太祖1、二七四—二七五頁)。朝鮮『光海君日記』巻一六九、光海君十三(一六二一、天命六)年九月十日条(第一三冊、五二八—五二九頁)。日記とは、廃位された王の実録をいう。『建州聞見録』および『光海君日記』の記事は、夙く稲葉岩吉[一九三三:二四三頁・附録四四頁]で挙げられており、阿南[一九六七b:二五六—二五八頁]は、これに『老檔』の同条を交えて考察している。『原檔』には、同種の列挙記事がこれ以降数回あり、それらが主史料とされてきた。

(23)『通譜』巻一一「朱魯西爾哈」伝:「朱魯西爾哈、正白旗人。岱図庫哈理同族。世居扎庫木地方。国初率所属二百人来帰、編佐領、俾其長子都統阿敦之子譚拜統之。……又朱魯西爾哈之次子布山、原任都統」(一六九頁)。なお、ブサンがBušanと綴られているが、『通譜』のマンジュ人名は漢字表記の逆影響を受けている場合がみられ、これもその一例である。他の例として、後掲するハダのウルグダイの例がある(第二章注89参照)。

(24)[I—7]『原檔』崇徳元年八月十日条(第一〇冊、「日字檔」三八六頁:『老檔』太宗3、一二三一頁)。[I—8]順治『太宗実録』巻三九、崇徳七年七月十七日条:「布山、原不許出関門。多羅額夫英俄児代言於和碩睿親王、若近城馬廐之処、令伊行走無妨。因議、英俄児代罰銀一千両、和碩睿親王明知不許出関門之人、何故賜之鎗。豈非意欲帯彼出兵乎、亦罰銀五千両、将譚拜牛彔撥出。奏聞、上、命王及厄夫俱止問応得之罪」(満文本巻六一)。

(25)『通譜』巻一一「羅屯」伝(一七五頁)。ただし、これが名目的な殊遇であることについては、増井[二〇〇七:特に五六頁]参照。

(26)『初集』巻一五四「薩弼図」伝:「薩弼図、三等総兵官達音布之族人也。父沙金、仕至固山額真。太祖高皇帝以其釐定法制妥協、賜号沙金」(第六冊、三九〇二頁)。『初集』は「Saibitu」に作るが、『原檔』などが「Sabitu」とするのに従う。シャジンの出自は、増井[一九九九a:二〇三頁][二〇〇四b:一九・二四頁注65]などに指摘がある。

(27)『初集』巻一五四「英俄爾岱」伝:「卒之夕、睿王聞赴、遂夜半馳至其家慟哭、漏盡而後返」(第六冊、三九〇二頁)。ただし、鴛淵[一九五八:八—九頁]:阿南[一九七四:四六八頁]、また周遠廉・趙世瑜[一九八六:四〇一頁]やイングルダイの伝記を著した馮年臻[一九八七]も、両者の個人的関係とのみ捉えている。

(28)康熙『世祖実録』巻三七、順治五年三月己酉条。なお、ダインブの父は諸書にその名が見えないが、台北の中央研究院歴史語言研究所所蔵「正白旗勲旧佐領延慶原由檔」に拠れば、「Daimingga Loksu」という。

(29)『原檔』天命三(一六一八)年四月十五日条に「鑲黄旗グサ゠エジェン・アドゥン」とある(第一冊、「昃字檔」一七二頁:『老檔』太祖1、九二頁)。ただし、この部分は後の「加筆」である(石橋崇雄[一九八三:七—一二頁])。だが、「加筆」であるからといって、内容が故意に改変されたとみる必要はなく、旗属は信用してよいものと考える。

(30)朝鮮『光海君日記』巻一六九、光海君十三年九月十日条:「有阿斗者、酋従弟也。勇而多智、超出諸将之右、前後戦勝皆其功也」

（第一三冊、五二七頁）。また、朝鮮・李肯翊『燃藜室記述』巻二三所引「姜弘立別録日月録」（『清入関前史料選輯　第一輯』四二七―四二八頁）。

（31）鴛淵［一九三八b：二四一―二四三・二四七・二五九―二六〇頁］：周遠廉［一九八六：三六六―三七二頁］：張玉興［一九八七］など。なお、鴛淵は博士論文「清初八旗制度考」にてアドゥンをタタラ氏出自と指摘したということであるが（増井［二〇〇四a：三二頁注41・42］）、未見である。

（32）『二集』巻一五七「譚拝」伝：「父阿敦、官都統、嘗従太祖高皇帝征撫順、招明遊撃李永芳来降」（第四冊、二六七三頁）。また、国史館列伝を出典とする『国朝耆献類徴』本伝も同文である（巻四二、第五冊、二六三九頁）。Cf.『清史稿』巻二四一「譚拝」伝（第三二冊、九五五三頁）。なお、『老檔』人名索引は『通譜』巻二三「哈達地方納喇氏」の「阿敦」伝を指示するが、これは「天聡時来帰」とあって同名異人である。『通譜』満文本索引である Stary［2000］でも、アドゥンを検出することはできない。

（33）『原檔』では、五大臣フルガンをはじめ、異姓で「Age」と呼ばれる事例が散見される。称号としてのアゲ号について専論した増井［二〇〇四a］は、これらを「非ウクスン系アゲ」とまとめ、単に同世代の姻族であるというにとどまらず、養取・賜姓・通婚などを通して族縁擬制下に包摂したものの称とする。

（34）李林［一九九二：一三三―一三五頁］：松浦［一九九五：七一頁］：増井［一九九九a：二〇一―二〇二・二一一頁注53・54・55］。ヌルハチの外祖父アグ＝ドゥドゥは俗説では王杲と結びつけられ、今もそれに従う記述がなされることがあるが、年齢的にありえないことは、夙く園田一亀［一九三六：一〇七―一一三頁］が論証している。

（35）『原檔』無年月誓書（第五冊、「致字檔」四六二―四六三頁：『老檔』太祖3、一一六三頁）。『老檔』誓書の文言はまだ続くが、『原檔』によると、その箇所はブサンの別の誓書である。

（36）『原檔』天命八年正月四日条（第三冊、「列字檔」一六八頁：『老檔』太祖2、六二六頁）。なお、このくだりは『老檔』では原注とあるが、『原檔』によれば記事本文末尾に加筆されたものである。

（37）なおアドゥン・アブタイとも、「黄字檔」勅書では正黄旗にその名がありながら（アドゥンの場合は弟ブサンと子タムバイ）、鑲黄旗グサ＝エジェンと考えられる点は問題が残る。しかし、前注20で指摘したように、天命後期にも八旗の一部改編が行なわれたとみられ、両黄旗間でも旗人の入れ替りが散見されるので、彼らも移動があったものと推測される。

（38）『初集』巻一五五「巴篤礼」伝：「屢立戦功、歴任固山額真」（第六冊、三九一二頁）。なお、**表1-2**中の鑲藍旗グサ＝エジェンは、このバドゥリとは別人である。『初集』巻一六八「巴篤礼」伝（第六冊、四一四一頁）：『通譜』巻四三性佳氏「巴都理」伝（五〇三頁）。

（39）朝鮮・李肯翊『燃藜室記述』巻二三所引「姜弘立別録日月録」（『清入関前史料選輯　第一輯』四二七―四二八頁）。

（40）ナムドゥル氏の源流および明初以来の動向については、三田村［一九六〇：七八―八二頁］：河内［一九九二：五七七―五七八、五八七―五八九頁〕参照。

(41) 増井は、ドンゴ氏こそ左衛嫡統であるという通説を念頭に、このヌカイ＝アイタこそ、モンケ＝テムルの次子で建州左衛の西遷を率いた童倉（董山）その人ではないかと述べている（増井〔一九九三：一〇七頁〕〔一九九八：七五頁〕）。

(42)『初集』巻一五六「鄂碩」伝：「鄂碩、満洲正白旗人。祖魯克素、本名倫布。其始祖諾喀愛塔居董鄂地方、以地為氏、世為董鄂部主、至倫布凡七世。太祖高皇帝創業、遣親臣沙津往招之。倫布、令其叔祖奇陳阿古禅孫何和礼率兵五百名来帰、太祖賜以公主、授為額駙。又招倫布、因携四百丁来帰。太祖、賜名魯克素」（第六冊、三九三〇頁）。なお、ここではルクス（ルンブ）がホホリに命令したように記されているが、この記事を除いて諸史料は全てホホリを部長家のうちでも嫡統とするので、このくだりもルクス家の伝記ゆえの潤色とみておく。

(43)『原檔』天命八年九月五日条（第五冊、「宙字檔」六五・六八頁：『老檔』太祖2、八六三頁）。

(44) なお、昇格といっても、これは、アバタイの生母イルゲン＝ギョロ氏が側妃、すなわち正妃に準じる身分にあったためであり、これはあくまで宗室内部での嫡庶待遇の問題である（杜家驥〔一九九一：九一頁〕）。原則として異姓王の存在しない厳格な分封制下にあっては、旗人の旗王昇格は本来ありえない。

(45)『初集』巻一六五「達爾漢額駙」伝：「其父楊舒、同伊兄常舒自沾河地方率領宗族来帰、太祖高皇帝以長公主妻焉。……達爾漢即其子也、生而英特、太祖復俾尚公主、封為和碩額駙、兼管牛彔額真事」（第六冊、四〇八四頁）。

(46) 阿南〔一九七三〕；磯部淳史〔二〇一〇b〕。伝記は『清史列伝』巻四「何洛会」伝（第一冊、二二三―二二四頁）。

(47)『原檔』天命四年三月条（第一冊、「昃字檔」二三四頁：『老檔』太祖1、一四一頁）。Cf.『清太祖朝(二)』一一五頁。原文は「{+han i uksun i deo} dobi {+ beile be} gebungge eci gūsai ejen be nakabuha:」（原文は「ドビというグサ＝エジェンをやめさせた」）とあって、補訂が施されている。ドビはドビ＝エチケとも呼ばれ、書きかけで「塗改」されている語句は ecike（伯叔の称）であろう。

『宗譜』己冊「鐸弼」（第二四冊、二〇三八頁）。Cf.神田〔一九九〇：一二一―一二三頁〕。

(48)『星源吉慶』「太祖高皇帝」下「第一女　固倫公主」（一二二頁）。

(49)『初集』巻一五七「和碩図」伝・「杜雷」伝（第六冊、三九五五―三九五六頁）。ホホリ一門とダイシャン家との通婚関係については、鈴木真〔二〇〇一a：五二―五三頁〕参照。

(50)『満洲実録』巻三、庚戌年十一月条（二一〇頁）。イェクシュについては河内〔一九九二：五八九頁〕、および『初集』巻一五七「葉克舒」伝（第六冊、三九五七頁）参照。

(51) 鑲紅旗のワンギヤ氏・ドンゴ氏については、鈴木真〔二〇〇五〕〔二〇〇七b：特に第II章〕など参照。

(52)『宗譜』戊冊「穆哈廉」（第二〇冊、「劉闡」一頁）；己冊「拖博輝」（第二五冊、二五七八頁）；戊冊「塞勒」（第一八冊、一頁）。Cf.神田〔一九九〇：一三―一四頁〕。

（53）『原檔』天命八年二月七日条（第三冊、「列字檔」二一一頁：『老檔』太祖2、六五一頁）。

（54）『通譜』巻八「努愷愛塔」伝：「伊奇納、原任都統兼佐領」（一四二頁）。

（55）『通譜』巻八「努愷愛塔」伝（一四二頁）。杉山清彦［一九九八：六頁表a・八頁表b］。なお、旧正藍旗人は改易時両黄旗に分割編入されたが、ドンゴ氏カラ家は正黄旗に入れられ、諸伝でも正黄旗人として現れる。

（56）『天聡五年檔』三月朔条（I、四九―五〇頁）。

（57）『天聡五年檔』正月二十五日条（I、二五頁）。

（58）郭成康・劉建新・劉景憲［一九八二：二〇五頁］：郭成康［一九八六b：八頁］：楊学琛・周遠廉［一九八六：一一二―一一六頁］でも、八旗を網羅したわけではないが、数旗・数家系についてこのような点を指摘している。

（59）『原檔』崇徳元年五月二十九日条（第一〇冊、「日字檔」二二八頁〈ただし、この文言は「加筆」〉：『老檔』太宗3、一〇八六頁）。

（60）松浦［一九八四：一一六頁］は、『初集』列伝の授与記事から、少なくとも一六〇七（万暦三十五）年以前に溯るとし、増井［二〇〇七：六五―六六頁］も、遅くとも一六〇七―〇八年の交とする。

（61）『満洲実録』巻六、天命五年三月条：漢文「帝論功叙爵、列総兵之品為三等、副・参・遊亦如之。其牛彔額真倶為備禦。毎牛彔下設千総四員」（四八〇―四八三頁）。

（62）『天聡八年檔』天聡八年四月九日条（一一四―一一五頁）。

（63）康熙『世祖実録』巻三五、順治四年十二月甲申条：「礼部遵諭定議、固山額真・昂邦章京・纛章京・梅勒章京・甲喇章京・牛彔章京・噶布什賢噶喇昂邦・噶布什賢章京、皆係管兵官銜、不論世職大小有無、授此官者即照此銜称之。……其世職昂邦章京改為精奇尼哈番、梅勒章京改為阿思哈哈番、甲喇章京改為阿達哈哈番、牛彔章京改為拝他喇布勒哈番、半个前程改為拖沙喇哈番」（乾隆重修漢文本では二八七頁）。満文は『初集』巻三四職官志「八旗官職」条で確認できる。

（64）『高宗実録』巻二三、乾隆元年七月戊申条（第一冊、五三三頁）。満文は同じく『初集』巻三四「八旗官職」条で確認できる。

（65）ほかに張晋藩・郭成康［一九八八：二三八―二四八・四五二―四五五頁］、および劉小萌［二〇〇一：二四五―二五二頁］：雷炳炎［二〇〇六］など。なお、谷井は官位制と呼んでいるが、規定未整備とはいえこの制度は早くから世襲と不可分であるので、本書では世職と称することにする。

（66）また、阿南は世職と八旗官とを混同しており、在任者の考証はともかく、論旨としては問題がある。天命末の総兵官については、その後細谷［一九九二：三四―三五頁］が補正を行なった。なお、入関前の授爵者に関しては、楊学琛・周遠廉［一九八六：六一―六三、一五九―一六八頁］に表が掲げられている。

（67）該当箇所は以下の如し。［I―17］『原檔』第二冊、「張字檔」三六三―三六四頁（『老檔』太祖2、四八一―四八二頁）。［I―18］『原檔』同、三七三―三七四頁（『老檔』同、四八六―四八八頁）。［I―19］同、三九八―三九九頁（『老檔』太祖2、五〇二―

五〇三頁）。

(68) 厳密にいうと、[I―17] に挙がる諸大臣は [I―18] にいううちフシ＝エフすなわち李永芳とシ＝ウリ＝エフすなわち佟養性とを除くジュシェンの諸大臣のみに相当するが、このような書き方は天命期には一般的である。なお、この記事は既に阿南 [一九六九：四一〇―四一一頁] が総兵官在任者を知る手がかりとして、また松浦 [一九八四：一一七頁] が世職関係の制度整備の一環として言及したが、いずれもここに列挙された人物の出自までは触れていない。

(69) このことは、後年の定制において男爵すなわち国初の副将以上が封爵、以下が世職として区別されることと対応する（楊学琛・周遠廉 [一九八六：四五―四六頁]）。

(70) 都堂の詳しい実体は不明であるが、天命後期の数年間にのみ現れる執政ポストである。Cf.松浦 [一九九五：二四〇―二四三頁]：姚念慈 [一九九二]。

(71) 『原檔』無年月誓書（第五冊、「往字檔」三三八頁：『老檔』太祖3、一一二二頁）。

(72) ウネゲの姓氏は明らかでない。『通譜』では巻二九「叩徳《ケオデ》氏」に立伝されているが（三七五頁）、『満洲名臣伝』巻二では「姓博爾《ボル》済吉特《ジギト》氏」とあり（第一冊、二〇頁）、『初集』巻一七一には明記がない（第六冊、四一七一頁）。アブトゥの来帰は『原檔』天命四年六月条（第一冊、「昃字檔」二五一―二五二頁：『老檔』太祖1、一五三―一五四頁）。Cf.『清太祖朝(二)』一三〇頁。後年、ホンタイジが「アブトゥ＝バトゥル・バブフ・キタングルの家産を、後嗣がないとして散り散りにしたのは甚だ非であった」と語っており（『天聡五年檔』正月初六日条：I、七頁）、アブトゥは後嗣断絶のため、記録も乏しいものと思われる。

(73) ただし、細谷の表に挙がる一二人のうち正黄旗の「Soohai」は、『原檔』によれば「Turgei」としなければならない（第二章注11参照）。

(74) 五大臣・十ジャルグチ制の沿革・職掌は不明な点が多く、十ジャルグチに至っては在任者さえ明らかではない（三田村 [一九六三―六四：第七節]：松浦 [一九九五：一五四―一五九頁]：増井 [二〇〇六a：三四頁]）。いずれにせよこれら原初の組織は、八旗創設に伴う八大臣以下の設置と、五大臣の死去によって天命年間に消滅した。

(75) 張晋藩・郭成康 [一九八八：五〇―一二六頁]：姚念慈 [一九九三] など参照。

(76) 『初集』巻一六八「康喀賚」伝（第六冊、四一四〇頁）：『通譜』巻四八「康喀賚扎爾固斉」伝（五四四頁）。

(77) 『宗譜』戊冊「薩璧翰」（第二〇冊、「劉闡」一三五頁）。なお、諸書に収めるサビガンの伝記は、これをホイファ＝ナラ氏の人物とするが、実録などには「覚羅」と附されているので、承政などを歴任したのは覚羅サビガンが正しい。これは、正藍旗の覚羅サビガンが正藍旗改易に伴って鑲黄旗に移ったことが見落とされ、順治年間以降の正藍旗旗王アバタイ家の属下であったホイファのサビガンの前半生と誤られたものであろう。国史館列伝に拠る『国朝耆献類徴』・『清史列伝』・『清史稿』などの諸伝は、覚羅のサビガンの存在を認めず、全てホイファのサビガンに帰しているので注意を要する。

（78）なお、磯部［二〇一〇a：一一五―一一六頁］は、管部ベイレの人事を、ホンタイジに近しい旗王を任じたもので、その支持勢力であったとするが、これは穿ちすぎた見方であろう。大ベイレであるダイシャン・マングルタイはより上位にあって直接就かず、またアミンは失脚しているから、働き盛りで選に洩れたのはドゥドゥ程度であり、起用自体は人的資源の有効利用というべきである。

（79）『原檔』万暦四十三年十二月条（第一冊、「荒字檔」六二頁・「昃字檔」一二五頁：『老檔』太祖1、五七頁）。Cf.『清太祖朝㈠』五二頁：『清太祖朝㈡』一六頁。同記事、およびフレヘとギランについては、三田村［一九六〇］：増井［一九九四］［二〇〇六a：第四章］参照。この記事の解釈、およびそれに基づく論については、谷井陽子［二〇一三：特に九一頁］で異論が展開されているが、これについては第五章で扱うこととする。

（80）『原檔』天聡六年正月二十日条（第八冊、「地字檔」八七―九一頁：『老檔』太宗2、六七二―六七六頁）。Cf.増井［一九九九b］。

（81）『嘉慶会典事例』巻一一八吏部・世爵「世爵等級」条（第六五〇冊、五三八〇頁）。なお、雲騎尉の下に、世襲回数が満期になった者に対して恩典として授与する恩騎尉があるので、第三節で紹介したように全体としては九等二七級である。

（82）谷井陽子［二〇〇四］：杉山清彦［二〇〇八b］。このような清の爵制の特異な性質については、夙に狩野直喜［一九八四：三一三―三一四頁］で指摘と解説がある。

（83）「功」（および「罪」）の内実、およびその評価・運用については、谷井陽子［二〇〇四：第一章］：増井［二〇〇六a：第二・四章］に詳しい。

（84）アランタイ父子については『通譜』巻二七「殷達瑚斉 Indahūci」伝参照（三五三―三五四頁）。シャジ地方のムクンについては、本書第二章第四節（1）および［増井一九九九a］参照。。入関後の栄達とその特質については、鈴木真［二〇〇六：第二章］に要領よくまとめられている。

（85）馮佐哲［一九八五］［一九九〇］［一九九八a］。

第二章　八旗旗王制の成立

（1）一九九〇年代までの清初史研究では、出身氏族に着目した三田村泰助［一九六三］、八旗の人的構成を復元しようとした阿南惟敬［一九八〇］が顕著な成果と特色を有したといえるが、三田村は旗王・旗人の旗属の変遷を見落としており（Cf.杉山清彦［二〇一一b：一三八頁］）、他方阿南は出自・家系にあまり注意を払わず、『通譜』も利用しなかったので人名比定にしばしば誤りがあり、また復元した構成の分析には至らなかった。この点、母系氏族・姻戚関係への着目が政治史分析において有用であることを鋭く指摘したのは岡田［一九七二：四四〇頁］であるが、一事例からの指摘にとどまり、その展開は後進に委ねられていた。およそ二〇年続いたこのような研究段階に対し、私は、［一九九八］（学会発表は一九九五年史学会）およびそれ以降の論文で、出身氏族と通婚関係に着目して八旗各旗の構成を分析し、組織編成の特徴を探るとともに政治史に説明を与える方法を提案した。この視角・手法は、鈴木真の一連の研究によって、入関後の研究においても有効であることが立証されている。以後、これに倣うものも発表されているが、それらには、姻戚関係の存在を政治史解釈に直結させたり、個別事例を過大評価するなどのケースも目につく。拙論では、構造・原理の剔抉と、個別事例の評価とは区別すべきことに注意を喚起している。本章小結および拙稿［二〇〇一a：三〇頁］［二〇〇一c：七六頁］参照。

（2）マンタイについては先掲史料［I―11］、ブジャンタイについては『原檔』万暦四十（一六一二）年条（第一冊、「荒字檔」二〇―二八頁：『老檔』太祖1、一九―二五頁）参照。Cf.『清太祖朝㈠』一六―二三頁。

（3）［II―1A］『初集』巻五旗分志：「第十佐領、係国初以烏喇地方人丁編立。始以其人伊爾登管理、続以烏喇貝勒満泰子阿卜泰管理」（第一冊、八一頁）。［II―1B］『初集』巻五旗分志：「第五佐領、係以烏喇地方人丁編立。始以懋墨爾根管理。懋墨爾根故、以其弟噶達渾管理」「第十四佐領、係原国初編立半箇牛彔、始以下阿拉木管理。阿拉木故、以其兄達爾漢管理」（第一冊、八四―八五頁）。

（4）『通譜』巻二三「阿拝」伝（二九九頁）。Cf.増井［一九九五b：五六頁注38］。アブタイのニルについては、増井［二〇一〇：二〇―二二頁］で論じられている。

（5）『通譜』巻二三「達爾漢」伝：「達爾漢、正白旗人。布瞻泰之長子也。……第四子巴顔・第五子布顔図、倶和碩公主所生。第六子茂墨爾根・第八子噶都渾、倶公主所生。太祖念係烏喇国後裔、授巴顔副将職、編佐領、令其専管。以郡主妻茂墨爾根、編佐領、令其専管、授布顔図騎都尉兼一雲騎尉」（二九五頁）。

（6）『満洲実録』巻二、戊戌（一五九八）年十二月条：巻三、癸卯（一六〇三）年条：戊申（一六〇八）年九月条（一六八・一七八・二〇八頁）。

（7）専管ニルの特権については、増井［二〇一〇］参照。

（8）『原檔』天聡六年正月条（第八冊、「地字檔」七三頁：『老檔』太宗2、六五二頁）。

（9）順治『太宗実録』巻一四、天聡八年四月初六日条：「上、不忍絶哈達・兀喇二国之後、遂以哈達部之克什内原無職、陞為副将、兀喇部之巴彦原係備禦、今陞為三等副将」。

（10）**表2-1**には挙げなかったが、正黄旗勅書には、アブタイのほか、バヤン・ブヤントゥの勅書も記載されている（杉山清彦［二〇〇一a：一七頁表1］、ただし、バヤンは他人の勅書を「塗改」して「加筆」したもの）。なお、アブタイは、前章で触れたように、それ以前は鑲黄旗に在ったとみられるが、何れにせよヌルハチ直属下に隷したことは揺るがない。

（11）私がトゥルゲイの勅書とみた**表2-1**：3の三等総兵官勅書の「塗抹」人名を、細谷良夫［一九九二：三四頁表1］は「soohai」と読んでいる。しかし、私はこれを、旧満文の逐字転写で「türkei」と判読し、トゥルゲイに比定する。彼はエイドゥの第八子であるから、勅書の文言に「amai gūng 父の功」とあるのは、一六二一年に没したエイドゥのことを指すに相違ない。「soohai」の勅書は、**表2-1**：34にあるように鑲黄旗に別に存在しており、こちらにも「父の功」とあって、彼が五大臣フィオンドンの嗣子であることと一致するから、正黄旗総兵官勅書がトゥルゲイであっても矛盾しない。

(12) 朝鮮・申忠一『建州紀程図記』(二二頁)。ただし、この姉の存在は『星源吉慶』などに見えず、増井［一九九九a：二一〇―二一一頁注52］は従姉・族姉かと推測している。

(13)『通譜』巻二三「阿布泰」伝（二九五頁）。『星源吉慶』「太祖高皇帝」下「第六女」：「癸丑年、下嫁葉赫納喇《イェヘ=ナラ》氏都統蘇鼐《スナ》為婿」(二三頁)。スナ＝エフについては、『歴朝八旗雑檔』を用いた郭成康［一九八六a：二四一―二四二頁］を参照。

(14) 唐邦治［一九二三：一七八―一七九頁］；李鳳民［一九八四］；黄培［一九八六：六三八頁］；定宜荘［一九九九：一七八―一八〇頁］。

(15)『初集』巻一五四「英俄爾岱」伝：「又以娶多羅饒餘郡王女、授為多羅額駙」(第六冊、三九〇一―三九〇二頁)。

(16)『初集』巻一五二「康果礼額駙」伝：「旋以弟青巴図魯貝勒《チン=バトゥル=ベイレ》女、妻康果礼、授為額駙」(第六冊、三八六五頁)。同「喀克都里」伝附：「馬克図……因将宗室公達爾察《ダルチャ》之女格格賜与為婿」(同、三八六七頁)。チン＝バトゥルはムルハチを指し、またダルチャはムルハチ次子である。

(17) これらに対し、覚羅が全く認められないことも、際立った特徴である。清室の疎族である彼らは、協力者というよりもむしろ対抗勢力・不穏分子であったから（和田清［一九五一］；細谷［一九七八］）、ヌルハチは、信用ならざる同族を排除して自己の姻親・股肱で幕下を固めたと理解することができる。

(18) 細谷［一九九二：三四頁表1］。本章前注11で見たように、そのうちの「Soohai」は「Turgei」とするべきであるが、旗属はそれぞれ鑲黄旗・正黄旗であるので、両黄旗の総兵官の総数は変らない。

(19) このことからまた、最高執政機関たる五大臣は当初ハンに直属していた、とする三田村［一九六三―六四：一九一・二〇九頁］；阿南［一九六七b：二六七頁注49］の推論が想起されるであろう。また、近年では増井［二〇〇七：特に六三頁］参照。

(20) 本項は、拙稿［二〇〇一a］の原型となった博士予備論文（一九九八年提出）のうちの［二〇〇一a］未収録部分に主に基づく。門閥勢力としてウラ＝ナラ氏の動向に注目したのは、鴛淵一［一九五五］であり、ウラ闔閥については、その後、磯部淳史［二〇〇七］などでも言及されている。

(21) 順治『太宗実録』巻三九、崇徳七年十月初四日条：「阿布泰納哈処、以告首不便同居一旗、命調撥其弟多羅豫郡王旗下」。

(22) 注35後掲の『宗譜』「海度里」条に「烏喇納喇氏長史懋墨爾根」とある。順治『太宗実録』崇徳二年六月二十七日条：満文本巻三六「wang ni jakade. biburakū. niru de bašoho」；漢文本巻二五「発与牛彔、不許永入王府」。

(23)『世祖実録』巻五二、順治八年正月甲寅条：「毛墨爾根、曾犯大罪免死、禁其於英王処行走、……今預王乱謀率兵前往、応斬、籍其家」（四〇八頁）。

(24)『国朝史料零拾』巻一：「叔和碩鄭親王臣紀而哈朗等謹奏、順治拾年肆月参拾日。……臣等、謹遵旨会勘得、太祖時、墨勒根王之母及阿布泰夫婦欲陥太宗。所行諸悪事、臣等尽知。後太宗皇帝嗣位、不念旧悪、特従赦宥。至太宗升遐、我皇上嗣服、阿布泰夫婦怙悪不悛、仍欲成其前謀、同邵托夫婦・阿打里母子、又陰謀作乱、欲遷皇上立墨勒根王。事覚、邵托夫婦・阿打里母子已経正法、阿布泰夫婦係墨勒根王親舅、事因匿未発。今依律定罪」。

(25)『国朝史料零拾』巻一所収「罷摂政王廟享詔」（順治八年二月二十二日）にこの文句が見える。Cf.『世祖実録』巻五三、順治八年二月己亥条。

(26) ヌルハチの後継問題をめぐっては、大妃アバハイがヌルハチの遺命で殉死を強制されたとの有名な挿話が『太祖実録』に見えることから、後継をめぐる抗争が大妃の死と関係するものとの見方が古くからなされてきた。ただし、このケースについては、殉死習俗の観点からは、不名誉な強制の可能性は低いとみられることを増井［二〇一四］が指摘している。

(27)［II―6A］『原檔』天聡二年三月二十九日条（第六冊、「閏字檔」二四六頁：『老檔』太宗1、一二八頁）。Cf.『清太宗朝(一)』八三・二一一―二一二頁。［II―6B］『原檔』天聡二年六月初一日条（第六冊、「閏字檔」二五九―二六〇頁：『老檔』太宗1、一三五―一三七頁）。Cf.『清太宗朝(一)』八八―八九・二一五―二一六頁。［II―6B］は、全体の文意は変らないものの、大幅な塗改が行なわれていたので、塗改前の原文を訳出した。

(28)『宗譜』丙冊「多鐸」（第一一冊、五九二一頁）。

(29) 前島又次［一九三八］：趙光賢［一九四三］：鴛淵［一九五五］：周遠廉・趙世瑜［一九八六］など。

(30)「清世祖実録稿本残巻」、「崇徳八年八月分」乙亥条：「国舅額駙阿布泰、向令同内大臣在内行走、今値国喪、不随班入内、私自随従豫王。諸王・貝勒・貝子・固山額真・議政大臣、以其辜負上恩、無人臣礼、議革去国舅額駙為民、奪其牛彔、並優免壮丁一百名、仍令供役」（『文献叢編』二〇輯所収：第六冊、四頁）。

(31)「清世祖実録稿本残巻」、「崇徳八年八月分」丁丑条：「多羅阿達礼郡王往見和碩睿親王言、「汝為君、我従。」……碩托貝子差呉丹到和碩睿親王処言、「内大臣図爾格及御前下等皆与我同謀。汝何不自立為君。」……以二人壊政乱国、将阿達礼・碩托即行正法。以阿達礼之母・碩托之妻相助為乱及所差呉丹、一並誅之」（同、五―六頁）。なお、内藤［一九二二：三六三頁］所引『瀋陽状啓』および『宗譜』（次注32）によれば、両名の処刑は二日後の十八日であるが、排印本『瀋陽状啓』では、十六日になっている（六〇二頁）。

(32)『宗譜』丁冊「碩託」「阿達里」（第一七冊「玉牒之末」、四〇・七八頁）。この両名の行動については、夙く前島［一九三八：八二二頁］が「閨閥関係によって睿王擁立に傾き、而も年少なるを好まなかつたやうであるが、略して述べない」と述べており、あるいはこの点を把握していた可能性がある。ショト・アダリの閨閥については、近年、磯部［二〇〇七：六頁］も指摘している。

（33）『宗譜』戊冊「武丹」（第二〇冊「玉牒之末」、七三四頁）。増井［一九九六：一七八頁］に言及があるウダンの父アサンの覚羅革退は、本件に因るものである。なお、リサン一族の出身地レフ島については、増井［一九八九：二九頁］参照。

（34）康熙『世祖実録』巻五、順治元年六月癸未条。

（35）『宗譜』丁冊「海度里」（第一七冊「玉牒之末」、一四八頁）。

（36）康熙『世祖実録』巻六三、順治九年三月癸巳条。また、談遷『北游録』「紀聞」下、「摂政王」条（三六八頁）。

（37）『宗譜』丁冊「錫翰」（第一七冊「玉牒之末」、二六二頁）。預けていた子は、第一子「巴屯」と第三子「巴哈喇」に相当する。

（38）また、増井［二〇〇九：二三頁］。なお、姚念慈［二〇〇八］は、前著『清初八旗制国家初探』（一九九四年）に基づくということであるが、同書を入手・参照することができず、姚説は姚念慈［二〇〇八］によって知ることができた。

（39）『宗譜』乙冊「広略貝勒褚英」（第五冊、二二三一頁）。

（40）『原檔』天命九年四月二十二日条（第五冊、「宙字檔」二六冊：『老檔』太祖2、九一二頁）。杜家驥［一九九八a］。

（41）ダルハンが一五九〇年の出生（没年より逆算）であるのに対し、チュエン嫡夫人は一五九七年にドゥドゥを産んでいるので、こちらが年長であろう。

（42）『星源吉慶』「太祖高皇帝」下「第二女 和碩公主」（二二頁）。なお、アバタイとゴロロ氏の関係については、鈴木真［二〇〇八：第一章］［二〇一一：一一頁］も参照。

（43）『原檔』天聡元年十二月八日条（第六冊、「天字檔」一五四頁『老檔』太宗1、一一一頁）。Cf.『清太宗朝㈠』五六・一九七頁。Cf. 張晋藩・郭成康［一九八八：一八五頁］など。

（44）順治『太宗実録』巻三四、崇徳五年一二月初四日条。ただし、このときチャンシュ家はドゥドゥ属下から離され、アバタイと同旗（正藍旗）の旗王ホーゲの下に転属する。一件の概要については、谷井陽子［二〇一二b：四六―四七頁］参照。

（45）『開原図説』「海西夷北関枝派図」（四四五頁）。増井［二〇〇三：六七―六八頁］。

（46）『原檔』天命四年八月二十二日条（第一冊、「昃字檔」二七九頁：『清太祖朝㈠』一五九頁）。ギンタイシの君主号は『老檔』では全てベイレとされ、この箇所も「beile」に「塗改」されている。Cf.『老檔』太祖1、一七九頁。なお、図**2-5**に示したイェへの君主号は『満洲実録』・『原檔』および増井［二〇〇六b：一二―一三頁］に拠った。デルゲルは史料［II―9］のようにベイレ号でも現れるが、父ギンタイシ生前はタイジと称されており、明側史料でも「得児華台州」（『東夷考略』「建州」：一〇五頁）・「得勒革台州」（『開原図説』「海西夷北関枝派図」：四四四頁：『遼夷略』：五五六頁）などと記されるので、タイジ号で示した。

（47）ここで拠った『原檔』と、『満洲実録』はじめとするそれ以外の諸史料とでは、イェへの両王家と東西城との関係が逆になっており（今西春秋［一九六七：一一三頁注55］、増井［二〇〇六b：九―一二頁］も、『瀋陽日記』・『柳辺紀略』を援用して、『満洲実録』系の記述を採用する。これに対し松浦［一九九五：四九―五一・二二六頁］は、史料の記述と現地の状況が一致することから、

『老檔』を支持している。私は、『原檔』がより成立時期の古い史料であるという一般原則に加えて、実見した現地の状況から（承志・杉山［二〇〇六：六〇―六一頁］）、松浦と同じく『原檔』の記載に従っておく。ギンタイシの居城をいう「天が城を造るがよいと生れさせた山の城」という形容や、かつて明軍来攻時にブジャイが城を捨ててナリンブルの居城に合流して防戦した『万暦武功録』の描写は、現況に照らせば西城にこそ合致すると思われる。イェヘ城址の現状については、劉景文［一九八五］；張雲樵［一九八九］；細谷良夫編［一九九一：一三七―一四〇頁］参照。

（48）『原檔』天命四年八月条（第一冊、「昃字檔」二九四―二九五頁：『老檔』太祖1、一九〇―一九一頁）。Cf.『清太祖朝㈠』一七二―一七三頁。

（49）『柵中日録』：「聞、北関原有二城。一城金台石所守、一城白羊古及弟夫羊古所守。奴兵陥台石城、台石自焚死。白羊古以城降。奴酋禁止殺掠、尽移部落。所得精卒、可万名。夫羊古及台石之子加巨里、皆以為大将。前次奴中深患者北関、而今其破降、奴中無不喜躍云云」（一四六頁）。「加」字はd音を表すので、「加巨里」＝Delgerである。

（50）『原檔』天命四年八月二十二日条（第一冊、「昃字檔」二七九―二八〇頁：『老檔』太祖1、一七九頁）。Cf.『清太祖朝㈠』一五九―一六〇頁。

（51）『原檔』天命四年八月二十二日条（第一冊、「昃字檔」二八六頁：『老檔』太祖1、一八三頁）。Cf.『清太祖朝㈠』一六五頁。

（52）『通譜』巻二二葉赫地方納喇氏「金台石」伝：「金台石、正黄旗人。原係葉赫東城貝勒。太祖高皇帝征服葉赫時、授其子徳爾格爾為三等男。卒、其子南楚、襲職」（二八〇頁）。

（53）『歴朝八旗雑檔』一〇〇号「正黄旗満洲姓氏住址三代檔」：「sucungga tušan hiya bihe. jai tušan niru bošombihe.」。

（54）『初集』巻四旗分志：「第八佐領、係国初以葉赫地方人丁編立。始以巴雅爾図管理、巴雅爾図故、令其子阿寨管理。阿寨、縁事革退、以貝勒金塔錫之孫南楚管理」「第九佐領、亦係国初以葉赫地方人丁編立。始以喀庫穆管理、尋以南楚之弟索爾和管理」（第一冊、五四頁）。

（55）『原檔』崇徳元年四月十九日条（第一〇冊、「日字檔」一四一頁：『老檔』太宗3、一〇一三―一〇一四頁）。

（56）『通譜』巻一二葉赫地方伊爾根覚羅氏「巴雅爾図」伝（一八三頁）。

（57）なお、ダイシャン自身の母系であるトゥンギヤ氏のタブン＝バヤン（Tabun Bayan 塔本巴顔）家は正紅旗に、嫡夫人リギヤ氏のダジュフ＝バヤン（Dajuhū Bayan 達諸祜巴顔）家は、所生のヨトの鑲紅旗に属していた。リギヤ氏の系譜については、満文族譜『李佳氏族譜』がある（多賀秋五郎［一九八一：四七六―四七七頁］）。

（58）『原檔』天命四年八月二十二日条（第一冊、「昃字檔」二八七頁：『老檔』太祖1、一八四頁）。Cf.『清太祖朝㈠』一六六頁。なお、［II―15］の「妻の兄」、［II―16］の「姉の夫」の原語はともに「efu」（ふつう駙馬の意）であるが、当事者間の続柄からこのように訳し分けた。『満洲実録』七四七頁注114。また、［II―15］の「妻の弟」の原語「meye」はふつう妹の夫を指すが、古い用法にある「妻の弟」が続柄と合致するので、こう訳した。『大清全書』巻一〇「meye 妹夫。妻弟」（二五〇頁）。Cf. Hauer［2007：S. 343］；河内良弘編著［二〇一四：七九一頁］。

(59)『原檔』天命四年八月二十二日条（第一冊、「昃字檔」二九〇頁：『老檔』太祖1、一八七頁）。Cf.『清太祖朝㈠』一六八―一六九頁）。

(60)『初集』巻二〇六勲臣「察爾器」伝：「察爾器、満洲正紅旗人。其祖布爾杭俄、係葉赫西城貝勒、太祖高皇帝克葉赫時来帰。天聡八年、分別諸臣功績、以布爾杭俄雖無軍功、原係貝勒、准与勲臣同等授三等副将世職。尋卒、以察爾器父格霸庫襲職」（第七冊、四七七〇頁）。

(61)『歴朝八旗雑檔』二〇九号「gulu fulgiyan i manju gūsai dashūwan dube i mafari dangse 正紅旗五甲喇三代檔」：

jacin jui burhanggū yehe i wargi hoton i / beile bihe / taidzu sohon honin aniya de yehe be gaiha manggi ujifi ilaci jergi / ashan i hafan obufi ……burhanggū akū oho manggi hafan be ahūngga jui gebakū de sirabuha / sure han i jakūci aniya de geren hafasa i gung be tuktan deribume ilagarade / gebakū be udu gung akū bicibe encu gurun i beise seme doro be gūnime / gungge ambasa jergi de obuha

(62)『初集』巻六旗分志：「第九佐領、亦国初以葉赫地方人丁編立、始以呉巴海管理、後、改令布爾杭俄之孫阿思哈尼哈番殷図管理」「第十二佐領、亦国初以葉赫地方人丁編立、始以諸莫渾管理。諸莫渾得罪、以布爾杭俄之子格巴庫管理」（第一冊、一〇三―一〇四頁）。

(63)『初集』巻一五八「胡里布」伝：「胡里布、満洲正紅旗人。姓何舎里氏、世居葉赫地方。父曰呉巴海、太祖高皇帝収服葉赫国、以其人編設牛彔、使呉巴海管其一」（第六冊、三九七一頁）。

(64)『通譜』巻九和多穆哈連地方赫舎里氏「拝音達理扎爾固斉」伝・「呉巴海」伝（一四八―一四九頁）。

(65)『原檔』天命六年四月四日条（第二冊、「張字檔」七三頁：『老檔』太祖1、三〇七頁）。

(66)ニル＝ジャンギンの家系が変わる場合も同地方の出身者の間で継承されることは、既に松浦［一九八六：一六頁］が指摘しているが、私は、単なる地縁にとどまらず、そこにかかる主従関係の継続を見出すものである。

(67)本項は杉山清彦［一九九八：第二章第一節］に基づくものであるが、初出論文とほぼ同時期に独立して同じ史料・論題を扱った増井［一九九九a］が発表されており、本項では拙稿初出内容に基づきつつ、増井［一九九九a］も参照した。

(68)これは東洋文庫蔵の漢文鈔本で、書名は同文庫で便宜上附されたものである。ただし序跋のほかは系譜のみで、各人の伝はない。なお、フチャ氏の族譜としては、他に国立国会図書館蔵『新修富察氏支譜』（光緒三三年刊）があるが、これはシャジ地方の一派を記すものではない。Cf.多賀［一九八一：四七六頁］。

(69)『通譜』巻二五「莽色」伝（三二七頁）。Cf.岡田［一九七二：四三〇頁］。

(70)順治『太宗実録』巻二一、天聡九年十二月初五日条：「愛把里処斬、其親族兄弟幼少、倶淩遅於市」。

(71) アイバリの処刑と族誅の縁坐範囲とについては、増井［一九九五b：四七―四九頁］参照。ただしアイバリの出自は比定していない。なお、アイバリの比定については、後注85も見よ。

(72) 例えば一六二二年八月二十日にはマングルタイの陣中から戦果報告のため帰京し（『原檔』第二冊、「張字檔」一八〇―一八一頁：『老檔』太祖1、三七〇―三七一頁）、また一六三二年二月二十九日には、マングルタイ失脚後の処分内容をめぐって、エルケトゥとともにホンタイジのもとへ伺いに遣わされている（『原檔』第八冊、「地字檔」一二二―一二三頁：「満附二」三七七頁：『老檔』太宗2、七一四―七一五頁）。なお、アイバリが授官される際「父の功」と記されている。もしアイバリがフチャ氏の人物であるならば、『富察氏家譜』によればその父は「阿泰」であるが、これと同名のAtaiなる大臣が、その直前の時期に「第二等」大臣として名を連ねている（表**1**―**3**：22）。私の推察が正しければ、これがフチャ氏の「阿泰」であり、その地位ゆえに子の「愛巴理」が「父の功」で授官されたことになり、整合的に説明できる。

(73) 『初集』巻三旗分志：「第二佐領、原係国初以沙済地方来帰人万塔什之族衆、合別姓満洲編為半個牛彔、令万塔什管理」「第十佐領、原係国初以沙済地方来帰人丁、編為半個牛彔、令王吉努管理。王吉努故、以其子万済哈管理」（第一冊、三二一―三三頁）。

(74) 『国朝耆献類徴』巻四二補録：「哈世屯、為萬済哈長子。初任前鋒校、隷正藍旗。太宗文皇帝天聡時、隷鑲黄旗、授侍衛」（第五冊、二六五七頁）。出典は国史館本伝。

(75) 『原檔』天命六年十二月十一日条（第二冊、「張字檔」二九九頁：『老檔』太祖1、四四三頁）。『老檔』では「Wandasi」となっているが、『原檔』同箇所は老満文で記録されているため、『老檔』に清書する段階でtをdに誤ったものであろう。

(76) 『聖祖実録』巻二三六、康熙四十八年正月甲午条（第六冊、三六〇頁）。

(77) 『歴朝八旗雑檔』四七号「鑲黄旗満洲五甲喇管理佐領原由檔」所収「nirui janggin fucang bošoho niru da turgun 佐領傅昌所管牛彔原由」：

meni / hala fuca. šaji bai niyalma. jakūci jalan i da mafa / našu. tandu ahūn deo juwe niyalma bihe amala juse. / omosi fusefi niyalma labdu oho manggi. šaji bade. duin / bade boihon i hoton cirgefi siran siran i tehe ming / gurun i wan li i forgon de holhonde ming gurun i / cooha jifi mini mukūn i mafa ahai janggin i tehe hoton be / afame gaifi ahai janggin be waha ini juse sargan / mini nadaci jalan i da mafa wangginu be baime jihe / taidzu dergi hūwangdi cooha ilifi kimun be karu gaiki seme cooha / elbirede mini nadaci jalan i da mafa wangginu ahūn deo / mukūn i urse harangga niyalma be gaifi / taidzu dergi hūwangdi be baime dahame genehe amala niru banjiburede / memi mukūn i urse gaiha haha be hontoho niru banjibufi / meni nadaci jalan i mafa wangginu de bošobuha.

本職等姓傅査原籍沙済地方人八輩始祖那書談都原先兄／弟二人後因子孫生息人派衆而即在沙済地方分為四処築立土／城歴来居住至於明朝万暦年間突爾明朝兵至将本職族祖阿海章／京所居城垣攻破将阿海章京殺害伊妻子投奔本職七輩始祖王／伊努之処／太祖高皇帝因欲立兵報復仇恨招致兵時本職七輩始祖王伊努帯領兄弟族／人投誠／太祖高皇帝之後分編牛彔之時将本職族中人員

以及帯来的人丁編為半個／牛彔令本職七輩始祖王伊努管理佐領。

陳佳華・傅克東［一九八一a：二六四―二六五頁］の引く『歴朝八旗雑檔』第一包四七号檔案もほぼ同内容であるが、両氏は「阿海章京」の出自については論じていない。なお、本項の内容を最初に発表した杉山清彦［一九九八：第二章第一節］では「清代佐領的幾件史料」（『歴史檔案』一九八九―一、二四―二五頁）として公開された檔案を使用したが、こちらは「八旗世襲譜檔」所収の檔案であり、内容は一致するが文面は異なる。

(78)『満洲実録』巻一、癸未年二月条（四二―四六頁）。

(79)なお、研究史上未解決の難問の一つであった王杲の出自については、増井［一九九九a：二〇二―二〇四頁］が、微細な史料の突き合せから、タタラ氏である可能性を指摘しており、私もその蓋然性は高いものと考える。

(80)『万暦武功録』巻一一「王杲」伝：「杲、生阿台・阿海・王太」（下冊、六五頁）。同「阿台・阿海」伝：「阿台・阿海、皆王杲男也。……台与海、怨王台嘗縛其父。海亦怨漢殺其兄阿哥也」（同六八頁）。

(81)『東夷考略』「建州」：「海、毛憐衛夷、往牧莽子寨、与阿台済悪、亦梟逆也」（七七頁）。

(82)『宗譜』丁冊「舒爾哈赤」（第一四冊、七三四二頁）。なお、初めて「阿哥」に言及し、立伝されている「阿革」に比定して、アゲ・アハイ兄弟説を提示したのは張璇如・蔣秀松［一九八七：二五八頁］であるが、両氏はアハイを同名異人と取り違えているため、出自については全く従えない。

(83)清史料の Šaji 城が明史料の莽子寨に当ることを比定したのは今西［一九六七：一四頁］だが、「称呼相違の故は分からない」としていた。しかし、「子」字は、例えば beile の複数形（後、独立した爵位）beise を「貝子」と写したことなどで知られるように、当時しばしばマンジュ語 se 音の音写に用いられており、また、明の諸記録は、城寨に城主の名を冠して呼んでいるから、「莽子寨」を「マンセの城」の意とみても不当ではあるまい。

(84)ただし、『原檔』に「ギヤムフのボイゴン＝バヤン、シャジのワンギヌ＝マファ、この二族の者が一緒になって、ハンを欺いて殺し叛いてハダへ行こうと相談して……」（『原檔』第八冊、「地字檔」八九頁：「満附二」三七七頁：『老檔』太宗2、六七四頁）という記事があり、ワンギヌが来帰後ハダに寝返ろうとしたことが伝えられている。増井［一九九九b：五〇―五一頁］は、この事件を一五八七（万暦十五）年六～八月頃と推定し、継妃グンダイのとりなしで助命されたものとする。増井はさらに、マンセ・アハイ父子が王杲の与党であったことから、ワンギヌ一門は最初はヌルハチではなくソーチャンガ系に投じたものと推測する（［一九九九a：一九七―一九九頁］）。

(85)なお、アイバリの比定に関して、増井［一九九九a：一九五―一九六・二〇九頁注30］は、『富察氏家譜』において、アイバリ近親だけでなくその父輩・同輩に極めて多数の「無嗣」が出ていることから、これを一五八三年のシャジ落城時の被害とみなす。私も、この高い「無嗣」率の主因がシャジ戦時であることには賛成するが、アイバリについては、比定を変更する必要はないと考える。すなわち、アイバリ近親の「無嗣」例は、シャジ城主アハイ兄弟からは曾孫輩に当るアイバリ児輩にまで及んでおり、このとき二五歳であったヌルハチと同世代に当るアハイの兄アゲに、当時曾孫がいたとは考えにくい。それゆえ、私はやはりフチャ氏の「愛巴理」こそアイバリであると考える。

(86)『宗譜』のマングルタイの記録は、獲罪者を集めた丁冊巻末（第一七冊、「玉牒之末」八五頁）にあるが、「嫡妻納喇氏納穆都里氏之女。……三娶妻姓氏父名不詳」とあって、嫡妻の記述には混乱があり、またウラ出身の妃はいない。マングルタイの妻は、正藍旗改易時にホーゲ・ヨトにレヴィレートされるため、さらに記録の混乱が生じたのかもしれない（第四章注28参照）。『実録』に見える夫人のうち、アンバ＝フジンが継妻ハダ＝ナラ氏であることは、増井［二〇一四：一六頁］参照。

(87)『満洲実録』巻三、己亥年条：辛丑年正月条（一六六―一七二頁）。

(88)『宗譜』丁冊「邁達礼」（第一七冊、「玉牒之末」八五頁）。

(89)『通譜』巻二三哈達地方納喇氏「呉爾瑚達」伝：「呉爾瑚達、鑲黄旗人。孟格布禄之長子也。世居哈達地方、国初率部属来帰。太祖高皇帝以公主降焉、又以郡主妻其子額森徳礼。将属下人分隷八旗、所餘之人編佐領、令其孫克什訥統之。……縁事削革未襲」（三〇二頁）。満文本は名を「Ulhūda」と誤って綴っている。なおエセンデリに嫁いだ「郡主」（ただし満文本では「doroi gege」〈県主〉とある）とは、『哈達納喇氏宗譜正冊』によればシュルガチの孫娘であるという（『瀋陽満族誌』瀋陽、一九九一年、六三頁）。

(90)エセンデリの事故死については『原檔』天命七年二月三日条（第二冊、「張字檔」四〇五頁：『老檔』太祖2、五〇六頁）、ウルグダイの収賄事件と失脚とについては天命八年六月九日条（第五冊、「宙字檔」一二一―一八頁：『老檔』太祖2、七八七―七九二頁）。マングジは一六二七（天聡元）年十二月に再婚しているから（後注94参照）、ウルグダイがそれまでに没していることは間違いない。

(91)『初集』巻三旗分志：「第一佐領。原係哈達人戸。国初征哈達時、将其逃散人丁招集、編為牛彔、与顔布禄巴図魯管理。顔布禄年老告退、以其子布達礼管理。布達礼随公主往開元、以其子布克沙管理。後公主奏准将布克沙解任、与其父一処行走、因以顔布禄弟之子巴山管理」（三二頁）。文中「開元」は、『二集』では「開原」と改められている。

(92)『通譜』巻三哈達地方瓜爾佳氏「巴岱」伝（七一頁）。

(93)『原檔』「開原へ赴く万暦三十八年の檔子」第二ムクン第一二タタン（第五冊、「洪字檔」二四〇頁：『老檔』太祖3、一二〇二頁）。ムクン＝タタン表については、三田村［一九六三―六四：第六節］、および増井［二〇〇九］参照。

(94)マングジの再婚については『原檔』天聡元年十二月十二・十六日条（第六冊、「天字檔」一五八頁〈ただし、行間への「加筆」〉：『老檔』太宗1、一一三―一一四頁。Cf.『清太宗朝㈠』五八・一九八頁）、開原地方の専有とニル賜与については『天聡九年檔』九月二十五日条（2、二九七―三〇一頁）。そもそも、ドンゴ氏ホホリ家の四ニルのうち二ニルがドンゴ公主ヌンジェ＝ゲゲの取り分であったように（三田村［一九六三］）、これらのニルは、ハダ＝ゲゲすなわちマングジの取り分とみることもできる。

(95)『初集』巻三旗分志：「第一佐領。国初将哈達地方来帰人丁編立、初以額爾克図管理」（三五頁）。『通譜』巻二四各地方納喇氏「奇

排達爾漢」伝（三一七頁）。なお、「天聡時来帰」とあるが、次注96にあるように天命以前の記録に既に登場しているので、『通譜』の誤りである。

（96）『原檔』「開原へ赴く万暦三十八年の檔子」第二ムクン第一タタン（第五冊、「洪字檔」二三九頁：『老檔』太祖3、一二〇〇—一二〇一頁）。ウラ征討戦の戦功勅書にもエルケトゥの名があり、『老檔』では「キパイの子」と加筆されている。『原檔』「寒字檔」勅書（第四冊、一三七頁：『老檔』太祖2、九五一頁）。Cf.松村潤［一九八五：三〇〇頁］。また降っては、前注72で見たように、フチャ氏のアイバリとともにマングルタイの使者を務めていた。

（97）『原檔』天聡十年三月八日条（第一〇冊、「日字檔」七八頁：『老檔』太宗3、九五八頁）。なお、順治『太宗実録』巻三三、崇徳五年四月二十四日条に「巴山牛彔下克什内」という記述が見える。バサン＝ニルとは［II—26］の鑲黄三—1ニルを指すと思われ、ケシネは改易後ハダの旧臣ニルに属したものであろう。

（98）例えば二人は、崇徳元年八月に諸王離間の罪に問われた際、姑マングジとの往来や不敬事件時のマングルタイ辯護など、正藍旗王族との関係を糾弾されている（『原檔』第一〇冊、「日字檔」三七五—三八五頁：『老檔』太宗3、一二二三—一二三一頁）。マングジとヨト・ホーゲとの関係については、黄培［一九九三：八六・九〇頁］など参照。

（99）増井［二〇〇二］［二〇〇九］。姚念慈［二〇〇八：六〇頁注4］は、藍旗が分編されたという通説を明快に否定する。

（100）『宗譜』丁冊「阿敏」（第一四冊、七三四二頁）。

（101）『初集』巻一〇旗分志：「係国初以輝発地方来帰人丁編立、始以莽庫管理」（第一冊、一七七頁）。

（102）『初集』巻八旗分志：「係国初以輝発地方来帰人丁編立、始以通魏管理」（第一冊、一三六頁）。

（103）『初集』巻一六四「通貴」伝（第六冊、四〇六六頁）。『宗譜』戊冊「瓦爾喀」（第二〇冊、五八八五頁）。

（104）『原檔』天聡四年六月七日条（第七冊、「呂字檔」二八〇頁：『老檔』太宗1、四一五頁）。Cf.『清太宗朝㈡』七二・一九八頁。

（105）これらのうちウラのアブタイのみが、さらに三等総兵官に陞り、都堂・グサ＝エジェンに起用されていることが目を惹く（第一章第二節（2）・本章第一節）。この待遇は、同時に降り、より年長のブルハング・デルゲルと比べて著しく高く、帰順が早く、より長く仕えたハダのウルグダイをも凌ぐほどである。存命の大妃の実弟であることがヌルハチ時代に極めて重視されたことを物語る。

（106）増井［二〇〇六a］は、フルン旧王家の勢力伸長が天聡年間に入ってのことであり、それが門地を評価された厚遇であることを指摘している。その後、ハダ王家は正藍旗の獄で衰退し（第四章第二節参照）、ウラ王家も帝位継承をめぐる度重なる政争で打撃を受けたが（本章第一節）、ヤンギヌ系イェヘ王家は、上三旗の有力家系として入関後重きを占めることとなる（鈴木真［二〇〇七a：第二章］）。

（107）モンゴルの事例については、岡洋樹［二〇〇七a：第三部第2章］：楠木賢道［二〇〇一］［二〇〇九：第一章］、ホホリ家の事例については、三田村［一九六三］参照。

(108) 順治『太宗実録』巻一、天命十一年九月朔条：「兄弟子姪微有過失、遂削奪父汗所予之人民、或貶或殺、天地鑒譴奪予寿命」。杜家驥［一九九七：二九頁］［二〇〇八：二九頁］；孟昭信［一九九八：五〇五―五〇六頁］など。もとより、八旗の分封はやがて形骸化していくが、元来不可侵とされたこと、それゆえ相当の期間にわたってそれが尊重されたことに注意を払うべきである。

第三章　清初侍衛考

（1）Doerfer［1963：Bd. 1, S. 445］；Rozycki［1994：pp. 106-107］、また、Lessing［1960：p. 465］参照。なお、語源は「侍衛」の音写といわれている。

（2）『乾隆会典』巻九四「領侍衛府」、巻九八「前鋒統領・護軍統領」（第六一九冊、九一一―九一五・九五一―九五七頁）；『光緒会典』巻八二「侍衛処」、巻八七「前鋒営・護軍営」（七三七―七四一・七八九―七九七頁）。また、『嘯亭雑録』巻四「領侍衛府」（九三―九五頁）、臨時台湾旧慣調査会編［一九一一：二八〇―二八二頁］など参照。

（3）入関後における制度の概要は以下の諸研究を参照。坂野正高［一九七三：三六―三七頁］；常江［一九八八］；李鵬年他［一九八九：一三〇―一三二頁］；陳金陵［一九九三］；毛佩琦・陳金陵［一九九五：一五一―一五四頁］；張徳澤［一九八一：八六―八八頁］など。また、近年盛んなアメリカの諸研究でも、宮廷機構または八旗制度の一環として制度的に整理を加えるのみである。Cf. Rawski［1998：pp. 82-87］; Elliott［2001：p. 81］.

（4）なお、侍衛の役割の重要性については、夙く宮崎市定［一九五〇：六七―六八頁］が言及している。

（5）なお増井は、本章の原型となった杉山清彦［二〇〇三］と同時期に発表された［二〇〇四a］において、側近のヒヤはしばしば内廷に収養されて擬制親族関係下に組み込まれ、アゲ号を帯びたことを指摘している。拙稿［二〇〇三］はヒヤ制を中心に、他方、増井［二〇〇一］はグチュ関係、［二〇〇四a］は擬制親族関係を中心に、それぞれヌルハチ政権中核の構成に薄ったものということができる。

（6）『満洲実録』巻三、丁未年条（一八八―一九七頁、および七四一頁注83）。『原檔』万暦三十五年三月条（第一冊、「荒字檔」二・五―六頁）；『老檔』太祖1、一・三―四頁）。Cf.『清太祖朝㈠』一・四頁。

（7）「booi niyalma／家人」の身分および表記の問題については、増井［二〇〇四b］参照。

（8）エイドゥは、『清史稿』本伝（巻二二五：第三一冊、九一七七頁）に拠れば「達拉哈轄」（dalaha hiya／筆頭ヒヤ）であったというが、他に記録がなく、叙任の時期も分らない（増井［二〇〇一：六四頁注106］）。

（9）ローハンのほかに伝記の存するのは、身辺随侍の例に当てはまらないジャイサ（『初集』巻二〇三）のみであり、ローハンの顕彰も、入関後の追贈にすぎない。なおヤムブルについては、増井［一九九六：二〇三頁注47・48］も参照。以上の極初期の家人の諸例については、増井［二〇〇四b］に詳しく考証されている。

(10)［III—1A］『嘯亭続録』巻三「洛翰」：「高皇帝創業之初、有洛翰者、本劉姓、中原人。以傭至遼、初給事建州、頗勤倹有勇力、高皇帝賞識、抜為侍衛」（四六五頁）。［III—1B］『通譜』巻七四附載満洲旗分内之尼堪姓氏・劉氏「労翰」伝：「鑲紅旗人。世居長白山地方。国初来帰。太祖高皇帝毎行軍時、随侍不離。……太祖高皇帝甚愛之、賜姓覚羅氏」（八〇七頁）。このほか『初集』巻二〇一勲臣「労翰 Loohan」伝も参照（第七冊、四八三〇頁）。なお、これらの史料は、家人への賜姓の例として増井［一九九六：二〇三頁注49］が列挙している。

(11)今西春秋［一九六七：一三・一五—一六・二一—二二頁］。以下、地名の考証は基本的に今西［一九六七］により、注記を省略する。現地調査報告として、高橋匡四郎［一九四二］；細谷良夫編［一九九一］；傅波主編［一九九四］；承志・杉山［二〇〇六］などがある。

(12)江嶋壽雄［一九四四：四四一頁、注5］、および増井［一九八九：二八頁］［二〇〇四b：一八頁］。

(13)『初集』巻九旗分志（第一冊、一五八頁）；『二集』巻一五旗分志（第六六四冊、五一五頁）。『通譜』巻一三呼訥赫《フネヘ》地方伊爾根覚羅《イルゲン＝ギョロ》氏「納斉布」伝（一九四頁）。

(14)**表3-1・2**を対比すると、家人層の近侍・護衛は一五八五年頃までしか見えないが、増井［二〇〇四b：一六—一七頁］は、ヌルハチの勢力規模の拡大過程から、挙兵二、三年後には家人・家僕が戦闘に従事することがなくなっていくことを指摘しており、このことと合致する。

(15)［III—2A］『満洲実録』巻二、戊子年四月条（［I—5］再掲）。［III—2B］『原檔』天命六年閏二月十七日条（第二冊、「張字檔」二〇頁：『老檔』太祖1、二七一—二七二頁）

(16)『二集』巻一五六「扈爾漢」伝：「感上撫育恩、誓以戎行效死、毎出戦輒為前鋒」（第四冊、二六四九頁）。

(17)［III—3A］『国朝耆献類徴』巻二六二将帥「博爾晋」伝：「博爾晋、……太祖高皇帝時、率戸口来帰、即使轄之、任佐領、隷満洲鑲紅旗、尋授侍衛。嘗従征富爾佳斉、博爾晋族弟侍衛西喇布、為哈達西忒庫所射中両矢、博爾晋、抜其矢還射、遂殪西忒庫」（第一五冊、八九一九頁）。［III—3B］『初集』巻一六二「西喇巴札爾固斉」伝：「西喇巴札爾固斉、満洲鑲紅旗人。……太祖高皇帝時、率所部来帰、初編牛彔、使管牛彔事、預五大臣之列。癸巳年、与付爾佳斉兵戦、常在太祖大営翼衛有功。哈達西忒庫、射叔貝勒、発第二矢、西喇巴以身当鏑鋒、中傷而歿」（第六冊、四〇三〇頁）。出典は国史館本伝。また、『二集』巻一七一「博爾晋」伝（第五冊、二九九三頁）。このエピソードは常江・李理［一九九三：一〇〇頁］にも引かれるが、出典の明示はなく、考証もなされていない。

(18)『満洲実録』巻二、癸未年六月条（一二八—一三一頁）；『初集』巻一六七「頌翁科洛巴図魯安費揚武《ションコロ＝バトゥル・アン＝フィヤング》」伝（第六冊、四一一八頁）。

(19)シラバが身を以て庇った「叔貝勒」とは、『初集』満文本でも「ecike beile（叔父のベイレ）」とあり、増井［二〇〇四a：二二頁」は、これを「叔父のベイレ」と解釈して、シュルガチかムルハチであるとする。私はこれを、史料［III－2A］にも見える当時のヌルハチの称号「Sure Beile／淑勒貝勒」の漢字表記の錯簡、およびその満訳と考える。『清史列伝』巻四「西喇布」伝に、まさしく「淑貝勒」とあることが、この考えを支えてくれるであろう（第一冊、一七九頁）。また、同じ『初集』の記事中に「常に太祖の大営に在り」とあることも、これと合致する。いずれにせよ、「侍衛」が実際に護衛に当っているという事実は動かない。なお、『清史稿』はバヤラと明記するが（巻二二六：第三一冊、九二〇三頁）、バヤラはこの年わずか一二歳にすぎないので、おそらくその文言は「叔貝勒」の語から導いたものであって根拠があるものではなかろう（Cf.増井［二〇〇四a：三四頁注72］）。

（20）私は、本箇所初出の拙稿［二〇〇三：一〇九頁］において、史料後段の「王家村 Wang Giya dzun gašan の人の兵を搆ふるあり」とあるのが Wanggiya＝ワンギヤ部との戦闘を指すとすれば、これは同部と初めて交戦した一五八四年九月、ないし同部攻略の一五八八－八九年、可能性としては八八年後半のワンギヤ城攻略のことと考えられる、と推論した。これに対し増井［二〇〇四b：二五頁注71］は、ワンギヤ部首長層に同村の村長「Junta Goho 準塔郭和」に該当する人物が見当らないことから、疑問を呈している。私見もワンギヤ部と断定するものではなく可能性の提示にとどまるが、いずれにせよ本条の後にグレ山の戦の記事が続くため、このバライが極初期の事例に数えうることは動かない。

（21）『原檔』「開原へ赴く万暦三十八年の檔子」第一ムクン第一タタン（第五冊、「洪字檔」二二〇頁：『老檔』太祖3、一一八五頁）。

（22）『原檔』「開原へ赴く万暦三十八年の檔子」第二ムクン第一〇タタン（第五冊、「洪字檔」二三八頁：『老檔』太祖3、一一九九頁）、その他の例は『老檔』太祖3、人名索引参照。またジョノイの賜姓は、『初集』巻二二七忠烈「卓納」伝（第八冊、五一八一頁）。両者の系譜は、『通譜』巻二三「約蘭 Yoolan」伝・「卓内」伝（三〇二－三〇三頁）、および『遼夷略』（五五八頁）参照。

（23）『初集』巻一四七「索尼巴克什」伝：「索尼巴克什、大学士希福巴克什兄碩色巴克什之長子也。太祖高皇帝龍興、索尼、随父碩色、自哈達国率衆来帰。……索尼、早承家学、兼通満・漢・蒙古文、在文館辦事。初任頭等轄、随大兵征討、所向有功」（第六冊、三七八四頁）。

（24）『通譜』巻四「呉拝」伝：「太祖高皇帝召入内庭撫養、賜姓覚羅」（八六頁）。

（25）『初集』巻一五三「呉拝」伝：「太祖庚戌歳、呉拝年十六、偕丹布往略明撫順所。……是年、随囲猟多卜顆舒爾黒地方、一巨熊突囲出奔峻嶺。有一人独策馬逐之、……其人所乗馬懼熊不進、乃下馬歩射之、中熊貫胸堕嶺下。太祖遣雅孫巴図魯往視曰「非朕之呉拝不能。」視之果然。……即授以轄職、代父呉礼戡管牛彔事」（第六冊、三八七八頁）。ただし、庚戌年であればウバイは一五歳、また明と開戦して撫順を攻略したのは一六一八年であって、記事の前後関係には混乱がある（増井［二〇一四：二五頁注11］は、『満洲名臣伝』との対照から一六一八年とみる）。しかし、いずれにせよ人材育成・起用のプロセスの確認には支障はない。

（26）『初集』巻二二〇「葉中額」伝（第八冊、五〇三二頁）。『原檔』「寒字檔」勅書（第四冊、一一六頁：『老檔』太祖2、九四三頁）。Cf.松村潤［一九八五：二八六頁］。

（27）一六一三年までに確実にベイレの称号を有していたのは、シュルガチ（一六一一年没）・チュエン・ダイシャンにとどまるとみられる。

（28）［Ⅲ－6］『原檔』万暦四十三年十二月条（第一冊、「荒字檔」六三頁：『老檔』太祖1、五七頁）。［Ⅲ－7］『原檔』天命元年元日条（第一冊、「昃字檔」一四一頁：『老檔』太祖1、六七頁）。Cf.『清太祖朝(一)』五二－五三・六二－六三頁。

（29）『原檔』天命六年九月初七日条（第三冊、「来字檔」四二－四三頁：『老檔』太祖1、三八〇－三八一頁）。

（30）『初集』巻一五三「呉拝」伝：「有薩譚牛彔下一人、刺殺二人奔入宮殿。呉拝徒手執之」（第六冊、三八七九頁）。一六二六年四月のナンヌク（Nangnuk 嚢努克）攻滅と同年九月のホンタイジ即位の間に記事がある。

（31）『原檔』天命八年二月十八日条（第三冊、「列字檔」二二九頁：太祖2、六六一頁）。

（32）『原檔』天聡二年十二月一日条（第六冊、「閏字檔」二八二頁：『老檔』太宗1、一八一頁）。

（33）『原檔』天命三年四月条（第一冊、「昃字檔」一八〇頁：『老檔』太祖1、九七頁）。

（34）『無夢園集』「山海紀聞」、「紀名号決戦勝」条：「憨総統貝勒・恰・娥夫・孤山・牛鹿・獐鷹・擺言等」「号恰者総督也［以真夷有才略任之］」（四三・四五頁）。なお、わざわざ「真夷」と言っているのは、当時モンゴル人や漢人が多数出仕・登用されていることを示すものでもある。「山海紀聞」の情報の時期については、白新良［一九八一a：七八頁］参照。

（35）とりわけ中村篤志［二〇一四：九二－九三頁］で適確に整理・指摘されている。

（36）『原檔』天命六年五月二十三日条（第二冊、「張字檔」一〇四頁：『老檔』太祖1、三三一頁）。

（37）康熙『世祖実録』巻一、崇徳八年八月癸未条。

（38）『鈕祜禄氏家譜』：「八世弘毅公第十子益尔登。丙申年正月初三日生。当孩提時、象貌豊俊、与常児不同、太祖高皇帝、愛而撫之宮中。八九歳時、晩間同群児戯於楼上、太祖高皇帝欲試群児之胆量、令一人為異形以恐嚇之。群児見之、有懼而奔走者。有不敢動作者、惟公与呉拝二人。……太祖高皇帝賛曰「此二子後必為巴図魯。」愈加愛養。年十四五、即令在軍中行走、稍長授為侍衛」。『鈕祜禄氏家譜』については、多賀秋五郎［一九八一：四七五頁］参照。

（39）『初集』巻一四六「那木泰」伝（第六冊、三七七五頁）。『通譜』巻六「納木泰」伝「太祖高皇帝時、賜姓覚羅」（一一六頁）。

（40）『初集』巻一三六「岳託」伝：巻一三〇「済爾哈朗」伝（第六冊、三六二九・三五五五頁）。

（41）『無夢園集』「山海紀聞」、「紀奴情」条：「収宗族親戚之女十三歳以上者養之於内、以待有功而後聘之、名為阿府」（一三八頁）。

（42）『鈕祜禄氏家譜』の「額宜都」下に「一女　正白旗満洲原任一等子・都統呉拝に適ぐ」とある。

（43）マンジュ社会における人質の慣習については、河内良弘［一九五九：二〇四－二〇七頁］参照。

（44）ヒヤ集団の性格については、増井［二〇〇一：五三頁］でも同様の指摘がある。また陳文石［一九七七a、六二四－六二五頁］も、官僚組織上の関係にとどまらず、親密かつ濃厚な氏族的・封建的関係を多重に取り結んだもの、と評価する。

(45) 第一章第二節・第二章第一節、また杉山清彦［二〇〇一a：第1・2節および表1］参照。ヤスンについては、細谷［一九九一：二九—三二・四一頁］参照。（『原檔』鑲黄旗「Yasun」勅書：第四冊、「黄字檔」三五八頁）。
(46)『初集』巻一五〇「額参」伝：「初任布達衣大、累擢内大臣」（第六冊、三八三一頁）。なお、劉潞［一九九七：二七九頁］は、これを包衣大《ボーイ＝ダ》のこととするが、誤解である。エセンは「司厨官厄参」（『世祖実録』巻六三、順治九年三月癸巳条）などとして現れる。ウヤ氏については、鈴木真［二〇〇一b：第一章］［二〇〇七a：第二章］参照。
(47)『初集』巻二三六「庫爾纏巴克什」伝：「少時、太祖養育宮禁、比長、嘉其識見過人、於文館辦事」（第八冊、五三二八頁）。
(48)『初集』巻一五〇「希爾根」伝：「初随侍太宗文皇帝於藩邸」（第六冊、三八二二頁）。
(49) 張玉書「誥授光禄大夫護軍統領兼佐領世襲拖沙喇哈番柯爾崑公神道碑」：「公生有異相……太祖高皇帝見而異之、即命侍従、出入禁闥者数年、為大貝勒三等護衛」（『碑伝集』巻一一四：第九冊、三二八六頁；『張文貞集』巻九：五八四頁）。
(50)『原檔』天命十年五月十四日条（第四冊、「収字檔」二八八頁：『老檔』太祖3、九七三頁）。また、増井［二〇〇一：特に五一—五四頁］も参照。
(51) その点で、アッバース朝〜マムルーク朝のマムルーク・グラームや、オスマン帝国のイェニチェリとは異なる。
(52) 順治『太宗実録』巻四、天聡三年十二月二十七日条：乾隆『太宗実録』巻六、天聡三年十二月丁丑条（八四頁）。『初集』巻一四六「楊古利額駙」伝（第六冊、三七七一頁）。
(53)『初集』巻一五九「楊善」伝（第六冊、三九八〇頁）。なお、極初の例として、『通譜』に「原任内大臣」とあるラハ＝メルゲン（Laha Mergen 拉哈墨爾根）なる者が見出される。この人物は『原檔』に「フェアラにいた時、我が宗室の娘であるトタリの妻を、ラハ＝メルゲンの妻が襟を摑んで投げたので、ラハ＝メルゲンの妻を殺した」とあって、一六〇三年のヘトアラ遷都以前の出来事中に現れるので、その活動は必ずヌルハチ時代だったと考えられる。そうだとすると、職名が「内大臣 dorgi amban」と呼ばれたかどうかはともかく、親衛隊を指揮する大臣職の起源はさらに溯る可能性がある。『通譜』巻一三「拉哈墨爾根」伝（一九一頁）：『原檔』天命七年正月十四日条（第二冊、「張字檔」三七二頁：『老檔』太祖2、四八六頁）。
(54)『天聡八年檔』天聡八年正月初八日条（一八頁）。
(55) 後に領侍衛内大臣と内大臣が分化し、また遊撃的ポストとして散秩大臣（sula amban）が設けられる。領侍衛内大臣については、黄円晴［二〇一二］が専論している。
(56) 順治『太宗実録』巻一一、天聡七年六月初十日条。
(57)『初集』巻一五五「星内」伝（第六冊、三九二一頁）。
(58)『原檔』崇徳元年十月十六日条（第一〇冊、「宇字檔」五二六—五二九頁：太祖4、一三四四—一三四七頁）：順治『太宗実録』巻二九、崇徳三年九月十八日条。なお、一六四一（崇徳六）年八月、松山戦においてホンタイジの本営が明軍に斬り込みを受けた際の論罪記事中に、侍衛の等級別に功罪が論じられている。順治『太宗実録』巻三七、同年十二月十一日条。

(59) 順治『太宗実録』巻二五、崇徳二年六月二十七日条。なお、『初集』巻二四〇烈女「一品夫人瓜爾佳氏」伝には、その夫について「為太宗文皇帝近侍藍翎轄員」とあり、やはりホンタイジの時代に藍翎侍衛の職に就いていたことを記す（第八冊、五三八一頁）。

(60) 順治『太宗実録』巻二五、崇徳二年六月二十七日条；巻二六、同七月初五日条。陳文石［一九七七a：六二五—六二六頁］；常江・李理［一九九三：一一二—一一四頁］。また、谷井陽子［二〇〇七：三六頁］；増井［二〇〇八a：一一六—一一七頁］などでも言及されている。

(61) 『初集』巻一四八「陶岱」伝「初事太宗文皇帝、在二十轄之列」（第六冊、三八〇〇頁）。

(62) 『通譜』巻二三「博瑚察 Bohūca」伝（二九九頁）。

(63) 『国朝耆献類徴』巻四二「哈世屯」伝：「毎遇行兵・出猟、哈世屯必在御幄、供宿衛、未嘗一日去上左右」（第五冊、二六五六頁）。出典は国史賢良小伝。移旗したシャジ地方フチャ氏一門が、ハシトゥン以降、侍衛・内務府すなわち親衛隊・家政機関双方に深く関わって上三旗の皇帝親信家系に成長していったことについては、鈴木真［二〇〇六：第二章］を参照。

(64) モンゴル人のヒヤ、および内大臣の事例は、枚挙に遑がないほどである。さしあたり『初集』の伝のみ示す。巻一五一「喀蘭図 Karantu」伝（第六冊、三八四〇頁）；巻一六九「巴特瑪 Batma」伝（第六冊、四一四四頁）；巻一七一「畢力克図 Biliktu」伝（第六冊、四一八〇頁）；巻二〇一「衛寨桑 Ui Jaisang」伝（第七冊、四六七四頁）；同「薩璧図」附伝「阿蘭才 Alants'ai」（同、四六八一頁）；巻二一五「昂阿 Angga」伝（同、四九二四頁）；巻二一六「哲僧 Jeseng」伝（第八冊、四九五三頁）。

(65) 『天聡九年檔』天聡九年八月六日条（2、二三六—二三七頁）。なお、事件中に見えるバヤラの子ジマフ（Jimahū 済瑪祜）もヒヤであった。順治『太宗実録』巻二八、崇徳三年七月五日条。

(66) 順治『太宗実録』巻三六、崇徳六年九月初五日条。また、モンゴル人で鑲藍旗のバトマの例がある。『初集』巻一六九「巴特瑪」伝（前注64参照）。

(67) 『初集』巻一五二「羅什」伝：「羅什、薩木什喀之子也、任王府長史」（第六冊、三八六二頁）。

(68) 『天聡五年檔』九月二十三日条（II、二五〇頁）。モー＝メルゲンについては、第二章第一節（2）参照。

(69) 阿金「光禄大夫王府長史伊爾根覚羅公墓表」：「公之父諱査他……歴任王府長史」『八旗文経』巻四七「墓碑」甲（三八五頁）。フアリィ自身のくだりには「以世勲授多羅信郡王府三等護衛……」とあって、多羅信郡王すなわちドド家（『初集』巻七六封爵表「豫郡王多鐸」：第三冊、一四五九頁）に仕えたことが記されており、ジャタ、およびアルタシ一門がドド配下だったことは疑いない。また、『実録』の記載は、順治『太宗実録』巻二九、崇徳三年十月二七日条；十一月初九日条。

(70) 『初集』巻九旗分志：「伊巴礼、陞任包衣昂邦」（第一冊、一六二頁）。『通譜』巻九斎谷地方赫舎里氏「宜巴理」伝：「将宜巴理授為副将、後陞内務府総管」（一五一頁）。

(71)『通譜』巻一三「納斉布」伝（一九四頁）。アヤン＝ギョロ氏のコルコン一門やフネヘ地方イルゲン＝ギョロ氏のナチブ・センテヘ家がアバタイ属下であることは、鈴木真［二〇一一：一三頁］に指摘がある。

(72)『初集』巻二六「哲僧」伝（前注64参照）。ヒヤムシャンについては、『初集』巻二八三「夏穆善」伝（第八冊、五三五五頁）、および杉山清彦［二〇〇八ｆ：一八四頁］；増井［二〇一四：七―八・二六頁注19］参照。

(73)『佳夢軒叢著』「侍衛瑣言」・「侍衛瑣言補」：「侍衛、清語曰「轄」、……向例侍衛俱上三旗人員、其下五旗者曰護衛、清語曰「佳占」、俱隷王公門」（六二・七三頁）。

(74)なお、入関後の順治・康熙年間の侍衛と宮廷政治については、近年内田直文が論じており、内廷の側近集団としてのヒヤを「内廷侍衛」とカテゴライズして追究しようとするその着眼は至当である。しかし、特定の家系や縁故関係を極端に過大評価する行論には飛躍があり、かつその根拠とする人物比定や関係の把握に誤りが多いため、従うことはできない。例えば、内田［二〇〇三：三八―三九頁］では、ニュフル氏のエビルンの子ファカ（Faka 法喀）を一六六九（康熙八）年の輔政大臣オボイ粛清の立役者とし、御前大臣として内廷を統轄していたと強調するが、『鈕祜禄氏家譜』によれば、ファカは一六六四（康熙三）年の生れで、オボイ捕縛時わずか六歳の小児にすぎなかった。また［同：三三頁］では、このエイドゥ家が「順治帝を補佐する六大臣」の一人である鑲紅旗のタンタイなる人物と結んで、紅旗との人的関係によって順治帝政権を支えたとしているが、この六大臣のタンタイが正黄旗シュムル氏のタンタイ（[III―13]）であることは、鴛淵［一九五八］・阿南［一九六七ｂ］など以来、研究者には周知の事柄であり、したがってその議論は全く成り立たない。氏が言うタンタイとは、第一章第二節（6）で述べたドンゴ氏のアゲ＝バヤン（図**1-2**）の孫である。ゆえに、その順治・康熙政治史の説明については、本書においていちいち取り上げる必要を認めない。

(75)耿精忠については『清史列伝』巻八〇逆臣伝（第二〇冊、六六六〇頁）、昭忠・聚忠については『初集』巻一八八本伝（第七冊、四四六六頁）。尚之信については『清史列伝』巻八〇逆臣伝（第二〇冊、六六六九頁）および細谷［一九八四］、とりわけアンダ号については、増井［二〇〇五：二三―二四頁］参照。

(76)康熙『世祖実録』巻三一、順治四年三月庚申条：「今当天下初定之時、在京官員三品以上及在外官員総督・巡撫・総兵、俱為国宣力著有勤労、与平日不同。凡合前例、諸臣無分新旧、各准送親子一人入朝侍衛、以習満洲礼儀、察試才能、授以任使」。

(77)湯右曾「光禄大夫太子少師吏部尚書宋公犖墓誌銘」：「公、年十四、例以大臣子入宿衛、先帝器之」（『碑伝集』巻六七：第六冊、一九二六頁）、また顧棟高「宋漫堂伝」（同、一九二九頁）。

(78)『欽定外藩蒙古回部王公表伝』巻一〇八・一一〇・一一一など。また「回子侍衛」については常江・李理［一九九三：七四―七七頁］参照。

(79)明の侍衛制については、『明史』巻八九兵志「侍衛上直軍」、および山崎清一［一九四一：二一一―二二二頁］；王天有［一九九二：一三五頁］。

(80) 箭内亙［一九一六］；村上正二［一九五二］［一九六二］；護雅夫［一九五二ａ］［一九五二ｂ］；本田實信［一九五二］［一九五三］；蕭啓慶［一九七三］ほか。

(81) 例えば宿衛・質子の制としては、特に以下が参考になる。増淵龍夫［一九五五：二二五―二六五頁］、および池田温［一九七九］；Yang, Liensheng [1952].

(82) 宋初における兵権回収、明初における功臣の粛清がただちに想起されよう。川越泰博［二〇〇二］は、一三九三（洪武二十六）年の藍玉の獄が、権力形成期に培われた鞏固な人的結合関係を意図的に切断しようとしたものであることを指摘している。

(83) 片山共夫［一九八〇：三頁］；陳文石［一九七七ａ：六二三―六二四・六三〇―六三八頁］。なお、元代において漢語で侍衛と称されたのはケシクでなく漢人主体の侍衛親軍であるが、清の侍衛はこれではなく、ともに仕途と目された、怯薛＝ケシクに対応するとみてよいであろう。

(84) 護［一九五二ａ］［一九五二ｂ］の再評価、およびフレグ＝ウルスにおけるネケルについては、志茂碩敏［一九九五：第五部］参照。

(85) 劉小萌［一九九一：八一―八四頁］［二〇〇一：一二八―一三二頁］も挙兵初期の「グチュ集団」に注目して、兵農一致の壮丁と異なって常時随侍する警護・軍事指揮官であるとし、ネケルとの並行性を指摘する。

(86) 『原檔』万暦四十一年三月条（第一冊、「荒字檔」三四―三六頁；『老檔』太祖1、三二―三三頁）。三田村［一九六三―六四：一二四頁］；今西［一九七〇：20「Saoli と阜衣」］；増井［二〇〇一：五一―五二頁］。

(87) 『原檔』天聡二年十二月一日条（第六冊、「閏字檔」二九四頁；『老檔』太宗1、一九〇頁）。Cf.『清太宗朝㈠』一〇二・二二四頁。

(88) 朝鮮半島における侍衛に関しては、高麗とモンゴル帝国のケシクの関わりを、森平雅彦［二〇〇一］が明らかにしている。朝鮮については、先駆的な河内［一九五九］の後、近年になってケネス＝ロビンソン［一九九九］・木村拓［二〇一二］・荷見守義［二〇一四］などが論じている。

(89) 『三雲籌俎考』「夷語解説」：「是各台吉門下主本部落大小事情断事好人」（一六一頁）。達力扎布［一九九八：一六四―一六五頁］、および永井匠［一九九九：四八頁注9］参照。

(90) ヒヤ＝タイジについては永井［一九九九］、および同［四七―四八頁注2・5］所掲文献参照。またダユン＝ヒヤについては以下を見よ。森川哲雄［一九八七：一三八―一三九頁、§一五九、注1］；吉田順一他訳注［一九九八：三三三―三三四頁、§一六二、注2］。

(91) この人物の活動は『原檔』に頻出する。『老檔』太宗4、人名索引参照。

(92) 『原檔』天命七年二月条（第二冊、「張字檔」四六一頁；『老檔』太祖2、五四三頁）。

(93) 『初集』巻一七一「郭爾欽《ゴルチン》」伝（第六冊、四一七八頁）。

(94)『天聡九年檔』天聡九年正月二十二日条(1、一八―二三頁)、また和田清[一九五八:六六一頁注37]参照。

(95)『満洲実録』巻二、甲午年条(二五〇―二五一頁);巻三、乙巳年・丙午条(一八六―一八七頁)。ホルチン・内ハルハ諸部との関係については、楠木賢道[一九九九a][一九九九b][二〇〇〇]参照。

(96)この点に関しては、清水和裕[一九九九:特に五七頁]の議論より多くの示唆を得た。

(97)ポスト=モンゴル期のイラン方面では、ネケルに由来する「ナウカル/ノウキャル」の語が、もはや単なる「従者、召使い、下僕」の意になっていくといい、グチュの用例の変遷と揆を一にする。

(98)『嘯亭雑録』巻四「領侍衛府」:「其日侍禁廷左右供趨走曰御前侍衛、稍次曰乾清門侍衛。其値宿宮門者統曰三旗侍衛」(九四頁)。

(99)*Histoire de l'Empereur de la Chine, présenté au Roy*, Paris, 1699, pp. 71-72(『康熙帝伝』六七―六九頁)。

(100)『初集』巻一五三「郎談」伝(第六冊、三八八二頁)。

(101)『康熙起居注』康熙十九年七月二十一日条:「『一等侍衛・衣都額真郎談、世職原大、人亦甚優、着即補授副都統』」(北京所蔵第九冊、四〇四九頁:標点本第一冊、五七六頁)。

(102)『聴雨叢談』巻一「侍衛」条:「若御前侍衛、多以王公・冑子・勲戚・世臣充之、御殿則在帝左右、従扈則給事起居、満洲将相多由此出」(二五頁)。

(103)外藩モンゴル王公が侍衛と同格の行走として近侍し、皇帝の親信として活動、あるいは活動が期待されていることは、中村篤志[二〇一四]で指摘と事例の紹介がなされている。乾隆期から光緒期という、後代の状況の指摘という点でも重要である。

(104)谷井俊仁[二〇〇六]は、皇帝の対面接触という政治手法に注目するとともに、それが早く順治年間から漢人文官を中心としたものであるとして、本章の基になった拙稿[二〇〇三]の見解を批判し、旗人高官や侍衛の意義を低くしか評価せず、「ヒヤが核心をなしていないことこそ、清朝的な特質」だとする([同:三七八頁注40])。しかし、以上に述べたように、彼らは警護のみを担当しているのではなく、むしろ警護=侍衛の資格を以て皇帝に近侍できることそれ自体が重要なのであり、またその場で目立った役割を果していないように見えても、後年に政権幹部となっていることに注意すべきであると考える。それゆえ氏の批判は受け入れがたく、あらためてこのように主張するものである。ただし、本章でも触れ、第五・八章でも述べるように、私はヒヤのみが政権の中核であったとも、ヒヤの全てが側近・親信であったとも主張するものではないことは、確認しておきたい。

第四章　ホンタイジ政権論覚書

(1)ホンタイジに関する専著としては、孫文良・李治亭[一九八三]:杜家驥編著[二〇〇五]などがあるが、ヌルハチと比してあまりにも少ない。邦文でも、研究者の著作としてはまだ存在しない。論文でも、彼の人物や営為、あるいは彼の立場・視点から政策・政治を述べたものは、三田村泰助[一九四一][一九四二]:岡田英弘[一九七二][一九九四]:楠木賢道[一九九九a][一九九九九b］など、限られている。まとまった伝記としては、右の専著のほか、Fang［1943］がある。

(2)『星源吉慶』「太宗文皇帝」（二六頁）。

(3) 基本情報は、以下『満洲実録』第八（七一六頁）のほか、内藤［一九二二］；唐邦治［一九二三］；三田村泰助［一九四二］；岡田英弘［一九七二：四三〇頁］、および『星源吉慶』「太祖高皇帝」下（一五―一六頁）により、いちいち注記しない。

(4) 石橋崇雄［二〇〇〇：二三頁］；松村潤［二〇〇一：六三頁］。また、ジュシェン人の婚俗とヌルハチの結婚・分家をめぐっては、増井寛也［二〇一三］参照。

(5) 朝鮮『世宗実録』世宗二十年七月己丑条（第一章注15所引）。

(6)『原檔』天命八年六月九日条（第五冊、「宙字檔」一七頁：『老檔』太祖2、七九二頁）。明側の『無夢園集』「山海紀聞」「紀決戦名号」条にも、ホンタイジを指して「老奴、溺愛し、遂に位を継ぐ」とある（四八頁）。

(7)『建州聞見録』：「胡将中惟紅歹是僅識字云」（『柵中日録』一五八頁）。ヌルハチ近親者で天命期に漢文を解したのは、ホンタイジの他はダイシャンの第三子サハリヤンくらいであった。『初集』巻一二九「薩哈廉」伝：「天姿聡敏、通暁満・漢・蒙古文義」（第六冊、三五四六頁）。

(8)「山海紀聞」の記事は、和田清の示教によるとのことである。『仁祖実録』の記事は、李光濤［一九四八］も指摘している。なお、彼の名は欧米圏には「アバハイ Abahai」と誤伝された。「アバハイ」名称問題については、Stary［1984］参照。

(9) あるいは、ハガン~カガン系の語を写したものであって、これも称号の転訛とみることもできるかもしれない。しかし、君称はマンジュ語ではハンであり、また当時のモンゴルではハーンであったので、古形のカガンを写したものとは考えにくく、やはり固有の名を写したものとみるべきであろう。

(10) 李光濤［一九四八］は、ヌルハチ生前の呼称ではなく即位後に自称したものとするが、天命期の事情を伝える朝鮮史料にさまざまな形で記録されているので、この説は成り立たない。

(11)『満洲実録』巻三（二二〇頁）。

(12)『原檔』万暦四十年条（第一冊、「荒字檔」一九―二〇頁：『老檔』太祖1、一八頁）。Cf.『清太祖朝㈠』一六頁。

(13)『原檔』万暦四十一年条（第一冊、「荒字檔」三四頁：『老檔』太祖1、三二頁）。Cf.『清太祖朝㈠』二八頁。

(14)『原檔』天聡二年三月七日条（第六冊、「閏字檔」二四二頁：『老檔』太宗1、一二五頁）。Cf.『清太祖朝㈠』八一・二二一頁。

(15) なお、夙に指摘があるように、四大ベイレのうち、ダイシャンがアンバ＝ベイレ、ホンタイジがドゥイチ＝ベイレと称されるのに対し、アミンをジャチン＝ベイレと呼んだ例は僅かしかなく、マングルタイをイラチ＝ベイレと記した例はない（松村［一九八一a：一七四頁］）。またデゲレイは、継妃フチャ氏所生子のうちの「末子 Fiyanggū」ということで「Fiyanggū Beile」「Degelei Fiyanggū」などと記されることがあるが、これは通称であって称号ではない（杜家驥［二〇〇〇b］；増井［二〇一三：五三頁注

55〕)。

（16）なお、大妃ウラ＝ナラ氏所生のうち、第一子であるアジゲもその両弟と比して扱いが低いように見えるが、これは第二子ドルゴンと比べるならば、史実が示すように資質に劣ること、また第三子ドドと比べるならば、ドドは大妃所生の末子として立場を異にしたこと（増井〔二〇一三：4章〕）による。とはいえ、実は本節で述べたホンタイジ＝ヘカンと同様、アジゲもまた本名ではなく、「アジゲ＝アゲ＝ベイレ」（『原檔』天命十一年閏六月十九日条、第五冊、「宙字檔」五〇頁：『老檔』太祖3、一〇八一―八二頁）といった特異な称で現れることからも窺えるように、本来は「大《アンバ》アゲ」ダイシャンに対応する「小《アジゲ》アゲ」という称号であったと推測され（増井〔二〇〇四ａ：一三・三〇頁注11〕）、そうであれば彼もまた大妃所生の王子として、天命期においては一定の特別扱いを受けていたということができる。

（17）順治『太宗実録』巻一、天命十一年九月朔条：「奉為天聰汗」。

（18）『天聰八年檔』天聰八年十二月十五日条（三九〇―三九一頁）。記事内容、とりわけ文中の「サキャ（saskiy-a）」をめぐっては、石濱裕美子〔二〇〇七：五二頁〕参照。

（19）『天聰九年檔』天聰九年十二月七日条（2、三四三・三四五頁）。

（20）松村〔一九六九〕で、諸学説が要領よく整理されている。それら諸説の当否は措き、いずれも共通するのは、これを純然たる漢語国号と捉える点である。

（21）ドルゴンの称号メルゲン＝ダイチンもこれに由来しており、実録稿本では「墨勒根大清」と、「大清」の文字で音写されている。『太宗文皇帝日録残巻』天聰二年三月初七日条（『史料叢刊初編』所収：第二冊、一四二頁）。

（22）例えば岡田〔一九九二：二二八―二二九頁〕；杉山正明〔二〇〇三ｂ：二〇六―二〇九頁〕などがモンゴル帝国の継承を説くのに対し、岡洋樹〔二〇〇二：三〇頁注7〕は、留保が必要であると注意を喚起している。北元期の「大元」意識については、森川哲雄〔二〇〇八ｂ〕参照。なお、趙志強〔二〇〇七〕は、一六三六年の出来事を、皇帝即位やハンから皇帝への改称ではなく、尊号奉呈とする。

（23）杉山清彦〔二〇一一ｂ〕。doro の用法、とくにチベット仏教の文脈で用いられる例と語義については、石濱〔二〇〇一：二一〇―二一二頁〕参照。

（24）岡田訳注〔二〇〇四：三二〇頁〕、原文は森川〔二〇〇八ａ：六三八・六四〇頁〕。

（25）本節の原型である杉山清彦〔一九九八：第三章〕の発表後、杜家驥〔一九九九〕において、事件の結果としての正藍旗・両黄旗の再編について詳細に明らかにされた。しかし、事件自体を再検討するものではない。

（26）順治『太宗実録』巻二一、天聰九年十二月十日条。ただし、記事は初七日条と十日条の間に、「先是」として始まる。康熙重修本（巻二六）では「辛巳」（五日）と明記されているので、これに従った。また、次注27参照。

(27)『天聡九年檔』には五日付の記事はなく、二六日に事後処理の記事があるだけである（2、三六八―三六九頁）。『内国史院檔』は、『実録』と同じく初七日条と十日条の間に「初五日」と明記して記事があり、その内容もほぼ一致する（『内国史院檔訳編』上冊、二一二―二一五頁）。

(28)マングルタイ・デゲレイの妻が特例として分配・再婚されたことについては、レヴィレートの実例、および禁令の存在を示すものとして、しばしば挙げられる。田中克己［一九四四］；増井［一九八〇］など参照。

(29)ワンギヌ系は前述の如く無事鑲黄旗に移旗しているが、鑲黄旗グサ＝エジェン・バイントゥの亡兄の嫡妻はワンギヌの娘であった。『宗譜』丁冊「拝松武」（第一七冊、八七七八―八七七九頁）。ここにも姻戚関係のもたらす影響力が窺えよう。なお、いま一人のトゥンブルは、左管一六大臣として名が見えるが（**表4-3**：27）、正藍旗には一六三一年に戦死したトゥンブルなる旗人がおり、また『宗譜』に「崇徳元年丙子五月二十六日没」とある覚羅トゥンブルもいて、出自を特定できなかった。

(30)ケシネの革職は『原檔』天聡十年正月六日条（第十冊、「日字檔」四頁；『老檔』太宗3、八八八頁）、専管権剝奪は『原檔』同三月八日条（第二章注97参照）。なお、後者の記事は「専管ニルをやめさせて内ニルとした」とあり、杉山清彦［一九九八：二四頁］では、当時の通説に従って「内ニル＝包衣ニル」と考え、いったん内旗に入れられたものと理解して「没収された」と述べたが、増井［二〇〇八a］の「内ニル＝専管ニルでない一般の旗分ニル」という指摘に従って、専管権の剝奪と改める。この三ニルは鑲黄三―1・四―1ニル、および正白二―17ニルである。前二者については第二章第四節（2）、正白二―17ニルについては、細谷［一九七八：第四章］参照。

(31)順治『太宗実録』崇徳四年六月初二日条：「其事姚托貝勒豈不知之」。もともとはホンタイジに与し、その即位の立役者であったヨトが、その後彼と疎遠になったことは、内藤［一九二二：三五八頁］で夙に指摘されているが、その理由は、このようにヨトとマングルタイ一門との姻戚関係に求められるであろう。

(32)順治『太宗実録』崇徳二年六月初六日条。グワングンは「我が藍旗固山、殷富なるに因りて所以に奪去せらる」と口走っていたという。

(33)『清史列伝』巻四「冷僧機」伝（二二五頁）；『通譜』巻二二葉赫地方納喇氏「舅舅阿什達爾漢」伝（二八二頁）。また、前者については増井［二〇〇五：二二二―二二三頁］も参照。ホンタイジの母系であるヤンギヌ系イェヘ王家とジルガランとの関わりについては、鈴木真［二〇一二：三九頁］参照。

(34)『聖祖実録』巻二三六、康熙四十八年正月甲午条（第六冊、三六〇頁）。

(35)なお、本項の初出の杉山清彦［一九九八］と同年に発表された杜家驥［一九九八d：一三七―一三八頁］でも、デゲレイの死による旗王空位を同じく指摘した上で、後掲［Ⅳ―2］と結びつけて、旗王襲封をめぐる暗闘の存在を説いている。

(36)供述④については『天聡九年檔』2、三四二―三四六頁、同じく供述⑤については、同三四〇―三四一頁参照。

(37)『明清史料甲編』第九本（八五三葉表）。なお、同じ供述を伝える上奏文がもう一点残されている。「審察降夷納頼等所供奴情残奏本」（崇禎九年五月十二日）『明清史料丁編』第六本（五二九葉表—五三〇葉表）。

(38)「於天聡九年十一月処死」、『宗譜』己冊「昂阿拉」（第二五冊「玉牒之末」、三〇〇〇頁）。

(39)なお、十一月一日にマングルタイ末子のシュセン（Šusen 舒松）の母の記事があるので（『天聡九年檔』2、三三三頁）、衝突などが生起していたとしたら、亡命者情報の通り、それ以降であろう。

(40)「昂邦章京馬光遠奏疏」：「……満望在汗固□下、不期、到此分在藍旗固山。……伏望我汗、俯□臣等帰順初心、収在黄旗固山之下、亦彰我汗優養微臣之聖徳」『明清史料丙編』（第一本、四二葉表）。

(41)朝鮮『仁祖実録』仁祖十四（一六三六）年四月戊子（十四日）条「北兵使李沆馳啓曰、『騎胡三人、到会寧与商胡密語曰、『近来瀋陽有変。方為兵部尚書者、謀逆与諸大将結党、其中一大将妻、即汗女也。潜告其父、捜得文書。斬殺大小将官百餘人』云」（一四冊、三二三頁）。また、九月には「近聞奴賊屠戮三酋、仍欲竝殺大酋子孫」という情報も伝わっている（同九月甲辰条：同三三三頁）。これも事実関係に誤認があるが、「三酋」＝三ベイレ・マングルタイ一門の誅殺を伝えるものであろう。

(42)ホーゲを旗王とする正藍旗新編と三旗の組み替えについては、阿南［一九七五］［一九七七］、とりわけ杜家驥［一九九九］参照。

(43)ダイシャン失脚との関連は、既に指摘がある（後注45参照）。ドルゴンについては、阿南［一九七七：六一四頁］が、事件時彼の名前が見えないことから「太宗の仕打ちに批判的であったと思われる」と述べているが、既述の如く彼は不在だったのである。

(44)なお、この両黄・正藍三旗を上三旗と結びつける見方については、杜家驥［一九九九］が、あくまで新正藍（旧鑲黄）旗はホーゲ領旗であって、後の皇帝直属としての上三旗とは異なることを強調している。ここで私が指摘するのも、ホンタイジ家系が三旗を統率ないし影響下においている、という意味である。

(45)孟森［一九三六：二四三頁］；松村［一九九二：六一—六四頁］。

(46)三旗掌握にはじめて注目したのは前述の如く孟森であり、さらにそれを権力確立と結びつけるのは、例えばMichael［1942：p. 90］などがある。ただし事件そのものの検討や、以下に述べるような限界の指摘はなされていない。また、石橋崇雄［一九九四b］［一九九七］［一九九八］は、理念的側面に重点があるため、やはり正藍旗の獄には言及していない。

(47)それまでの見解に留保をつけて、ホンタイジのハン権力確立が構造的な制度改革によるものでなかったことを指摘したのは、細谷［一九六八a：四〇頁注11］である。

(48)本田實信［一九五三］。ただし、中央ウルス自体は末子トルイ（Tolui）家が継承しており（松田孝一［一九九四］）、オゴデイは中央ウルスを再編することで、トルイ家の勢力削減と自らの権力基盤の確立を図った（村岡倫［一九九六］）。その意味では、ともに二代目であるオゴデイとホンタイジの立場・施策には、相通ずる一面があるといえよう。またこれは、ティムール帝国の実質的第二代であるシャー＝ルフ政権をも想起させる（安藤志朗［一九八五］）。

第五章　中央ユーラシアのなかの大清帝国

(1) 例えば、近年の事典的説明として、石橋崇雄［一九九九c］。また、岸本美緒・宮嶋博史［一九九八：二五二―二五三頁］；神田信夫［一九九九：三〇三―三〇四頁］など。

(2)『聖祖実録』巻五八、康熙十四年十一月癸巳条（第四冊、七四九―七五〇頁）；『初集』巻一旗分志「八旗規制」（第一冊、四―五頁）。細谷［一九六八a：第三・四節］。

(3) 順治満文『太宗実録』巻四六、崇徳四年五月二十五日条。順治漢文本（巻三十）では「昔、太祖分撥牛彔、武英郡王十五牛彔、睿親王十五牛彔、給爾十五牛彔」とあるが、乾隆三修本では「昔、太祖分撥牛彔与諸子時、給武英郡王十五牛彔、睿親王十五牛彔、給爾十五牛彔、太祖亦自留十五牛彔」と補われている（巻四六、六一八頁）。

(4) 旗王の等級・身分などについては、神田［一九五八］、および杜家驥［一九九四］［一九九八d］など氏の一連の研究を参照。

(5)『天聡九年檔』天聡九年十月二十四日条（2、三二四頁）。

(6)『原檔』天命二年十月十四日条（第一冊、「昃字檔」一五五―一五六頁：『老檔』太祖1、七八―七九頁）。

(7)『通譜』巻一三撒爾湖地方伊爾根覚羅氏「伊爾喀巴図魯」伝（一九二頁）。

(8) 順治満文『太宗実録』巻二一、天聡八年十二月十五日条（『天聡八年檔』三八九頁）。杜家驥［一九九八b：八二・八七―八八頁］。

(9) 杜家驥［一九九八d：二三八―二四一頁］は、一九世紀前半の道光年間に至っても、相当程度形骸化しているとはいえ、なおニル発給が行なわれていることを指摘している。

(10) 杉山清彦［二〇〇一c］。旗王の属下支配については、細谷［一九六八a］、および鈴木真［二〇〇一a］［二〇〇一b］［二〇〇五］［二〇〇七b］など氏の一連の研究を参照。

(11)『嘯亭雑録』巻七「木蘭行囲制度」条：「中設黄纛為中軍、左右両翼以紅・白二纛分標識之。両翼末、国語謂之烏図裏、各立藍纛以標識之、皆聴中軍節制」（二一九―二二〇頁）。

(12) 三田村泰助［一九三六：四八五―四八六頁］；陸戦史研究普及会編［一九六八：一九―二〇頁］；楠木賢道［二〇〇〇：一六〇―一六一頁］。

(13) ジャランの満文呼称は、ニルと異なって序数番号ではなく、囲底・両翼・翼端を意味した。ジャランの満文呼称とその不統一の問題については、細谷［一九八三：三六八―三六九頁］参照。

(14)［V―8］『原檔』天聡三年十一月三日条（第五冊、「秋字檔」三三三―三三四頁：『老檔』太宗1、二四五頁）。大凌河攻城戦の記事は、『太宗実録』天聡五年八月初七日条（楠木［二〇〇〇：一五三―一五四頁］）。

(15)『初集』巻二旗分志「八旗方位」（第一冊、一七―二四頁）；『二集』巻三〇旗分志「八旗方位総図」（第一冊、四九六―五三五頁）。安部健夫［一九五一：一八二―一八三、二五一―二五三頁］；Elliott [2001: pp. 101–103].

(16) 杜家驥［二〇〇八：第五章四］。杉山清彦［二〇〇七b：二五〇―二五三頁］。
(17) 具体例は、鈴木真［二〇〇七b：三〇頁］参照。
(18) ただし、左右翼制自体は当初からあったものの、旗色の配置が最終的に定まるまでには、変遷があった。白新良［一九八一b］；杜家驥［二〇〇二］。
(19) 谷井陽子［二〇〇七］、および序論注29参照。
(20) ボーイ＝ニルによって組織された家政機関は、その君主の地位によって、皇帝は内務府、和碩親王・多羅郡王は王府、多羅貝勒は貝勒府、固山貝子は貝子府、公は鎮国公府・輔国公府と呼び分けられ、下五旗では王貝勒貝子公等府と称された。煩瑣であるので、本書では王府と総称することにする。
(21) 八旗蒙古の成立については、阿南惟敬［一九六五］；田中宏巳［一九七二］；梅山直也［二〇〇六］、八旗漢軍については、浦廉一［一九三一］；阿南［一九六六a］；陳佳華・傅克東［一九八一b］；細谷［一九九四］参照。蒙古旗人の活動については、村上信明が精力的に解明に取り組んでおり、村上［二〇〇七］によって概要を知ることができる。漢軍旗人の登用とその起用については、渡辺修［一九九四］［一九九五］など参照。
(22) 史料上は、軍事＝行政組織体も、ニル・ジャランの集合体も同じ「グサ」「旗」と記される（細谷［一九九四］）。
(23) 事例は、楠木［二〇〇二］；岡洋樹［二〇〇七a：第三部第2章］など参照。
(24) 順治『太宗実録』巻四〇、崇徳八年七月十六日条：「上命内二旗各固山額真以下牛彔章京以上、倶穿朝服斉集崇政殿」。
(25) 『崇徳二・三年檔』崇徳三年正月初三日条（一六五頁：『崇徳三年檔』九頁）。
(26) 石橋崇雄［一九八八b］など。
(27) ただし、のちに三藩となる漢人軍閥は、世職・実職ともに推挙が認められており、事実上任免権に等しい権限を有していた（神田［一九五二］）。
(28) 雍正初期までは、旗王が引見して世職を継承させる例も見られた（『鑲紅旗檔――雍正朝』一・七一頁）。細谷［一九七二：九九頁］参照。
(29) 『原檔』崇徳元年五月一六日条（第一〇冊、「日字檔」二〇二―二〇三頁：『老檔』太宗3、一〇六五―一〇六六頁）。
(30) 康熙『世祖実録』巻一、崇徳八年八月乙亥条：「我等如謂皇上幼冲不靖共竭力如効力先帝時、而諂事本主、預謀悖乱譖陥無辜……天地譴之、即加顕戮」；癸未条：「我等若以主上幼冲不靖共竭力如効力先帝時、諂事諸王、与諸王・貝勒・貝子・公等結党謀逆……」。
(31) とりわけ石橋崇雄の説については、第Ⅱ部第六・八章で取り上げる。
(32) 杜家驥［一九九八d］［二〇〇八］；杉山清彦［一九九八］［二〇〇一c］；鈴木真［二〇〇七b］など。
(33) *Lettres édifiantes et curieuses, écrites des Missions Étrangères, par quelques Missionnaires de la Compagnie de Jesus*, Vol. 18, Paris : Le Clerc,

1728, pp. 37-38（『中国書簡集雍正編』一四四―一四五頁）ただし訳文は、訳書に基づきつつ史料原文を基に一部改めた。引用文中の「マンジュ化された漢人（Chinois tartarisés）」の具体的事例については、第Ⅱ部第七章および杉山清彦［二〇〇四 a］参照。

（34）aha は奴僕を指し、一般に家内奴隷のことを booi aha（家の奴隷／家奴）・booi niyalma（家の人／家人・家僕）という。石橋秀雄［一九六八］［一九八四］; Ishibashi［1987］。

（35）『世宗実録』巻二〇、雍正二（一七二四）年五月丙辰条（三二四頁）。矢澤［一九八三：二八七頁］。

（36）［Ⅰ―7］に「和碩睿親王の門に登庁せよ」とあるなど、この用法は入関前に遡る。入関後の用例については、例えば鈴木真［二〇〇一 b：二〇・三八頁注35］など。なお、dukai niyalma には門衛の意の用例もあるが、これも、「家人＝booi niyalma」と同義ではない。

（37）『歴朝八旗雑檔』第四七号「鑲黄旗五甲喇管理佐領原由檔」所収「莽泰佐領下縁由」。また、『八旗世襲譜檔』所収「鑲黄旗満洲報佐領莽泰恩賞縁由」（『清代佐領的幾件史料』『歴史檔案』一九八九―一、二四頁）。マングリのニルとは、鑲黄三―17ニルである（『初集』巻三：第一冊、三五頁）。

（38）なお、谷井が「史料批判の精神に欠ける」と批判する拙稿［二〇〇七 a］は科研費報告書に寄せた論文であり、その冒頭に断っているように、その内容は、二〇〇六年一〇月に行なった海域アジア史の国際ワークショップにおける英語報告の原稿に基づくものである（"The Structure of Qing Imperial Rule as Seen from the Eight Banners : From the Studies of Manchu-Qing Imperial History in Japan," 大阪大学21世紀COEプログラム「インターフェイスの人文学」・国立シンガポール大学アジア研究所（ARI）共同主催第二回ワークショップ「躍動する周縁と開かれた中心――相互交渉の場としての海域アジア」／The 2nd COE-ARI Joint Workshop "Dynamic Rimlands and Open Heartlands : Maritime Asia as a Site of Interactions" 二〇〇六年一〇月二八日、於長崎歴史文化博物館）。原報告は、八旗制・マンジュ語はおろか、清朝史自体に不案内なグローバルヒストリー・東南アジア史の欧米人研究者を主な対象として組み立てたものであり、そこでの史料［Ⅴ―10］や『清朝初期中国史』の引用と説明は、理解の便のための例示であって、それを以て「主従関係の存在を証明を試み」たつもりはない。［二〇〇七 a］を公表したのは、そのような性質のものも含めて私見を公開の場に提供するためである。本項で反論を試みた如き、学説に関わる批判は歓迎するし、拙稿［二〇〇七 a］の論旨をその後論文の形では充分に展開できていないのは私の怠慢であるが、しかし発表形態を顧慮せずに、研究態度そのものの問題の如く論難するのは、公正な批判とはいえないのではないか。

（39）谷井［二〇一三：八九頁］は、一六三四（天聡八）年のウラのバヤンとハダのケシネの授官（史料［Ⅱ―4］）を取り上げて、このときまでハダやウラの王家さえ無視されていたと言うが、第一・二章で見てきたように、これは誤解である。この両王家においては、ウラではアブタイが失脚し、またハダではウルグダイ・エセンデリ父子が相次いで没して、何れも天聡前期には適任者が不在だったためにこの時期に授官されたのである。フルン諸王家は、既に天命年間に、諸王家の嫡統が「第一等」「第二等」大臣として遇されており、「滅亡後二〇年以上放置されていた」という評価は当らない。

(40) 第三章注82参照。

(41) この表現は拙稿［二〇〇八b：一一〇頁］で用いたものである。塚瀬進［二〇一二：上、一九頁］は、この一文を引いて「谷井陽子の主張を考慮してか、杉山清彦も八旗制に関する見解を修正し」たとするが、私は当初からハンの指導力を同時に強調しており（［二〇〇一a：三〇頁］［二〇〇三：一一八―一一九頁］など）、塚瀬が言うように修正したつもりはない。

(42) ジュシェン＝マンジュ社会の社会的上下・統属関係については、石橋秀雄［一九八九］。杜家驥［一九九八d］［二〇〇八］は、八旗制下における強い主従関係的規範を、「主奴」関係と称している。

(43) 松浦［一九八四：第一章］；杜家驥［一九九一］；谷井陽子［一九九六：一〇七―一一二頁］；増井［二〇〇四b：一七―一八頁］。

(44) 三田村［一九六三―六四］は、これをムクン・タタン制と名づける。その論は、『老档』「ムクン・タタン表」（族籍表）の分析に基づくもので、それによれば、対明緊張・八旗創設以前の時期において、建州諸衛配当分の勅書配分権を掌握したヌルハチが、建州左衛都督・龍虎将軍たる自らを頂点として、大小諸氏族の長でもある傘下の諸将を衛所官各級の勅書の分配を通じて階層的に編成した、明の貢勅制を利用した氏族連合体制であるという。しかし、近年貢勅制と「ムクン・タタン表」を根本的に再検討した増井［二〇〇九］は、これを一六一〇（万暦三十八）年の入貢時に限られた勅書配分リストであることを明らかにしており、三田村が描いた国制としてのムクン・タタン制像は成立しなくなったといってよい。しかし、並列的構造や側近・親衛制の存在など、当時の体制の大枠や史的文脈についての指摘・展望は、なお有効である。

(45) 本田［一九九一］；岡田［二〇一〇］；志茂碩敏［一九九五］［二〇一三］；松田孝一［一九七八］［一九九四］；杉山正明［二〇〇四］；川本正知［二〇一三］；村岡倫［一九九六］など。

(46) 左右翼の体制は、北元時代においても一貫して存続した。ダヤン＝ハーンの六トゥメンは左右の各三トゥメンからなっており（岡田［一九七五］）、各トゥメンはさらに左右翼に編成されて、重層構造をなしていた（森川哲雄［一九七二］［一九七六］など）。なお、これらのうち、マンチュリアと隣接する大興安嶺方面に東遷していたチャハル＝トゥメンは左右八オトク（漢文史料では「八大営」）からなっており、八旗との数の符合が注意される。

(47) モンゴルの分封については松田［一九七八］；杉山正明［一九七八］参照。

(48) オスマン帝国については、鈴木董［一九九三：第Ⅰ部］［一九九七：第Ⅱ部］、サファヴィー帝国については、羽田正［一九八四a］［一九八四b］；前田弘毅［二〇〇九］を参照。

(49) 前田直典［一九四五：一九四―一九五頁注17］、および本田［一九五三：二三―二七頁］。

(50) 松浦［一九八四：第一章］、および杜家驥［一九九一：九〇―九五頁］。

(51) 中央ユーラシアの概念・定義、および主要な学説については、森安孝夫［二〇一一］；杉山清彦［二〇一五］参照。

(52) ユーラシアを眺めて比較したときの八旗制の特徴は、モンゴルのように各王家が前面に出ず、旗という一種の法人格的集団単位が設定されて、その下で複数の王家が併存した点にある。これは、固定された建州三衛の枠組みの下で多数の有力者が分立した、羈縻衛所制の形式に由来するものと思われる。

第II部　「近世」世界のなかの大清帝国

(1)「清朝・満洲史」研究の概要と近年の動向については、杉山清彦［二〇〇一b］［二〇〇八d］［二〇〇八e］参照。

(2) 神田［一九七七：四〇頁］［一九八九：二五六―二五七・二六六頁］［一九九九：三〇三―三〇四・三一三―三一四頁］。

(3) 何れも括弧をつけて「民族」というのは、ジュシェン人～マンジュ人～満族の内実が極めて複雑に変化してきたからであり、「国」というのは、言うまでもなくマンジュ人は近代に国民国家を持てなかったからである。マンジュ人の場合、国民国家に必要な「民族の歴史」を持てない、もしくは持つ必要がないにもかかわらず、かかる立場に近い見方から歴史が構築されてきたところに、ねじれ現象が現れてきたように思われる。

(4) 例えば莫東寅［一九五八］；周遠廉［一九七九］［一九八一］；閻崇年［一九八四］ほか。

(5) 世界史的視野でマンジュ＝大清グルンの国家形成を位置づけることは、むしろ北米の「新清史」学派がリードしてきた。しかし、それは第II部で述べる共時的文脈よりは、少数者支配の問題やエスニシティ・エスニックアイデンティティの問題に重心がある。

(6) 岸本［一九九五］［一九九八a］［一九九八b］［二〇〇二］［二〇〇九］；岸本・宮嶋［一九九八］。また Atwell [1986].

(7)「近世」をめぐる議論については岸本［一九九八a］［一九九八b］［二〇〇九］、とりわけ［二〇〇六］に手際よくまとめられている。より一般的な定義である、唐宋変革を始期とする観点からの近世論の動向は、青木敦［二〇一四：第一二章］で整理されている。

第六章　大清帝国の形成とユーラシア東方

(1) 第II部緒論で述べたように、松村潤［一九八一b］；神田信夫［一九八九］［一九九九］など「清朝史」の主だった概説はこのような構成をとっており、その根底となる各著者の研究もまた、マンジュ＝大清内部に取題するものであった。神田［二〇〇五］；松村［二〇〇八］など。

(2) 例えば、岩見宏［一九七一］など。

(3) 漢字文化圏の範囲を念頭に措定される「東アジア」(East Asia) という地域概念は、中央ユーラシア史・非漢字圏研究の側からは根強い批判がある（例えば、杉山正明［一九九六］など）。大清帝国の中央ユーラシア的性格を重視する本書でも、東アジアという地域設定は基本的にとらないが、近隣地域・隣接分野を取り扱う第II部においては、文脈に応じて用いることがある。東アジアという語の成立と概念については、ツェルナー［二〇〇九：二四一―二九九頁］参照。

（4）これに関し、「やや逆説めくが、東アジアという地域が華夷秩序で特徴づけられるというよりも、華夷秩序という指標によって他と区別される地域が東アジアなのだ」という荒野泰典［一九九五：八〇頁］の指摘は重要であろう。

（5）概観は朝尾直弘［一九九一］；岸本美緒［一九九八ａ］；村井章介［二〇〇四］など。

（6）朝鮮の華夷思想については、さしあたり山内弘一［二〇〇三］、ベトナムにおける〈小中華〉形成については、古田元夫［一九九五：第一章］；桃木至朗［一九九二］［一九九三］［一九九四］参照。桃木［一九九二］は、「ベトナム型華夷秩序」と「華夷意識」と表現している。

（7）〈日本型華夷秩序（日本型華夷意識）〉については、朝尾［一九七〇］；荒野［一九八七］［一九八八］［一九九五］；トビ［一九九〇］参照。なお、これに対し山本博文［一九八八：一七二頁］［一九九五：第Ⅲ部］［一九九八］は、〈日本型華夷秩序〉なるものは実際に国際関係を律したものではないと批判して、その〈武威〉の虚構性を強調している。

（8）文禄の役における加藤勢とワルカ部の接触・見聞については、夙に池内宏［一九三六］で触れられており、近年、増井寛也［一九九九ｃ］が詳細に検討している。また、承志［二〇〇九：第一章］；洪性鳩［二〇一〇］でも言及がある。なお、紙屋の議論については、本文後述の日本対外関係史の観点からの批判のほか、北方史・アイヌ史の観点からの批判もある（榎森進［二〇〇七：一六四—一六五頁］など）。

（9）天命建元をめぐっては、さまざまな議論がある。主要学説と史料については、松村［一九九四］参照。

（10）『韃靼漂流記』の研究史、および日本近世史との関わりについては、杉山清彦［二〇〇四ｂ］にまとめている。また最近、増井［二〇一一：一五—二〇頁］が日本漂流民襲撃者を突き止めた。

（11）一七世紀前半にマンジュ＝大清・朝鮮・日本の間で展開された外交活動・情報収集については、夙に浦廉一［一九三四］で整理されている。また、中村栄孝［一九六九］；鈴木信昭［一九九五］；米谷均［二〇〇〇］；岩井茂樹［二〇〇三］；洪性鳩［二〇一〇］など参照。

（12）真栄平房昭［一九八九：七—八・一〇頁注20］。この間の経緯については、川勝守［一九九三］も概観している。

（13）もとより、本書の立場ではマンジュ人・大清国家を〈夷〉と位置づける〈華夷〉枠組みを援用するものではないが、日本史・中国近世史研究と切り結ぶことを目的とする第Ⅱ部においては、日本・漢地の側からの時代状況理解を示すものとして用いる。

（14）村井［一九九三：二一六—二二三頁］［一九九七ａ：第六章］［一九九七ｂ：Ⅰ—五］。

（15）一三—一四世紀の蝦夷島（北海道）における和人とアイヌの混淆状況を指摘し、シナ海域における倭寇集団になぞらえたのは、菊池勇夫［一九九四：四九—五〇頁］である。これを承けて中村和之［一九九七］［一九九九］は、これを「北の「倭寇的状況」」と名づけ、サハリン島（樺太）～黒龍江（アムール河）下流域方面においても看取されることを指摘した。中村［一九九九：一九一—一九二頁］は、これと類似した一七—一九世紀の北アメリカの状況を近世蝦夷地に援用したハウエル［一九九八］の「中間《ミドル》領域《グランド》」論にも言及している。
(16) 佐々木史郎［一九九四：三三六―三三七頁］［一九九六：七八―八一頁］。佐々木が援用する大石直正［一九九〇］は、「日之本将軍」津軽安藤氏の境界性を指摘したものである。境界権力については、菊池勇夫［一九九一］参照。
(17) 元明期の概況は、榎森進［一九九〇］［一九九六］［二〇〇三］；中村和之［一九九九］［二〇一四］など参照。とりわけ近年、伝来文物の検証が進んだことは注目に値する（中村和之［二〇一〇］）。交流・交易の背景にある明の対外姿勢・マンチュリア政策については、杉山清彦［二〇〇八c］参照。
(18) 日本海を取り巻く地域の交流と連関については、日本史の北方史分野において夙に注目されており、また東洋史・考古学の分野でも、ソ連の滅亡や中国の改革開放に因る現地調査・史料状況の改善も与って、とりわけ二〇〇〇年代以降著しい進歩を遂げている。
(19) ほかに石橋崇雄［一九八八b］［一九九四b］［一九九九a］などがある。

第七章　「華夷雑居」と「マンジュ化」の諸相

(1) ヌルゲン都司については、楊暘・袁閭琨・傅朗雲［一九八二］；菊池俊彦・中村和之［二〇〇八］；アルテーミエフ［二〇〇八］を参照。中央ユーラシア・ジュシェン人の観点から明のマンチュリア進出とヌルゲン都司の性格を検討したものとしては、杉山清彦［二〇〇八c］がある。
(2) 明代の遼東統治については、李健才［一九八六］；楊暘［一九八八］［一九九三］。
(3) トゥンギヤ氏の世系とその淵源については、内藤湖南［一九一二］［一九二九］；和田清［一九三四―三七］；三田村泰助［一九五一］［一九六〇］；増井寛也［一九九三］、また清政権下での事蹟については、侯寿昌［一九八二］［一九八六］；王革生［一九八五］；王政尭［一九八五］；傅波主編［二〇〇四］、さらに「漢化」あるいは民族についての関心からの研究として、鄭天挺［一九四六］；Crossley［1983］；侯寿昌［一九八八］；岡本さえ［一九八八］；楊秀実［一九九〇］；辺佐卿・王平魯［一九九四］などがある。
(4) 近年も、佟明寛・李進徳編著［一九九九］；佟明寛編著［二〇一〇］などが編まれている。
(5)『三万衛選簿』「佟国臣」条：「佟国臣、女直人。始祖満只、洪武十六年帰附。故、高祖荅剌哈、埰集充軍。永楽元年、招諭陞小旗。二年招諭、四年陞総旗……宣徳元年、奴児干公幹、陞都指揮同知」（東洋文庫蔵：『中国明朝檔案総匯』第五五冊）。ここでは始祖バフ＝テクシンの名は「満只」となっているが、これはモンゴル時代に江南の漢人、転じて漢人一般を指したmanji（蛮子）という語と思われるので、おそらく通称であろう（三田村［一九六〇：一三―一四頁］）。また、ヌルガン永寧寺に建てられた「永寧寺碑記」にも名前がある。
(6)『通譜』巻二〇「佟養正」伝：「其祖達爾漢図墨図、於明時同東旺・王肇州・索勝格等往来近辺貿易、遂寓居開原、継遷撫順。天

命四年、大兵征明、克撫順城、養正、同弟養性及族衆来帰。太祖高皇帝、念養正原係満洲、将族人大半令居於仏阿拉、恩養三年、不加差役」（二六〇頁）。文中の「東旺」なる人物は、満文でも「Dung Wang」となっているが、これが「康旺」の誤りであることは、夙に内藤［一九二九：五八六—五八七頁］が指摘している。また「索勝格」こそ、元明交替期にウジェ・ギレミ万戸であった「鎖失哈」のことにほかならない（増井［一九九六—九七：四六頁］）。

(7)『初集』巻一八二「佟養性」伝：「佟養性、漢軍正藍旗人。世居撫順所、商販為業、以貲雄一方。養性有識量、能役服其郷人。天命初年、見太祖高皇帝功徳日盛、密輸誠款、為明所覚、収置於獄。尋自獄逃出来帰。太祖嘉之、賜宗女為壻、号曰施吾礼額駙、授二等副将世職」（第七冊、四三四八—四三四九頁）。ソースは、『原檔』「蔵字檔」所収漢官勅書である（第五冊、二四六頁：『老檔』太宗2、一九五頁）。この勅書が一六二三（天命八）年のものであることについては、広禄・李学智［一九六五：一四頁］参照。

(8)『初集』巻一四三「佟養正」伝：「高祖達爾哈斉、客遊明遼東辺境、遂寓居開原、稍遷撫順」（第六冊、三七二六頁）。

(9)『初集』巻二三一忠烈「佟図占《トゥジャン》」伝（第八冊、五二六一頁）。佟世思「先高曾祖三世行略」『八旗文経』巻五〇「伝状」甲（四〇八頁）。ただし、『初集』「佟図占」伝の佟養澤の記事は「佟養性」伝に酷似しているので、佟養性の事蹟が混入したものかもしれない。

(10)佟養性に娶された「宗女」は、宗室の『玉牒』（中国第一歴史檔案館蔵）を調査した綿貫哲郎［二〇〇二：三七頁］に拠れば、ヌルハチの庶出第三子アバイ（Abai 阿拜）の娘である。

(11)濱島敦俊［一九九九］など。

(12)『初集』巻一九六「華善」伝：「臣高祖布哈、原係蘇完人、姓瓜爾佳氏。明成化間、授建州左衛都指揮僉事。臣曾祖阿爾松阿、嘉靖間承襲父職。至臣祖石翰、移居遼東」（第七冊、四五八八頁）。

(13)石氏兄弟の明における官職とマンジュでの世職については、神田［一九八六：一六一—一六二頁］で考証されている。

(14)『原檔』天命六年四月一日条（第二冊、「張字檔」六七頁：『満文老檔』太祖1、三〇二頁）。河内［一九八六：一二五頁］。

(15)『満洲実録』巻七、天命七年正月二十三日条（五七〇頁）。『初集』巻一七六「石廷柱」伝：「爾乃建州満洲也」（第七冊、四二五八頁）。

(16)また、郭成康・成崇徳［一九九四］：高志超［二〇一〇］がある。

(17)しかし、ヌルハチ晩年には汚職などで立場が苦しくなり、ホンタイジへの代替りを機にマンジュを見限って明に出戻ろうとしたが、己巳の役で長城内に入ったマンジュ軍に捕えられて殺され、一族も誅戮された。

(18)李永芳一族については、杜家驥［二〇〇五］：杉山清彦［二〇〇九a］参照。この項は、拙稿［二〇〇九a］によった。

(19)『初集』巻一八二「李永芳」伝（第七冊、四三四五頁）。なお、第七子「克滕額」は、「克勝額 Kesingge」が正しい（杉山清彦［二〇〇九a：一二三頁注36］）。

(20)『初集』巻一八二「李率泰」伝：「李率泰、字寿濤、漢軍正藍旗人。初名延齢。父永芳、以明朝撫順遊撃率先帰命、尚公主。率泰年十二、即入侍内廷。太祖高皇帝賜今名。年十六、以宗室女妻之」（第七冊、四三四五頁）。ほかに『碑伝集』巻五、馮培撰「忠襄公李率泰」伝（第一冊、九八頁）。

(21) 順治『太宗実録』漢文本巻四〇・満文本巻六四。Cf.『初集』巻一三二「追封饒餘親王阿巴泰」伝（第六冊、三五八三頁）。

(22)『初集』巻一六旗分志（第一冊、二八一―二八二頁）。ただし、うち一ニルは、一七七四（乾隆三九）年、李侍堯のときに鑲黄旗漢軍に擡旗された。『二集』巻二二・二八旗分志（第一冊、三九三・四七五頁）。

(23) 初期の漢軍グサ＝エジェンについては、杜家驥［二〇〇〇a］参照。

(24) 綿貫哲郎［二〇〇二：三八頁］［二〇〇三：三四六頁］。

(25) 范文程の事績とその一族については、張玉興［一九八五］；遠藤隆俊［一九九五］［一九九六］参照。

(26) 佟世思「先高曾祖三世行略」：「先大父諱方年、字長公、為范公諱楠堉。范公即本朝師相文粛公父也」『八旗文経』巻五〇「伝状」甲（四〇八頁）。

(27)『碑伝集』巻四、李霨撰「内秘書院大学士范文粛公墓誌銘」（第一冊、七〇頁）；巻一九、方苞撰「兵部尚書范公承勲墓表」（第二冊、六四三頁）他。

(28) ムクンをこのように表記することについては、増井［一九九六：二〇一頁注34］参照。

(29)『初集』巻一八七「范承謨」伝（第七冊、四四四三頁）。『二集』巻一九〇「范承謨」伝（第五冊、三三四五頁）。

(30)「范達礼誥封碑」（順治十三年制：『北京図書館蔵中国歴代石刻拓本彙編　清』第六一冊、九一頁）・「范達礼誥命碑」（康熙九年制：同六二冊、一六一頁）。

(31) 李成梁の勢力については和田正広［一九九五］があり、その世系と後裔については、夙に園田一亀［一九三八］が族譜を駆使してまとめている。また、孫文良［一九八七］［一九九一］；杉山清彦［二〇〇四a］；劉小萌［二〇〇八：五八〇―五八七頁］。史料の出典や考証については、拙稿参照。

(32) 園田が利用したのは、一九三七年に鉄嶺を訪れて閲覧した李氏の後裔所蔵のものという（園田［一九三八：九〇―九二頁］）。その記述による限り、東洋文庫蔵本と同一のようである。成立時期などの詳細については、杉山清彦［二〇〇四a］参照。

(33)『初集』巻一七五「李思忠」伝（第七冊、四二四〇頁）。『二集』巻一九四「李思忠」伝：「我太祖高皇帝天命三年、大兵克撫順、思忠来帰」（第五冊、三四三四頁）。

(34) 汪琬「特進光禄大夫・提督陝西統轄漢兵兼管烏金超哈昂邦章京・世襲一等阿思哈哈番又一拖沙喇哈番李公思忠墓誌銘」：「年二十四、往游撫順外家、会我太祖兵、破撫順、公、被執至費阿喇地、遂隷正黄旗。久之又破鉄嶺衛。鉄嶺四埜皆甌脱、公、招集遼之遺民、各復故業」『碑伝集』巻一一四武臣上（第九冊、三三七二頁）；『国朝耆献類徴』巻二六六（第一三冊、八三二八頁）。

(35) 満文表記は『初集』巻一七五「李思忠」伝末により補った（第七冊、四二四〇頁）。

(36)『二集』巻二三旗分志・正黄漢四－4ニル（第六六四冊、六六四頁）。

(37)『初集』巻一七五「宜哈納 Ihana」伝：「初以轄員事太宗文皇帝、賜今名」（第七冊、四二四〇頁）。また、『歴朝八旗雑檔』一一三号「正黄旗漢軍馬守義・李興祖三代宗譜檔」と題される雍正期の檔冊中に、漢文の「李公徳貞家伝」が収められており、そこには「其賜名宜哈納、使備宿衛」と明記されている。杉山清彦［二〇〇四a：二〇九頁］。

(38) 李鍇「資政大夫軽車都尉参領衛唐李公三世墓表」：「如梧、生二子宏訓・継先。宏訓子献箴、継先子丹箴・秉箴。遼陽失、丹箴・秉箴皆殉難無嗣、而献箴亦被掠。献箴者即資政公也。太宗皇帝既定遼、物色得公充侍衛。累功授爵世襲一等騎都尉、官参領」『八旗文経』巻四八墓碑乙（三八八－三九〇頁：『李鉄君先生文鈔』巻下墓表、一九八一－一九八三頁）。文中「宏訓」は元来「弘訓」で、乾隆帝の避諱。また、『初集』巻二一八「李献箴」伝（第七冊、四二四〇頁）。

(39)『原檔』天聡六年二月二十日条（第八冊、「地字檔」一〇九－一一〇頁：『老檔』太宗2、六九八頁）。

(40)『原檔』天命四年七月条（第一冊、「昃字檔」二六六頁：『老檔』太祖1、一六四頁）。Cf.『清太祖朝(二)』一四三頁。

(41)『国朝耆献類徴』巻四二「金維城」伝（第五冊、二六五〇頁）。

(42)「歴朝八旗雑檔」一一三号「正黄旗漢軍馬守義李興祖三代宗譜檔」所収「正黄旗漢軍金瑞図佐領下」条：「年十七、由白牙拉章京起、披堅執鋭、従征寧遠・朝鮮有功、擢侍衛、攻永平・錦州・大凌河」。

(43)『初集』巻一八四「墨爾根轄」伝：「李継学、漢軍鑲藍旗人。原係清河商人。天命六年、克遼東後来帰。以辦事勤労、授都司。……授三等副将世職。以年老致仕。墨爾根轄、李継学子也。原名李国翰。生而明敏、勇鋭過人。初襲父三等副将世職、賜名墨爾根轄」（第七冊、四三七五－四三七六頁）。

(44)『初集』巻一八四「墨爾根轄」伝（第七冊、四三八一頁）。

(45)『初集』巻一九〇「諾穆図」伝・巻一六旗分志（第七冊、四五〇二頁／第一冊、二八八頁）。

(46) バタイ一族の詳細は、「歴朝八旗雑檔」二八八号「鑲藍旗漢軍世襲三代姓氏宗譜檔」所収「金瑗佐領下」条。

(47)『初集』巻一〇六世職表、巻一八四「巴泰」伝（第四冊、二五八九頁／第七冊、四三八七頁）。

(48)『初集』巻一八四「巴泰」伝：「天聡二年、選御前承値、旋任二等轄。……以巴泰係太宗恩養轄員。……以巴泰当太宗・世祖時、即用為親近侍衛之臣」（第七冊、四三八七頁）。なお、その初任の紀年は、満文本では「abkai fulingga 天命」とあって、漢文本と相違する。だが、採用時まだハハ＝ジュセ（侍童、小姓）である一方、彼は一六八四（康熙二十三）年まで健在であるので、天命二＝一六一七年よりは、天聡二＝一六二八年の方が蓋然性が高いと思われる。

(49)『甘氏家譜』（道光二十六年四修）。瀋陽甘氏の家譜については、多賀秋五郎［一九八一：四七三－四七四頁］参照。

(50)『初集』巻一六旗分志（第一冊、二八五頁）。

(51) 李洵［一九八九］：劉小萌［二〇〇八：五八七―五九〇頁］。前者は『祖氏家譜』は利用していない。
(52) 一七〇二（康熙四十一）年序の抄本で、初修序は一六八五（康熙二十四）年と、早い時期の旗人家譜である。多賀［一九八一：四七五頁］。
(53) ただし、夙に指摘されているように、李成梁の祖先は朝鮮出身のジュシェン人であった（園田［一九三八：九三―九五頁］：和田正広［一九九五：一四―一五頁］）。しかし、明末の当時においてそのことが顧慮された形跡はなく、少なくとも帰順・編入に当っては全くの「漢人」とみなされていたと考えてよいであろう。
(54) 朝鮮の北進については、さしあたり河内［一九九二：第一・二章］を見よ。また、北部地域の状況については、ロビンソン［一九九九］など参照。
(55) ヌルハチ時代のマンジュ―朝鮮関係については、田川孝三［一九三二］：稲葉岩吉［一九三三］参照。
(56)『原檔』天命十年正月条（第四冊、「収字檔」二四五―二四八頁：『老檔』太祖3、九五四―九五五頁）。李适の乱と韓潤・韓義の亡命に関しては、田川［一九三二：九二―九三頁］参照。
(57)『初集』巻六旗分志：「第十四佐領、原係国初以朝鮮来帰人丁、編為半箇牛彔、始以韓運管理。韓運故、以其子韓季管理。韓季故、以韓泥之子那奏管理」（第一冊、九三頁）。
(58)『初集』巻一五八「傑殷」伝（第六冊、三九七六頁）。また、『通譜』巻七二韓氏「韓雲」・「韓尼」伝（七九二頁）。
(59)『通譜』巻七二附載満洲旗分内之高麗姓氏・金氏「新達理」伝：「正黄旗包衣人。世居易州地方。天聡元年、率子弟来帰，授為通事官。……崇徳二年……太宗文皇帝優加賞賚。以俘獲高麗人戸分編佐領、特命新達理統之、兼内務府三旗火器営総管事。……長子噶布拉、原任三等侍衛。次子胡住、原任二等侍衛・参領兼佐領。第三子花住、原任員外郎兼佐領。花住之子常明、原任御前大臣・領侍衛内大臣・辦理上駟院事務、内務府総管、兼佐領」（七九〇頁）。なお、「易州 I jeo 地方」とは、中国漢字音で「易 yi」に当る平安北道の国境都市・義州である。シンダリ一族については、李光濤［一九六〇］：徐凱［一九九九］［二〇〇〇］、また鈴木真［二〇〇六：三八―三九頁］参照。
(60)『初集』巻四「第二高麗佐領、係国初編立、始以辛達礼管理」（第一冊、六六冊）。「辛達礼」はいうまでもなくシンダリの異字音写、以下ニルの継承過程は、漢字表記は異なるが『通譜』と一致する。
(61) シンダリの通事としての活動は、『天聡七年檔』天聡七年六月十八日条（八七頁）。内務府火器営総管はその名の通り鉄砲隊指揮官であり、当時朝鮮軍の鉄砲隊が名高かったことから、朝鮮出身のシンダリが充てられたのかもしれない。朝鮮の鉄砲導入状況については、宇田川武久［一九九三］［二〇〇二］参照。
(62) その後も内務府の要職を出し、金簡などの大官を輩出している（徐凱［二〇〇三］）。
(63)『原檔』崇徳元年十二月二十一日条（第一〇冊、「宇字檔」七一八頁：『老檔』太宗4、一四九四頁）。

(64)『通譜』巻一一各地方他塔喇氏「納林」「瑪福他」伝：「納林。正黄旗人。世居訥殷江地方。天聡時、同兄葉臣巴図魯率満洲一百四十人来帰、編佐領、使統之。……按納林、与正白旗扎庫木地方岱図庫哈理同族」「瑪福他。正紅旗人。世居瓦爾喀地方、後入朝鮮、遂為所属。於平定朝鮮之時、復率一百三十三人、棄朝鮮来帰。授騎都尉、以其所属人編為佐領、俾其孫邦那密統之」（一七七頁）。

(65)『原檔』万暦三十七年二月条（第一冊、「荒字檔」一一頁：『老檔』太祖1、九―一〇頁）。Cf.『清太祖朝(一)』九頁。

(66)なお、田中克己［一九五八b：二八一―二八二頁］が、バクシの称を持ち文館に属したグルマフンとは別人であるとするのに対し、楊海英［二〇〇一：八八頁］はこれを同一人と考え、グルマフンを正紅旗包衣と比定する（『通譜』巻七三：八〇〇頁）。グルマフン＝鄭命寿の身上についてはなお検討を要する。

(67)通事については荒野泰典［一九九三：四三―四七頁］；藤本［一九九四］；木村直也［一九九七］；河内［一九八六：第七節］［二〇〇〇］など参照。当時一般的に通事は卑職とされ、非行も多かった。通事の制度的復元や実態の究明はほとんど進んでおらず、今後研究の進展が望まれる。なお、文書によるコミュニケーションについては、河内［一九九七］がある。

(68)北元期のモンゴルについては、和田清［一九五九］；岡田英弘［二〇一〇：第二部］参照。

(69)内ハルハ五部については、田中克己［一九四〇］；和田清［一九五八］；森川哲雄［一九七二］を見よ。エンゲデル一門については、岡洋樹［二〇〇七a：第三部第2章］；楠木［二〇〇九：第一章］参照。『通譜』巻六六附載満洲旗分内之蒙古姓氏・西拉木楞地方博爾済吉特氏（シラ＝ムレン地方のボルジギン氏）「恩格徳爾額駙」伝（七一七頁）；『初集』巻四旗分志、正黄一―13ニル（第一冊、四九頁）；巻一四七「恩格得爾額駙」伝（第六冊、三七九一頁）。

(70)『初集』巻一七一「呉内格巴克什」伝：「呉内格巴克什、蒙古正白旗人。先居葉赫、国初率妻子来帰。……呉内格、性聡敏、兼通蒙古文及漢文、因賜名巴克什」（第六冊、四一七二頁）。また、『満洲名臣伝』巻二「武納格」伝（第一冊、二〇頁）。

(71)『原檔』天命九年正月条（第四冊、「寒字檔」一七六―一七九頁：『老檔』太祖2、八八一頁）。

(72)『初集』巻一七一「甘篤」伝：「甘篤、蒙古鑲藍旗人。世居長白山東北隅。其高祖遷葉赫、遂為葉赫人。甘篤、沈勇善騎射、見葉赫国事日非、慕太祖高皇帝威徳、率衆来帰。葉赫国、遣兵追之、遂北奔蒙古、依巴林台吉以居。又以巴林為氏、因通習蒙古書。聞太祖招徠賢才、帰附者雲集、乃率子弟復来帰」（第六冊、四一八三頁）。

(73)『初集』巻一七一「綽拝」伝（第六冊、四一七七頁）。

(74)『養吉斎叢録』巻一：「和済格爾、本蒙古烏魯特人。後隷正白旗漢軍、遂為何氏。此蒙古改漢軍也」（二頁）。

(75)『初集』巻二一八「何智機理」伝：「何智機理、漢軍正白旗人。原係明朝千総。天命七年、大兵取広寧時、随石廷柱来降」（第八冊、四九九五頁）。

(76)『満洲実録』巻七、天命七年正月二十一日条（五六八頁）。『初集』巻一七六「石廷柱」伝（第七冊、四二五八頁）；「孫得功」伝（同、四二六三頁）；巻一八一「郎紹正」伝（同、四三二五頁）；巻一八二「張朝璘」伝（同、四三五〇頁）；巻二〇二「噶達渾」伝

（同、四六九二頁）；巻二一八「何智機理」伝（第八冊、四九九五頁）。『通譜』巻二三「海塔」伝（三〇二頁）。広寧陥落については、松浦［一九九五：二五七—二六一頁］；小野和子［一九九六：三四八—三五三頁］も見よ。

（77）『遼夷略』に「（メンゲブルの）次子克把庫、内附広寧為王世忠」（五五八頁）とあり、『籌遼碩画』巻一四に「指揮王世忠」（戊午年、遼東経略楊鎬題：第四冊、一七三三頁）、『三朝遼事実録』巻一に「故南関裔指揮王世忠為遊撃」（己未年九月条：第一冊、二六一頁）、『無夢園集』「山海紀聞」に「撫夷総王王世忠」（「紀名号決戦勝」条：四七頁）、『閲世編』巻一〇に「積階至撫夷総兵官」（二五三—二五四頁）などと現れる。『閲世編』には、彼は広寧で降らず南遷したとの伝承を記す。

（78）［Ⅶ—17Ａ］『初集』巻三：「第十七佐領、係康熙二十二年、将尼布綽等地方取来鄂羅斯三十一人、及順治五年来帰之鄂羅斯伍朗各里、康熙七年来帰之鄂羅斯伊番等、編為半箇佐領、即以伍朗各里管理」（第一冊、三八頁）。［Ⅶ—17Ｂ］『二集』巻七：「第五参領新増回人佐領、乾隆二十四年以後、葉爾羌等処陸続投到、回人漸多、於二十五年四月内奉旨編為一佐領、附於正白旗包衣第五参領第七佐領。初以柏和卓管理、柏和卓故、以劉淳管理」（第一冊、一三一頁）。［Ⅶ—17Ｃ］『二集』巻五：「新増佐領、係乾隆四十一年平定両金川投順人丁合十三年旧駐京之番子、共為一佐領。初隷内務府属、後於乾隆四十二年五月、奉旨改隷本旗第四参領属。初以健鋭営前鋒参領舒臣管理」（第一冊、八一頁）。［Ⅶ—17Ｄ］『二集』巻二二：「第二参領第九佐領、乾隆五十五年、奉旨以安南黎維祁及其属人一百六十七名編為一佐領、令黎維祁管理」（第一冊、三九〇・三九六—三九七頁）。

（79）オロス＝ニルについては、吉田金一［一九六九］；Pang［1999］；劉小萌［二〇〇七］［二〇〇八（日本語）］参照。

（80）回子ニルについてはOnuma［2009］、安南ニルについては荘吉発［一九八二：三九七頁］；綿貫［二〇〇八ｂ］参照。

（81）「境界」概念については、バートン［一九九七］参照。

（82）ショトの逃亡未遂事件については、『原檔』天命五年九月十三日条（第一冊、「昃字檔」三七三—三七四頁：『老檔』太祖1、二五四—二五五頁。Cf.『清太祖朝(二)』二五〇—二五一頁）、アサンの経歴については細谷［一九九一：三二—四一頁］参照。

（83）『天聡九年檔』天聡九年六月七日条（2、一七一頁）。

（84）王鍾翰［一九八二］；劉小萌［二〇〇八（漢語）：第五章第二節・第六章第二節二］；張佳生［二〇〇八］。

（85）当時マンチュリアでは、現地諸集団のニル編成＝八旗編入が継続しており、これらは国初に帰順した「fe manju／旧満洲」に対し「ice manju／新満洲」と称された（新満洲については、松浦茂［二〇〇六］ほか）。

（86）この、「どこから、いつ来たか」による区分という発想は、モンゴル時代における「漢人」・「南人」の別を想起させる。実際、清代には漢軍・漢人を元の漢人・南人とそれぞれ対比するという認識も行なわれていた。『池北偶談』巻三「漢軍漢人」：「本朝制、以八旗遼東人号漢軍、以直省人為漢人。元時則以契丹・高麗・女直・竹因歹・朮里闊歹・竹温・勃海八種為漢人、以中国為南人」（上冊、五六—六七頁）。

（87）嫂婚の禁令については、田中克己［一九四四：三六—三七頁］；増井［一九八〇：六一—六二頁］；張晋藩・郭成康［一九八八：

四八五―四八七頁］など、また火葬から土葬への転換については、中純夫［二〇〇五］など参照。

(88) とりわけ、入関後の一八世紀に盛んに行なわれる熱河巡幸と、その拠点となった避暑山荘（承徳離宮）を取り上げる際、モンゴルとマンジュの区別を軽視して論じられることがしばしば見受けられる。承徳を「ハーンとしての都」と位置づけるべきでない点については、平野聡［二〇〇四：第一章］参照。熱河での囲猟とページェントについては、浦廉一［一九三八］；羅運治［一九八九］；岩井［一九九一］；中野美代子［二〇〇七］を見よ。

(89) 明代のジュシェン出自の帰化軍官については、川越泰博［一九七七］；楠木賢道［一九八八］など参照。また、松村［一九七八：二六四―二六五頁］にも例がある。

(90) 蕭啓慶［二〇〇六］、また飯山知保［二〇一一］参照。

(91) Elliott［2001］；エリオット［二〇〇九］参照。

第八章　大清帝国形成の歴史的位置

(1) 岡田［一九九二、および［二〇一〇］［二〇一三］所収諸論文参照。

(2) 杉山正明［一九九二］［一九九五］［一九九七］［二〇〇三b］ほか。

(3) 〈華夷秩序〉・〈華夷意識〉については、第六章第一節所掲文献参照。

(4) 周縁諸国の華夷意識の形成については、酒寄雅志［一九九三］；荒野泰典［一九九五］参照、近世日本・ベトナムについては、第六章第一節参照。

(5) 帰順時期やエスニシティを基準とした政権内部の階層秩序の存在については、細谷良夫［一九九〇：一一一―一一四頁］を見よ。

(6) 桃木至朗［一九九四］；古田元夫［一九九五：第一章］など。

(7) 岸本美緒［一九九八a］［二〇〇二］［二〇〇九］など。

(8) 軍事革命については、見解を異にするがパーカー［一九九五］；ロージ［二〇一二］、また火器についてはチポラ［一九九六］；王兆春［一九九一］；春名徹［一九九三］；宇田川武久［一九九三］；スン＝ライチェン［二〇〇六］など参照。

(9) 明・清の火器導入、および戦術については、以上のほかパーカー［一九九五：一八七―一九七頁］；李鴻彬［一九九七］；楠木賢道［二〇〇二］；久芳崇［二〇一〇］参照。なお戦術面でも、野戦中心だったヌルハチ時代と異なり攻城戦が中心となったホンタイジ時代には、敵城郭を包囲して半恒久陣地を構築し、実戦部隊は外部からの来援の阻止に振り向けられるという、軍事革命期すなわち当時のヨーロッパ（パーカー［一九九五：1］）や秀吉の攻城法（朝尾［一九九三：二四三―二四九頁］）、さらにはモンゴルの攻城法（杉山正明［一九九五：一七三―二〇三頁］）と酷似した戦法が用いられるようになる。軍事史上非常に興味深い。清の戦術一般については、内藤湖南［一九四四］「清朝衰亡論　第一講」参照。

（10）もちろん軍事革命への対応＝火器の導入などが漢人の指導に依存したように、これを中央ユーラシア性でなく「漢化」ないし「中国化」の例とみなすこともできようが、例えば中央ユーラシア系国家における火器の導入がマンジュ人の専売特許ではなかったことは、一七世紀後半以降のジューンガルの重砲・小火器部隊からも明らかである。（羽田明［一九五四］）。

（11）中央ユーラシア国家の組織形態・国家編成法の特質については、杉山正明［二〇〇三ａ］参照。八旗制にみる中央ユーラシア的特質については、本書第五章ならびにSugiyama［2010］参照。

（12）以下の議論、および図**8-6**については、杉山清彦［二〇〇七ａ：二節］［二〇〇八ｇ：四節］も参照されたい。

（13）なお、以下に挙げる諸モデルは、本文でもふれる通り、必ずしも支配構造の描出を目的としていないものが多いが、そのことを確認した上で、支配構造・秩序像モデルとして理解・援用されている現状に鑑み、私の関心に従って挙例・検討するものである。

（14）マンコールの議論については、佐々木揚［一九八七－八八］も見よ。

（15）このほか村田雄二郎［一九九四］は、マンコール・茂木両説を援用しつつ、「弦月」的二元論を、「文化＝漢字と礼教」の浸透の度合いとして、より一元的に解釈する。

（16）杉山清彦［二〇〇六］参照。平野［二〇〇四］については、石濱裕美子による書評［二〇〇五ａ］［二〇〇五ｂ］も見よ。

（17）また、図**8-3**(a)を援用した村田［一九九四：三七頁］の図では、図**8-3**(a)の「満洲」が「モンゴル」に、「藩部」が「新疆」「チベット」になっており、「満洲」は図中から消えている。

（18）このほか注目すべきものとして、谷井俊仁［二〇〇二］が「清朝官僚制の三角錐構造」を提示している。対象が明朝式の官僚制に限定されているので、ここでは触れないが、中国官制史・比較国制史上の重要な問題提起として、広く検討されるべきものと考える。

（19）また、これらが近代史から溯上・照射したモデルであって、一七ないし一八世紀時点の解析から組み立てられたものではないことも一因であろう。その関心も、経済史（濱下）・思想史（茂木・村田）から出発、帰結している。

（20）「中華王朝」モデルの二元論的理解の有効性と限界に関しては、ほかに柳澤明［一九九九］が、一七一七（康熙五十六）年の南洋海禁を例として、政策決定の側面から、政治中枢の一元性に注目する必要性を鋭く指摘している。

（21）モンゴルのジャサク旗については、岡［二〇〇七ａ］など、また漢人藩王については、神田信夫［一九五二］：細谷［一九八七］など参照。

（22）大清グルンとモンゴル＝チベット仏教世界との関わりについては、石濱［一九九九］［二〇〇〇］［二〇〇一］［二〇一一］：池尻陽子［二〇一三］、進出の過程については、岡田［一九七九］：宮脇淳子［二〇〇二］などを参照。それらで強調されているように、大清皇帝とマンジュ・モンゴル支配集団はチベット仏教の世界観・価値観を概ね共有ないし尊重して行動しており、またその目的も版図拡大ではなくチベット仏教の保護・振興を主宰することにあった。また、後掲図**8-12**参照。

(23) 田山茂［一九五四］；趙雲田［一九八九］；岡［一九九四］［二〇〇七a］；Oka［1998］など参照。
(24) 外藩統治については張永江［二〇〇一］、外藩・藩部の概念については片岡［二〇〇四］参照。
(25) 宗室王公・外藩王公の伝記編纂については、それぞれ神田［一九六二］；宮脇［一九九一］参照。
(26) 西方では、カザフとの関係については野田仁［二〇一一］がある。明代の継承とみなされやすい東方でも、清使の人選面から見ると、朝鮮と琉球では派遣される官員の属する「巡礼圏」（後注29参照）が異なることを、丘凡真［二〇一二］が指摘している。琉球との関係については、渡辺美季［二〇一二］参照。
(27) 清露関係とそこにおけるロシアの扱いの変化については、澁谷浩一［一九九八］をはじめ、吉田金一・柳澤・澁谷の一連の研究を参照。また、ロシア研究の側から構想されたものとして、松里公孝［二〇〇八］がある。
(28) 夙に狩野直喜［一九八四：二九六―二九七頁］で指摘されている。
(29) ベネディクト＝アンダーソン［二〇〇七］。「巡礼圏」の概念を中華帝国に適用したものとして、村田［一九九四］があるが、漢人科挙官僚のみを対象としている。また、国際関係・対外認識に「巡礼圏」を援用したものとして、丘凡真［二〇一二］がある。
(30) 中国史における皇帝権力・専制の問題をめぐっては、岸本［二〇〇二］、また大清皇帝の多面的性格とその複合性については、平野聡［二〇〇四：第一・二章］参照。
(31) この考えは、Sugiyama［2005：p. 41］［二〇〇七b：二六四頁］において示した。Cf. 陳文石［一九七七a：六四二頁］。
(32) 「gocika amban 御前大臣」「gocika hiya 御前侍衛」、「hanci hanciki hiya 側近のヒヤ」「hanci dahalara hiya 侍従ヒヤ」などといった職称・形容は多数ある。また、第七章第二節⑧でみたバタイ＝ヒヤの御前出仕を伝える「選御前承値 hanci dahalara haha juse de sonjome gaifi.」というくだりは擡頭されている。
(33) このような原則は、モンゴル帝国において、集団・個人の処遇の基準となった、モンゴル宮廷＝カアンとの縁故を示すフジャウル（根脚）なる概念を想起させよう。「フジャウル／根脚」については、村上正二［一九五一：一六八―一六九頁］；森田憲司［二〇〇四］参照。
(34) 陳文石［一九七七a］。旗人の政治参与のあり方については、陳文石［一九七七b］参照。
(35) シャンナン＝ドルジ（チャクナ＝ドルジェ）などがある。楠木［二〇〇六］；承志［二〇〇九：第二章］；池尻陽子［二〇一三：第二章］。
(36) これに対し、谷井俊仁［二〇〇六］はヒヤの重要性を否定して行政官僚主体の「満漢を超越した」専制体制を提唱し、また谷井陽子［二〇〇五―一三］は八旗をハンの一元的支配の下にある集権的組織と理解すべきことを主張している。これらの見解に対する私見は、第五章参照。
(37) 神田［一九五一：七一―七二頁］；岸本［二〇〇五：二六二―二六三頁］。

（38）「柔らかい専制」という用語は、オスマン帝国史の鈴木董の表現である（［一九九二：二四頁］）。大清支配の「柔らかい」性格については、岸本が強調している（［一九九五：二四頁］［一九九八ａ：六一・六九―七〇頁］）。

（39）日本の幕藩制との比較については、一般書であるが、杉山清彦［二〇〇八ｆ］で試みている。Cf. Kishimoto［2005：pp. 100-101］。またオスマン帝国との比較については、鈴木董［一九九三：五頁］；吉澤誠一郎［二〇〇三：二〇三―二一二頁］でも提起されている。以上の比較の観点については、Sugiyama［2005：pp. 41-42］でも一部触れている。

補論　近世ユーラシアのなかの大清帝国

（１）本章では扱わないが、ジューンガル帝国については、宮脇淳子［一九九五］；小沼孝博［二〇一四］を参照。

（２）全体、ないし複数の帝国に関わるものとして、鈴木董編［一九九三］；永田雄三・羽田正［一九九八］；羽田［二〇〇〇］などを参照した。

（３）オスマン帝国については、鈴木董［一九九二］［一九九三］［一九九七］；林佳世子［一九九七］などに拠った。

（４）コルチについては羽田正［一九八四ａ］［一九八四ｂ］、グラームについては前田弘毅［二〇〇九］参照。

（５）ムガル帝国については、佐藤正哲・中里成章・水島司［一九九八］；佐藤正哲［二〇〇〇］；小名康之［二〇〇八］に拠った。

（６）マンサブダール制については、前注所掲文献のほか、小名康之［一九八五］；真下裕之［二〇一二］を参照した。

（７）鈴木董［一九九三：五頁］は、フロンティアにおいて先進的組織技術を受容して組織形成がなされたものとして、オスマン帝国・大清帝国・徳川政権を挙げている。ただし、私がここでいう境界性・周縁性や他者性とは、国家形成が行なわれた地理的環境や、人口稠密地域の社会にとっての外来性をいうものであり、先進―後進や文明―未開といった価値判断を含むものではない。

参考文献

・本書の参照文献は、研究文献と史料に分けて掲げる。
・研究文献は、日本語文献・漢語文献・欧文文献の順に配列した。漢語文献は、編著者名の日本語読みを電話帳方式（姓の五十音順、同姓の場合は名の五十音順。ただし、同音の姓は同字ごとにまとめて名の五十音順とし、姓は字画順とする）に準拠して配列した。欧文文献は、編著者名のアルファベット順で並べた。
・外国語文献で邦訳を利用した場合や、外国人が日本語で発表した場合は、漢語人名のものは日本語読み、欧米人名のものは片仮名表記の五十音順に従って日本語文献の該当箇所に記載し、漢語文献・欧文文献には見よ項を立てた。日本人による外国語文献も、同様に記載した。

【研究文献】

日本語文献

青木　敦［二〇一四］『宋代民事法の世界』慶應義塾大学出版会。

朝尾直弘［一九七〇］「鎖国制の成立」『朝尾直弘著作集3　将軍権力の創出』岩波書店、二〇〇四年、二九三―三二二頁（原載『講座日本史4』東京大学出版会／再録『将軍権力の創出』岩波書店、一九九四年）。

――［一九九一］「東アジアにおける幕藩体制」朝尾［二〇〇四］一六二―二二六頁（原載『日本の近世1　世界史のなかの近世』中央公論社）。

――［一九九三］「十六世紀後半の日本――統合された社会へ」朝尾［二〇〇四］二二七―二九三頁（原載：『岩波講座日本通史11　近世1』岩波書店）。

――［二〇〇四］『朝尾直弘著作集8　近世とはなにか』岩波書店。

阿南惟敬［一九六〇］「サルフ戦前後の満洲八旗の兵力について」阿南［一九八〇］一五八―一七五頁（原載『歴史教育』八巻一一号）。

――［一九六五］「天聡九年の蒙古八旗成立について」阿南［一九八〇］三三二―三四二頁（原載『歴史教育』一三巻四号）。

――［一九六六ａ］「漢軍八旗成立の研究」阿南［一九八〇］三四三―三六九頁（原載『軍事史学』二巻六号）。

――［一九六六ｂ］「満洲八旗国初ニルの研究」阿南［一九八〇］二〇八―二四二頁（原載『防衛大学校紀要』一三輯）。

――［一九六七ａ］「清初の八王に関する一考察」阿南［一九八〇］三八四―四〇一頁（原載『防衛大学校紀要』一四輯）。

――［一九六七b］「清初固山額真年表考」阿南［一九八〇］二四三―二六七頁（原載『防衛大学校紀要』一五輯）。

――［一九六八］「清初ニル額真考（上）（下）」阿南［一九八〇］二六八―三三一頁（原載『防衛大学校紀要』一六・一七輯）。

――［一九六九］「清初総兵官考」阿南［一九八〇］二四三―二六七頁（原載『防衛大学校紀要』一九輯）。

――［一九七一a］「八旗通志旗分志「鑲黄旗」考」阿南［一九八〇］四三八―四六〇頁（原載『防衛大学校紀要』二二輯）。

――［一九七一b］「清初バヤラ新考」阿南［一九八〇］四九五―五三七頁（原載『史学雑誌』八〇編四号）。

――［一九七三］「睿親王多爾袞の領旗について」阿南［一九八〇］四七六―四九四頁（原載『防衛大学校紀要』二六輯）。

――［一九七四］「八旗通志満洲管旗大臣年表「鑲白旗」考」阿南［一九八〇］四六一―四七五頁（原載『防衛大学校紀要』二八輯）。

――［一九七五］「天聡九年専管ニル分定に関する新研究（上）（下）」阿南［一九八〇］五五〇―六〇〇頁（原載『防衛大学校紀要』三〇・三一輯）。

――［一九七七］「清初正藍旗改組始末考」阿南［一九八〇］六〇一―六一六頁（原載『江上波夫教授古稀記念論集　歴史篇』山川出版社）。

――［一九八〇］『清初軍事史論考』甲陽書房。

安部健夫［一九四二a］「八旗満洲ニルの研究(1)」安部［一九七一］二八一―三六九頁（原載『東亜人文学報』一巻四号）。

――［一九四二b］「八旗満洲ニルの研究(2)」安部［一九七一］五九―一二五頁（原載『東亜人文学報』二巻二号）。

――［一九五一］「八旗満洲ニルの研究――とくに天命初期のニルにおける上部人的構造――甲士の篇」安部［一九七一］一二五―二八一頁（原載『東方学報』〈京都〉二〇冊）。

――［一九七一］『清代史の研究』創文社。

荒野泰典［一九八七］「日本型華夷秩序の形成」『日本の社会史1　列島内外の交通と国家』岩波書店、一八三―二二六頁。

――［一九八八］『近世日本と東アジア』東京大学出版会。

――［一九九三］「通訳論」荒野泰典・石井正敏・村井章介編『アジアのなかの日本史V　自意識と相互理解』東京大学出版会、二四三―二六三頁。

――［一九九五］「東アジアの華夷秩序と通商関係」『講座世界史1　世界史とは何か』東京大学出版会、七五―九九頁。

――［二〇一三］「海禁・華夷秩序体制の形成」荒野・石井・村井編［二〇一三］一一五―一五九頁。

荒野泰典・石井正敏・村井章介編［二〇一三］『地球的世界の成立』（日本の対外関係5）吉川弘文館。

アルテーミエフ、アレクサンダー［二〇〇八］『ヌルガン永寧寺遺跡と碑文――一五世紀の北東アジアとアイヌ民族』北海道大学出版会（菊池俊彦・中村和之監修、垣内あと訳）。

アンダーソン、ベネディクト［二〇〇七］『想像の共同体——ナショナリズムの起源と流行』書籍工房早山（白石隆・白石さや訳／初版：リブロポート、一九八七年／原著一九八三年）。

安藤志朗［一九八五］「ティムール朝 Shāh Rukh 麾下の中核 amīr」『東洋史研究』四三巻四号、八八―一二二頁。

飯山知保［二〇一一］『金元時代の華北社会と科挙制度——もう一つの「士人層」』早稲田大学出版部。

池内　宏［一九三六］『文禄・慶長の役』正編・別編・別冊、東洋文庫（再版：吉川弘文館、一九八七年）。

池上二良［一九八七］「アムール川下流地方と松花江地方——「満洲」の語源にふれて」『満洲語研究』汲古書院、一九九〇年、三一〇—三二〇頁（原載『東方学会創立四十周年記念東方学論集』東方学会）。

池尻陽子［二〇一三］『清朝前期のチベット仏教政策——扎薩克喇嘛制度の成立と展開』汲古書院。

池田　温［一九七九］「唐朝処遇外族官制略考」唐代史研究会編『隋唐帝国と東アジア世界』汲古書院、二五一—二七八頁。

石橋崇雄［一九八一］「清初バヤラの形成過程——天命期を中心として」『中国近代史研究』一集、三—四二頁。

——［一九八三］「八 gūsa と八 gūsa 色別との成立時期について——清初八旗制度研究の一環として」『中国近代史研究』三集、一—四〇頁。

——［一九八八a］「清初八旗制下における職官名の漢字表記改称時期——特に bayara 及び gabsihiyan 関係の職官名を中心として」『中国近代史研究』六集、二一—三九頁。

——［一九八八b］「清初ハン（han）権の成立過程」『榎博士頌寿記念東洋史論叢』汲古書院、二一—四二頁。

——［一九九四a］「順治初纂『大清太宗文皇帝実録』の満文本について」『松村潤先生古稀記念清代史論叢』汲古書院、一一七—一三九頁。

——［一九九四b］「清初皇帝権の形成過程——特に『丙子年四月〈秘録〉登ハン大位檔』にみえる太宗ホン・タイジの皇帝即位記事を中心として」『東洋史研究』五三巻一号、九八—一三五頁。

——［一九九七］「マンジュ（manju, 満洲）王朝論——清朝国家論序説」『明清時代史の基本問題』（中国史学の基本問題4）汲古書院、二八五—三一八頁。

——［一九九八］「清朝国家論」『岩波講座世界歴史13　東アジア・東南アジア伝統社会の形成』岩波書店、一七三—一九二頁。

——［一九九九a］「多民族国家清朝をめぐって——歴史上の位置づけ・時代区分・支配構造・正当性の問題を中心として」『歴史と地理』（世界史の研究）五二三号、一—一〇頁。

——［一九九九b］「清初入関前の無圏点満文檔案『先ゲンギェン＝ハン賢行典例』をめぐって——清朝史を再構築するための基礎研究の一環として」『東洋史研究』五八巻三号、五二—八三頁。

——［一九九九c］「八旗」『歴史学事典7　戦争と外交』弘文堂、五七一—五七二頁。

――――［二〇〇〇］「無圏点満洲文檔案『先ゲンギェン＝ハン賢行典例・全十七条』」『国士舘史学』八号、（横組）一―四九頁。

――――［二〇一一］『大清帝国への道』（講談社学術文庫）講談社（初版『大清帝国』二〇〇〇年、改題増補）。

石橋秀雄［一九六四］「清初のジュシェン jušen――特に天命期までを中心として」石橋秀雄［一九八九］二一―四三頁（原載『日本女子大学紀要』文学部一三号）。

――――［一九六八］「清初のアハ aha――特に天命期を中心として」石橋秀雄［一九八九］七九―一〇六頁（原載『史苑』二八巻二号）。

――――［一九七七］「清初の社会――特にジュシェンについて」石橋秀雄［一九八九］四五―六一頁（原載『江上波夫教授古稀記念論集　歴史篇』山川出版社）。

――――［一九八四］「清初のアハ aha――太宗天聡期を中心に」石橋秀雄［一九八九］一〇七―一二六頁（原載『盈虚集』一号）。

――――［一九八九］『清代史研究』緑蔭書房。

――――［一九九二］「清初のエジェン ejen――太祖・太宗期を中心に」『神田信夫先生古稀記念論集　清朝と東アジア』山川出版社、三―一六頁。

――――［一九九三］「清初のハン Han――太祖から太宗」『歴史と地理』（世界史の研究）四五三号、一―一一頁。

石橋秀雄編［一九九五］『清代中国の諸問題』山川出版社。

石濱裕美子［一九九四a］「パンチェンラマと乾隆帝の会見の背景にある仏教思想について」『内陸アジア言語の研究』IX、二七―六二頁。

――――［一九九四b］「転輪王思想がチベット・モンゴル・清朝三国の王の事績に与えた影響について」『史滴』一六号、五九―六四頁。

――――［一九九九］「チベット、モンゴル、満州《ママ》の政治の場で共有された仏教政治思想について」『早稲田大学教育学部学術研究　地理学・歴史学・社会科学編』四八号、二五―四〇頁。

――――［二〇〇〇］「ガルダン・ハルハ・清朝・チベットが共通に名分としていた「仏教政治」思想――満州《ママ》文・モンゴル文・漢文『朔漠方略』の史料批判に基づいて」『東洋史研究』五九巻三号、三五―六二頁。

――――［二〇〇一］『チベット仏教世界の歴史的研究』東方書店。

――――［二〇〇五a］「書評　平野聡『清帝国とチベット問題』」『歴史学研究』八〇四号、五七―五九頁。

――――［二〇〇五b］「批評と紹介　平野聡『清帝国とチベット問題』」『東洋史研究』六四巻二号、一四八―一五五頁。

――――［二〇〇七］「盛京・北京の勅建チベット仏教寺院」石濱［二〇一一］四一―七三頁（原載『満族史研究』六号）。

――――［二〇一一］『清朝とチベット仏教――菩薩王となった乾隆帝』早稲田大学出版部。

磯部淳史［二〇〇七］「清朝順治初期における政治抗争とドルゴン政権――八旗制度からの考察を中心として」『立命館東洋史学』三〇号、一―三六頁。

――［二〇一〇a］「清初における六部の設置とその意義――太宗の「集権化」政策の一例として」『立命館文学』六一九号、（横組）一一二―一三〇頁。

――［二〇一〇b］「太宗・順治朝におけるグサ＝エジェンとその役割」『満族史研究』九号、五五―七四頁。

稲葉岩吉［一九三三］『光海君時代の満鮮関係』国書刊行会、一九七六年再刊。

――［一九三九］『興京二道河子旧老城』（建国大学研究院歴史報告第一）建国大学。

井上　治［二〇〇二］『ホトクタイ＝セチェン＝ホンタイジの研究』風間書房。

井上　徹［二〇一四］『珠江デルタの城郭都市に関する文化的考察』二〇一〇～二〇一三年度科研費基盤研究(C)研究成果報告書。

井上　浩［一九七七］「マンジュ国家の社会構造について――天命期を中心として」『待兼山論叢』（史学篇）一〇号、三五―五六頁。

今西春秋［一九五九］「天命建元考」『朝鮮学報』一四輯、五九九―六二二頁。

――［一九六一］「MANJU国考」『塚本博士頌寿記念仏教史学論集』同記念会、六三―七八頁。

――［一九六七］「JUŠEN国域考」『東方学紀要』（天理大学おやさと研究所）二輯、一―一七二頁＋折込地図二葉。

――［一九七〇］「MANJU雑記3」『朝鮮学報』五六輯、（横組）一―一六頁。

岩井茂樹［一九九一］「乾隆期の「大蒙古包宴」――アジア政治文化の一こま」河内良弘編『清朝治下の民族問題と国際関係』研究成果報告書、二二―二八頁。

――［一九九六］「十六・十七世紀の中国辺境社会」小野和子編［一九九六］六二五―六五九頁。

――［二〇〇三］「清朝に転送された対馬藩主宗義成の書契原本と一六三九年前後の北東アジア情勢」「「東アジアにおける国際秩序と交流の歴史的研究」ニューズレター」一号、八―一一頁。

岩井茂樹編［二〇〇四］『中国近世社会の秩序形成』京都大学人文科学研究所。

岩見　宏［一九七一］「清朝の中国征服」『岩波講座世界歴史12　中世6』岩波書店、一二九―一五九頁。

上田裕之［二〇〇三］「八旗俸禄制度の成立過程」『満族史研究』二号、二一―四〇頁。

上原兼善［一九九一］「書評　紙屋敦之『幕藩制国家の琉球支配』」『歴史学研究』六二二号、四二―四六頁。

宇田川武久［一九九三］『東アジア兵器交流史の研究――十五～十七世紀における兵器の受容と伝播』吉川弘文館。

――［二〇〇二］「一六世紀末の対外戦と降倭――いかにして朝鮮人に転身したか」福井勝義・新谷尚紀編『人類にとって戦いとは5　イデオロギーの文化装置』東洋書林、一七九―二〇六頁。

内田直文［二〇〇三］「清朝康熙年間における内廷侍衛の形成――康熙帝親政前後の政局をめぐって」『歴史学研究』七七四号、二九

―四五頁。

――［二〇〇九］「清朝入関後における内廷と侍従集団――順治・康熙年間を中心に」『九州大学東洋史論集』三七号、一一五―一四六頁。

梅山直也［二〇〇六］「八旗蒙古の成立と清朝のモンゴル支配――ハラチン・モンゴルを中心に」『社会文化史学』四八号、八五―一〇八頁。

浦　廉一［一九三一］「漢軍（烏真超哈）に就いて」『桑原博士還暦記念東洋史論叢』弘文堂、八一五―八四九頁。

――［一九三四］「明末清初の鮮満関係上に於ける日本の地位（一）（二）」『史林』一九巻二・三号、二四―四八頁、一二二―一四六頁。

――［一九三八］「清朝の木蘭行囲に就て」『山下先生還暦記念東洋史論文集』六盟館、四三三―五四八頁。

ウラジミルツォフ、ボリス［一九三七］『蒙古社会制度史』日本国際協会（外務省調査部訳／生活社、一九四一年／原著一九三四年）。

江嶋壽雄［一九四四］「明末満洲に於けるガシャンの諸形態」江嶋［一九九九］四〇七―四四三頁（原載『史淵』三二輯）。

――［一九五四］「明代女直の馬」江嶋［一九九九］二四五―二七四頁（原載『史淵』六三輯）。

――［一九六二］「明末女直の朝貢貿易に就て」江嶋［一九九九］一八三―二一三頁（原載『清水博士追悼記念明代史論叢』大安）。

――［一九九九］『明代・清初の女直史研究』中国書店。

榎森　進［一九九〇］「十三～十六世紀の東北アジアとアイヌ民族――元・明朝とサハリン・アイヌの関係を中心に」羽下徳彦編『北日本中世史の研究』吉川弘文館、二三一―二六八頁。

――［一九九六］「十三～十七世紀のアイヌ民族と周辺諸国・諸民族」『中世史講座11　中世における地域・民族の交流』学生社、三四四―三八一頁。

――［二〇〇三］「北東アジアから見たアイヌ」菊池勇夫編『日本の時代史19　蝦夷島と北方世界』吉川弘文館、一二六―一六六頁。

――［二〇〇七］『アイヌ民族の歴史』草風館。

エリオット、マーク［一九九三］「中国第一歴史檔案館所蔵内閣・宮中満文檔案概述」『東方学』八五輯、一四七―一五七頁（柳澤明訳）。

――［二〇〇八］「満洲語文書資料と新しい清朝史」細谷良夫編［二〇〇八］一二四―一三九頁。

――［二〇〇九］「清代満洲人のアイデンティティと中国統治」岡田英弘編［二〇〇九］一〇八―一二三頁（楠木賢道編訳／初出『満族史研究通信』一〇号、二〇〇一年）。

遠藤隆俊［一九九五］「范文程とその時代――清初遼東漢人官僚の一生」『東北大学東洋史論集』六輯、四三四―四五八頁。

――――［一九九六］「作為された系譜」『集刊東洋学』七五号、八三―一〇六頁。

大石直正［一九九〇］「北の海の武士団・安藤氏」『中世北方の政治と社会』校倉書房、二〇一〇年、一五四―一八〇頁（原載『海と列島文化一　日本海と北国文化』小学館）。

大谷敏夫［一九七四］「清代の軍制」『清代の政治と文化』朋友書店、二〇〇二年、九三―一〇八頁（原載『東洋史研究』三三巻一号）。

岡　洋樹［一九九四］「清朝国家の性格とモンゴル王公」『史滴』一六号、五四―五八頁。

――――［二〇〇二］「東北アジアにおける遊牧民の地域論的位相」岡洋樹・高倉浩樹編『東北アジア地域論の可能性』（東北アジア研究シリーズ４）東北大学東北アジア研究センター、一九―三三頁。

――――［二〇〇三］「東北アジア地域史と清朝の帝国統治」岡［二〇〇七ａ］二六九―二七六頁（初出『歴史評論』六四二号）。

――――［二〇〇七ａ］『清代モンゴル盟旗制度の研究』東方書店。

――――［二〇〇七ｂ］「清初、「外藩王公」成立過程におけるホルチン王家の地位について」モンゴル研究所編『近現代内モンゴル東部の変容』雄山閣、四七―七〇頁。

――――［二〇〇九］「清朝の満洲・モンゴル統治」岡洋樹・境田清隆・佐々木史郎編『朝倉世界地理講座２　東北アジア』朝倉書店、一三〇―一三九頁。

岡田英弘［一九七二］「清の太宗嗣立の事情」岡田［二〇一〇］四二八―四四〇頁（原載『山本博士還暦記念東洋史論叢』山川出版社）。

――――［一九七五］「ダヤン・ハーンの六万人隊の起源」岡田［二〇一〇］二九九―三〇七頁（原載『榎博士還暦記念東洋史論叢』山川出版社）。

――――［一九七九］『康熙帝の手紙』（清朝史叢書）藤原書店、二〇一三年（初版：中公新書）。

――――［一九九二］『世界史の誕生　モンゴルの発展と伝統』（ちくま文庫）筑摩書房、一九九九年（初版：ちくまライブラリー）。

――――［一九九四］「清初の満洲文化におけるモンゴル的要素」岡田［二〇一〇］四四一―四五一頁（原載『松村潤先生古稀記念清代史論叢』汲古書院）。

――――［二〇一〇］『モンゴル帝国から大清帝国へ』藤原書店。

――――［二〇一三］『岡田英弘著作集Ⅱ　世界史とは何か』藤原書店。

岡田英弘編［二〇〇九］『清朝とは何か』（別冊環16）藤原書店。

岡田英弘訳注［二〇〇四］『蒙古源流』刀水書房。

岡本さえ［一九八八］「消えた思想――浙江巡撫佟国器の場合」『清代禁書の研究』東京大学出版会、一九九六年、四四九―四九六頁（原載「佟国器と清初の江南」『東洋文化研究所紀要』一〇六冊）。

小川裕人［一九五〇］「所謂「女直国」建設に就て」『羽田博士頌寿記念東洋史論叢』東洋史研究会、二六三―二九二頁。

鴛淵　一［一九三八ａ］「清初擺牙喇考」『稲葉博士還暦記念満鮮史論叢』稲葉博士還暦記念会、二一七―二六八頁。

――［一九三八ｂ］「清初の八固山額真に就いて――清初八旗研究の一齣」『山下博士還暦記念東洋史論文集』六盟館、一九七―三〇二頁。

――［一九四八］「清朝前紀社会雑考」『東洋の社会』（広島文理科大学東洋史学研究室紀要1）目黒書店、二五七―三四九頁。

――［一九五五］「鄭親王擬定阿布泰那哈出罪奏に就いて」『人文研究』六巻九号、一―一三頁。

――［一九五八］「清朝順治初世の派閥的抗争に就いて――特に睿王派の結成について」『人文研究』九巻一一号、一―二二頁。

小名康之［一九八五］「ムガル帝国の支配体制――マンサブダーリー制」『中世史講座4　中世の法と権力』学生社、五三―七九頁。

――［二〇〇八］『ムガル帝国時代のインド社会』（世界史リブレット）山川出版社。

小沼孝博［二〇一四］『清と中央アジア草原――遊牧民の世界から帝国の辺境へ』東京大学出版会。

小野和子［一九九六］『明季党社考――東林党と復社』同朋舎出版。

小野和子編［一九九六］『明末清初の社会と文化』京都大学人文科学研究所。

片岡一忠［一九九八］「朝賀規定からみた清朝と外藩・朝貢国の関係」『中国官印制度研究』東方書店、二〇〇八年、一二九―一五一頁（『駒沢史学』五二号）。

――［二〇〇四］「明・清両朝の「藩」政策の比較研究――その予備的考察」同編『明・清両朝の「藩」政策の比較研究』平成一二～一四年度科研費基盤研究Ｂ(2)研究成果報告書、一―二〇頁。

片山共夫［一九八〇］「怯薛と元朝官僚制」『史学雑誌』八九編一二号、一―三七頁。

加藤直人［一九九三］「入関前清朝の法制史料」滋賀秀三編『中国法制史――基本資料の研究』東京大学出版会、五三九―五八二頁。

加藤修弘［二〇一二］「遼朝北面の支配機構について――著帳官と節度使を中心に」『九州大学東洋史論集』四〇号、一―一〇三頁（成稿一九六六年／森安孝夫序文、武田和哉解題、武田他補注）。

狩野直喜［一九八四］『清朝の制度と文学』みすず書房。

紙屋敦之［一九八七ａ］「日本近世の統一と韃靼」紙屋［一九九〇］四六―七五頁（原載：田中健夫編『日本前近代の国家と対外関係』吉川弘文館）。

――［一九八七ｂ］「幕藩制国家の成立と東アジア」紙屋［一九九〇］七六―一〇三頁（原載『歴史学研究』五七三号）。

――［一九九〇］『幕藩制国家の琉球支配』校倉書房。

――［一九九七］『大君外交と東アジア』吉川弘文館。

川勝　守［一九九三］「韃靼国順治大王から大清康熙皇帝へ」『近世日本と東アジア世界』吉川弘文館、二〇〇〇年、二二九―二五八頁（原載：藤野保先生還暦記念会編『近世日本の政治と外交』雄山閣出版）。

川越泰博［一九七七］「『三萬衛選簿』の研究――明代女直軍官考序説として」『中国典籍研究』国書刊行会、一九七八年、六九―一〇四頁（原載『史苑』三八巻一・二号）。

河内良弘［一九五九］「李朝初期の女真人侍衛」河内［一九九二］一七一―二一〇頁（原載『朝鮮学報』一四輯）。

――［一九七一］「貂皮交易の展開」河内［一九九二］五九二―六五六頁（原載『東洋史研究』三〇巻一号）。

――［一九八六］「明代遼陽の東寧衛について」『東洋史研究』四四巻四号、八九―一二七頁。

――［一九八九］「契丹・女真」三上次男・神田信夫編［一九八九］二一一―二四九頁。

――［一九九二］『明代女真史の研究』（東洋史研究叢刊）同朋舎出版。

――［一九九四］「李満住と大金」『松村潤先生古稀記念清代史論叢』汲古書院、五―一八頁。

――［一九九七］「明代女真の外交文書について」『東方学会創立五十周年記念東方学論集』財団法人東方学会、四五七―四七二頁。

――［二〇〇〇］「朝鮮王国の女真通事」『東方学』九九輯、一―一五頁。

河内良弘編著［二〇一四］『満洲語辞典』松香堂書店。

川本正知［二〇一三］『モンゴル帝国の軍隊と戦争』山川出版社。

川本芳昭［二〇一一］「北魏内朝再論――比較史の観点から見た」『東洋史研究』七〇巻二号、一―三〇頁。

――［二〇一四］「前近代における所謂中華帝国の構造についての覚書――北魏と元・遼、および漢との比較」『史淵』一五一輯、一―四〇頁。

神田信夫［一九五一］「清初の議政大臣について」神田［二〇〇五］五八―七七頁（原載『和田博士還暦記念東洋史論叢』講談社）。

――［一九五二］「平西王呉三桂の研究」神田［二〇〇五］一九三―二四三頁（原載『明治大学文学部研究報告東洋史第二冊』明治大学文学部文学研究所）。

――［一九五八］「清初の貝勒について」神田［二〇〇五］三四―五七頁（原載『東洋学報』四〇巻四号）。

――［一九六〇］「清初の文館について」神田［二〇〇五］七八―九八頁（原載『東洋学報』一九巻三号）。

――［一九六二］「『八旗通志』の宗室王公伝について」神田［二〇〇五］三七九―三九五頁（原載『大類伸博士喜寿記念史学論文集』日本女子大学史学研究室）。

――［一九七一］「『旧満洲檔』と『天聡九年檔』について」『東洋文庫書報』三号、一―一二頁。

――［一九七二］「満洲（Manju）国号考」神田［二〇〇五］一二―三三頁（原載『山本博士還暦記念東洋史論叢』山川出版社）。

――［一九七七］『清帝国の盛衰』（図説中国の歴史8）講談社。

――［一九七九］「『満文老檔』から『旧満洲檔』へ」神田［一九九二］一二―四八頁（原載『明治大学人文科学研究所年報』二〇

号)。

――［一九八六］「清初の漢軍武将石廷柱について」神田［二〇〇五］一五七―一七八頁（原載『駿台史学』六六号）。

――［一九八九］「満洲・漢」三上次男・神田信夫編［一九八九］二四九―二八七頁。

――［一九九〇］「愛新覚羅考」神田［二〇〇五］三―二一頁（原載『東方学』八〇輯）。

――［一九九二］『満学五十年』刀水書房。

――［一九九三］「日本に伝存する「清三朝実録」の来歴について」神田［二〇〇五］四〇三―四一七頁（原載『日本所在清代檔案史料の諸相』財団法人東洋文庫清代史研究室）。

――［一九九九］「清の興起」『世界歴史大系　中国史4――明～清』山川出版社、二九五―三一八頁。

――［二〇〇五］『清朝史論考』山川出版社。

菊池勇夫［一九九一］「北方史研究の現状と課題――国家・境界・民族」『歴史評論』五〇〇号、七五―九二頁。

――［一九九四］『アイヌ民族と日本人』（朝日選書）朝日新聞社。

菊池俊彦・中村和之編［二〇〇八］『中世の北東アジアとアイヌ――奴児干永寧寺碑文とアイヌの北方世界』高志書院。

岸本美緒［一九九五］「清朝とユーラシア」『講座世界史2　近代世界への道――変容と摩擦』東京大学出版会、一一―四二頁。

――［一九九八ａ］「東アジア・東南アジア伝統社会の形成」『岩波講座世界歴史13　東アジア・東南アジア伝統社会の形成』岩波書店、三―七三頁。

――［一九九八ｂ］『東アジアの「近世」』（世界史リブレット）山川出版社。

――［二〇〇一］「一八世紀の中国と世界」『風俗と時代観――明清史論集1』研文出版、二〇一二年、一一一―一四三頁（原載『七隈史学』二号）。

――［二〇〇二］「皇帝と官僚・紳士――明から清へ」『岩波講座天皇と王権を考える2　統治と権力』岩波書店、二四一―二六六頁。

――［二〇〇五］「清朝皇帝の江南巡幸」『地域社会論再考――明清史論集2』研文出版、二〇一二年、二四九―二九七頁（原載『史友』三七号）。

――［二〇〇六］「中国史における「近世」の概念」『歴史学研究』八二一号、二五―三六頁。

――［二〇〇九］「「近世化」論と清朝」岡田英弘編［二〇〇九］二三一―二三八頁。

――［二〇一一］「東アジア史の「パラダイム転換」をめぐって」国立歴史民俗博物館編『「韓国併合」一〇〇年を問う　二〇一〇年国際シンポジウム』岩波書店、二二八―二三九頁。

岸本美緒・宮嶋博史［一九九八］『明清と李朝の時代』（中公文庫：世界の歴史12）中央公論新社、二〇〇八年。

北山康夫［一九五〇］「清代の駐防八旗について」『羽田博士頌寿記念東洋史論叢』東洋史研究会、四八九―五〇三頁。

木村　拓［二〇一二］「朝鮮王朝世宗代における女真人・倭人への授職の対外政策化」『韓国朝鮮文化研究』一一号、三―二五頁。

木村直也［一九九七］「朝鮮通詞と情報」岩下明典・真栄平房昭編『近世日本の海外情報』岩田書院、八一―九四頁。

丘　凡真［二〇一二］「大清帝国の朝鮮認識と朝鮮の位相」『中国史学』二二巻、九一―一一三頁。

楠木賢道［一九八七］「『清代譜牒檔案内閣』について」『清史研究』（清史研究会）三号、五―七頁。

――［一九八八］「明代三萬衛女直軍官の動向――永楽二〇年の開原事変における二つの行動パターンをめぐって」『史峯』一号、一―一五頁。

――［一九九九a］「清初、入関前におけるハン・皇帝とホルチン部首長層の婚姻関係」楠木［二〇〇九］七一―九三頁（原載『内陸アジア史研究』一四号）。

――［一九九九b］「天聡年間におけるアイシン国の内モンゴル諸部に対する法支配の推移」楠木［二〇〇九］一一三―一四四頁（原載『社会文化史学』四〇号）。

――［二〇〇〇］「天聡五年大凌河攻城戦からみたアイシン国政権の構造」楠木［二〇〇九］三一―五八・一四五―一六六頁（原載『東洋史研究』五九巻三号）。

――［二〇〇一］「清朝の八旗に組み込まれたジャルート部モンゴル族」『自然・人間・文化――地域統合と民族統合』筑波大学、二九―三九頁。

――［二〇〇二］「天聡五年の大凌河攻城戦とアイシン国軍の火砲」『自然・人間・文化――破壊の諸相』筑波大学、二九―四二頁。

――［二〇〇六］「康熙帝の側近、シャンナン＝ドルジの奏摺」『歴史人類』三四号、六五―九八頁。

――［二〇〇九］『清初対モンゴル政策史の研究』汲古書院。

久芳　崇［二〇一〇］『東アジアの兵器革命――十六世紀中国に渡った日本の鉄砲』吉川弘文館。

洪　性鳩［二〇一〇］「清入関前東アジア国際秩序の再編と日本」鐘江宏之・鶴間和幸編著『東アジア海をめぐる交流の歴史的展開』東方書店、二七一―二九五頁（橋本繁訳）。

後藤智子［一九九三］「ホイファ世系考察」『史叢』五一号、九二―一〇七頁。

小宮木代良［一九九〇］「「明末清初日本乞師」に対する家光政権の対応――正保三年一月一二日付板倉重宗書状の検討を中心として」『九州史学』九七号、一―一九頁。

佐伯　富［一九六八］「清代の侍衛について――君主独裁権研究の一齣」『中国史研究　第二』東洋史研究会、一九七一年、三二三―三四八頁（原載『東洋史研究』二七巻二号）。

酒寄雅志［一九九三］「華夷思想の諸相」『渤海と古代の日本』校倉書房、二〇〇一年、四三五―四七二頁（原載『アジアのなかの日本史Ｖ　自意識と相互理解』東京大学出版会）。

佐口　透［一九七九ａ］「清朝のトルファン支配」佐口［一九八六］一四六―一七〇頁（原載『東洋学報』六〇巻三・四号）。

――［一九七九ｂ］「吐魯番郡王領の構成」佐口［一九八六］一七一―一九七頁（原載『金沢大学法文学部論集・史学篇』二六号）。

――［一九八六］『新疆民族史研究』吉川弘文館。

――［一九九一］「新疆コムルのイスラム公国――哈密郡王領の歴史」『新疆ムスリム研究』吉川弘文館、一九九五年、一九八―二八八頁（原載『東洋学報』七二巻三・四号、増補版）。

佐々木潤之介［一九八五］「東アジア世界と幕藩制」『講座日本歴史5　近世1』東京大学出版会、一―三四頁。

佐々木史郎［一九九四］「北海の交易――大陸の情勢と中世蝦夷の動向」『岩波講座日本通史10　中世4』岩波書店、三一九―三三九頁。

――［一九九六］『北方から来た交易民――絹と毛皮とサンタン人』（ＮＨＫブックス）日本放送出版協会。

佐々木揚［一九八七―八八］「清代の朝貢システムと近現代中国の世界観――マーク・マンコールの研究について」『佐賀大学教育学部研究論文集』三四集二号、一七―四六頁／三五集二号、一―一八頁。

佐藤慎一［一九七七］「文明と万国公法」『近代中国の知識人と文明』東京大学出版会、一九九六年、四三―一二八頁（原載：祖川武夫『国際政治思想と対外意識』創文社）。

佐藤貴保［二〇〇七］「西夏の二つの官僚集団――一二世紀後半における官僚登用法――」『東洋史研究』六六巻三号、三四―六六頁。

佐藤正哲［二〇〇〇］「ムガル帝国の国家権力と土地制度」『岩波講座世界歴史14　イスラーム・環インド洋世界』岩波書店、二三五―二五六頁。

佐藤正哲・中里成章・水島司［一九九八］『ムガル帝国から英領インドへ』（中公文庫：世界の歴史14）中央公論新社、二〇〇九年。

澁谷浩一［一九九八］「康熙雍正年間における清露関係とトゥリシェン――清の対露関係認識をめぐって」『史朋』三〇号、一五―三一頁。

清水和裕［一九九九］「マムルークとグラーム」清水［二〇〇五］四八―六六頁（原載『岩波講座世界歴史10』岩波書店）。

――［二〇〇〇］「グラームの諸相――アッバース朝におけるイエと軍事力」清水［二〇〇五］六六―八九頁（原載『西南アジア研究』五二号）。

――［二〇〇五］『軍事奴隷・官僚・民衆――アッバース朝解体期のイラク社会』山川出版社。

志茂碩敏［一九九五］『モンゴル帝国史研究序説――イル汗国の中核部族』東京大学出版会。

――［二〇一三］『モンゴル帝国史研究正篇』東京大学出版会。

承志（Kicengge）［二〇〇九］『ダイチン・グルンとその時代――帝国の形成と八旗社会』名古屋大学出版会。

承志・杉山清彦［二〇〇六］「明末清初期マンジュ・フルン史蹟調査報告――二〇〇五年遼寧・吉林踏査行」『満族史研究』五号、五五―八四頁。

シロコゴロフ、セルゲイ・M［一九六七］『満洲族の社会組織』刀江書院（大間知篤三・戸田茂喜訳／再録『大間知篤三著作集』第六巻、未來社、一九八二年／原著一九二四年）。

杉山清彦［一九九八］「清初正藍旗考――姻戚関係よりみた旗王権力の基礎構造」『史学雑誌』一〇七編七号、一―三八頁。

――［一九九九］「中国第一歴史檔案館蔵『歴朝八旗雑檔』簡紹」『満族史研究通信』八号、四七―五九頁。

――［二〇〇一a］「清初八旗における最有力軍団――太祖ヌルハチから摂政王ドルゴンへ」『内陸アジア史研究』一六号、一三―三七頁。

――［二〇〇一b］「大清帝国史のための覚書――セミナー「清朝社会と八旗制」をめぐって」『満族史研究通信』一〇号、一一〇―一二六頁。

――［二〇〇一c］「八旗旗王制の成立」『東洋学報』八三巻一号、五三―八三頁。

――［二〇〇三］「ヌルハチ時代のヒヤ制――清初侍衛考序説」『東洋史研究』六二巻一号、九七―一三六頁。

――［二〇〇四a］「漢軍旗人　李成梁一族」岩井茂樹編［二〇〇四］一九一―二三六頁。

――［二〇〇四b］「『韃靼漂流記』の故郷を訪ねて――越前三国湊訪問記」『満族史研究』三号、一五六―一七二頁。

――［二〇〇六］「書評　平野聡著『清帝国とチベット問題――多民族統合の成立と瓦解』」『史学雑誌』一一五編九号、八九―九八頁。

――［二〇〇七a］「大清帝国支配構造試論――八旗制からみた」『平成一六～一八年度科学研究費補助金（基盤研究B）「近代世界システム以前の諸地域システムと広域ネットワーク」（研究代表者桃木至朗）研究成果報告書』大阪大学文学研究科、一〇四―一二三頁。

――［二〇〇七b］「大清帝国の政治空間と支配秩序――八旗制下の政治社会・序論」『文献資料学の新たな可能性③』（大阪市立大学東洋史論叢別冊特集号）、二四五―二七〇頁。

――［二〇〇八a］「清初八旗制下のマンジュ氏族」細谷良夫編［二〇〇八］二二一―五一頁。

――［二〇〇八b］「清代マンジュ（満洲）人の「家」と国家――辞令書と系図が語る秩序」加藤雄三・大西秀之・佐々木史郎編『東アジア内海世界の交流史――周縁地域における社会制度の形成』人文書院、一〇五―一三〇頁。

――［二〇〇八c］「明初のマンチュリア進出と女真人羈縻衛所制――ユーラシアからみたポスト＝モンゴル時代の北方世界」菊池俊彦・中村和之編［二〇〇八］一〇五―一三四頁。

――［二〇〇八d］「近世後期東アジアの通交管理と国際秩序」桃木至朗編『海域アジア史研究入門』岩波書店、一一六―一二七頁。

――［二〇〇八e］「大清帝国史研究の現在――日本における概況と展望」『東洋文化研究』一〇号、三四七―三七二頁。

――［二〇〇八f］「大清帝国と江戸幕府――東アジアの二つの新興軍事政権」懐徳堂記念会編『世界史を書き直す　日本史を書き直す――阪大史学の挑戦』（懐徳堂ライブラリー8）和泉書院、一四七―一八九頁。

――［二〇〇八g］「大清帝国のマンチュリア統治と帝国統合の構造」左近幸村編著『近代東北アジアの誕生――跨境史への試み』（スラブ・ユーラシア叢書4）北海道大学出版会、二三七―二六八頁。

――［二〇〇八h］「大清帝国の支配構造と八旗制――マンジュ王朝としての国制試論」『中国史学』一八巻、一五九―一八〇頁。

――［二〇〇九a］「弐臣と功臣のあいだで――漢軍旗人としての李永芳一門」『明清史研究』五輯、九九―一二八頁。

――［二〇〇九b］「マンジュ国から大清帝国へ――その勃興と展開」岡田英弘編［二〇〇九］七四―九一頁。

――［二〇〇九c］「大清帝国の支配構造――マンジュ（満洲）王朝としての」岡田英弘編［二〇〇九］一三二―一四九頁。

――［二〇〇九d］「近世ユーラシアのなかの大清帝国――オスマン、サファヴィー、ムガル、そして〝アイシン＝ギョロ朝〟」岡田英弘編［二〇〇九］二九〇―三〇一頁。

――［二〇一〇］「明代女真氏族から清代満洲旗人へ」菊池俊彦編『北東アジアの歴史と文化』北海道大学出版会、四五七―四七六頁。

――［二〇一一a］「女直＝満洲人の「くに」と「世界」――マンチュリアからみた「民族的世界」の姿」佐々木史郎・加藤雄三編『東アジアの民族的世界――近代以前における多文化的状況と相互認識』（人間文化叢書ユーラシアと日本――交流と表象）有志舎、一四七―一七七頁。

――［二〇一一b］「書評　承志著『ダイチン・グルンとその時代――帝国の形成と八旗社会』」『内陸アジア史研究』二六号、一三三―一四二頁。

――［二〇一一c］「清初期対漢軍旗人〝満洲化〟方策」中国社会科学院近代史研究所政治史研究室編『清代満漢関係研究』（晩清史論叢第4輯）北京：社会科学文献出版社、五八―七一頁。

――［二〇一五］「中央ユーラシア世界――方法から地域へ」羽田正編『地域史と世界史』（ミネルヴァ世界史叢書第1巻）ミネルヴァ書房、頁数未定。

杉山清彦主編［二〇一三］「すみわける海――一七〇〇〜一八〇〇年」羽田正編・小島毅監修『東アジア海域に漕ぎだす1　海から見た歴史』東京大学出版会、一八五―二七二頁。

杉山正明［一九七八］「モンゴル帝国の原像――チンギス・カン王国の出現」杉山正明［二〇〇四］二八―六一頁（原載『東洋史研

究』三七巻一号)。

――[一九九二]『大モンゴルの世界――陸と海の巨大帝国』(角川選書)角川書店。

――[一九九五]『クビライの挑戦――モンゴルによる世界史の大転回』(講談社学術文庫)講談社(初版:朝日選書)。

――[一九九六]「「東アジア」は近代の産物」杉山正明[二〇〇六]一〇九―一二九頁(原載『あうろーら』二号)。

――[一九九七]『遊牧民から見た世界史――民族も国境もこえて 増補版』(日経ビジネス人文庫)日本経済新聞社、二〇一一年(初版:同社)。

――[二〇〇三a]「人類史における「帝国」」杉山正明[二〇〇六]二二九―二九九頁(原載:山本有造編『帝国の研究』名古屋大学出版会)。

――[二〇〇三b]「時空を超えて生きつづけるチンギス・カン」杉山正明[二〇〇六]一八七―二二八頁(原載『岩波講座天皇と王権を考える9 生活世界とフォークロア』岩波書店)。

――[二〇〇四]『モンゴル帝国と大元ウルス』京都大学学術出版会。

――[二〇〇六]『モンゴルが世界史を覆す』(日経ビジネス人文庫)日本経済新聞社。

鈴木 董[一九九二]『オスマン帝国――イスラム世界の「柔らかい専制」』(講談社現代新書)講談社。

――[一九九三]『オスマン帝国の権力とエリート』東京大学出版会。

――[一九九七]『オスマン帝国とイスラム世界』東京大学出版会。

鈴木董編[一九九三]『パクス・イスラミカの世紀』(講談社現代新書:新書イスラームの世界史②)講談社。

鈴木信昭[一九九五]「李朝仁祖期をとりまく対外関係――対明・対清・対日政策をめぐって」田中健夫編『前近代の日本と東アジア』吉川弘文館、四二一―四五〇頁。

鈴木 真[二〇〇一a]「雍正帝による旗王統制と八旗改革――鑲紅旗旗王スヌの断罪事件とその意義」『史境』四二号、四六―六四頁。

――[二〇〇一b]「雍正帝と藩邸旧人」『社会文化史学』四二号、一八―四一頁。

――[二〇〇三]「諸阿哥分封からみた康熙朝政権中枢の権力構造」『史峯』九号、一八―三九頁。

――[二〇〇五]「旗王家の継承と新設――雍正朝の両紅旗を例に」『東方学』一〇九輯、八五―九八頁。

――[二〇〇六]「乾隆帝の后妃とその一族」『史境』五二号、三五―五二頁。

――[二〇〇七a]「康熙朝における近臣たち――「内務府系氏族」について」『社会文化史学』四九号、一―二〇頁。

――[二〇〇七b]「清朝入関後、旗王によるニル支配の構造――康熙・雍正朝を中心に」『歴史学研究』八三〇号、一八―三四頁。

——［二〇〇八］「清初におけるアバタイ系宗室——婚姻関係を中心に」『歴史人類』三六号、七七—一〇七頁。

——［二〇〇九］「書評　杜家驥著『八旗与清朝政治論稿』」『満族史研究』八号、八九—一一一頁。

——［二〇一一］「清朝康熙年間の皇位継承者問題と旗王・権門の動向」『史学雑誌』一二〇編一号、一—三五頁。

——［二〇一二］「清朝前期の鑲藍旗旗王家」『社会文化史学』五五号、二三—五〇頁。

周藤吉之［一九四四］『清代満洲土地政策の研究』河出書房。

——［一九七二］『清代東アジア史研究』日本学術振興会。

スン＝ライチェン［二〇〇六］「東部アジアにおける火器の時代：一三九〇—一六八三」『九州大学東洋史論集』三四号、一—一〇頁（中島楽章訳）。

園田一亀［一九三三］「清太祖奴児哈赤崩殂考」『満洲学報』二号、一—三五頁。

——［一九三六］「清の太祖勃興初期の行迹」『満洲学報』四号、一〇三—一四一頁。

——［一九三八］「李成梁とその一族に就て」『東洋学報』二六巻一号、八九—一二〇頁。

——［一九三九］『韃靼漂流記の研究』南満洲鉄道株式会社鉄道総局庶務課（再版『韃靼漂流記』平凡社、一九九一年）。

——［一九四八—五三］『明代建州女直史研究』正・続篇、国立書院・財団法人東洋文庫。

多賀秋五郎［一九八一］『中国宗譜の研究』上巻、日本学術振興会。

高橋匡四郎［一九四一］「蘇子河流域に於ける高句驪と後女真の遺跡」『建国大学研究院研究期報』二号、一六一—二一五頁。

田川孝三［一九三二］『毛文龍と朝鮮の関係について』（青丘説叢三）今西龍発行。

武内房司［一九九四］「清代貴州東南部ミャオ族に見る「漢化」の一側面」竹村卓二編［一九九四］七九—一〇三頁。

竹村卓二［一九八一］『ヤオ族の歴史と文化——華南・東南アジア山地民族の社会人類学的研究』弘文堂。

——［一九九四］「ヤオ族の〈家先単〉とその運用——漢族との境界維持の視点から」竹村卓二編［一九九四］一三—一〇五〇頁。

竹村卓二編［一九九四］『儀礼・民族・境界——華南諸民族「漢化」の諸相』風響社。

田中克己［一九四〇］「清の太祖奴児哈赤と東部内蒙古」『蒙古』九四号、一一八—一三一頁。

——［一九四四］「北アジアの諸民族に於けるレヴィレート」『北亜細亜学報』三輯、二一七—二五四頁。

——［一九五八ａ］「アイタの伝記——中国官人の一性格」『東洋大学紀要』一二集、一二三—一三〇頁。

——［一九五八ｂ］「通訳グルマフン」『石濱先生古稀記念東洋学論叢』同記念会、二八〇—二八九頁。

——［一九六一］「対国姓爺合戦における漢軍の役割」『和田先生古稀記念東洋史論叢』講談社、五八九—五九七頁。

田中宏巳［一九六八］「固山考」『史観』七八冊、五五—七一頁。

——［一九七一］「蒙古二旗成立考」『軍事史学』六巻四号、五三—六七頁。

――［一九七四］「清朝の興隆と満洲の鉱工業――紅夷砲製造を中心として」『史苑』三四巻一号、六六―八二頁。

――［一九七四―七五］「清初に於ける紅夷砲の出現とその運用（一）（二）（三）（四）」『歴史と地理』七八号、二三―三〇頁／七九号、一一―二五・五一頁／八一号、一一―一八頁／八二号、一一―二三頁。

谷井俊仁［二〇〇二］「清朝官僚制における合理性」『歴史のなかの普遍法』（比較法史研究――思想・制度・社会10）未來社、三九三―四一七頁。

――［二〇〇六］「清朝皇帝における対面接触の問題」笠谷和比古編『公家と武家III――王権と儀礼の比較文明史的考察』思文閣出版、三五一―三七八頁。

谷井陽子［一九九六］「清朝漢地征服考」小野和子編［一九九六］一〇五―一四七頁。

――［二〇〇四］「清朝入関以前のハン権力と官位制」岩井茂樹編［二〇〇四］（横組）一―二八頁。

――［二〇〇五］「八旗制度再考（一）――連旗制論批判」『天理大学学報』二〇八輯、八三―一〇四頁。

――［二〇〇六］「八旗制度再考（二）――経済的背景」『天理大学学報』二一一輯、三五―五八頁。

――［二〇〇七］「八旗制度再考（三）――財政構造」『天理大学学報』二一六輯、一九―五一頁。

――［二〇一〇］「八旗制度再考（四）――ニルの構成と運営」『天理大学学報』二二三輯、四九―七八頁。

――［二〇一一］「八旗制度再考（五）――軍事的背景と戦略」『天理大学学報』二二八輯、一九―四七頁。

――［二〇一二a］「八旗制度再考（六）――軍隊の編制と指揮・管理」『天理大学学報』二二九輯、五七―八五頁。

――［二〇一二b］「八旗制度再考（七）――政治構造とエートス」『天理大学学報』二三一輯、三三―六二頁。

――［二〇一三］「八旗制度再考（八・完）――新しい秩序の創出」『天理大学学報』二三三輯、八五―一〇九頁。

田山　茂［一九五四］『清代における蒙古の社会制度』文京書院。

チポラ、カルロ［一九九六］『大砲と帆船――ヨーロッパの世界制覇と技術革新』平凡社（大谷隆昶訳：原著一九六五年）。

趙景達・須田努編［二〇一一］『比較史的に見た近世日本――「東アジア化」をめぐって』東京堂出版。

ツェルナー、ラインハルト［二〇〇九］『東アジアの歴史――その構築』明石書店（植原久美子訳）。

塚瀬　進［二〇一一］「戦前、戦後におけるマンチュリア史研究の成果と問題点」『長野大学紀要』三二巻三号、三九―七〇頁。

――［二〇一二］「明末清初におけるマンチュリア史研究の現状と課題（上）（下）」『長野大学紀要』三四巻一号、九―二六頁／二号、一五―五二頁。

――［二〇一四］『マンチュリア史研究――「満洲」六〇〇年の社会変容』吉川弘文館。

塚田誠之［二〇〇〇］『壮族社会史研究――明清時代を中心として』国立民族学博物館。

堤　一昭［一九九五］「李璮の乱後の漢人軍閥――済南張氏の事例」『史林』七八巻六号、一―二九頁。

杜　家驥［二〇〇三］『星源集慶』およびその史料価値」『満族史研究』二号、一―一一頁（鈴木真訳）。

東洋史研究会編［一九八六］『雍正時代の研究』同朋舎（初出一九五七―六三年）。

トビ、ロナルド［一九九〇］『近世日本の国家形成と外交』創文社（速水融・永積洋子・川勝平太訳）。

内藤湖南（虎次郎）［一九〇〇］「明東北疆域辨誤」内藤［一九七〇］三〇一―三一一頁（原載『地理と歴史』一巻四・五号／一九二八年附記／再録『読史叢録』弘文堂、一九二九年）。

――［一九一二］「清朝姓氏考」内藤［一九七〇］三一二―三二〇頁（原載『藝文』三年三・四号）。

――［一九二三］「清朝初期の継嗣問題」内藤［一九七〇］三五三―三六七頁（原載『史林』七巻二号）。

――［一九二九］「奴児干永寧寺二碑補考」内藤［一九七〇］五八三―五九五頁＋4pls.（原載『読史叢録』）。

――［一九四四］『清朝史通論』（東洋文庫）平凡社、一九九三年（初版：弘文堂／再録『内藤湖南全集』第五・八巻、筑摩書房、一九六九年）。

――［一九七〇］『内藤湖南全集』第七巻、筑摩書房。

中　純夫［二〇〇五］「火葬をめぐる若干の問題について――明清を中心に」井上徹・遠藤隆俊編『宋―明宗族の研究』汲古書院、四八七―五三二頁。

永井　匠［一九九九］「恰台吉の事績――特に対明関係における右翼モンゴルの秩序維持に関る活動について」『史滴』一六号、三四―四八頁。

永田雄三・羽田正［一九九八］『成熟のイスラーム社会』（中公文庫：世界の歴史15）中央公論新社、二〇〇八年。

中野美代子［二〇〇七］『乾隆帝――その政治の図像学』（文春新書）文藝春秋。

中見立夫［一九九二］「モンゴルとチベット」間野英二ほか共著『内陸アジア』（地域からの世界史）朝日新聞社、一三五―一五六頁。

――［一九九三］「地域概念の政治性」中見［二〇一三］一―二八頁（原載『アジアから考える1　交錯するアジア』東京大学出版会）。

――［二〇〇四］「〝東北／北東アジア〟はどのように、とらえられてきたか――歴史認識における地域概念の問題」中見［二〇一三］二五七―二七六頁（原載『北東アジア研究』七号）。

――［二〇一三］『「満蒙問題」の歴史的構図』東京大学出版会。

中村篤志［二〇一四］「清朝宮廷におけるモンゴル王公――光緒九～一〇年乾清門行走日記の分析から」新宮学編『近世東アジア比較都城史の諸相』白帝社、八九―一一一頁。

中村和之［一九九七］「十三～十六世紀の環日本海地域とアイヌ」大隅和雄・村井章介編『中世後期における東アジアの国際関係』山川出版社、一四五―一七八頁。

——［一九九九］「北の「倭寇的状況」とその拡大」入間田宣夫・小林真人・斉藤利男編『北の内海世界　北奥羽・蝦夷ヶ島と地域諸集団』山川出版社、一七八—一九八頁。

——［二〇〇八］「モンゴル時代の東征元帥府と奴児干都司」菊池・中村編［二〇〇八］四三—六四頁。

——［二〇一〇］「山丹交易の源流」荒野泰典・石井正敏・村井章介編『倭寇と「日本国王」』（日本の対外関係4）吉川弘文館、二五五—二七二頁。

——［二〇一四］「中世・近世アイヌ論」『岩波講座日本歴史20　地域論』岩波書店、一一七—一三八頁。

中村　淳［一九九七］「チベットとモンゴルの邂逅——遥かなる後世へのめばえ」『岩波講座世界歴史11　中央ユーラシアの統合』岩波書店、一二一—一四六頁。

中村栄孝［一九六九］『日鮮関係史の研究』下、吉川弘文館。

中山八郎［一九三五］「明末女直と八旗的統制に関する素描」『歴史学研究』五巻二号、一一五—一四六頁。

——［一九四四］「清初ヌルハチ王国の統治機構」中山［一九九五］三一三—三三二頁（原載『一橋論叢』一四巻二号）。

——［一九五一］「清初の兵制に関する若干の考察」中山［一九九五］三三三—三四八頁（原載『和田博士還暦記念東洋史論叢』講談社）。

——［一九九五］『中山八郎　明清史論集』汲古書院。

楢木野宣［一九七五］『清代重要職官の研究——満漢併用の全貌』風間書房。

布村一夫［一九四一］「明末清初の満洲族社会　通説「崩壊過程にある氏族社会説」に就て」『書香』一三四号、一—六頁。

野田　仁［二〇一一］『露清帝国とカザフ＝ハン国』東京大学出版会。

ハウエル、デビット［一九九八］「近世北海道における中間領域《ミドル・グランド》の可能性」北海道・東北史研究会編『場所請負制とアイヌ——近世蝦夷地史の構築をめざして』北海道出版企画センター、四一五—四二〇頁。

パーカー、ジェフリー［一九九五］『長篠合戦の世界史——ヨーロッパ軍事革命の衝撃一五〇〇～一八〇〇年』同文館（大久保桂子訳：原著一九八八年）。

荷見守義［二〇一四］『明代遼東と朝鮮』汲古書院。

旗田　巍［一九三九］「清朝創業期の社会」『歴史学研究』九巻三号、七九—九〇頁。

——［一九四〇］「満洲八旗の成立過程に関する一考察——特に牛彔の成立について」『東亜論叢』二輯、七三—九三頁。

バートン、ブルース［一九九七］「「境界」とは何か——理論的考察の試み」村井章介・佐藤信・吉田伸之編『境界の日本史』山川出版社、一六二—一七七頁。

羽田　明［一九五四］「ジュンガル王国とブハーラ人——内陸アジアの遊牧民とオアシス農耕民」『中央アジア史研究』臨川書店、一

九八二年、二五二—二七四頁（原載『東洋史研究』一二巻六号）。

羽田　正［一九七八］「サファヴィー朝の成立」『東洋史研究』三七巻四号、二四—五六頁。

——［一九八四ａ］「コルチ考——一六世紀イランの近衛兵制度」『史林』六七巻三号、一—二三頁。

——［一九八四ｂ］「シャー・アッバースの改革とコルチ」『西南アジア研究』二三号、二六—四六頁。

——［二〇〇〇］「三つの「イスラーム国家」」『岩波講座世界歴史14　イスラーム・環インド洋世界』岩波書店、三—九〇頁。

濱下武志［一九八六］「朝貢貿易システムと近代アジア」『近代中国の国際的契機』東京大学出版会、一九九〇年、二五—四七頁（原載『国際政治』八二号）。

——［一九八九］「東アジア国際体系」『朝貢システムと近代アジア』岩波書店、一九九七年、三—三二頁（原載『講座国際政治1』東京大学出版会）。

濱島敦俊［一九九九］「商業化——明代後期の社会と経済」『世界歴史大系　中国史4——明～清』山川出版社、一四七—一八三頁。

林佳世子［一九九七］『オスマン帝国の時代』（世界史リブレット）山川出版社。

春名　徹［一九九三］「アジアにおける銃と砲」荒野泰典・石井正敏・村井章介編『アジアのなかの日本史VI　文化と技術』東京大学出版会、一五七—一八〇頁。

坂野正高［一九七三］『近代中国政治外交史』東京大学出版会。

平田陽一郎［二〇一一］「西魏・北周の二十四軍と「府兵制」」『東洋史研究』七〇巻二号、三一—六五頁。

平野健一郎［一九八八］「中国における統一国家の形成と少数民族——満州《ママ》族を例として」平野健一郎・山影進・岡部達味・土屋健治編『アジアにおける国民統合』東京大学出版会、三三—一〇五頁。

平野　聡［二〇〇四］『清帝国とチベット問題——多民族統合の成立と瓦解』名古屋大学出版会。

深谷克己［二〇一二］「東アジア世界の再序列化と近世日本」趙景達・須田努編［二〇一一］九五—一二一頁。

——［二〇一二］『東アジア法文明圏の中の日本史』岩波書店。

藤本幸夫［一九九四］「清朝朝鮮通事小攷」高田時雄編『中国語史の資料と方法』京都大学人文科学研究所、二五五—二九〇頁。

古田元夫［一九九五］『ベトナムの世界史——中華世界から東南アジア世界へ』東京大学出版会。

細谷良夫［一九六八ａ］「清朝に於ける八旗制度の推移」『東洋学報』五一巻一号、一—四三頁。

——［一九六八ｂ］「八旗通志初集「旗分志」編纂とその背景——雍正朝佐領改革の一端」『東方学』三六輯、一〇二—一一八頁。

——［一九七二］「『鑲紅旗檔——雍正朝——』について」『東洋学報』五五巻一号、六八—一〇一頁。

——［一九七八］「八旗覚羅佐領考」『星博士退官記念中國史論集』星斌夫先生退官記念事業会、三三七—三五八頁。

——［一九八一］「（書評）阿南惟敬著『清初軍事史論考』」『東洋学報』六三巻一・二号、二〇一—二〇七頁。

――［一九八三］「雍正朝におけるニルの名号呼称について」護雅夫編『内陸アジア・西アジアの社会と文化』山川出版社、三五一―三七二頁。

――［一九八四］「三藩の乱の再検討――尚可喜一族の動向を中心に」『東北大学東洋史論集』一輯、一八二―二一八頁。

――［一九八七］「後金国・清朝に来帰した漢人の様相」『中国――社会と文化』二号、四二―六〇頁。

――［一九九〇］「マンジュ・グルンと「満洲国」」『シリーズ世界史への問い8　歴史のなかの地域』岩波書店、一〇五―一三五頁。

――［一九九一］「「満文原檔」「黄字檔」について――その塗改の検討」『東洋史研究』四九巻四号、二〇―四六頁。

――［一九九二］「布山総兵官考」『神田信夫先生古稀記念論集　清朝と東アジア』山川出版社、三三―四八頁。

――［一九九四］「烏真超哈（八旗漢軍）の固山（旗）」『松村潤先生古稀記念清代史論叢』汲古書院、一六五―一八二頁。

――［一九九五］「清朝中期の八旗漢軍の再編成」石橋秀雄編［一九九五］九三―一一五頁。

細谷良夫編［一九九一］『中国東北部における清朝の史蹟――一九八六～一九九〇年』平成二年度科研費総合研究B成果報告書No. 3、東洋文庫。

――［二〇〇八］『清朝史研究の新しい地平――フィールドと文書を追って』山川出版社。

薄音湖（Buyanküü）［一九九一］「明代蒙古の若干の称号について」『日本モンゴル学会紀要』二二号、七一―七八頁（柳澤明訳：漢語版「明代蒙古的若干称号」『明代蒙古史論』台北：蒙蔵委員会、一九九八年）。

本田實信［一九五二］「チンギス・ハンの十三翼」本田［一九九一］一―一六頁（原載『東方学』四輯）。

――［一九五三］「チンギス・ハンの千戸制」本田［一九九一］一七―四〇頁（原載『史学雑誌』六二編六号）。

――［一九六二］「チンギス・ハンの軍制と部族制」本田［一九九一］四一―五二頁（原載『歴史教育』九巻七号）。

――［一九九一］『モンゴル時代史研究』東京大学出版会。

前島又次［一九三八］「睿親王多爾袞を中心として見たる清朝初期の継嗣問題について」『山下博士還暦記念東洋史論文集』六盟館、七九九―八二四頁。

前田直典［一九四五］「元朝行省の成立過程」『元朝史の研究』東京大学出版会、一九七三年、一四五―二〇二頁（原載『史学雑誌』五六編六号）。

前田弘毅［二〇〇九］『イスラーム世界の奴隷軍人とその実像――一七世紀サファヴィー朝イランとコーカサス』明石書店。

真栄平房昭［一九八九］「近世日本の「海禁」・「華夷秩序」論と東アジア――荒野泰典著『近世日本と東アジア』をめぐって」『歴史科学』一一七号、一―一〇頁。

真下裕之［二〇一二］「ムガル帝国におけるバフシ職について――大バフシ職の運用における人的要因」『東洋史研究』七一巻三号、

八五—一三〇頁。

増井寛也［一九八〇］「女真族レヴィレート小考」『立命館史学』一号、六一—七三頁。

——［一九八九］「クルカ Kūrka とクヤラ Kūyala——清代琿春地方の少数民族」『立命館文学』五一四号、二五—五八頁。

——［一九九三］「満族入関前のムクンについて——『八旗満洲氏族通譜』を中心に」『立命館文学』五二八号、九四—一一六頁。

——［一九九四］「満族入関前の〈ギラン〉とその語義について」『大澤陽典教授退職記念論集』立命館大学人文学会、三〇五—三二七頁。

——［一九九五ａ］「《ニャマン》と《フンチヒン》——清初満族における親族組織の一斑」『大垣女子短期大学研究紀要』（学術論文編）三六号、一—一四頁。

——［一九九五ｂ］「満族入関前のウクスンについて」石橋秀雄編［一九九五］三七—五六頁。

——［一九九六］「満族ギョルチャ・ハラ考」『立命館文学』五四四号、一七二—二〇四頁。

——［一九九六—九七］「明代の野人女直と海西女直（上）（下）」『大垣女子短期大学研究紀要』三七号、五五—六六頁／三八号、三七—四九頁。

——［一九九七］「明末建州女直のワンギャ部とワンギャ・ハラ」『東方学』九三輯、七二—八七頁。

——［一九九八］「明代建州女直マギャ・ハラ考」『立命館文学』五五四号、五三—八五頁。

——［一九九九ａ］「明末建州女直の有力ムクン〈シャジのフチャ・ハラ〉について」『立命館文学』五五九号、一七七—二一九頁。

——［一九九九ｂ］「ヌルハチ勃興期の事跡補遺——エイドゥ・バトゥル自述の功業記を中心に」『大垣女子短期大学研究紀要』四〇号、四三—五五頁。

——［一九九九ｃ］「明末のワルカ部女直とその集団構造について」『立命館文学』五六二号、六一—一〇七頁。

——［二〇〇一］「グチュ gucu 考——ヌルハチ時代を中心として」『立命館文学』五七二号、（横組）二五—六六頁。

——［二〇〇三］「明末の海西女直と貢勅制」『立命館文学』五七九号、三七—七四頁。

——［二〇〇四ａ］「清朝入関前の〈アゲ〉age について——天命期を中心に」『立命館文学』五八二号、一〇—三六頁。

——［二〇〇四ｂ］「建州統一期のヌルハチ政権とボォイ＝ニャルマ」『立命館文学』五八七号、（横組）一—二五頁。

——［二〇〇五］「満洲〈アンダ〉anda 小考」『立命館東洋史学』二八号、一—三三頁。

——［二〇〇六ａ］「専管権から見たアイシン国の功臣集団とその構成」『立命館文学』五九四号、（横組）二一—四七頁。

——［二〇〇六ｂ］「海西フルン四国王位継承考——ヌルハチ・シュルガチ兄弟の確執に寄せて」『立命館史学』二七号、一—三九頁。

——［二〇〇七］「マンジュ国〈五大臣〉設置年代考」『立命館文学』六〇一号、（横組）五〇—七五頁。

―――［二〇〇八 a］「清初ニル類別考」『立命館文学』六〇八号、（横組）一一一―一三三頁。

―――［二〇〇八 b］「ニマチャ Nimaca 雑考」『立命館文学』六〇九号、（横組）一七―三一頁。

―――［二〇〇九］「マンジュ国〈四旗制〉初建年代考」『立命館東洋史学』三二号、一―三〇頁。

―――［二〇一〇］「ギョロ＝ハラ Gioro hala 再考――特に外婚規制をてがかりに」『立命館文学』六一九号、（横組）九二―一一一頁。

―――［二〇一一］「〈太陽を食べる犬〉その他三則――ジュシェン人とその近縁諸族の歴史・文化点描」『立命館東洋史学』三四号、一―三四頁。

―――［二〇一二］「清初〈専管ニル〉再論――貂皮・人参採捕権の解釈を中心に」『立命館東洋史学』三五号、一―三〇頁。

―――［二〇一三］「清初マンジュ人の〈分家〉管見――ヌルハチの事例を端緒として」『アジア史学論集』六号、三三―五八頁。

―――［二〇一四］「ヌルハチ大妃ウラ＝ナラ氏〈殉死〉考略」『立命館東洋史学』三七号、一―三三頁。

増淵龍夫［一九五五］「戦国官僚制の一考察」『新版　中国古代の国家と社会』岩波書店、一九九六年、二二五―二六五頁（原載『社会経済史学』二一巻三号／一九五九年補）。

松浦　茂［一九七七］「女真社会史をめぐる諸問題」『東洋史研究』三五巻四号、一一八―一二九頁。

―――［一九八四］「天命年間の世職制度について」『東洋史研究』四二巻四号、一〇五―一二九頁。

―――［一九八六］「ヌルハチ（清・太祖）の徙民政策」『東洋学報』六七巻三・四号、一―四七頁。

―――［一九九五］『清の太祖　ヌルハチ』（中国歴史人物選11）白帝社。

―――［二〇〇六］『清朝のアムール政策と少数民族』京都大学学術出版会。

松里公孝［二〇〇八］「境界地域から世界帝国へ――ブリテン、ロシア、清」同編『ユーラシア――帝国の大陸』（講座スラブ・ユーラシア学3）講談社、四一―八〇頁。

松田孝一［一九七八］「モンゴルの漢地統治制度――分地分民制度を中心として」『待兼山論叢』（史学篇）一一号、三三―五四頁。

―――［一九九四］「トゥルイ家のハンガイの遊牧地」『大澤陽典教授退職記念論集』立命館大学人文学会、二八五―三〇四頁。

松村　潤［一九六三］「星源集慶」松村［二〇〇八］四三四―四三九頁（原載『岩井博士古稀記念典籍論集』同記念事業会）。

―――［一九六九］「崇徳の改元と大清の国号について」松村［二〇〇八］七二―八六頁（原載『鎌田博士還暦記念歴史学論叢』同記念会）。

―――［一九七二］「清太宗の后妃」松村［二〇〇八］一九八―二一六頁（原載『国立政治大学辺政研究所年報』三期）。

―――［一九七三］「順治初纂清太宗実録について」松村［二〇〇八］三三四―三五四頁（原載『日本大学文理学部創立七十周年記念論文集』同人文科学研究所）。

――［一九七五］「清太祖武皇帝実録の編纂について」松村［二〇〇八］三一〇―三三三頁（原載『榎博士還暦記念東洋史論叢』山川出版社）。

――［一九七八］「天命朝の奏疏」松村［二〇〇八］二五六―二六七頁（原載『日本大学史学科五十周年記念歴史学論文集』同実行委員会）。

――［一九八一 a］「アミン＝ベイレの生涯」松村［二〇〇八］一六九―一九七頁（原載『研究紀要』〈日本大学文理学部人文科学研究所〉二五号）。

――［一九八一 b］「清朝の勃興」護雅夫・神田信夫編『北アジア史（新版）』山川出版社、三一三―三二五頁。

――［一九八五］「寒字檔漢訳勅書」松村［二〇〇八］二六八―三〇九頁（原載『内陸アジア史研究』二号）。

――［一九八九］「康熙重修清太宗実録について」松村［二〇〇八］三五五―三七一頁（原載『内陸アジア史研究』五号）。

――［一九九二］「天聡九年のチャハル征討をめぐる諸問題」松村［二〇〇八］一一九―一三九頁（原載『神田信夫先生古稀記念論集　清朝と東アジア』山川出版社）。

――［一九九四］「牛荘城老満文門額」松村［二〇〇八］四二一―四三三頁（原載『満族史研究通信』四号）。

――［二〇〇一］『清太祖実録の研究』（東北アジア文献研究叢刊2）東北アジア文献研究会。

――［二〇〇七］「清太祖朝満文内国史院檔」松村［二〇〇八］二四二―二五五頁（新稿）。

――［二〇〇八］『明清史論考』山川出版社。

三上次男・神田信夫編［一九八九］『東北アジアの民族と歴史』（民族の世界史3）山川出版社。

三田村泰助［一九三六］「満珠国成立過程の一考察」三田村［一九六五］四六七―四九二頁（原載『東洋史研究』二巻二号）。

――［一九四一］「清の太宗の即位事情とその君主権確立」『東洋史研究』六巻四号、一―二二頁。

――［一九四二］「再び清の太宗の即位事情について」『東洋史研究』七巻一号、一―一九頁。

――［一九四九］「朱蒙伝説とツングース文化の性格」三田村［一九六五］四四四―四六六頁（原載『立命館文学』七〇・七一・七二号）。

――［一九五〇］「満文太祖老檔の編纂」三田村［一九六五］三三三―三四六頁（原載『羽田博士頌寿記念東洋史論叢』東洋史研究会）。

――［一九五一］「清朝の開国伝説とその世系」三田村［一九六五］一―五六頁（原載『立命館大学五十周年記念論文集』）。

――［一九六〇］「明末清初の満洲氏族とその源流」三田村［一九六五］五七―一〇六頁（原載『東洋史研究』一九巻二号）。

――［一九六二］「初期満洲八旗の成立過程」三田村［一九六五］二八三―三三二頁（原載『清水博士追悼記念明代史論叢』大安）。

――［一九六三］「満洲正紅旗の満文檔冊」『岩井博士古稀記念典籍論集』同記念事業会、六七二―六七八頁。

——［一九六三―六四］「ムクン・タタン制の研究――満洲社会の基礎的構造としての」三田村［一九六五］一〇七―二八二頁（原載『明代満蒙史研究』京都大学文学部／『立命館文学』二二三号）。

——［一九六五］『清朝前史の研究』東洋史研究会。

——［一九六九］『明と清』（河出文庫）河出書房新社、一九九〇年（初版：同社）。

——［一九七二］「満文太祖老檔と清太祖実録との対校」『立命館文学』三二九・三三〇号、（横組）一―四五頁。

宮崎市定［一九四七］「清朝における国語問題の一面」宮崎［一九九一］二八二―三三七頁（原載『東方史論叢』第一／再録『アジア史研究　第三』東洋史研究会、一九六三年）。

——［一九五〇］『雍正帝　中国の独裁君主』宮崎［一九九一］三―一三三頁（初出：岩波新書／再録『アジア史論考　下』朝日新聞社、一九七六年）。

——［一九五七］「雍正硃批諭旨解題――その史料的価値」宮崎［一九九一］一三七―一七二頁（原載『東洋史研究』一五巻四号／再録：東洋史研究会編［一九八六］）。

——［一九九一］『宮崎市定全集14　雍正帝』岩波書店。

宮嶋博史［二〇〇六］「東アジア世界における日本の「近世化」――日本史研究批判」趙景達・須田努編［二〇一一］三七―六二頁（原載『歴史学研究』八二一号）。

——［二〇一〇］「儒教的近代としての東アジア〝近世〟」『岩波講座東アジア近現代通史1　東アジア世界の近代』岩波書店、五三―七八頁。

宮脇淳子［一九九一］「祁韻士纂修『欽定外藩蒙古回部王公表伝』考」『東方学』八一輯、一〇二―一一五頁。

——［一九九五］『最後の遊牧帝国――ジューンガル部の興亡』（講談社選書メチエ）講談社。

——［二〇〇二］『モンゴルの歴史――遊牧民の誕生からモンゴル国まで』刀水書房。

村井章介［一九八五］「中世日本列島の地域空間と国家」『アジアのなかの中世日本』校倉書房、一〇八―一四二頁（原載『思想』七三二号）。

——［一九九三］『中世倭人伝』（岩波新書）岩波書店。

——［一九九六］「中世倭人と日本銀」『日本中世境界史論』岩波書店、二〇一三年、二一九―二五九頁（原載：竹内実ほか共著『日本史を海から洗う』南風社）。

——［一九九七ａ］『世界史のなかの戦国日本』（ちくま学芸文庫）筑摩書房、二〇一二年（初版：ちくま新書）。

——［一九九七ｂ］『国境を超えて――東アジア海域世界の中世』校倉書房。

——［二〇〇四］「「東アジア」と近世日本」『日本史講座5　近世の形成』東京大学出版会、三九―七〇頁。

村井章介・荒野泰典［二〇一三］「地球的世界の成立」荒野・石井・村井編［二〇一三］一—五一頁。

村岡　倫［一九九六］「トルイ＝ウルスとモンゴリアの遊牧諸集団」『龍谷史壇』一〇五号、六三—八八頁。

村上信明［二〇〇七］『清朝の蒙古旗人——その実像と帝国統治における役割』（ブックレット・アジアを学ぼう）風響社。

村上正二［一九五一］「チンギス汗帝国成立の過程」村上［一九九三］一三九—一七二頁（原載『歴史学研究』一五四号）。

——［一九六二］「モンゴル朝治下の封邑制の起源——とくにSoyurγalとQubiとEmčüとの関連について」村上［一九九三］一七三—二〇六頁（原載『東洋学報』四四巻三号）。

——［一九九三］『モンゴル帝国史研究』風間書房。

村田雄二郎［一九九四］「中華ナショナリズムと最後の「帝国」——中国」蓮實重彦・山内昌之編『いま、なぜ民族か』（ＵＰ選書）東京大学出版会、三〇—四九頁。

茂木敏夫［一九九五］「清末における「中国」の創出と日本」『中国——社会と文化』一〇号、二五一—二六五頁。

——［一九九七］『変容する近代東アジアの国際秩序』（世界史リブレット）山川出版社。

桃木至朗［一九九二］「十〜十五世紀ベトナム国家の「南」と「西」」『東洋史研究』五一巻三号、一五八—一九一頁（『中世大越国家の成立と変容』大阪大学出版会、二〇一一年に改訂収録）。

——［一九九三］「「中国化」と「脱中国化」——地域世界の中のベトナム民族形成史」大峯顕・原田平作・中岡成文編『地域のロゴス』世界思想社、七〇—八一頁。

——［一九九四］「ベトナムの「中国化」」池端雪浦編『変わる東南アジア史像』山川出版社、一〇九—一二九頁。

森　正夫［一九九七］「総説」『明清時代史の基本問題』（中国史学の基本問題４）汲古書院、三—七八頁。

護　雅夫［一九五二ａ］「Nökör考序説——主として主従関係成立の事情について」『東方学』五輯、五六—六八頁。

——［一九五二ｂ］「Nökür考——「チンギス・ハン国家」形成期における」『史学雑誌』六一編八号、一—二七頁。

護雅夫編［一九八三］『内陸アジア・西アジアの社会と文化』山川出版社。

森川哲雄［一九七二］「中期モンゴルのトゥメンについて——特にウルスとの関係を通じて」『史学雑誌』八一編一号、三二—五四頁。

——［一九七六］「チャハル・八オトクとその分封について」『東洋学報』五八巻一・二号、一二七—一六二頁。

——［一九八七］『『アルタン＝ハーン伝』の研究』九州大学教養部。

——［二〇〇八ａ］『蒙古源流五種』中国書店。

——［二〇〇八ｂ］「大元の記憶」『比較社会文化』一四巻、六四—八一頁。

森田憲司［二〇〇四］『元代知識人と地域社会』汲古書院。

森平雅彦［二〇〇一］「元朝ケシク制度と高麗王家——高麗・元関係における禿魯花の意義に関連して」『モンゴル覇権下の高麗——

帝国秩序と王国の対応』名古屋大学出版会、二〇一三年、一四七―二〇一頁（原載『史学雑誌』一一〇編二号）。

――［二〇一三］『モンゴル覇権下の高麗――帝国秩序と王国の対応』名古屋大学出版会。

森安孝夫［二〇〇七］『シルクロードと唐帝国』（興亡の世界史5）講談社。

――［二〇一一］「内陸アジア史研究の新潮流と世界史教育現場への提言」『内陸アジア史研究』二六号、三―三四頁。

――［二〇一二］「加藤修弘卒業論文の公刊にあたって」『九州大学東洋史論集』四〇号、一―六頁。

矢澤利彦［一九八三］「蘇努一族の受難」磯辺武雄編『多賀秋五郎博士古稀記念論文集　アジアの教育と社会』不昧堂出版、二八二―二九五頁。

箭内　亙［一九一六］「元朝怯薛考」『蒙古史研究』刀江書院、一九三〇年、二一一―二六二頁（原載『東洋学報』六巻三号）。

柳澤　明［一九九九］「康熙五六年の南洋海禁の背景――清朝における中国世界と非中国世界の問題に寄せて」『史観』一四〇冊、七二―八四頁。

山内弘一［二〇〇三］『朝鮮からみた華夷思想』（世界史リブレット）山川出版社。

山崎清一［一九四二］「明代兵制の研究（一）」『歴史学研究』九三号、二一―二二頁。

山本博文［一九八八］「幕藩権力の編成と東アジア」『幕藩制の成立と近世の国制』校倉書房、一九九〇年、一五〇―一七二頁（原載『歴史学研究』五八六号）。

――［一九八九］『寛永時代』（日本歴史叢書）吉川弘文館。

――［一九九五］『鎖国と海禁の時代』校倉書房。

――［一九九八］「徳川王権の成立と東アジア世界」水林彪・金子修一・渡辺節男編『王権のコスモロジー』（比較歴史学大系1）弘文堂、八八―一一六頁。

吉澤誠一郎［二〇〇三］『愛国主義の創成――ナショナリズムから近代中国をみる』（世界歴史叢書）岩波書店。

――［二〇一〇］『中国近現代史①　清朝と近代世界』（岩波新書）岩波書店。

吉田金一［一九六九］「清初におけるロシア人捕虜について」『軍事史学』五巻二号、三一―四三頁。

――［一九八四］『ロシアの東方進出とネルチンスク条約』東洋文庫近代中国研究センター。

吉田順一他共訳注［一九九八］『『アルタン＝ハーン伝』訳注』風間書房。

米谷　均［二〇〇〇］「一七世紀前期日朝関係における武器輸出」藤田覚編『十七世紀の日本と東アジア』山川出版社、三九―六七頁。

李鴻彬・劉小萌（柳澤明訳）［一九九六］「女真（満族）のハラとムクン」愛新覚羅顕琦・江守五夫共編『満族の家族と社会』第一書房、一九九六年、一三七―一七〇頁。

陸戦史研究普及会編［一九六八］『明と清の決戦』（陸戦史集5　中国古戦史）原書房。

劉　小萌［二〇〇八］「清代北京の俄羅斯旗人」細谷良夫編［二〇〇八］七四―九五頁。

臨時台湾旧慣調査会編［一九一二］『清国行政法』第四巻、臨時台湾旧慣調査会。

ロージ、ピーター＝A［二〇一二］『アジアの軍事革命――兵器から見たアジア史』昭和堂（本野英一訳：原著二〇〇八年）。

ロビンソン、ケネス［一九九九］「朝鮮王朝―受職女真人の関係と「朝鮮」」『歴史評論』五九二号、二九―四二頁。

和田　清［一九三四―三七］「明初の満洲経略」和田［一九五五］二六〇―四七七頁（原載『満鮮地理歴史研究報告』第一四・第一五）。

――［一九五一］「清の太祖興起の事情」和田［一九五五］五九七―六三六頁（原載『東洋学報』三三巻二号）。

――［一九五二］「清の太祖の顧問龔正陸」和田［一九五五］六三七―六四九頁（原載『東洋学報』三五巻一号）。

――［一九五五］『東亜史研究（満洲篇）』財団法人東洋文庫。

――［一九五七］「龔正陸伝補正」『東洋学報』四〇巻一号、一一〇―一一一頁。

――［一九五八］「察哈爾部の変遷」和田［一九五九］五二一―六六六頁（原載『東洋学報』四一巻一・二号）。

――［一九五九］『東亜史研究（蒙古篇）』財団法人東洋文庫。

和田正広［一九九五］『中国官僚制の腐敗構造に関する事例研究――明清交替期の軍閥李成梁をめぐって』九州国際大学社会文化研究所。

渡辺　修［一九九四］「己巳の役」（一六二九―三〇）における清の対漢軍統治と漢官」『松村潤先生古稀記念清代史論叢』汲古書院。

――［一九九五］「順治年間（一六四四～六〇）の漢軍（遼人）とその任用」石橋秀雄編［一九九五］一八一―二〇四頁。

渡辺美季［二〇一二］『近世琉球と中日関係』吉川弘文館。

綿貫哲郎［二〇〇〇］「いわゆる「八旗世襲譜檔」について」『満族史研究通信』九号、八七―九四頁。

――［二〇〇二］「清初の旧漢人と八旗漢軍」『史叢』六七号、三一―四一頁。

――［二〇〇三］→漢語文献
――［二〇〇八ａ］「「世職根源冊」からみた清初の降清漢人」『史叢』七八号、一〇〇―一一六頁。

――［二〇〇八ｂ］「安南黎氏佐領編設始末考」『史潮』新六四号、四五―六三頁。

漢語文献

閻　崇年［一九八四］「清入関前満洲的社会経済形態」閻崇年［一九八九］八七―九七頁（原載『社会科学輯刊』一九八四年四期）。

――［一九八七ａ］「明珠論」閻崇年［一九八九］一五三―一六九頁（原載『満族研究』一九八七年一期）。

――［一九八七ｂ］「《明珠及妻覚羅氏誥封碑文》考述」閻崇年［一九八九］一七〇―一七八頁（原載『四平民族研究』一九八七年二期）。

――［一九八九］『燕歩集』北京：北京燕山出版社。
王　革生［一九八五］「清朝開国功臣佟養性」『北方論叢』一九八五年六期、三四―三七頁。
王　思治［一九八四］「皇太極嗣位与諸大貝勒的矛盾」『清史論稿』成都：巴蜀書社、一九八七年、八〇―九三頁（原載『歴史檔案』一九八四年三期）。
王　鍾翰［一九八一］「関於満族形成中的幾個問題」『王鍾翰清史論集』第一巻、北京：中華書局、二〇〇四年、一二四―一四〇頁（原載『社会科学戦線』一九八一年一期／再録：王鍾翰主編［一九八八］／王鍾翰『清史新考』遼寧大学出版社、一九九七年／『王鍾翰学術論著自選集』中央民族大学出版社、一九九九年）。
王鍾翰主編［一九八八］『満族史研究集』北京：中国社会科学出版社。
――［一九九六］『満族歴史与文化』北京：中央民族大学出版社。
王　政堯［一九八九］「佟養性和〝佟半朝〟」『清史述得』瀋陽：遼寧民族出版社、二〇〇四年、一二七―一三二頁（原載『人物』一九八九年二期）。
王　兆春［一九九一］『中国火器史』軍事科学出版社。
王　天有［一九九二］『明代国家機構研究』北京：北京大学出版社。
郭　成康［一九八五］「清初牛彔的類別」張・郭［一九八八］一八七―一九九頁（原載『史学集刊』一九八五年四期）。
――［一九八六ａ］「阿什達爾漢　附顧三台、蘇納」『清代人物伝稿　上篇第三巻』北京：中華書局、二三六―二四五頁。
――［一九八六ｂ］「清王朝入関前対権貴的政策」『清史研究集』五輯、北京：光明日報出版社、一―三九頁。
――［一九八七］「清初牛彔的数目」張・郭［一九八八］一九九―二一〇頁（原載『清史研究通訊』一九八七年一期）。
郭成康・成崇徳［一九九四］「劉興祚論」『清史研究』一九九四年二期、二〇―三六頁。
郭成康・劉建新・劉景憲［一九八二］「清入関前満洲八旗的固山額真」『清史論叢』四輯、二〇三―二一五頁。
祁　美琴［一九九八］『清代内務府』瀋陽：遼寧大学出版社、二〇〇九年（初版：中国人民大学出版社）。
侯　寿昌［一九八二］「康熙母系考」中国第一歴史檔案館編『明清檔案論文選編』北京：檔案出版社、一九八五年、七五二―七六三頁（原載『歴史檔案』一九八二年四期）。
――［一九八六］「浅論佟養性」『明清檔案与歴史研究論文選　1985.10-1994.10』下冊、北京：国際文化出版公司、一九九五年、六三二―六四二頁（原載『歴史檔案』一九八六年二期）。
――［一九八八］「遼東佟氏族属旗籍」『明清檔案与歴史研究　中国第一歴史檔案館六十周年紀念論文集』上冊、北京：中華書局、三六二―三七二頁。
高　志超［二〇一〇］『劉興祚事迹考――明清鼎革之際遼東漢人的政治取向』武漢：長江出版社。

黄　円晴［二〇一二］「領侍衛内大臣与清初政治」『満学論叢』二輯、二四一―二五三頁。

黄培（Huang, Pei）［一九八六］「清初的満洲貴族（一五八三―一七九五）――鈕祜禄族」許倬雲等著『中国歴史論文集』台北：台湾商務印書館、六二九―六六四頁。

――［一九九三］「清初的満洲貴族：婚姻与政治」『慶祝王鍾翰先生八十寿辰学術論文集』瀋陽：遼寧大学出版社、八二―九二頁。

広禄・李学智［一九六五］『老満文原檔与満文老檔之比較研究』中国東亜学術研究計画委員会年報四期。

周　遠廉［一九七九］「関於一六世紀四〇―八〇年代建州女真和早期満族的社会性質問題」『清史論叢』一輯、一五八―一七六頁。

――［一九八一］『清朝開国史研究』瀋陽：遼寧人民出版社。

――［一九八六］『清朝興起史』長春：吉林文史出版社。

周遠廉・趙世瑜［一九八六］『皇父摂政王多爾袞全伝』長春：吉林文史出版社（改題再刊『皇父摂政王多爾袞』〈清帝列伝・附冊〉、一九九三年）。

徐　凱［一九九九］「八旗満洲中高麗士大夫家族」『明清論叢』一輯、三三八―三四八頁。

――［二〇〇〇］「八旗満洲旗分佐領内高麗姓氏」『故宮博物院院刊』二〇〇〇年五期、六二―七三頁。

――［二〇〇三］「論金簡」朱誠如主編『清史論集――慶賀王鍾翰教授九十華誕』北京：紫禁城出版社、二八五―二九四頁。

蕭　啓慶［一九七三］「元代的宿衛制度」『元代史新探』新文豊出版公司、五九―一一一頁（原載『国立政治大学辺政研究所年報』四期）。

――［二〇〇六］「論元代蒙古色目人的漢化与士人化」『元代的族群文化与科挙』台北：中央研究院・聯経出版公司、二〇〇八年、五五―八四頁（原載：汪栄祖・林冠群主編『胡人漢化与漢人胡化』国立中正大学台湾人文研究中心）。

常　江［一九八八］「清代侍衛制度」『社会科学輯刊』一九八八年三期、八五―九一頁。

常江・李理［一九九三］『清宮侍衛』（清代宮廷叢書第一輯）瀋陽：遼寧大学出版社。

秦　国経［二〇〇五］『明清檔案学』北京：学苑出版社。

荘　吉発［一九八二］『清高宗十全武功研究』台北：国立故宮博物院。

孫進己・張璇如・蔣秀松・于志耿・荘厳［一九八七］『女真史』（東北史叢書）長春：吉林文史出版社。

孫　文良［一九八七］「論李成梁的歴史作用」『東北歴代人物論著伝記彙編』出版地不明、四七二―四八二頁。

――［一九九二］「論明末遼東総兵李成梁」『満族崛起与明清興亡』瀋陽：遼寧大学出版社、一九九二年、一四八―一七二頁（原載『明史研究』）。

孫文良・李治亭［一九八三］『清太宗全伝』長春：吉林文史出版社（改題再刊『天聡汗　崇徳帝』〈清帝列伝〉吉林文史出版社、一九九三年）。

達力扎布［一九九八］『明代漠南蒙古歴史研究』フフホト：内蒙古文化出版社。
張　雲樵［一九八九］「葉赫古城考察紀略」『中国考古集成　東北巻20』北京：北京出版社、一九九七年、七六六―七七一頁（原載『四平民族研究』一九八九年一期／再録：金基浩・葛陰山編『満族研究文集』吉林文史出版社、一九九〇年）。
張　永江［二〇〇二］『清代藩部研究――以政治変遷為中心』（辺疆史地叢書）黒龍江教育出版社。
張　玉興［一九八五］「范文程帰清考辨」張玉興［二〇一二］一九七―二一〇頁（原載『清史論叢』六輯／再録：張玉興［二〇〇四］）。
――［一九八七］「阿敦」『清代人物伝稿　上篇第四巻』北京：中華書局、三六―四〇頁。
――［一九九二］「李延庚叛清考評」張玉興［二〇一二］二一一―二二四頁（原載『東北地方史研究』一九九二年二・三期／再録：『第二届明清史国際学術討論会論文集』天津人民出版社：張玉興［二〇〇四］）。
――［二〇〇四］『明清史探索』瀋陽：遼海出版社。
――［二〇一二］『明清之際的探索』北京：社会科学文献出版社。
張　佳生［二〇〇八］「八旗中〝漢人満化〟現象論析」『八旗十論』瀋陽：遼寧民族出版社、二三〇―二四九頁。
張晋藩・郭成康［一九八八］『清入関前国家法律制度史』（清史研究叢書）瀋陽：遼寧人民出版社。
張　徳澤［一九八一］『清代国家機関考略（修訂本）』北京：学苑出版社、二〇〇一年。
趙　雲田［一九八九］『清代蒙古政教制度』北京：中華書局。
趙　光賢［一九四三］「清初諸王争国記」『輔仁学誌』一二巻一・二号、一八一―一九九頁。
趙　志強［二〇〇七］『清代中央決策機制研究』北京：科学出版社。
陳　金陵［一九九三］「簡論清代皇権与侍衛」『清史浅見』瀋陽：遼寧民族出版社、二〇一三年、八五―九八頁（原載『清史論叢』一九九三年号）。
陳　佳華［一九八四］「八旗制度研究述略」『社会科学輯刊』一九八四年五期、一〇九―一一六頁。
陳佳華・傅克東［一九八一a］「八旗建立前満洲牛彔和人口初探」王鍾翰主編［一九八八］二五九―二八〇頁（原載『中央民族学院学報』一九八一年一期）。
――［一九八一b］「八旗漢軍考略」王鍾翰主編［一九八八］二八一―三〇六頁（原載『民族研究』一九八一年五期）。
陳　捷先［一九六九］「後金領旗貝勒略考」『清史雑筆（一）』台北：学海出版社、一九七七年、二五―三七頁（原載『故宮文献』一巻一期）。
陳　生璽［二〇〇六］『明清易代史独見　増訂本』上海：上海古籍出版社（初版：中州古籍出版社、一九九一年）。
陳　文石［一九六五］「満洲八旗牛彔的構成」陳文石［一九九一］五二七―五五一頁（原載『大陸雑誌』三一巻九・一〇期／再録『明代清代史研究論集』大陸雑誌社、一九七〇年）。

――［一九六八］「清太宗時代的重要政治措施」陳文石［一九九一］四二三―五二五頁（原載『歴史語言研究所集刊』四〇本上）。
――［一九七七a］「清代的侍衛」陳文石［一九九一］二一八―三一〇頁（原載『食貨月刊復刊』七―六）。
――［一九七七b］「清代満人政治参与」陳文石［一九九一］六五一―七五四頁（原載『中央研究院歴史語言研究所集刊』四八本四分）。
――［一九九一］『明清政治社会史論』上下冊、台北：学生書局。
定　宜荘［一九九九］『満族的婦女生活与婚姻制度研究』北京：北京大学出版社。
――［二〇〇三］『清代八旗駐防研究』瀋陽：遼寧民族出版社（初版：天津古籍出版社、一九九二年）。
鄭　天挺［一九四六］「清代皇室之氏族与血系」『清史探微』（増補再版）北京：北京大学出版社、一九九九年、三―三一頁（初版：独立出版社／再録『探微集』北京：中華書局、一九八〇年）。
杜　家驥［一九八六］「対清代議政王大臣会議的某些考察」『清史論叢』七輯、一一五―一二四頁。
――［一九八七］「清代八旗領属問題考察」『民族研究』一九八七年五期、八三―九二頁。
――［一九九一］「清代宗室分封制述論」『社会科学輯刊』一九九一年四期、九〇―九五頁。
――［一九九四］「清代皇族身分地位的特殊性及其影響」南開大学明清史研究室編『清王朝的建立・階層及其他』天津：天津人民出版社、一三四―一五一頁。
――［一九九六］「順治朝八旗統領関係変化考察」『南開学報』一九九六年五期、一〇―一八・三九頁。
――［一九九七］「天命後期八旗旗主考析」『史学集刊』一九九七年二期、二五―三〇頁。
――［一九九八a］「《満文老檔・天命朝》多鐸多処応為杜度考」『南開学報』一九九八年一期、四八―五一頁。
――［一九九八b］「清初両白旗主多爾袞与多鐸換旗問題的考察」『清史研究』一九九八年三期、一―一一頁。
――［一九九八c］「清太宗出身考」『史学月刊』一九九八年五期、三九―四二頁。
――［一九九八d］『清皇族与国政関係研究』台北：中華発展基金管理委員会・五南図書出版公司共同出版。
――［一九九九］「関于清太宗兼併正藍旗問題考察」杜家驥［二〇〇八］一五一―一六七頁（原載『文史論集』南開大学出版社）。
――［二〇〇〇a］「清初漢軍八旗都統考」杜家驥［二〇〇八］二四八―二五二頁（原載『歴史檔案』二〇〇〇年四期）。
――［二〇〇〇b］「正藍旗主徳格類又名費揚古及其史事考」杜家驥［二〇〇八］二四五―二八八頁（原載『満族研究』二〇〇〇年四期）。
――［二〇〇二］「清初八旗的排列次序及考察相関問題」杜家驥［二〇〇八］二〇七―二二九頁（原載『満学研究』七輯）。
――［二〇〇三］→日本語文献
――［二〇〇五］「撫順額駙李永芳後裔略考」傅波主編『赫図阿拉与満族姓氏家譜研究』瀋陽：遼寧民族出版社、一四二―一五〇頁。
――［二〇〇八］『八旗与清朝政治論稿』北京：人民出版社。
――［二〇一三］「清初旗人之旗籍及隷旗改変考」『民族研究』二〇一三年四期、七二―八一頁。
杜家驥編著［二〇〇五］『皇太極事典』（清史事典2）台北：遠流出版公司。
佟明寛編著［二〇一〇］『満族佟氏家譜総匯』瀋陽：遼寧民族出版社。
佟明寛・李徳進編著［一九九九］『満族佟氏史略』撫順：撫順市新聞出版局。
唐　邦治［一九二三］『清皇室四譜』（近代中国史料叢刊71）台北：文海出版社、一九六六年。
滕　紹箴［一九八一］「試談〝満洲〟一詞的源流」滕紹箴［二〇一二］三一五―三二二頁（原載『学習与探索』一九八一年三期）。
――［一九九六］「〝満洲〟名称考述」滕紹箴［二〇一二］三二三―三三四頁（原載『民族研究』一九九六年四期）。
――［二〇一二］『明代女真与満洲文史論集』瀋陽：遼寧民族出版社。
白　新良［一九八一a］「論皇太極継位初的一次改旗」白新良［二〇〇六］五六―一一三頁（原載『南開史学』一九八一年二期）。
――［一九八一b］「努爾哈赤時期八旗左右翼小考」白新良［二〇〇六］二一〇―二一四頁（原載『歴史檔案』一九八一年四期）。
――［二〇〇二］『清代中枢決策研究』瀋陽：遼寧人民出版社。
――［二〇〇六］『清史考辨』北京：人民出版社。
莫　東寅［一九五八］『満族史論叢』北京：人民出版社。
傅克東・陳佳華［一九八二］「清代前期的佐領」『社会科学戦線』一九八二年一期、一六四―一七三頁。
――［一九八八］「佐領述略」王鍾翰主編［一九八八］三〇七―三三六頁。
傅波主編［一九九四］『撫順地区清前遺迹考察紀実』（清史研究叢書）瀋陽：遼寧人民出版社。
――［二〇〇四］『満族佟佳氏研究』瀋陽：遼寧民族出版社。
馮　佐哲［一九八五］「略談和珅出身、旗籍問題」馮佐哲［一九九八b］二〇―三〇頁（原載『故宮博物院院刊』一九八五年二期）。
――［一九九〇］「和珅略論」馮佐哲［一九九八b］一―一九頁（原載『北京社会科学』一九九〇年三期）。
――［一九九八a］『和珅評伝』北京：中国青年出版社（初版『貪汚之王――和珅秘史』一九八九年、改題増補）。
――［一九九八b］『清代政治与中外関係』北京：中国社会科学出版社。
馮　年臻［一九八七］「英俄爾岱」『清代人物伝稿　上篇第四巻』北京：中華書局、九一―九九頁。
辺佐卿・王平魯［一九九四］「試論佟養性」傅波編『清前史論叢』瀋陽：遼寧人民出版社、二九七―三〇六頁。
鮑　明［二〇〇八］「大清国号詞源詞義考釈」傅波主編『従興京到盛京　努爾哈赤崛起軌迹探源』瀋陽：遼寧民族出版社、一九二―二〇五頁。

綿貫哲郎［二〇〇三］「清初的旧漢人与清皇室」『満学研究』七輯、北京：民族出版社、三四四―三四九頁。

毛　憲民［二〇〇六］「清代火槍述略」『清史論叢』二〇〇六年号、四九―六三頁。

毛佩琦・陳金陵［一九九五］『明清行政管理制度』太原、山西人民出版社。

孟　昭信［一九九八］「皇太極独掌両旗考」『明史研究専刊』、四九七―五〇九頁。

孟　森［一九三六］「八旗制度考実」『清史講義』（孟森著作集）北京：中華書局、二〇〇六年、二〇―一一三頁（原載『歴史語言研究所集刊』六本三分／再録『明清史論著集刊』上冊、中華書局、一九五九年）。

姚　念慈［一九九一］「天命年間都堂初探」『清史研究』一九九一年三期、一―七・三二頁。

――［一九九三］「清入関前六部的特点及権力変化」『慶祝王鍾翰先生八十寿辰学術論文集』瀋陽：遼寧大学出版社、七―二五頁。

――［二〇〇八］『清初政治史探微』瀋陽：遼寧民族出版社。

楊　海英［二〇〇一］「清初朝鮮通事考――以古爾馬渾為（鄭命寿）中心」『清史論叢』二〇〇一年号、八八―一〇六頁（再録『民族史研究』三輯、民族出版社、二五一―二八一頁）。

楊学琛・周遠廉［一九八六］『清代八旗王公貴族興衰史』瀋陽：遼寧人民出版社。

楊　秀実［一九九〇］「従〝佟半朝〟看明末清初的満漢民族融合」『中南民族学院学報』一九九〇年三期、五三―五七頁。

楊　暘［一九八八］『明代遼東都司』中州古籍出版社。

――［一九九三］『明代東北史綱』台北：学生書局。

楊暘・袁閭琨・傅朗雲［一九八二］『明代奴児干都司及其衛所研究』中州書画社。

楊　余練［一九八六］「甘都」『清代人物伝稿　上篇第二巻』北京：中華書局、一〇一―一〇五頁。

羅　運治［一九八九］『清代木蘭囲場的探討』台北：文史哲出版社。

雷　炳炎［二〇〇六］『清代八旗世爵世職研究』長沙：中南大学出版社。

李　健才［一九八六］『明代東北』瀋陽：遼寧人民出版社。

李　光濤［一九四八］「記清太宗皇太極三字称号之由来」『明清檔案論文集』台北：聯経出版事業公司、一九八六年、四三七―四三九頁（原載『中央研究院歴史語言研究所集刊』一二本）。

――［一九六〇］「記漢化的韓人」『明清史論集』下冊、台北：台湾商務印書館、一九七一年、六三九―六五二頁（原載『大陸雑誌』二〇巻一・二期）。

李　鴻彬［一九九七］「皇太極与火砲」『歴史檔案』一九九七年二期。

李鴻彬・郭成康［一九八二］「努爾哈赤一六〇一年建旗考辨」増補再録：張・郭［一九八八］一四六―一五九頁（原載『故宮博物院院刊』一九八一年四期）。

――――［一九八二］「清入関前八旗主旗貝勒的演変」『社会科学戦線』一九八二年一期、一五四―一六三頁。
李鴻彬・劉小萌（柳澤明訳）［一九九六］→日本語文献
李　洵［一九八九］「祖大寿与〝祖家将〟」『下学集』北京：中国社会科学出版社、一九九五年、四〇〇―四一一頁（原載『社会科学輯刊』一九八九年二・三期）。
李鵬年・朱先華・劉子揚・秦国経・陳鏘儀［一九八九］『清代中央国家機関概述』北京：紫禁城出版社。
李　鳳民［一九八四］「和碩公主穆庫什的婚配問題」『故宮博物院院刊』一九八四年二期、二六頁。
李　林［一九九二］『満族宗譜研究』瀋陽：遼寧民族出版社、二〇〇六年（初版：遼瀋書社）。
劉　景文［一九八五］「葉赫古城調査記」『中国考古集成　東北巻20』北京：北京出版社、一九九七年、一二四―一三二頁（原載『文物』一九八五年四期）。
劉　小萌［一九九〇ａ］「明代女真血縁組織哈拉穆昆的動態分析」劉小萌［一九九八］一三―二四頁（原載『社会科学戦線』一九九〇年四期）。
――――［一九九〇ｂ］「論牛彔固山制度的形成」劉小萌［一九九八］一〇四―一一七頁（原載『東北地方史研究』一九九〇年四期）。
――――［一九九一］「満族肇興時期政治制度的演変」劉小萌［一九九八］八一―九五頁（原載『中国社会科学院研究生院学報』一九九一年二期）。
――――［一九九二］「明代女真的血縁家族〝烏克孫〟」劉小萌［一九九八］二五―三四頁（原載『社会科学輯刊』一九九二年四期）。
――――［一九九四］「満族肇興時期所受蒙古文化的影響」劉小萌［一九九八］三七五―三八六頁（原載『社会科学戦線』一九九四年六期）。
――――［一九九五］「明代女真社会的酋長」劉小萌［一九九八］九五―一〇二頁（原載『中国史研究』一九九五年二期）。
――――［一九九八］『満族的社会与生活』北京：北京図書館出版社。
――――［二〇〇一］『満族従部落到国家的発展』瀋陽：遼寧民族出版社（初版『満族的部落与国家』吉林文史出版社、一九九五年、改題増補）。
――――［二〇〇七］「関於清代北京的俄羅斯人――八旗満洲俄羅斯佐領歴史尋踪」『清史論叢』二〇〇七年号、三六五―三七七頁。
――――［二〇〇八］『清代北京旗人社会』北京：中国社会科学出版社。
――――［二〇〇八］→日本語文献
劉　潞［一九九七］「皇后冊立与八旗大姓氏族」『清代皇権与中外文化　満漢融合与中西交流的時代』香港：商務印書館、一九九八年、二五六―二八七頁（原載『故宮博物院院刊』一九九七年一期）。

欧文文献

Atwell, William S. [1986] "Some Observations of the 'Seventeenth-Century Crisis' in China and Japan," *Journal of Asian Studies*, 45/2, pp. 223–244.

Crossley, Pamela K. [1983] "The Tong in two worlds : Cultural identities in Liaodong and Nurgan during the 13th–17th centuries," *Ch'ing-Shih Wen-T'i*, 4/9, pp. 21–46.

Doerfer, G. [1963] *Türkische und Mongolische Elemente im Neupersischen*, 4 vols., Wiesbaden : Franz Steiner Vlg.

Elliott, Mark C. [2001] *The Manchu Way : The Eight Banners and Ethnic Identity in Late Imperial China*, Stanford : Stanford University Press.

Fang, Chao-Ying (房兆楹) [1943] "Abahai," in *Eminent Chinese of the Ch'ing period (1644–1912)*, vol. 1, Washington : United States Government Printing Office, pp. 1–3.

Hauer, Erich [2007] *Handwörterbuch der Mandschusprache : 2. Auflage*, Wiesbaden : Harrassowitz Verlag.

Ho, Pingti (何炳棣) [1998] "In Defence of Sinicization : A Rebuttal of Evelyn Rawski's "Reenvisioning the Qing"," *The Journal of Asian Studies*, 57/1, pp. 123–155.

Ishibashi, Takao (石橋崇雄) [1987] "Booi in the Ch'ing Dynasty," 『国立政治大学辺政研究所年報』 18期, pp. 197–207.

Kishimoto, Mio (岸本美緒) [2005] "The Ch'ing Dynasty and the East Asian World," *ACTA ASIATICA* 88, pp. 87–109.

Lessing, Ferdinand D. (ed.) [1960] *Mongolian-English Dictionary*, Berkeley and Los Angeles : University of California Press.

Mancall, Mark [1968] "The Ch'ing Tribute System : An Interpretive Essay," Fairbank, John K. (ed.), *The Chinese World Order : Traditional China's Foreign Relations (Harvard East Asian Series 32)*, Cambridge (Mass.) : Harvard University Press, pp. 63–89.

——— [1984] *China at the Center : 300 Years of Foreign Policy*, New York : The Free Press.

Michael, Franz [1942] *The Origin of Manchu Rule in China : Frontier and Bureaucracy as Interacting Forces in the Chinese Empire*, Baltimore : The Johns Hopkins Press ; rprt. New York : Octagon Books, 1965.

Möllendorff, Paul G. von [1892] *A Manchu Grammar, with analysed texts*, Shanghai : The American Presbyterian Mission Press.

Oka, Hiroki (岡洋樹) [1998] "The Mongols and the Qing Dynasty : The North Asian Feature of Qing Rule over Mongolia," T. Yoshida and H. Oka (eds.), *Facets of Transformation of the Northeast Asian Countries, (Northeast Asian Study Series 1)*, Sendai : Tohoku University, pp. 129–151.

Onuma, Takahiro (小沼孝博) [2009] *250 Years History of the Turkic-Muslim Camp in Beijing*, TIAS Central Eurasian Research Series No. 2, NIHU Program Islamic Area Studies TIAS, Tokyo : The University of Tokyo.

Pang, Tatiana A. [1999] "The "Russian Company" in the Manchu Banner Organization," *Central Asiatic Journal*, 43/1, pp. 132–139.

Rawski, Evelyn S. [1996] "Reenvisioning the Qing : The Significance of the Qing Period in Chinese History," *The Journal of Asian Studies*, 55/4, pp. 829–850.

——— [1998] *The Last Emperors : A Social History of Qing Imperial Institutions*, Berkeley, Los Angeles and London : University of California Press.

Rozycki, William [1994] *Mongol Elements in Manchu*, (*Indiana University Uralic and Altaic Series 157*), Bloomington : Indiana University Research Institute for Inner Asian Studies.

Stary, Giovanni [1984] "The Manchu Emperor "Abahai": Analysis of an Histriographic Mistake," *Central Asiatic Journal*, 28/3–4, pp. 296–299.

——— [1990] "The Meaning of the Word "Manchu": A New Solution to an Old Problem," *Central Asiatic Journal*, 34/1–2, pp. 109–119.

——— [2000] *A Dictionary of Manchu Names (AETAS MANJURICA 8)*, Wiesbaden : Harrassowitz Verlag.

Sugiyama, Kiyohiko (杉山清彦) [2005] "The Ch'ing Empire as a Manchu Khanate : The Structure of Rule under the Eight Banners," *Acta Asiatica* 88, pp. 21–48.

——— [2010] "The Qing Empire in the Central Eurasian Context : Its Structure of Rule as Seen from the Eight Banner System," Matsuzato, Kimitaka (ed.), *Comparative Imperiology (Slavic Eurasian Studies 22)*, Sapporo : Slavic Research Center, Hokkaido University, pp. 87–108.

Toh, Hoong Teik (卓鴻澤) [2005] *Materials for a Genealogy of the Niohuru Clan : With Introductory Remarks on Manchu Onomastics (AETAS MANJURICA 10)*, Wiesbaden : Harrassowitz Verlag.

Waley-Cohen, Joanna [2004] "The New Qing History," *Radical History Review* 88, pp. 193–206.

Yang, Liensheng (楊聯陞) [1952] "Hostage in Chinese History," *Harvard Journal of Asian Studies* 15-3/4, pp. 507–521.

【史料】

未公刊文書史料

「歴朝八旗雜檔」：中国第一歴史檔案館蔵。

「冊檔—満文八旗檔」：中央研究院歴史語言研究所蔵。

満文・漢文史料

『老檔』　＝『満文老檔』満文老檔研究会訳注、全七冊、財団法人東洋文庫、一九五五—六三年。

『原檔』　＝『満文原檔』全一〇冊、台北：国立故宮博物院、二〇〇五年。

『旧檔』　＝『旧満洲檔』全一〇冊、台北：国立故宮博物院、一九六九年。

『先ハン檔』＝石橋崇雄［二〇〇〇］。

『天聡五年檔』＝『内国史院檔　天聡五年』東洋文庫東北アジア研究班編、全二冊、財団法人東洋文庫、二〇一一年。

松村潤［二〇〇一］「中国第一歴史檔案館所蔵「満文国史院檔　巻号001、冊号2」訳註」。

『天聡七年檔』＝『内国史院檔　天聡七年』東洋文庫清代史研究室訳註、財団法人東洋文庫、二〇〇三年。

『天聡八年檔』＝『内国史院檔　天聡八年』東洋文庫東北アジア研究班編、全二冊、財団法人東洋文庫、二〇〇九年。

『天聡九年檔』＝『旧満洲檔――天聡九年』東洋文庫清代史研究室訳注、全二冊、財団法人東洋文庫、一九七二―七五年。

『崇徳二・三年檔』＝『中国第一歴史档案館蔵内国史院満文档案訳註　崇徳二・三年分』河内良弘訳註・編著、松香堂書店、二〇一〇年。

『崇徳三年檔』＝『崇徳三年満文檔案訳編』季永海・劉景憲訳編、瀋陽：遼瀋書社、一九八八年。

『内国史院檔訳編』＝『清初内国史院満文檔案訳編』中国第一歴史檔案館編、全三冊、北京：光明日報出版社、一九八九年。

『清太祖朝(一)(二)』＝『清太祖朝老満文原檔』広禄・李学智訳注、全二冊、台北：中央研究院歴史語言研究所専刊58、一九七〇―七一年。

『清太宗朝(一)(二)』＝『旧満洲檔訳註　清太宗朝』全二冊、台北：国立故宮博物院、一九七七―八〇年。

『中国明朝檔案総匯』中国第一歴史檔案館・遼寧省檔案館編、全一〇一冊、桂林：広西師範大学出版社、二〇〇一年。

『明清史料』中央研究院歴史語言研究所編、全一〇〇冊、一九三〇―七五年。

『文献叢編』＝『『文献叢編』全編』（民国文献資料叢編）故宮博物院編、北京：北京図書館出版社、二〇〇八年（初版一九三〇―四二年）。

『国朝史料零拾』民国・羅福頤編、旅順庫籍整理処、一九三四年。

『鑲紅旗檔』東洋文庫清代史研究室（委員会）編、和文三冊・英文一冊、財団法人東洋文庫、一九七二―二〇〇一年。

『清実録』影印本、全六〇冊、北京：中華書局、一九八五―八七年。

『満洲実録』＝今西春秋訳注『満和蒙和対訳満洲実録』刀水書房、一九九二年（満文部分初出『満和対訳満洲実録』新京：日満文化協会、一九三八年）。

『太祖実録』＝順治重修満文本『大清太祖武皇帝実録』中国第一歴史檔案館蔵／北京図書館蔵：影印『東方学紀要』二輯、一九六七年（巻一欠）。

順治重修漢文本『大清太祖武皇帝実録』：影印『図書季刊』一巻一期、一九七〇年。

乾隆四修漢文本『大清太祖高皇帝実録』：影印本『清実録』第一冊。

『太宗実録』＝順治初纂漢文本『大清太宗文皇帝実録』国立故宮博物院蔵。

順治初纂満文本『大清太宗文皇帝実録』中国第一歴史檔案館蔵。

康熙重修漢文本『大清太宗文皇帝実録』三朝実録本。
乾隆三修漢文本『大清太宗文皇帝実録』：影印本『清実録』第二冊。
『世祖実録』＝康熙初纂漢文本『大清世祖章皇帝実録』三朝実録本。
乾隆重修漢文本『大清世祖章皇帝実録』：影印本『清実録』第三冊。
『聖祖実録』＝乾隆初纂漢文本『大清聖祖仁皇帝実録』：影印本『清実録』第四—六冊。
『世宗実録』＝乾隆初纂漢文本『大清世宗憲皇帝実録』：影印本『清実録』第七—八冊。
『太宗文皇帝日録残巻』：『史料叢刊初編』羅振玉輯（再録『明清史料叢書八種』第二冊、北京：北京図書館出版社、二〇〇五年）。
『康熙起居注』＝『清代起居注康熙朝　北京所蔵』影印本、全三二冊、北京：中華書局、二〇〇九年。
『康熙起居注』点校本、全三冊、北京：中華書局、一九八四年。
『初集』＝『八旗通志初集』漢文：点校本、全八冊、長春：東北師範大学出版社、一九八五年／満文：天理図書館蔵。
『二集』＝『欽定八旗通志』点校本、全一二冊、長春：吉林文史出版社、二〇〇二年。
『康熙会典』＝康熙『大清会典』（近代中国史料叢刊三編）影印本、全二〇冊、台北：文海出版社、一九九二—九三年。
『乾隆会典』＝乾隆『大清会典』『大清会典事例』（景印文淵閣四庫全書）影印本、全七冊、台北：台湾商務印書館。
『嘉慶会典』＝嘉慶『大清会典』『大清会典事例』『大清会典図』（近代中国史料叢刊三編）影印本、全八〇冊、台北：文海出版社、一九九一—九二年。
『光緒会典』＝光緒『大清会典』『大清会典則例』『大清会典図』影印本、全一五冊、北京：中華書局、一九九一年。
『上諭旗務議覆』（東北少数民族史料選編）点校本、天津：天津古籍出版社、一九九一年。
『上諭八旗』（景印文淵閣四庫全書）影印本、台北：台湾商務印書館。
『大清全書』清・沈啓亮輯（清代満語文語法古籍集成叢書）影印本、瀋陽：遼寧民族出版社、二〇〇八年。
『宗室王公表伝』（景印文淵閣四庫全書）影印本、台北：台湾商務印書館。
『欽定外藩蒙古回部王公表伝』（景印文淵閣四庫全書）影印本、台北：台湾商務印書館。
『碑伝集』清・銭儀吉纂、点校本、全一二冊、北京：中華書局、一九九三年。
『満洲名臣伝』点校本、全四冊、哈爾濱：黒龍江人民出版社、一九九一年。
『国朝耆献類徴』＝『国朝耆献類徴初編』清・李桓編、影印本、全二〇冊、揚州：広陵書局、二〇〇七年。
『清史列伝』点校本、全二〇冊、北京：中華書局、一九八七年。
『清史稿』趙爾巽等撰、点校本、全四八冊、北京：中華書局、一九七七年。
『通譜』＝『八旗満洲氏族通譜』漢文：影印本、瀋陽：遼瀋書社、一九八九年／満文：東京大学蔵。

『宗譜』＝『愛新覚羅宗譜』全三一冊、北京：学苑出版社、一九九八年。
『星源吉慶』：『愛新覚羅宗譜』北京：学苑出版社、一九九八年、附冊。
『興墾達爾哈家譜』満文、東洋文庫蔵。
『李佳氏族譜』＝『長白山李佳氏族譜』満文、東洋文庫蔵。
『鈕祜禄氏家譜』＝『鑲黄旂鈕祜禄氏弘毅公家譜』抄本、乾隆三十年続修序、東洋文庫蔵。
『富察氏家譜』＝『〔沙済富察氏家譜〕』刊本、道光七年重輯、東洋文庫蔵。
『佟氏宗譜』刊本、康熙四十年輯、東洋文庫蔵。
『李氏譜系』抄本、康熙六十一年重輯刊本抄、東洋文庫蔵。
『甘氏家譜』＝『瀋陽漢甘氏全譜』刊本、道光二十六年四輯、東洋文庫蔵。
『祖氏家譜』＝『祖氏世紀』抄本、康熙年間重輯、東洋文庫蔵。
『清入関前史料選輯』潘喆・李鴻彬・孫方明編、全三冊、北京：中国人民大学出版社、一九八四―一九九一年。
『三万衛選簿』万暦二十二年抄本、東洋文庫蔵（影印：『中国明朝檔案総匯』第五五冊）。
『万暦武功録』明・瞿九思撰（史料四編）排印本、上下、台北：広文書局、一九七二年。
『三雲籌俎考』明・王士琦輯（史料五編）影印本、台北：広文書局、一九七二年。
『開原図説』明・馮瑗輯：『九辺図説　開原図説』（玄覧堂叢書初輯）影印本、国立中央図書館、一九八一年。
『東夷考略』明・茅瑞徴撰（玄覧堂叢書初輯）影印本、国立中央図書館、一九八一年。
『遼夷略』明・張鼐撰（玄覧堂叢書初輯）影印本、国立中央図書館、一九八一年。
『籌遼碩画』明・程開祜輯（清史資料第一輯：開国史料（一））影印本、全二二冊、台北：台聯国風出版社、一九六八年。
『無夢園集』明・陳仁錫輯：『無夢園集選輯』（清史資料第三輯：開国史料（三））影印本、台北：台聯国風出版社、一九七〇年。
『三朝遼事実録』明・王在晋撰（清史資料第三輯：開国史料（三））影印本、全三冊、台北：台聯国風出版社、一九七〇年。
『国榷』清・談遷撰、排印本、全六冊、北京：中華書局、二〇〇五年（初版一九五八年）。
『北游録』清・談遷撰（清代史料筆記叢刊）点校本、北京：中華書局、一九六〇年。
『牧斎初学集』清・銭謙益著・銭曽箋注：『銭牧斎全集』点校本、全八冊、上海：上海古籍出版社、二〇〇三年。
『張文貞集』清・張玉書撰（景印文淵閣四庫全書　集部）影印本、台北：台湾商務印書館、一九八六年。
『李鉄君先生文鈔』清・李鍇撰（遼海叢書）第三冊、排印本、遼瀋書社、一九八五年。
『閲世編』清・葉夢珠撰（清代史料筆記叢刊）点校本、北京：中華書局、二〇〇七年。
『池北偶談』清・王士禛撰（清代史料筆記叢刊）点校本、上下、北京：中華書局、一九九七年（初版一九八二年）。

『嘯亭雑録』清・礼親王昭槤撰（清代史料筆記叢刊）点校本、北京：中華書局、一九九七年（初版一九八〇年）。

『聴雨叢談』清・福格撰（清代史料筆記叢刊）点校本、北京：中華書局、一九九七年（初版一九八四年）。

『養吉斎叢録』清・呉振棫撰（清代史料筆記叢刊）点校本、北京：中華書局、二〇〇五年。

『佳夢軒叢著』清・奕賡撰、点校本、北京：北京古籍出版社、一九九四年。

『八旗文経』清・宗室盛昱・楊鍾羲共編、影印本、瀋陽：遼瀋書社、一九八八年。

『雪屐尋碑録』清・宗室盛昱集録（遼海叢書）、瀋陽：遼瀋書社、一九八五年。

『北京図書館蔵中国歴代石刻拓本彙編　清』北京図書館金石組編、全一〇〇冊、鄭州：中州古籍出版社、一九九〇年。

『蒙古源流』＝訳注：岡田英弘訳注［二〇〇四］／原文：森川哲雄［二〇〇八］。

『アルタン＝ハーン伝』＝吉田順一他共訳注［一九九八］／森川哲雄［一九八七］。

『世宗実録』『光海君日記』『仁祖実録』＝『明代満蒙史料　李朝実録抄』全一五冊、東京大学文学部、一九五四―五九年。

『建州紀程図記』朝鮮・申忠一撰：稲葉岩吉［一九三九］影印（再録：清史資料第三輯）。

『柵中日録』朝鮮・李民寏撰、影印「柵中日録」『朝鮮学報』六四輯、一九七二年、一二五―一八〇頁。

『建州聞見録』朝鮮・李民寏撰、影印「柵中日録」『朝鮮学報』六四輯、一九七二年、一五四―一六六頁。

『瀋陽状啓』（奎章閣叢書）排印本、京城帝国大学法文学部、一九三五年（再録：清史資料第三輯）。

『瀋陽日記』（満蒙叢書）排印本、満蒙叢書刊行会、一九二一年（再録：清史資料第三輯）。

フランス語史料

『清朝初期中国史』＝『東西暦法の対立――清朝初期中国史』グレロン著・矢澤利彦訳、平河出版社、一九八六年［Greslon, Adrien, *Histoire de la Chine sous la domination des Tartares : Ou l'on verra les choses les plus remarquables qui sont arrivées dans ce grand Empire, depuis l'anneé 1651, qu'ils ont achevé de le conquerir, jusqu'en 1669*, Paris : Jean Hénault, 1671：東洋文庫蔵］。

『康熙帝伝』＝『康熙帝伝』ブーヴェ著・後藤末雄訳・矢澤利彦校注（東洋文庫）平凡社、一九七〇年（初版：生活社、一九四一年）［Joachim Bouvet, *Histoire de l'Empereur de la Chine, présenté au Roy*, Paris, 1697 (rpt. Paris : La Haye, 1699)：東洋文庫蔵］。

『中国書簡集雍正編』＝矢澤利彦編訳『イエズス会士中国書簡集2　雍正編』（東洋文庫）平凡社、一九七一年［*Lettres édifiantes et curieuses, écrites des Missions Étrangères, par quelques Missionnaires de la Compagnie de Jesus*, Vol. 18, Paris : Le Clerc, 1728：東洋文庫・天理図書館蔵］。

あとがき

本書は、もっと早く世に出ていてよいはずのものであった。

本書の原型となったのは、一九九九（平成一一）年一二月に大阪大学に提出し、二〇〇〇（平成一二）年三月に博士（文学）の学位を授与された博士学位申請論文「大清帝国形成史序説」である。その原題にこめたのは、入関前国家の原像の究明とその歴史的位置の探究は、それ自体の研究意義があるだけでなく、やがて形づくられる大清帝国――当時、そのように銘打つ学術的論著はなかった――の形成史にほかならない、という主張であった。

それから早や一五年を閲し、研究の進みようは牛歩というしかないものの、そのとき感じていた手応えは、揺るがないばかりか確信に変った。そこで、あらためてその主張に即して『大清帝国の形成と八旗制』と名づけるとともに、その内容も一新して、一書としてまとめたのが本書である。

そのため、本書は既発表論文の再録を主体とはせず、あえて博士論文の構想に則って全体を構成した。すなわち、入関前の八旗の構造とその特質について論じる第I部と、日本中近世史・中国近世史などとの交叉・応答を主題とした第II部という二部構成は、博士論文の基本骨格のままである。博士論文第I部の各章は、その後それぞれ個別論文の形にスリム化・再構成して発表し、また第II部の内容は、研究史整理・学界展望の文章に活かしたり、一部をふくらませて個別論文としたりしているが、本書の各章は、その原形とも、またそれを基に発表した既発表論文とも大きく体裁を変えている。また、博士論文執筆時点で既に発表していた［一九九八］「清初正藍旗考」、および［二〇〇一a］「清初八旗における最有力軍団」の原形となった博士予備論文（一九九九提出）の二篇は博士論文に収録していないので、本書においてもそのままの形で収載することはせず、論点・論旨に即して本書各部に反映させた。このため、初出一覧の形式で示すことが難しいので、以下に各章の成り立ちを説明する。

まず、序論および第I部緒論は、博士論文を基にした書き下ろしであるが、読者の理解の便を図って本書において附加した第三節は、[二〇一一a]「女直＝満洲人の「くに」と「世界」」・[二〇〇九b]「マンジュ国から大清帝国へ」といった概説論文を基にしている。

第一章「八旗制下のマンジュ氏族」は、[二〇〇八a]「清初八旗制下のマンジュ氏族」に基づきつつ、原論文の第二・三節を入れ替え、第五節を追加するとともに、[二〇一〇]「明代女真氏族から清代満洲旗人へ」（第一節・小結に反映、以下同）・[二〇〇一a]（第二節（1）（2））・[一九九八]（第二節（7））・[二〇〇八b]「清代マンジュ（満洲）人の「家」と国家」（第五節）の内容を各所に取り込んで、全面的に増補・改稿したものである。同じく第二章「八旗旗王制の構造」も、[二〇〇一c]「八旗旗王制の成立」を骨格としながら、[一九九八]（第四節（1）（2））・[二〇〇一a]（第一節（2））の一部を盛り込んで、大幅に加筆・補訂した。第一節（2）には、予備論文の内容のうち[二〇〇一a]未収録の部分も取り入れている。このため、この二章はいずれも原論文とは章題を変えている。

第三章「清初侍衛考」は主に[二〇〇三]「ヌルハチ時代のヒヤ制」に拠っており、本書各章のうちで最も原形に近いが、[二〇〇三]は、博士論文当該章を雑誌論文に改めるに際し、ホンタイジ時代の部分とグチュに関する第三節を省いたものであったので、ホンタイジ期に関する第三節を復活させるとともに、全体にわたって加筆した。これに伴い、章題も原論文の副題「清初侍衛考序説」から「序説」を削除して、博士論文本来の「清初侍衛考」とした。以上三章は、全て原題を改めたように、今後はこの各篇を決定版として参照いただきたい。

第四章「ホンタイジ政権論覚書」のみは博士論文になかったもので、直接の原論文もないが、第一節の内容の一部は、卒業論文（一九九五提出）および[二〇〇一a]に基づいている。第二節「乙亥の変——天聡九年正藍旗の獄」は、第一作[一九九八]のハイライトであった第三章を補訂収録したものであり、これらによって、本邦初となるホンタイジ政権論への道をつけたつもりである。

第五章「中央ユーラシアのなかの大清帝国」の第一節（1）（2）は、［二〇〇八h］「大清帝国の支配構造と八旗制」を基に、大幅に加筆・再構成したもので、（3）は新稿である。第二節（1）は［二〇〇九b］・［二〇〇九c］「大清帝国の支配構造」の一部を利用したもので、（2）は博士論文の第I部結論を基に、本書の内容に合せて書き改めた。

第II部「「近世」世界のなかの大清帝国」は、そこからふくらませた個別論文はこれまで発表しているが、このような形としては初めて公表するものである。第六章「大清帝国の形成とユーラシア東方」は、博士論文の内容に基づきつつ、学界展望・研究動向論文である［二〇〇一b］「大清帝国史のための覚書」・［二〇〇八e］「大清帝国史研究の現在」、また関連する［二〇〇四b］『韃靼漂流記』の故郷を訪ねて」および最近の成果を加味して、再構成した。第七章「「華夷雑居」と「マンジュ化」の諸相」も今回公表するもので、第一・三・四節は博士論文の内容を加筆・補訂したものである。第二節のみは、漢語による学会報告論文［二〇一一c］「清初期対漢軍旗人〝満洲化〟方策」として発表しており、その拡大日本語版である。一部には、個別事例研究である［二〇〇四a］「漢軍旗人　李成梁一族」・［二〇〇九a］「弐臣と功臣のあいだで」の内容を反映させているが、［二〇〇四a］・［二〇〇九a］の再録ではないので、それらは別個の独立した論文として参照されたい。

第八章「大清帝国形成の歴史的位置」は、第一節は博士論文終章の改稿で、第二節は、［二〇〇七a］「大清帝国支配構造試論」・［二〇〇八h］・［二〇〇九c］を再編・改稿し、本書の総括として私見を提示したものである。

最後に補論「近世ユーラシアのなかの大清帝国」は、比較史を試みた同題の概説論文［二〇〇九d］をほぼそのまま収めたものである。実証とは程遠い、どころか実証すること自体が無理なテーマであるが、そうであるがゆえに、第五・八章、さらには本書全体の背後にある私の考えを開陳すべく、蛮勇を奮って提示するものである。

このように本書は、多くの未発表稿と書き下ろしを含みつつ、既発表論文も全面的に改稿・再編して、一貫した論著となるように各部・各章を配置したもので、初出があるものも原論文とは内容・分量ともに全く異なるものとなっている。

とはいえ、博士論文執筆時の構想を単著としてまとめ直すまで、これほどの時間を要したことは怠慢というほかなく、その点では、本書はもっと早く世に問うておかなければならなかった。しかし、辯解めくが、学問的にいささかの理由がないでもない。

一つは、博士論文執筆後、いくつもの研究プロジェクトやシンポジウムにお誘いいただき、実証成果を他分野に説明したり、その意味を考える機会に数多く恵まれたことである。［二〇〇四a］を発表した後の一〇年間の業績はほとんどがその種の成果であり、史料に密着した実証研究が僅かしかないことは反省されるが、一方で、普段アイデアや関心のみにとどまっていたテーマにきちんと向き合うきっかけとなったり、興味はあっても取り組むことはなかったであろう、専門と異なる課題について勉強する機会となった。とりわけ第五・八章には、それらを通して得た見通しや知見を反映させて、原形よりもはるかに発展させることができた。その点では、構成は博士論文のままでも、内容をより具体的に、かつ巨視的に展開しなおすことができたと思っている。

またこの期間は、斯分野において、増井寛也・谷井陽子両先生が注目すべき業績を精力的に発表された時期でもあった。本書においても随所で言及したが、増井先生の、能う限りの史料と先行研究を積み固めた上で、息詰まるほど緻密に、しかし大胆に展開された研究の成果は、先学内藤湖南以来の積年の課題を次々に明快に解き明かすとともに、これまで誰も取り上げてこなかった新しい課題を発掘・解決していくものであり、大いに学ばせられる一方で、同じ時代・テーマを扱う者として、常に緊張させられた。私の第一作［一九九八］や、博士論文執筆中に「得たり」と思って取り組んだのが原点である［二〇〇三］の主題は、全くの同時期に増井先生も別個に並行して着想されており、先生の研究が出て一驚したことは忘れ難い。発表媒体のほとんどが立命館大学の雑誌であることもあって、他分野の研究者にはほとんど知られていないように思われるが、清初史はもちろん、古テュルク〜モンゴル帝国・継承国家を扱う中央ユーラシア史や、日本史・考古学・人類学などにわたる東北アジア研究・北方史において、必ず参照されなければならない業績ばかりであると強調しておきたい。

また、大部の連作「八旗制度再考」（二〇〇五―一三）を発表された谷井陽子先生からは、亡き谷井俊仁先生ともども、厳しい、そして真摯な批判を賜ってきた。この間、清初史研究者として、その完結を待って私自身の体系的理解を示さなければならないと考えてきた。それにしても、隣接とはいえ異なる分野の研究者が、非漢語史料と長い研究史とを自家薬籠中のものとするまでに把握して、批判のみならずオルタナティブの国家像とそれを支える数多の史実を提示するとは、いかなる分野においても稀有なことであろう。その鋭い批判は正鵠を射ていると思うところ多いが、それでもなお異論を呈さざるをえない点については本書中でも私見を述べた。しかし、もとよりこれは学問の前進のためであり、これからも清初史像・国家論の鍛錬のため、忌憚ない批判を賜れればと思う。

さて、本書をこのような形でまとめることにしたもう一つの理由は、本書第Ⅱ部で整理した隣接分野の動向や問いかけに対し、依然として「清朝・満洲史」の側からの応答が皆無に等しいという状況がある。第六・八章で整理したり、第七章で援用した日本中近世史・中国近世史や西南中国研究・東南アジア研究などの成果は、その多くが一九九〇年代既に出されていたものであり、そこには清朝史の枠組みを揺さぶる指摘や、満洲史に対する問いかけや要望がいくつも込められていた。しかしながら、一九八〇年代以降の清朝史研究は、新出史料の探求と現地の踏査に集中し、これら隣接分野への応答を怠ってきたことは否めない。このため、一九九〇年代末段階での整理とそれへの応答を試みた博士論文第Ⅱ部の意義はなお減じていないと考え、これをアップデートする形で公表することとしたのである。

もう一点挙げるならば、第一の点と関連して、本書において多数の図版、とりわけ概念図を提示できたことが、この間〝熟成〟させたもう一つの意義であるように思う。いったい歴史学、とりわけ東洋史学の分野においては、こういった概念図によってある国家や制度、社会、地域といったものを説明することには不熱心、ありていに言えば、キワモノ視してきたのではないだろうか。曰く、複雑な史実をまとめるには不正確である、過度な単純化は正確な認識を損なう――しかし、それは言うまでもなく当り前のことであり、それでもなお自らの責任で一つの像を提示することは、専門家の責務ではあるまいか。私たちは史料を読むといつも、まず全体のイメージをつかむのに悩まされ、とりわけそれは檔案など一次史料に近いほどつきものだが、しかし、ある時代・ある地域のある人びとが把握し、認識していた国家・社会のかたちや制度のイメージ、手続きのプロセスなどは、もっとすっきりとしたものではなかったか。それは、窮極には一枚の概念図や一片の歴史地図として表現できるはずであり、もしそうでないならば、それはわれわれ後世の史家がその国家や地域をつかみきれていないだけなのではないか――そのように思えるのである。私がそれを学んだのは、内陸アジア史の大先達・松田壽男博士の著作であった。もちろん、本書に掲げた理解それぞれの当否は今後の研究に委ねるが、その試みにこめた意図は、酌みとっていただければ幸いである。

むろん、くり返すがこれほど時間がかかったのは私の怠慢によるものであり、それに見合った〝熟成〟度であるかどうかは、読者の判断に委ねるしかない。しかし、そのような小著が成るにも、多くのお力添えがあった。本書の刊行に当っては、日本学術振興会の平成二六年度科学研究費補助金（研究成果公開促進費「学術図書」）の交付を受けることができたが、私が得てきた支援は、これのみにとどまらない。一九九七―九九（平成九―一一）年度・二〇〇一―〇三（平成一三―一五）年度と、二度にわたって特別研究員に採用いただき、研究に専念することができた。また、その後も二〇〇五―〇七（平成一七―一九）年度（若手研究(B)「中央ユーラシア国家としてみた大清帝国の統治機構の研究」）・二〇〇八―一〇（平成二〇―二二）年度（基盤研究(C)「大清帝国における国制としての八旗制の基礎的研究」）と単独で科研費を受けることができ、さらに本書をまとめる最終段階であったこの三年間は、清水和裕先生（九州大学）代表の基盤研究(B)「ユーラシア諸帝国における君主と軍事集団の展開――境界を越える「武人」とその紐帯」（通称「武人科研」）に参加の機会を得た。本書はそれら一連の支援の賜物でもあり、関係各位に深甚の謝意を表するものである。

もとより、以上は本書と直接関わるものについてであり、私がここまで研究の道を歩いてくるには、多くの方々のご指導とご厚意に支えられてきた。私事にわたることも含まれるが、自らの学問的来歴を語ることは、本書の成り立ちを違う形で明かすことでもあると思い、以下に述べたい。

このような道に進んだだけに、私はもともと小学生時代から大の歴史好きで、早く（数学も体育もない）大学生になって、好きな学問がしたいと願っていた（入ってみると、数学も体育もあったが）。しかしそれは、当時の男の子ならでは日本史や城郭・社寺が好きだったのであって、別に清朝や満洲などに興味があったわけではない。大阪大学文学部で東洋史学研究室に進んだのも、日本史では思い入れや主張が入ってしまって、客観的に研究できないのではないかという真面目な遠慮からであった。進学してからも、どんな地域のいつの時代でも興味があるだけに、逆にこれと決めたテーマはなく、勉強を続けていけることを最優先に考えた結果見つけたのが、史料はたくさんあるが若手はいなかった、清初史と八旗制であった。しかし今にして思えば、魅力的で無尽蔵の鉱脈を掘り当てていたのである。

学部進学当時、阪大東洋史研究室は中国近世史の濱島敦俊先生・片山剛先生と中央ユーラシア史の森安孝夫先生の三人で、間もなく教養部の廃止に伴って桃木至朗先生が合流し、また谷口規矩雄先生の後任として荒川正晴先生が着任した。帝大として後発組の阪大は、地域・時代をなるべく満遍なくカバーするスタッフ構成にするのではなく、明清社会経済史とイスラーム化以前の中央ユーラシア史（その後、これに東南アジア史が加わる）に特化するという、戦力集中の方針を明確に打ち出しており、教官の強烈な個性と〝ガチンコ〟そのものの指導も相俟って、極めて特色のある研究室であった。私が清初史を選んだもう一つの、そしてひそかな理由は、そのような環境下で、時代は明清だが漢字ならざる縦文字を扱い、史料は縦文字だが時代はウイグルから八〇〇年下るという、いずれにも直隷しない、コウモリのような分野であったことであった。

このため、鬼教官からはある程度自由である反面、専門分野については全て自分で勉強しなければならない。それゆえ、清初史やマンジュ語史料に関わる講義や演習を受けたことは、集中講義を含めてただの一度もなく、もっぱら明代の判牘や唐代の詔勅、トゥルファン文書やシルクロード貿易についてのドイツ語・フランス語論文などを読んできた。しかしそのお蔭で、マンジュ語史料を読んだり清初史に取り組むにも、他の研究者とは異なる姿勢や観点を身につけられたと思っている。また、そのぶん一日も早く論文を書かなければならないと思って勉学に取り組み、その代り留学はしなかった。たしかにその成果はあったとは思うものの、今や留学未経験の研究者など天然記念物もので、それによって得られなかったことは、自分でカバーしなければならない。

マンジュ語については、私は学部段階でモンゴル語を学んでいたので、当時助手だった萩原守先生（神戸大学）から満文を習ったが、専門分野については訓練の場も耳学問の機会もなく、知っているべきことを知らないままなのではないかという不安は常にあった。そのぶんは、院生時代に関東の東洋文庫清代史研究会に能う限り通うとともに、さまざまな分野の研究会に足を運んで知見を広げることに努めてきた。故神田信夫先生、松村潤先生はじめとする清代史研究会・満族史研究会の諸先生は、そのような〝押しかけ弟子〟にもかかわらず、史料利用に多大の便宜を与えられ、また留学のネットワークがない私を、国内外の多くの研究者に引き合せてくださった。杜家驥先生（南開大学）・劉小萌先生（中国社会科学院近代史研究所）・マーク＝エリオット先生（ハーバード大学）はじめとする世界の一流の研究者の知遇を得られたのはひとえにその賜物であり、文書閲覧やフィールド調査の経験ともども、細谷良夫・加藤直人・中見立夫・楠木賢道・柳澤明の各先生には、深く感謝の念を表するものである。また近年は、かねてご論著を通じて私淑していた岡田英弘先生のお手伝いをさせていただくご縁を賜り、ありがたく思っている。

また、阪大時代に参加した定例研究会である『元史』世祖本紀を読む会、および海域アジア史研究会において被った知的刺戟は、それぞれ第Ⅰ部・第Ⅱ部の構想の根底をなしている。年一回の野尻湖クリルタイ・明清史夏合宿の会においてもまた、討論・発表、そして、夜（通し）の懇親会を通して、多くのご教示をいただいた。近年では、駒澤大学の同僚となったフランス近世史の佐々木真先生を通じて、ドイツ近世史の阪口修平先生が中心となって進めてこられた「軍隊と社会の歴史」研究会（軍社研）にも参加させていただき、ドイツ・ポツダムで発表の機会まで与えられた。このほか、科研など各種プロジェクトでお世話になった先生方との出会いは、数知れない。とりわけ、学振事業「社会制度の持続性に関する学融合的研究」や、総合地球環境学研究所（地球研）「イリプロジェクト」など、いくつもの研究プロジェクトでは、加藤雄三先生から大変お世話になった。本論文の内容に関する責は全て私にあるが、これら諸学会・研究会、各種プロジェクトでご指導ご示教いただいてきた諸先生に対し、感謝の念を捧げるものである。

私は助手を最後に阪大を離れ、二〇〇五（平成一七）年四月に駒澤大学文学部に赴任した。関東有数の歴史を誇る駒澤大で、廣瀬良弘先生（現学長）、久保田昌希先生（現副学長）をはじめとする歴史学科に属し、悠然とした校風のもとで教育と研究に従事できたのは、大変幸せな経験であった。久保田先生は、桶狭間合戦についての論考もある戦国大名今川氏の専門家である。もともと近世城郭巡りを趣味としてきた私ではあったが、あらためて〝歴史の現場〟に立つことの意味を再確認させてくださったのは、久保田先生はじめとする、学科の同僚・ＯＢ・大学院生からの教えと刺戟であり、感謝の念は尽きない。

二〇一一（平成二三）年四月に東京大学に転じ、大学院総合文化研究科で地域文化研究専攻、教養学部で歴史学部会に属して今日に至っている。「地域」と「教養」というブロックで、古典的な文献史学を標榜するのはなかなか度胸と忍耐が要るところだが、一方で私は世界のどこの地域にも興味があるし、また歴史教育をもう一つの重要な使命であり自分の適性であると思っているので、これはこれで手応えを感じながら過すことができており、多彩な、そして包容力ある同僚諸氏に感謝している。

本書は、一連の研究の出発点となった卒業論文から、ちょうど二〇年になる。私事の面から卒業論文を思い起すと、多少の感慨なきを禁じえない。昨今は政治家も研究者も二世、三世が珍しくないが、私はごく普通の、しかし戦後日本の発展を担ってきたサラリーマンの家庭に育った。今はない三菱重工の企業内学校の出身である父は、大学の「卒業論文」なるものがどんなものか見たかったのか、「卒論を見せてくれ」と言うので、製本した卒論（私は、原稿用紙に手書きだった）を実家に置いた。母によれば、父は「ようわからんわ」と言いながらも、同時代の日本史であればいざ知らず、誰も知らないマングルタイとその家来たちがぞろぞろ出てくる卒業論文を読んでいたという。壮健そのものと思っていたその父・健三は、九年前の春に溘然として逝き、本書を見せることはもはやかなわないが、私には、父は今も愛車ハーレーダビッドソンを駆って日本のどこかを旅しているような気がしてならない。いつか旅から帰ってきたら、やはり「ようわからんわ」と言いつつ、昼寝の伴にでも――枕かもしれない――してくれるのではないかと思っている。尚くば饗けよ。

今年はまた、阪神・淡路大震災からもちょうど二〇年になる。徹夜を重ねて清書した卒業論文を提出し、次なる大学院入試へ向けて、ひとまず疲れを癒そうと北摂・石橋の下宿で休んでいた一九九五（平成七）年一月一七日未明、地の底から湧き出るような地鳴りの音が響き、次の瞬間、闇の中で布団ごと身体が突き上げられた。幸い一階だったため自室に大きな被害はなかったが、大学近くに住まっている学生たちで研究室に駆けつけてみると、本棚という本棚がことごとく倒れ、というより飛んでいて、戸も開かない惨状であった。窓から入ってみれば、前週提出したばかりの自分たちの卒論も、倒れた本棚とうずたかく積み重なった本の山の下に埋もれている。これを引っぱり出して教官に読んでもらわなければ、進学どころか卒業もできないではないか。皆で必死に卒論を掘り出したその日の帰り、小高い丘の上にあるキャンパスから神戸の方を望むと、幾筋もの黒煙が立ち上っているのが見えた。その光景と、それを見たときの思いは、今も忘れることができない。

今春はまた、私にとって東下して十年の節目でもある。いかに全篇手を入れたものであろうと、本書の構想・構成が二十歳代の博士論文であることには違いなく、その後の十年の成果と、これから取り組む課題とを、次に形にしていかなければならないと念じている。その本書をまとめるきっかけとなったのは、駒澤大学在職中に、名古屋大学出版会の橘宗吾氏から慫慂を受けたことであった。その時点では各種プロジェクトの書債が山積しており、さらに東京大学への転出などの諸事が重なって、随分お待たせすることとなってしまった。にもかかわらず、最終段階では、四学期制への学事暦改革の委員に駆り出されるなど、意想外に時間を奪われ、極めて緊迫したスケジュールで仕上げることとなってしまった。早くからお声がけいただいていた橘氏、実務を担当いただいた三原大地氏には感謝するばかりである。

振り返ると阪大時代は、鬼教官いずれかの直属は避けながらも、一方で身につけるものは〝いいとこ取り〟したいという欲張った念もあって、両方の演習に励んできた。その甲斐あったか、学振研究員採用時はＤＣで濱島先生に、ＰＤでは森安先生に受入教官をお引き受けいただき、森安先生には博士論文の主査となっていただいた。このたび森安先生とほぼ時を同じくして研究書を世に出すこととなり、巡り合せに感慨を覚えるとともに、研究者として現役そのものの両先生に、学問の厳しさをなお教えられているように思う。また、母校・兵庫県立加古川東高校で世界史担当と学級担任の双方でお世話になった恩師・藤原健剛先生が現役のうちに研究職に就き、研究書を公刊することができたことは、私かに喜びとするものである。讃岐に生れ、播磨に育ち、摂津で学び、そして武蔵で教えている私だが、豊饒なる三国から学を志す後進が続いてくれることを願いつつ、私も研鑽を重ねたいと思いを新たにしている。

平成二十七年乙未二月

杉山清彦

《著者略歴》

杉山《すぎやま》 清彦《きよひこ》

1972（昭和 47）年　香川県に生れ，兵庫県で過す
1995（平成 7）年　大阪大学文学部卒業
2000（平成 12）年　大阪大学大学院文学研究科博士後期課程修了
大阪大学文学研究科助手，駒澤大学文学部准教授などを経て
現　在　東京大学大学院総合文化研究科・教養学部 教授，博士（文学）

大清帝国の形成と八旗制

2015 年 2 月 28 日　初版第 1 刷発行
2023 年 4 月 20 日　初版第 2 刷発行

定価はカバーに
表示しています

著　者　杉　山　清　彦

発行者　西　澤　泰　彦

発行所　一般財団法人　名古屋大学出版会
〒 464-0814　名古屋市千種区不老町 1 名古屋大学構内
電話(052)781-5027/FAX(052)781-0697

Printed in Japan
印刷・製本 ㈱太洋社
ISBN978-4-8158-0798-6
乱丁・落丁はお取替えいたします。

人名索引

索引は人名・事項に分けて本文から採録し，図表・注は対象としなかった。
八旗など頻出する用語は採らなかった。

ア　行

アイタ　→劉興祚
アイドゥリ（愛度礼）　74, 116
アイバリ（愛巴理）　139, 144, 240, 241
アウラングゼーブ　425
アグ＝ドゥドゥ（阿古都督）　63
アゲ＝バヤン（シャジ地方フチャ氏）　142–144, 149
アゲ＝バヤン（ワルカシ地方ドンゴ氏）　72
アサン（阿山）　66, 84, 107, 112, 113, 167, 197, 199, 237, 341, 368
アジゲ（阿済格）　38, 54, 61, 102, 107, 110–112, 115, 116, 197, 220, 239, 246, 249, 255, 256, 258, 259, 273
アジゲ＝ニカン（阿済格尼堪）　62
アシダルハン（＝ナクチュ，阿什達爾漢）　107, 151, 195, 240, 242
アジャイ（阿寨）　41–43, 130
アタイ（＝ジャンギン，阿台）　29, 72, 141–144
アタイ（「第二等」大臣）　84
アダハイ（ムキ地方イルゲン＝ギョロ氏，阿達海）　112, 113, 197
アダハイ（ニュフル氏エイドゥ家）　182
アダリ（阿達礼）　112, 114, 115
アッバース1世　424
アドゥン（＝アゲ，ヒヤ）　57, 58, 62–65, 75, 167, 168, 172, 175, 177, 178, 183, 184
アハイ（アハイ＝ジャンギン，阿海）　141–143
アバタイ（阿巴泰）　38, 56, 69, 70, 91, 107, 121, 122, 154, 185, 198, 199, 221, 237, 239, 246, 338, 339
アハチュ（阿哈出）　24, 27, 71
アバハイ（大妃ウラ＝ナラ氏）　64, 65, 102, 107, 110, 112, 118, 123, 220, 221, 228, 236
アブタイ（＝ナクチュ，阿布泰）　64, 65, 74, 83, 86, 103, 104, 106, 107, 110–115, 118, 123, 133, 153, 197, 235–237
アブトゥ（＝バトゥル）　83
アミン（阿敏）　31, 32, 38, 74, 137, 143, 149, 151–153, 220, 233, 298, 358, 362
アラム　103, 105
アランタイ（阿蘭泰）　48, 98, 298
アルタシ（＝グフ）　66, 167, 183
アルタン（＝ハーン）　208–210, 316, 368
アンガラ（＝アゲ）　68, 137, 144, 148, 240, 241, 245
アンバ＝フィヤング（安費揚古）　49, 161, 162, 164, 170, 171, 205
アンバ＝ベイレ　→ダイシャン
イェクシュ（葉克書）　71, 86, 199
イェチェン（ワンギヤ氏，葉臣）　71
イェチェン（＝バトゥル，タタラ氏）　359, 360
イェヘ＝ナラ氏（孝慈高皇后）　→モンゴ＝ジェジェ
イェヘ＝ナラ氏（ダイシャン継夫人）　131–133
イキナ　73
イスマーイール1世　424
イバリ（伊巴礼）　198, 199
イラカ（＝バトゥル）　258, 259
イルデン（ニュフル氏エイドゥ家）　61, 181, 182, 194, 235
イルデン（ウラ＝ナラ氏）　103, 104
イングルダイ（英俄爾岱）　58, 59, 61, 62, 90, 91, 107, 237, 351, 360, 361
ウェイジュン（威準）　137, 219
ウダハイ（呉達海）　107
ウダン（呉丹）　115, 116
ウネゲ（＝バクシ，呉内格）　83, 176, 362, 364
ウバイ（呉拝）　116, 173, 176, 181–183, 197, 216, 237
ウバハイ（呉巴海）　135
ウライ（呉頼）　68
ウラ＝ナラ氏（大妃）　→アバハイ
ウラ＝ナラ氏（ホンタイジ継妃）　227
ウリカン（呉礼戡）　107, 173
ウルグダイ（武爾古岱）　83, 86, 145–148, 153,

172, 365
エイドゥ（＝バトゥル，額亦都）　48–50, 57, 61, 62, 83, 84, 88, 92, 95, 98, 107, 109, 161, 164, 171, 181–183, 191, 194, 195, 205, 227, 235, 236, 273, 295, 297
永楽帝　24
エジェイ　32, 239, 243
エセルベイ＝ヒヤ　209
エセン　184
エセンデリ　145
エビルン（ニュフル氏エイドゥ家，遏必隆）　92, 95, 191, 194
エビルン（マングルタイ子）　240, 242, 246
エルケトゥ　148
エルケ＝ホンゴル＝エジェイ　→エジェイ
エルデニ＝バクシ　175, 184
エンゲデル　210, 361, 362, 374
王杲　28, 29, 72, 73, 141–144, 368
オゴデイ＝カアン　249
オショ（鄂碩）　66, 98
オーバ（＝トゥシェート＝ハーン）　177, 206, 209
オボイ（鰲拝）　95, 197
オルタイ（鄂爾泰）　98
オロンダイ（鄂倫岱）　351

カ　行

カクドゥリ（喀克篤礼）　66, 71, 84
加藤清正　312
ガハシャン＝ハスフ　161, 165, 167
ガブラ（噶布喇）　95
カラ　73
ガルダン＝ハーン　33, 98, 401
カンカライ（康喀賚）　88
カングリ（康果礼）　71, 84, 107, 109, 110
甘国均　199, 351, 370
韓潤（韓雲，韓運）　357
ガンドゥ（甘篤）　363–365
韓尼（韓泥）　357
甘文焜　199, 351, 352
ギェエン（傑殷）　357
ギオチャンガ（覚昌安）　28–30, 52, 72, 141
キパイ＝ダルハン　148
龔正陸　335, 354
金維城（ウイチ）　347, 348
金玉和　347, 348, 370
ギンタイシ（＝ハン）　48, 124, 126–128, 136, 364
金炳世　350
グサンタイ（＝エフ，顧三台）　74, 84, 151, 152
クビライ（世祖）　229–232
クルチャン＝バクシ（庫爾纏）　184
グルマフン　→鄭命寿
グワングン　242
グンガダイ（鞏阿岱）　116
グンダイ（継妃フチャ氏）　72, 102, 137, 143, 144, 149, 219, 220, 241
クンドゥレン＝ハン　7, 30, 224, 226, 229, 361 →ヌルハチも見よ
ケシネ　106, 145, 146, 148, 153, 240, 241
ケチェ＝バヤン（キチェン＝アクチャン）　49, 68
ゲバク（イェヘ＝ナラ氏）　133, 134, 136
ゲバク（ハダ＝ナラ氏，王世忠）　365
ゲンギェン＝ハン　76, 229　→ヌルハチも見よ
乾隆帝　34, 98, 139, 367, 401, 426
孝献敬皇后（ドンゴ氏）　98
孝康章皇后（トゥンギヤ氏）　331
孝慈高皇后　→モンゴ＝ジェジェ
孝誠皇后（ヘシェリ氏）　95
呉三桂　33, 404
康熙帝（玄燁）　12, 33, 95, 172, 215, 216, 242, 255, 272, 279, 331, 401, 425
耿継茂　201
耿仲明　32, 268, 404
孔有徳　32, 268, 404
コルコン　185, 199

サ　行

サハリヤン（薩哈璘）　38, 115, 116, 131, 132
サビガン　88, 255
サビトゥ　62
サンガルジャイ＝ヒヤ　209
サンゲ（桑額）　199, 349, 370
シハン（スワン地方グワルギヤ氏，石翰）　333, 365
シハン（バヤラ子）　116, 118
ジャイサ　162
シャジン　59, 62, 68, 235, 236
ジャタ　197
シュルガチ（舒爾哈斉）　29–31, 38, 74, 104, 119, 136, 137, 143, 149, 151, 152, 161, 220,

226, 227, 289
順治帝（フリン）　2, 32, 33, 56, 98, 112-114, 116, 180, 201, 250, 275, 341, 354, 371
尚可喜　32, 201, 268, 404
常寧　255
常明　358, 359
ショト（碩託）　38, 112, 114-116, 131, 340, 368
ジョノイ　172
ショロイ（＝チェチェン＝ハーン）　230, 243
シラバ（西喇布）　170, 171, 174
ジルガラン（済爾哈朗）　38, 74, 111, 182, 199, 240, 242, 246
シンダリ（新達礼）　357, 358, 360, 361
シンネイ（星内）　189, 197
スクサハ（蘇克薩哈）　95
スナ（＝エフ，蘇納）　107
スナハイ（蘇納海）　197
スヌ（蘇努）　280, 282
スバハイ（イェヘ＝ナラ氏）　74, 84, 151, 152
スバハイ（＝グフ，ハダ＝ナラ氏）　84
スレ＝ベイレ　7, 49, 169, 229　→ヌルハチも見よ
石廷柱　326, 333, 334, 364-366, 375
石天柱　333, 334, 365
セレ　72, 73, 144, 241, 246, 347
宋犖　201
祖応策（スバリ）　354
祖可法　352
ソシェンゲ（鎖失哈）　24, 328
祖植松　352
祖大寿　352, 354, 370
祖澤潤　352, 354, 371
祖澤溥　352, 370
ソーチャンガ（索長阿）　70, 72
ソニン（＝バクシ）　95, 172, 173, 179, 183, 184, 189, 206, 209, 297
ソノム（＝ドゥレン）　147, 239, 240, 242
ソーハイ（索海）　68, 83, 347
ソルゴ　49
ソンゴトゥ（索額図）　95

タ　行

ダイシャン（代善）　31, 32, 38, 68, 70, 71, 114, 115, 122, 124, 127, 131-134, 136, 148, 152, 177, 178, 182, 190, 199, 219, 221, 225-227, 233, 238, 239, 246, 247, 275, 298, 357, 362
太祖（清）　→ヌルハチ
太宗（清）　→ホンタイジ
ダイトゥク＝ハリ　58, 359, 360
ダインブ（達音布）　59, 62, 83
タクシ（塔克世）　28, 29, 72, 141
タムバイ（譚拝）　58, 59, 61, 63
ダヤン＝ハーン（バトモンケ）　361
ダユン＝ヒヤ　208, 209
ダライ＝ラマ3世　209
ダルガン＝トゥメト（ダルハン，ダルハチ，佟答喇哈）　327-329
ダルハン（＝エフ，ゴロロ氏，達爾漢）　69, 70, 75, 83, 121, 122
ダルハン（ウラ＝ナラ氏）　103-105
ダルハン＝ヒヤ　→フルガン
ダワチ　391
タングダイ（＝アゲ，湯古代）　70, 80, 81
タンタイ（＝ヒヤ，譚泰）　69, 192, 194
チェルゲイ（車爾格）　61, 83, 84, 235, 236
チマタ　167, 183
チャンシュ（常舒）　69, 120, 121, 123, 161, 205
チュエン（褚英）　31, 38, 69, 118-124, 131, 132, 137, 177, 206, 219-221, 225-227
チュンシャン（童倉・董山）　27
趙全　368
チンギヤヌ（清吉努）　120, 124, 132, 151, 152, 284
チンギス＝カン　204, 207, 292, 294, 295, 298, 385
陳仁錫　178, 223
鄭克塽　391
鄭芝龍　313
鄭忠信　56, 62
鄭命寿（グルマフン）　360, 361
デゲレイ（徳格類）　38, 39, 72, 137, 220, 228, 238-240, 242, 244
デルゲル（＝タイジ）　124, 126-128, 131, 133-136, 153, 183, 223, 242
デルデヘイ　152
ドゥイチ＝バヤン　71, 72
佟国維　327, 331, 334
佟国器　331
佟国綱　331, 334, 351
童清礼　360
ドゥドゥ（杜度）　38, 69, 119-123, 154, 339
佟トゥライ（図頼，佟盛年）　331, 332, 339,

343
トゥハイ（図海）　48, 298
佟卜年　329, 331, 332
トゥメン＝ハーン　210
童猛哥帖木児　→モンケ＝テムル
佟養真（佟養正）　327-329, 331, 343
佟養性（シ＝ウリ＝エフ）　80, 326-329, 331-334, 350, 351, 355, 363, 375
トゥライ　194
トゥルゲイ（図爾格）　61, 75, 83, 84, 88, 107, 115, 194, 235-237, 285
ドゥレイ（杜雷）　70
トゥンギヤ氏（元妃）　→ハハナ＝ジャチン
トゥンブル　240
徳川家光　313
徳川家康　311
ドド（多鐸）　38, 39, 54, 56, 66, 102, 110-116, 197-199, 220, 227, 239, 246, 249, 255, 256, 281, 333, 351
ドニ（多尼）　197
ドビ（＝ベイレ）　70, 72, 84
トボホイ　72, 73, 75
豊臣秀吉　311, 312, 315
ドルゴン（多爾袞）　12, 32, 33, 38, 39, 54, 56, 58, 59, 61, 62, 70, 91, 102, 107, 110-116, 118, 195, 197, 199, 220, 221, 227, 233, 235-237, 239, 245, 246-250, 255, 256, 258, 273, 281, 298, 340, 361
ドンゴ＝エフ　→ホホリ

ナ　行

中根正盛　313
ナチブ（＝ヒヤ）　160, 168, 172, 177, 178, 199
ナムタイ（納穆泰）　69, 88, 182
ナリンブル（納林布禄）　124, 222
ナンチュ（南楚）　128-130, 136, 183
ニカン（＝アゲ）　120
ニカン＝ワイラン（尼堪外蘭）　162
ニャニャカン　151-153, 284
ニュフル氏（ホンタイジ元妃）　227
ヌカイ＝アイタ（ノカ＝アイタ）　66, 73
ヌルハチ（努爾哈斉，太祖）　1-3, 5, 7, 9, 11, 13, 17, 20, 22, 23, 27-31, 34, 36-38, 40, 44-46, 48-53, 56, 57, 59, 61-66, 68-70, 72-74, 76, 81, 83-85, 88, 90, 91, 94, 95, 99, 102-104, 107, 109-113, 118-124, 127, 132, 134, 136, 137, 141, 143-145, 149, 151, 152, 154-162, 164, 165, 167-172, 174, 176, 178, 180-187, 189-192, 195, 197-201, 204-207, 210, 212-214, 216, 218-220, 222, 224, 225, 228, 229, 232, 233, 235, 236, 238, 243, 246, 248, 249, 253, 255-257, 267, 273, 276-278, 283-285, 288-291, 293-295, 297, 298, 308, 311, 315, 316, 318, 325, 327, 329, 331, 334-336, 338-340, 347, 360-362, 368, 369, 371, 375, 386, 388, 391, 414, 422, 424, 425, 434
ヌンジェ（＝ゲゲ）　49, 70, 219
ノムトゥ（諾穆図）　349
ノムホン（諾木渾）　135

ハ　行

ハイタ（海塔）　365, 375
ハイドゥリ（海度里）　116
ハイルトゥ（海爾図）　349
バインダリ（＝ジャルグチ，ヘシェリ氏）　124, 135
バインダリ（ホイファ＝ナラ氏）　149-151
バイントゥ（拝音図）　69, 73, 116, 347
バカ（巴喀）　350, 351, 370
馬光遠　245, 246, 375
ハシトゥン（哈什屯）　98, 140, 141, 191, 242, 298
バダ（巴達）　175, 176, 179, 183
バタイ（巴泰）　194, 350, 351, 370
ハダ＝ナラ氏（マングルタイ継妻）　145, 241
バドゥリ（＝ジャルグチ，巴篤礼）　65, 80, 81, 83, 84, 88, 107, 110, 328, 331, 332, 334
ハハナ（哈哈納）　84
ハハナ＝ジャチン（元妃トゥンギヤ氏）　65, 83, 102, 107, 119, 219-221
バーブル　425
バヤラ（巴雅喇）　69, 84, 116, 118, 194
バヤルトゥ（巴雅爾図）　41, 42, 130, 131, 135
バヤン（ウラ＝ナラ氏）　104-106, 116, 118, 153, 237
バヤン（鉄嶺李氏）　336, 339, 371
バライ（巴賚）　171
パランナン　279-282
范承謨　341, 370
パンチェン＝ラマ　401
バンブリ　165
范文程　340, 341, 354, 370, 371
ヒタラ氏（宣皇后）　63

ヒフェ＝バクシ　172
ヒヤ＝タイジ　208
ヒヤムシャン　199
ビリクトゥ＝ナンス＝ラマ　229
ヒルゲン（希爾根）　185, 192
ファリィ　197
ファンギナ　84
范達礼（ファンダリ）　341
ファンチャ（凡察）　24, 53
フィオンドン（＝ジャルグチ）　48, 49, 51, 52, 83, 95, 109, 188, 192, 194, 205, 295, 297, 347
フィヤング（ウラ＝ナラ氏）　190
フィヤング（シュルガチ子）　74
フィヤング（ドンゴ地方ドンゴ氏）　98
ブーヴェ　215
ブサン（布山）　57-59, 61-64, 75, 235-237
フシブ　84, 151, 152
ブジャイ　124, 132
ブジャンタイ（＝ハン）　48, 65, 102, 104, 106, 107, 111, 115, 116, 124, 208, 220
フチャ氏　→グンダイ
フニンガ（富寧安）　98
フヘン（傅恒）　139, 191
ブヤング（＝ベイレ）　124, 126, 132, 133, 135, 136
ブヤング＝ヒヤ　175, 177, 184
ブヤントゥ　104-106, 197
フラフ　49, 169
フリン　→順治帝を見よ
フルガン（＝ヒヤ，ダルハン＝ヒヤ）　49, 57, 61, 62, 65, 80, 81, 83, 107, 109, 158, 160, 169, 171-173, 177, 178, 181-183, 197, 209, 216, 258, 273, 295, 328, 331, 332
ブルハング（＝ベイレ）　83, 124, 126, 132-136, 153
フンタ（渾塔）　258, 259, 281
ヘカン　223, 227, 228　→ホンタイジも見よ
ヘシェン（和珅）　98
ボイホチ（貝和斉）　72, 73, 144
ホーゲ（豪格）　38, 39, 56, 69, 114, 148, 199, 227, 239, 240, 242, 247
ホジゲル（何智機理）　364, 365, 374, 375
ホショトゥ（和碩図）　70, 75, 84
ボホト（博和託）　339
ホホリ（ドンゴ＝エフ，何和礼）　48-50, 66, 68, 70-72, 80, 81, 83, 84, 154, 205, 297, 331
ボルジン（＝ヒヤ，博爾晋）　70, 71, 170, 171, 173, 178, 179
ボルホイ（博爾輝）　62
ホロホイ（何洛会）　70
ホンコト（洪科退）　149, 152
ホンタイジ（スレ＝ハン，ヘカン，皇太極，太宗）　2, 3, 8, 11, 12, 17, 18, 20, 31, 32, 37-39, 43, 45, 54, 58, 61, 66, 68, 70, 73-76, 87, 88, 90, 92, 94, 106, 107, 111-116, 118-120, 122-124, 127-133, 137, 140, 148, 152, 154, 156, 178, 182, 185, 187, 188, 190-192, 194, 195, 199, 200, 206, 207, 213, 218-233, 235-250, 255, 258, 267-269, 285, 298, 299, 318, 340, 341, 345-347, 351, 358, 362, 364, 369, 371, 375, 377, 385, 388, 389

マ　行

マイダリ　145, 242, 246
マチ（馬斉）　139, 140, 191, 242
マフタ（タタラ氏）　359
マンク　150
マングジ（＝ゲゲ，莽古済）　137, 145, 147, 148, 220, 239-241
マングリ（莽鵠立）　281, 283
マングルタイ（莽古爾泰）　31, 32, 38, 39, 68, 72, 119, 137, 139, 140, 144, 145, 148, 149, 153, 220, 224, 225, 228, 233, 238, 240-248, 298, 362
マンセ（＝ドゥジュフ）　137, 139, 143, 144, 148, 219
マンタイ（＝ハン）　65, 102-104, 106, 220
ミンガン　210, 361
ミンジュ（明珠）　95
ムクシ（＝ゲゲ）　104, 106, 107
ムハリヤン（穆哈連）　72, 73, 80, 88, 135
ムルハチ（穆爾哈斉）　109
ムンガトゥ（蒙阿図）　84
メルゲン＝ヒヤ　→李国翰
メンゲブル（猛哥布禄）　144, 145, 365
モーバリ（＝ヒヤ）　172, 183
モー＝メルゲン　103-105, 111, 116, 118, 197, 237
モンケ＝テムル（猛哥帖木児）　24, 27, 49, 53, 325
モンゴ＝ジェジェ（孝慈高皇后イェヘ＝ナラ氏）　102, 107, 119, 219-222, 223

ヤ 行

ヤスン（＝バトゥル） 173, 175, 176, 179, 180, 183
ヤヒチャン（雅希禅） 84
ヤムブル（家人） 162
ヤムブル（＝バトゥル，ハダ地方グワルギヤ氏） 146-148
ヤンギヌ（楊吉努） 119, 120, 124, 151, 152, 219, 222, 284
ヤングリ（＝エフ，楊古利） 48, 50, 68, 69, 80, 81, 83, 84, 88, 167, 171, 178, 182, 183, 187, 192, 194, 297, 331, 347
ヤンシャン（楊善） 187, 188, 194
ヤンシュ（楊舒） 69, 83, 121, 122, 161, 205
ヤンジュ 151
ユンシュン（雍舜） 71
雍正帝（胤禛） 12, 34, 98, 184, 246, 280, 281, 328, 391, 424
ヨト（岳託） 38, 71, 115, 131, 148, 170, 182, 239-242, 246

ラ 行

ラシ（羅什） 197
ランタン（郎談） 216
李蔭祖 347
李栄祖（リドゥ） 343, 345, 347, 371
李永芳（フシ＝エフ） 63, 80, 331, 336, 338-340, 354, 363, 375
李延庚（ヤンガ） 338
リオチャン（劉闡） 72, 88
李継学 348-350, 355
李献箴 346-348, 370
李献祖（ダイドゥ） 341, 345-347, 370
李顕祖（セベリ） 341, 345-347, 370, 371, 374
李恒忠（イハナ） 194, 341, 345-347, 370, 371
李向文（セレン） 347, 371
李国翰（メルゲン＝ヒヤ） 199, 348-350
李思忠 341, 343, 345-347, 370
李成梁 29, 30, 124, 141, 142, 316, 341, 346, 351
李ソタイ（率泰，延齢） 336, 338, 339, 370, 371, 374
リドゥン（＝バトゥル） 72, 141, 144
李マンジュ（満住） 27, 71
李民寏 56, 126
隆禧 255
劉興祚（アイタ） 336, 354
リンダン＝ハーン 32, 223, 239, 243, 361, 364
ルクス（ルムブ） 66, 68, 72, 98
レクデフン 198
レンゲリ（楞格礼） 69, 84, 347
レンセンギ（冷僧機） 240, 242
ロートン（羅屯） 59
ローハン（労翰） 162, 164, 165, 191, 335
ロンコド（隆科多） 331, 332
ロンドン（龍敦） 70, 72, 73

ワ 行

ワルカ 151
ワン（＝ハン，王台） 28, 30, 142, 144
ワンギヌ（シャジ地方フチャ氏，汪吉努） 137, 139-141, 144, 148
ワンギヌ（ホイファ＝ナラ氏） 149, 150
ワンジハ（万斉哈） 139, 140, 242
ワンタシ（万塔什） 139, 140

事項索引

ア 行

アイシン＝ギョロ（愛新覚羅）氏（姓，ハラ） 1, 34, 47, 48, 52, 53, 71, 84, 98, 99, 106, 165, 257, 291, 293, 297, 386, 399, 403, 408, 412, 414, 429
――朝 434
アイヌ 318
アオハン部 147, 361
アゲ（号） 62, 65, 83, 85, 145, 169, 209, 241, 243
アスハン＝ハファン 78, 134, 135
アダハ＝ハファン 78, 93
アハ 26, 205, 207, 288, 289, 412
アフガニスタン 427
アヤン＝ギョロ氏 185, 199
アラビア語 431
アルガトゥ＝トゥメン（号） 225-227
アンダ 201
アンチュラク地方 59, 359
アンバン 12, 25, 27, 46, 71, 153, 160, 168, 169, 180, 186-188, 205, 206, 213, 253, 254, 258, 284, 287, 351
アンバン＝ジャンギン 77, 78, 191, 352
イェニチェリ 296, 423
イェヘ 27, 30, 31, 48, 50, 65, 74, 83, 84, 102, 103, 106, 107, 119, 120, 123, 124, 126-128, 130, 132-137, 144, 148, 149, 151-153, 160, 174, 177, 183, 195, 208, 219-223, 281, 284, 361-365
――王家 74, 95, 107, 123, 130, 151, 222
イェヘ部 27
イェヘ＝ナラ氏 48, 52, 74, 95, 107, 119, 132, 150, 151-153, 197, 220-222, 242
乙亥の変 →正藍旗の獄
一等公 77, 93, 192, 194, 287
イラン＝トゥメン（三万戸） 24, 51
イルゲン＝ギョロ氏（ハラ） 48, 50, 52, 66, 84, 113, 130, 167, 168, 258, 284, 341
ムキ地方――氏 66, 183, 197
ムキ地方――氏アサン家 107
姻戚関係 113, 122, 123, 128, 132, 133, 136, 139, 144, 146, 148-155, 238, 345
ウェジ（部） 23, 25, 27, 51, 66, 71, 84, 107, 318
ウクスン 46, 47
ウジェン＝チョーハ（烏真超哈） 268, 326, 327
内ハルハ 30, 209, 210, 226, 361
ウディゲ（兀的改・兀狄哈） 23, 25, 50-52, 71, 222
ウヤ氏 184
右翼 6, 252, 260-262, 292-295
ウラ 27, 28, 30, 48, 50, 51, 65, 74, 83, 86, 102-104, 106, 107, 115, 116, 118, 124, 133, 148, 153, 160, 174, 177, 197, 208, 220, 221, 224, 362
――王家 64, 103, 104, 106, 113, 118, 130, 151, 237
――城 102
――部 27, 113
ウラ＝ナラ氏 48, 52, 66, 107, 109-111, 116, 118, 152, 190, 220, 273
ウルス 5, 203, 204, 294-297
衛所制 95, 284
エジェン 7, 26, 205, 207, 288, 289
蝦夷 317, 318
エフ（号） 68, 74, 83, 85, 109, 114, 121, 145, 167, 178, 182, 201, 391
エルケ＝チュフル 227
オイラト 26, 33, 209, 391, 401, 412, 413
鴨緑江部 27
王公 9, 98, 153, 201, 203, 216, 255, 268, 269, 272, 275, 280, 287, 289, 389, 391, 393, 397, 399, 400, 403, 404, 406-416, 418, 428
外―― 269, 400, 408
内―― 269, 399, 400, 408
王府 111, 185, 197, 200, 202, 265, 270, 275, 280, 281, 357
――総管 200, 270
――長史 197, 200, 270
オスマン帝国（朝） 296, 420-422, 427-434

オドリ（斡朶里） 23-25, 50, 52, 95, 222
――万戸 24, 49

カ 行

外旗 180, 264, 269, 273, 276, 281, 282
開原 83, 147, 328, 329, 336, 347
外婚規制 52
海西女直 24, 25, 102, 160
階層性 85-88, 94, 95
階層組織体系 17, 155, 212, 252, 253, 256, 259, 276, 279, 286, 287, 292, 391
華夷意識 310-312, 314, 386, 388, 389
日本型―― 388
「華夷雑居」 314, 315, 323, 324, 369, 390
華夷秩序 310, 312, 388, 398
日本型―― 312, 388
「華夷変態」 310-312, 314, 390
外藩 216, 269, 362, 395, 398, 400, 401, 404, 406-408, 412, 414, 418, 420
――王公 201, 400, 408, 416, 418
廻避 155, 285
火器 266, 336, 390
蠣崎＝松前氏 318
科挙 3, 93, 204, 332, 373, 374, 377, 389, 410, 412-414, 429, 433
下五旗 214, 250, 254, 273
カザフ 400
ガシャン 46, 253, 293
家人 163-165, 171, 191, 205, 280, 284, 335
カプ＝クル 297
ガブシヒヤン 78, 188, 199
漢化 16, 87, 324, 326, 332, 335, 355, 375-380, 383, 393
宦官 204
漢族化 379, 380, 383
漢兵 327, 332-334, 336, 338, 343, 365
環シナ海地域 315-317, 335
旗王 6, 8, 10-14, 17, 20, 33, 36, 37, 39, 43, 45, 56, 62, 65, 69-71, 74, 98-101, 110-113, 115, 116, 118-123, 132, 139, 140, 144, 148, 149, 151-155, 159, 178, 185, 188, 199, 200, 202, 212-214, 218, 221, 237, 240-248, 250, 254-260, 264-266, 268-273, 275-283, 286-290, 296-298, 340, 349-352, 370, 376, 400, 403, 404, 406, 408, 412, 415
―― ―旗人関係 17, 36, 101, 281
――制 155, 254, 259, 273, 276
――分封 18, 100, 101, 122, 265, 279
「旗・漢・藩」 320, 402, 404
義子 143, 208, 352
己巳の役 31, 187, 190, 261, 340, 348, 375
岐州衛（寄住毛憐衛） 95
旗色 38, 47, 56, 248, 261, 263
キジルバシ 424
議政王大臣（会議） 12, 417
議政大臣 114, 216
旗制ユニット 268, 269, 406, 407
旗属 14, 39, 40, 43, 45, 56, 81, 85, 86, 94, 102, 106, 109, 116, 123, 131, 134, 140, 144-146, 149-151, 291
「北アジア的」国家・社会構造 290, 399, 418
キタイ（契丹） 211, 299, 325
羈縻衛所 24, 95
「旗分志」 20, 39, 103, 116, 134, 139, 146, 148, 150, 168, 345, 354, 357, 358, 366
旧漢人 327, 375
旧明領 2, 411, 413, 429, 430
「境界権力」 318
匈奴 286, 294
挙業 332, 336
ギョルチャ氏（ハラ） 47, 165, 192, 197
覚羅（ギョロ） 72, 73, 88, 116, 151, 241, 255, 287, 347, 434
ギョロ氏（姓，ハラ） 49, 50, 52, 53, 66, 98, 164, 169, 172, 173, 182, 341
ギラン 91, 94, 95, 284, 285
キル 175
キル＝エジェン 80, 182
金 21, 23, 25, 51, 98, 212, 325, 360
銀 4, 80, 112, 308, 309, 316, 324, 386
「近世化」 381, 434
近世国家 4, 386
金川 366, 367
禁旅八旗 20
グェン＝バトゥル（号） 225, 226
グサ 6-8, 11, 17, 53, 57, 74, 77, 78, 101, 155, 157, 174, 178, 208, 212, 245, 252, 253, 257, 261, 266-269, 271, 275, 276, 286, 292, 295, 296, 362, 375, 376
――＝エジェン 7, 53, 54, 56-59, 61-66, 68-75, 77, 78, 81, 84, 87, 88, 91, 101, 114, 121-123, 144, 151, 170, 178, 192, 199, 221, 233, 236, 241, 249, 259-261, 271, 285, 339, 352, 362

——一ニル制　252-254, 259, 275, 276
漢軍——　266, 273
満洲——　268, 273, 275
蒙古——　266, 273
グチュ　152, 159, 205-208, 211, 212, 214, 217, 284, 288, 292
グフ　85, 183
グラーム　211, 297, 424, 429
クルカ（骨看・闊児看）　25, 50, 69, 81, 83, 167, 183
——＝ウディゲ　50
グルン　5, 10, 11, 99, 251, 283, 290
グレ　137, 141, 210
——城　28, 29, 141, 142
——山の戦　171-173, 210, 361
グワルギヤ氏（ハラ）　48-51, 95, 107, 146, 173, 174, 181, 365
スワン地方——　49, 51, 107, 333
スワン地方——フィオンドン家　192, 297
ネエン地方——　174
フェイデリ地方——氏ウリカン家　107, 197
グワルチャ部　27
軍機処　3, 417
軍事革命　390
君主独裁（制）　3, 13, 90, 158, 247, 394
クンドゥレン＝ハン　30, 226, 229, 361　→人名索引ヌルハチも見よ
啓心郎　87
ケシク（制）　203, 204, 207, 208, 210-212, 214, 217, 249, 292, 296, 297
「缺」　412, 415
ゲレン＝エジェン　295
ゲンギェン＝ハン　30, 229　→人名索引ヌルハチも見よ
建州　27, 28, 45, 50, 53, 95, 164, 207, 208, 278, 288, 289, 293, 333-335, 349
——右衛　25, 53
——衛　24, 50, 51, 71, 72, 169
——左衛　24, 25, 29, 49, 50-52, 59, 72, 325, 333, 360, 363
——女直　24, 25, 50, 102
「功 gung」　76, 83, 86, 92-95, 133, 134, 271
黄旗　38
紅旗　38, 73
後金（後金国）　5, 23, 30, 31, 230, 312, 313
交叉イトコ　113, 116, 128
甲士　157
「黄字檔」　39-43, 57, 79, 81, 83, 85, 106, 109, 113, 134, 233, 235
功臣　9, 43, 48, 61, 65, 74, 81, 84-86, 88, 90, 92, 94, 121, 134, 181, 182, 285, 289, 291
行走　111, 114, 146, 181, 195, 201, 216, 333, 416
皇太子（制）　95, 223, 231, 242, 289
広寧　189, 333, 334, 364, 365, 375
護衛　159, 181, 185, 188, 189, 197, 199, 200, 202, 269, 270, 349, 351
コーカンド　400
五旗　6, 9, 11, 252, 254, 256, 273, 279, 416
黒龍江　23, 27, 34, 318, 325, 391
黒龍江フルハ部　27
護軍　157, 177, 188
——営　158
——統領　62, 113, 158
御前大臣　215, 217, 358, 416
五大臣　11, 30, 48-50, 57, 59, 62, 64-66, 69, 81, 83, 84, 87, 90, 107, 109, 158, 167, 170, 171, 177, 216, 258, 273, 295, 347
五ニル　7, 178, 253, 294
コルチ　203, 208, 297, 424
ゴロロ氏　69, 83, 120-123, 154

サ　行

サハリン　318
サファヴィー帝国（朝）　292, 297, 420, 421, 424, 425, 427, 428, 431-434
サフィー家　424
士（サムレー）　381
左右翼　261, 262, 276, 294, 295, 391
——制　260, 263, 273, 294
左翼　6, 252, 260-262, 292-294
佐領（ニル）　7, 58, 103, 104, 130, 135, 139, 140, 145, 146, 148, 168, 182, 185, 255, 357-359, 366, 367
佐領（ニル＝エジェン）　7, 53, 73, 140, 170, 185, 345, 346, 358
佐領（ソム）　407
サルフの戦　31, 56, 69, 70, 76, 124, 160, 313
山海関　33
三順王　268, 404, 413
参将　76, 77, 79, 80, 175, 176, 179, 235, 236, 347
参政　87, 189

三藩の乱　33, 95, 199, 314, 341, 351, 406
三万衛　327, 329
参領（ジャラン）　7, 11, 103, 104, 139, 168, 339, 366
参領（ジャラン＝エジェン）　7, 53, 345, 346, 347, 358
侍衛　18, 57, 71, 129, 140, 157-160, 164, 165, 167, 168, 170, 171, 176, 181-183, 185, 187-191, 194, 200-204, 207, 208, 211, 213-217, 270, 296, 297, 331, 332, 338, 341, 345-349, 351, 352, 354, 358, 370, 416, 417
——什長　182
回子——　391
乾清門——　215, 416
御前——　178, 214-216, 416
大門——　179
内廷——　179, 217
藍翎——　189
ジェチェン部　27, 160, 162
紫禁城　414, 415
弐臣　354, 370
士人化（literatization）　380, 383
氏族　14, 18, 44-48, 50-53, 69, 70, 74, 84-88, 94, 95, 98-101, 109, 110, 118, 121, 148, 154, 157, 159, 167, 181, 200, 202, 233, 242, 254, 291, 292, 297, 298, 300, 327, 386, 387
実勝寺　232
シベ（錫伯）部　27
シャー　430
ジャイフィヤン城　124
ジャクム地方　58, 59, 61, 167, 359, 360
ジャサク　268, 404, 406, 407
ジャサク旗（制）　268, 404, 406-408, 411, 429
シャジ城　141-143
シャジ地方　137, 141
シャーマニズム　378, 401, 415
ジャラン　7, 11, 20, 53, 77, 140, 157, 252, 253, 261, 266, 273, 276, 286, 292, 294, 349
——＝エジェン　7, 53
——＝ジャンギン　77, 78, 115
ジャルグチ　11, 49, 73, 87, 88, 90, 171, 208, 209, 284
ジャン河　69, 121
十王亭　262
集権国家　278
集住政策　290, 293, 296, 297
儒教　204, 312, 326, 378, 380-383, 388, 389, 396-398, 401, 413-415, 422, 426, 428, 430
——化　380, 381, 383
「——核」文化　381
ジュシェン（隷民）　10, 25, 205, 254, 257
ジュシェン（女直・女真）　2, 5, 13-15, 17, 21-27, 29, 31, 32, 44, 46, 50, 80, 102, 141, 143, 209, 210, 218, 232, 257, 278, 283, 288-290, 306, 308, 309, 311, 317, 324-326, 329, 332, 334, 335, 360, 363, 365, 367, 379, 386
——国　21-23, 31
——語　22, 25
——人　21-23, 25, 26, 30, 44, 80, 207, 208, 253, 305, 320, 325, 327, 334, 360, 363, 367, 368
ジュシェン＝マンジュ　15, 17, 18, 36, 98, 212, 218, 286
——社会　44, 45, 221, 227, 290, 305, 391
——人　3, 13, 21, 23, 46, 47, 230, 285, 305, 317, 322, 335, 368, 378, 399, 401, 426
主上　275, 276
シュムル氏　48, 50, 68, 81, 192
クルカ地方——ヤングリ家　297
ジューンガル（帝国）　2, 33, 34, 98, 201, 367, 401, 406, 413, 421, 429
「巡礼圏」　412
鑲黄旗　11, 38, 54, 61, 62, 65, 66, 69, 73, 84, 107, 109, 110, 113, 137, 139, 140, 145, 146, 148, 178, 183, 188, 191, 195, 197, 199, 237, 239, 241, 242, 246, 247, 255, 256, 279, 287, 340, 352, 366, 367
鑲紅旗　38, 69, 71, 72, 115, 122, 131, 148, 151, 164, 170, 178, 340
上三旗　6, 11, 12, 33, 39, 56, 157, 179, 214, 239, 242, 250, 252, 254, 256, 265, 269, 273, 275, 279, 281, 287, 358, 412, 416
承政　87, 88, 91, 338, 347
小中華　311, 312, 321, 388
小農社会　380, 381
鑲白旗　38, 41, 54, 56, 59, 61, 69, 75, 110, 119, 121, 122, 154, 194, 195, 235, 236, 255, 258, 273, 352, 364
鑲藍旗　38, 74, 116, 137, 149-153, 246, 348, 349, 351, 363
女真　→ジュシェン
女直　→ジュシェン
諸民族雑居　314, 316, 317, 392
シリン＝ギョロ氏　98

新漢人　375
ジンキニ＝ハファン　78
新興軍事勢力　4, 386
「新清史」　16
新満洲（Ice Manju）　318, 389
スクスフ部　27-29, 66, 121, 160
スルタン　423, 430, 433
スレ＝ハン　228-230　→人名索引ホンタイジも見よ
スレ＝ベイレ　30, 229　→人名索引ヌルハチも見よ
西夏　211, 299
青海ホシュート　401, 406
盛京（城）　12, 31, 230, 239, 240, 245, 262, 362
正黄旗　11, 38, 40, 41, 56, 57, 59, 61, 66, 69, 106, 107, 109, 110, 118, 128-131, 133, 152, 178, 183, 192, 235, 236, 239, 242, 246, 255, 256, 258, 273, 279, 343, 347, 348, 351, 352, 358, 359, 362, 366
正紅旗　38, 68, 70-73, 98, 115, 131-136, 153, 357, 359
誓詞　156
西城　124, 126, 127, 131-134, 136, 284
世職（制）　11, 39-41, 45, 53, 75-81, 83, 85-88, 90, 92-95, 99, 101, 104, 106, 109, 128, 133, 134, 136, 153-155, 176, 178, 179, 187, 191, 216, 233, 235, 236, 240, 241, 270, 271, 285, 287, 291, 329, 333, 338-340, 344, 346-351, 354, 355, 370, 371, 389
正白旗　11, 33, 38, 40, 42, 54, 56, 58, 66, 68, 69, 72, 84, 103, 104, 106, 110, 118-120, 131, 133, 152, 239, 255, 279, 359, 362, 364, 366
「西北／東南の弦月」　395
正藍旗　38, 39, 54, 56, 69, 70, 72, 73, 75, 88, 119, 137, 139, 140, 144, 146-148, 153, 154, 168, 191, 199, 237-250, 255, 281, 298, 299, 328, 338, 339, 342, 351
——の獄　70, 144, 148, 238, 243, 246-249
摂政王　12, 32, 110, 111, 116
専管権　43, 104, 148, 153, 240, 241
千人隊　23, 286, 294, 295
——制（千戸制）　95, 294
——長　203
鮮卑　211
前鋒　140, 169, 188, 199, 213, 366
——営　158
——侍衛　188, 262
——統領　158, 262
宗室　45, 73, 74, 242, 259, 260, 264, 269, 280, 287, 298, 338, 339, 347, 351, 371, 394, 400, 404, 406-408, 412, 415, 418
——王公　260, 269, 404, 408
総兵官　29, 57, 59, 62, 76, 77, 79-81, 85, 92, 93, 103, 106, 109, 113, 145, 233, 235, 236, 329, 338, 339, 341, 365, 375
五備禦の——　77, 93
蘇子河　28, 29, 50, 52, 53, 69, 137, 165, 169
属下　10, 17, 25, 36, 39, 49, 53, 54, 61, 68, 100, 101, 105, 109-111, 113-116, 121, 130, 140, 145, 149, 153, 155, 192, 195, 197, 205, 208, 233, 237, 242, 247, 254, 255, 257-260, 264, 270-273, 279-282, 298, 339, 340, 347, 370, 403, 406, 408, 412, 418
属下分与　36, 101, 144, 152, 238
ソロン部　27

タ　行

大元　5, 204, 209, 229-232, 238, 373, 382, 386
——伝国の璽　32, 231, 238
——ハーン　231, 247, 389, 406, 432
タイジ　10, 112, 182, 209, 225, 243, 257, 406
大清　1, 2, 5, 32, 90, 189, 230-232, 238, 247, 314, 377, 422, 434
大清グルン　5, 88, 204, 238, 248, 251, 269, 388, 404, 406
大政殿　257, 262
『太祖太后実録』　220, 221
ダイチン　5, 32, 231
ダイチン＝ウルス　231
ダイチン＝グルン　5, 231, 386
纛旗　281, 283
大ハーン（大カアン）　2, 23, 203, 231, 296, 297, 414
大凌河城　190, 262, 348, 352
タタラ氏　50, 59, 62-65, 107, 168, 351, 359
——ダイトゥク＝ハリ家　197
ジャクム地方——　59, 61, 62, 66, 68, 83, 90, 107, 175, 195, 236
ジャクム地方——ジュル＝シルハ家　64
『韃靼漂流記』　313
ダルハン（号）　148, 208, 225, 258, 295, 327, 328
ダルハン＝バトゥル（号）　226
質子　186, 203, 214, 339, 355, 370-372

「父の功」 83, 92
チベット 2, 366, 367, 393, 397, 398, 400-402, 406, 407, 409, 414, 428, 431
チベット仏教 232, 378, 389, 400, 401, 414, 417, 426, 430
——世界 321, 398, 400, 401, 406, 409
チャーカル 211
チャハル 33, 190, 209, 210, 223, 229, 232, 238, 239, 243, 361, 385
——＝ハーン家 2, 209, 231, 238, 361, 385
——部 209, 210, 247
中央ユーラシア 211, 212, 214, 217, 251, 276, 284, 286, 290, 293, 296, 299-301, 304, 309, 321, 323, 373, 378, 382, 384, 385, 387, 389-392, 400, 420, 432
——国家 212, 292, 293, 299, 392, 433
——型国家 300
——世界 299, 321, 378, 382
中華王朝体制 400, 402
中軍 57, 124, 135, 260-263, 284, 292-294, 365
中国化 90, 230, 249, 299, 340, 376-380, 384, 389, 393
脱中国化のための—— 377
駐蔵大臣 409
駐防八旗 411, 419
長史 111, 116, 197, 198 →王府長史も見よ
朝鮮（李氏朝鮮） 21-23, 26, 27, 31, 32, 56, 62, 63, 65, 91, 126, 190, 208, 218, 223, 245, 284, 311-314, 315, 325, 326, 334, 347, 348, 356-361, 367, 372, 380, 381, 388, 389, 404, 428
朝鮮人 23, 191, 267, 268, 275, 356, 357, 360, 364, 367, 373, 375
貂皮 25, 26
勅書 26, 29, 39-43, 57, 106, 113, 134, 176, 233, 235, 236
通事 358, 360, 361
通譜 332
丁卯の役（第一次朝鮮出兵） 31, 152, 348, 358, 360
ティムール帝国（朝） 420, 424, 425, 432
デヴシルメ 423, 428, 429
鉄嶺 336, 341, 343, 345, 346
テュルク 211, 366
「天命十一年勅書」 39, 40, 42, 235
東海諸部 30, 81, 84, 177
トゥ＝ジャンギン（纛章京） 40, 62, 78
東城 124, 126, 127, 132, 136
東寧衛 334, 356
東方三王家 372
トゥメト 208, 210, 327, 328, 368
トゥメン 23, 24, 51, 95, 225, 232
トゥメン（図們・豆満）江 24, 25, 312, 356, 359, 360, 363
トゥワシャラ＝ハファン 78, 93
トゥルファン 201, 407
トゥン（＝トゥメン） 24, 51, 95
トゥンギヤ氏（ハラ） 49, 50, 52, 59, 88, 110, 120, 219-221, 327, 329, 331, 332, 334
マチャ地方—— 65, 66, 81, 107
ヤルグ地方——フルガン家 61, 107, 197
レフ島地方—— 116
土司 413
都統 7, 53, 58, 63, 73, 259, 343
都堂 79-81, 87, 90, 103, 106, 145, 177, 236
都督 25, 29, 95
トルカ 203, 208, 212
トルコ語 431
「政」（doro, törü） 232
ドンゴ氏（ハラ） 48-53, 66, 71-73, 98
——地方ギョロ氏 50
——ホホリ家 154, 297
——＝ムクン 52
ドンゴ部 27, 84, 169

ナ 行

内外旗制 265, 273, 275, 276
内閣 3, 11, 32, 98, 111, 377, 416, 417
内旗 264, 269, 273, 275
内三院 11, 32, 87, 214, 249, 340, 354, 377
内大臣 115, 184, 187, 188, 191, 194, 215
領侍衛—— 158, 187, 215, 216, 358
内廷 65, 158, 173, 182-185, 191, 201, 216, 217, 237, 249, 338, 339, 370, 372
内二旗 269
内藩 269
ナイマン部 361
内務府 3, 200, 202, 214, 269, 275, 351, 358, 366, 412, 416
——総管 191, 198, 351, 358
内六旗 269
ナクチュ 64, 85, 107, 151
ナムドゥル（南突・南訥） 25, 51, 84, 107
——兀狄哈《ウディゲ》 51

──氏　51, 66, 110
──部長カングリ家　107
──路　66, 71, 84
ナラ氏（姓，ハラ）　48, 50, 51, 59, 81, 101, 102, 120, 148, 149, 152, 181, 220, 221, 298, 351
南明　33, 313, 404, 411
ニカン　22, 23, 375
西ウイグル　299
二十四旗　6, 17, 252, 265, 266
日本　12, 13, 16, 310, 315, 317, 318, 380-383, 386, 388-390, 409, 420
日本型小帝国　388
ニマチャ（尼麻車）　25, 71
──兀狄哈《ウディゲ》　51, 71
──氏　51, 71
入八分　11, 264, 265
──公　264
不──　264
ニュフル氏（ハラ）　48-50, 95, 98, 171
──エイドゥ家　61, 62, 107, 194, 297
ニル　7-11, 14, 17, 20, 37, 39, 43, 53, 54, 58, 61, 68, 70, 72, 76-78, 86, 94, 95, 98-106, 110, 111, 116, 122, 128-131, 134-136, 139-141, 144-146, 148, 150, 151, 153-155, 157, 168, 175, 205, 212, 237, 240, 241, 243, 252-257, 259, 261, 264-269, 271, 272, 275-277, 279, 282, 286, 287, 292-295, 298, 339, 347-352, 354, 355, 357-359, 362, 366, 367, 370, 371, 375, 376, 390
──＝エジェン　7, 53, 54, 69, 76, 105, 153, 154, 189, 253, 254, 259, 346
──＝ジャンギン　77, 78, 93, 272
──制　8, 37, 99, 155, 253, 254, 257, 259, 294, 367
安南──　367, 375
内──　9, 148
オロス（ロシア）＝──　367, 375
回子──　367
漢軍──　8, 9, 265, 266, 272
旗分──　8-10, 265, 266, 269, 280, 281
覚羅──　73
勲旧──　9
公中──　9
高麗──　268, 360, 375
世管──　9
専管──　9, 43, 70, 104-106, 113, 116, 129, 130, 136, 146, 148, 151, 153
外──　8, 10, 265, 269
駐防──　9
半箇──　139-141
ボーイ＝──　8-10, 191, 265, 269, 272, 280, 282
蒙古──　8, 9, 265, 266, 268, 272
満洲──　8, 9, 13, 16, 265, 268, 272, 375
ニングタ　29, 52
寧遠　40-42, 130, 243, 347, 348
ネエン部　27
ネケル（ノコル～ヌフル）　203-208, 211, 212, 214, 217
ネルチンスク条約　33, 216, 367

ハ　行

バイタラブレ＝ハファン　78, 93
白旗　38, 118, 120, 137
白山部　27
バクシ（号）　11, 83, 179, 180, 184, 209, 214, 284, 362, 417
ハダ　27, 28, 30, 83, 84, 86, 102, 106, 124, 136, 142, 144-148, 153, 160, 170, 172, 173, 183, 213, 240, 241, 365, 366, 375
──王家　146-148, 151, 172
──部　27
ハダ＝ナラ氏　145, 148, 153, 241
八大家　47, 48, 50, 52, 59, 84, 98, 118
八分（jakūn ubu）　11, 18, 94, 100, 109, 155, 248, 249, 264, 265, 276, 291, 296
八分体制　11, 155, 195, 249, 263, 273, 295
八家（jakūn boo）　264
八旗官　7, 11, 45, 53, 54, 75-78, 87, 90, 94, 95, 123, 157, 178, 236
八旗漢軍　252, 267, 268, 336, 364, 374, 375, 390, 391, 406, 411, 429
八旗制国家　276
八旗八分体制　11, 45, 109, 156, 192, 194, 213, 214, 237, 248, 249, 291, 298, 300, 384
八旗満洲　267, 357, 360, 362, 365, 372, 374, 375, 389, 391, 404
八旗蒙古　252, 267, 268, 362
末子　38, 66, 92, 95, 110, 122, 144, 220, 249, 255, 298
バトゥル（号）　83, 148, 164, 176, 179, 181, 208, 210, 225, 258, 284
ハハ＝ジュセ　350

ハミ　201, 407
バヤラ　80, 116, 157, 158, 175-179, 188, 192, 194, 348, 351, 355
バヨト部　154, 209, 210, 361
ハラ　46, 47, 51
ハラチン部　361
ハランガ　10, 25, 254, 257, 272
ハルハ　209, 230, 243, 406
ハン（位）　2, 5, 9, 11, 12, 16-18, 23, 27, 28, 30-32, 36, 46, 52, 64, 65, 69, 73, 90, 91, 93, 95, 99, 102, 109, 123, 139, 158, 159, 174, 175, 177, 178, 184-186, 188, 192, 194, 195, 198, 200, 202, 207, 210, 212-214, 220, 221, 226, 228-230, 232, 233, 235-237, 244, 246-249, 254, 256-259, 269, 270, 276-279, 286, 287, 289, 291, 293, 295, 296, 298, 322, 339, 342, 360, 361, 364, 389, 400, 414, 429, 430
万戸　23, 24, 95, 232
ハーン体制　398, 400, 402
藩部　392, 393, 395, 398, 401, 402, 408, 411, 414
東トルキスタン　2, 34, 391, 393, 400, 401, 407, 408, 410, 413
備禦　40, 42, 76, 77, 79, 80, 86, 93, 105, 106, 112, 113, 236
ビトヘシ（筆帖式）　98, 184
ヒヤ　37, 57, 71, 129, 157-160, 164, 167-192, 194, 195, 197-204, 206-214, 216, 217, 249, 258, 270, 275, 284, 291, 295-297, 328, 338, 339, 341, 345-352, 354, 355, 370, 416
　内——　188
　御前——　115, 188
　親随——　188
　バヤラの——　176
ヒヤ（モンゴル）　208
ヒヤ制　18, 158, 159, 181, 185-187, 203, 204, 207, 211, 213, 214, 217, 270, 293, 296, 297
フェアラ（城）　29, 61, 160, 161, 171, 172, 213, 216, 328, 343
副将　64, 73, 76, 77, 81, 103, 104, 106, 128, 133, 134, 136, 146, 153, 183, 235, 236, 329, 333, 338, 348, 349
副都統　7, 53, 216, 345
撫順佟氏　327-329, 331, 332, 334, 340, 343, 351, 379
フジン　219, 220
　アンバ=——（号）　220-222, 228
　アスハン=——　220
フチャ氏　48, 50-52, 98, 137, 140-144, 149, 191, 220, 221, 228, 241, 242, 246
　——アランタイ家　298
　——ハシトゥン家　298
　シャジ地方——　137, 140, 148, 154, 219, 241
フネヘ部　27, 160, 161, 360
フリカイ（胡里改）　23-25, 95
　——万戸　23, 24
フルギヤチ寨　170
ブルニの乱　33
フルハ（部）　27, 88, 107, 318
フルン（忽剌温）　25, 27, 45, 52, 64, 66, 83, 84, 95, 102, 107, 124, 153, 155, 172, 208, 210, 222, 278, 285, 293, 298, 315, 318, 325, 356, 389
　——四国　27, 50, 81, 84, 101, 102, 144, 151, 152, 160, 210, 222, 289, 298, 314, 364
フレヘ　91, 94, 95, 284, 285
分（ubu）　10, 264
文館　32, 139, 172, 184, 214, 333, 340, 354, 371
分節的　269, 278, 290, 398, 399, 418
分封　9, 10, 11, 37, 100, 101, 109, 118, 120, 122, 148, 155, 156, 247, 249, 254, 255, 257, 259, 272, 279, 287, 290, 293, 295, 296, 298, 301, 391, 418
文禄の役　312
丙子の役（第二次朝鮮出兵）　32, 111, 190, 358
ベイレ（号）　9, 10, 12, 17, 25, 27, 32, 37, 46, 52, 68, 74, 79, 103, 112, 113-115, 119, 124, 127, 128, 133, 134, 140, 144, 149, 158, 174, 178, 185, 186, 206, 220, 223, 225, 227, 228, 233, 237, 239, 242-244, 252-254, 257, 258, 275, 281, 284, 287, 365
　管部——　87, 90, 91
　大——　70, 79, 127, 243
北京　1, 2, 19, 31-33, 243, 262, 276, 293, 313, 318, 341, 408
ベグ　391, 393, 413
　——制　429
ヘシェリ氏　51, 95, 135, 173, 284
　——ソニン家　297
　ジャイグ地方——　198
　ホド=ムハリヤン地方——　135
ヘトゥアラ（城）　28, 29, 160, 165, 172, 181, 216, 356

ベトナム　311, 312, 366, 367, 375, 377, 388, 389, 428
ヘルゲン　76
ペルシア語　431
辺境軍閥　4, 386
辮髪　311, 419
ホイファ　30, 48, 50, 51, 98, 102, 136, 149–151, 153, 160
——王家　151
——部　27
ホイファ＝ナラ氏　150, 151, 153
包衣　8, 13, 180, 184, 200, 202, 214, 217, 255, 268, 270, 273, 275, 281, 282, 296, 351, 355, 358, 366, 375, 412, 416, 417
ボーイ＝アハ　207
ボーイ＝アンバン　198, 351
ボーイ＝ニル　→ニル（ボーイ＝——）を見よ
ボーイ＝ニャルマ　280
ホイホ氏　71
北魏　211
和碩親王　10, 257, 271, 272, 407
ホショ＝ベイレ　10, 61, 91, 131, 243, 244, 257, 271, 273
輔政大臣　12, 33, 95, 172, 197
ホルチン（部）　27, 177, 206, 209, 210, 223, 239, 268, 361
本主　275, 276
ホンタイジ（号）　223–227, 231, 391
ホントホ＝ニル＝ジャンギン　77

マ　行

巻狩　7, 173, 260
マギヤ氏　48, 50, 84
——トゥハイ家　298
マハーカーラ仏　229, 232
マルドゥン山寨　165, 167
満化　372
満漢併用制　87, 412
マンサブ　425
マンサブダール（制度）　425
マンジュ（Manju）　2, 3, 5, 14, 18, 21, 23, 27, 29–32, 44, 45, 47, 50, 53, 66, 76, 84, 87, 94, 95, 100–102, 107, 124, 141, 143, 154, 157–159, 165, 169, 191, 198, 199, 201, 203–210, 214, 217, 220, 222, 229–233, 249, 257, 277, 283–285, 288, 295–297, 300, 305, 307, 308, 313–315, 317, 318, 320, 322, 323, 325–327, 329, 331–335, 341, 343, 345, 347, 351, 354–356, 361, 362, 364, 365, 368, 371–374, 376, 378–381, 383, 386, 388–393, 396, 400, 402, 404, 409–412, 418–420, 422, 424, 427, 431, 433
——化　280, 324, 355, 371–376, 378, 380, 384, 390
——＝グルン　2, 5, 7, 18, 23, 29, 30, 36, 44, 45, 49, 102, 123, 149, 155, 229, 230, 239, 243, 251, 283, 305, 318, 324, 329, 331, 332, 345, 356, 361, 365, 368, 369, 403, 404
——語　5, 13, 53, 77, 78, 157, 163, 200, 207, 219, 268, 281, 304, 305, 308, 309, 362, 367, 371, 373, 375, 378, 398, 430, 431
——五部　23, 27–29, 50, 71, 81, 160, 207
——人　3, 4, 12, 16, 18, 21, 23, 34, 158, 215, 231, 267, 280, 293, 299, 308, 312, 316–318, 320, 321, 326, 355, 359, 375, 381–383, 390, 393, 395, 397, 401, 402, 404, 410, 411, 414, 416, 418–420, 432
——＝大清グルン　5, 6, 17–19, 36, 44, 45, 52, 98, 99, 155, 157, 159, 202, 211, 212, 232, 249, 251, 277, 288, 290, 291, 293, 294, 296, 297–300, 304, 307, 310, 312, 314, 323, 324, 326, 355, 360, 365, 367–369, 373, 378, 384–386, 388, 389, 392
——名　165, 191, 203, 332–334, 336, 338, 339, 341, 345, 346, 347, 349, 350, 352, 354, 355, 357, 358, 360, 361, 364, 368, 370–374, 380
——文字　30, 430
非——　84, 191, 199, 214
満洲アイデンティティ　380
満洲化　372
「満洲の道」　383
マンジュシュリ＝ハン　401
マンチュリア（Manchuria）　1, 2, 15, 19, 23, 33, 44, 267, 293, 299, 304, 306, 307, 312–318, 323–325, 328, 332, 336, 356, 359, 361, 367, 368, 375, 378, 381, 383, 386, 392, 395, 397, 426
明（明朝）　2–4, 21–32, 41, 44–50, 76, 94, 95, 102, 124, 141–143, 160, 162, 173, 201, 203, 204, 209, 222, 223, 231, 243, 249, 257, 268, 284, 306, 309–318, 324, 325, 329, 331–336, 338, 343, 345–348, 352, 356, 359, 360,

364-366, 368, 369, 373, 375, 379, 386, 388, 389, 393, 404, 406, 408, 411, 413, 414, 416, 419, 420, 427, 429, 432
ムガル帝国（朝）　420, 421, 422, 425, 427, 429-433
ムクン　46-48, 51, 146, 148, 151, 293
ムクン＝タタン表　146, 148, 172
盟旗制　407
メイレン　77, 261
——＝エジェン　7, 53, 73, 75, 189, 241, 261
——＝ジャンギン　77, 78, 128, 242
メルゲン＝ダイチン　227, 231, 258
毛憐衛　25, 50, 95, 142
門下之人（dukai niyalma）　281, 282
モンゴル　2, 4, 5, 21-23, 25-27, 30-33, 102, 147, 149, 154, 177, 191, 199, 201, 207-212, 214, 216, 218, 223, 226, 227, 229-232, 266, 268, 277, 286, 287, 290, 292, 294-298, 300, 304, 316, 322, 324-326, 335, 354, 356, 361-367, 372, 373, 378, 382, 383, 386, 389, 391, 393, 397-402, 404, 406-409, 411-415, 419, 424-431, 433
——王公　153, 203, 216, 268, 389, 391, 393, 400, 404, 407, 408, 415, 416, 428, 429
——化　207, 325, 363, 372, 373
——語　5, 25, 157, 207, 223, 229, 367, 372, 373, 398, 407, 431
——時代　5, 207, 208, 210, 212, 214, 294, 310, 356, 372, 373, 378, 420
——人　10, 21, 23, 80, 83, 84, 175, 194, 202, 222, 231, 266, 267, 325, 357, 362-364, 372, 374, 375, 413
——帝国　23, 203-205, 207, 211, 214, 217, 249, 286, 292, 294-297, 300, 314, 325, 373, 391, 420, 432, 433
——文字　25
もう一つの——化　378, 384
ポスト＝——　232
文殊菩薩　401, 414

ヤ　行

野人女直　25
「柔らかい専制」　420
両班（ヤンバン）　381
遊撃　40, 41, 63, 76, 77, 79, 80, 86, 106, 112, 113, 188, 236, 331, 333, 336, 338, 339, 347, 365
遊牧国家　286, 292, 293, 299, 424, 427, 432
翼缺　262
四旗制　8, 37, 38
四大ベイレ　31, 38, 91, 131, 149, 220, 225

ラ　行

ラージプート　425, 429
藍旗　38, 73, 74, 137, 140, 149, 242, 245, 261, 293
李适の乱　357
李自成の乱　2, 32
六部　3, 11, 32, 45, 87, 88, 90, 91, 94, 95, 98, 189, 249, 285, 291, 338, 377, 389, 407, 416
理藩院　3, 32, 87, 90, 393, 408, 412
領旗　13, 37, 39, 57, 62, 65, 70, 71, 73, 74, 90, 100, 101, 109, 111, 131, 144, 149, 192, 195, 199, 213, 214, 218, 233, 237, 246-250, 254, 256, 259, 273, 279, 287, 298
——分封　18, 37, 100, 101, 122, 123, 154, 291
遼東辺墻　325, 328, 333, 335, 370
遼陽　31, 40, 41, 176, 334, 346, 356
『歴朝八旗雑檔』　15, 20, 128, 134, 140, 347
連旗制　12, 16, 18, 44, 277, 286
ロシア　23, 33, 216, 366, 367, 375, 391, 401, 408, 421, 428

ワ　行

倭寇　4, 315, 316, 386
「倭寇的状況」　316
「北の——」　317
ワルカ（兀良哈，瓦爾喀）　25, 50, 52, 222, 245, 318, 356, 359, 360
——部　27, 360, 363
ワルカシ地方　71, 72
ワンギヤ氏　50, 51, 71, 72, 170
ワンギヤ部　27, 71, 169, 171

図表一覧

図 A　マンジュ＝大清グルン勃興期の東北アジア……viii
図 B　大清帝国の支配領域とその構造……ix
図 C　大清帝室アイシン＝ギョロ氏　略系図……x
図 D　国初略系図・領旗分封表……xi
図 E　世職（世爵）と八旗官……xii

図 0-1　モンゴル・マンジュの王統観念と世界観……22
図 0-2　元末～明初期のマンチュリア……24
図 0-3　マンジュ勃興期の東北アジア……28
図 1-1　ジャクム地方タタラ氏・ウラ＝ナラ氏　関係略系図……60
図 1-2　ドンゴ氏　略系図……67
図 1-3　ジュシェン＝マンジュ主要氏族　関係略系図……96-97
図 2-1　ウラ＝ナラ氏　関係略系図……105
図 2-2　ウラ＝ナラ氏と順治期政争関係者……117
図 2-3　イェヘ＝ナラ氏・ゴロロ氏　関係略系図……120
図 2-4　チュエン家・ゴロロ氏　関係略系図……121
図 2-5　イェヘ＝ナラ王家　略系図……125
図 2-6　イェヘ西城（上）・東城（下）（筆者撮影）……126
図 2-7　イェヘ＝ナラ氏　略系図……129
図 2-8　シャジ地方フチャ氏　関係略系図……138
図 2-9　ハダ＝ナラ氏　関係略系図……147
図 2-10　ホイファ＝ナラ氏　関係略系図……150
図 3-1　マンジュ統一戦期のマンジュ五部……161
図 3-2　『満洲実録』に描かれた極初の近臣……163
図 3-3　スクスフ部……167
図 3-4　ムキ地方イルゲン＝ギョロ氏　関係略系図……198
図 5-1　グサ―ニルの階級組織モデル……253
図 5-2　ジュシェン～マンジュ社会の構造……254
図 5-3　旗王制……256
図 5-4　八旗と巻狩の陣形……261
図 5-5　北京内城・八旗配置概念図……262
図 5-6　瀋陽・盛京宮殿と十王亭……263
図 5-7　瀋陽・十王亭（筆者撮影）……263

図 5-8　左右翼制と八分体制 …… 264
図 5-9　旗下のニル構成 …… 265
図 5-10　1 旗 1 グサと 1 旗 3 グサ …… 266
図 5-11　いくつもの満・漢・蒙 …… 267
図 5-12　ハン・旗王・旗人の関係 …… 270
図 5-13　旗下の組織編成と支配関係 …… 272
図 5-14　八旗制の全体構造 …… 274
図 5-15　モンゴル帝国の中核構造 …… 295
図 6-1　16-17 世紀秩序変動期の“三つの環” …… 319
図 7-1　トゥンギヤ＝佟氏　略系図 …… 330
図 7-2　鉄嶺李氏・撫順佟氏　関係略系図 …… 344
図 7-3　外来勢力の吸収・編成パターン …… 376
図 7-4　「近世」のアジア東方と「儒教化」 …… 382
図 8-1　〈封建制→独裁制〉モデル …… 394
図 8-2　中国と周辺関係（清代を中心として） …… 396
図 8-3　清朝の統治構造 …… 396
図 8-4　遊牧国家と清朝の統治構造 …… 399
図 8-5　清朝の支配体制概念図 …… 400
図 8-6　大清帝国の支配構造 …… 403
図 8-7　満・蒙・漢の連合国家体制 …… 405
図 8-8　3 つの旗制ユニットの連合 …… 405
図 8-9　18 世紀前半の大清帝国の構造と国際関係 …… 406
図 8-10　外藩モンゴルの支配体制 …… 407
図 8-11　大清帝国と国際関係 …… 409
図 8-12　帝国の支配構造とチベット仏教世界 …… 410
図 8-13　軍機処（筆者撮影） …… 417
図補-1　近世ユーラシアの帝国群（1700 年頃） …… 423

表 0-1　宗室封爵表 …… 9
表 1-1　マンジュ有力氏族一覧 …… 48
表 1-2　入関前八旗グサ＝エジェン略表 …… 55
表 1-3　天命後期「第一等」「第二等」大臣一覧 …… 82
表 1-4　入関前六部ベイレ・満承政一覧 …… 89
表 2-1　「黄字檔」両黄旗上位旗人一覧 …… 108-109
表 3-1　極初期近臣人名一覧 …… 162
表 3-2　極初期近侍・警護事例一覧 …… 166
表 3-3　入関後の侍衛・護衛官品定制（乾隆期） …… 189
表 3-4　崇徳期ヒヤ等級規定 …… 190
表 3-5　ホンタイジのヒヤ一覧 …… 193

表 3-6　旗王のヒヤ一覧（天聡～ドルゴン摂政期）……196
表 4-1　「ヘカン」名記載記事一覧……224
表 4-2　天命建元以前の王族賜号一覧……226
表 4-3　ホンタイジ即位時（1626）八大臣以下高官一覧……234
表 7-1　李永芳一門　略表……337
表 7-2　范文程一門　略表……340
表 7-3　鉄嶺李氏・李思忠一門　略表……342
表 7-4　金玉和・維城一門　略表……348
表 7-5　李国翰一門　略表……349
表 7-6　金氏バタイ一門　略表……350
表 7-7　瀋陽甘氏一門　略表……352
表 7-8　祖大寿一門　略表……353